Schwerpunkte Band 8    Wessels/Hettinger · Strafrecht Besonderer Teil/1

# Schwerpunkte

Eine systematische Darstellung der wichtigsten Rechtsgebiete anhand von Fällen
Begründet von Professor Dr. Harry Westermann †

# Strafrecht Besonderer Teil/1

Straftaten gegen Persönlichkeits- und Gemeinschaftswerte

begründet von
Dr. Johannes Wessels
o. Professor an der Universität Münster/Westf.

fortgeführt von
Dr. Michael Hettinger
o. Professor an der Universität Mainz

24., neubearbeitete Auflage

C.F. Müller Verlag
Heidelberg

Die Deutsche Bibliothek – CIP-Einheitsaufnahme
**Wessels, Johannes**
Strafrecht, besonderer Teil / von Johannes Wessels und Michael Hettinger. –
Heidelberg : Müller
 (Schwerpunkte ; …)
 1. Straftaten gegen Persönlichkeits- und Gemeinschaftswerte. –
24., neubearb. Aufl. – 2000
 (Schwerpunkte ; Bd. 8)
 ISBN 3-8114-2069-0


**Umwelthinweis**
Gedruckt auf säurefreiem, alterungsbeständigem Papier aus 100% chlorfrei gebleichtem Zellstoff (DIN-ISO 9706).


© 2000 C.F. Müller Verlag, Hüthig GmbH, Heidelberg
Satz: Textservice Zink, Schwarzach
Druck und Bindung: Wilhelm Röck, Weinsberg
ISBN 3-8114-2069-0

# Vorwort

Für die Neuauflage ist die Darstellung durchgesehen und aktualisiert worden. Neu formuliert wurde der Abschnitt über „Euthanasie und Sterbehilfe", überarbeitet der Abschnitt „Widerstand gegen Vollstreckungsbeamte" und das Kapitel zur Geld- und Wertzeichenfälschung. Erweiterungen der Darstellung finden sich auch an anderen Stellen. Rechtsprechung und Schrifttum sind bis Ende Juni 2000 berücksichtigt. Zur Vermeidung einer Umstellung auf vierstellige Zahlen werden Zeitschriftenbeiträge dieses Jahres mit 00 angegeben. Beibehalten ist die bisherige Rechtschreibung.

Den Herren *Eric Simon* und *Armin Engländer* danke ich herzlich für Sammlung und Sichtung der Publikationen seit Juli 1999 sowie für zahlreiche Hinweise und höchst anregende Diskussionen, Frau *Claudia Stubenrauch* für die zuverlässige Übertragung der Texte. Herrn *Dr. Claus Barthel* gilt mein besonderer Dank für etliche Jahre schöner und fruchtbarer Zusammenarbeit.

Mainz, im Juli 2000 *Michael Hettinger*

# Vorwort der 22. Auflage

Dieses Buch, das ich im Jahre 1976 geschaffen habe, ist von mir mehr als 20 Jahre lang betreut und fortwährend auf den neuesten Stand gebracht worden. Gesundheitliche Gründe haben mich veranlaßt, mein Werk jetzt in jüngere Hände zu legen. Zu meiner großen Freude ist es gelungen, in der Person von Herrn Professor Dr. Michael Hettinger einen Nachfolger zu finden, der seine hervorragende fachliche und pädagogische Befähigung bereits in zahlreichen Veröffentlichungen unter Beweis gestellt hat. Ich bin überzeugt, daß er die von ihm übernommene neue Aufgabe ebenfalls vortrefflich meistern wird. Für den Inhalt der Sachdarstellung trägt er die Verantwortung nunmehr allein.

Aufrichtigen Dank sage ich bei dieser Gelegenheit erneut meinen früheren Mitarbeiterinnen und Mitarbeitern, meinem Sohn Hans Ulrich sowie allen, die in vielfältiger Weise zum Erfolg meiner Arbeit beigetragen haben.

Münster, im November 1998 *Johannes Wessels*

*Vorwort der 22. Auflage*

Das Niveau eines Lehrbuchs zu halten, das *Johannes Wessels* in 21 Auflagen erreicht und befestigt hat, wäre schon für sich genommen ein schwer zu bewältigendes Unterfangen. Danach mit Aussicht auf Erfolg zu streben, ist durch die geradezu überfallartige Verabschiedung des Sechsten Gesetzes zur Reform des Strafrechts fast unmöglich geworden. Dieses Gesetz mit seinen weitreichenden Änderungen des StGB stellt den bisherigen, hoffentlich letzten Höhepunkt eines Verfahrens und eines Stils der Gesetzgebung dar, die der Bedeutung des Rechtsgebiets in keiner Weise angemessen sind. Die Ergebnisse so gearteter Strafgesetzgebung treiben die Rechtsprechung zwangsläufig über die Grenzen des ihr nach den Vorgaben der Verfassung Zukommenden hinaus, worunter die Akzeptanz der Entscheidungen notwendig leiden muß. Die Judikatur soll immer häufiger das Recht erst finden, das die zuständige Instanz zu setzen hätte. Hier tut Besinnung not. „Man darf vom Richter das Höchste fordern, aber nur unter einer Voraussetzung: Das Gesetz, nach dem er richten soll, muß über jeden Zweifel erhaben sein" (*Paul Bockelmann*, 1952).

Daß es überhaupt möglich geworden ist, in kurzer Zeit eine Neubearbeitung dieses Lehrbuchs vorzulegen, ist auch ein Verdienst der Herren *Claus Barthel* und *Eric Simon*, die Rechtsprechung und Literatur, die seit der 21. Auflage erschienen sind, sorgfältig aufbereitet haben. Für diese mühevolle Arbeit danke ich ihnen sehr. Herzlicher Dank gebührt auch den treuen Hilfskräften in Würzburg und Mainz, besonders Herrn *Martin Wielant*, sowie Frau *Martha Merkes*, die alle Änderungen und Aktualisierungen mit Gelassenheit in kurzer Zeit bewältigt hat.

Veranlaßt durch das 6. StrRG sind Teile des Buchs neu geschrieben worden; der Text im übrigen ist durchgehend überarbeitet und aktualisiert (Stand: November 1998). Die vielfältigen Änderungen des Gesetzes machten es erforderlich, auch die Randnummern völlig neu zu ordnen. Gezielte Hinweise auf Kommentare und Lehrbücher wurden leicht vermehrt; sie wollen zu vertiefender Lektüre einladen, dienen teilweise aber auch der Entlastung der Darstellung von Einzelfragen, die in Hausarbeiten Bedeutung erlangen können, den Vorgang des Begreifens aber nicht fördern. Da eine Betrachtung des geltenden materiellen Rechts ohne eine Zusammenschau von Strafbarkeitsvoraussetzungen und Rechtsfolgen nicht auskommen kann, finden die Rechtsfolgen im Rahmen des Möglichen Berücksichtigung.

Mainz, im November 1998 *Michael Hettinger*

# Vorwort der ersten Auflage

Der Besondere Teil des Strafgesetzbuchs mit seinen zahlreichen Tatbeständen läßt sich in einer Grundrißreihe festgelegten Umfanges nicht in einem Band bewältigen. Der Stoff ist daher auf zwei Bände verteilt worden. Das vorliegende Buch enthält die *Straftaten gegen Persönlichkeits- und Gemeinschaftswerte*, während die *Straftaten gegen Vermögenswerte* in einem weiteren Band behandelt werden, der alsbald folgen wird. Entsprechend der allgemeinen Zielsetzung dieser Grundrißreihe beschränkt die Darstellung sich auf solche Schwerpunkte, die erfahrungsgemäß für den akademischen Unterricht und die Anforderungen im Examen von besonderer Bedeutung sind. Auf eine Erörterung der Staatsschutz- und Sexualdelikte mußte aus Raumgründen verzichtet werden. Tragbar dürfte das deshalb sein, weil diese Gebiete in Übungen und Prüfungen ausgespart zu werden pflegen. Im übrigen liegen dazu instruktive Einzelschriften vor (*F.C. Schroeder*, Der Schutz von Staat und Verfassung im Strafrecht, 1970; Das neue Sexualstrafrecht, 1975). Hinzu kommen informative Abhandlungen, die einen guten Überblick über die mehr oder weniger gelungene Reform des Sexualstrafrechts bieten (vgl ua *Bockelmann*, in: Festschrift für Maurach, 1972, S. 391; *Dreher*, JR 74, 45; *Hanack*, NJW 74, 1; *Sturm/Laufhütte/ Horstkotte*, JZ 74, 1, 46, 84). Auf Vollständigkeit mußte auch bei den Literaturhinweisen verzichtet werden; sie sind so ausgewählt, daß sie dem Studierenden möglichst über Einzelschriften und neuere Abhandlungen das reichhaltige Quellenmaterial erschließen.

Das Erscheinen dieses Bandes hat sich durch meine Tätigkeit in der akademischen Selbstverwaltung, durch richterliche Aufgaben, Prüfungsverpflichtungen und die Bearbeitung der Neuauflagen zum *Allgemeinen Teil* des Strafrechts (Bd. 7 dieser Reihe) verzögert. Dem Herausgeber wie dem Verlag schulde ich Dank für die insoweit gezeigte Geduld.

Die Darstellung geht im wesentlichen von dem Gesetzesstand Ende März 1976 aus. Das 14. und 15. StÄG, die den Bundestag bereits passiert haben, sind schon eingearbeitet, soweit die vorliegende Darstellung es erforderte und eine Änderung ihrer Fassung im weiteren Gesetzgebungsgang nicht mehr zu erwarten ist.

Meinen Mitarbeitern, den Herren Dr. Martin Becher, Franz Josef Flacke, Werner Patzwaldt und Ulrich Womelsdorf danke ich sehr herzlich für ihre tatkräftige Unterstützung.

Münster, im März 1976 *Johannes Wessels*

# Inhaltsverzeichnis

|  | Rn | Seite |
|---|---|---|
| *Vorwort* . . . . . . . . . . . . . . . . . . . . . . . . . . . |  | V |
| *Vorwort der 22. Auflage* . . . . . . . . . . . . . . . . . . . . . . |  | V |
| *Vorwort der ersten Auflage* . . . . . . . . . . . . . . . . . . |  | VII |
| *Abkürzungsverzeichnis* . . . . . . . . . . . . . . . . . . . . . |  | XXI |
| *Literaturverzeichnis* . . . . . . . . . . . . . . . . . . . . . . . |  | XXV |
| *Festschriftenverzeichnis* . . . . . . . . . . . . . . . . . . . . |  | XXVII |

## Teil I
**Straftaten gegen Persönlichkeitswerte**

### 1. Kapitel
**Straftaten gegen das Leben** . . . . . . . . . . . . . . . . . . . 1    1

| | Rn | Seite |
|---|---|---|
| **§ 1 Der Lebensschutz im Strafrecht** . . . . . . . . . . . . . . | 1 | 1 |
|   I. Der Grundsatz des absoluten Lebensschutzes . . . . . . . | 2 | 1 |
|   II. Beginn und Ende des strafrechtlichen Lebensschutzes . . . . | 4 | 2 |
|     1. Abgrenzung zwischen Tötungsdelikten und Schwangerschaftsabbruch . . . . . . . . . . . . . . . | 5 | 2 |
|     2. Der Beginn des Menschseins . . . . . . . . . . . . . . | 9 | 2 |
|     3. Gentechnik und Fortpflanzungsmedizin . . . . . . . . . | 17 | 4 |
|     4. Das Ende des Lebensschutzes . . . . . . . . . . . . . . | 19 | 5 |
|   III. Euthanasie und Sterbehilfe . . . . . . . . . . . . . . . . | 27 | 7 |
|     1. Euthanasie als gezielte Lebensverkürzung . . . . . . . . | 28 | 7 |
|     2. Reine Sterbebegleitung und indirekte Sterbehilfe . . . . | 31 | 8 |
|     3. Sterbehilfe durch Sterbenlassen . . . . . . . . . . . . . | 35 | 9 |
|   IV. Die strafrechtliche Problematik der Selbsttötung . . . . . . | 41 | 12 |
|     1. Problemübersicht . . . . . . . . . . . . . . . . . . . . | 43 | 12 |
|     2. Fremdtötung in mittelbarer Täterschaft . . . . . . . . . | 51 | 16 |
|     3. Unterlassungstäterschaft . . . . . . . . . . . . . . . . | 54 | 17 |
|     4. Teilnahme an der Selbsttötung und unterlassene Hilfeleistung . . . . . . . . . . . . . . | 57 | 17 |
|     5. Fahrlässigkeitstäterschaft . . . . . . . . . . . . . . . | 65 | 19 |
| **§ 2 Die Tötungstatbestände** . . . . . . . . . . . . . . . . . . | 68 | 20 |
|   I. Die Systematik und Entwicklung der Tötungsdelikte . . . . | 69 | 20 |
|   II. Totschlag . . . . . . . . . . . . . . . . . . . . . . . . | 79 | 23 |

| | | |
|---|---|---|
| III. Mord | 85 | 24 |
|    1. Verwerflichkeit des Beweggrundes | 92 | 26 |
|    2. Verwerflichkeit der Begehungsweise | 101 | 28 |
|    3. Verwerflichkeit des Handlungszwecks | 123 | 32 |
|    4. Lehre von der Typenkorrektur | 133 | 35 |
|    5. Aufbauhinweise | 134 | 35 |
| IV. Täterschaft und Teilnahme bei §§ 212, 211 | 138 | 36 |
|    1. Unmittelbare Täterschaft | 138 | 36 |
|    2. Teilnahme und Akzessorietätslockerung | 139 | 37 |
|    3. Beispielsfälle | 144 | 38 |
| V. Tötung auf Verlangen | 155 | 39 |
|    1. Tatbestandsvoraussetzungen | 156 | 40 |
|    2. Abgrenzung zur Selbsttötungsbeihilfe | 161 | 41 |
| VI. Probleme der Strafzumessung | 168 | 43 |
|    1. Konkurrenz mehrerer Strafdrohungen | 169 | 44 |
|    2. Minder schwere Totschlagsfälle (§§ 212, 213) | 171 | 44 |
|    3. Zusammentreffen mehrerer Strafmilderungsgründe | 177 | 45 |
|    4. Strafzumessung innerhalb des Strafrahmens | 183 | 46 |
| VII. Fahrlässige Tötung | 190 | 47 |
| **§ 3 Die Aussetzung** | 197 | 49 |
| I. Schutzzweck und Systematik | 198 | 50 |
| II. Der Aussetzungstatbestand | 199 | 50 |
|    1. Versetzen in eine hilflose Lage | 199 | 50 |
|    2. Im-Stich-Lassen in einer hilflosen Lage | 202 | 52 |
|    3. Qualifikationen | 206 | 53 |
|    4. Konkurrenzfragen | 208 | 54 |

2. Kapitel
**Straftaten gegen das ungeborene Leben** ... 209 54

| | | |
|---|---|---|
| **§ 4 Der Schwangerschaftsabbruch** | 209 | 54 |
| I. Allgemeine Grundlagen | 210 | 55 |
| II. Systematik und Rechtsgüterschutz | 219 | 57 |
|    1. Überblick | 219 | 57 |
|    2. Rechtsgut | 223 | 58 |
| III. Der Tatbestand des Schwangerschaftsabbruchs | 225 | 59 |
|    1. Tatobjekt und Tathandlung | 225 | 59 |
|    2. Abweichungen im Kausalverlauf | 227 | 59 |
| IV. Der legale Schwangerschaftsabbruch | 229 | 59 |

V. Konkurrenzprobleme ........................ 238 61
   1. Vorsätzliche Tötung der Schwangeren ........... 239 61
   2. Fälle des fehlgeschlagenen Versuchs der Tat ....... 240 61
   3. Verhältnis zur Körperverletzung .............. 242 62

### 3. Kapitel
### Straftaten gegen die körperliche Unversehrtheit ........ 243 62

### § 5 Die Körperverletzungstatbestände ............. 243 62
  I. Die Systematik der Körperverletzungsdelikte ........ 244 62
   1. Das geschützte Rechtsgut .................. 245 63
   2. Die Tatbestände im Überblick ............... 248 63
   3. Strafantrag ........................ 251 64
  II. Die einfache vorsätzliche Körperverletzung ......... 254 64
   1. Körperliche Mißhandlung .................. 255 65
   2. Gesundheitsschädigung ................... 257 65
  III. Die gefährliche Körperverletzung .............. 261 66
   1. Durch Beibringung von Gift
      oder anderen gesundheitsschädlichen Stoffen ....... 263 66
   2. Mittels einer Waffe
      oder eines anderen gefährlichen Werkzeugs ........ 272 68
   3. Mittels eines hinterlistigen Überfalls ............ 278 70
   4. Mit einem anderen Beteiligten gemeinschaftlich ..... 280 70
   5. Mittels einer das Leben gefährdenden Behandlung .... 282 70
  IV. Schwere Körperverletzung .................. 285 71
   1. Systematik ......................... 285 71
   2. Die schweren Folgen im Überblick ............. 287 72
  V. Körperverletzung mit Todesfolge ............... 296 74
   1. Beziehung zwischen Körperverletzung
      und Todesfolge ....................... 297 74
   2. Fahrlässige Herbeiführung der schweren Folge ...... 306 77
   3. Verhältnis zu den Tötungsdelikten ............. 308 78
  VI. Die Mißhandlung von Schutzbefohlenen ........... 309 78
   1. Verhältnis zu § 223 .................... 310 78
   2. Geschützter Personenkreis ................. 311 79
   3. Tathandlungen ....................... 312 79
   4. Qualifikationstatbestand .................. 315 79
  VII. Die Rechtswidrigkeit der Körperverletzung ......... 317 80
  VIII. Konkurrenzfragen ...................... 319 80
   1. Interne Konkurrenzprobleme ................ 319 80
   2. Verhältnis zu den Tötungsdelikten ............. 320 81

## § 6 Probleme der Heilbehandlung ... 322 ... 81
    I. Ärztliche Heilbehandlungsmaßnahmen ... 323 ... 82
        1. Rechtsprechungsübersicht ... 323 ... 82
        2. Meinungsstand innerhalb der Rechtslehre ... 325 ... 82
    II. Sonderregelungen im Bereich der Heilbehandlung ... 334 ... 84
        1. Kastration ... 334 ... 84
        2. Sterilisation ... 335 ... 85
        3. Geschlechtsumwandlung ... 336 ... 85
        4. Organtransplantation ... 337 ... 85
        5. Hungerstreik und Zwangsernährung
           in Justizvollzugsanstalten ... 338 ... 85

## § 7 Die Beteiligung an einer Schlägerei ... 341 ... 86
    I. Systematik und Schutzzweck ... 341 ... 86
    II. Der Schlägereitatbestand ... 344 ... 87
        1. Die Tatbestandsalternativen ... 344 ... 87
        2. Vorwerfbare Beteiligung ... 352 ... 88
        3. Berufung auf Notwehr ... 353 ... 88
        4. Objektive Bedingung der Strafbarkeit ... 354 ... 88
        5. Zeitpunkt der Beteiligung ... 359 ... 89

## 4. Kapitel
**Straftaten gegen die persönliche Freiheit** ... 363 ... 90

## § 8 Freiheitsberaubung und Nötigung ... 363 ... 90
    I. Der Schutz der persönlichen Freiheit im Strafrecht ... 364 ... 90
        1. Systematischer Überblick ... 364 ... 90
        2. Geschützte Rechtsgüter ... 368 ... 91
    II. Die Freiheitsberaubung ... 370 ... 91
        1. Schutzgut ... 370 ... 91
        2. Tathandlungen ... 372 ... 92
        3. Qualifikationen ... 377 ... 93
        4. Konkurrenzfragen ... 378 ... 93
    III. Die Nötigung ... 380 ... 94
        1. Schutzgut und Tathandlung ... 380 ... 94
        2. Gewalt als Nötigungsmittel ... 383 ... 95
        3. Drohung mit einem empfindlichen Übel ... 401 ... 99
        4. Nötigungserfolg ... 417 ... 104
        5. Subjektiver Tatbestand ... 419 ... 104
        6. Rechtswidrigkeit der Nötigung ... 421 ... 105
        7. Problemhinweise zum Selbststudium ... 434 ... 108

## § 9 Entziehung Minderjähriger, Kinderhandel und Geiselnahme ... 435   109

   I. Entziehung Minderjähriger ... 436   109
      1. Neufassung und Systematik ... 436   109
      2. Schutzgüter, Tatobjekte, Täterkreis ... 438   110
      3. Tathandlungen und Tatmittel ... 439   110
      4. Qualifikationen ... 443   111
   II. Kinderhandel ... 445   112
      1. Systematik und Schutzgut ... 445   112
      2. Täterkreis, Tathandlungen und qualifizierende Merkmale ... 446   112
   III. Die Geiselnahme ... 449   113
      1. Systematik und Schutzbereich ... 450   113
      2. Tathandlungen und Tatvollendung ... 453   114
      3. Probleme beim Zwei-Personen-Verhältnis ... 458   116
      4. Erfolgsqualifizierung ... 459   117
      5. Konkurrenzfragen ... 462   118

## 5. Kapitel
## Straftaten gegen die Ehre ... 463   118

## § 10 Der Ehrenschutz im Strafrecht ... 463   118

   I. Ehrbegriff, Ehrenschutz und Beleidigungsfähigkeit ... 464   118
      1. Ehrbegriff und Schutzobjekt ... 464   118
      2. Beleidigungsfähigkeit natürlicher Personen ... 467   119
      3. Beleidigungsfähigkeit von Personengemeinschaften und Verbänden ... 468   119
      4. Beleidigung unter einer Kollektivbezeichnung ... 472   120
      5. Mittelbare Beleidigung ... 476   121
   II. Der Kundgabecharakter der Beleidigung ... 479   122
      1. Voraussetzungen der Kundgabe ... 479   122
      2. Ausführungen im Kreis eng Vertrauter ... 481   122
      3. Vollendung der Ehrverletzung ... 487   123
   III. Die Verfolgbarkeit der Beleidigung ... 488   124

## § 11 Die Beleidigungstatbestände und ihre speziellen Rechtfertigungsgründe ... 489   124

   I. Systematischer Überblick ... 489   124
   II. Die Verleumdung ... 491   124
      1. Verleumderische Beleidigung ... 492   125
      2. Kreditgefährdung und qualifizierte Verleumdung ... 496   126

*Inhaltsverzeichnis*

|  |  |  |
|---|---|---|
| III. Die üble Nachrede | 497 | 126 |
|    1. Unrechtstatbestand | 498 | 127 |
|    2. Nichterweislichkeit der ehrenrührigen Tatsache | 499 | 127 |
|    3. Abgrenzung zu beleidigenden Meinungsäußerungen | 504 | 128 |
| IV. Die Beleidigung | 507 | 129 |
|    1. Übersicht | 508 | 129 |
|    2. Bedeutung des Wahrheitsbeweises | 513 | 130 |
| V. Die besonderen Rechtfertigungsgründe im Bereich des Ehrenschutzes | 514 | 131 |
|    1. Allgemeine und besondere Rechtfertigungsgründe | 515 | 131 |
|    2. Wahrnehmung berechtigter Interessen | 517 | 132 |

**6. Kapitel**
**Straftaten gegen den persönlichen Lebens- und Geheimbereich und gegen sonstige persönliche Rechtsgüter** . . . . . . . . . . 522   134

**§ 12 Der Schutz des persönlichen Lebensbereichs und der privaten Geheimsphäre** . . . . . . . . . . . . . . . 522   134

|  |  |  |
|---|---|---|
| I. Systematischer Überblick | 522 | 134 |
| II. Verletzung der Vertraulichkeit des Wortes | 524 | 135 |
|    1. Schutzzweck der Vertraulichkeit des Wortes | 525 | 135 |
|    2. Tathandlungen des § 201 I | 528 | 136 |
|    3. Unbefugtheit des Handelns | 532 | 136 |
|    4. Taten iS des § 201 II | 538 | 137 |
| III. Verletzung des Briefgeheimnisses | 546 | 139 |
|    1. Geschützte Objekte | 547 | 139 |
|    2. Tathandlungen | 551 | 140 |
|    3. Unbefugtheit des Handelns | 555 | 140 |
| IV. Ausspähen von Daten | 557 | 141 |
| V. Verletzung und Verwertung fremder Privatgeheimnisse | 560 | 142 |
|    1. Schutzrichtung und Schutzgegenstände | 561 | 142 |
|    2. Begriff des Offenbarens | 566 | 143 |
|    3. Unbefugtheit des Handelns | 568 | 143 |
|    4. Verwertung fremder Geheimnisse | 571 | 144 |

**§ 13 Der Hausfriedensbruch** . . . . . . . . . . . . . . . . . . 572   144

|  |  |  |
|---|---|---|
| I. Einfacher Hausfriedensbruch | 573 | 145 |
|    1. Begriff und Bedeutung des Hausrechts | 573 | 145 |
|    2. Geschützte Räumlichkeiten | 578 | 146 |
|    3. Tathandlungen | 584 | 147 |
|    4. Tatbestandsvorsatz | 597 | 149 |

*Inhaltsverzeichnis*

      5. Rechtswidrigkeit . . . . . . . . . . . . . . . . . . . . . . 598   149
      6. Strafantrag und Konkurrenzfragen . . . . . . . . . . . . 602   150
  II. Schwerer Hausfriedensbruch . . . . . . . . . . . . . . . . . 603   150

## Teil II
## Straftaten gegen Gemeinschaftswerte

### 7. Kapitel
### Straftaten gegen die Staatsgewalt und die öffentliche Ordnung . . . . . . . . . . . . . . . . . . . 606   151

### § 14 Amtsanmaßung und Widerstand gegen die Staatsgewalt . . . . . . . . . . . . . . . . . . . . 606   151

  I. Amtsanmaßung . . . . . . . . . . . . . . . . . . . . . . . . 606   151
      1. Rechtsgut und Schutzzweck . . . . . . . . . . . . . . . . 607   151
      2. Begehungsformen . . . . . . . . . . . . . . . . . . . . . 608   151
      3. Unbefugtheit des Handelns . . . . . . . . . . . . . . . . 613   152
      4. Täterschaft . . . . . . . . . . . . . . . . . . . . . . . . . 614   152
  II. Mißbrauch von Titeln, Berufsbezeichnungen und Abzeichen . . . . . . . . . . . . . . . . . . . . . . . . 615   153
  III. Widerstand gegen Vollstreckungsbeamte . . . . . . . . . 619   153
      1. Rechtsgut und Schutzzweck . . . . . . . . . . . . . . . . 620   154
      2. Anwendungsbereich . . . . . . . . . . . . . . . . . . . . 622   154
      3. Begriff der Vollstreckungshandlung . . . . . . . . . . . 623   155
      4. Tathandlungen und Täterschaft . . . . . . . . . . . . . . 627   155
      5. Rechtmäßigkeit der Vollstreckungshandlung . . . . . . 632   157
      6. Irrtumsregelung . . . . . . . . . . . . . . . . . . . . . . 643   161
      7. Regelbeispiele für besonders schwere Fälle . . . . . . . 644   161
  IV. Gefangenenbefreiung . . . . . . . . . . . . . . . . . . . . 648   163
      1. Schutzgut und Begriff des Gefangenen . . . . . . . . . 649   163
      2. Tathandlungen und Täterschaft . . . . . . . . . . . . . . 654   164
  V. Gefangenenmeuterei . . . . . . . . . . . . . . . . . . . . . 661   165

### § 15 Siegel-, Verstrickungs- und Verwahrungsbruch . . . . . 664   166

  I. Siegelbruch . . . . . . . . . . . . . . . . . . . . . . . . . . 665   166
  II. Verstrickungsbruch . . . . . . . . . . . . . . . . . . . . . 670   167
      1. Schutzgut und Schutzgegenstand . . . . . . . . . . . . . 670   167
      2. Begehungsformen und Täterschaft . . . . . . . . . . . . 675   168
  III. Verwahrungsbruch . . . . . . . . . . . . . . . . . . . . . 678   168

*Inhaltsverzeichnis*

8. Kapitel
**Straftaten gegen die Rechtspflege** .................. 685   170

**§ 16 Falschverdächtigung, Vortäuschen einer Straftat
und Strafvereitelung** ........................ 685   170
   I. Falsche Verdächtigung ..................... 685   170
      1. Geschützte Rechtsgüter ................. 686   170
      2. Tathandlung nach § 164 I ............... 691   171
      3. Tathandlung nach § 164 II .............. 703   175
   II. Vortäuschen einer Straftat ................. 704   175
      1. Schutzzwecke ........................ 705   175
      2. Tathandlungen ....................... 706   175
   III. Strafvereitelung ......................... 717   179
      1. Systematischer Überblick ............... 718   179
      2. Verfolgungsvereitelung ................. 721   180
      3. Vollstreckungsvereitelung ............... 731   183
      4. Persönlicher Strafausschließungsgrund ..... 733   183
      5. Angehörigenprivileg ................... 735   184
      6. Strafvereitelung im Amt ................ 736   184

**§ 17 Aussagedelikte** ........................... 738   185
   I. Schutzgut und Systematik .................. 738   185
   II. Falschheit der Aussage .................... 741   186
      1. Objektive Deutung .................... 742   186
      2. Subjektive Deutung ................... 743   186
      3. Pflichtmodelle ....................... 744   186
      4. Aussagegegenstand .................... 746   187
   III. Falsche uneidliche Aussage ................. 749   188
   IV. Meineid ............................... 753   189
      1. Überblick ........................... 753   189
      2. Tathandlung und Konkurrenzen .......... 756   189
   V. Fahrlässiger Falscheid .................... 763   191
   VI. Falsche Versicherung an Eides Statt .......... 767   192
      1. Bedeutung .......................... 768   192
      2. Zuständigkeit der Behörde .............. 769   193
      3. Vermögensoffenbarung nach § 807 ZPO ... 772   193
      4. Umfang der Wahrheitspflicht in sonstigen Fällen ..... 776   194
   VII. Teilnahmeprobleme und Verleitung zur Falschaussage .... 777   195
      1. Anstiftung zu Aussagedelikten ........... 778   195
      2. Versuchte Anstiftung zur Falschaussage .... 780   195
      3. Verleitung zur Falschaussage ............ 782   196
      4. Beihilfe durch Tun und durch Unterlassen .. 786   197

## 9. Kapitel
**Urkundenstraftaten** . . . . . . . . . . . . . . . . . . . . . . . . .  787   198

### § 18 Fälschung von Urkunden, technischen Aufzeichnungen und beweiserheblichen Daten . . . . . . . . . . . . . . . .  787   198

    I. Rechtsgut, Schutzrichtung und Urkundenbegriff . . . . . . .  789   199
        1. Rechtsgut und Schutzrichtungen . . . . . . . . . . . . . .  789   199
        2. Die Merkmale des Urkundenbegriffs . . . . . . . . . . .  790   199
        3. Beweis- und Kennzeichen . . . . . . . . . . . . . . . . .  804   202
        4. Durchschriften, Ausfertigungen, Abschriften, Fotokopien, Telefaxe . . . . . . . . . . . . . . . . . . . . .  808   203
        5. Vordrucke und Urkundenentwürfe . . . . . . . . . . . . .  812   204
    II. Besondere Formen der Urkunde . . . . . . . . . . . . . . .  813   204
        1. Private und öffentliche Urkunden . . . . . . . . . . . . .  813   204
        2. Gesamturkunden . . . . . . . . . . . . . . . . . . . . . .  814   204
        3. Zusammengesetzte Urkunden . . . . . . . . . . . . . . .  816   205
    III. Herstellen unechter Urkunden . . . . . . . . . . . . . . . . .  817   205
        1. Echtheit und Unechtheit von Urkunden . . . . . . . . . .  821   206
        2. Subjektive Tatbestandsmerkmale . . . . . . . . . . . . . .  836   209
    IV. Verfälschen echter Urkunden . . . . . . . . . . . . . . . . .  840   210
        1. Verfälschungstatbestand . . . . . . . . . . . . . . . . . . .  842   210
        2. Tatbegehung durch den Aussteller . . . . . . . . . . . . .  847   212
    V. Gebrauchen unechter oder verfälschter Urkunden . . . . . .  851   213
        1. Gebrauchmachen . . . . . . . . . . . . . . . . . . . . . .  851   213
        2. Konkurrenzfragen . . . . . . . . . . . . . . . . . . . . .  853   213
    VI. Vorbereitung der Fälschung und Mißbrauch von amtlichen Ausweisen . . . . . . . . . . . . . . . . . . . .  854   214
        1. Vorbereitungshandlungen zum Mißbrauch . . . . . . . .  854   214
        2. Mißbrauch von Ausweispapieren . . . . . . . . . . . . .  856   215
    VII. Fälschung technischer Aufzeichnungen . . . . . . . . . . .  859   216
        1. Schutzgut und Tatbestandsaufbau . . . . . . . . . . . . .  859   216
        2. Begriff der technischen Aufzeichnung . . . . . . . . . .  862   216
        3. Tathandlungen . . . . . . . . . . . . . . . . . . . . . . . .  870   219
        4. Subjektiver Tatbestand . . . . . . . . . . . . . . . . . . .  876   220
        5. Begehen durch Unterlassen . . . . . . . . . . . . . . . .  877   220
    VIII. Fälschung beweiserheblicher Daten . . . . . . . . . . . . .  882   221

### § 19 Urkundenunterdrückung und Falschbeurkundung . . . .  885   222

    I. Vernichtung und Unterdrückung von Urkunden, technischen Aufzeichnungen und beweiserheblichen Daten .  885   222
        1. Schutzzweck . . . . . . . . . . . . . . . . . . . . . . . . .  886   222
        2. Gegenstand der Tat in § 274 I Nr 1 . . . . . . . . . . . .  888   223

*Inhaltsverzeichnis*

    3. Tathandlungen . . . . . . . . . . . . . . . . . . . . . . . . . . 890   223
    4. Konkurrenzfragen . . . . . . . . . . . . . . . . . . . . . . . . 898   224
    5. Tatobjekt und Tathandlungen in § 274 I Nr 2 . . . . . . . . 899   224
 II. Falschbeurkundung . . . . . . . . . . . . . . . . . . . . . . . . . . 900   225
    1. Überblick . . . . . . . . . . . . . . . . . . . . . . . . . . . . . . 902   225
    2. Besonderheiten öffentlicher Urkunden . . . . . . . . . . . 905   226
    3. Mittelbare Falschbeurkundung . . . . . . . . . . . . . . . . 913   228

## 10. Kapitel
**Geld- und Wertzeichenfälschung** . . . . . . . . . . . . . . . . . . . 919   229

**§ 20 Geldfälschung, Inverkehrbringen von Falschgeld, Fälschung von Wertzeichen, Zahlungskarten und Euroscheckvordrucken** . . . . . . . . . . . . . . . . . 919   229
  I. Überblick . . . . . . . . . . . . . . . . . . . . . . . . . . . . . . . . 920   230
 II. Geldfälschung . . . . . . . . . . . . . . . . . . . . . . . . . . . . 922   230
    1. Begriff des Geldes . . . . . . . . . . . . . . . . . . . . . . . . 922   230
    2. Tathandlungen . . . . . . . . . . . . . . . . . . . . . . . . . . 925   231
III. Inverkehrbringen von Falschgeld . . . . . . . . . . . . . . . . 936   235
    1. Verhältnis des § 147 zu § 146 I Nr 3 . . . . . . . . . . . . 936   235
    2. Anwendungsbereich des § 147 . . . . . . . . . . . . . . . 937   235
    3. Fallbeispiele . . . . . . . . . . . . . . . . . . . . . . . . . . . 939   236
IV. Wertpapier- und Wertzeichenfälschung . . . . . . . . . . . 942   238
    1. Geschützte Wertpapiere . . . . . . . . . . . . . . . . . . . 942   238
    2. Fälschung amtlicher Wertzeichen . . . . . . . . . . . . . 943   238
 V. Fälschung von Zahlungskarten und Vordrucken
    für Euroschecks . . . . . . . . . . . . . . . . . . . . . . . . . . 946   239

## 11. Kapitel
**Gemeingefährliche Straftaten und Verkehrsdelikte** . . . . . . . 948   240

**§ 21 Brandstiftung** . . . . . . . . . . . . . . . . . . . . . . . . . . . . . . 951   241
  I. Systematischer Überblick . . . . . . . . . . . . . . . . . . . . 952   241
 II. Arten vorsätzlicher Brandstiftung . . . . . . . . . . . . . . . 955   242
    1. Brandstiftung nach § 306 . . . . . . . . . . . . . . . . . . 956   243
    2. Schwere Brandstiftung nach § 306a . . . . . . . . . . . 961   245
    3. Besonders schwere Brandstiftung nach § 306b . . . . 971   247
    4. Brandstiftung mit Todesfolge nach § 306c . . . . . . . 973   248
III. Fahrlässige Brandstiftung nach § 306d . . . . . . . . . . . 975   249

## § 22 Straßenverkehrsgefährdung, unerlaubtes Entfernen vom Unfallort und Trunkenheit im Verkehr ....... 976 250

    I. Die Verkehrsdelikte im Überblick ............. 977 250
    II. Gefährliche Eingriffe in den Straßenverkehr ........ 979 251
    III. Gefährdung des Straßenverkehrs .............. 983 252
        1. Begriff des Fahrzeugführens ............... 984 253
        2. Absolute und relative Fahruntüchtigkeit ........ 986 253
        3. Gefahrverursachung ................... 990 255
        4. Vorsatz und Fahrlässigkeit ................ 995 256
        5. Hinweise zu § 315c I Nr 2 ............... 997 256
    IV. Unerlaubtes Entfernen vom Unfallort .......... 999 257
        1. Schutzzweck ...................... 999 257
        2. Tatbestand ....................... 1004 259
        3. Rechtswidrigkeit .................... 1020 264
        4. Strafbare Teilnahme .................. 1023 264
    V. Trunkenheit im Verkehr ................. 1024 265

## § 23 Vollrausch und Unterlassen der Hilfeleistung ....... 1027 265

    I. Vollrausch ........................ 1028 266
        1. Strafgrund ....................... 1028 266
        2. Unrechtstatbestand ................... 1031 267
        3. Objektive Bedingung der Strafbarkeit .......... 1035 268
        4. Konkurrenzfragen ................... 1040 270
    II. Unterlassene Hilfeleistung ................ 1042 270
        1. Schutzzweck ...................... 1042 270
        2. Unglücksfall, gemeine Gefahr oder Not ......... 1043 271
        3. Umfang der Hilfspflicht ................ 1045 271
        4. Vorsatz ......................... 1049 272
        5. Konkurrenzfragen ................... 1051 273

## 12. Kapitel
## Straftaten gegen die Umwelt .................. 1052 273

## § 24 Umweltschutz und Umweltstrafrecht ........... 1052 273

    I. Allgemeiner Überblick .................. 1052 273
        1. Die Reform des Umweltstrafrechts ........... 1052 273
        2. Kritische Einwände .................. 1054 274
        3. Geschützte Rechtsgüter ................ 1057 275
        4. Gesetzesüberblick ................... 1058 275
        5. Verwaltungsrechtliche Akzessorietät .......... 1059 276
        6. Strafbarkeit von Amtsträgern .............. 1065 277

*Inhaltsverzeichnis*

    II. Verunreinigung eines Gewässers . . . . . . . . . . . . . . . 1068   278
        1. Gewässerbegriff . . . . . . . . . . . . . . . . . . . . . . . . 1069   278
        2. Verunreinigung und nachteilige Veränderung . . . . . . . 1071   279
        3. Unbefugtheit des Handelns . . . . . . . . . . . . . . . . . 1073   279
   III. Umweltgefährdende Abfallbeseitigung . . . . . . . . . . . 1077   280
        1. Abfallbegriff . . . . . . . . . . . . . . . . . . . . . . . . . 1078   280
        2. Tathandlungen . . . . . . . . . . . . . . . . . . . . . . . . 1082   281
        3. Tatbestandsvorsatz . . . . . . . . . . . . . . . . . . . . . 1085   282
        4. Schutz von Tier- und Pflanzenbeständen . . . . . . . . . . 1087   282
        5. Minima-Klausel . . . . . . . . . . . . . . . . . . . . . . . 1089   283
   IV. Erschwerungsgründe . . . . . . . . . . . . . . . . . . . . . . 1090   283

**13. Kapitel**
**Straftaten im Amt** . . . . . . . . . . . . . . . . . . . . . . . . . . 1095   284

**§ 25 Bestechungsdelikte** . . . . . . . . . . . . . . . . . . . . . . 1097   286
    I. Systematischer Überblick . . . . . . . . . . . . . . . . . . . 1098   286
        1. Sonderdelikte – Allgemeindelikte . . . . . . . . . . . . . 1098   286
        2. Schutzgut . . . . . . . . . . . . . . . . . . . . . . . . . . . 1106   288
        3. Vorteil für sich (diesen) oder einen Dritten . . . . . . . . 1107   288
   II. Vorteilsannahme . . . . . . . . . . . . . . . . . . . . . . . . 1108   289
        1. Unrechtstatbestand . . . . . . . . . . . . . . . . . . . . . . 1108   289
        2. Genehmigung . . . . . . . . . . . . . . . . . . . . . . . . . 1113   290
   III. Bestechlichkeit . . . . . . . . . . . . . . . . . . . . . . . . . 1114   291
        1. Objektiver Tatbestand . . . . . . . . . . . . . . . . . . . . 1114   291
        2. Tatbestandsvorsatz . . . . . . . . . . . . . . . . . . . . . . 1117   291
        3. Qualifizierung . . . . . . . . . . . . . . . . . . . . . . . . 1120   292
   IV. Vorteilsgewährung und Bestechung . . . . . . . . . . . . . . 1121   292

**§ 26 Rechtsbeugung** . . . . . . . . . . . . . . . . . . . . . . . . 1126   294
    I. Allgemeines . . . . . . . . . . . . . . . . . . . . . . . . . . . 1127   294
   II. Der Tatbestand der Rechtsbeugung . . . . . . . . . . . . . . 1129   295
        1. Leitung oder Entscheidung einer Rechtssache . . . . . . 1130   295
        2. Tathandlung . . . . . . . . . . . . . . . . . . . . . . . . . . 1133   296
        3. Tatbestandlicher Erfolg . . . . . . . . . . . . . . . . . . . 1136   297
        4. Tatbestandsvorsatz . . . . . . . . . . . . . . . . . . . . . . 1138   298
   III. Rechtswidrigkeit und Vorwerfbarkeit der Tat . . . . . . . . 1140   298
        1. Eingreifen von Rechtfertigungsgründen . . . . . . . . . . 1140   298
        2. Unrechtsbewußtsein . . . . . . . . . . . . . . . . . . . . . 1141   298
        3. Ergänzender Hinweis . . . . . . . . . . . . . . . . . . . . 1143   298

*Sachverzeichnis* . . . . . . . . . . . . . . . . . . . . . . . . . . . . . . . . . . . . . 301

# Abkürzungsverzeichnis

| | |
|---|---|
| aA | anderer Ansicht |
| aaO | am angegebenen Ort |
| abl. | ablehnend |
| Abs. | Absatz |
| AE | Alternativ-Entwurf eines Strafgesetzbuches |
| aF | alte Fassung |
| AG | Amtsgericht |
| AK- | Alternativkommentar zum Strafgesetzbuch *(-Bearbeiter)* |
| allg. | allgemein |
| Alt. | Alternative |
| AMG | Arzneimittelgesetz |
| Anm. | Anmerkung |
| ARSP | Archiv für Rechts- und Sozialphilosophie |
| Art. | Artikel |
| AT | Allgemeiner Teil |
| Aufl. | Auflage |
| | |
| BayObLG | Bayerisches Oberstes Landesgericht |
| BayObLGSt | Entscheidungen des Bayerischen Obersten Landesgerichts in Strafsachen |
| BBG | Bundesbeamtengesetz |
| Bd. | Band |
| BDO | Bundesdisziplinarordnung |
| BeurkG | Beurkundungsgesetz |
| BGB | Bürgerliches Gesetzbuch |
| BGBl | Bundesgesetzblatt (Teil, Seite) |
| BGH | Bundesgerichtshof |
| BGHSt | Entscheidungen des Bundesgerichtshofes in Strafsachen |
| BGHZ | Entscheidungen des Bundesgerichtshofes in Zivilsachen |
| BNotO | Bundesnotarordnung |
| BRAO | Bundesrechtsanwaltsordnung |
| BR-Drucks. | Bundesrats-Drucksache |
| BT | Besonderer Teil |
| BT-Drucks. | Bundestags-Drucksache |
| BtMG | Betäubungsmittelgesetz |
| BVerfG | Bundesverfassungsgericht |
| BVerfGE | Entscheidungen des Bundesverfassungsgerichts |
| BVerwG | Bundesverwaltungsgericht |
| BVerwGE | Entscheidungen des Bundesverwaltungsgerichts |
| bzw | beziehungsweise |
| | |
| CR | Computer und Recht |
| | |
| DAR | Deutsches Autorecht |
| dh | das heißt |
| Diss. | Dissertation |

*Abkürzungsverzeichnis*

| | |
|---|---|
| DJT | Deutscher Juristentag |
| DRiZ | Deutsche Richterzeitung |
| | |
| E 1962 | Entwurf eines Strafgesetzbuches 1962 |
| EGStGB | Einführungsgesetz zum Strafgesetzbuch |
| EheG | Ehegesetz |
| Einl. | Einleitung |
| Erg. | Ergebnis |
| EU | Europäische Union |
| evtl. | eventuell |
| EzSt | Entscheidungen zum Straf- und Ordnungswidrigkeitenrecht |
| | |
| f | die folgende |
| FamRZ | Zeitschrift für das gesamte Familienrecht |
| ff | die folgenden |
| FGG | Gesetz über die Angelegenheiten der freiwilligen Gerichtsbarkeit |
| FS | Festschrift |
| | |
| GA | Goltdammer's Archiv für Strafrecht |
| GedS | Gedächtnisschrift |
| GenStA | Generalstaatsanwalt |
| GG | Grundgesetz |
| ggf | gegebenenfalls |
| GrS | Großer Senat für Strafsachen |
| GVG | Gerichtsverfassungsgesetz |
| | |
| HESt | Höchstrichterliche Entscheidungen in Strafsachen |
| hL | herrschende Lehre |
| hM | herrschende Meinung |
| HRR | Höchstrichterliche Rechtsprechung |
| Hrsg. | Herausgeber |
| | |
| idF | in der Fassung |
| idR | in der Regel |
| ieS | im engeren Sinn |
| InsO | Insolvenzordnung |
| ioS | im obigen Sinn |
| iS | im Sinne |
| iwS | im weiteren Sinn |
| | |
| JA | Juristische Arbeitsblätter |
| JGG | Jugendgerichtsgesetz |
| JMBlNW | Justizministerialblatt für das Land Nordrhein-Westfalen |
| JR | Juristische Rundschau |
| Jura | Juristische Ausbildung |
| JuS | Juristische Schulung |
| JW | Juristische Wochenschrift |
| JZ | Juristenzeitung |
| | |
| KastrG | Kastrationsgesetz |
| KG | Kammergericht |

| | |
|---|---|
| KJ | Kritische Justiz |
| KO | Konkursordnung |
| krit. | kritisch |
| KrW-/AbfG | Kreislaufwirtschafts- und Abfallgesetz vom 27.9.1994 |
| | |
| L | Lernbogen der Juristischen Schulung (JuS) |
| Lb | Lehrbuch |
| LG | Landgericht |
| LK- | Leipziger Kommentar zum Strafgesetzbuch (*-Bearbeiter*) |
| LM | Entscheidungen des Bundesgerichtshofes im Nachschlagewerk von Lindenmaier, Möhring ua |
| LZ | Leipziger Zeitschrift |
| | |
| MDR | Monatsschrift für Deutsches Recht |
| MDR/D [H] | Rechtsprechung des BGH in MDR bei *Dallinger* [*Holtz*] |
| MedR | Medizinrecht |
| MRK | Konvention zum Schutz der Menschenrechte |
| MschrKrim | Monatsschrift für Kriminologie und Strafrechtsreform |
| mwN | mit weiteren Nachweisen |
| | |
| NdsRpfl | Niedersächsische Rechtspflege |
| nF | neue Fassung |
| NJ | Neue Justiz |
| NJW | Neue Juristische Wochenschrift |
| NK- | Nomos-Kommentar zum Strafgesetzbuch (*-Bearbeiter*) |
| Nr | Nummer(n) |
| NStE | Neue Entscheidungssammlung für Strafrecht |
| NStZ | Neue Zeitschrift für Strafrecht |
| NZV | Neue Zeitschrift für Verkehrsrecht |
| | |
| OGHSt | Entscheidungen des Obersten Gerichtshofes für die Britische Zone in Strafsachen |
| ÖJZ | Österreichische Juristenzeitung |
| OLG | Oberlandesgericht |
| OLG-NL | OLG-Rechtsprechung Neue Länder |
| OLGSt | Entscheidungen der Oberlandesgerichte zum Straf- und Strafverfahrensrecht (zitiert nach Paragraphen und Seite) |
| OWiG | Gesetz über Ordnungswidrigkeiten |
| | |
| Pkw | Personenkraftwagen |
| Prot. | Protokoll(e) |
| PStG | Personenstandsgesetz |
| | |
| RGBl | Reichsgesetzblatt (Teil, Seite) |
| RGSt | Entscheidungen des Reichsgerichts in Strafsachen |
| Rn | Randnummer(n) |
| RPflG | Rechtspflegergesetz |
| | |
| S. | Satz, Seite |
| SchKG | Schwangerschaftskonfliktgesetz idF vom 21.8.1995 |

*Abkürzungsverzeichnis*

| | |
|---|---|
| SchlHA | Schleswig-Holsteinische Anzeigen |
| SchwZStr | Schweizerische Zeitschrift für Strafrecht |
| SFHG | Schwangeren- und Familienhilfegesetz vom 27.7.1992 |
| SFHÄndG | Schwangeren- und Familienhilfeänderungsgesetz vom 21.8.1995 |
| SK- | Systematischer Kommentar zum StGB *(-Bearbeiter)* |
| sog. | sogenannt |
| S/S- | Schönke-Schröder, Strafgesetzbuch *(-Bearbeiter)* |
| StÄG | Gesetz zur Änderung des Strafrechts |
| StGB | Strafgesetzbuch |
| StPO | Strafprozeßordnung |
| StraFo | Strafverteidiger-Forum |
| StREG | Strafrechtsreform-Ergänzungsgesetz vom 28.8.1975 |
| StrRG | Gesetz zur Reform des Strafrechts |
| StV | Strafverteidiger |
| StVG | Straßenverkehrsgesetz |
| StVO | Straßenverkehrsordnung |
| StVollzG | Strafvollzugsgesetz |
| StVZO | Straßenverkehrszulassungsordnung |
| | |
| TPG | Transplantationsgesetz vom 5.11.1997 |
| | |
| ua | unter anderem, und andere |
| UKG | Gesetz zur Bekämpfung der Umweltkriminalität |
| usw | und so weiter |
| uU | unter Umständen |
| UWG | Gesetz gegen den unlauteren Wettbewerb |
| | |
| VerkMitt | Verkehrsrechtliche Mitteilungen |
| vgl | vergleiche |
| VOR | Zeitschrift für Verkehrs- und Ordnungswidrigkeitenrecht |
| VRS | Verkehrsrechts-Sammlung (Band, Jahr und Seite) |
| VVG | Gesetz über den Versicherungsvertrag |
| | |
| WHG | Wasserhaushaltsgesetz |
| WiKG | Gesetz zur Bekämpfung der Wirtschaftskriminalität |
| WStG | Wehrstrafgesetz |
| | |
| zB | zum Beispiel |
| ZfW | Zeitschrift für Wasserrecht |
| ZMR | Zeitschrift für Miet- und Raumrecht |
| ZPO | Zivilprozeßordnung |
| ZRP | Zeitschrift für Rechtspolitik |
| ZStW | Zeitschrift für die gesamte Strafrechtswissenschaft (Band, Jahr und Seite) |
| zT | zum Teil |
| zust. | zustimmend |
| ZVG | Gesetz über die Zwangsversteigerung und die Zwangsverwaltung |

# Literaturverzeichnis

| | |
|---|---|
| AK-StGB | Alternativkommentar zum Strafgesetzbuch, Band 3, 1986 (herausgegeben von *Wassermann*). Zitiert: AK-*Bearbeiter* |
| *Arzt/Weber* | Strafrecht, Besonderer Teil, LH 1: Delikte gegen die Person, 3. Auflage 1988; LH 2: Delikte gegen die Person (Randbereich), 1983; LH 5: Delikte gegen den Staat, gegen Amtsträger und durch Amtsträger, 1982 |
| *Blei* | Strafrecht II, Besonderer Teil, 12. Auflage 1983 |
| *Bockelmann* | Strafrecht, Besonderer Teil/2, Delikte gegen die Person, 1977; Besonderer Teil/3, Ausgewählte Delikte gegen Rechtsgüter der Allgemeinheit, 1980 |
| *Dencker/Struensee/ Nelles/Stein* | Einführung in das 6. Strafrechtsreformgesetz 1998, 1998. Zitiert: Autor(in), Einführung |
| *Eser* | Strafrecht III, Delikte gegen die Person und Gemeinschaftswerte, 2. Auflage 1981; Strafrecht IV, Vermögensdelikte, 4. Auflage 1983 |
| *Frank* | Das Strafgesetzbuch für das Deutsche Reich, 18. Auflage 1931 |
| *Gössel* | Strafrecht, Besonderer Teil, Band 1, Delikte gegen immaterielle Rechtsgüter des Individuums, 1987 |
| *Hettinger* | Entwicklungen im Strafrecht und Strafverfahrensrecht der Gegenwart, 1997 |
| *Hillenkamp* | 40 Probleme aus dem Strafrecht, Besonderer Teil, 8. Auflage 1997 |
| *Jescheck/Weigend* | Lehrbuch des Strafrechts, Allgemeiner Teil, 5. Auflage 1996 |
| *Kienapfel* | Grundriß des österreichischen Strafrechts, Besonderer Teil I, Delikte gegen Persönlichkeitswerte, 3. Auflage 1990 |
| *Krey* | Strafrecht, Besonderer Teil, Band 1, 11. Auflage 1998 |
| *Küper* | Strafrecht, Besonderer Teil. Definitionen mit Erläuterungen, 3. Auflage 1999 |
| *Küpper* | Strafrecht, Besonderer Teil 1, Delikte gegen Rechtsgüter der Person und Gemeinschaft, 1996 |
| *Lackner/Kühl* | Strafgesetzbuch, 23. Auflage 1999 |
| Leipziger Kommentar | Strafgesetzbuch, 10. Auflage 1978/89; 11. Auflage 1992 ff (Stand: 2. Lieferung 2000). Zitiert: LK-*Bearbeiter* |
| *Maurach-Schroeder- Maiwald* | Strafrecht, Besonderer Teil, Teilband 1, Straftaten gegen Persönlichkeits- und Vermögenswerte, 8. Auflage 1995; Teilband 2, Straftaten gegen Gemeinschaftswerte, 8. Auflage 1999. Zitiert: *Maurach-Bearbeiter*, BT 1 oder 2 |
| NK-StGB | Nomos-Kommentar zum Strafgesetzbuch, Gesamtredaktion *Neumann* und *Schild*, 1. Auflage 1995. Zitiert: NK-*Bearbeiter* |
| *Otto* | Grundkurs Strafrecht, Die einzelnen Delikte, 5. Auflage 1998. Zitiert: *Otto*, BT |
| *Rengier* | Strafrecht, Besonderer Teil II. Delikte gegen die Person und Allgemeinheit, 2. Auflage 1999. Zitiert: *Rengier*, BT II |
| *Roxin* | Strafrecht, Allgemeiner Teil Band I. Grundlagen. Der Aufbau der Verbrechenslehre, 3. Auflage 1997 |
| *Schmidhäuser* | Strafrecht, Besonderer Teil, 2. Auflage 1983 |

*Literaturverzeichnis*

| | |
|---|---|
| *Schnarr/Hennig/ Hettinger* | Reform des Sanktionenrechts:Alkohol als Strafmilderungsgrund – Vollrausch – Actio libera in causa, 2000. Zitiert: Autor in *Schnarr* ua, Reform |
| *Schönke-Schröder* | Strafgesetzbuch, 25. Auflage 1997, fortgeführt von *Lenckner, Cramer, Eser* und *Stree*. Zitiert: S/S-*Bearbeiter* |
| SK-StGB | Systematischer Kommentar zum Strafgesetzbuch, Band 2, Besonderer Teil, 6. Auflage 1995 ff (Stand: 50. Lieferung), von *Rudolphi, Horn, Günther, Hoyer* und *Samson*. Zitiert: SK-*Bearbeiter* |
| *Tröndle/Fischer* | Strafgesetzbuch, 49. Auflage 1999 |
| *Ulsenheimer* | Arztstrafrecht in der Praxis, 2. Auflage 1998 |
| *Welzel* | Das deutsche Strafrecht, 11. Auflage 1969 |
| *Wessels/Beulke* | Strafrecht, Allgemeiner Teil. Die Straftat und ihr Aufbau, 30. Auflage 2000 |
| *Wessels/Hillenkamp* | Strafrecht, Besonderer Teil. Straftaten gegen Vermögenswerte, 23. Auflage 2000. Zitiert: *Wessels/Hillenkamp*, BT/2 |

# Festschriftenverzeichnis

Im Text zitiert sind Beiträge aus den Fest- und Gedächtnisschriften für

| | |
|---|---|
| *Jürgen Baumann* | Bielefeld 1992 |
| *Günther Bemmann* | Baden-Baden 1997 |
| *Paul Bockelmann* | München 1979 |
| *Karlheinz Boujong* | München 1996 |
| *Erwin Deutsch* | Köln 1999 |
| *Eduard Dreher* | Berlin, New York 1977 |
| *Karl Engisch* | Frankfurt am Main 1969 |
| *Gerald Gründwald* | Baden-Baden 1999 |
| *Ernst-Walter Hanack* | Berlin, New York 1999 |
| *Heidelberg* | Festschrift der Juristischen Fakultät Heidelberg zur 600 Jahr-Feier der Ruprecht-Karls Universität Heidelberg; Heidelberg 1986 |
| *Ernst Heinitz* | Berlin 1972 |
| *Heinrich Henkel* | Berlin, New York 1974 |
| *Hans Joachim Hirsch* | Berlin, New York 1999 |
| *Hans-H. Jescheck* | Berlin 1985 |
| *Günther Kaiser* | Internationale Perspektiven in Kriminologie und Strafrecht, Berlin 1998 |
| *Armin Kaufmann* | Gedächtnisschrift, Köln, Berlin, Bonn, München 1989 |
| *Arthur Kaufmann* | Strafgerechtigkeit, Heidelberg 1993 |
| *Hilde Kaufmann* | Gedächtnisschrift, Berlin, New York 1986 |
| *Theodor Kleinknecht* | Strafverfahren im Rechtsstaat, München 1985 |
| *Ulrich Klug* | Köln 1983 |
| *Martin Kriele* | Staatsphilosophie und Rechtspolitik, München 1997 |
| *Günther Küchenhoff* | Recht und Rechtsbesinnung, Gedächtnisschrift, Berlin 1987 |
| *Karl Lackner* | Berlin, New York 1987 |
| *Theodor Lenckner* | München 1998 |
| *Reinhart Maurach* | Karlsruhe 1972 |
| *Hellmuth Mayer* | Beiträge zur gesamten Strafrechtswissenschaft, Berlin 1966 |
| *Karlheinz Meyer* | Gedächtnisschrift, Berlin, New York 1991 |
| *Koichi Miyazawa* | Baden-Baden 1995 |
| *Haruo Nishihara* | Baden-Baden 1998 |
| *Dietrich Oehler* | Köln, Berlin, Bonn, München 1985 |
| *Gerd Pfeiffer* | Strafrecht, Unternehmensrecht, Anwaltsrecht, Köln 1988 |
| *Paul-Günter Pötz* | 140 Jahre Goldammer's Archiv für Strafrecht, Heidelberg 1993 |
| *Kurt Rebmann* | München 1989 |
| *Hannskarl Salger* | Straf- und Strafverfahrensrecht, Recht und Verkehr, Recht und Medizin, Köln, Berlin, Bonn, München 1995 |
| *Werner Sarstedt* | Berlin, New York 1981 |
| *Rudolf Schmitt* | Tübingen 1992 |
| *Hans J. Schneider* | Berlin, New York 1998. |
| *Horst Schröder* | Gedächtnisschrift, München 1978 |
| *Erich Schwinge* | Köln, Bonn 1973 |
| *Günter Spendel* | Berlin, New York 1992 |
| *W. Stree / J. Wessels* | Beiträge zur Rechtswissenschaft, Heidelberg 1993 |
| *Herbert Tröndle* | Berlin, New York 1989 |

*Festschriftenverzeichnis*

*Hans Welzel*           Berlin, New York 1974
*Ernst A. Wolff*       Berlin 1998
*Heinz Zipf*           Gedächtnisschrift, Heidelberg 1999

Teil I
# Straftaten gegen Persönlichkeitswerte

1. Kapitel
## Straftaten gegen das Leben

## § 1 Der Lebensschutz im Strafrecht

> **Fall 1:** Frau F bringt in einer Privatklinik ein Kind zur Welt, das an schweren Mißbildungen leidet. Die mit ihr eng befreundete Hebamme H tötet das Kind, um ihm ein qualvolles Schicksal und der F seelisches Leid zu ersparen. Mit der Erklärung, das Kind sei an Atemlähmung gestorben, verbirgt H den wahren Sachverhalt vor F.
> Hat H sich strafbar gemacht? Ist es von Bedeutung, ob die Lebensfähigkeit des Kindes durch die Mißbildungen beeinträchtigt war oder nicht?

1

> H hat im **Fall 1** einen anderen Menschen vorsätzlich getötet; sie kann sich daher des Totschlags (§ 212) schuldig gemacht haben. Zu prüfen ist, wie weit die Schutzfunktion dieser Norm reicht.

### I. Der Grundsatz des absoluten Lebensschutzes

„Jeder hat das Recht auf Leben und körperliche Unversehrtheit" (Art. 2 II 1 GG). Mit dieser zentralen Aussage räumt das Grundgesetz dem menschlichen Leben im Wertgefüge der Grundrechtsnormen den höchsten Rang und zugleich Anspruch auf den ungeteilten Schutz der Rechtsordnung ein (vgl BVerfGE 39, 1, 42). Daraus folgt im Strafrecht für den Bereich der §§ 211 bis 216, 222 der **Grundsatz des absoluten Lebensschutzes:** Das Leben des Menschen genießt Schutz ohne Rücksicht auf die Lebensfähigkeit, die Lebenserwartung oder das Lebensinteresse des einzelnen, auf das Alter des Rechtsgutsträgers und seinen Gesundheitszustand, auf seine gesellschaftliche Funktionstüchtigkeit und die ihm von anderen entgegengebrachte Werteinschätzung (siehe auch Rn 185). Selbst bei schwersten Mißbildungen oder geistigen Defekten gibt es für die rechtliche Beurteilung kein „*lebensunwertes Leben*" oder gar die Befugnis zu dessen Vernichtung. Wie § 216 zeigt, unterliegt das Leben als schutzwürdiges Rechtsgut auch nicht der Verfügungsgewalt seines Trägers; für die geltende Rechtsordnung ist es prinzipiell unantastbar und unverzichtbar.

2

3   H ist somit (unabhängig von der *Lebensfähigkeit* und der *Lebenserwartung* des Kindes) gemäß § 212 zu bestrafen. Ihre Tat ist weder zu rechtfertigen noch zu entschuldigen. Die besondere Tragik des Falles hat nur Bedeutung für das Strafmaß (vgl § 213 und dazu Rn 171; näher *Arthur Kaufmann*, JZ 82, 481; *R. Schmitt*, Klug-FS, S. 329).

## II. Beginn und Ende des strafrechtlichen Lebensschutzes

4   **Fall 2:** Frau F nimmt im 5. Schwangerschaftsmonat mehrere Eingriffe an sich vor, um ihre Schwangerschaft abzubrechen. Nach dem letzten Eingriff setzen bei ihr Wehen ein, die zur Ausstoßung der Leibesfrucht führen. Das vorzeitig geborene Wesen hat bereits ausgeprägte Körperformen; es lebt, bewegt seine Gliedmaßen und stößt piepsend klingende Laute aus. Um seinen Tod zu beschleunigen, drückt F es zwei Minuten lang fest in die Matratze, bis jede Regung erloschen ist (näher BGHSt 10, 291).
Wie ist die Tötung des lebend geborenen, aber noch nicht lebensfähigen Wesens strafrechtlich zu beurteilen?

### 1. Abgrenzung zwischen Tötungsdelikten und Schwangerschaftsabbruch

5   Ein Verhalten wie das in **Fall 2** geschilderte berührt den Anwendungsbereich des § 218 und des § 212. Beide Vorschriften unterscheiden sich durch die Art des **geschützten Rechtsguts** und des **Angriffsobjekts**.

6   Schutzgut des § 218 ist das **keimende (= noch ungeborene) Leben** als ideeller Wert der Sozialordnung und als Entwicklungsstufe der menschlichen Persönlichkeit (vgl BVerfGE 39, 1; 88, 203; siehe auch S/S-*Eser*, Rn 9 vor § 218 mwN). Objekt der Tat ist die *Leibesfrucht* der Schwangeren, auf deren Abtötung der Schwangerschaftsabbruch gerichtet ist.

7   Im **Fall 2** stellt sich zu § 218 die Frage, ob die Abtreibungshandlungen der F zu einem *vollendeten* oder nur zu einem *versuchten* Schwangerschaftsabbruch geführt haben (näher dazu Rn 240). Weiterhin bedarf es insoweit der Prüfung, wann das „Menschsein" beginnt.

8   Geschütztes Rechtsgut bei den §§ 211 ff ist dagegen das (die Basis der personalen Existenz bildende) **menschliche Leben**. Gegenstand des Angriffs und Objekt der Tat ist hier ein **anderer Mensch**.

### 2. Der Beginn des Menschseins

9   **Mensch** im Sinne des Strafrechts wird die Leibesfrucht einer Frau (abweichend von § 1 BGB) nicht erst mit der Vollendung, sondern schon mit dem **Beginn der Geburt**, und zwar mit dem Einsetzen der die Fruchtausstoßung einleitenden **Eröffnungswehen** (BGHSt 31, 348; 32, 194) oder – bei operativer Entbindung – mit Vor-

nahme des die Eröffnungsperiode ersetzenden ärztlichen Eingriffs. Das ließ sich bisher aus § 217 (**Kindestötung**) ableiten, dessen Wegfall an dem für die Einordnung einer Tat als Schwangerschaftsabbruch oder als Tötungsdelikt ieS maßgeblichen Kriterium – „in" der Geburt – aber nichts ändern soll (vgl BT-Drucks. 13/8587, S. 34, 81; *Jäger,* JuS 00, 31; siehe auch BGHSt 31, 348, 351 mwN; zweifelnd *Struensee*, Einführung, S. 29; krit. zur Rechtslage *Gropp*, GA 00, 1).

Der Grund für diese Grenzziehung liegt darin, daß § 218 keinen Schutz gegen eine nur *fahrlässig* verursachte Abtötung der Leibesfrucht bietet und auch nicht bieten will, weil dies die Lebensführung der Schwangeren in unerträglicher Weise einschränken und ihr für die Dauer der Schwangerschaft jede mit Risiken verbundene Betätigung (zB Radfahren, Reiten, körperliche Anstrengungen beim Hausputz usw) untersagen würde. Da andererseits aber gerade der Geburtsvorgang als solcher eine erhöhte Gefahrenquelle für das Kind darstellt, läßt sich die **Schutzfunktion** des Strafrechts für diese Zeitphase nur dadurch voll zur Geltung bringen, daß das Kind **schon während der Geburt** dem Anwendungsbereich der Tötungs- und Körperverletzungsvorschriften unterstellt wird, bei denen *vorsätzliche* und *fahrlässige* Verletzungshandlungen mit Strafe bedroht sind. Lehrreich dazu *Lüttger*, NStZ 83, 481; JR 71, 133 und in Heinitz-FS, S. 359 mwN. 10

Der normale Geburtsvorgang beginnt auch nach medizinischer Auffassung mit den **Eröffnungswehen**. Diese Wehen, die in kurzen Intervallen auftreten, erweitern den Gebärmutterhalskanal und den äußeren Muttermund bis zur vollen Durchgängigkeit. Die ihnen nachfolgenden Treib- und Preßwehen befördern sodann das Kind durch die unteren Abschnitte des Geburtsweges aus dem Mutterleib heraus. Ob die Eröffnungswehen spontan eintreten oder medikamentös herbeigeführt werden, ist unter dem Blickwinkel des Strafrechts und der hier auftauchenden Abgrenzungsfragen belanglos. **Beginn der Geburt** ist bei einer normalen Entbindung immer erst ihr **tatsächliches Einsetzen** und nicht etwa die Vornahme darauf abzielender Maßnahmen (vgl BGHSt 32, 194). Bei operativer Entbindung ist auf das Öffnen des Uterus abzustellen (*Küper*, BT S. 134; *S/S-Eser*, Rn 13 vor § 211). 11

Für die strafrechtliche Beurteilung bildet der **Beginn der Geburt** demnach eine **Zäsur**, mit der das Leibesfruchtstadium endet und das **Menschsein anfängt**. Bei der Frage, ob Verletzungshandlungen vom Anwendungsbereich des § 218 oder der §§ 211, 212, 222 erfaßt werden, stellt die hM zutreffend auf die **Objektqualität** des von der Tat betroffenen Lebewesens (als Leibesfrucht oder als Mensch) **im Zeitpunkt der schädigenden Einwirkung** ab (näher BGHSt 31, 348, 352; OLG Karlsruhe NStZ 85, 314; *Armin Kaufmann*, JZ 71, 569; *Lackner/Kühl*, Rn 3 vor § 211; LK-*Jähnke*, Rn 15 vor § 211; SK-*Horn*, § 212 Rn 4). Maßgebend in dieser Hinsicht ist also nicht der Augenblick des *Erfolgseintritts*, sondern der Zeitpunkt, in welchem die zu einer Verletzung führende Handlung auf das Tatobjekt **schädigend einwirkt**, sich dort also auszuwirken beginnt. 12

Infolgedessen ist lediglich § 218 anzuwenden, wenn die Tathandlung sich gegen eine „Leibesfrucht" richtet und diese dadurch abgetötet wird, daß der Eingriff die Frühgeburt eines zwar lebenden, aber noch *lebensunfähigen Kindes* herbeiführt, das nach der Geburt *ohne weitere Einwirkung* auf sein Leben stirbt (BGHSt 10, 5; 31, 348, 352). Andererseits liegt (neben dem vorausgegangenen Verstoß gegen § 218) ein **vollendetes Tötungsdelikt** vor, wenn infolge der Abtreibungshandlung ein lebendes Kind zur Welt kommt, das nach der Geburt durch einen **neuen Angriff** auf sein Leben getötet wird (vgl BGHSt 10, 291; 13, 21; näher dazu Rn 240). 13

**14** Im **Fall 2** hat F dadurch, daß sie das lebend geborene Kind in die Matratze gedrückt und getötet hat, den Tatbestand des Totschlags (§ 212) verwirklicht.

**15** Der Grundsatz, daß es auf die Objektsqualität des von der Tat betroffenen Lebewesens **im Einwirkungszeitpunkt** ankommt, gilt auch dann, wenn es sich nicht um eine vorsätzliche Tötung, sondern um eine *fahrlässige* Todesverursachung handelt. Dies folgt aus dem Gebot einer einheitlichen Auslegung der Tötungstatbestände, das es nicht zuläßt, den Schutzbereich des § 222 anders zu bestimmen als den einer vorsätzlichen Tötung.

**16** BGHSt 31, 348, 352 sagt dazu mit Recht, jede andere Auslegung sei mit dem Willen des Gesetzgebers unvereinbar, der eine *fahrlässige* Schädigung der Leibesfrucht aus wohlerwogenen Gründen straflos gelassen habe. Die strafrechtlichen Konsequenzen, die sich daraus ergeben, sind insbesondere bei **medizinischen Behandlungsfehlern** im Schwangerschaftsstadium von weitreichender Bedeutung: Fahrlässige pränatale Handlungen mit postnatalen Schadensfolgen werden weder von § 222 noch von § 229 erfaßt, wenn die betroffene Leibesfrucht nach der schädigenden Einwirkung das Stadium des Menschseins erreicht (Beispiel: Eine fehlerhafte medikamentöse Behandlung oder Bestrahlung hat eine Schädigung der Leibesfrucht zur Folge, die bei dem später geborenen Kind zum baldigen Tode führt oder als dauernde körperliche oder geistige Behinderung in Erscheinung tritt). Der gegenteiligen Entscheidung des LG Aachen (JZ 71, 507; vgl dazu Rn 246), das im Contergan-Verfahren aus nicht strafbaren Leibesfruchtverletzungen strafbare Körperverletzungen konstruiert hatte, ist durch BGHSt 31, 348 die Grundlage entzogen worden (zutreffend *Hirsch*, Anm. JR 85, 336; *Lüttger*, NStZ 83, 481, 485). Dabei ist es belanglos, ob das konkrete sorgfaltswidrige Verhalten in einem *positiven Tun* oder in einem *pflichtwidrigen Unterlassen* bestand. Die damit verbundenen Lücken im Strafrechtsschutz können nur durch den Gesetzgeber geschlossen werden (siehe zu Fällen dieser Art auch § 95 AMG sowie BVerfG NJW 88, 2945; OLG Karlsruhe NStZ 85, 314).

### 3. Gentechnik und Fortpflanzungsmedizin

**17** In den vorstehend erörterten Schutzbereich fallen nicht Eingriffe der **Gentechnik** und der **Fortpflanzungsmedizin**, wie etwa die künstliche Veränderung der Erbinformationen menschlicher Keimbahnzellen, die extrakorporale Befruchtung, Forschungsexperimente an den dabei erzeugten Embryonen, die Vermittlung der sog. Leihmutterschaft und dergleichen; auf sie bezieht sich das Gesetz zum Schutz von Embryonen vom 13.12.1990 (BGBl I 2746).

**18** Das Embryonenschutzgesetz bedroht mit Strafe ua die mißbräuchliche Anwendung von Fortpflanzungstechniken, die mißbräuchliche Verwendung menschlicher Embryonen, die Züchtung von genetisch identischen Menschen (Klonen) sowie die sog. Chimären- und Hybridbildung. Siehe zu diesem noch nicht abschließend geregelten Fragenkreis *Arthur Kaufmann*, Rechtsphilosophische Reflexionen über Biotechnologie und Bioethik, JZ 87, 837; *Keller*, Rechtliche Schranken der Humangenetik, JR 91, 441 sowie Klonen, Embryonenschutzgesetz und Biomedizin-Konvention, Lenckner-FS, S. 477; *Losch*, Lebensschutz am Lebensbeginn, NJW 92, 2926; *F.-C. Schroeder*, Die Rechtsgüter des Embryonenschutzgesetzes, Miyazawa-FS, S. 533; *Sternberg-Lieben*, Fortpflanzungsmedizin und Strafrecht, NStZ 88, 1. Weitere Hinweise bei *Tröndle/Fischer*, Rn 18 ff vor § 218.

## 4. Das Ende des Lebensschutzes

Der strafrechtliche Lebensschutz **endet** mit dem **Tod des Menschen**. Mangels gesetzlicher Bestimmung des Begriffs des Todes und der Kriterien zur Feststellung seines Eintritts orientierte die hM sich bisher an den Erkenntnissen der naturwissenschaftlich-medizinischen Wissenschaft. Diese hatte zur Festlegung des Todeszeitpunkts zunächst auf den endgültigen Stillstand von Kreislauf und Atmung abgestellt (sog. *klinischer* Tod). Durch den medizinisch-technischen Fortschritt (insbesondere die Einführung maschineller Beatmung und die moderne Intensivmedizin), aber auch infolge des wachsenden Interesses an der Nutzung der Möglichkeiten der Transplantationsmedizin, ist dieser **klassische Todesbegriff** in den letzten Jahrzehnten jedoch zunehmend in Frage gestellt worden (näher S/S-*Eser*, Rn 16 ff vor § 211):

19

**Fall 3:** Nach einem Unfall wird der Patient P mit schweren Schädelverletzungen in eine Klinik eingeliefert, operiert und an ein Beatmungsgerät angeschlossen, das Kreislauf und Atmung des tief bewußtlosen P künstlich in Gang hält. Etliche Zeit später zeigt die Messung der Hirnstromkurve im Elektroenzephalogramm eine absolute Null-Linie; andere Kontrollmaßnahmen ergeben ebenfalls, daß die Gehirntätigkeit bei P vollständig erloschen ist. Den Entschluß der Ärzte, den P an dem Beatmungsgerät zu belassen und seine Nieren demnächst für eine Organtransplantation zu verwenden, vereitelt die Stationsschwester S dadurch, daß sie die Apparatur während ihres Nachtdienstes eigenmächtig abschaltet. Hat S den Tatbestand des § 212 verwirklicht?

20

Würde man hier den klassischen Todesbegriff zugrunde legen, wäre P beim Abschalten der Apparatur durch S noch ein „lebender Mensch" iS des § 212 gewesen, da sein Kreislauf und seine Atmung bis dahin nicht zum Stillstand gekommen waren. Sein Zustand nach dem vollständigen Absterben des Gehirns läßt sich jedoch mit den natürlichen Voraussetzungen des „Lebens" und des „Menschseins" nicht mehr in Einklang bringen, da mit dem **Organtod des Gehirns** das *Lebenszentrum* des Menschen zerstört und seine individuelle Existenz erloschen ist. Während Kreislauf und Atmung auch nach ihrem Versagen reaktiviert und mit modernen Geräten *künstlich* in Gang gehalten werden können, ist der völlige Ausfall aller Gehirnfunktionen stets irreversibel. Menschlich-personales Leben **endet** daher unwiderruflich, wenn das **Gehirn als Ganzes** abstirbt und seine Funktionen für immer einstellt. Demgemäß ist entsprechend den neueren wissenschaftlichen Erkenntnissen unter dem **Eintritt des Todes** nicht der Stillstand des Herzens und der Atmung (= Herztod), sondern das endgültige **Erlöschen aller Gehirnfunktionen** (= Hirntod) zu verstehen (so schon bisher die hM; näher dazu *Heun*, JZ 96, 213; *Imbach* in Roxin/Schroth (Hrsg.), Medizinstrafrecht, 2000, S. 189; *Steffen*, NJW 97, 1619; *Sternberg-Lieben*, JA 97, 80; *Spittler* JZ 97, 747; eingehend zur aA *Rixen*, Lebensschutz am Lebensende, 1999; ferner ua *Höfling*, JZ 95, 26; *Tröndle/Fischer*, Rn 3b vor § 211). Keine Gefolgschaft gefunden hat *Dencker*, NStZ 92, 311, mit dem Vorschlag, anstelle des Hirntodes schon den endgültigen, nicht mehr umkehrbaren Bewußtseinsverlust im Sterbeprozeß genügen zu lassen (abl. *Joerden*, NStZ 93, 268; *Mitsch*, JuS 95, 787, 790; *Puppe*, Anm. JR 92, 511, 513).

21

22 Das Transplantationsgesetz (TPG) vom 5.11.1997 (BGBl I 2631) hat nunmehr als Todes*kriterium* (=Voraussetzung für eine zulässige Organentnahme) den sog. **Hirntod** bestimmt (*Lackner/Kühl*, Rn 4 vor § 211; *Merkel*, Jura 99, 113). Er wird in § 3 II Nr 2 TPG definiert als der endgültige, nicht behebbare Ausfall der Gesamtfunktionen des Großhirns, des Kleinhirns und des Hirnstamms (dazu *Küper*, BT S. 269; einen Überblick zum TPG gibt *Deutsch*, NJW 98, 777).

23 Im **Fall 3** war P daher beim Abschalten des Geräts durch S kein taugliches Tötungsobjekt iS des § 212 mehr.

24 Der **Hirntod** pflegt dem Herzstillstand binnen 4 bis 10 Minuten nachzufolgen. Er wird bei künstlich beatmeten Patienten meistens verursacht durch eine akute hochgradige Drucksteigerung innerhalb des Hirnschädels, die zum Stillstand der Hirndurchblutung führt. Nach spätestens 10 Minuten hat dies den irreversiblen Ausfall der integrativen Hirnfunktion zur Folge. Damit sind alle Steuerungsvorgänge des Gehirns endgültig erloschen und die Voraussetzungen entfallen, die für jedes personale menschliche Leben unabdingbar sind.

25 Das TPG hat die *Kennzeichen* des Hirntodes (wie etwa Bewußtlosigkeit, Ausfall der Spontanatmung, Lichtstarre beider Pupillen, Fehlen der Hirndurchblutung und der Hirnnervenreflexe) sowie der *Methoden*, mit deren Hilfe sich sein Eintritt feststellen läßt, *nicht* festgelegt. § 3 I Nr 2, II Nr 2 TPG verweisen insoweit auf (Verfahrens-)Regeln, die dem Stand der Erkenntnisse der medizinischen Wissenschaft entsprechen (müssen). § 16 TPG befugt die Bundesärztekammer, für diesen Bereich **Richtlinien** aufzustellen. Gemäß § 15 I 2 TPG begründet deren Einhaltung sodann die Vermutung, daß der (jeweilige) Stand der wissenschaftlichen Erkenntnisse gewahrt ist. Der Wissenschaftliche Beirat der Bundesärztekammer hatte die notwendigen Kriterien schon in einer Resolution vom 4.2.1982 niedergelegt (veröffentlicht mit Erläuterungen von *Schreiber*, JZ 83, 593). Die 3. Fortschreibung 1997 dieser „Richtlinien zur Feststellung des Hirntodes mit Ergänzungen gemäß TPG" ist abgedruckt im Deutschen Ärzteblatt 98, 1861. Zum Zustimmungsproblem *Lackner/Kühl*, § 168 Rn 5 und *Tröndle*, Hirsch-FS, S. 779.

26 Ein Problem, das auch mit dem Todes*begriff* zusammenhängt, bildet die in jüngerer Zeit aktuell gewordene Frage, ob **anencephale Neugeborene** von vornherein als „hirntot" anzusehen sind und daher mit Zustimmung ihrer Eltern unmittelbar nach ihrer Geburt als Organspender (insbesondere für eine Nierentransplantation) verwendet werden dürfen. Als **Anencephalie** bezeichnet man eine Mißbildung in der embryonalen Entwicklung, bei der das Großhirn sowie das Zwischen- und Mittelhirn fehlen. Da der Hirnstamm jedoch vorhanden und funktionstüchtig ist, können Kinder mit dieser Anlagestörung lebend zur Welt kommen. Ist das der Fall, worauf Herzschlag und Atmung oder Saug- und Schluckreflexe hindeuten, greift der strafrechtliche Lebensschutz ein (wie bei anderen Mißbildungen auch). Daß solche Geschöpfe keinerlei Überlebenschance haben und idR wenige Tage nach der Geburt sterben, ist ohne Belang. Hirntot sind sie erst, wenn ihr **Gehirn als Ganzes** unter Einschluß des Stammhirns abgestorben ist (§ 3 II Nr 2 TPG). Vor diesem Zeitpunkt dürfen ihre Organe somit nicht zu Transplantationszwecken entnommen werden; Umgehungsversuche lassen sich nicht durch medizinische Nützlichkeitserwägun-

gen rechtfertigen (*Lackner/Kühl*, Rn 4 vor § 211 mwN; lehrreich dazu *Isemer/Lilie*, MedR 88, 66; siehe zum Ganzen auch *Gescher*, Rechtsprobleme des Schwangerschaftsabbruchs bei Anenzephalen, 1994, S. 44 ff).

## III. Euthanasie und Sterbehilfe

**Fall 4:** Der Rentner R ist unheilbar an Krebs erkrankt. Als seine Schmerzen schier unerträglich werden, setzt der Arzt A seinen Qualen mit einer tödlich wirkenden Überdosis Morphium ein Ende.
**a)** Hat A sich strafbar gemacht? Spielt es eine Rolle, ob sein Handeln dem Wunsch des R oder der nächsten Angehörigen entsprach?
**b)** Ändert sich die Beurteilung, wenn A dem R bis zum natürlichen Lebensende nur zum Zwecke der Schmerzlinderung Morphium verabreicht, die erforderliche Einzeldosis aber nach und nach steigern muß und dies im Einvernehmen mit R auch auf die Gefahr einer damit verbundenen Lebensverkürzung hin tut?
**c)** Wie liegt es, wenn der Zustand des R sich bei zunehmenden Atemstörungen hoffnungslos verschlechtert und A unter Verzicht auf kreislaufanregende Injektionen und auf den Einsatz eines Beatmungsgeräts dem Sterbeprozeß seinen Lauf läßt?

27

### 1. Euthanasie als gezielte Lebensverkürzung

Der strafrechtliche Lebensschutz dauert bis zum Tode; er kommt auch dem unheilbar Kranken und dem Todgeweihten zugute (vgl BGHSt 7, 287). **Aktive** (direkte) **Euthanasie** *zum Zwecke* der **schmerzlosen Tötung** eines Sterbenden oder hoffnungslos Dahinsiechenden ist daher widerrechtlich und strafbar (*Lackner/Kühl*, Rn 6 f vor § 211 mwN). Ein etwaiges Todesverlangen des Lebensmüden vermag daran ebensowenig etwas zu ändern (sein Selbstbestimmungsrecht wird durch § 216 beschränkt) wie die Zustimmung seiner nächsten Angehörigen. Das **Verbot**, andere zu töten (§§ 211 ff), untersagt jedermann – auch dem Arzt – alle *aktiv* ins Werk gesetzten Maßnahmen, die eine Lebensverkürzung bezwecken, also darauf abzielen, den Eintritt des Todes zu beschleunigen (vgl BGHSt 37, 376; 40, 257; *Geilen*, Spendel-FS, S. 519; *Langer*, JR 93, 133; *Schick*, Zipf-GedS, S. 393; *Tröndle/Fischer*, Rn 14 vor § 211).

28

Eine begrenzte Zulassung aktiver Euthanasie in Form der Mitleidstötung oder ein Strafverzicht bei der Tötung auf Verlangen ist schon wiederholt gefordert worden (vgl *Arthur Kaufmann*, MedR 83, 121; *Otto*, Jura 99, 434, 441, jeweils mwN); nach hM soll jedoch selbst in dieser Hinsicht eine Lockerung des Tötungsverbots unannehmbar sein, da dies zu einer Relativierung des Lebensschutzes führe, die Achtung vor dem Leben untergrabe, reinen Nützlichkeitserwägungen Raum gebe, den Gefahren des Mißbrauchs nicht zu begegnen vermöge und das Vertrauensverhältnis zwischen Patienten und Ärzteschaft erschüttern würde (so *Hirsch*, Lackner-FS, S. 597, 614; *Tröndle/Fischer*, Rn 14 vor § 211 mwN). Auch der 56. Deutsche Juri-

**§ 1** *Der Lebensschutz im Strafrecht*

stentag hat diesen Standpunkt mit großer Mehrheit eingenommen (siehe NJW 86, 3073). Eine Kritik dieser „Tabuisierung des Lebens" bietet *Hoerster*, Sterbehilfe im säkularen Staat, 1998 (Gesetzgebungsvorschlag S. 167). Abweichend ferner *Jakobs*, Tötung auf Verlangen, Euthanasie und Strafrechtssystem, 1998, S. 25 ff, 29; er folgert aus der rechtspraktisch zugelassenen Sterbehilfe, daß es objektiv vernünftige Motive für das Verlangen gebe, den Tod einem Weiterleben vorzuziehen. Das Verbot des § 216 sei demgemäß auf ein Verlangen zu reduzieren, „das nicht als objektiv vernünftig feststeht". Zur Diskussion über die Zulassung aktiver Sterbehilfe instruktiv *Roxin* in Roxin/Schroth (Hrsg.), Medizinstrafrecht, 2000, S. 87, 103 ff.

29   Im **Fall 4a** hat A sich somit gemäß §§ 212, 213 oder – nur bei einem von R selbst ausgehenden Todesverlangen – nach § 216 strafbar gemacht.

30   Infolge der zunehmenden „Manipulierbarkeit" des Todeszeitpunkts durch den medizinisch-technischen Fortschritt stellen sich heute eine Reihe von Problemen, auf deren sachgerechte Lösung die derzeitigen Normen nicht zugeschnitten sind (vgl auch S/S-*Eser*, Rn 32b vor § 211): Was muß (§§ 223, 13) oder darf ein Arzt tun, um quälende Schmerzen oder Angstzustände seines moribunden Patienten zu lindern? Wann endet das Recht oder die Pflicht, ein zu Ende gehendes Leben „künstlich" zu verlängern (zu dieser Sterbephase siehe Rn 35 und BGHSt 40, 257, 260)? Was soll gelten, wenn das Grundleiden des Kranken oder Verletzten zwar unumkehrbar („irreversibel") ist, der Sterbevorgang aber noch nicht eingesetzt hat? Welche Rolle spielt jeweils der erklärte oder mutmaßliche Wille des Betroffenen? Nach welchem Maßstab und von wem ist zu entscheiden, wenn insoweit keine Feststellungen möglich sind? Der unklar gewordenen Gesetzeslage entsprechend fallen die unter dem nicht einheitlich verwendeten Begriff **Sterbehilfe** (vgl etwa *Saliger*, JuS 99, 16) diskutierten Lösungsansätze unterschiedlich aus.

### 2. Reine Sterbebegleitung und indirekte Sterbehilfe

31   **Reine** (oder: echte) **Sterbebegleitung** liegt vor, wenn einem Sterbenden *schmerzlindernde* („palliative") oder *bewußtseinsdämpfende* Mittel verabreicht werden, die mit keinerlei Lebensverkürzung verbunden sind; soweit dies mit ausdrücklicher oder mutmaßlicher Einwilligung des Patienten geschieht, ist es zweifellos nicht strafbar (näher *Roxin* in Roxin/Schroth [Hrsg.], Medizinstrafrecht, 2000, S. 87, 88 f). Um Gewährung sog. **indirekter Sterbehilfe** (Hilfe für den Sterbenden beim Sterben) handelt es sich, wenn Art und Dosierung der Medikamente bei höhergradigen und lang anhaltenden Schmerzen das Risiko lebensverkürzender Nebenwirkungen in sich bergen. Eine solche lindernde Medikation entsprechend dem erklärten oder mutmaßlichen Patientenwillen wird nach ganz hM bei einem Sterbenden nicht dadurch unzulässig, daß sie als **unbeabsichtigte**, aber in Kauf genommene **unvermeidbare Nebenfolge** den Todeseintritt beschleunigen kann (BGHSt 42, 301 mit Anm. *Dölling*, JR 98, 161; vgl auch *Schöch*, NStZ 97, 409; aA *Gössel*, BT/1 § 2

Rn 30, 32). Umstritten ist allerdings die Begründung, wobei sich zwei Hauptlinien herausgebildet haben.

Nach verbreiteter Meinung (*Wessels*, BT/1, 21. Aufl. 1997, Rn 25) ist eine so geartete Behandlung ihrem **sozialen Gesamtsinn** nach etwas ganz anderes als eine „Tötungshandlung" iS der §§ 212, 216. Sie richte sich nämlich nicht *gegen* das Leben, sondern bilde die einzige Möglichkeit, mit deren Hilfe der Arzt dem ohnehin erlöschenden **Leben noch dienen** und es für den Leidenden erträglich gestalten könne (zust. *Herzberg*, NJW 96, 3043, 3048; *Tröndle/Fischer*, Rn 17 vor § 211; vgl auch LK-*Jähnke*, Rn 15, 17 vor § 211). **32**

Für die heute überwiegende Ansicht steht hingegen die Tötungshandlung außer Frage (*Merkel*, JZ 96, 1145, 1147; *Otto*, BT § 6 Rn 33 und Jura 99, 434, 440; *Roxin* in Roxin/Schroth [Hrsg.], Medizinstrafrecht, 2000, S. 87, 90). Jedoch soll die Tat gemäß § 34 gerechtfertigt sein, sofern das Handeln des Arztes nicht dem erklärten oder mutmaßlichen Willen seines Patienten widerspricht (vgl auch *Kutzer*, NStZ 94, 110, 114 f; *Lackner/Kühl*, Rn 7 vor § 211 mwN). Der 3. Strafsenat des BGH hat sich in diesem Meinungsstreit nicht entschieden, den Rückgriff auf § 34 jedoch für zulässig erachtet, weil die Ermöglichung eines Todes in Würde und Schmerzfreiheit gemäß dem Patientenwillen ein **höherwertiges Rechtsgut** sei „als die Aussicht, unter schwersten, insbesondere sog. Vernichtungsschmerzen noch kurze Zeit länger leben zu müssen" (BGHSt 42, 301, 305; krit. zum Rückgriff auf § 34 *Herzberg*, NJW 96, 3043, 3045). Diese „Notstandslösung" ist angesichts § 216 eine Behelfskonstruktion, um das von der derzeitigen Gesetzeslage gebotene Ergebnis zu vermeiden. Eine dem Sachproblem angemessene Berücksichtigung des **sozialen Sinn- und Bedeutungsgehalts** des Geschehens bedarf unbedingt einer gesetzlichen Regelung. **33**

Im **Fall 4b** fehlt es nach dem Gesagten entweder schon an einer dem A zur Last fallenden Tötungshandlung, oder es ist die Rechtswidrigkeit dieser Handlung zu verneinen (zu weiteren Begründungswegen siehe S/S-*Eser*, Rn 26 vor § 211). **34**

### 3. Sterbehilfe durch Sterbenlassen

Im Mittelpunkt der neueren Diskussion steht zumeist die Frage nach der Zulässigkeit der **Sterbehilfe durch Sterbenlassen** (sog. passive Sterbehilfe oder Euthanasie; Hilfe beim Sterben). Dabei geht es um Fälle, in denen der Arzt von vornherein keine Maßnahmen ergreift, weil er erkannt hat, daß der unheilbar Kranke nicht mehr zu retten ist, oder in denen er – wie im **Fall 4c** – nach Erkennen ihrer *Aussichtslosigkeit* seine Bemühungen aufgibt, dem natürlichen Prozeß des Sterbens seinen Lauf läßt und davon absieht, Leben und Todeskampf des Patienten durch Stimulantien und den Einsatz aller verfügbaren Apparaturen „um jeden Preis" zu verlängern. Hier stellt sich nicht nur die Frage nach der *Handlungspflicht* des Arztes, sondern auch die Frage nach seinem *Behandlungsrecht* (vgl insoweit BGHSt 32, 367, 378). **35**

§ 1   *Der Lebensschutz im Strafrecht*

Allgemein anerkannt ist, daß dem Recht auf Leben (Art. 2 II 1 GG) ein **Recht des Menschen auf seinen natürlichen Tod** und auf ein **menschenwürdiges Sterben** entspricht. Ohne Zustimmung des Patienten oder dessen mutmaßliche Einwilligung ist daher kein Arzt zu operativen Eingriffen, zur Verabreichung von Stimulantien oder zu anderen Behandlungsmaßnahmen befugt, die den Todeszeitpunkt hinausschieben würden; ihm unvernünftig erscheinende Entscheidungen des *urteilsfähigen* Patienten hat er unter allen Umständen ebenso zu respektieren wie den Widerruf oder die Beschränkung einer zuvor bekundeten Einwilligung. Jedes eigenmächtige Vorgehen des Arztes wäre ein widerrechtlicher Eingriff in das Selbstbestimmungsrecht des Patienten über seinen Körper und in die Würde der menschlichen Persönlichkeit (BGHSt 37, 376, 378; 40, 257, 262). So wenig der Arzt sich dem Verlangen eines Todgeweihten nach der „erlösenden Spritze" fügen darf (§ 216; siehe Rn 28), so wenig darf er sich andererseits über dessen *Behandlungsveto* hinwegsetzen und ihm eine **Lebens- und Leidensverlängerung aufzwingen** (vgl auch *Lipp*, DRiZ 00, 231, 233; SK-*Horn*, § 212 Rn 26b mwN).

36  Die **Pflicht** des Arztes zur Lebenserhaltung **endet**, sobald jede Aussicht auf Rettung oder Besserung geschwunden ist und der Krankheitsverlauf die unmittelbare **Phase des Sterbens erreicht** hat, der nicht mehr abwendbare Eintritt des Todes also nahe bevorsteht. Nicht die Effizienz der medizinischen Technologie, sondern die an der Achtung des Lebens und der Menschenwürde ausgerichtete Entscheidung im Einzelfall bestimmt die Grenzen der ärztlichen Behandlungspflicht (BGHSt 32, 367, 379 f; 37, 376, 378). In diesem Stadium, der Sterbephase, ist dem Arzt der Verzicht auf lebensverlängernde Maßnahmen wie Beatmung, Bluttransfusion oder künstliche Ernährung erlaubt (BGHSt 40, 257, 260), unbeschadet der fortbestehenden Pflicht zur „Basispflege" (vgl S/S-*Eser*, Rn 31 vor § 211). Zum einseitigen, dh ohne (mutmaßliche) Einwilligung erfolgenden Behandlungsabbruch bei *irreversiblem Bewußtseinsverlust* siehe S/S-*Eser*, Rn 29 vor § 211, aber auch *Krey*, BT/1 Rn 8 f und *Otto*, Jura 99, 434, 437.

37  Der **Abbruch** von zwecklos gewordenen Behandlungsmaßnahmen, um dem unaufhaltsam verlöschenden Leben den Weg in den *natürlichen* Tod freizugeben, wird dann als unproblematisch angesehen, wenn er sich lediglich als das **Unterlassen weiterer Rettungsbemühungen** darstellt und auf dem (mutmaßlichen) Willen des Sterbenden beruht (vgl *Lackner/Kühl*, Rn 8 vor § 211 mit Hinweisen zum sog. *Patiententestament*; dazu auch *Bernat,* Deutsch-FS, S. 443). Nach hM soll in derartigen Fällen auch das **Abschalten** eines Beatmungsgeräts, also ein *positives Tun*, zulässig sein. Überwiegend wird das – an den §§ 212, 216 vorbei – damit begründet, daß ein solcher „technischer Behandlungsabbruch" seinem **sozialen Sinngehalt** nach einem Unterlassen der Weiterbehandlung gleichstehe (*Krey*, BT/1 Rn 11; *Roxin*, NStZ 87, 345, 349; S/S-*Stree*, Rn 160 vor § 13; *Tröndle/Fischer*, Rn 17 vor § 211; *Wessels/Beulke*, AT Rn 703). Die Gegenansicht lehnt zu Recht eine solche Umdeutung des positiven Tuns in ein Unterlassen ab, verneint mit unterschiedlichen Begründungen jedoch zumeist ebenfalls schon die Tatbestandsmäßigkeit, jedenfalls aber die Rechtswidrigkeit des Tuns (*Hirsch*, Lackner-FS, S. 597, 604; LK-*Jähnke*, Rn 16 f vor § 211; *Otto*, Jura 99, 434, 438; SK-*Horn*, § 212 Rn 22, 26a; zusammen-

fassend S/S-*Eser*, Rn 32 vor § 211; *Stoffers*, MDR 92, 621; krit. *Gössel*, BT/1 § 2 Rn 42 ff, der eine entschuldigende Pflichtenkollision annimmt). Schaltet *auf Verlangen* des gegen seinen Willen weiterbeatmeten Sterbenden ein **Dritter** das Reanimationsgerät ab, soll § 216 wegen Vorrangs des Selbstbestimmungsrechts nicht eingreifen (vgl nur *Lackner/Kühl*, § 216 Rn 6 mwN). Der höchst unübersichtliche Diskussionstand zur „Sterbehilfe" belegt, daß die derzeitigen gesetzlichen Regelungen dieser Materie nicht angemessen sind (siehe Rn 30; dazu auch *Eser*, JZ 86, 786, 791 und *Tröndle/Fischer*, Rn 17, 21 vor § 211).

Im **Fall 4c** verwirklicht das Untätigbleiben des A, soweit es dem (mutmaßlichen) Willen des R entspricht, somit nicht den Tatbestand des § 212. **38**

Schwierige Fragen stellen sich ferner, wenn die Behandlung eingestellt wird, obwohl die **Sterbephase noch nicht eingesetzt** hat, der Schwerstkranke also trotz aussichtsloser („infauster") Prognose uU noch viele Monate oder gar Jahre „leben" könnte, aber zu Äußerungen nicht mehr fähig ist (sog. Hilfe zum Sterben oder Sterbehilfe iwS); so etwa, wenn er das Bewußtsein unwiederbringlich verloren hat, wie beim „apallischen Syndrom" (Wachkoma), soweit die Funktion der Großhirnrinde irreversibel ausgefallen ist. Der BGH hat 1994 entschieden, daß auch ein solcher Behandlungsabbruch bei entsprechendem erklärten oder mutmaßlichen Willen des Patienten als Ausdruck seiner allgemeinen Entscheidungsfreiheit und des Rechts auf körperliche Unversehrtheit (Art. 2 II 1 GG) grundsätzlich anzuerkennen ist (BGHSt 40, 257, 260, 262; dazu *Lackner/Kühl*, Rn 8 vor § 211 und *Schöch*, Hirsch-FS, S. 693, jeweils mwN). Jedoch seien an die Annahme eines nur *mutmaßlichen* Willens im Vergleich zur „eigentlichen" Sterbehilfe (ieS = indirekte und passive) *erhöhte Anforderungen* zu stellen, um der Gefahr einer Entscheidung nach externen Maßstäben Dritter (des Arztes, der Angehörigen oder des Betreuers) vorzubeugen. Könne ein solcher Wille nicht ermittelt werden, sei auf allgemeine Wertvorstellungen zurückzugreifen, wobei im Zweifel der Schutz des Lebens Vorrang vor Überlegungen Dritter habe (näher BGHSt 40, 257, 263; aA *Ankermann*, MedR 99, 387, 390; eingehend zur Einwilligungsproblematik *Otto*, Jura 99, 434, 437 ff). Die Wirksamkeit der Einwilligung des wegen Entscheidungsunfähigkeit des Patienten bestellten Betreuers macht der BGH von der Genehmigung des Vormundschaftsgerichts analog § 1904 BGB abhängig (BGHSt 40, 257, 261 f; zust. *Lipp*, DRiZ 00, 231; *Schöch*, NStZ 95, 153, 156; zu den Maximen des Betreuerhandelns *Fröschle*, JZ 00, 72). Die Zivilgerichte beginnen, dieser vernünftigen, aber in der rechtlichen Begründung nicht zweifelsfreien Linie zu folgen (OLG Frankfurt NJW 98, 2747 mit zust. Anm. *Knieper*, aaO S. 2720 und *Verrel*, JR 99, 5 sowie Aufsatz von *Saliger*, JuS 99, 16; LG Duisburg NJW 99, 2744; aA LG München I NJW 99, 1788; *Laufs*, NJW 98, 3399; zusammenfassend *Schöch*, Hirsch-FS, S. 693, 707 ff). **39**

Beachte zum Vorstehenden auch die **Richtlinien** der Bundesärztekammer für die ärztliche Sterbebegleitung, Deutsches Ärzteblatt 98, 1690 (= NJW 98, 3406; zu den vergleichbaren Richtlinien in der Schweiz siehe NJW 96, 767). Zum Ganzen *Pelzl*, KJ 94, 179; *Roxin* in Roxin/Schroth (Hrsg.), Medizinstrafrecht, 2000, S. 87; *Scheffler* in Joerden (Hrsg.), Der **40**

§ 1 *Der Lebensschutz im Strafrecht*

Mensch und seine Behandlung in der Medizin, 1998, S. 249; *Ulsenheimer*, Arztstrafrecht, Rn 270.

### IV. Die strafrechtliche Problematik der Selbsttötung

41 **Fall 5:** Um möglichst rasch in den Genuß der Erbschaft zu gelangen, treibt A seine Adoptivmutter M planmäßig in den Tod, indem er sie in der Auffassung bestärkt, daß sie an Magenkrebs leide. Obwohl er genau weiß, daß ihre Beschwerden nur auf einer chronischen Magenschleimhautentzündung beruhen, spiegelt er ihr vor, der Hausarzt habe ihm unter dem Siegel der Verschwiegenheit anvertraut, daß sie „voll Krebs" stecke und mit einem qualvollen Ende rechnen müsse. Darauf greift M zum Strick und erhängt sich. Strafbarkeit des A?

42 **Fall 6:** Frau F ist – wie sie weiß – unheilbar an Krebs erkrankt. Sie faßt den Entschluß, freiwillig aus dem Leben zu scheiden. Ihr Ehemann E, der sie innig liebt, hat ihrem wiederholten Drängen nachgegeben und ihr eine Überdosis Schlaftabletten besorgt, die sie in seiner Gegenwart einnimmt. Zwischen dem Eintritt der Bewußtlosigkeit und dem Tod der F vergehen mehrere Stunden. E harrt während dieser Zeit geduldig bei ihr aus, ohne etwas zu ihrer Rettung zu veranlassen. Seine Absicht, der F in den Tod zu folgen, wird durch den zufälligen Besuch der Tochter T, die ihn umstimmen kann, vereitelt. Strafbarkeit des E?

#### 1. Problemübersicht

43 Die §§ 211-216, 222 setzen die Tötung eines **anderen** Menschen voraus. Wer sich selbst tötet oder zu töten versucht, verwirklicht keinen Straftatbestand. Bloße **Teilnahme an einer Selbsttötung** oder an einem Selbsttötungsversuch, dessen Begehung auf der freien und **eigenverantwortlichen Entscheidung** des Lebensmüden beruht, ist nicht strafbar, weil es insoweit an einer tatbestandsmäßigen und rechtswidrigen Haupttat iS der §§ 11 I Nr 5, 26, 27 fehlt (vgl BGHSt 24, 342; 32, 367, 371; LK-*Jähnke*, Rn 21 vor § 211; zur abweichenden Rechtslage in Österreich siehe *Kienapfel*, BT I Rn 70 ff). Dies gilt unabhängig davon, ob der am Freitod eines anderen Teilnehmende im Verhältnis zu jenem eine Garantenstellung hat oder nicht. Unter bestimmten Voraussetzungen kommt beim Veranlassen, Fördern oder Nichtverhindern einer Selbsttötung aber eine **Fremdtötung** in *mittelbarer Täterschaft*, eine Bestrafung wegen vorsätzlicher oder fahrlässiger Tötung nach den Grundsätzen der *Unterlassungstäterschaft* im Bereich der Garantenhaftung oder Strafbarkeit nach § 323c wegen *unterlassener Hilfeleistung* in Betracht.

44 Im einzelnen ist hier vieles umstritten. Die **Rechtsprechung** entbehrt einer klaren und widerspruchsfreien Linie. Zunächst war sie bestrebt, die Beteiligung Dritter am Selbsttötungsgeschehen durch die Annahme einer *generellen* Verhinderungs- oder Rettungspflicht möglichst weitgehend zu erfassen, weil sie den Willen des Lebensmüden, gleichviel ob gesund oder krank, für rechtlich bedeutungslos und unbeachtlich hielt. Bei Garanten führte das regelmäßig zur Bestrafung wegen Fremdtötung

in Form der Unterlassungstäterschaft (grundlegend BGHSt 2, 150; zur Fahrlässigkeitshaftung siehe BGH JR 55, 104) oder zumindest, wie bei Nichtgaranten, zur Bestrafung wegen unterlassener Hilfeleistung in den durch § 323c (= vormals § 330c) gezogenen Grenzen (grundlegend dazu BGHSt 6, 147). Von diesem rigorosen Standpunkt ist die Rechtsprechung gegen Ende der fünfziger Jahre teilweise abgerückt. Sie macht die Bejahung der Erfolgsabwendungspflicht für Garanten nunmehr von den konkreten Umständen im Einzelfall, von der Eigenverantwortlichkeit des Selbsttötungsentschlusses und insbesondere von der Frage abhängig, ob der untätig bleibende Garant das vom Lebensmüden in Gang gesetzte Geschehen beherrscht hat und beherrschen wollte (grundlegend BGHSt 13, 162) oder ob es an einem solchen **Täterwillen** deshalb fehlt, weil der Garant den „freiwillig-ernsthaften Selbsttötungsentschluß des Schutzbefohlenen achten wollte und sich ihm (mit bloßem **Gehilfenvorsatz**) untergeordnet hat" (OLG Düsseldorf NJW 73, 2215 mit krit. Anm. *Geilen*, NJW 74, 570). Dabei will der BGH das Tatgeschehen jedoch in höchst anfechtbarer Weise aufspalten: Nach einem beendeten Selbsttötungsversuch soll dem anwesenden oder hinzukommenden Garanten die **Tatherrschaft** stets in dem Augenblick zufallen, in welchem der Suizident bewußtlos und **handlungsunfähig** geworden ist, weil es jetzt allein von *seinem* Willen abhängt, ob der Schutzbefohlene stirbt oder der Eintritt des Todes verhindert wird (BGH NJW 60, 1821; BGHSt 32, 367, 374; näher Rn 57). Hiernach dürfte eine Ehefrau ihrem an Krebs dahinsiechenden Mann auf dessen Bitte zwar den Strick zum Erhängen reichen, ihm den Stuhl hinstellen und ihm in sonstiger Weise zur Hand gehen (= straflose Beihilfe zum Freitod durch *aktives* Tun). Beim Hineingleiten in die Schlinge und bei Eintritt der Bewußtlosigkeit müßte sie ihn aber sofort wieder abschneiden, um nicht wegen Tötung auf Verlangen in Form der Unterlassungstäterschaft nach §§ 216, 13 bestraft zu werden. Ein solches Ergebnis entspricht nicht dem Sinn des Gesetzes; es entbehrt auch einer überzeugenden Begründung. Denn wenn das vorangegangene *aktive Tun* als bloße Beihilfe zur eigenverantwortlichen Selbsttötung straflos bleibt, wäre es bei fortbestehendem Sterbewillen widersprüchlich, das diesem Tun nachfolgende *Untätigbleiben* rechtlich anders zu bewerten und es als Unterlassungstäterschaft nach §§ 216, 13 zu bestrafen.

Für das Verhältnis zwischen einem Hausarzt und seiner kranken, lebensmüden Patientin, die im voraus jedem Rettungsversuch schriftlich widersprochen hatte, hält BGHSt 32, 367 zwar an der von Widersprüchen gekennzeichneten bisherigen Rechtsprechung fest, schränkt sie jedoch durch die These ein, im Widerstreit zwischen der prinzipiellen Lebenserhaltungspflicht des Arztes und dem Gebot, das Selbstbestimmungsrecht seiner Patienten zu achten, sei die Entscheidung darüber, welche dieser beiden Pflichten im Einzelfall den **Vorrang** habe, eine an den Maßstäben der Rechtsordnung und der Standesethik auszurichtende **Frage des ärztlichen Gewissens**. Unter Hinweis darauf, daß es keine Rechtspflicht zur Erhaltung eines erlöschenden Lebens *um jeden Preis* gebe und daß im konkreten Fall die vitalen Funktionen im Organismus der bewußtlosen Suizidentin beim Hinzukommen des Arztes (jedenfalls nach dessen Überzeugung) schon schwer beeinträchtigt gewesen seien, hat der BGH den Freispruch des angeklagten Arztes im Kern wie folgt bestätigt: „Wenn der Angeklagte in dieser Grenzsituation den Konflikt zwischen der Verpflichtung zum Lebensschutz und der Achtung des Selbstbestimmungsrechts der Patientin dadurch zu lösen versuchte, daß er nicht den bequemeren Weg der Einweisung in eine Intensivstation wählte, sondern **in Respekt vor**

45

§ 1 *Der Lebensschutz im Strafrecht*

der **Persönlichkeit der Sterbenden** bis zum endgültigen Eintritt des Todes bei ihr ausharrte, so kann seine **ärztliche Gewissensentscheidung** nicht von Rechts wegen **als unvertretbar** angesehen werden." Dem wird im Ergebnis niemand widersprechen, wenngleich (neben sonstigen Schwächen in der Begründung) in methodischer Hinsicht zu beanstanden ist, daß der BGH sich mit keinem Wort dazu äußert, auf welcher Wertungsebene die angeschnittenen Fragen relevant werden und *an welcher* Strafbarkeitsvoraussetzung es in derartigen Fällen fehlen soll. Zu welchem Rätselraten über den Aussagegehalt der Entscheidung dies geführt hat, zeigt die Kontroverse zwischen *Baumann* und *Herzberg* in JZ 87, 131, 132. Zur Kritik an BGHSt 32, 367 siehe auch *Lackner/Kühl*, Rn 15 vor § 211 mwN. Inzwischen hat der 2. Strafsenat des BGH (NJW 88, 1532) zu erkennen gegeben, daß er dazu neigt, einem ernsthaften, freiverantwortlich gefaßten Selbsttötungsentschluß eine stärkere rechtliche Bedeutung beizumessen, als dies in BGHSt 32, 367 seitens des 3. Strafsenats geschehen ist.

46 Insgesamt bleibt festzuhalten, daß die Rechtsprechung im Selbsttötungsbereich von einer überzeugenden Problemlösung noch weit entfernt ist. Immerhin gibt es neben den unverkennbaren Beharrungstendenzen aber auch ermutigende Ansätze zu einer vorsichtigen, sich in kleinen Schritten vollziehenden Neuorientierung. So hat der BGH sich mittlerweile unter Annäherung an die Rechtslehre zu der richtigen Ansicht bekannt, daß die fahrlässige Ermöglichung einer freiverantwortlichen Selbsttötung (BGHSt 24, 342) oder einer eigenverantwortlichen Selbstgefährdung (BGHSt 32, 262; BGH NStZ 85, 25) in der Regel von § 222 nicht erfaßt wird (siehe aber auch Rn 302). Des weiteren ist zutreffend entschieden, daß sich aus der Wohn- und Lebensgemeinschaft zweier befreundeter Rentner nicht die Rechtspflicht ergibt, den anderen bei einer schweren Erkrankung am selbstgewollten Ableben zu hindern, sofern dieser in freier Willensbestimmung den Entschluß gefaßt hat, dem für ihn erkennbar herannahenden Tod keinen Widerstand mehr entgegenzusetzen, sondern dem dazu führenden Geschehen und dem zunehmenden Kräfteverfall seinen Lauf zu lassen (BGH NStZ 83, 117). Im Fall Hackethal hat das OLG München (NJW 87, 2940) überzeugend dargelegt, daß ein Arzt sich nicht strafbar macht, wenn er einer unheilbar erkrankten, zum Freitod entschlossenen Patientin auf deren Verlangen ein zur Selbsttötung geeignetes Mittel zur Verfügung stellt (anders *Kutzer*, NStZ 94, 110).

47 In der **Rechtslehre** sind zur Selbsttötungsproblematik zahlreiche Einzelmeinungen und Konstruktionen entwickelt worden, die keine Zustimmung verdienen: So gelangt *J. Wagner* (Selbstmord und Selbstmordverhinderung, 1975, S. 93) aus einem zweifelhaften Verfassungsverständnis zu der Annahme, Art. 2 I GG gewähre ein „Grundrecht auf Selbsttötung" (= Selbstentfaltung durch Selbstvernichtung). *Schmidhäuser* (BT 2/9 und Welzel-FS, S. 801) hält jede Teilnahme am Freitod für strafbar, weil der Tatbestand des § 212 bei *materialer* Betrachtung auch die Selbsttötung (= Tötung eines Menschen) erfasse, dem einzelnen gegenüber der Gemeinschaft die „Rechtspflicht zum Weiterleben" obliege und die „notstandsähnliche Lage der subjektiven Ausweglosigkeit" nur die *Schuld* des Lebensmüden entfallen lasse (ebenso *Klinkenberg*, JR 78, 441; JR 79, 183; unter Berufung auf angebliches Gewohnheitsrecht im Erg. ähnlich *Bringewat*, ZStW 87 [1975], 623). Diese Auffassung ist mit dem geltenden Recht unvereinbar und in all ihren Prämissen verfehlt; sie ist mit Recht auf einhellige Ablehnung gestoßen (BGHSt 32, 367, 371 ff; *Bottke*, Suizid und Strafrecht, 1982, S. 34 sowie GA 83, 22, 26; *Krey*, BT/1 Rn 98 f; S/S-*Eser*, Rn 33 vor § 211). Nicht haltbar ist ferner die von *Herzberg* (JA 85, 131, 177 ff; ZStW 91 [1979], 557, 566 ff) entwickelte Ansicht, für „Beschützergaranten" sei jede aktive oder passive Selbsttötungsbeteiligung strafbar, weil das

14

im aktiven Tun mitenthaltene oder damit verbundene *Nichtvermeiden* des Todeserfolges trotz vorhandener Rettungsmöglichkeit gemäß §§ 212, 216, 13 zur Unterlassungstäterschaft führe. Mit solchen Umdeutungsversuchen und Konstruktionen würde die Wertentscheidung des Gesetzgebers, die **Teilnahme** am echten Freitod nicht unter Strafe zu stellen, unterlaufen (zutreffend *Roxin*, Dreher-FS, S. 331, 348). Ebenso fehlt eine tragfähige Begründung für die Annahme, daß in jeder Mitwirkung an einer Selbsttötung eine *„in mittelbarer Täterschaft* bewirkte Verursachung fremden Todes" liege (so *Schilling*, JZ 79, 159; gegen diese These zutreffend *Hirsch*, Anm. JR 79, 429; *R. Schmitt*, JZ 79, 462, 464), daß *jeder* Selbsttötungswille „per se medizinisch krank und daher unfrei" sei (so *Bringewat*, JuS 75, 155, 159) oder, völlig entgegengesetzt, daß ein Suizid „das Rechtsgut Leben gar nicht verletze" (*Sax*, JZ 75, 137, 146).

Die **herrschende Ansicht** in der Rechtslehre geht davon aus, daß die aktive Teilnahme am Suizid ebenso wie die unterlassene Verhinderung nicht als Tötungsdelikt strafbar ist, wenn ihr eine **freiverantwortliche Willensentscheidung** des Lebensmüden zugrunde liegt. Umstritten ist aber, *wann* ein Selbsttötungsentschluß als *freiverantwortlich* bezeichnet werden darf und nach welchen Maßstäben diese Frage zu beurteilen ist. Eine weit verbreitete Ansicht greift hier sinnentsprechend auf die Kriterien der rechtlichen Verantwortlichkeit im Falle einer Fremdschädigung und die dafür geltenden **Exkulpationsregeln** zurück (vgl §§ 20, 35 StGB, § 3 JGG), weil daraus hervorgehe, bis zu welcher Grenze jeder für sein Tun und Lassen eigenverantwortlich einzustehen habe (vgl *Bottke*, Suizid und Strafrecht, 1982, S. 250; *Roxin*, Anm. NStZ 84, 71 und in: 140 Jahre GA-FS, S. 177 mwN). Von diesem Standpunkt aus würde es an einer freiverantwortlichen Willensentscheidung nur bei unreifen Jugendlichen, geistig Erkrankten, seelisch schwer Gestörten sowie bei Lebensmüden fehlen, die sich in einer unter § 35 fallenden Notstandslage befinden, und denen aus den genannten Gründen der Vorwurf *„schuldhaften"* Handelns erspart bleibt. Die im Vordringen begriffene Auffassung orientiert sich dagegen sinngemäß an der **Einwilligungslehre**, also an den Regeln, die sonst bei der Preisgabe eigener Rechtsgüter für die Wirksamkeit einer rechtfertigenden Einwilligung gelten (so ua *Lackner/Kühl*, Rn 13a vor § 211 mwN; *Otto*, Ernst A. Wolff-FS, S. 395, 401; *Wessels/Beulke*, AT Rn 539; ähnlich *Maurach-Schroeder*, BT 1 § 1 Rn 20; *Mitsch*, JuS 95, 787, 891). Für diese Lehrmeinung spricht, daß bei einer Verfügung über das eigene Leben an die **Mangelfreiheit der Willensbildung** keine geringeren Anforderungen gestellt werden dürfen als bei der Einwilligung in eine Körperverletzung und bei der in § 216 geforderten „Ernstlichkeit" des Sterbewillens.

48

Als maßgebende Kriterien für die **Eigenverantwortlichkeit** und Beachtlichkeit eines Selbsttötungsentschlusses kommen hiernach die **natürliche Einsichtsfähigkeit** des Lebensmüden, sein **Urteils- und Hemmungsvermögen** sowie die **Ernstlichkeit** seiner Entscheidung und die **Mangelfreiheit** seiner Willensbildung in Betracht. Von einer freien und eigenverantwortlichen Selbsttötung iS eines echten Freitodes ist nur dann auszugehen, wenn die ihr zugrunde liegende Entscheidung frei ist von Zwang, zielgerichteter Täuschung und anderen *wesentlichen* Willensmängeln und wenn der Lebensmüde nach seiner geistigen Reife wie nach seinem psychischen Zustand imstande war, die **Tragweite** seines Entschlusses sachgerecht zu erfassen und nach dieser Einsicht zu handeln.

49

§ 1 *Der Lebensschutz im Strafrecht*

50 Wie BGH NStZ 83, 117 zeigt, scheint die Rechtsprechung sich inzwischen ebenfalls an diesen Kriterien zu orientieren. Nach den Erkenntnissen der Suizidforschung (dazu *Kaiser*, Kriminologie, 3. Aufl. 1996, § 59 Rn 18) könnte das Vorliegen eines freiverantwortlichen Selbsttötungsentschlusses eher die Ausnahme als die Regel bilden; verläßliches Zahlenmaterial dazu gibt es freilich nicht (zu den weit auseinandergehenden Angaben siehe LK-*Jähnke*, Rn 27 vor § 211; S/S-*Eser*, Rn 34 vor § 211; ferner *Bochnik*, MedR 87, 216, 217; vgl zum Ganzen auch *Verrel*, JZ 96, 224).

### 2. Fremdtötung in mittelbarer Täterschaft

51 **Fremdtötung in mittelbarer Täterschaft** liegt demgemäß vor, wenn das Opfer unter dem beherrschenden Einfluß des Hintermannes durch **Zwang** (= Gewalt, Drohung, seelische Zermürbung usw), zielgerichtete **Täuschung** (wie etwa durch das Vorspiegeln der Bereitschaft, dem anderen im Rahmen der verabredeten Doppelselbsttötung in den Tod zu folgen) oder **Mißbrauch eines Abhängigkeitsverhältnisses** in den Tod getrieben wird. Das gleiche gilt, wo der die Sachlage richtig erfassende und das Geschehen zielstrebig lenkende Hintermann einen Ahnungslosen dadurch zu seinem Werkzeug und Opfer macht, daß er dessen Irrtum über einen bevorstehenden Geschehensablauf (zB die vermeintliche Ungefährlichkeit einer in Wahrheit tödlichen Droge) für seine Zwecke **ausnutzt** (= Tatherrschaft kraft überlegenen Wissens). Des weiteren sind hier die Fälle einzuordnen, in denen jemand bei voller Sachverhaltskenntnis den Suizid eines anderen veranlaßt oder aktiv fördert, der mangels geistig-seelischer Reife oder aufgrund von Defektzuständen der in § 20 umschriebenen Art **außerstande** ist, die Tragweite seines Handelns sachgerecht einzuschätzen und eine *freiverantwortliche*, sein Leben ernstlich abschließende Entscheidung zu treffen (näher LK-*Jähnke*, Rn 25 f vor § 211; S/S-*Eser*, Rn 36 f vor § 211).

52 BGHSt 32, 38 (= Siriusfall mit Anm. *Roxin*, NStZ 84, 71) führt zur Täuschungsproblematik aus, bei **Irreführung des Opfers** hänge die Abgrenzung zwischen Fremdtötung in mittelbarer Täterschaft und nicht strafbarer Teilnahme an einer Selbsttötung von **Art** und **Tragweite des Irrtums** im Einzelfall ab. Verschleiere die Täuschung (wie im dort gegebenen Fall) dem sich selbst ans Leben Gehenden die Tatsache, daß er eine Ursache für den eigenen Tod setze, so sei derjenige, der den Irrtum hervorgerufen und mit dessen Hilfe das zum Tode führende Geschehen bewußt und gewollt ausgelöst habe, **Täter** eines Tötungsdelikts **kraft überlegenen Wissens**, durch das er den Irrenden lenke und zum Werkzeug gegen sich selbst mache (lehrreich dazu *Neumann*, JuS 85, 677). BGH GA 86, 508 hat offen gelassen, ob die Vorspiegelung, gemeinsam mit dem anderen in den Tod gehen zu wollen, für sich allein zur Begründung mittelbarer Täterschaft ausreicht. Eine solche Irreführung des Opfers soll aber zumindest dann genügen, wenn der arglistig Täuschende zugleich „die Herrschaft über den von ihm geplanten Geschehensablauf fest in der Hand behalten wollte und behalten hat" (krit. dazu *Charalambakis*, GA 86, 485, nach dessen Ansicht ein Motivirrtum oder ein Irrtum über den konkreten Handlungssinn das Opfer nicht zum „Werkzeug" des Tatveranlassers macht; gegen dessen Thesen *Brandts/Schlehofer*, JZ 87, 442; *Neumann*, JA 87, 244; siehe dazu auch *Muñoz Conde*, ZStW 106 [1994], 547).

Im **Fall 5** war die von A getäuschte M zwar gewillt, ihrem Leben ein Ende zu setzen. Ihr **53** Entschluß beruhte jedoch auf der fehlgehenden Annahme, daß sie ohnehin verloren sei und mit einem qualvollen Ende rechnen müsse. A ist nach hL daher als **mittelbarer Täter** nach §§ 212, 211 II Gruppe 1 zu bestrafen, weil er die M über wesentliche (rechtsgutsbezogene) Umstände getäuscht, sie durch gezielte Irreführung in eine **seelische Zwangslage** versetzt und aus Habgier zu ihrem Verzweiflungsschritt bestimmt hat.

### 3. Unterlassungstäterschaft

Fehlt es aus den vorgenannten Gründen an einer ernst gemeinten und freiverant- **54** wortlichen Entscheidung des Opfers, so ist das Nichtverhindern des Suizids durch Garanten (= Ehegatten, Eltern, Verlobte usw) bei vorhandener Erfolgsabwendungsmöglichkeit gemäß §§ 13, 211 ff als **Tötung durch Unterlassen** zu beurteilen (= Unterlassungstäterschaft).

Das ist in Rechtsprechung und Literatur unstreitig. In Fällen dieser Art darf ein Lebensgarant **55** die Selbsttötung des Schutzbefohlenen weder durch aktives Tun (vgl Rn 50) noch durch Unterlassen fördern, denn Sinn und Inhalt der Garantenpflicht ist es gerade, nicht nur von außen drohende Lebensgefahren, sondern auch eine Selbsttötungsgefahr abzuwenden, die sich aus einer geistig-seelischen Erkrankung, Irrtum, Zwang oder aus anderen Gründen fehlender Verantwortlichkeit in der Person des Schutzbefohlenen ergibt. Nichtgaranten sind insoweit nur im Rahmen des § 323c zur Hilfeleistung verpflichtet (vgl BGHSt 32, 367, 381).

BGH GA 84, 95 hat die garantenmäßige Verpflichtung eines Ehemannes, den Tod seiner **56** handlungsunfähig gewordenen Frau abzuwenden, bei einem Sachverhalt dieser Art beispielsweise daraus hergeleitet, daß die Motivation der Lebensmüden zum Suizid durch Irrtum beeinflußt war, daß der Mann diese Fehlvorstellung durch sein Verhalten selbst hervorgerufen hatte und daß nach seiner Rückkehr der Wille seiner Frau zur Selbsttötung offensichtlich nicht mehr fortbestand.

### 4. Teilnahme an der Selbsttötung und unterlassene Hilfeleistung

**Anders** liegt es bei einem von Willensmängeln und Einsichtsfehlern unbeeinfluß- **57** ten, **freiverantwortlich gefaßten** und eigenhändig ausgeführten **Selbsttötungsentschluß**: Hier folgt aus der fehlenden Strafbarkeit der Selbsttötungsteilnahme, daß für Garanten wie für Nichtgaranten sowohl die Mitverursachung des Todeseintritts durch aktives Tun als auch die Nichtabwendung des Todeserfolges durch Unterlassen *unter dem Blickwinkel der Tötungsdelikte* nicht strafbar ist. Entgegen der bisherigen Rechtsprechung (BGHSt 2, 150; 32, 367) gilt das unabhängig davon, in welchem Stadium des Selbsttötungsgeschehens die Mitwirkung des aktiv Tätigwerdenden oder des Untätigbleibenden einsetzt. Auch dann, wenn der Lebensmüde bereits das Bewußtsein und damit die Herrschaft über das weitere Geschehen verloren hat, kann die **bloße Passivität** des hinzukommenden oder bereits anwesenden Garanten **nicht** in eine *strafbare Unterlassungstäterschaft* umgedeutet werden, falls eine durch ihn zeitlich früher geleistete aktive Selbsttötungshilfe als **Teilnahme an der Selbsttötung** nicht strafbar wäre und nichts auf eine etwaige **Sinnesänderung** des

§ 1   *Der Lebensschutz im Strafrecht*

Suizidenten hindeutet (siehe dazu S/S-*Eser*, Rn 44 vor § 211). Jede andere Lösung würde der Wertentscheidung des Gesetzgebers zuwiderlaufen, der die Förderung wie die Nichtverhinderung einer **freiverantwortlich gewählten Selbsttötung** aus dem Strafbarkeitsbereich der Tötungsdelikte hat herausnehmen wollen (näher *Gallas*, JZ 60, 649 und 689; LK-*Jähnke*, Rn 24 vor § 211; *R. Schmitt*, JZ 84, 866; 85, 365; vgl auch BGHSt 13, 162, 167).

58  Eine andere Frage ist, ob und unter welchen Voraussetzungen die durch einen Selbsttötungsversuch geschaffene Gefahrenlage als „Unglücksfall" iS des § 323c angesehen werden kann und die dort normierte Hilfspflicht auslöst. Denn während es bei §§ 13, 211ff um die Frage der **Erfolgszurechnung** und um die Erfassung des garantenpflichtwidrigen Unterlassens als „Tötungsunrecht" geht, dient § 323c allein dem Zweck, durch eine Mobilisierung der mitmenschlichen *Solidarität* drohende Schäden von dem Betroffenen abzuwenden und Schlimmeres ohne Rücksicht darauf zu verhindern, wie es zum Eintritt des Unglücksfalles gekommen ist (so jedenfalls BGHSt 32, 367, 374 ff). Von diesem Standpunkt aus besteht eine strafbewehrte Pflicht Dritter zu solidarischem Lebensschutz auch gegen den Willen des freiverantwortlich handelnden Suizidenten.

59  Im **Fall 6** hat E der aus freier Entscheidung zur Selbsttötung entschlossenen F die von ihr zur Tat benutzten Schlaftabletten besorgt. Da dieses *aktive Tun* als **Selbsttötungsbeihilfe nicht strafbar** ist, wäre es widersprüchlich, das nachfolgende *Untätigbleiben* des E anders zu bewerten und es als Unterlassungstäterschaft nach §§ 212, 216, 13 zu bestrafen (näher OLG München NJW 87, 2940; SchwurG Berlin JR 67, 269). Nach diesen Vorschriften hat E sich daher nicht strafbar gemacht.

60  Fraglich ist, ob damit zugleich die **Anwendbarkeit des § 323c** entfällt. „**Unglücksfall**" iS des § 323c ist jedes Ereignis, das die unmittelbare Gefahr eines erheblichen Schadens für andere Menschen oder fremde Sachen von bedeutendem Wert hervorruft (*Küper*, BT S. 277). Ob ein Suizidversuch als Unglücksfall begriffen werden kann, ist umstritten (näher Rn 1044 und LK-*Spendel*, § 323c Rn 48). Die hM bejaht das ab dem Eintritt der Hilfsbedürftigkeit des Suizidenten. Das Vorliegen dieser Voraussetzungen ist danach *aus der Sicht des zur Hilfe Aufgerufenen* zu beurteilen, der einer ernsten Gefahrenlage ansichtig wird (BGHSt 6, 147, 149). Ein Außenstehender vermag bei einem Selbsttötungsversuch zumeist aber nicht zu erkennen, ob der Suizident *kraft freier Entschließung* oder *nicht freiverantwortlich* gehandelt hat und ob er mit einem Rettungsversuch einverstanden ist oder nicht. Darüber hinaus besitzen Suizidversuche häufig nur Appellcharakter in dem Sinne, daß sie als Hilferuf an bestimmte Bezugspersonen des Suizidenten oder an sein Umfeld zu deuten sind (dazu *Dölling*, NJW 86, 1011, 1014). Da es nun nicht Sinn des § 323c sein kann, dem Hilfspflichtigen zunächst zeitraubende und idR fruchtlose Überlegungen in dieser Hinsicht aufzubürden, ist es jedenfalls folgerichtig, wenn die hM in den Grenzen der **Erforderlichkeit** und **Zumutbarkeit** jeden zur Hilfeleistung verpflichtet, der die Gefahrensituation wahrnimmt (so BGHSt 32, 367, 375; *Frisch*, Tatbestandsmäßiges Verhalten und Zurechnung des Erfolgs, 1988, S. 161; *Geilen*, Jura 79, 201, 208; LK-*Jähnke*, Rn 24 vor § 211; *Otto*, BT § 6 Rn 61; *Wessels*, BT/1, 21. Aufl. 1997, Rn 52).

Das gilt nach dieser Ansicht auch für **Garanten**, die nach der Entstehungsgeschichte (instruktiv LK-*Spendel*, § 323c Rn 1) und dem Sinn des Gesetzes im Falle eines *freiverantwortlich unternommenen Selbsttötungsversuchs* nicht von der allgemeinen Hilfspflicht iS des § 323c, sondern nur von der Haftung für die **Erfolgsabwendung** iS der §§ 13, 211 ff entbunden werden sollten. Allerdings bedarf die Frage der **Zumutbarkeit des Eingreifens** hier wie in allen Fällen eines Suizidversuchs sorgfältiger Prüfung (vgl BGHSt 13, 162, 169; 32, 367, 381): Wo klar auf der Hand liegt, daß der Suizident am Selbsttötungswillen festhält, keine Rettung wünscht und sich zur Wiederholung der Tat veranlaßt sähe, falls man seinen eigenverantwortlich ins Werk gesetzten Willen nicht respektiert (sog. Bilanzsuizid), ist die **Zumutbarkeit** von Rettungsbemühungen zu **verneinen**. Bedeutung hat das insbesondere gegenüber hoffnungslos Leidenden, die mit ihrem Entschluß weiteren Krankheitsqualen ein Ende setzen wollten, und für solche Personen, die ihnen bei der Realisierung des Selbsttötungswillens bereits *aktiv* Hilfe geleistet haben.

**61**

Daß § 323c zumindest dann, wenn der Lebensmüde noch Herr des Geschehens und zu freiverantwortlichem Handeln in der Lage ist, nicht zu einer Hilfeleistung verpflichtet, die seinem klar erkennbaren Willen zuwiderlaufen würde, steht außer Zweifel (BGH NStZ 83, 117).

**62**

Ein großer Teil der Rechtslehre verneint bei *freiverantwortlichem* Handeln des Lebensmüden schon das Vorliegen eines „Unglücksfalls" iS des § 323c, es sei denn der Suizident hat nach „Versuchsbeginn" seinen Entschluß, sich zu töten, aufgegeben (dazu S/S-*Eser*, Rn 44 vor § 211). Wenn die aktive Teilnahme an einem Suizid nach dem StGB nicht strafbar ist (siehe auch Rn 65), muß das auch für die passive Nichthinderung einer Selbsttötung gelten (vgl *Arzt/Weber*, BT/1 Rn 210; *Bottke* GA 83, 22, 34; LK-*Spendel*, § 323c Rn 50 ff; *Maurach-Schroeder*, BT 2 § 55 Rn 16; NK-*Seelmann*, § 323c Rn 26; *Pawlik*, GA 95, 360; *R. Schmitt*, JZ 84, 866; S/S-*Cramer*, § 323c Rn 7; SK-*Rudolphi*, § 323c Rn 8; *Sowada*, Jura 85, 75; *Tröndle/Fischer*, § 323c Rn 3a; ebenso noch BGHSt 2, 150). Diese Ansicht ist vorzuziehen. Sie vermeidet den Widerspruch, der sich ergibt, wenn man der nicht zwingend begründeten historischen Herleitung des Großen Senats in BGHSt 6, 147, 151 folgt.

**63**

> Im **Fall 6** hat E sich daher auch nicht nach § 323c strafbar gemacht. Nach hM liegt zwar ein Unglücksfall vor, doch wird entweder die Erforderlichkeit der Hilfeleistung (so *Gössel*, BT 1 § 2 Rn 82; siehe auch OLG München NJW 87, 2940, 2945) oder deren Zumutbarkeit (so *Dölling*, NJW 86, 1016; vgl ferner BGH NJW 88, 1532) verneint. Nach der Gegenansicht ist schon kein Unglücksfall gegeben.

**64**

## 5. Fahrlässigkeitstäterschaft

Wer durch **Fahrlässigkeit** die freiverantwortliche Selbsttötung eines anderen ermöglicht oder in sonstiger Weise mitverursacht, ist nicht aus § 222 zu bestrafen, wenn sein Verhalten bei vorsätzlichem Handeln als Teilnahme am Suizid nicht strafbar wäre (BGHSt 24, 342; *Welp*, JR 72, 427; *Spendel*, JuS 74, 749). Dies folgt daraus, daß es widersprüchlich wäre, die *fahrlässige* Ermöglichung oder Förderung einer eigenverantwortlich vollzogenen Selbsttötung durch Rückgriff auf § 222 ahn-

**65**

§ 2 *Die Tötungstatbestände*

den zu wollen, wenn das Gesetz einen *vorsätzlich* geleisteten Tatbeitrag der gleichen Art gemäß §§ 26, 27 mangels rechtswidriger Haupttat nicht mit Strafe bedroht (siehe zum Komplex der eigenverantwortlich herbeigeführten Selbstgefährdung auch Rn 191 ff sowie *Wessels/Beulke*, AT Rn 185 ff mwN).

66 Ein in ärztliche Behandlung gelangter Suizidpatient wird dadurch aber nicht schutzlos gegenüber Behandlungsfehlern und sonstigen Sorgfaltspflichtverletzungen, die seine Rettung vereiteln und eine neue, weitere Todesursache bilden. **Beispiel:** Frau F ruft den Arzt A zu Hilfe, nachdem ihr stark betrunkener Ehemann M in ihrer Abwesenheit eine Überdosis Schlaftabletten eingenommen und das Bewußtsein verloren hat. A übernimmt die Behandlung, versäumt es aber, den M rechtzeitig in ein Krankenhaus einzuweisen, so daß M ohne Wiedererlangung des Bewußtseins stirbt, weil sich infolge der Schlafmittelvergiftung eine eitrige Lungenentzündung entwickelt hat. Bei sofortiger Einweisung wäre der Tod zumindest erst mehrere Stunden später eingetreten. Zur Bestrafung des A gemäß §§ 222, 13 siehe BayObLG JZ 73, 319 mit Anm. *Geilen*. Instruktiv auch *Wolfslast*, NStZ 84, 105 zur Nichtverhinderung von Suiziden, die während einer stationären psychiatrischen Behandlung begangen werden.

67 § 222 greift ferner dann ein, wenn ein Arzt im Rahmen einer Entziehungskur **Suchtmittel** zum Zwecke der häuslichen **Selbstinjektion** an drogenabhängige Patienten verordnet, die jedoch beim Auftreten von Entzugserscheinungen die Kontrolle über sich verlieren, den Anweisungen des Arztes zuwiderhandeln und sich (in vorhersehbarer Weise) mit einer überdosierten Injektion „zu Tode spritzen" (BGH JR 79, 429 mit lehrreicher Anm. *Hirsch*, der zutreffend ausführt, daß der Schlüssel zur Lösung dieses Falles nicht lediglich in der *Garantenstellung* des Arztes zu erblicken ist; nur wenn bei den Patienten eine *freiverantwortliche* Selbstgefährdung verneint werden muß, weil ihnen wegen ihrer starken Drogenabhängigkeit die Fähigkeit fehlte, die Tragweite ihres Tuns voll zu erfassen, die Risiken sachgerecht abzuwägen und nach dieser Einsicht zu handeln, liegt mittelbare täterschaftliche Fremdverletzung, hier § 222, vor). Siehe dazu auch OLG Zweibrücken NStZ 95, 89.

# § 2 Die Tötungstatbestände

68 **Fall 7:** Der 39jährige verheiratete A versucht hartnäckig, intime Beziehungen zu der 19jährigen Landwirtschaftsgehilfin L anzuknüpfen. Als L all seine Annäherungsversuche zurückweist, faßt A den Entschluß, sie zu töten, weil er sie keinem anderen Mann gönnt. Im hohen Korn versteckt lauert er der vom Feld heimkommenden L auf, fällt sie hinterrücks an und tötet sie mit mehreren Messerstichen.
Wie hat A sich strafbar gemacht?

## I. Die Systematik und Entwicklung der Tötungsdelikte

69 Bei den Straftaten gegen das Leben ist zwischen Verletzungs- (§§ 211-216, 222) und Gefährdungsdelikten (§ 221) zu unterscheiden. § 212 bildet den **Grundtatbe-**

**stand** der vorsätzlichen Tötung. Zwischen ihm und seinen unselbständigen Abwandlungen, dh dem *Qualifikationstatbestand* des § 211 und dem *privilegierten Fall* des § 216, besteht ein **Stufenverhältnis**, wie es für verwandte Erscheinungsformen einer Deliktsgruppe charakteristisch ist (vgl *Maurach-Schroeder*, BT 1 § 2 Rn 5 f; *Wessels/Beulke*, AT Rn 107 ff). § 213 ist kein „Tatbestand", sondern nur eine Strafzumessungsregel für den Bereich des § 212 (näher dazu Rn 171 und *Geilen*, Dreher-FS, S. 357).

Diese Einordnung der einzelnen Tatbestandsabwandlungen mit ihren drei unterschiedlichen Schweregraden (sog. *dreistufiges* Modell) entspricht der hL im Schrifttum und der Auffassung des BVerfG (vgl dazu BVerfGE 45, 187 Leitsatz 4). Der BGH sieht dagegen in den §§ 211, 212, 216 *selbständige* Tatbestände mit arteigenem Unrechtsgehalt (BGHSt 1, 368; 22, 375); danach enthielte § 211 nicht strafschärfende, sondern *strafbegründende* Merkmale. Diese Ansicht, die auf das *gemeine Recht* zurückgeht und in § 212 I (ohne Mörder zu sein) scheinbar noch einen Anhaltspunkt findet, ist als überholt abzulehnen (*Küper*, JZ 91, 911; *Lackner/Kühl*, Rn 18, 22 vor § 211; *Maurach-Schroeder*, BT 1 § 2 Rn 5). Sie hat praktische Bedeutung für die Strafbarkeit von Teilnehmern bei § 28 I, II (siehe dazu Rn 139 sowie BGH StV 84, 69; näher zum Ganzen *Küper*, JZ 91, 761, 862, 910; *Mitsch*, JuS 96, 26). 70

Das geltende StGB unterscheidet in Einklang mit der Rechtstradition zwischen **Totschlag** (§ 212) und **Mord** (§ 211), hat das in § 211 aF (RGBl 1871 S. 128) enthaltene Abgrenzungskriterium der *„mit Überlegung ausgeführten Tötung"* jedoch durch Gesetz vom 4.9.1941 (RGBl I 549; dazu BGHSt GrS 9, 385, 387) beseitigt und in Anlehnung an die ältere deutsche Rechtsauffassung in § 211 II durch Unterscheidungsmerkmale ersetzt, die vorwiegend *gesinnungsethisch* ausgerichtet sind (zur Entwicklung siehe *Maurach-Schroeder*, BT 1 § 2 Rn 1). 71

Diese neue Konzeption erhielt vor allem deshalb den Vorzug, weil es nicht gelungen war, die Auslegungsschwierigkeiten zu bewältigen, die mit dem *psychologisch* orientierten Merkmal der „Überlegung" verbunden waren. **Überlegung** iS des § 211 aF war nicht etwa gleichbedeutend mit „Vorbedacht", sondern nach vorherrschender Ansicht eine vom Vorsatz unabhängige geistige Beschaffenheit, bei der sich „der Handelnde der tathemmenden Motive bewußt ist und sie gegen die ihn zur Handlung drängenden Motive abwägt" (vgl *Frank*, § 211 Anm. I 2). Umstritten blieb aber bis zuletzt, was die Überlegung des Täters im einzelnen umfassen mußte (nur das *Ob* oder lediglich das *Wie* der Tat oder beides?) und zu welchem Zeitpunkt (schon vor der Tat, bei deren Beginn oder während des gesamten Ausführungsaktes?) sie mit welcher Intensität vorhanden sein mußte (näher dazu RGSt 67, 424; 70, 257). 72

Aufgrund der in § 211 II umschriebenen 3 Merkmalsgruppen ist **Mord** nunmehr die durch eine **besondere Verwerflichkeit** des Beweggrundes (Gruppe 1), der Begehungsweise (Gruppe 2) oder des Handlungszwecks (Gruppe 3) gekennzeichnete vorsätzliche Tötung eines anderen Menschen. Einen **Totschlag** (§ 212) begeht, wer einen anderen vorsätzlich tötet, ohne Mörder zu sein, dh ohne ein Mordmerkmal zu verwirklichen (näher zum Grundgedanken der Mordmerkmale *F.-C. Schroeder*, JuS 84, 275). 73

Auch diese Form der Abgrenzung sieht sich der Kritik und dem Ruf nach einer grundlegenden Reform ausgesetzt (näher *Arzt*, ZStW 83 [1971], 1; *Otto*, ZStW 83 [1971], 39; zurückhaltend *Jähnke*, MDR 80, 705; vgl ferner Rn 76). Neben der Starrheit und Weite einzelner Mordmerkmale wird zumeist die schroffe Diskrepanz 74

§ 2 *Die Tötungstatbestände*

zwischen der *absoluten* Androhung der **lebenslangen Freiheitsstrafe** in § 211 und dem (bis zur Änderung durch das 6. StRG vom 26.1.1998 [BGBl I 164]) fast uferlosen Strafrahmen bemängelt, den das Gesetz beim Totschlag vorsieht (im Normalfall 5 bis 15 Jahre Freiheitsstrafe); er reicht hier bei Vorliegen besonderer Umstände von nunmehr einem Jahr (bisher: von 6 Monaten) Freiheitsstrafe (§ 213) bis zu lebenslanger Freiheitsstrafe in besonders schweren Fällen (§ 212 II). Während durch die Erhöhung der Mindeststrafe in § 213 der Bereich des § 212 an Kontur gewonnen hat (zur Kritik vgl *Struensee*, Einführung, S. 27), gewährleistet § 211 die Einzelfallgerechtigkeit weiterhin nur bei *restriktiver* Gesetzesauslegung. Zweifel an der **Verfassungsmäßigkeit** der §§ 211, 212 II und an der **lebenslangen Freiheitsstrafe** als solcher sind zwar mittlerweile „erledigt", wenn auch nicht gänzlich ausgeräumt (vgl BVerfGE 45, 187; 50, 5; 64, 261). In BVerfGE 45, 187, 227 ff wird indessen zu Recht hervorgehoben, daß jede Strafe in einem **gerechten Verhältnis** zur Schwere der Straftat und zur Schuld des Täters stehen muß. Daraus folgt, daß § 211 (insbesondere bei den Mordmerkmalen „heimtückisch" und „um eine andere Straftat zu verdecken") der *restriktiven* Auslegung bedarf, weil nur so sichergestellt werden kann, daß die Verhängung der lebenslangen Freiheitsstrafe auf die in § 211 beschriebenen **besonders verwerflichen Fälle der Tötung** beschränkt bleibt. Darüber hinaus muß auch ein zu lebenslanger Freiheitsstrafe Verurteilter grundsätzlich die **Chance** haben, seine Freiheit wiederzuerlangen. Die Vollzugsanstalten sind daher verpflichtet, auf seine Resozialisierung hinzuarbeiten, ihn lebenstüchtig zu erhalten und den schädlichen Begleiterscheinungen des Freiheitsentzuges möglichst entgegenzuwirken. § 57a idF des 20. StÄG vom 8.12.1981 (BGBl I 1329) trägt dem in der Weise Rechnung, daß nach einer Verbüßungsdauer von 15 Jahren bei günstiger Sozialprognose und Einwilligung des Verurteilten die **Vollstreckung** des Restes einer *lebenslangen* Freiheitsstrafe **zur Bewährung ausgesetzt** werden kann, sofern nicht die besondere Schwere der Schuld des Verurteilten die weitere Vollstreckung gebietet (näher dazu BVerfGE 86, 288; BGHSt GrS 40, 360; BGHSt 44, 350 und BGH NJW 96, 3425; *Kunert*, NStZ 82, 89). Auf der anderen Seite unterliegt **Mord** (§ 211) jetzt **nicht mehr der Verjährung** (§ 78 II idF des 18. StÄG vom 16.7.1979, BGBl I 1046; für Wiedereinführung der Verjährung *Vormbaum*, Bemmann-FS, S. 481).

75 Durch Beschluß vom 19.5.1981 (BGHSt GrS 30, 105) hat der BGH die *absolute* Androhung der lebenslangen Freiheitsstrafe in § 211 durchbrochen und den Strafrahmen des § 49 I Nr 1 für anwendbar erklärt, wenn **außergewöhnliche Umstände** vorliegen, die im konkreten Mordfall eine Verhängung der *lebenslangen* Freiheitsstrafe als **unverhältnismäßig** erscheinen lassen (näher Rn 87 und *Küper*, BT S. 180, 314).

76 Zur **verfassungskonformen Auslegung** der Mordmerkmale sowie zur **Reformdiskussion** vgl des weiteren *Arzt*, JR 79, 7; *Eser/Koch*, ZStW 92 (1980), 491; *Geilen*, JR 80, 309, Bokkelmann-FS, S. 613 und Schröder-GedS S. 235; *Grasberger*, MschrKrim 99, 147; *Kerner*, Heidelberg-FS, 1986, S. 419; *Lange*, Schröder-GedS, S. 217; *M.-K. Meyer*, JR 79, 446, 485; *Rengier*, ZStW 92 (1980), 459, MDR 79, 969 und 80, 1; *Rüping*, JZ 79, 617. Zusammenfassend *Küpper*, Kriele-FS, S. 777; *Müller-Dietz*, Jura 83, 568, 628; *Otto*, Jura 94, 141.

Nach der **Polizeilichen Kriminalstatistik** (PKS) für 1998/1999 nehmen Mord und **77** Totschlag in der Bundesrepublik Deutschland mit 2877/2851 erfaßten Fällen und einem Anteil von 0,04%/0,05% an der Gesamtkriminalität die letzte Stelle in der Rangfolge der Straftaten ein. Die hohe Aufklärungsquote von 95,4%/94,5% dürfte in erster Linie durch die starke Verfolgungsintensität in diesem Deliktsbereich zu erklären sein. Näheres zu dieser wie auch zu der ebenfalls jährlich erscheinenden Strafverfolgungsstatistik bei *Schwind*, Kriminologie, 10. Aufl. 2000, § 2 Rn 2; zum nur „relativen" Aussagegehalt der PKS vgl *Császár* und *Heinz* in Schneider-FS, S. 105, 779; *Hettinger*, Entwicklungen, S. 9 mwN.

In der **Rechtsprechung** nehmen die Mordmerkmale der „niedrigen Beweggründe", der **78** „Heimtücke" und der „Verdeckungsabsicht" eine dominierende Stellung ein.

## II. Totschlag

Der Grundtatbestand des **Totschlags** (§ 212) setzt objektiv die Tötung eines ande- **79** ren Menschen und subjektiv die vorsätzliche Herbeiführung des Todeserfolges in Kenntnis aller Merkmale des objektiven Tatbestandes unter Einschluß des Kausalzusammenhanges voraus, wobei Eventualvorsatz genügt (näher zu den umstrittenen Voraussetzungen dieser Vorsatzform *Wessels/Beulke*, AT Rn 214 ff).

Tötungsvorsatz in der Form des *dolus eventualis* ist beispielsweise angenommen **80** worden, wenn jemand Brandflaschen in ein von Menschen bewohntes Gebäude schleudert (vgl BGH NStZ 94, 483 und 584) oder wenn jemand von einer Autobahnbrücke gezielt Steine auf die unter der Brücke hindurchfahrenden Kraftwagen wirft (BGH VRS 63 [1982], 119). Bedenken gegen eine vorschnelle Bejahung und lediglich formelhafte Feststellung des bedingten Tötungsvorsatzes äußert der BGH dagegen beim Durchbrechen von Polizeisperren und gezielten Zufahren auf einen Halt gebietenden Beamten, weil die Erfahrung lehre, daß es diesem meistens gelinge, sich rechtzeitig außer Gefahr zu bringen, und der Täter im allgemeinen zwar eine Gefährdung und ggf körperliche Verletzung des bedrohten Beamten, nicht jedoch dessen Tötung in Kauf nehme (BGH VRS 64 [1983], 112 und 191). Wie die Entscheidung BGHSt 15, 291 zeigt, ist das aber eine Frage des Einzelfalles, die sorgfältiger Klärung bedarf und bei deren Beantwortung der Grundsatz *in dubio pro reo* zu beachten ist (vgl zu Fällen dieser Art auch *Fahl*, Anm. NStZ 97, 392; *Freund*, Normative Probleme der Tatsachenfeststellung, 1987, S. 140 ff; *Schroth*, NStZ 90, 324).

Anläßlich eines Falles, dem ein räuberischer Angriff auf eine Taxifahrerin zugrunde lag, hat **81** der BGH (StV 84, 187) die vorgenannten Grundsätze bekräftigt: Der Täter hatte einer Taxifahrerin von hinten eine Kordel um den Hals geworfen, um sie durch Zuziehen der Schlinge bis zur Bewußtlosigkeit zu würgen und so ungehindert an ihre Geldtasche zu gelangen. Er war aber geflohen, als es der Fahrerin gelang, ihre beiden Daumen unter die Schlinge zu schieben, diese von ihrem Hals fernzuhalten und laut um Hilfe zu rufen. Die Schwurgerichtskammer hatte bedingten Tötungsvorsatz unter Hinweis darauf bejaht, daß eine Drosselung, die zur Bewußtlosigkeit des Opfers führen solle, nicht dosierbar sei und daß der Angeklagte das auch erkannt habe. Der BGH hielt die dazu getroffenen Einzelfeststellungen jedoch nicht für genügend und faßte seinen Standpunkt wie folgt zusammen: „Im Hinblick auf die gegenüber einer **Tötung** bestehende **hohe Hemmschwelle** bedarf es sorgfältiger Prüfung, ob aus der objektiven Lebensgefährlichkeit des äußeren Tatverhaltens und des vom Täter angestrebten Ziels geschlossen werden kann, der Täter sei sich der Möglichkeit des Todeseintritts bewußt gewesen und habe diese Folge billigend in Kauf genommen. Denn auch bei objektiv gefährlichem Verhalten kann es im Einzelfall so liegen, daß der Täter die weitergehende Gefahr nicht erkennt oder, wenn er sie erkennt, dennoch ernsthaft darauf vertraut, jener Erfolg werde nicht eintreten. Der Schluß auf den bedingten Tötungsvorsatz ist daher nur dann rechtsfehlerfrei, wenn der Tatrichter in seine Erwägungen auch alle Umstände einbezogen hat, die ein solches Ergebnis in Frage stellen. Die Urteilsgründe müssen erkennen lassen, daß dies geschehen ist" (siehe auch BGH NStZ 97, 434; 99, 507; NStZ-RR 97, 199, 233; *Mühlbauer*, Die Rechtsprechung des Bundesgerichtshofs zur Tötungshemmschwelle, 1999, S. 53).

82 Die Tathandlung kann in einem *aktiven Tun* oder in einem (an § 13 zu messenden) *Unterlassen* bestehen. Auf welche Weise und mit welchen Mitteln die Tötung begangen wird, ist gleichgültig, soweit die Tat dadurch nicht bereits von den Erschwerungsgründen des § 211 II erfaßt wird. § 212 II enthält eine **Strafzumessungsvorschrift** (oder Strafbemessungsregel; zu solchen sog. insgesamt unbenannten Strafänderungsgründen mit oder ohne Regelbeispielen siehe Rn 171, 221 und *Jescheck/Weigend*, AT § 26 V). Zu der Frage, wann ein *besonders schwerer Fall* iS des § 212 II in Betracht kommt, siehe BGH JR 83, 28; NStZ 93, 342 sowie *Momsen*, NStZ 98, 487. Nach Ansicht des BVerfG ist § 212 II mit dem GG vereinbar (vgl BVerfG JR 79, 28 mit Anm. *Bruns*; siehe auch BVerfGE 45, 363).

83 Bei den **Rechtfertigungsgründen** gewinnen hier zumeist nur **Notwehr** und **Nothilfe** (§ 32) praktische Bedeutung. Zum **Schußwaffengebrauch** durch Polizei- und Grenzschutzbeamte vgl BGHSt 26, 99; LK-*Hirsch*, § 34 Rn 6; LK-*Jähnke*, § 212 Rn 11; S/S-*Lenckner*, § 32 Rn 42b, jeweils mwN zum Streitstand. Wo im **Notstand** Leben gegen Leben steht, gibt die Notstandslage kein „Recht", Hand an fremdes Menschenleben zu legen und sich oder Dritte im Wege des *aktiven Tuns* auf Kosten eines anderen zu retten. Die in einem solchen Konflikt begangene Tötungshandlung wird durch § 34 nicht gedeckt, vielmehr kommt gemäß § 35 I allenfalls ein Entschuldigungsgrund in Betracht (näher *Küper*, JuS 81, 785; siehe auch *Wessels/Beulke*, Rn 316).

84 Im **Fall 7** hat A sich des Totschlags (§ 212) schuldig gemacht. Zu prüfen bleibt, ob auch Mordmerkmale (§ 211) erfüllt sind. Zum Deliktsaufbau bei §§ 211, 212 siehe Rn 134.

### III. Mord

85 Nach § 211 II begeht einen Mord, wer einen anderen Menschen aus einem besonders verwerflichen Beweggrund (Gruppe 1), auf besonders verwerfliche Art und Weise (Gruppe 2) oder zu einem besonders verwerflichen Zweck (Gruppe 3) vorsätzlich tötet.

86 Der Mörder wird mit *lebenslanger* Freiheitsstrafe bestraft. Wie bereits erwähnt, wird diese *absolute* Strafdrohung dem **Rechtsstaatsprinzip** und dem **Grundsatz der Verhältnismäßigkeit** nur gerecht, wenn gewährleistet ist, daß sie auf Tötungs-

fälle von besonders verwerflichem Charakter beschränkt bleibt und daß diese Bestrafung des Täters im Verhältnis zur Schwere sowie zum Schuldgehalt seiner Tat **angemessen** ist (vgl BVerfGE 45, 187; 50, 5).

Den damit verbundenen Anforderungen sucht die Rechtsprechung auf der Tatbestandsseite durch eine *restriktive* Auslegung der einzelnen Mordmerkmale Rechnung zu tragen; aktuelle Bedeutung hat dies vor allem für die *heimtückische* (zum Begriff Rn 107) und die *zur Verdeckung einer anderen Straftat* (dazu Rn 123) begangene Tötung (vgl BGHSt 35, 116; BGH GA 79, 426 und 80, 142). Darüber hinaus hält sie auf der Rechtsfolgenseite (in Anlehnung an gesetzlich geregelte Milderungsgründe, wie etwa § 13 II, § 17 S. 2, § 21 und § 23 II) einen Rückgriff auf den **Strafrahmen des § 49 I Nr 1** (= Freiheitsstrafe von 3 bis 15 Jahren) für zulässig, wenn **außergewöhnliche Umstände** von schuldmindernder Bedeutung eine Verhängung der *lebenslangen* Freiheitsstrafe im konkreten Mordfall **als unverhältnismäßig** erscheinen lassen und keine gesetzliche Strafmilderungsmöglichkeit eingreift, die den Weg zu einer zeitigen Freiheitsstrafe eröffnen würde (so für die *heimtückische* Tötung BGHSt GrS 30, 105; BGH NStZ 82, 69; zur Habgier beachte Rn 91). Allerdings soll nicht jeder Entlastungsfaktor, der beim Totschlag (§ 212) gemäß § 213 zur Annahme eines *minder schweren Falls* führen würde, im Bereich des § 211 genügen. Vielmehr sollen bei der Verwirklichung eines unrechtssteigernden Mordmerkmals *schuldmindernde* Entlastungsfaktoren als „außergewöhnliche Umstände" nur in besonderen „Grenzfällen", dh bei Taten anerkannt werden, die durch eine notstandsnahe, ausweglose Situation motiviert, in großer Verzweiflung, aus tiefem Mitleid, aus „gerechtem Zorn" oder aufgrund einer schweren Provokation begangen worden sind oder deren Grund in einem vom Opfer verursachten, ständig neu angefachten und zermürbenden Konflikt bzw in schweren Kränkungen des Täters durch das Opfer zu erblicken ist (näher BGHSt GrS 30, 105; BGH NJW 83, 54 und 55; NStZ 95, 231).

Krit. dazu, insbesondere im Hinblick auf die Grenzen der richterlichen Rechtsfortbildung *Bruns*, JR 81, 358 und Anm. JR 83, 28; *Günther*, NJW 82, 353 und JR 85, 268; *Lackner*, NStZ 81, 348; *Müller-Dietz*, Nishihara-FS, S. 248; strikt abl. *Köhler*, JuS 84, 762; *Spendel*, JR 83, 269, 271; *Tröndle/Fischer*, § 211 Rn 17; dem BGH zust. *Frommel*, StV 82, 533; *Gössel*, BT/1 § 4 Rn 15; *Jähnke*, Spendel-FS, S. 537; *Kratzsch*, JA 82, 401; *Rengier*, NStZ 82, 225; *Tiedemann*, Verfassungsrecht und Strafrecht, 1991, S. 14. Zusammenfassend *Fünfsinn*, Jura 86, 136 und *Lackner/Kühl*, Rn 20 vor § 211.

Zu welchen Auswirkungen diese Rechtsprechung noch führen mag, ist nicht abzusehen (dazu *Lackner/Kühl*, Rn 21 vor § 211). Selbst wenn man die nicht nur methodischen Bedenken gegen eine so weitreichende Korrektur des geltenden Rechts durch unabgeleiteten Richterspruch zurückstellt (zu ihnen treffend *Köhler*, JuS 84, 762, 767), ist die vom BGH entwickelte neuartige Rechtsfigur des „minder schweren Falles einer *besonders verwerflichen Tötung*" schon deshalb problematisch, weil sie dem Konflikttäter unter den genannten Voraussetzungen die Verurteilung wegen „Mordes" (§ 211) nicht erspart. Daß dies nicht befriedigt, liegt klar auf der Hand. Zur Reformbedürftigkeit siehe Rn 74 und *Lackner/Kühl*, Rn 25 vor § 211 mwN.

In einer späteren Entscheidung (BGH JZ 83, 967 mit Anm. *Hassemer*; siehe auch *Hillenkamp*, Miyazawa-FS, S. 141, 143 ff), der die Tötung eines schlafenden Haustyrannen durch die jahrelang gequälte Ehefrau aus Furcht vor einer bereits angekündigten schweren Mißhandlung des 13jährigen Sohnes zugrunde lag, hat der 5. Strafsenat des BGH den von der Schwurgerichtskammer gewählten Weg der Verurteilung wegen **Heimtückemordes** unter Verhängung einer *zeitigen* Freiheitsstrafe wie folgt beanstandet: „Bei einer solchen in großer Verzweiflung begangenen Tat, die ihren Grund in dem tyrannischen, die Familie unerträglich quälenden, Furcht und Schrecken einflößenden Verhalten des Opfers hat, darf der Tatrichter **nicht voreilig** auf die sog. **Strafzumessungslösung** ausweichen. Vielmehr sind zuvor die Voraussetzungen der Heimtücke besonders sorgfältig zu prüfen ... Sodann sind alle in Betracht kommenden Rechtfertigungs- und Entschuldigungsgründe, insbesondere Notwehr (§ 32) und entschuldigender Notstand (§ 35) erschöpfend abzuhandeln, und zwar auch insoweit, als der Täter sich möglicherweise die sie begründenden Umstände irrig vorgestellt hat (Putativnotwehr, Putativnotstand). Schließlich muß der Tatrichter sich mit den gesetzlichen Schuldminderungsgründen eingehend auseinandersetzen, bevor er sich entschließt, *außergewöhnliche Umstände* im Sinne von BGHSt 30, 105 anzunehmen."

**91** Hier wird die Kehrseite der „Rechtsfolgenlösung" sichtbar, die in der Gefahr besteht, daß die Instanzgerichte die Prüfung der einschlägigen Mordmerkmale und der allgemeinen Strafbarkeitsvoraussetzungen vernachlässigen, weil sie in der „Strafzumessungslösung" den bequemeren Weg zur Vermeidung der lebenslangen Freiheitsstrafe erblicken. BGHSt 42, 301 mit Anm. *Dölling*, JR 98, 160 hat inzwischen klargestellt, daß bei einem **aus Habgier** begangenen Mord die lebenslange Freiheitsstrafe sich nicht mit Hilfe *außergewöhnlicher Umstände* iS von BGHSt 30, 105 in eine zeitige Freiheitsstrafe umwandeln läßt, weil jenes Merkmal ohnehin eng auszulegen ist.

### 1. Verwerflichkeit des Beweggrundes

**92** Die Rechtsprechung und ein Teil der Rechtslehre sehen in den Mordmerkmalen der 1. und 3. Gruppe des § 211 II nicht spezielle Schuldmerkmale, sondern Merkmale des **subjektiven Unrechtstatbestandes** (vgl BGHSt 1, 368, 371; LK-*Jähnke*, Rn 47 vor § 211; *Otto*, Jura 94, 141; *Paeffgen*, GA 82, 255; SK-*Horn*, § 211 Rn 3, 20).

**93** Nach hL wurzeln die Mordmerkmale des § 211 II **Gruppe 1** hingegen im *Schuldbereich* (= sog. *spezielle Schuldmerkmale*), weil sie unmittelbar und ausschließlich die **besondere Verwerflichkeit des Beweggrundes** kennzeichnen (näher *Jescheck/ Weigend*, AT § 42 I 2, II 3a; S/S-*Lenckner*, Rn 122 vor § 13 mwN; *Wessels/Beulke*, AT Rn 422). Praktische Auswirkungen hat dieser Meinungsstreit lediglich für den Deliktsaufbau (dazu Rn 134).

**94** **Mordlust** liegt vor, wenn der Antrieb zur Tat allein dem Wunsch entspringt, einen anderen sterben zu sehen, einziger Zweck des Handelns somit die Tötung des Opfers als solche ist (BGHSt 34, 59; BGH NStZ 94, 239). Beispiele dafür bilden das Töten aus Neugier, Angeberei oder reinem Mutwillen, zum Zeitvertreib und dergleichen. **Zur Befriedigung des Geschlechtstriebes** tötet neben dem sog. *Lustmör-*

*der,* der schon *im Tötungsakt* geschlechtliche Befriedigung sucht (vgl BGH MDR 82, 946), und demjenigen, der seine Geschlechtslust an der Leiche befriedigen will (Nekrophilie), auch der mit *bedingtem Tötungsvorsatz* handelnde Sexualverbrecher, der im Interesse eines ungestörten Geschlechtsgenusses Gewalt anwendet und dabei den Tod des Opfers als mögliche Folge seines Verhaltens in Kauf nimmt (BGHSt 7, 353; 19, 101; BGH MDR/H 82, 102). Ob die erstrebte sexuelle Befriedigung erreicht wird, ist belanglos, da ein Handeln mit entsprechender Zielrichtung genügt (BGH MDR 82, 946). Die Person, auf die das sexuelle Begehren gerichtet ist, muß mit dem Opfer der Tötungshandlung identisch sein. Tötet jemand den Begleiter einer Frau, um mit ihr zum Geschlechtsverkehr zu gelangen, liegt Mord *zur Ermöglichung einer Straftat* oder *aus niedrigen Beweggründen* vor (BGH GA 63, 84; LK-*Jähnke,* § 211 Rn 7). **Habgier** bedeutet mehr als „Bereicherungsabsicht"; schon vom allgemeinen Sprachgebrauch her ist darunter nur ein ungezügeltes und rücksichtsloses Streben nach Gewinn „um jeden Preis" zu verstehen, gleichgültig, ob es dabei um einen Vermögenszuwachs oder um die Vermeidung von Aufwendungen als unmittelbare Folge der Tötungshandlung geht (BGHSt 10, 399; 29, 317; BGH NStZ 93, 385; NJW 95, 2365; vgl aber auch *Küper,* BT S. 170; SK-*Horn,* § 211 Rn 14, jeweils mwN). Habgieriges Handeln wird in der Regel durch eine hemmungslose, triebhafte Eigensucht bestimmt, was auch bei einer im Affekt begangenen Straftat der Fall sein kann (BGHSt 3, 132; OGHSt 1, 165). Zum „Motivbündel" siehe BGHSt 42, 301, 304 und Rn 95.

Als *sonstige* **niedrige Beweggründe** kommen alle Tatantriebe in Betracht, die sittlich auf tiefster Stufe stehen und nach allgemein anerkannten Wertmaßstäben besonders verwerflich und geradezu verachtenswert sind (BGHSt 3, 132). Wo ein sog. **Motivbündel** vorliegt, müssen die *vorherrschenden* Beweggründe, die der Tat ihr Gepräge geben, die genannten Züge aufweisen, „bewußtseinsdominant" sein (BGH NStZ 97, 81; 93, 341; *Lackner/Kühl,* § 211 Rn 5c). 95

**Beispiele:** Tötung aus Rachsucht, wenn sie auf einem niedrigen Beweggrund beruht (BGH StV 81, 231; 98, 25; NJW 82, 2738), Neid, Haß und Wut, sofern darin eine verwerfliche Gesinnung zum Ausdruck kommt (BGHSt 2, 60; BGH GA 77, 235; NStZ 93, 182; StV 94, 182), aus Rassenhaß (BGHSt 18, 37), Ausländerfeindlichkeit (BGH NStZ 94, 124), Imponiergehabe (BGH NStZ 99, 129), hemmungsloser, triebhafter Selbstsucht (BGH NStZ 85, 454) oder zur Verdeckung einer infolge eigenen Fehlverhaltens entstandenen „peinlichen Situation" (BGH NStZ-RR 99, 234). 96

**Maßgebend** für die Beurteilung sind neben der Persönlichkeit des Täters und seiner Lebensverhältnisse die **Gesamtumstände** des Einzelfalls, insbesondere das *Mißverhältnis* zwischen Tatanlaß und Erfolg, das allein jedoch nicht genügt (BGH MDR/D 75, 725; StV 83, 504). Besondere Anschauungen und Wertvorstellungen, denen der Täter wegen seiner Bindung an eine fremde Kultur verhaftet ist, dürfen dabei nicht außer Betracht bleiben (BGH JZ 80, 238 mit Anm. *Köhler* und NJW 95, 602 bei Blutrache unter Türken aus gekränkter Familienehre). Zur Einordnung politischer Attentate siehe *Geilen,* Bockelmann-FS, S. 613; S/S-*Eser,* § 211 Rn 20 mwN; *v. Selle,* NJW 00, 992. 97

**Eifersucht** ist nicht ohne weiteres ein als „niedrig" zu beurteilender Beweggrund (BGH NStZ 84, 261 Nr 6). Sie *kann* es aber sein, wenn der Täter nach seinen Beziehungen zu der „geliebten" Person und nach den konkreten Lebensumständen keinen 98 menschlich begreiflichen Anlaß zu seiner ins Maßlose gewachsenen Eifersucht gehabt, dieser Gefühlsregung vielmehr aus krasser Eigensucht und hemmungsloser Triebhaftigkeit Raum gegeben hat (BGHSt 3, 180).

99 So lag es im **Fall 7**. Die Bluttat des A ist keiner raschen Aufwallung und menschlich verständlichen Enttäuschung entsprungen, sondern mit Vorbedacht aus zügelloser Begierde und rücksichtsloser Eigensucht durchgeführt worden, ohne daß eine achtenswerte innere Bindung zwischen Täter und Opfer bestanden hätte. A hat daher aus *niedrigen Beweggründen* getötet.

100 In **subjektiver Hinsicht** folgt bei den schuldsteigernden Mordmerkmalen der 1. Gruppe des § 211 II unmittelbar aus dem Schuldprinzip, daß der Täter sich bei Begehung der Tat der Umstände bewußt gewesen sein muß, die seinen Antrieb zur Tötung als besonders verwerflich erscheinen lassen (BGH NJW 81, 1382 und 95, 602). Er muß außerdem die Bedeutung seiner Beweggründe und Ziele für die Tat erfaßt haben. Gemeint ist damit, daß die als niedrig zu bewertenden Motive nicht lediglich *unbewußte* Handlungsantriebe gewesen sein dürfen (BGH GA 74, 370; 75, 306). Der Täter muß vielmehr aktuell in der Lage gewesen sein, seine gefühlsmäßigen oder triebhaften Regungen gedanklich zu beherrschen und sie willensmäßig zu steuern (BGH StV 87, 150; NStZ 94, 34; NStZ-RR 98, 133; LK-*Jähnke*, § 211 Rn 36). Nicht vorausgesetzt wird, daß er seine Beweggründe selbst als niedrig beurteilt hat (BGH NJW 67, 1140); es genügt, daß er seiner Persönlichkeit nach zu einer solchen Wertung überhaupt imstande war (BGH MDR/H 77, 809). Zum Aufbau siehe den Hinweis in Rn 93.

## 2. Verwerflichkeit der Begehungsweise

101 Die Mordmerkmale der **Gruppe 2**, die primär das *äußere* Tatbild kennzeichnen und infolgedessen dem *Unrechtsbereich* angehören, werden durch die besonders verwerfliche **Art und Weise der Tatbegehung** bestimmt.

102 **Grausam** tötet, wer dem Opfer im Rahmen der Tötungshandlung (BGHSt 37, 40) aus gefühlloser, unbarmherziger Gesinnung durch Dauer, Stärke oder Wiederholung der Schmerzverursachung **besonders schwere Qualen körperlicher oder seelischer Art** zufügt (BGHSt 3, 180; BGH NJW 86, 265; Beispiel: Verhungernlassen eines Kleinkindes, BGH MDR/D 74, 14). Die betreffende Gesinnung braucht nicht im Wesen des Täters zu wurzeln; es genügt, daß sie ihn bei der Tat beherrscht (BGH NStZ 82, 379; NJW 88, 2682 mit Anm. *Frister*, StV 89, 343).

103 **Gemeingefährlich** sind solche Tatmittel, deren Wirkungsweise der Täter im konkreten Fall nicht sicher zu beherrschen vermag und deren Einsatz geeignet ist, eine größere Zahl von Menschen an Leib oder Leben zu gefährden, also eine allgemeine Gefahr entstehen zu lassen (Beispiel: Tötung durch Brandstiftung, Überschwemmung, Explosivmittel, Vergiften des Essens im Kessel einer Gemeinschaftsküche usw; vgl BGH NJW 85, 1477 mit Anm. *Horn*, JR 86, 32; LK-*Jähnke*, § 211 Rn 59; S/S-*Eser*, § 211 Rn 29; einschränkend *Rengier*, StV 86, 405; ferner *v. Danwitz*, Jura 97, 569). Diese Qualifikation hat ihren Grund in der besonderen Rücksichtslosigkeit des Täters, der sein Ziel durch die Schaffung unberechenbarer Gefahren für andere durchzusetzen sucht. Sie ist darum nicht gegeben, wenn der Täter nur *einen* gezielten Pistolenschuß auf sein Opfer abgibt (BGHSt 38, 353 mit Anm. *Rengier*, JZ 93, 364) oder eine bereits vorhandene gemeingefährliche Situation für seine Zwecke lediglich aus-

nutzt (BGHSt 34, 13). Dabei macht es keinen Unterschied, ob die Gefahr zufällig entstanden, von unbeteiligten Dritten verursacht oder vom Täter selbst ohne *Tötungsvorsatz* herbeigeführt worden ist. Zusammenfassend *Küper*, BT S. 211.

Der Umstand allein, daß A der L im **Fall 7** mehrere Messerstiche versetzt hat, macht sein Handeln noch nicht „grausam" iS des § 211 II. Auch „gemeingefährliche Mittel" hat A nicht eingesetzt. Zu prüfen bleibt, ob A die arglos des Weges gehende L **auf heimtückische Weise** getötet hat. **104**

Der **Grund** dafür, daß das Gesetz die **heimtückische Tötung** als Mord einstuft und mit lebenslanger Freiheitsstrafe ahndet, liegt in dem besonders **verwerflichen** und **gefährlichen Vorgehen** des Täters, der die Arg- und Wehrlosigkeit eines anderen **in hinterhältiger Weise** zu einem Überraschungsangriff ausnutzt, um das Opfer so daran zu hindern, sich zu verteidigen, zu fliehen, Hilfe herbeizurufen, dem Anschlag auf sein Leben in sonstiger Form zu begegnen oder dessen Durchführung wenigstens zu erschweren (vgl BGHSt GrS 11, 139). **105**

Typisch für das Merkmal der Heimtücke sind zwei unterschiedliche Erscheinungsformen des Überraschungsangriffs: Bei der ersten nutzt der Täter eine von ihm **vorgefundene Lage** der Arg- und Wehrlosigkeit des Opfers planmäßig-berechnend zur Tötung aus. Hier ist entscheidend, daß der Betroffene *bei Beginn* des vom Tötungsvorsatz getragenen tätlichen Angriffs ahnungslos und in seiner Verteidigungsfähigkeit beschränkt war (vgl BGHSt 23, 119, 121; 32, 382; BGH NStZ 91, 233; 93, 438; StV 98, 545). Heimtückisches Handeln erfordert nämlich kein heimliches Vergehen. Ein offener Angriff kann genügen, wenn er so überraschend erfolgt, daß eine Gegenwehr unmöglich gemacht wird (BGH NStZ-RR 97, 168). Die zweite Modalität besteht darin, daß der Täter sein ahnungsloses Opfer durch List, Falschheit oder verschlagene Berechnung **in einen Hinterhalt oder in eine Falle** lockt. Gelingt ihm das und wirken die dazu getroffenen Vorkehrungen bis zur Tatausführung fort, so kommt es nicht darauf an, wann der Getäuschte im weiteren Verlauf des Geschehens die ihm drohende Gefahr erkennt (vgl BGHSt 22, 77; BGH NStZ 89, 364; krit. *Küper*, BT S. 176). **106**

Nach der vom BGH entwickelten Rechtsauffassung handelt **heimtückisch**, wer in *feindlicher Willensrichtung* (BGHSt GrS 9, 385) die **Arg- und Wehrlosigkeit des Opfers bewußt zur Tötung ausnutzt** (BGHSt GrS 11, 139; 30, 105, 116; BGHSt 19, 321; 20, 301; 23, 119; 28, 210; 37, 376; 39, 353, 368; weitere Nachweise bei *Küper*, BT S. 172). **107**

In der Rechtslehre wird bemängelt, daß diese Begriffsbestimmung (in Übereinstimmung mit BGHSt GrS 11, 139, 144) das Element der „Tücke" zu sehr vernachlässige und nicht geeignet sei, die Anwendung des § 211 auf Verbrechen zu beschränken, deren Schwere sich vom Totschlag (§ 212) deutlich abhebe (vgl etwa *M.-K. Meyer*, JR 79, 441, 444). Ein *bewußtes* Ausnutzen der Arg- und Wehrlosigkeit lasse nicht zwangsläufig auf Verschlagenheit, List und Tücke schließen; ein solches Verhalten könne auch die Waffe des Schwachen und Unterlegenen gegen Übermacht, Gewalt und Brutalität sein (*Jescheck*, Anm. JZ 57, 386). Die Formel der Rechtsprechung bedürfe daher der einschränkenden Ergänzung. Die Tatbegehung müsse **Ausdruck einer verwerflichen Gesinnung** sein (näher *Rengier*, MDR 79, 969 ff) oder, wie eine weit verbreitete Ansicht es verlangt, mit einem **verwerflichen Vertrauensbruch** verbunden sein (so etwa *Hassemer*, JuS 71, 626, 630; *Jakobs*, Anm. JZ 84, 444; *Schmidhäuser*, JR 78, 265, 270; S/S-*Eser*, § 211 Rn 26 mwN). Gegen die letztgenannte **108**

These spricht indessen, daß der Begriff des „Vertrauens" keine festen Konturen aufweist und daß die Frage nach dem Vorliegen eines „Vertrauensbruchs" in den umstrittenen Grenzfällen keinerlei Fortschritt bringt, sondern ihrerseits zu ungereimten und verfehlten Ergebnissen führt (zutreffend BGHSt GrS 30, 105, 116; LK-*Jähnke*, § 211 Rn 50, 52; *Maurach-Schroeder*, BT 1 § 2 Rn 43; *Mitsch*, JuS 96, 213; *Rengier*, MDR 80, 1, 3; *Tröndle/Fischer*, § 211 Rn 6c; anders *Bosch/Schindler*, Jura 00, 77, 81, die auf das Entstehen von *besonderem* Vertrauen abstellen wollen, damit aber die begrenzende Bedeutung der Heimtücke unterschätzen). Die besseren Gründe sprechen daher für den Vorschlag, die gebotene Einschränkung bei der *subjektiven* Komponente des Heimtückebegriffs einzubauen, hier das Element des „tückisch-verschlagenen Vorgehens" stärker zu berücksichtigen und ein davon geprägtes **Ausnutzen** der Arg- und Wehrlosigkeit des Opfers zu verlangen (zutreffend *Spendel*, JR 83, 269; StV 84, 45; Nachweise zu weiteren Ansätzen bei *Lackner/Kühl*, § 211 Rn 6).

**109** Das BVerfG hat sich der Kritik an der Auslegung des Heimtückebegriffs in der Rechtsprechung angeschlossen, seinen Standpunkt jedoch nicht abschließend präzisiert und es dem BGH überlassen, selbst die richtige Methode für eine restriktive Anwendung dieses Mordmerkmals zu bestimmen (BVerfGE 45, 187, 262 ff). Mit Beschluß vom 19.5.1981 (BGHSt GrS 30, 105) hat der BGH (siehe schon Rn 75, 87 ff) den bequemeren, sachlich jedoch sehr angreifbaren Weg einer Korrektur des § 211 auf der *Rechtsfolgenseite* gewählt, obwohl der ihm zur Entscheidung vorgelegte Fall (BGH NStZ 81, 181) gerade geeignet gewesen wäre, über das subjektive Kriterium des „tückischen" Verhaltens eine sinnvolle Begrenzung des § 211 auf der Tatbestandsseite zu entwickeln (zutreffend *Lackner*, Anm. NStZ 81, 348 f; siehe dazu auch *Schild*, JA 91, 48, 55).

**110 Arglos** ist, wer sich im Zeitpunkt der Tat keines **tätlichen Angriffs** auf seine körperliche Unversehrtheit oder sein Leben versieht (BGHSt 20, 301; 22, 77; 28, 210). Voraussetzung dafür ist die **Fähigkeit zum Argwohn**. Sie fehlt noch sehr kleinen Kindern (BGHSt 4, 11; 8, 216) und Besinnungslosen, die den Eintritt ihres Zustandes nicht abwenden können (BGHSt 23, 119; BGH NJW 66, 1823; vgl auch Rn 120). Bei ihnen ist ggf auf die Arglosigkeit schutzbereiter Dritter abzustellen (BGHSt 18, 37 f; BGH NJW 78, 709). Ein dreijähriges Kind kann jedoch schon arg- und wehrlos sein (BGH NStZ 95, 230).

**111** Auch zum Kriterium der **Arglosigkeit** zeigt die Rechtsprechung des BGH keine klare und einheitliche Linie. Die zunächst vertretene Auffassung, daß selbst derjenige noch arglos sei, der **bei einem Streit** zwar mit Tätlichkeiten oder mit deren Fortsetzung, aber nicht mit einem Anschlag **auf sein Leben** rechne (BGHSt 7, 218), war zu eng und ist inzwischen aufgegeben (BGHSt 20, 301; BGH StV 85, 235). Zu weit in die entgegengesetzte Richtung ging demgegenüber die Entscheidung BGHSt 27, 322 mit der These, Arglosigkeit entfalle schon dann, wenn die Begegnung zwischen Täter und Opfer deutlich „im Zeichen feindseligen Verhaltens" stehe; ob der andere sich gerade eines *tätlichen* Angriffs versehe, sei bedeutungslos. Inzwischen ist der BGH mit Recht zu der Ansicht zurückgekehrt, daß es auch bei vorangegangenen Feindseligkeiten rein verbaler Art darauf ankommt, ob das Opfer einen **Angriff auf sein Leben oder seine körperliche Unversehrtheit** befürchtet (BGHSt 33, 363 mit Anm. *Rengier*, NStZ 86, 505; BGH NStZ 91, 233; *Frommel*, StV 87, 292). Siehe noch Rn 117 ff.

**112 Wehrlos** ist, wer *infolge* seiner Arglosigkeit zur Verteidigung außerstande oder in seiner Verteidigung stark eingeschränkt ist (BGH GA 71, 113). Das kann auch bei einem Waffenträger, wie etwa bei einem Förster oder einem Polizeibeamten der Fall sein, der aus einem Hinterhalt angegriffen wird.

Arg- und Wehrlosigkeit müssen zusammentreffen; daß nur eine dieser beiden Voraussetzungen gegeben ist, genügt nicht (BGHSt 19, 321; 32, 382; 39, 353, 369; vgl auch *Küper*, BT S. 174 und JuS 00, 740). Körperliche Unterlegenheit begründet für sich allein keine Wehrlosigkeit; zu prüfen bleibt vielmehr, über welche anderen Verteidigungsmöglichkeiten das Opfer noch verfügte (BGHSt 20, 301, 303). **113**

Arg- und Wehrlosigkeit müssen ferner in *tückisch-verschlagener* Weise zur Tötung **ausgenutzt** werden (siehe schon Rn 107 f). Das ist gegeben, wenn der Täter die von ihm vorgefundene oder herbeigeführte Lage der Arg- und Wehrlosigkeit im Wege des listigen, hinterhältigen oder planmäßig-berechnenden Vorgehens *bewußt* zu einem Überraschungsangriff ausnutzt und das Opfer so daran hindert, sich zu verteidigen, zu fliehen, Hilfe herbeizurufen oder dem Anschlag auf sein Leben sonstwie Hindernisse entgegenzusetzen (vgl zum tückischen Charakter dieses Verhaltens BGHSt 4, 11; 20, 301; 23, 119, 121; *M.-K. Meyer*, JR 79, 441, 444 und 86, 133; *Spendel*, JR 83, 269; krit. *Schmoller*, ZStW 99 [1987], 389, 401). **114**

Die Rechtsprechung hält es in *subjektiver* Hinsicht für wesentlich, daß der Täter die Arg- und Wehrlosigkeit des Opfers nicht nur „in einer äußerlichen Weise wahrgenommen", sondern sie **in ihrer Bedeutung für die Tat** und sein Vorgehen voll erfaßt und bewußt ausgenutzt hat (BGH GA 87, 129; NStZ 87, 554; 97, 490; NStZ-RR 97, 294). Daran kann ihn eine starke Erregung im Einzelfall hindern (näher BGH NStZ 83, 34; 84, 20). **115**

Im **Fall 7** erfüllt das Verhalten des A bei seinem Überraschungsangriff auf die arg- und wehrlose L in objektiver wie in subjektiver Hinsicht alle Erfordernisse der heimtückischen Tötung (näher BGHSt 3, 183). **116**

Anhand der einschlägigen Entscheidungen des BGH lassen sich die wichtigsten Fallgruppen zum Mordmerkmal der Heimtücke wie folgt zusammenfassen: **117**

Heimtücke setzt idR voraus, daß das Opfer bei Beginn des ersten *mit Tötungsvorsatz* ausgeführten Angriffs (dh beim Eintritt der Tat in das Versuchsstadium) arglos ist. Arglosigkeit bei der Tatvorbereitung genügt nicht. Das gilt auch dann, wenn das Opfer in dem für die Arglosigkeit maßgebenden Zeitpunkt aufgrund einer vom Täter *ohne Tötungswillen* vorgenommenen Einwirkung wehrlos ist (wie etwa infolge einer voraufgegangenen, mit seinem Einverständnis erfolgten Fesselung: BGHSt 32, 382). **118**

Wer im Verlauf eines Streites, ohne seine Bereitschaft zu einem tätlichen Angriff zu verbergen, dem unmittelbar anschließend getöteten Opfer in **offen feindseliger Haltung** entgegentritt, handelt nicht heimtückisch (BGHSt 20, 301; 27, 322). Anders liegt es dort, wo der Getötete zuvor planmäßig **in eine Falle gelockt** worden ist (BGHSt 22, 77) oder wo ein vorausgegangener **Streit schon beendet** war, als der spätere Überraschungsangriff auf das (mittlerweile wieder) arg- und wehrlose Opfer einsetzte (BGHSt 28, 210; BGH NJW 80, 792; NStZ-RR 96, 322; 97, 168). **119**

Wer einen **Schlafenden** tötet, der sich arglos dem Schlaf hingegeben und sich so der Wehrlosigkeit überliefert hat, handelt idR heimtückisch (BGHSt 23, 119; aA *Küper*, BT S. 178 mwN); an einem verwerflichen Ausnutzen dieser schutzlosen Lage kann es aber fehlen, wenn der Täter den Entschluß zur Tat in einer schwerwiegenden seelischen Konfliktslage gefaßt hat und zum Besten des Opfers zu handeln glaubt, weil er ihm Schimpf und Schande oder – bei unheilbarem Leiden – ein qualvolles Dahinvegetieren ersparen will (vgl BGHSt 9, **120**

385; 37, 376 mit Anm. *Roxin*, NStZ 92, 35; krit. *Geilen*, Spendel-FS, S. 519). Demgegenüber entfällt Heimtücke bei der Tötung eines **Besinnungslosen**, weil dessen Wehrlosigkeit nicht auf Arglosigkeit beruht und ein Besinnungsloser nicht in der Erwartung getäuscht werden kann, daß ihm niemand in diesem Zustand etwas anhaben werde (BGHSt 23, 119; BGH NJW 66, 1823; *Lackner/Kühl*, § 211 Rn 7; anders *Dreher*, MDR 70, 248; *Krey*, BT/1 Rn 44; *Kutzer*, NStZ 94, 110; *Tröndle/Fischer*, § 211 Rn 6c). Ebenso kann es sich bei einem nicht ansprechbaren Schwerkranken verhalten, der seine Umwelt nur unvollkommen wahrnimmt (BGH NStZ 97, 490).

121 Gegenüber **Kleinstkindern**, die infolge ihrer natürlichen Arg- und Wehrlosigkeit **außerstande** sind, einem Anschlag auf ihr Leben zu begegnen, kommt Heimtücke nur bei besonderen Vorkehrungen wie etwa dann in Betracht, wenn der Täter die Arglosigkeit eines schutzbereiten Dritten planmäßig berechnend zur Tötung ausnutzt (vgl BGHSt 4, 11; 8, 216). Das bloße Vermischen des bitter schmeckenden Giftstoffes mit süßem Brei, um die Abwehrinstinkte des Kindes zu überwinden, dürfte insoweit jedoch nicht genügen (vgl BVerfGE 45, 187, 266 gegen BGHSt 8, 216 und BGH MDR/D 73, 901).

122 Die Tötung eines Arg- und Wehrlosen aufgrund eines **verwerflichen Vertrauensbruchs** ist in der Regel als heimtückisch zu beurteilen (vgl BGH NJW 78, 709). Der Mißbrauch einer *zuvor begründeten Vertrauensbeziehung* ist indessen kein unabdingbares Wesenselement des Heimtückebegriffs (BGHSt GrS 30, 105, 115). Wer beispielsweise seine besonders hohe Gefährlichkeit und die Verwerflichkeit seines Vorgehens dadurch offenbart, daß er ein ihm fremdes, arg- und wehrloses Opfer in verschlagener, kaltblütig berechnender Weise **aus dem Hinterhalt** heraus tötet, handelt heimtückisch. Eine solche Tatausführung entspricht vollauf dem *klassischen* Leitbild des seit jeher als besonders verwerflich eingestuften „Meuchelmordes".

### 3. Verwerflichkeit des Handlungszwecks

123 Die Mordmerkmale der **3. Gruppe** des § 211 II stellen auf den **besonders verwerflichen Zweck** der Tötungshandlung ab. Das Gesetz nimmt hier den Grundgedanken der *schuldsteigernden* „niedrigen Beweggründe" wieder auf und konkretisiert ihn durch die Absicht des Täters, eine andere Straftat zu *ermöglichen* oder zu *verdecken* (vgl BGHSt 23, 39; 22, 12). Die Einbeziehung der **Ermöglichungsabsicht** in den Kreis der Mordmerkmale wird allgemein akzeptiert, weil in der Bereitschaft, zur Durchsetzung krimineller Ziele „notfalls über Leichen zu gehen", nicht nur eine verachtenswerte Gesinnung, sondern auch eine besonders hohe Gefährlichkeit des Täters zum Ausdruck kommt. Demgegenüber beruht die **Verdeckungsabsicht** häufig auf einer Konfliktsituation und dem Bestreben des Täters, sich oder eine ihm nahestehende Person der drohenden Strafverfolgung zu entziehen. Das legt die Frage nahe, warum das Gesetz diesem Gesichtspunkt hier keine *entlastende* Bedeutung beimißt, während es sonst (vor allem bei §§ 257, 258) wenigstens das Streben nach Selbstbegünstigung mit Nachsicht behandelt. Der Grund dafür ist unschwer zu erkennen: Im Bereich der §§ 257, 258 erscheint die Rücksichtnahme auf das menschlich verständliche Handeln zum Zwecke der Selbstbegünstigung deshalb erträglich, weil der Täter dort nur die Wiederherstellung des gesetzmäßigen Zustandes bzw den Zugriff der Strafverfolgungsorgane verhindern will, ohne den zuvor angerichteten Schaden weiter zu vertiefen. Durch eine Tötung in Verdeckungsabsicht wird dagegen über die Vortat hinaus neues, weitaus schlimmeres Unrecht begangen

(BGHSt 41, 8). Im übrigen spielt insoweit auch folgende Erwägung eine Rolle: Eben weil die Gefahr sehr groß ist, daß etwa ein Sexualverbrecher oder ein auf frischer Tat entdeckter Einbrecher der Versuchung erliegen könnte, nun auch „aufs Ganze zu gehen" und den Tatzeugen mundtot zu machen, ist es sachgerecht, einer solchen Eskalation durch eine möglichst hohe, tathemmende Strafdrohung entgegenzuwirken (lehrreich dazu *Arzt*, JR 79, 7).

Die *andere Straftat*, von der das Gesetz in diesen Zusammenhang spricht, braucht nicht eine *eigene Tat* des Täters zu sein (BGHSt 9, 180); es genügt nach hM ferner, daß der betreffende Vorgang nur in seiner Vorstellung als „Straftat" existiert, während die Tat in Wahrheit durch einen Rechtfertigungsgrund gedeckt ist (vgl BGHSt 11, 226; 28, 93). Die Tötung des Opfers muß auch nicht „notwendiges" Mittel zur Begehung der anderen Straftat sein. Es reicht aus, daß zwischen dem Handeln des Täters und dem von ihm verfolgten Ziel eine **finale Verknüpfung** besteht, was schon dann der Fall ist, wenn die betreffende Handlung die Begehung der weiteren Straftat erleichtern soll (vgl BGHSt 39, 159; *Graul*, Anm. JR 93, 510; *F.-C. Schroeder*, JuS 94, 294). 124

Die Absicht, eine andere Straftat zu ermöglichen oder zu verdecken, muß die Triebfeder des Handelns bilden (BGH NStZ 96, 81), braucht aber nicht der alleinige Beweggrund zu sein. In **Verdeckungsabsicht** handelt beispielsweise, wer einen von ihm angefahrenen Verkehrsteilnehmer (BGH VRS 23 [1962], 207), den ihn nach einer Straftat anhaltenden Polizeibeamten (BGHSt 15, 291) oder einen Verfolger (BGH NJW 55, 1119; 68, 660) tötet, um Zeugen der Tat zu beseitigen oder unerkannt zu entkommen (BGH GA 62, 143). Dagegen gibt es nichts mehr zu verdecken, wo Tat und Täter, was dieser auch annimmt, den Straftatverfolgungsbehörden schon bekannt sind und der Angriff auf einen Polizei- oder Vollzugsbeamten nur die drohende Festnahme verhindern soll; zumeist ist dann jedoch ein Handeln aus *niedrigem Beweggrund* zu bejahen (vgl BGH GA 79, 108; StV 89, 151; NStZ 92, 127; krit. *Hohmann*, Anm. NStZ 93, 183). Verdeckungsabsicht ist hingegen möglich, wenn nach der Vorstellung des Täters zwar die Vortat, nicht aber seine Täterschaft bekannt ist (BGH NStZ-RR 97, 132). Nach der neueren Rechtsprechung des BGH kann Verdeckungsabsicht auch in Betracht kommen, wenn von dem Getöteten selbst Entdeckung nicht zu befürchten war (BGHSt 41, 358) oder wenn es dem Täter bei seiner Verdeckungshandlung nur um die Vermeidung *außerstrafrechtlicher* Konsequenzen, nicht aber darum geht, seine vorangegangene Straftat gegenüber den Straftatverfolgungsbehörden zu verheimlichen (BGHSt 41, 8 mit zust. Anm. *Saliger*, StV 98, 19; krit. hingegen *Brocker*, MDR 96, 228; *Küper*, JZ 95, 1158; *Rengier*, BT II § 4 Rn 56). 125

Im letztgenannten Fall hatten die Täter einen Drogenhändler durch das wahrheitswidrige Versprechen, Haschisch zu besorgen, zu einer Vorauszahlung von 10 000 DM veranlaßt. Obwohl sie nicht mit einer Strafanzeige durch ihn rechneten, töteten sie ihn, um die 10 000 DM behalten zu können und nicht als Betrüger entlarvt zu werden. Ihre Verurteilung wegen Verdeckungsmordes wurde vom BGH wie folgt bestätigt: Mord sei in keiner Begehungsform gegen Belange der Rechtspflege gerichtet. Qualifikationsgrund der Verdeckungsmodalität sei vielmehr die **Verknüpfung von Unrecht mit weiterem Unrecht** durch den Täter. Eine solche Verknüpfung könne auch vorliegen, wenn der Täter einen anderen töte, um außerstrafrechtlichen Folgen der Vortat durch deren Verdeckung zu entgehen. 126

**§ 2** *Die Tötungstatbestände*

**127** **Bedingter Tötungsvorsatz** und die Absicht, eine andere Straftat zu ermöglichen oder zu verdecken, schließen sich nicht aus (vgl BGHSt 23, 176, 194; 39, 159). Sie lassen sich jedoch dann nicht miteinander vereinbaren, wenn das Verdeckungsziel nach der Vorstellung des Täters nur durch eine *erfolgreiche* Tötungshandlung zu erreichen ist (etwa deshalb, weil das von ihm beraubte oder vergewaltigte Opfer ihn kennt oder ihn zuverlässig identifizieren kann und die Entdeckungsgefahr gerade daraus resultiert). Bei einer solchen Sachlage muß der Täter zwangsläufig auf eine *sichere* Ausschaltung des ihm lästigen Vortatzeugen bedacht sein; infolgedessen ist seine Verdeckungsabsicht *in Fällen dieser Art* nur in Verbindung mit einem *direkten* Tötungsvorsatz möglich (BGHSt 21, 283; BGH StV 83, 458; NStZ 85, 166).

**128** Hiervon abgesehen kommt es auch bei der Verdeckungsabsicht grundsätzlich nicht auf den Tötungserfolg, sondern auf die zum Tod eines Menschen führenden **Verdeckungshandlung** an. **Mittel** der Verdeckung ist jeweils der vom Täter in Gang gesetzte Ursachenverlauf, der dazu dienen soll, die vorangegangene Straftat nicht offenbar werden zu lassen, und der (zumindest bedingt vorsätzlich) den Tod eines Menschen herbeiführt (BGHSt 41, 358; näher dazu *Fischer*, NStZ 96, 416; *Geilen*, Lackner-FS, S. 571; *Saliger*, ZStW 109 [1997], 302; *F.-C. Schroeder*, Anm. JZ 96, 688).

**129** Die **besondere Verwerflichkeit**, die der Verdeckungsabsicht ihr Gepräge gibt, liegt klar auf der Hand, wenn die zu verdeckende Vortat bereits geraume Zeit zurückliegt und wohlüberlegt in das Tötungsvorhaben einbezogen worden ist. Sie *kann* aber auch dort gegeben sein, wo der Entschluß zum Töten erst während oder sofort nach der Vortatbegehung gefaßt worden ist (wie etwa im Anschluß an einen Nötigungsversuch, an eine Vergewaltigung oder an eine schon abgeschlossene Mißhandlung des Opfers). BGHSt 27, 281 hat die in BVerfGE 45, 187, 267 erwogene Möglichkeit, den § 211 auf Fälle einer **im voraus geplanten** oder einkalkulierten Verdeckungstötung zu beschränken, mit Recht verworfen.

**130** Vereinzelte Bemühungen des BGH um eine **Einschränkung des Verdeckungsmordes** sind in einer Sackgasse gelandet: Die Absicht, eine andere Straftat zu verdecken, sollte nach der Rechtsprechung des 2. Strafsenats dann zu verneinen sein, wenn der Täter bei einer nicht von ihm gesuchten Auseinandersetzung im Rahmen eines einheitlichen tätlichen Angriffs, dessen Einzelakte sich nicht deutlich voneinander absetzen ließen, *nahtlos* vom Vorsatz der Körperverletzung zum Tötungsvorsatz übergegangen war (BGHSt 27, 346; BGH MDR/H 79, 455). Dieser restriktiven Leitlinie standen die übrigen Strafsenate des BGH von Anfang an reserviert gegenüber. So lehnten sie die zur Diskussion gestellte Einschränkung der Verdeckungsabsicht ab, wenn Vortat und Verdeckungstötung nicht dieselbe Angriffsrichtung hatten (BGHSt 27, 281 = Tötung des Opfers nach einem Sexualangriff; ferner BGHSt 28, 77; BGH GA 79, 426; JZ 81, 547; NStZ 84, 453), wenn der Täter sich von vornherein in rechtsfeindlicher Absicht in die zum Tötungsdelikt führende Situation begeben hatte, wenn eine deutliche Zäsur zwischen Vortat und Verdeckungstötung bestand (BGH JZ 78, 616; NStZ 85, 167 und 454) oder wenn der Täter vor dem Übergang zur Tötungshandlung das Geschehen überdacht und im Anschluß daran Angriffsziel und Angriffswerkzeug gewechselt hatte (BGH GA 80, 142). Inzwischen hat der 2. Strafsenat des BGH seine frühere Rechtsprechung aufgegeben (BGHSt 35, 116), so daß der durch BGHSt 27, 346 entfesselte Meinungsstreit sich erledigt hat (zusammenfassend *Laber*, MDR 89, 861).

**131** Demnach vertreten jetzt alle Strafsenate des BGH den Standpunkt, daß ein Verdeckungsmord nicht schon dann ausscheidet, wenn Vortat und Tötung in der Angriffsrichtung übereinstimmen, beide Taten einer unvorhergesehenen Augenblickssituation entspringen und unmittelbar ineinander übergehen.

Spontaner Tötungsentschluß und Verdeckungsabsicht schließen sich somit nicht aus. Dort, wo die Tötung des Opfers das Ergebnis einer *panikartigen* Kurzschlußhandlung war (dazu BGH NJW 99, 1039), bietet § 21 in Verbindung mit § 49 I Nr 1 ausreichende Möglichkeiten für eine in Betracht kommende Strafmilderung.

Für einen Verdeckungsmord ist freilich kein Raum, wenn ein Täter, der von Anfang an mit direktem oder bedingtem Tötungsvorsatz gehandelt hat, die zuvor begonnene Tötung des Opfers lediglich vollenden will (BGH NStZ 90, 385). **132**

### 4. Lehre von der Typenkorrektur

§ 211 enthält eine tatbestandlich **abschließende** Regelung in dem Sinne, daß eine vorsätzliche Tötung *immer*, aber auch *nur dann* als **Mord** zu beurteilen ist, wenn einer der dort genannten Erschwerungsgründe vorliegt (BGHSt GrS 9, 385, 389; 11, 139, 143; 30, 105). Die Lehre von der *negativen Typenkorrektur*, die den Mordmerkmalen in § 211 II lediglich *indizielle* Bedeutung zuerkennt und diese Indizwirkung entfallen läßt, wenn eine Gesamtwürdigung aller Umstände ergibt, daß die konkrete Tat nicht als besonders verwerflich einzustufen ist (so insbesondere S/S-*Eser*, § 211 Rn 10; SK-*Horn*, § 211 Rn 6), hat sich nicht durchsetzen können (näher *Köhler*, GA 80, 121, 129; *Krey*, BT/1 Rn 54; LK-*Jähnke*, Rn 37 f vor § 211 mwN). Den Erfordernissen, die an die Schwere und an die **besondere Verwerflichkeit der Tat** zu stellen sind (BVerfGE 45, 187), muß bei den *einzelnen* Mordmerkmalen im Wege einer restriktiven Gesetzesauslegung Rechnung getragen werden. **133**

### 5. Aufbauhinweise

Der **Deliktsaufbau** im Bereich von Mord und Totschlag müßte an sich von der dogmatischen Ausgangsposition (siehe Rn 69 f) her erfolgen, die der Bearbeiter zum Verhältnis der §§ 211, 212 zueinander für zutreffend hält. Insoweit hatte *Wessels* (BT/1, 21. Aufl. 1997, Rn 120 f) ausgeführt: **134**

Wer mit dem **BGH** davon ausgeht, daß § 211 gegenüber § 212 ein **selbständiger Tatbestand** mit *strafbegründenden* Merkmalen und arteigenem Unrechtsgehalt ist, muß die Sachprüfung **allein auf § 211** ausrichten, in den dann die Mindestvoraussetzungen des § 212 (= die vorsätzliche Tötung eines anderen Menschen) „hineinzulesen" sind. Die Mordmerkmale der 2. Gruppe des § 211 II sind dabei dem *objektiven* Tatbestand zuzuordnen (beachte also § 15), während die Mordmerkmale der 1. und 3. Gruppe des § 211 II als zusätzliche Merkmale im subjektiven Tatbestand nach dem Vorsatz abzuhandeln sind, weil die Rechtsprechung in ihnen subjektive Unrechtselemente erblickt (BGHSt 1, 368, 371). Für die Wertungsstufen Rechtswidrigkeit und Schuld verbleibt es bei den allgemeinen Aufbauregeln (vgl *Wessels/Beulke*, AT Rn 871 ff). **135**

Wer dagegen der **Rechtslehre** folgt und § 211 als **qualifizierten Tatbestand** betrachtet, der im Verhältnis zum Grunddelikt des § 212 *strafschärfende* Merkmale aufweist, wird sich an dem „Stufenverhältnis" orientieren, das für tatbestandliche Abwandlungen unselbständigen Charakters wesensbestimmend ist (vgl *Wessels/Beulke*, AT Rn 107 ff). Er sollte **im Ansatz** sogleich die Verbindung zwischen § 212 und § 211 herstellen, also sofort sagen, daß und in welcher Hinsicht ein **Mord** in Betracht kommt. Der Leser, an den seine Darstellung sich wendet, weiß dann bereits, wohin „die Reise geht". Von diesem Ansatz aus kann der Bearbeiter dann zunächst **das Grunddelikt** des § 212 **voll durchprüfen** (= Tatbestandsmäßigkeit, Rechtswidrigkeit und Schuld). Denn nur wenn feststeht, daß keine Rechtfertigungs-, Schuldausschließungs- oder Entschuldigungsgründe eingreifen, wird es überhaupt auf die strafschärfenden Merkmale des § 211 ankommen. Diese sind also erst jetzt, soweit sie im konkreten Fall der Erörterung bedürfen, in bezug auf ihre **objektiven** und **subjektiven** Voraussetzungen abzuhandeln (bei einer Tötung aus „niedrigen Beweggründen" ist zB zunächst das Vorliegen derjenigen Umstände festzustellen, aus denen die besondere Verwerflichkeit des Tatmotivs folgt; sodann ist zu untersuchen, ob der Täter sich dieser Umstände bei Begehung der Tat *bewußt* war und ob er seine triebhaften Regungen gedanklich beherrschen und willensmäßig steuern konnte). Bei dieser Art des Vorgehens ergeben sich für den Bearbeiter keinerlei Einordnungsprobleme; der Meinungsstreit innerhalb der Rechtslehre, ob die Merkmale der 1. und 3. Gruppe des § 211 II dem Unrechtsbereich angehören oder spezielle Schuldmerkmale darstellen, wird hier gar nicht aktuell.

**136** Dieses folgerichtigen, aber komplizierten Vorgehens bedarf es beim Alleintäter jedoch nicht, da der BGH selbst betont, die vorsätzliche Tötung iS des § 212 sei ein *notwendiges* Merkmal des § 211 (BGHSt 1, 368, 370; 36, 231, 235). Dann aber steht nichts entgegen, die Prüfung **mit § 212 I zu beginnen**. Das empfiehlt sich, wenn etwa der Vorsatz oder die Rechtswidrigkeit zu verneinen ist; denn wenn schon § 212 I nicht eingreift, wird es auf Mordmerkmale nicht mehr ankommen. Wo hingegen Totschlag zweifelsfrei zu bejahen ist, *kann* der Bearbeiter § 211 alsbald in die Prüfung einbeziehen oder von ihm allein ausgehen (vgl auch *Rengier*, BT II § 4 Rn 8, 10 und *Wessels/Beulke*, AT Rn 863). Liegt auch § 211 im Ergebnis vor, so genügt ein Hinweis bei den Konkurrenzerwägungen. **Bedeutung** erlangt die Streitfrage auch für die Darstellung, wenn an der Tat **mehrere** beteiligt sind (dazu Rn 139 ff).

**137** Bei einem **Mordversuch** bereiten die tatbezogenen Merkmale der 2. Gruppe des § 211 II aufbaumäßig keine Schwierigkeiten. Im Rahmen des gewohnten Versuchsaufbaus (vgl dazu *Wessels/Beulke*, AT Rn 874) sind sie nach einhelliger Ansicht in Rechtsprechung und Lehre innerhalb des sog. „Tatentschlusses" unter dem Blickwinkel zu prüfen, ob der **Vorsatz** des Täters auf die Begehung einer *heimtückischen* bzw *grausamen* Tötung oder auf den Einsatz *gemeingefährlicher* Mittel gerichtet war. Im Anschluß daran ist das „unmittelbare Ansetzen" iS des § 22 zu erörtern (alles weitere läuft in den üblichen Bahnen ab). Etwas komplizierter gestaltet sich der Aufbau bei den Mordmerkmalen der 1. und 3. Gruppe des § 211 II. Wer in ihnen mit der Rechtsprechung oder einem Teil der Rechtslehre „subjektive Unrechtselemente" erblickt, wird sie innerhalb des „Tatentschlusses" nach Bejahung des Tötungsvorsatzes untersuchen. Wer sie dagegen als „spezielle Schuldmerkmale" auffaßt (vgl *Wessels/Beulke*, AT Rn 422), wird erst innerhalb der Wertungsstufe „Schuld" darauf eingehen, ob sie bei Versuchsbeginn in der Person des Täters (bzw etwaiger Mittäter) vorgelegen haben und deshalb den Versuch der vorsätzlichen Tötung des Opfers zu einem „Mordversuch" stempeln.

## IV. Täterschaft und Teilnahme bei §§ 212, 211

### 1. Unmittelbare Täterschaft

**138** Wer einen anderen Menschen mit eigenen Händen vorsätzlich tötet, ist grundsätzlich **Täter** und nicht lediglich Gehilfe. Nach hL soll der gegenteiligen früheren

Rechtsprechung (RGSt 74, 84; BGHSt 18, 87) durch § 25 I 1. Alternative die Grundlage entzogen worden sein (vgl LK-*Roxin*, § 25 Rn 47; *Wessels*, BT/1, 21. Aufl. 1997, Rn 123). Die These ist in dieser Allgemeinheit leider nicht begründet (siehe *Lackner/Kühl*, § 25 Rn 1; LK-*Jähnke*, § 212 Rn 6; vgl auch BGHSt 38, 315). Bei einer gemeinschaftlich begangenen Tötung kann ein Mittäter des Totschlags, der andere des Mordes schuldig sein (so BGHSt 36, 231; *Beulke*, Anm. NStZ 90, 278; *Küper*, JZ 91, 862, 866; *Wessels/Beulke*, AT Rn 531).

## 2. Teilnahme und Akzessorietätslockerung

Meinungsunterschiede zwischen Rechtsprechung und Rechtslehre bestehen wegen der divergierenden Ansichten zur Systematik der Tötungsdelikte (siehe Rn 61 f) vor allem bei § 28 I, II im Bereich der **Teilnehmerhaftung**. Im wesentlichen hat sich hier folgende Leitlinie herausgeschält: 139

a) Die **unrechtserhöhenden** Mordmerkmale der **2. Gruppe** des § 211 II, die das äußere Bild der Tat prägen, fallen als **tatbezogene** Umstände (BGHSt 23, 104; 24, 106, 108) nach fast einhelliger Auffassung von vornherein **nicht** unter § 28, da sie die besondere Begehungsweise und damit primär den Verhaltensunwert des Tatgeschehens näher kennzeichnen (vgl LK-*Jähnke*, § 211 Rn 64-67; differenzierend LK-*Roxin*, § 28 Rn 49 f, wonach die Merkmale *heimtückisch* und *grausam* in ihre einzelnen Begriffselemente zerlegt werden sollen). 140

b) Bei den **schuldsteigernden** Mordmerkmalen der **1. und 3. Gruppe** des § 211 II handelt es sich dagegen um **täterbezogene** „*besondere persönliche Merkmale*" iS des § 28 (vgl BGHSt 22, 375; 23, 39; LK-*Roxin*, § 28 Rn 47). Sie bilden nach hL zugleich *spezielle Schuldmerkmale* iS des § 29, da sie nicht lediglich als Reflex des Unrechts, sondern *unmittelbar und ausschließlich* den **Gesinnungsunwert** des Täterverhaltens charakterisieren (vgl *Wessels/Beulke*, AT Rn 422, 555 ff); anders insoweit BGHSt 1, 368, 371, wo die „niedrigen Beweggründe" als subjektive Unrechtsmerkmale bezeichnet werden (vgl Rn 92 f). 141

Von der Annahme ausgehend, daß § 211 *strafbegründende* und nicht strafschärfende Merkmale enthalte, wendet die **Rechtsprechung** innerhalb der 1. und 3. Gruppe des § 211 II nicht § 28 II (= § 50 III aF), sondern **nur § 28 I** (= § 50 II aF) an, falls das vom Haupttäter verwirklichte Mordmerkmal in der Person des Teilnehmers fehlt und bei ihm auch nicht durch ein gleichwertiges anderes Mordmerkmal ersetzt wird (vgl BGHSt 22, 375; 23, 39; BGH NStZ 81, 299; StV 89, 150). Für den Gehilfen wirkt sich das so aus, daß ihm eine doppelte Strafmilderung zugute kommt (nach § 27 II 2 und § 28 I; siehe BGH StV 84, 69). 142

Im Gegensatz dazu beurteilt die **Rechtslehre** in Fällen dieser Art die Haftung des Teilnehmers nicht nach § 28 I, **sondern nach § 28 II**, soweit sie hier nicht unmittelbar auf § 29 zurückgreift (was im Vergleich zu § 28 II regelmäßig nicht zu anderen Ergebnissen führt). Näher *Fischer/Gutzeit*, JA 98, 41, 43; *Geppert/Schneider*, Jura 86, 106; *Küper*, JZ 91, 761, 862, 910 und ZStW 104 (1992), 559; LK-*Roxin*, § 28 Rn 31, 47; *Niedermair*, ZStW 106 (1994), 388. 143

§ 2 *Die Tötungstatbestände*

### 3. Beispielsfälle

144 Im praktischen Fall ergeben sich daraus folgende Konsequenzen:

> **Fall 8:** A erschießt den auf einer Parkbank schlafenden Stadtstreicher S. Die Tatwaffe hat ihm sein Bekannter B in Kenntnis des Tötungsvorhabens überlassen. Wie ist der Fall strafrechtlich zu beurteilen,
> a) wenn B gewußt hat,
> b) wenn B nicht gewußt hat,
> daß S im Schlaf erschossen werden sollte?

145 A ist wegen Mordes zu bestrafen, weil er den S heimtückisch getötet hat (§ 211 II 2. Gruppe: BGHSt 23, 119; 28, 210). Da Heimtücke ein **tatbezogenes** Mordmerkmal ist (BGHSt 23, 104), scheidet für den Gehilfen B jeder Rückgriff auf § 28 aus. Rechtsprechung und Rechtslehre kommen daher **aufgrund der allgemeinen Akzessorietäts- und Vorsatzregeln** (§§ 27, 16) übereinstimmend zu dem Ergebnis, daß B sich im **Fall 8a** der *Beihilfe zum Mord* und im **Fall 8b** (gemäß § 16 I 1) lediglich der *Beihilfe zum Totschlag* schuldig gemacht hat.

146 **Fall 9:** Ohne ein weiteres Mordmerkmal zu verwirklichen, erschießt A den Makler M aus Habgier. In Kenntnis dieses Beweggrundes hat B ihm die Tatwaffe aus Gründen überlassen, die für seine Person kein Mordmerkmal erfüllen.

147 A ist Mörder gemäß § 211 II 1. Gruppe. Die **Rechtsprechung** bestraft den B wegen *Beihilfe zum Mord*, weil er den niedrigen Beweggrund des Haupttäters A kannte (vgl BGH NJW 93, 2121); da er jedoch in eigener Person kein Mordmerkmal der 1. oder 3. Gruppe des § 211 II erfüllt (vgl dazu BGHSt 23, 39), kommt ihm die in § 28 I vorgesehene *Strafmilderung* zugute, und zwar zusätzlich zu der bereits in § 27 II 2 zwingend vorgeschriebenen Strafmilderung (BGHSt 26, 53, 55; BGH NStZ 81, 299; StV 84, 69). Im Gegensatz dazu nimmt die **Rechtslehre** gemäß §§ 28 II, 29 bei B nur *Beihilfe zum Totschlag* an, weil es insoweit nicht darauf ankommt, ob B den niedrigen Beweggrund des A kannte, sondern allein darauf abzustellen ist, daß B selbst kein *besonderes persönliches Mordmerkmal* iS des § 28 II erfüllt.

148 **Fall 10:** Wie liegt es im Fall 9, wenn B den niedrigen Beweggrund des A nicht gekannt hat?

149 Die **Rechtsprechung** bestraft den B hier nur wegen Beihilfe *zum Totschlag* (§§ 212, 27), weil sein Gehilfenvorsatz den bei A vorliegenden Beweggrund nicht umfaßte (BGH NStZ 96, 384). Die **Rechtslehre** kommt zwar zum gleichen Ergebnis, *begründet* das aber anders: Nach §§ 28 II, 29 ist nicht die *Kenntnis* des B von den Beweggründen des Haupttäters, sondern allein der Umstand maßgebend, daß B als Teilnehmer in eigener Person kein *besonderes persönliches Mordmerkmal* erfüllt hat.

**Fall 11:** A erschießt den Makler M aus Habgier. In Kenntnis dieses Beweggrundes, ohne aber selbst habgierig zu handeln, hat B ihm die Tatwaffe überlassen, weil er eine von seinem Schwager S begangene Straftat zu verdecken sucht und den M als einzigen Zeugen dieser Tat beseitigt sehen möchte. **150**

A ist Mörder gemäß § 211 II 1. Gruppe. Die **Rechtsprechung** bestraft den B wegen *Beihilfe zum Mord*. Obgleich B die ihm bekannte Habgier des Haupttäters A nicht teilt, soll ihm die in § 28 I vorgesehene Strafmilderung nach BGHSt 23, 39 nicht zugute kommen, weil er „zur Verdeckung einer anderen Straftat" gehandelt hat und die *Verdeckungsabsicht* (§ 211 II 3. Gruppe) den Mordmerkmalen der 1. Gruppe des § 211 II gleichsteht (zur Kritik *Arzt*, JZ 73, 681). Die **Rechtslehre** gelangt über §§ 28 II, 29 zur Bestrafung des B wegen *Beihilfe zum Mord*. **151**

**Fall 12:** A erschießt den Makler M, ohne Mörder zu sein. B hat ihm die Tatwaffe aus dem im Fall 11 genannten Grund überlassen. **152**

Die Haupttat des A erfüllt nur die Merkmale des Totschlages (§ 212). B hat seinen Gehilfenbeitrag mit der in § 211 II 3. Gruppe genannten *Verdeckungsabsicht* geleistet. Die **Rechtslehre** sieht hier keinerlei Schwierigkeit, den B entsprechend dem höheren Maß seiner Schuld über §§ 28 II, 29 wegen *Mordbeihilfe* zu bestrafen, während die **Rechtsprechung** den B nach Akzessorietätsgrundsätzen nur wegen *Beihilfe zum Totschlag* (§§ 212, 27) belangen kann (vgl BGHSt 1, 368; BGH StV 87, 386), was kaum befriedigt und mit der in BGHSt 23, 39 entwickelten Lösung nur schwer zu vereinbaren ist. **153**

Insgesamt verdient die in sich klare und widerspruchsfreie **Auffassung der Rechtslehre** von den Ergebnissen wie von der dogmatischen Begründung her den Vorzug. Es wäre zu begrüßen, wenn der Gesetzgeber ihr auch in der Praxis Geltung verschaffte. **154**

## V. Tötung auf Verlangen

**Fall 13:** Zwischen dem 20jährigen A und der 19jährigen B hat sich eine tiefe Liebesbeziehung entwickelt. Nach einem schweren Zerwürfnis mit ihren Eltern, die strikt gegen A eingestellt sind, faßt B den festen Entschluß, aus dem Leben zu scheiden. A versucht vergeblich, sie davon abzubringen. Schließlich erklärt er sich bereit, mit B in den Tod zu gehen. B bereitet für beide ein Getränk mit aufgelösten Medikamenten zu. Sie leert ihren Becher und nimmt dem A das Versprechen ab, seine Portion erst nach ihrem Ableben zu trinken und sie zu erdrosseln, falls die Wirkung des Getränkes nicht rasch genug eintrete. Als B in der Bewußtlosigkeit zu stöhnen beginnt, erwürgt A sie mit ihrem Strumpf. Sodann leert auch er seinen Becher, wird aber durch eine glückliche Fügung gerettet.
Hat A sich strafbar gemacht?
A kann sich gemäß §§ 212, 216 der **Tötung auf Verlangen** schuldig gemacht haben. Voraussetzung dafür ist, daß er der B nicht lediglich Beihilfe zum Selbstmord geleistet **155**

> hat, daß deren Tod vielmehr als „sein Werk" erscheint und daß er durch ein ausdrückliches, ernsthaftes Verlangen der B zur Tötung bestimmt worden ist.

## 1. Tatbestandsvoraussetzungen

**156** **Verlangen** bedeutet mehr als bloße Einwilligung (RGSt 68, 306). Das Opfer muß seine Tötung **ernstlich begehrt** und dieses Begehren *ausdrücklich*, dh durch Worte, Gebärden oder Gesten unmißverständlich kundgetan haben. An die Ernstlichkeit des Verlangens, das auch in die Form einer Frage gekleidet sein kann und mit Bedingungen verknüpft werden darf (BGH NJW 87, 1092 mit zust. Anm. *Kühl*, JR 88, 338), sind die gleichen Anforderungen zu stellen wie an die Beachtlichkeit des Selbsttötungswillens im Bereich des Freitodes (siehe dazu Rn 48 f). **Ernstlich** kann ein Verlangen iS des § 216 danach nur sein, wenn es auf einem freiverantwortlichen Willensentschluß und einer **fehlerfreien Willensbildung** beruht; es muß frei von Zwang, Täuschung, Irrtum und anderen *wesentlichen* Willensmängeln sein. Des weiteren wird vorausgesetzt, daß der Lebensmüde nach den Maßstäben der natürlichen Einsichts- und Urteilsfähigkeit imstande war, die Tragweite seiner Entscheidung zu erfassen und sich dementsprechend zu verhalten (BGH NJW 81, 932; LK-*Jähnke*, § 216 Rn 7; S/S-*Eser*, § 216 Rn 8 mwN). An der Ernstlichkeit des Verlangens fehlt es in aller Regel bei jugendlich Unreifen oder Berauschten sowie bei geistig Erkrankten oder Personen, die an vorübergehenden Depressionszuständen leiden.

**157** Das Tötungsverlangen muß noch im Augenblick der Tathandlung fortbestehen; es ist jederzeit zurücknehmbar. Es kann an eine bestimmte Person, aber auch an einen bestimmbaren Personenkreis gerichtet sein, zu dem der Täter gehört (zB als Stationsarzt oder als Mitglied des Pflegepersonals im Krankenhaus; vgl LK-*Jähnke*, § 216 Rn 5). Etwaige Bedingungen, an die das Verlangen geknüpft war, müssen im Tatzeitpunkt vorgelegen haben. Enthielt es Beschränkungen hinsichtlich der gewünschten Tötungsart, deckt § 216 ein wesentliches Abweichen davon nicht (zB nicht eine Tötung durch Erschießen oder Erschlagen, wenn der Lebensmüde nach der „erlösenden Spritze" oder nach Einstellung der künstlichen Ernährung verlangt hatte).

**158** **Rechtsgrund** der Privilegierung ist nach überwiegender Lehre neben der infolge des (über eine Einwilligung hinausgehenden) Verlangens bestehenden Unrechtsminderung die schuldmindernde Konfliktslage, die das selbsttötungsähnliche Tötungsverlangen beim Erklärungsempfänger auslöst. In den Genuß des § 216 können Täter oder Tatteilnehmer daher nur kommen, wenn sie das Verlangen **gekannt** haben und dadurch zur Tötung oder dem sonstigen Tatbeitrag **bestimmt worden** sind. Das ernstliche Verlangen des Getöteten braucht indessen nicht der einzige Beweggrund ihres Handelns gewesen zu sein; es genügt, daß es der *bestimmende* Tatantrieb war. Daran fehlt es, wenn die Rücksichtnahme auf das Tötungsverlangen innerhalb eines Motivbündels *lediglich mitläuft* und gegenüber dem beherrschenden Tatantrieb, wie etwa dem zügellosen Streben nach möglichst rascher Erlangung der zu erwartenden Erbschaft, in den Hintergrund tritt (vgl SK-*Horn*, § 216 Rn 5; abweichend *Alwart*, GA 83, 433, 446). Andererseits entfällt die Anwendbarkeit des § 216 nicht schon deshalb, weil dem Täter die ihm vom Opfer zugesagte Belohnung willkommen war (vgl *Bernsmann*, Jura 82, 261). Wer *ohnehin* zur Tötung entschlossen war oder etwaige Umstände gekannt hat, an denen die Ernstlichkeit des Verlangens scheitert, ist nach § 212 oder ggf nach § 211 zu bestrafen; für § 216 ist dann kein Raum. Bei der irrigen Annahme von Umständen, deren wirkliches Vorliegen die Anwendbarkeit des § 216 begründen würde, greift diese Vorschrift über § 16 II ein. Die Tat ist gemäß § 12 II ein **Vergehen**, ihr Versuch mit Strafe bedroht, § 216 II.

In der 21. Aufl. Rn 144, 145 dieses Buchs hat *Wessels* die Ansicht vertreten, Privilegierungsgrund sei ausschließlich die schuldmindernde Konfliktslage. Der Gegenansicht (ua *Arzt/Weber*, BT/1 Rn 185; *Gössel*, BT/1 § 1 Rn 20; *Küper*, GA 68, 321, 335; *Lackner/Kühl*, § 216 Rn 1; *Otto*, BT § 6 Rn 1; *S/S-Eser*, § 216 Rn 1), die aus dem Verlangen des Getöteten ein *gemindertes Unrecht* ableitet, hält er entgegen, sie könne nicht erklären, wieso die Norm nur denjenigen privilegiere, der durch das Verlangen bestimmt worden ist; zudem werde sie dem Grundsatz des absoluten Lebensschutzes nicht gerecht. **159**

§ 216 zeigt, daß die **Achtung fremden Lebens** auch dann strafbewehrt gefordert wird, wenn das Opfer selbst seine Tötung ausdrücklich und ernstlich verlangt hat (vgl Rn 28 ff). Die in der Strafandrohung deutlich werdende abweichende Bewertung des Delikts wie die zu Recht fehlende Sanktionierung des Selbsttötungsversuchs verdeutlichen aber auch, daß außerhalb besonderer Pflichtenstellungen (vgl etwa § 17 WStG) autonomen Entscheidungen des „Rechtsgutsinhabers" Rechtsqualität zukommt. Das Interesse der Gemeinschaft kann also jedenfalls nicht allein maßstabbildend sein. Eben deshalb wird nach § 216 nur derjenige beurteilt, der sich vom Rechtsgutsträger, um dessen Leben es auch dann in erster Linie geht, wenn die Rechtsgemeinschaft ein „eigenes" Interesse reklamiert, zur Tat hat bestimmen lassen. Wo dies nicht der Fall ist, fehlt eine notwendige Privilegierungsvoraussetzung, so daß § 216 nicht anwendbar ist. Im Rahmen der Strafzumessung wäre das Verlangen sodann aber noch ein berücksichtigungsfähiger Umstand, soweit nicht § 211 zum Zuge kommt. **160**

## 2. Abgrenzung zur Selbsttötungsbeihilfe

Die Abgrenzung zwischen **Fremdtötung** und nicht strafbarer **Beihilfe zur Selbsttötung** bereitet auch bei § 216 erhebliche Schwierigkeiten, insbesondere in Fällen des *„einseitig fehlgeschlagenen Doppelselbstmords"*. Die Rechtsprechung (BGHSt 19, 135; OLG München NJW 87, 2940) stellt entscheidend darauf ab, wer das zum Tode führende **Geschehen tatsächlich beherrscht** und wie der Getötete im Rahmen des *Gesamtplans* über sein Schicksal verfügt hat: Gab er sich in die Hand des anderen, weil er *duldend* den Tod von ihm und dessen Handeln entgegennehmen wollte, dann hatte dieser die Tatherrschaft. Behielt er dagegen bis zuletzt die freie Entscheidung über sein Schicksal, dann tötete er sich selbst, wenn auch mit fremder Hilfe. **161**

§ 2  *Die Tötungstatbestände*

**162** Fraglich ist, ob § 216 durch **Unterlassen** verwirklicht werden kann, also in Verbindung mit § 13 eingreift, wenn ein zur Selbsttötung Entschlossener einen garantenpflichtigen Angehörigen **ernstlich** auffordert, ihn am geplanten Freitod nicht zu hindern, und dieser dementsprechend die ihm zu Gebote stehenden Möglichkeiten der Erfolgsabwendung nicht nutzt (bejahend BGHSt 13, 162; 32, 367; *Herzberg*, JA 85, 131, 178 ff). Mit der hL ist diese Frage zu **verneinen**, weil es sich bei solchen Gegebenheiten um einen freiverantwortlichen Suizid handelt, die Teilnahme daran nicht mit Strafe bedroht ist und es der gesetzlichen Wertung zuwiderlaufen würde, aus rein konstruktiven Erwägungen (= durch Umdeutung der Selbsttötungsteilnahme in eine Unterlassungstäterschaft iS der §§ 216, 13) eine Erfolgsabwendungspflicht abzuleiten, die der Gesetzgeber für Fälle dieser Art gerade nicht hat begründen wollen (näher LK-*Jähnke*, § 216 Rn 9; *R. Schmitt*, JZ 85, 365; 84, 866 und 79, 462; S/S-*Eser*, § 216 Rn 10; *Sowada*, Jura 85, 75). Zu beachten ist freilich, daß diese Erwägungen nur für die direkte Beziehung zwischen dem Unterlassenden und dem Lebensmüden gelten. Tötet zB ein Dritter das Opfer auf dessen Verlangen im Wege des *aktiven* Tuns, so ist an der Tat des Dritten nach allgemeinen Regeln strafbare Teilnahme durch Unterlassen möglich.

**163** Im **Fall 13** hatte B nach dem Leeren des Bechers ihr Schicksal völlig in die Hand des A gelegt, um ggf den Tod durch Erwürgen duldend von ihm hinzunehmen. Diesen konkreten Erfolg hat A eigenhändig herbeigeführt. An der Verwirklichung der §§ 212, 216 durch ihn besteht daher kein Zweifel (vgl BGH MDR/D 66, 382).
Anders läge es, wenn A und B – wie im Fall RG JW 1921, 579 – *gemeinsam* versucht hätten, durch Gasvergiftung aus dem Leben zu scheiden: Dort hatte der Mann die Tür geschlossen und alle Gashähne geöffnet; das Mädchen hatte Tür- und Fensterritzen mit feuchten Tüchern verstopft. Sodann hatten beide sich auf die Couch gelegt, um den Tod zu erwarten; nach ihrer Entdeckung konnte nur der Mann gerettet werden. Das RG hat damals die Verurteilung des Mannes aus § 216 zu Unrecht gebilligt, denn da dem Mädchen auch nach dem Öffnen der Gashähne die *volle Freiheit verblieben war*, sich der Wirkung des Gases zu entziehen oder sie zu beenden, lag beiderseits nur eine **nicht strafbare Beihilfe zur Selbsttötung** vor (so auch BGHSt 19, 135, 140).

**164** Das gleiche gilt für den in **BGHSt 19, 135** mitgeteilten Sachverhalt, wo § 216 ebenfalls zu Unrecht bejaht worden ist (sofern man von einer *freiverantwortlichen* Willensentscheidung des zu Tode gekommenen Mädchens ausgeht): Dort hatten die Lebensmüden (A und B) dadurch aus dem Leben scheiden wollen, daß sie bei laufendem Motor die Abgase in den Kraftwagen leiteten, in dem beide Platz genommen hatten. Der Umstand, daß A nach dem Anlassen des Motors das *Gaspedal durchgetreten* hatte, bis das einströmende Kohlenmonoxyd ihm die Besinnung raubte, ändert nichts daran, daß der B auch nach dem Ingangsetzen des Geschehensablaufs noch die **volle Freiheit über Tod oder Leben verblieben** war. Sie hätte jederzeit aussteigen und sich der Wirkung des Gases entziehen können. Da sie das willentlich unterließ, **tötete sie sich** durch *Einatmen der Gase* selbst, wenn auch mit Hilfe des A. Für die rechtliche Beurteilung des Falles kann das bloße Niedertreten des Gaspedals durch A schon deshalb nicht entscheidend sein, weil es ganz unterbleiben oder durch das Beschweren des Gaspedals mit einem Stein ersetzt werden konnte, ohne daß sich dadurch am tödlichen Ausgang für B irgend etwas geändert hätte; womöglich wäre die Anreicherung der Abgase mit Kohlenmonoxyd im reinen Leerlauf des Motors sogar ebenso groß gewesen wie beim Niedertreten des Gaspedals. Daß die Entscheidung über Strafbarkeit oder Straflosigkeit von solchen Nebensächlichkeiten im Geschehensablauf nicht abhängig gemacht werden darf, zeigt auch die *Gegenprobe:* Wenn es maßgebend darauf ankommt, ob der Getötete **nach dem Ingangsetzen der Ursachenreihe** noch die **freie Entscheidung über sein Schicksal** behielt oder nicht, wäre für §§ 212, 216 Raum gewesen, falls A der B wunschgemäß durch *Fesselung oder Festbinden am Autositz* die Möglichkeit genommen hätte, sich ungehindert und aus freien Stücken dem tödlichen Geschehen durch Verlassen des Kraftwagens zu entziehen.

Krit. zu BGHSt 19, 135 auch: *Krey*, JuS 71, 142; *Maurach-Schroeder*, BT 1 § 1 Rn 22; *Paehler*, MDR 64, 647; dem BGH zust.: LK-*Jähnke*, § 216 Rn 12-15. Zur neueren Diskussion siehe *Herzberg*, JuS 88, 771 und NStZ 89, 559; *Hohmann/König*, NStZ 89, 304; *Krack*, KJ 1995, 60; *Otto*, Tröndle-FS, S. 157; *Roxin*, NStZ 87, 345 und in: 140 Jahre GA-FS, S. 177; *Scholderer*, JuS 89, 918. **165**

Folgt man der Ansicht, daß § 216 eine unselbständige Abwandlung zu § 212 ist (vgl Rn 69), sollte man beim **Deliktsaufbau** in der Regel zunächst den Grundtatbestand des § 212 vollständig durchprüfen, ehe man auf die speziellen Merkmale des § 216 eingeht. Im Einzelfall kann jedoch ein anderes Vorgehen zweckmäßiger sein. Wo es zB auf die Abgrenzung zwischen etwaiger Unterlassungstäterschaft (§§ 216, 13) und strafloser Teilnahme an einer eigenverantwortlichen Selbsttötung ankommt (vgl BGHSt 32, 367), dürfte es sich aus Gründen des Sachzusammenhanges empfehlen, die besonderen Merkmale des § 216 und des § 13 im Tatbestandsbereich sofort mit denen des Grunddelikts (§ 212) zu kombinieren, da dies den Einstieg in das genannte Problem erleichtert (siehe zur Art des aufbaumäßigen Vorgehens auch *Wessels/Beulke*, AT Rn 863). **166**

Das 6. StrRG (siehe Rn 74) hat die **Kindestötung, § 217, aufgehoben**. Nach jener Regelung wurde nur eine Mutter, welche ihr *nicht*eheliches Kind in oder gleich nach der Geburt tötet, mit Freiheitsstrafe nicht unter drei Jahren, in minder schweren Fällen von sechs Monaten bis zu fünf Jahren bestraft (zu dieser Vorschrift siehe *Wessels*, BT/1, 21. Aufl. 1997, Rn 154). Der Gesetzgeber hielt die Norm für nicht mehr zeitgemäß. Die psychische Ausnahmesituation einer Mutter, die ihr eheliches oder nichteheliches Kind in oder gleich nach der Geburt töte, könne durch Anwendung des § 213 Berücksichtigung finden (BT-Drucks. 13/8587, S. 34; dazu Rn 171, 175). **167**

### VI. Probleme der Strafzumessung

Rechtsfehler bei der **„Wahl" des Strafrahmens** und der **Strafzumessung** im engeren Sinn haben in den letzten Jahren einer so großen Zahl von Revisionen im Bereich der §§ 212, 213, 21, 23 II, 49 I zum Erfolg verholfen, daß es angezeigt erscheint, diesem Fragenkreis besondere Aufmerksamkeit zu widmen. **168**

§ 2 *Die Tötungstatbestände*

### 1. Konkurrenz mehrerer Strafdrohungen

169 Die Möglichkeit zu „wählen" besteht dann, wenn das Gesetz zur Bewertung der Schwere einer Straftat mehrere Strafdrohungen zur Verfügung stellt (zu den dann erforderlichen Überlegungen SK-*Horn*, § 46 Rn 48). Hat etwa ein Täter im Zustand **erheblich verminderter Schuldfähigkeit** einen Menschen getötet, so *kann* gemäß § 21 die angedrohte „Strafe" nach § 49 I gemildert werden. Da die Strafandrohung in § 212 I von fünf bis zu fünfzehn Jahren Freiheitsstrafe reicht, würde eine Milderung nach den Regeln des § 49 I Nr 2, 3 zu einem Strafrahmen von zwei Jahren bis zu elf Jahren und drei Monaten führen.

170 Darüber hinaus erklärt § 50 es für zulässig, die Annahme eines *minder schweren Falles* iS des § 213 Alt. 2 schon allein auf das Vorliegen zB der Voraussetzungen des § 21 zu gründen (*Lackner/Kühl*, § 50 Rn 2; siehe auch SK-*Horn*, § 213 Rn 15 sowie *Hettinger*, 140 Jahre GA-FS, S. 77, 80). Die Verdoppelung von Mindest- und Höchststrafe in § 213 durch das 6. StrRG (siehe Rn 74) hat insoweit den bisher eklatanten Wertungswiderspruch abgemildert. Zum Begriff des minder schweren Falles siehe Rn 175.

### 2. Minder schwere Totschlagsfälle (§§ 212, 213)

171 Seiner Rechtsnatur nach ist § 213 kein selbständiger Tatbestand, sondern eine **Strafzumessungsregel** des § 212, die systematisch als dessen Absatz 3 zu lesen ist (näher *Hettinger*, JuS 97, L 43). Der Annahme *Ottos* (BT § 2 Rn 15), die erste Alternative des § 213 sei ein Privilegierungs*tatbestand*, steht die dann folgende Formulierung „oder liegt sonst ein minder schwerer Fall vor" entgegen (dazu *Maatz*, Salger-FS, S. 91).

172 a) Die *erste* Alternative des § 213 führt nach hM *zwingend* zu dem gemilderten Strafrahmen dieser Vorschrift (BGHSt 25, 222; BGH NJW 95, 1910; LK-*Jähnke*, § 213 Rn 2; anders S/S-*Eser*, § 213 Rn 12a). Sie greift ein, wenn der Täter ohne eigene Schuld durch eine ihm oder einem nahen Angehörigen zugefügte Mißhandlung oder schwere Beleidigung von dem Getöteten zum Zorne gereizt und hierdurch auf der Stelle zur Tat hingerissen worden ist.

173 Sinn der Regelung ist es, den in „berechtigtem Zorn" handelnden Affekttäter entsprechend dem geringerem Maß seiner Schuld vor der vollen Totschlagsstrafe zu bewahren. Das setzt eine Tatsituation voraus, in der die Tötung des anderen noch als menschlich verständliche Reaktion auf die vorausgegangene schwere Kränkung erscheint (BGH StV 83, 198). Die **Schwere** der Kränkung ist nach objektiven Maßstäben zu beurteilen; dabei sind neben dem konkreten Geschehensablauf, den Anschauungen im Lebenskreis der Beteiligten sowie den Beziehungen zwischen Opfer und Täter alle Umstände des Einzelfalles zu berücksichtigen (BGH StV 90, 204). Schimpfworte wie „Miststück" und „Versager", die für sich genommen nicht besonders gravierend sind, können bei einer länger anhaltenden Auseinandersetzung unter Ehegatten geeignet sein, das „Faß zum Überlaufen" zu bringen (vgl BGH NStZ 83, 365; StV 98, 131). **Eigene Schuld** trifft den Täter, wenn er dem Getöteten in *vorwerfbarer* Weise hinreichenden Anlaß zur Provokation gegeben hatte; bloße Ungeschicklichkeit oder Unreife in der Gestaltung zwischenmenschlicher Beziehungen scheiden hier regelmäßig aus

(BGH NStZ 83, 553). **Zum Zorne gereizt** ist man nicht nur bei einem Affekt ieS, vielmehr können Wut und Empörung genügen. An dem erforderlichen *ursächlichen Zusammenhang* zwischen Gemütsbewegung und Tat fehlt es, wenn der Totschläger bereits aus anderen Gründen zur Tötung entschlossen war (BGHSt 21, 14). **Auf der Stelle** zur Tat hingerissen bedeutet nicht, daß die Tötung der Provokation unmittelbar zeitlich folgen müßte; entscheidend ist allein, ob der Täter bei seinem Entschluß zur Tat und bei dessen Realisierung noch unter dem beherrschenden Einfluß der vom Opfer ausgelösten Gemütsaufwallung stand (vgl BGH NStZ 95, 83).

Die Anwendbarkeit der *ersten* Alternative des § 213 entfällt, wenn der Täter deren Voraussetzungen nur **irrtümlich** für gegeben hielt (BGHSt 1, 203; 34, 37; LK-*Jähnke*, § 213 Rn 9; anders RGSt 69, 314; S/S-*Eser*, § 213 Rn 12 mwN). Allerdings ist dann das Vorliegen eines „sonstigen" minder schweren Falles iS der *zweiten* Alternative des § 213 zu prüfen, wobei Art und Gewicht des Irrtums Bedeutung erlangen können. **174**

b) Maßgebend für die Annahme eines „sonstigen" **minder schweren Falles** iS der *zweiten* Alternative des § 213 ist nach der Rechtsprechung, ob das gesamte Tatbild einschließlich aller subjektiven Momente und der Täterpersönlichkeit vom Durchschnitt der erfahrungsgemäß vorkommenden Fälle in einem so erheblichen Maße abweicht, daß die Anwendung des Ausnahmestrafrahmens geboten erscheint. Erforderlich ist eine Gesamtbetrachtung, bei der alle Umstände heranzuziehen und zu würdigen sind, die für die Wertung der Tat und des Täters in Betracht kommen, gleichgültig, ob sie der Tat selbst innewohnen, sie begleiten, ihr vorausgehen oder nachfolgen (*Detter*, NStZ 97, 476; LK-*Gribbohm*, Rn 25 vor § 46 und § 46 Rn 254; siehe auch *Hettinger*, 140 Jahre GA-FS, S. 77, 82 und *G. Schäfer*, Praxis der Strafzumessung, 2. Aufl. 1995, Rn 427). Maßstabbildend können die Merkmale des § 213 Alt. 1 wirken (BGH NStZ-RR 99, 326). **175**

Nicht nur die Annahme erheblich verminderter Schuldfähigkeit (siehe Rn 169 f), sondern etwa auch die Feststellung, daß es beim **Versuch** des Totschlags geblieben ist, *kann* schon für sich allein das Vorliegen eines minder schweren Falles begründen (*G. Schäfer*, Praxis der Strafzumessung, 2. Aufl. 1995, Rn 430; zum Vorgehen des BGH beim Zusammentreffen schärfender und mildernder Aspekte vgl LK-*Gribbohm*, § 46 Rn 248). **176**

### 3. Zusammentreffen mehrerer Strafmilderungsgründe

Trifft die *erste* Alternative des § 213 mit weiteren gesetzlichen Strafmilderungsgründen zusammen, wie etwa mit § 21 und/oder § 23 II, so sind bei der Ermittlung („Wahl") des anzuwendenden Strafrahmens **alle Milderungsmöglichkeiten nebeneinander** berücksichtigungsfähig (BGHSt 30, 166). Handelt es sich dagegen um das Zusammentreffen eines besonderen gesetzlichen Milderungsgrundes mit der *zweiten* Alternative des § 213, so hat der Strafrichter nach Ansicht des BGH bei der **Wahl des Strafrahmens**, die der Strafzumessung ieS vorausgeht (vgl BGH NStZ 83, 407; *G. Schäfer*, Praxis der Strafzumessung, 2. Aufl. 1995, Rn 449; siehe aber auch SK-*Horn*, § 46 Rn 48, 65), folgende Grundsätze zu beachten: **177**

a) Bei der gebotenen Gesamtbetrachtung aller maßgebenden Strafzumessungstatsachen ist an erster Stelle zu prüfen, ob die in Betracht kommenden *allgemeinen* Strafminderungsgründe schon für sich allein die Annahme eines „sonstigen minder schweren Falles" recht- **178**

§ 2 *Die Tötungstatbestände*

fertigen. Ist das zu bejahen, *kann* (vgl etwa §§ 21, 23 II) oder *muß* (so zB § 27 II 2) der so gefundene Strafrahmen nochmals nach § 49 I gemildert werden. Das Verbot der Doppelverwertung (§ 50) steht dem nicht entgegen, weil der *vertypte* Milderungsgrund durch die Annahme eines minder schweren Falles dann noch nicht „verbraucht" ist (BGH StV 92, 371; *Detter*, NStZ 96, 424).

179 b) Reichen dagegen die allgemeinen Milderungsgründe für die Annahme eines minder schweren Falles nicht aus, so sind (erst jetzt) die *vertypten* Milderungsgründe in die Prüfung mit einzubeziehen. Soweit erst ihre Mitberücksichtigung einen minder schweren Fall ergibt, dürfen sie wegen der Sperrwirkung des § 50 nicht nochmals verwertet, dh zu einer Strafrahmenmilderung nach § 49 I herangezogen werden. Benötigt das Gericht nur einen dieser Gründe, um zur Bejahung eines minder schweren Falle zu gelangen, so kann (oder muß) ein noch nicht berücksichtigter vertypter Milderungsgrund zur Anwendung des § 49 I führen.

180 c) Ob ein minder schwerer Fall vorliegt, ist für jeden Tatbeteiligten gesondert zu prüfen (näher BGH StV 92, 372).

181 d) Unter sorgfältiger Abwägung aller für und gegen eine Milderung sprechenden Umstände kann das Gericht auch von jeder Strafrahmenverschiebung Abstand nehmen und es bei dem Regelstrafrahmen des § 212 belassen (oder ggf den nach § 49 I *gemilderten* Strafrahmen des § 212 zugrunde legen). Im Urteil wäre eine solche Entscheidung ausführlich zu begründen (vgl *Eser*, NStZ 84, 49, 55).

182 In jedem Falle muß aus den Urteilsgründen hervorgehen, daß der Strafrichter sich der erwähnten Wahlmöglichkeiten bewußt war und sich mit ihnen auseinandergesetzt hat (BGH MDR/H 83, 619).

### 4. Strafzumessung innerhalb des Strafrahmens

183 Hat der Tatrichter auf diese Weise den auf den konkreten Fall anwendbaren Strafrahmen ermittelt, so muß er innerhalb desselben nach Maßgabe der §§ 46 ff das angemessene Quantum bestimmen (instruktiv SK-*Horn*, Rn 1 vor § 46; *Schall/Schirrmacher*, Jura 92, 514).

184 a) Dabei verlangt § 46 II, daß das Gericht bei der Zumessung die Umstände, die für und gegen den Täter sprechen, gegeneinander abwägt. § 267 I 1 StPO fordert, daß die Urteilsgründe die für erwiesen erachteten Tatsachen angeben, in denen die gesetzlichen Merkmale der Straftat gefunden werden, und § 267 III 1 StPO, daß die Gründe des Strafurteils die Umstände anführen, die für die Zumessung der Strafe bestimmend gewesen sind (dazu *Streng*, Strafrechtliche Sanktionen, 1991, S. 212; *Tröndle/Fischer*, § 46 Rn 53).

185 b) Ein bei Beurteilung von Tötungsdelikten häufiger auftauchender Fehler besteht darin, daß die Strafkammer (vgl § 74 II Nr 5 GVG) im Urteil ausführt, es „falle straf*erhöhend* ins Gewicht, daß der Täter ein junges blühendes Menschenleben ausgelöscht" habe. Das ist in zweifacher Hinsicht fehlerhaft: Die Vernichtung eines Menschenlebens gehört schon zum Tatbestand aller Tötungsdelikte, darf daher gemäß § 46 III bei der Strafzumessung nicht noch einmal in Ansatz gebracht werden (= sog. **Doppelverwertungsverbot**; vgl BGH MDR/H 82, 101). Zum anderen widerspricht es dem Grundsatz des absoluten Lebensschutzes, dem „jungen blühenden

Leben" einen höheren Stellenwert einzuräumen als dem Leben älterer oder kranker Menschen; Wertabwägungen dieser Art sind den §§ 212 ff fremd (vgl BGH NStZ 96, 129; LK-*Gribbohm*, § 46 Rn 147; *Wessels/Beulke*, AT Rn 316; problematisch BGH JZ 97, 1185 mit lehrreicher Anm. von *Spendel*).

Das **Verbot der Doppelverwertung von Tatbestandsmerkmalen** soll verhindern, daß der Richter Gesichtspunkte, die der Gesetzgeber schon bei der Tatbestandsbildung und der Bemessung des Regelstrafrahmens berücksichtigt hat, im Zuge der Strafzumessung ein zweites Mal in die Waagschale wirft. Die Tötung eines anderen Menschen bildet als Tatbestandsmerkmal die generelle Voraussetzung der Anwendbarkeit der Strafandrohung für das vollendete Tötungsdelikt. Dieser Aspekt kann deshalb zur richtigen Bestimmung des Strafmaßes nichts beitragen. Auf die Strafhöhe im Einzelfall kann mithin nicht die Erfüllung der Merkmale des Tatbestandes, wohl aber die konkrete *Art* ihrer Verwirklichung Einfluß haben (dazu *Schall/Schirrmacher*, Jura 92, 624, 626). **186**

Fehlerhaft wäre es auch, den Umstand straferhöhend zu verwerten, daß bei objektiver Betrachtung „kein nachvollziehbarer Anlaß bestanden" habe, das Opfer wegen seines eigenen Verhaltens zu töten. Denn wenn ein nachvollziehbarer Tötungsanlaß bestanden hätte, würde dieser Umstand *zugunsten* des Täters ins Gewicht fallen. Das bloße **Fehlen eines Strafmilderungsgrundes** darf jedoch nicht als Strafschärfungsgrund herangezogen werden (BGH StV 82, 419; BGHSt 34, 345, 350; siehe auch *Lackner/Kühl*, § 46 Rn 45). **187**

Der Anwendungsbereich des Gedankens des Doppelverwertungsverbots reicht über das in § 46 III Bestimmte hinaus. Er gilt gleichermaßen für sonstige unrechts- und schuldbegründende Merkmale sowie für alle allgemeinen Erwägungen, die einer Strafnorm zugrunde liegen. Auf den gemeinsamen Nenner gebracht, lautet er: Ein auf jede Straftat derselben Art zutreffender Gesichtspunkt rechtfertigt ebensowenig wie ein gesetzliches Tatbestandsmerkmal eine Erhöhung oder eine Ermäßigung der Strafe (*Hettinger*, Das Doppelverwertungsverbot bei strafrahmenbildenden Umständen, 1982, S. 159 mwN). Die Grenzen dieses Verbots sind allerdings im einzelnen noch nicht abschließend geklärt (lehrreich BGHSt 37, 153; dazu *Hettinger*, GA 93, 1 und *Schall/Schirrmacher*, Jura 92, 624, jeweils mwN). Zur revisionsgerichtlichen Überprüfung der tatrichterlichen Strafzumessung siehe etwa BGH wistra 99, 417. **188**

Zum **Sinn (und Zweck) der Strafe** und zur **Strafzumessung** siehe ua *Badura*, JZ 64, 337; *Calliess*, NJW 89, 1338; *Frisch*, ZStW 99 (1987), 349, 751 und GA 89, 338; *Grasnick*, JA 90, 81; *Günther*, JZ 89, 1025; *Kargl*, GA 98, 53; *Koriath*, Jura 95, 625; *Lesch*, JA 94, 510, 590; *Naucke*, Strafrecht, 7. Aufl. 1995, § 1 Rn 122; *Schild*, Lenckner-FS, S. 287; *Schmidhäuser*, Ernst A. Wolff-FS, S. 443; *Schütz*, Jura 95, 399, 460; *Streng*, NStZ 89, 393 und JuS 93, 919; *Wessels/Beulke*, AT Rn 12a mwN. **189**

## VII. Fahrlässige Tötung

Zur Struktur und Problematik der Fahrlässigkeitsdelikte wird verwiesen auf *Wessels/Beulke*, AT Rn 656 ff sowie auf *Kienapfel*, BT I § 80.

**190** Nach § 222 macht sich strafbar, wer den Tod eines anderen *durch* Fahrlässigkeit verursacht. **Erfolgsverursachung** und **Verletzung der Sorgfaltspflicht** begründen danach für sich allein noch nicht den Unrechtstatbestand der fahrlässigen Tötung. Hinzukommen muß vielmehr die **objektive Zurechenbarkeit** des Todeserfolges. Dieses normative Kriterium setzt einen bestimmten Pflichtwidrigkeits- und Schutzzweckzusammenhang zwischen dem fahrlässigen Verhalten und dem Eintritt des tatbestandlichen Erfolges voraus: Im Todeserfolg muß aufgrund eines tatbestandsadäquaten Kausalverlaufs gerade die „Pflichtwidrigkeit" des Täterverhaltens, dh diejenige rechtlich mißbilligte Gefahr zum Ausdruck kommen, die durch die Sorgfaltspflichtverletzung geschaffen oder gesteigert worden ist und deren Eintritt nach dem Schutzzweck der Norm vermieden werden sollte (vgl BGH GA 88, 184).

**191** Einschränkungen der Erfolgszurechnung können sich hier, ebenso wie bei Vorsatztaten (näher dazu *Wessels/Beulke*, AT Rn 187), ua auch aus dem **Prinzip der Eigenverantwortlichkeit** und der darauf beruhenden Abschichtung von Verantwortungsbereichen ergeben. Wer zB eine eigenverantwortliche, aus freien Stücken vollzogene **Selbstschädigung** oder **Selbstgefährdung anderer** *fahrlässig* ermöglicht, veranlaßt oder sonstwie fördert, kann, wenn das mit der Selbstgefährdung bewußt eingegangene Risiko sich realisiert, nicht schon deshalb wegen fahrlässiger Tötung bestraft werden, weil er pflichtwidrig eine Bedingung für das nachfolgende Geschehen gesetzt, den objektiv vorhersehbaren Erfolg also mitverursacht hat. Denn derjenige, der seine Rechtsgüter in eigenverantwortlicher Weise selbst verletzt oder gefährdet, trägt dafür grundsätzlich die alleinige Verantwortung. Die Schadensfolgen, die sich daraus ergeben, sind sein eigenes Werk, das in der Regel nur ihm zuzurechnen ist. Der Schutzbereich einer Norm, die (wie § 222) den Rechtsgutsinhaber vor **Eingriffen Dritter** bewahren soll, endet dort, wo sein eigener Verantwortungsbereich beginnt. Im Gegensatz zu anders lautenden älteren Entscheidungen (BGHSt 7, 112; BGH NStZ 81, 350) wird das in der neueren Rechtsprechung nunmehr in Übereinstimmung mit der Rechtslehre anerkannt (BGHSt 32, 262 = Heroinspritzenfall; BGH NStZ 85, 25 = Stechapfelteefall; ebenso BGH NStZ 87, 406; BayObLG NZV 96, 461; StV 97, 307; OLG Stuttgart VRS 67 [1984], 429). Der Strafbarkeitsbereich desjenigen, der den Akt der Selbstgefährdung veranlaßt oder fördert, beginnt jedoch dann, wenn er erkennt, daß das Opfer die Tragweite seines eigenen Verhaltens nicht überblickt. Soweit er hier *kraft überlegenen Sachwissens* das Risiko wesentlich besser erfaßt als der sich selbst Gefährdende, trifft ihn die strafrechtliche Haftung für die sich ergebenden Folgen (BGH NStZ 86, 266). Zur Fremdgefährdung auf Verlangen oder mit Einwilligung des Betroffenen siehe *Wessels/Beulke*, AT Rn 189.

**192** Lehrreich dazu *Beulke/Mayer*, JuS 87, 125; *Dölling*, GA 84, 71; *Kienapfel*, Anm. JZ 84, 751; *Otto*, Jura 84, 536, Tröndle-FS, S. 157 und Ernst A. Wolff-FS, S. 395; *Roxin*, Anm. NStZ 84, 411; *Stree*, JuS 85, 179; *Zaczyk*, Strafrechtliches Unrecht und die Selbstverantwortung des Verletzten, 1993; krit. *Horn*, Anm. JR 84, 513.

**193** Große praktische Bedeutung hat dieser Fragenkreis bei der Einnahme von Rauschgift durch Drogenkonsumenten, wenn diese sich in eigenverantwortlicher Weise bei einer **Selbstinjektion** auf die damit verbundenen und von ihnen klar erkannten Risiken für ihre Gesundheit und ihr Leben einlassen.

**194** Darauf bezieht sich auch die schon erwähnte Entscheidung BGHSt 32, 262, mit der die Wende in der Rechtsprechung zur Fahrlässigkeitshaftung im Bereich der Selbstgefährdung eingeleitet wurde und der folgender Sachverhalt zugrunde lag: Bei einem zufälligen Zusammentreffen besorgte der Angeklagte A die zur Selbstinjektion erforderlichen Spritzen, nachdem sein Freund F ihm eröffnet hatte, daß er Heroin besitze, das man „gemeinsam drücken" könne. F füllte die Spritzen mit Heroin und Koffein; eine davon überließ er dem A. F starb an der Injektion. Der BGH hob die Verurteilung des A aus § 222 auf und führte dazu aus: Eigenverantwortlich gewollte und verwirklichte Selbstgefährdungen unterfallen nicht dem Tatbestand eines Körperverletzungs- oder Tötungsdelikts, wenn das mit der Gefährdung bewußt eingegangene Risiko sich realisiert. Wer lediglich eine solche **Selbstgefährdung** veranlaßt, ermöglicht oder fördert, macht sich nicht wegen eines Körperverletzungs- oder Tötungsdelikts strafbar. Er nimmt an einem **Geschehen** teil, das (unter dem Blickwinkel der §§ 26, 27) **kein tatbestandsmäßiger und damit kein strafbarer Vorgang** ist, da das Gesetz nur **Fremdverletzungen** mit Strafe bedroht. Seine Strafbarkeit kann erst dort beginnen, wo er kraft überlegenen Sachwissens das Risiko besser erfaßt als der sich selbst Gefährdende (BGH NStZ 86, 266). Ohne rechtliche Bedeutung ist es dagegen, wenn derjenige, der sich bewußt und eigenverantwortlich selbst gefährdet, hofft oder darauf vertraut, daß es nicht zum Eintritt eines Schadenserfolges kommen werde. Mit dem gefährlichen, in seiner möglichen Tragweite überblickten Verhalten übernimmt er das Risiko der Realisierung der Gefahr. Da hier nach dem Grundsatz in *dubio pro reo* von einem eigenverantwortlichen Handeln des F auszugehen ist, scheidet eine Bestrafung des A wegen fahrlässiger Tötung aus.

Umstritten ist indessen, ob die Entscheidung BGH NStZ 84, 452 Zustimmung hinsichtlich der These verdient, daß derjenige, der einem anderen Heroin zur Selbstinjektion überlassen hat, als **Garant** iS des § 13 zu Rettungsmaßnahmen (Herbeirufen eines Notarztes usw) verpflichtet ist, wenn der Drogenkonsument das Bewußtsein verliert, dadurch handlungsunfähig wird und sein Zustand Gefahr für sein Leben befürchten läßt. **195**

Gegen diesen Standpunkt des BGH wenden sich *Fünfsinn*, Anm. StV 85, 57 und *Stree*, JuS 85, 179, der eine Garantenstellung aus *vorangegangenem pflichtwidrigen Tun* mit der Begründung verneint, der Drogenlieferant sei aus der Verantwortung für das weitere Geschehen entlassen, sobald der Drogenkonsument diese Verantwortung im Wege der **allein ihm zurechenbaren Selbstgefährdung** übernehme; unter solchen Umständen bleibe nur die allgemeine Hilfspflicht nach § 323c übrig (so auch *Roxin*, Anm. NStZ 85, 320). BGHSt 37, 179 beharrt jedoch darauf, daß der Schutzzweck des Betäubungsmittelstrafrechts (jedenfalls bei §§ 29 III Nr 3, 30 I Nr 3 BtMG) eine **Einschränkung** des Prinzips der Selbstverantwortung und der Grundsätze zur bewußten Selbstgefährdung notwendig mache, weil der Gesichtspunkt der Selbstgefährdung bei den einschlägigen Tathandlungen schon denkgesetzlich eingeschlossen sei und infolgedessen dort nicht zur Normeinschränkung herangezogen werden könne (zust. *Helgerth*, Anm. JR 93, 419; *Rudolphi*, Anm. JZ 91, 572; *Wessels/Beulke*, AT Rn 186 mwN; abl. *Hohmann*, MDR 91, 1117). **196**

# § 3 Die Aussetzung

**Fall 15:** Der im Bergsteigen noch wenig bewanderte B sichert sich die Dienste des sehr erfahrenen Bergführers F, der ihn gegen Entlohnung zum Gipfel eines hohen, ohne kundige Hilfe nur von versierten Kletterern bezwingbaren Massivs bringen soll. Unterwegs geraten die beiden infolge eines Fehltritts des B in eine schwierige Lage und nach deren **197**

> Bewältigung durch F in einen heftigen Disput, der in den Vorwurf des B mündet, F verstehe seine Sache nicht. Zutiefst in seiner Berufsehre gekränkt, seilt F sich ab. Dabei ist er sich darüber im klaren, daß B mangels zureichender Ausrüstung die kommende kalte Nacht kaum wird überleben können, was ihn jedoch nicht zum Bleiben bewegt. Einen der vielen Hilferufe des B hört eine oberhalb biwakierende Seilschaft, die B in das Tal zurückbringt. Die Lungenentzündung, die er sich zugezogen hat, ist nach kurzer Zeit auskuriert.
> Strafbarkeit des F gemäß § 221?

## I. Schutzzweck und Systematik

**198** Das 6. StrRG vom 26.1.1998 (BGBl I 164) hat den aus dem alten Delikt der Kindesaussetzung hervorgegangenen § 221 im Anschluß an § 139 E 1962 insgesamt neu gefaßt und den Bereich des Strafbaren erheblich erweitert (zur früheren Rechtslage siehe *Wessels*, BT/1, 21. Aufl. 1997, Rn 185 ff; *Küper*, BT S. 33, 190 und ZStW 111 [1999], 30). Schutzzweck des § 221 I ist die **Verhinderung konkreter Gefahren für Leben oder Gesundheit** (= *konkretes Gefährdungsdelikt*). Die in der Lehre bisher ua unter Hinweis auf die systematische Stellung des Delikts im 16. Abschnitt „Straftaten gegen das Leben" vertretene Ansicht, § 221 I erfasse nur die konkrete Lebensgefährdung des Opfers, ist durch die Neufassung überholt (vgl *Küper*, BT S. 34 mwN). Im Gegensatz zum bisherigen Recht ist der Opferkreis nicht mehr auf von vornherein wegen jugendlichen Alters, Gebrechlichkeit oder Krankheit Hilflose beschränkt; in den Schutzbereich einbezogen sind nunmehr auch *Erwachsene* und *gesunde* Personen, deren Hilflosigkeit mithin auf anderen Zuständen oder Umständen beruht. Die Aussetzung hat dadurch tendenziell den Charakter eines *allgemeinen* Lebens- und Gesundheitsgefährdungsdelikts erhalten, bei dessen Auslegung eine Fülle von Problemen auftreten (zur Kritik vgl LK-*Jähnke*, § 221 Rn 1 und Struensee, Einführung, S. 29, 45, der die Reform des § 221 als „schlimmen Mißgriff" bewertet). § 221 I ist ein **Vergehen**, der Versuch dieser Tat ist nicht mit Strafe bedroht (krit. *Bussmann*, GA 99, 21).

## II. Der Aussetzungstatbestand

### 1. Versetzen in eine hilflose Lage

**199** **Tathandlungen** des § 221 I sind das **Versetzen** in eine hilflose Lage und das **Im-Stich-Lassen** in einer hilflosen Lage. Täter der Nr 1 kann jeder sein, während Nr 2 den Täterkreis auf Obhuts- oder Beistandspflichtige begrenzt. Der Unterschied zwischen den Tathandlungen besteht darin, daß der Täter die hilflose Lage in Fällen der Nr 1 herbeiführt, während er sie in denjenigen der Nr 2 „vorfindet". **In eine hilflose Lage** wird ein Mensch **versetzt**, wenn er unter dem bestimmenden Einfluß des Täters in eine Situation gebracht wird, in der er sich ohne fremde Hilfe nicht gegen Gefahren für sein Leben oder seine Gesundheit schützen kann und er solcher Hilfe entbehrt (zB durch gefahrbegründende oder -erhöhende Veränderung des Aufenthaltsortes des Opfers oder durch Beseitigung von zum Schutz geeigneten Hilfsmitteln; näher *Küper*, ZStW 111 [1999], 30, 42; SK-*Horn*, § 221 Rn 4; anders *Krey*, BT/1 Rn 134, der weiterhin eine Ortsveränderung für erforderlich hält). Tatmittel zur bestimmenden Einflußnahme auf das Opfer sind typischerweise Täuschung, Drohung oder Gewalt. Führt das Opfer **freiverantwortlich** seine hilflose Lage selbst herbei, so fehlt es an der beim Versetzen vorausgesetzten Herrschaftsmacht des Täters; Nr 1 scheidet dann aus. Das Versetzen in eine hilflose Lage ist auch durch *Unterlassen* iS des § 13 I begehbar; so etwa, wenn der Garant pflichtwidrig zuläßt, daß sein Schützling sich selbst in eine hilflose Lage begibt (vgl auch LK-*Jähnke*, § 221 Rn 21; *Rengier*, BT II § 10 Rn 4a; aA *Schroth*, NJW 98, 2863, der § 13 I übergeht). *Zusätzlich erforderlich* ist jeweils, daß das Opfer *durch* die Handlung der *Gefahr* des Todes oder einer schweren Gesundheitsschädigung *ausgesetzt* wird. Insoweit soll die (meßbare) Erhöhung einer bereits bestehenden derartigen Gefahr ausreichen. Die Bestimmung des Verhältnisses von hilfloser Lage und Gefährdungsklausel (§ 221 I am Ende) ist umstritten (vgl *Küper*, BT S. 35; *Lackner/Kühl*, § 221 Rn 2 und *Struensee*, Einführung, S. 27, 35). Da nach Nr 1 die konkrete Gefahr das *Resultat* des Versetzens sein muß, kann die hilflose Lage iS einer Hilfsbedürftigkeit ohne aktuell verfügbare Hilfe gedeutet werden (vgl *Küper*, ZStW 111 [1999], 30, 48 f; SK-*Horn*, § 221 Rn 3; *Sternberg-Lieben/Fisch*, Jura 99, 45; aA LK-*Jähnke*, § 221 Rn 18); das Versetzen wird dann strafbar, wenn eine der genannten Gefahren eintritt.

Nach § 221 I Alt. 1 aF machte sich strafbar, wer eine von vornherein (zB wegen Krankheit) hilflose Person aussetzte, dh sie in eine neue räumliche, Leib oder Leben konkret gefährdende Lage verbrachte. Als typische Begehungsform wird das Aussetzen in diesem Sinne bedeutsam bleiben (*Küper*, ZStW 111 [1999], 30, 44: verdeckter Ursprungstypus des Delikts).

**200**

Im **Fall 15** hat F den B zu einer Örtlichkeit geführt, an der B sich ohne fremde Hilfe nicht gegen Gefahren iS des § 221 I schützen konnte. Zum einen war B jedoch zwar hilfs*bedürftig*, aber *nicht* in einer *hilflosen Lage*, zum anderen ist er zu dieser Stelle nicht unter dem bestimmenden Einfluß (iS Rn 199) des F gelangt; denn es war des B eigene freie Entscheidung, diese Tour mit kundiger Unterstützung des F zu unternehmen. Indem dieser sich aber abseilte und den auf seine Hilfe angewiesenen B trotz der Verhältnisse allein zurückließ, versetzte er ihn in eine *nunmehr* hilflose Lage und setzte B dadurch der Gefahr des Todes aus. Zwar drohte der Tod nicht alsbald einzutreten, doch war die Gefahr deshalb schon eine konkrete, weil B die in der kritischen Zeitspanne notwendige Hilfe nur durch Zufall zuteil werden konnte (näher *Küper*, Jura 94, 518). Ob daneben auch die Gefahr einer schweren Gesundheitsschädigung bestand, kann hier deshalb offen bleiben (aA zur Lösung ua SK-*Horn*, § 221 Rn 4, der in solchen Sachgestaltungen auf § 221 I Nr 2 abstellt; dazu Rn 204).

**201**

## 2. Im-Stich-Lassen in einer hilflosen Lage

**202** Eine wesentliche Ausweitung der Strafbarkeit über das oben Rn 198 zum Opferkreis Gesagte hinaus bringt § 221 I Nr 2 nF. Nach bisherigem Recht war erforderlich, daß der Obhutspflichtige seinen hilflosen Schützling in hilfloser Lage verließ, dh sich räumlich von ihm so entfernte, daß er zur Pflichterfüllung nicht mehr im Stande war (BGHSt 38, 78; eingehend *Küper*, BT S. 191). Demgegenüber soll **Im-Stich-Lassen** zum Ausdruck bringen, daß diese Ausführungsart nicht nur durch räumliches Verlassen, sondern auch dadurch verwirklicht werden kann, „daß der Beistandspflichtige sich der Beistandsleistung vorsätzlich entzieht, obwohl er dazu in der Lage wäre" (BT-Drucks. 13/8587, S. 34; dazu auch *Struensee*, Einführung, S. 38; zu den Grenzen der Handlungspflicht *Sternberg-Lieben/Fisch*, Jura 99, 45, 48). Entscheidend ist damit nunmehr das **Unterlassen** *der möglichen Hilfeleistung*, unabhängig davon, ob der Pflichtige sich entfernt oder trotz Anwesenheit dem Hilfebedürftigen nicht beisteht. Der Begriff **Obhut** weist auf ein bereits tatsächlich bestehendes Schutz- und Betreuungsverhältnis hin, hat also die *Beschützer*garanten im Auge. Auch die neu formulierte Beistandspflicht nimmt Bezug auf Rechtspflichten iS des § 13 I, so daß weiterhin die Grundsätze heranzuziehen sind, die im Bereich der unechten Unterlassungsdelikte für die Entstehung der sog. **Garantenstellung** gelten (BGHSt 26, 35, 37). Danach kann die hier vorausgesetzte Schutzpflicht auch durch ein *pflichtwidriges gefährdendes Vorverhalten* (dazu *Stein*, JR 99, 265, 269) oder durch die *tatsächliche Übernahme einer Beistandsverpflichtung* begründet werden (vgl BGH NJW 93, 2628; *Wessels/Beulke*, AT Rn 715 ff). Pflichten von der Qualität der in §§ 138, 323c genannten reichen nicht aus (eine im Entwurf hinsichtlich § 323c vorgesehene Klarstellung wurde „als entbehrlich gestrichen"; BT-Drucks. 13/9064, S. 14). Durch die neu formulierte Tathandlung hat die bisher umstrittene Frage sich erledigt, inwieweit ein *Verlassen durch Unterlassen* möglich ist (BGHSt 21, 44 mit Anm. *Dreher*, JZ 66, 578). Im-Stich-Lassen erfaßt jetzt unmittelbar auch die Fälle nicht rechtzeitiger Rückkehr.

**203** § 221 I Nr 2 setzt eine **hilflose Lage** des Opfers voraus, in der es der Täter im Stich läßt, *wodurch* das Opfer der Gefahr des Todes oder einer schweren Gesundheitsschädigung ausgesetzt werden muß. Auch hier bereitet die Interpretation Schwierigkeiten, wobei im Auge behalten werden muß, daß § 221 I kein Verletzungs-, sondern ein **Gefahrerfolgsdelikt** ist (siehe Rn 198). Würde die Hilfsbedürftigkeit zur Begründung einer Garantenpflicht nicht genügen, weil das Im-Stich-Lassen in hilfloser Lage bereits das Bestehen einer konkreten Gefahr iS des § 221 I voraussetze (so *Küper*, BT S. 193 und ZStW 111 [1999], 30, 52; LK-*Jähnke*, § 221 Rn 25; krit. zur „Undurchdachtheit" des Gesetzes *Struensee*, Einführung, S. 27, 39), so wäre die Gefahrenlage notwendig schon akut und die Gefährdungsklausel („und … dadurch") für Nr 2 funktionslos. Mit dem Wortlaut und den feststellbaren Vorstellungen des Gesetzgebers ist Nr 2 jedoch wohl so zu verstehen, daß das Opfer *durch* das Imstichlassen den Gefahren erst ausgesetzt wird oder diese „meßbar" erhöht werden (vgl in diese Richtung die Begründung zum E 1962, S. 277, auf die BT-Drucks. 13/8587, S. 34 sich ausdrücklich, wenn auch verkürzt, beruft). Nunmehr soll zB eine Pflegerin nicht nur erfaßt werden, wenn sie den ihr anvertrauten hilfsbedürftigen

Schwerkranken verläßt, sondern auch dann, wenn sie zwar bei ihm bleibt, aber sich nicht um ihn kümmert, „allerdings immer vorausgesetzt, daß durch ihr Verhalten für den Kranken eine Lebensgefahr begründet oder erhöht wird und daß sie vorsätzlich handelt" (so die Begründung zum E 1962, S. 277; nach jetziger Gesetzeslage ist jedoch schon Nr 1 heranzuziehen). Als Anknüpfungsgrund für die Hilfspflicht bleibt mithin nur die hilflose Lage ioS, was aber offenbar der Intention des Gesetzes („obwohl") entspricht.

Nach *Horn* (SK, § 221 Rn 4; vgl auch LK-*Jähnke*, § 221 Rn 12, 24; *Rengier*, BT II § 10 Rn 4) wäre im **Fall 15** nicht § 221 I Nr 1, sondern Nr 2 in Betracht zu ziehen: F hatte den Schutz des B gegen den Eintritt der spezifischen Gefahren zu garantieren. Indem er selbst seinen Aufenthaltsort verändere, zerbreche er aktiv diesen Schutzkreis, mache sich zum rettenden Eingreifen unfähig und verlasse also seinen Schützling. Eben hiermit ist jedoch das beschrieben, was Nr 1 mit dem Versetzen in eine hilflose Lage meint (siehe Rn 201). Deshalb bedarf es der von *Horn* vorgeschlagenen Konstruktion nicht. Gleiches gilt für die Deutung *Jägers*, JuS 00, 31, 33 f; er bestimmt die hilflose *Lage* „unabhängig von den Beistandspflichten des Täters", dehnt damit aber den Opferkreis zu weit aus. Denn allein deshalb, weil sie uU hilfsbedürftig sind, befinden etwa Patienten in einer Klinik sich nicht auch schon in einer hilflosen Lage. **204**

Zum **Gefährdungsvorsatz** des Täters gehört bei § 221 I Nr 1 die Kenntnis, daß das Opfer in eine Lage gebracht wird, in der es sich ohne fremde Hilfe gegen Gefahren für sein Leben oder seine Gesundheit nicht schützen kann, sowie die Vorstellung, daß infolge des Versetzens die Gefahr des Todes oder einer schweren Gesundheitsschädigung eintritt (abl. zum Erfordernis der Vorstellung LK-*Jähnke*, § 221 Rn 36). Für Nr 2 ist das Wissen des Täters um die seine Garantenstellung begründenden Umstände erforderlich sowie die Vorstellung, daß für seinen Schützling eine der Gefahren iS des § 221 I durch das Im-Stich-Lassen konkret entstehen oder erhöht werden wird (anders *Struensee*, Einführung, S. 40; ferner *Tröndle/Fischer*, § 221 Rn 6). **205**

### 3. Qualifikationen

**Qualifikationen** enthalten die Verbrechenstatbestände des § 221 II, III. § 221 II Nr 1, für dessen objektive Voraussetzungen § 15 gilt, begreift in der ersten Alternative unter „Kind" auch das *Adoptiv*kind, wobei Kind personenstandsrechtlich zu verstehen sein soll (*Lackner/Kühl*, § 221 Rn 7; enger *Sternberg-Lieben/Fisch*, Jura 99, 45, 49); die neue zweite Alternative erfaßt hinsichtlich einer zur Erziehung oder zur Betreuung in der Lebensführung anvertrauten Person auch *Stief-* und *Pflegeeltern* (vgl SK-*Horn*, § 221 Rn 14; zur Frage der Anwendbarkeit des § 28 siehe *Wessels/Beulke*, AT Rn 558 mwN). Die in § 221 II Nr 2, III umschriebenen Tatbestände sind erfolgsqualifizierte Delikte, weshalb dem Täter hinsichtlich der eingetretenen Folge wenigstens Fahrlässigkeit zur Last fallen muß, § 18. Die schon bisher umstrittene Frage, ob bei *nicht* vollständig verwirklichtem Grundtatbestand (§ 221 I) ein strafbarer Versuch gemäß §§ 221 III, 23 I, 12 I, 22 in Betracht kommt, wenn hinsichtlich der Folge lediglich Fahrlässigkeit vorläge (erfolgsqualifizierter Versuch), hat der BGH noch nicht entschieden (vgl BGH NStZ 85, 501 mit Anm. *Ulsenheimer*, **206**

§ 4 *Der Schwangerschaftsabbruch*

StV 86, 201; bejahend – auch für den neuen § 221 II Nr 2 – SK-*Horn*, § 221 Rn 16, verneinend LK-*Jähnke*, § 221 Rn 40 mwN). § 221 IV sieht für minder schwere Fälle (zum Begriff Rn 175) der *Verbrechens*tatbestände Sonderstrafrahmen vor, bei deren Heranziehung §§ 12 III, 78 IV zu beachten sind (krit. zu den Strafrahmen des § 221 *Struensee*, Einführung, S. 43).

207  Im **Fall 15** bestehen am Gefährdungsvorsatz des F iS des § 221 I Nr 1 keine Zweifel. § 221 II Nr 2 greift nicht ein: Zwar hat B sich infolge des Im-Stich-Lassens durch F eine Lungenentzündung, also eine Gesundheitsschädigung iS des § 223 I zugezogen; diese weist jedoch nicht die von § 221 II Nr 2 geforderte Schwere auf (zum Begriff der schweren Gesundheitsschädigung Rn 315 f). Hingegen sind die Voraussetzungen der §§ 221 III, 23 I, 12 I, 22 zu bejahen, da das Grunddelikt vollständig vorliegt und F den Tod des B in seinen Verwirklichungswillen einbezogen hatte. Damit erübrigt sich eine entsprechende Erörterung hinsichtlich § 221 II Nr 2. Im Verhältnis zum vollendeten Grunddelikt käme beschränkt auf die Fallfrage klarstellende Tateinheit in Betracht (so BGHSt 21, 194 für die gleichgelagerte Problematik bei gefährlicher und versuchter schwerer Körperverletzung ehemaliger Fassung). Im übrigen siehe die folgende Rn.

**4. Konkurrenzfragen**

208  Innerhalb des § 221 hat Abs. 3 Vorrang vor Abs. 2. Mit §§ 223 ff ist Tateinheit möglich (BGHSt 4, 113), namentlich auch in den Fällen des § 221 II Nr 2, III. § 221 verdrängt § 323c (LK-*Spendel*, § 323c Rn 207). § 229 tritt hinter § 221 II Nr 2 zurück, § 222 hinter §§ 221 III, 18 (BGH NStZ 83, 424). Vorsätzlich begangene Tötungsdelikte verdrängen § 221 in allen seinen Ausprägungen (*Tröndle/Fischer*, § 221 Rn 14; für klarstellende Tateinheit SK-*Horn*, § 221 Rn 17). Zum Ganzen siehe auch LK-*Jähnke*, § 221 Rn 41, der als Folge der Konturenlosigkeit des § 221 nF zu Recht eine Zunahme der Konkurrenzfragen befürchtet.

2. Kapitel
# Straftaten gegen das ungeborene Leben

## § 4   Der Schwangerschaftsabbruch

209  **Fall 16:** In der Absicht, die Leibesfrucht der von ihm schwangeren S abzutöten, hat der Aushilfskellner A durch ein Kunstharzröhrchen Luft in die Gebärmutter der S eingeblasen. Während des Eingriffs ist S an einer Luftembolie gestorben. Ihr Tod bewirkte auch das Absterben der Leibesfrucht (nach BGHSt 1, 280).
Strafbarkeit des A?

## I. Allgemeine Grundlagen

Die ursprüngliche Fassung des § 218 vom 15.5.1871 behandelte die sog. *„Selbstab-* **210** *treibung"* und die durch Dritte vorgenommene *„Fremdabtreibung"* als Verbrechen. In der Folgezeit hat diese Einstufung durch den Gesetzgeber wiederholt gewechselt (vgl RGBl 1926 I 239; 1943 I 140 und 170). Seit dem 1. StrRG vom 25.6.1969 (BGBl I 645) sind beide Begehungsformen der Tat lediglich **Vergehen**.

In den alten Ländern der Bundesrepublik war das Ringen um die Reform des § 218 zu Be- **211** ginn der siebziger Jahre von heftigen Auseinandersetzungen überschattet. Einigkeit bestand nur über die **Reformbedürftigkeit** des Gesetzes, dessen undifferenzierte Strafdrohung sich als weitgehend wirkungslos erwiesen und lediglich dazu geführt hatte, daß eine große Zahl von Frauen den Weg in die Illegalität wählte und dabei erhebliche Risiken für die eigene Gesundheit in Kauf nahm. Ziel der Reform sollte es sein, das ungeborene Leben *wirksamer* als bisher zu schützen, den betroffenen Frauen in verstärktem Maße Beratung und soziale Hilfen anzubieten, ihnen den Weg zum Arzt zu eröffnen und in besonders schwerwiegenden Konfliktsfällen einen legalen Abbruch der Schwangerschaft zu ermöglichen. Umstritten blieb aber bis zuletzt, ob die Verwirklichung der Reformziele durch eine **Indikationenregelung** oder im Wege des **Fristenmodells** durch eine zeitlich begrenzte Rücknahme der Strafdrohung angestrebt werden sollte. Die im 5. StrRG vom 18.6.1974 (BGBl I 1297) vorgesehene „Fristenlösung", die bei Vornahme des von der Frau gewünschten Eingriffs durch einen Arzt praktisch auf eine völlige Freigabe der Abtreibung innerhalb der ersten zwölf Schwangerschaftswochen hinauslief, wurde vom Bundesverfassungsgericht für **nichtig** erklärt (BVerfGE 39, 1). Die Leitsätze dieser richtungsweisenden Entscheidung vom 25.2.1975 hoben neben der Pflicht des Staates, auch das *ungeborene* Leben zu schützen, insbesondere hervor, daß das Lebensrecht der Leibesfrucht grundsätzlich für die gesamte Dauer der Schwangerschaft Vorrang gegenüber dem Selbstbestimmungsrecht der Frau genieße und nicht für eine bestimmte Frist in Frage gestellt werden dürfe.

Zum Abschluß gebracht wurde die damalige Reform durch das 15. StÄG vom **212** 18.5.1976 (BGBl I 1213), das am Verbot des Schwangerschaftsabbruchs festhielt, davon jedoch im Rahmen einer zeitlich abgestuften **Indikationenregelung** Ausnahmen in Gestalt der medizinischen, der embryopathischen und der kriminologischen Indikation sowie der allgemeinen Notlagenindikation zuließ (§ 218a) und die **Schwangere selbst** in weitestem Umfang von der Strafdrohung ausnahm.

Über die Erfahrungen, die mit dieser Indikationenregelung gemacht worden sind, gibt ua ein **213** Bericht der Bundesregierung vom 13.9.1988 (BT-Drucks. 11/2907) Auskunft. Das Ziel, die Zahl der Schwangerschaftsabbrüche zu vermindern, ist danach nicht erreicht worden; es hat lediglich ein Wechsel vom illegalen zum legalen Abbruch stattgefunden. Wie die Statistik ausweist, wurden vor allem die engen Grenzen der Notlagenindikation zunehmend unterlaufen. So entfielen zu Beginn der neunziger Jahre von den registrierten Schwangerschaftsabbrüchen in den alten Bundesländern fast 90% auf die Notlagenindikation, etwa 8% auf eine medizinische, 2% auf eine embryopathische und 0,1% auf eine kriminologische Indikation.

Auf dem **Gebiet der ehemaligen DDR** blieb die dort geltende **Fristenregelung** **214** nach dem Beitritt zur Bundesrepublik zunächst weiter in Kraft, doch wurde dem gesamtdeutschen Gesetzgeber nach Art. 31 IV des Einigungsvertrages vom 31.8.1990 (BGBl II 885 ff) die Aufgabe gestellt, bis zum 31.12.1992 eine Regelung zu treffen, die den Lebensschutz für Ungeborene besser als bislang gewährleisten sollte.

### § 4 *Der Schwangerschaftsabbruch*

**215** Aus der Mitte des deutschen Bundestages wurden dazu 6 verschiedene Entwürfe vorgelegt, die von der völligen Abschaffung des Strafschutzes bis zu dessen drastischer Verschärfung reichten und in denen sich die Zerrissenheit des gesellschaftlichen Meinungsbildes widerspiegelte. Ein fraktionsübergreifender Gruppenantrag fand schließlich die parlamentarische Mehrheit und wurde als **Schwangeren- und Familienhilfegesetz** (= SFHG) vom 27.7.1992 verkündet (BGBl I 1398). Dieses SFHG sah für die Frühphase der Schwangerschaft eine **Fristenregelung mit Beratungspflicht** vor (§ 218a I), deren Einführung die frühere kriminologische Indikation und die Notlagenindikation gegenstandslos gemacht hatte. Für die Zeit nach der 12. Schwangerschaftswoche sollte es bei der medizinischen und der embryopathischen Indikation verbleiben. Kritisiert wurde am SFHG vornehmlich, daß der Schwangerschaftsabbruch im Bereich des § 218a I unterschiedslos als „nicht rechtswidrig" bezeichnet wurde und daß die in § 219 vorgesehene Beratung nicht darauf angelegt war, die Frau zur Fortsetzung ihrer Schwangerschaft zu ermutigen. Den dagegen gerichteten Bedenken ist das BVerfG in seiner Entscheidung vom 28.5.1993 (BVerfGE 88, 203) gefolgt: § 218a I und § 219 in der Fassung des SFHG wurden **für nichtig erklärt**. Nach Ansicht des BVerfG ist es dem Gesetzgeber zwar nicht verwehrt, zu einem andersartigen Schutzkonzept überzugehen, das in der Frühphase der Schwangerschaft den Schwerpunkt auf **die Beratung** der Schwangeren legt, um sie für das Austragen des Kindes zu gewinnen, und dabei auf eine *indikationsgebundene* Strafdrohung zu verzichten. Ein solches Beratungskonzept erfordert jedoch Rahmenbedingungen, die positive Voraussetzungen für ein Handeln der Frau *zugunsten* des ungeborenen Lebens schaffen. Abbrüche, die **ohne Feststellung einer Indikation** nach der Beratungsregelung vorgenommen werden, dürfen nicht für gerechtfertigt (= nicht rechtswidrig) erklärt, sondern im Wege des **„Tatbestandsausschlusses"** nur von der Strafbarkeit ausgenommen werden. Ihrer grundsätzlichen Mißbilligung wegen dürfen bei ihnen auch keine Leistungen aus der gesetzlichen Krankenversicherung, sondern lediglich Leistungen nach dem Sozialhilfe- und Lohnfortzahlungsrecht gewährt werden.

**216** Für die Zeit bis zu einer gesetzlichen Neuregelung hatte das BVerfG durch eine Anordnung nach § 35 BVerfGG das bei der Beratung einzuhaltende Verfahren festgelegt und anstelle des § 218a I folgende Übergangsregelung getroffen:

„§ 218 StGB idF des SFHG findet keine Anwendung, wenn die Schwangerschaft innerhalb von 12 Wochen nach der Empfängnis durch einen Arzt abgebrochen wird, die schwangere Frau den Abbruch verlangt und dem Arzt durch eine Bescheinigung nachgewiesen hat, daß sie sich mindestens drei Tage vor dem Eingriff von einer anerkannten Beratungsstelle hat beraten lassen. Das grundsätzliche Verbot des Schwangerschaftsabbruchs bleibt auch in diesen Fällen unberührt."

**217** Die erwähnten Vorgaben des BVerfG sind im **Schwangeren- und Familienhilfeänderungsgesetz** (SFHÄndG) vom 21.8.1995 (BGBl I 1050) umgesetzt worden, dessen strafrechtlicher Teil am 1.1.1996 in Kraft getreten ist.

§ 218a I nF hält an dem Konzept einer **Fristenregelung mit Beratungspflicht** fest. Bei den Fällen, in denen ein Schwangerschaftsabbruch generell straflos bleibt, unterscheidet das Gesetz nun aber zwischen dem „bloßen" **Tatbestandsausschluß** (§ 218a I) und indikationsgebundenen **Rechtfertigungsgründen** in Gestalt der *medizinisch-sozialen* und der *kriminologischen* Indikation (§ 218a II, III). § 219 normiert die in § 218a I vorausgesetzte **Beratung** der Schwangeren durch eine anerkannte Konfliktberatungsstelle, die „ergebnisoffen" zu führen ist und von der Letztverantwortung der Frau ausgehe, sie jedoch zur Fortsetzung der Schwangerschaft ermutigen und ihr Perspektiven für ein Leben mit dem Kind eröffnen soll (die näheren Einzelheiten dazu ergeben sich aus dem Schwangerschaftskonfliktgesetz idF des SFHÄndG vom 21.8.1995). Flankierende Maßnahmen zum Schutz der Ungeborenen sind in § 218b und § 218c vorgesehen. Ergänzende Strafdrohungen in § 170b II und in § 240 IV 2 Nr 2 (bis zum 6. StrRG vom 26.1.1998: § 240 I 2) richten sich an das Umfeld der Schwangeren.

Näher zum SFHÄndG *Otto*, Jura 96, 135; *Tröndle*, NJW 95, 3009 und Kaiser-FS, S. 1387. Zu der an inneren Widersprüchen leidenden Entscheidung BVerfGE 88, 203 siehe ua *Gropp*, GA 94, 147; *Hermes/Walther*, NJW 93, 2337; *Hettinger*, Entwicklungen, S. 17; *Hoerster*, Abtreibung im säkularen Staat, 2. Aufl. 1995, S. 163 ff; *Kausch*, ARSP 1995, 496; *Starck*, JZ 93, 816; *Weiß*, JR 93, 449; zusammenfassend *Lackner/Kühl*, Rn 9 ff vor § 218; SK-*Rudolphi*, Rn 33 ff vor § 218; *Tröndle/Fischer*, Rn 10 ff vor § 218, jeweils mwN. Zum „bayerischen Sonderweg" siehe BVerfGE 98, 265 und hiergegen *Lackner/Kühl*, Rn 23a vor § 218.

**218**

## II. Systematik und Rechtsgüterschutz

### 1. Überblick

§ 218 normiert das grundsätzliche Verbot des Schwangerschaftsabbruchs. Aus Beweisgründen setzt der Strafrechtsschutz nicht bereits mit der **Befruchtung** (= *Verschmelzung der Keimzellen*), sondern erst mit dem **Abschluß der Einnistung des befruchteten Eies in der Gebärmutter** ein (= *Nidation, Implantation*, vgl § 218 I 2).

**219**

Nach heutigen Erkenntnissen vollzieht sich der Einnistungsvorgang im einzelnen wie folgt: Nach der Befruchtung (= *Konjugation*) verbleibt die sich teilende Eizelle, die keine eigenen Nahrungsreserven besitzt und durch Sekrete aus dem mütterlichen Organismus ernährt wird, noch etwa drei Tage im Eileiter. Gegen Ende des 3. Tages erreicht sie die Gebärmutter der Frau, wo sie frühestens am 7. Tage festen Kontakt mit dem *Endometrium* aufnimmt (= Beginn der *Implantation*). Die Einnistung (= *Nidation*) ist dann frühestens am 9. Tage und spätestens mit Ablauf des 13. Tages seit der Befruchtung abgeschlossen (näher *Lay*, JZ 70, 465; *Lüttger*, JR 69, 445 und Sarstedt-FS, S. 169). Von diesem Augenblick an liegt eine **Schwangerschaft** iS des § 218 I 1 vor. Aus der daran anknüpfenden Regelung in § 218 I 2 ergibt sich, daß alle Methoden und Maßnahmen der *Empfängnisverhütung* wie der *Nidationsverhinderung* von § 218 **nicht erfaßt** werden; sie sind strafrechtlich irrelevant und in die freie Entscheidung des einzelnen gestellt.

**220**

§ 218 I 1, der das Tatbild des **Schwangerschaftsabbruchs** umschreibt und den Strafrahmen für die sog. „*Fremdabtreibung*" festlegt, bildet den **Grundtatbestand** des Delikts, zu dem die Strafzumessungsvorschrift des § 218 II **Regelbeispiele** für *besonders schwere Fälle* nennt. Derartige Strafzumessungsregeln haben immer folgende Aufgabe (vgl auch BT-Drucks. 13/8587, S. 42): Sind die Voraussetzungen erfüllt, unter denen (zB nach § 218 II Nr 1 oder Nr 2) *in der Regel* ein besonders schwerer Fall anzunehmen sein soll, so muß das Gericht, will es gleichwohl einen solchen verneinen, dies begründen (§ 267 III 3 Halbsatz 1 StPO; *Indizwirkung* des Regelbeispiels). Sind die Voraussetzungen eines solchen Regelbeispiels hingegen *nicht* erfüllt, so muß das Gericht eine besondere Begründung geben, wenn es dennoch einen besonders schweren Fall bejahen will (§ 267 III 3 Halbsatz 2 StPO); ein solcher soll vorliegen, wenn „das gesamte Tatbild nach einer Gesamtwertung aller objektiven, subjektiven und die Persönlichkeit des Täters betreffenden Umstände, die der Tat selbst innewohnen oder die sonst im Zusammenhang mit ihr stehen, vom

**221**

§ 4 *Der Schwangerschaftsabbruch*

Durchschnitt der erfahrungsgemäß vorkommenden Fälle in einem Maße abweicht, daß die Anwendung des höheren Strafrahmens geboten erscheint" (BGHSt 28, 318). Diese zweite, den Gerichten gesetzlich zugewiesene Befugnis ist als ua dem Parlamentsvorbehalt zuwiderlaufend strikt *abzulehnen* (näher dazu *Hettinger*, GA 95, 399, 413 mwN). Für § 218 II ist zu beachten: Bei Nr 1 gelten die Vorsatzregeln nur entsprechend, da Regelbeispielsmerkmale keine Tatbestandsmerkmale sind (im einzelnen streitig; siehe *Jescheck/Weigend*, AT § 29 II 3 c; LK-*Gribbohm*, § 46 Rn 151; NK-*Paeffgen*, § 113 Rn 82; S/S-*Stree*, § 46 Rn 26; SK-*Horn*, § 46 Rn 61; *Wessels*, Lackner-FS, S. 423, 426; näher, auch zum **Aufbau**, *Hettinger*, JuS 97, L 41, 44; *Kudlich*, JuS 99, L 89, 90 [zu §§ 242, 243 I 2]). Zur Gefahr einer schweren Gesundheitsschädigung, die nach Nr 2 nur leichtfertig verursacht worden sein muß, siehe Rn 315. Die höchst bedenkliche Technik der besonders schweren Fälle mit Regelbeispielen gerät zu Recht zunehmend in Verruf (siehe nur *Bussmann*, StV 99, 613, 617; *Calliess*, NJW 98, 929; *Hettinger*, Entwicklungen, S. 34 ff; *Streng*, Strafrechtliche Sanktionen, 1991, S. 164; *Zieschang*, Jura 99, 561, jeweils mwN; ferner *Gössel* ua bei *Dietmeier*, ZStW 110 [1998], 393, 408; vgl aber auch Rn 82 und *Wessels/Hillenkamp*, BT/2 Rn 194, 199). § 218 III *privilegiert* die Tatbegehung oder Tatbeteiligung der **Schwangeren** (sog. „*Selbstabtreibung*") durch Gewährung eines unter §§ 28 II, 29 fallenden *persönlichen Strafmilderungsgrundes*, der die Konfliktsituation der Frau bei Vorliegen einer unerwünschten Schwangerschaft schuldmildernd berücksichtigt. § 218 IV bedroht den Versuch mit Strafe, nimmt davon jedoch die Schwangere schlechthin aus (§ 218 IV 2). Weitere Strafausschließungsgründe zugunsten der Schwangeren sind in § 218a IV 1, in § 218b I 3 und in § 218c II vorgesehen.

**222** Dadurch, daß die Schwangere in sehr weitem Umfang von der Strafdrohung frei bleibt, soll erreicht werden, daß sie in Konfliktsituationen nicht von vornherein den Weg in die Illegalität sucht, sondern sich unbefangen an eine **Beratungsstelle** wenden kann, um dort Rat und Auskunft über die in Betracht kommenden **Hilfen für Schwangere** zu erhalten.

## 2. Rechtsgut

**223** **Schutzgut** des § 218 ist das *sich im Mutterleib entwickelnde Leben* als eigenständiges, höchstpersönliches Rechtsgut, das Verfassungsrang genießt (Art. 2 II 1 GG) und dem Selbstbestimmungsrecht der Schwangeren prinzipiell vorgeht (BVerfGE 39, 1).

**224** Das noch ungeborene („werdende") Leben unterliegt nicht der freien Verfügungsgewalt der Schwangeren; deren Einwilligung in den Abbruch der Schwangerschaft hat daher *für sich allein* keine rechtfertigende Kraft. Seit der Reform erfaßt der Schutzzweck des Gesetzes auch die **Gesundheit der Schwangeren**, freilich nicht in Form eines selbständigen Rechtsgutes, sondern lediglich als **Schutzreflex** (vgl BGHSt 28, 11, 15; SK-*Rudolphi*, Rn 56 vor § 218; weitergehend S/S-*Eser*, Rn 12 vor § 218). Näher zur Schutzgutproblematik *Jerouschek*, GA 88, 483.

## III. Der Tatbestand des Schwangerschaftsabbruchs

### 1. Tatobjekt und Tathandlung

**Tatobjekt** des Schwangerschaftsabbruchs ist die **Leibesfrucht** der Frau. Die **Tathandlung** besteht im vorsätzlichen **Abbrechen der Schwangerschaft** durch Vornahme eines Eingriffs, der die Abtötung der Leibesfrucht bezweckt oder in Kauf nimmt. Der **Taterfolg** liegt im **Absterben der Leibesfrucht**; bleibt dieser Erfolg wider Erwarten aus, fehlt es an der Tatvollendung. 225

In dieser Hinsicht hat sich gegenüber dem früheren Rechtszustand durch die das **Wesen der Tat** (= *Abtötungsdelikt*) eher verschleiernde als klärende Gesetzesfassung nichts geändert. Demnach kann der Tatbestand wie bislang durch Abtötung der eingenisteten Frucht im Mutterleib, durch Herbeiführung des vorzeitigen Abgangs einer noch nicht selbständig lebensfähigen Frucht (BGHSt 10, 5; 31, 348) oder durch Tötung der Schwangeren (BGHSt 11, 15; BGH NStZ 96, 276) verwirklicht werden. Andererseits liegt keine „Abbruchshandlung" iS des § 218 I 1 vor, wenn lediglich der Eintritt der Geburt mit wehenfördernden Mitteln beschleunigt oder im letzten Drittel der Schwangerschaft ein ärztlicher Eingriff vorgenommen wird, der die **Geburt eines lebensfähigen Kindes zum Ziel** hat, mag dieses auch tot zur Welt kommen (näher S/S-*Eser*, § 218 Rn 19 ff). 226

### 2. Abweichungen im Kausalverlauf

§ 218 setzt *nicht* voraus, daß die Schwangere die Abtötung der Leibesfrucht überlebt (BGHSt 1, 278 und 280; RGSt 67, 206). 227

> Daraus folgt, daß A sich im **Fall 16** des *vollendeten* Schwangerschaftsabbruchs schuldig gemacht hat. Durch das Einblasen von Luft in die Gebärmutter der S hat A die beabsichtigte Abtötung der Leibesfrucht bewirkt, allerdings auf andere Weise, als er es sich vorgestellt hat. Die Abweichung zwischen seiner Vorstellung und dem wirklichen Kausalverlauf schließt den Tatbestandsvorsatz jedoch nicht aus, da sie sich noch in den Grenzen des nach allgemeiner Lebenserfahrung Voraussehbaren hält und keine andere Bewertung der Tat rechtfertigt (vgl BGHSt 1, 278; *Wessels/Beulke*, AT Rn 261; mit anderer Begründung ebenso *Hettinger*, JuS 91, L 50). Als „Laienabtreiber" war A sich zudem seiner mangelnden medizinischen Kenntnisse bei Vornahme des für Leib und Leben der S überaus gefährlichen Eingriffs bewußt. Gleichwohl hat er sich *leichtfertig* über alle Bedenken hinweggesetzt. Was den Schwangerschaftsabbruch als solchen betrifft, hat A sich daher nach § 218 I 1, II Nr 2 strafbar gemacht. Da er hinsichtlich der S auch § 227 verwirklicht hat (näher Rn 244, 298), ist A somit nach §§ 218 I 1, II Nr 2, 227, 52 zu bestrafen. 228

## IV. Der legale Schwangerschaftsabbruch

**Rechtlich erlaubt** ist der Schwangerschaftsabbruch nach § 218a II bei *Einwilligung der Schwangeren* und **Vornahme durch einen Arzt** im Falle der **medizinisch-sozialen Indikation**, und zwar bis zum Ende der Schwangerschaft. § 218a III stellt dem (zeitlich begrenzt) den Fall der **kriminologischen Indikation** gleich. 229

230 Die **Voraussetzungen** dieser Indikationen sind in § 218a II, III im einzelnen umschrieben. Dabei ist die in § 218a III festgelegte **zeitliche Grenze** zu beachten: Im Falle der *kriminologischen Indikation* dürfen bei Vornahme des Eingriffs nicht **mehr als 12 Wochen** seit der Empfängnis verstrichen sein.

231 Die *medizinisch-soziale* und die *kriminologische* Indikation sind in § 218a II, III als **Rechtfertigungsgründe** konstruiert. Das ist verfassungsrechtlich nicht zu beanstanden, hält sich vielmehr in den Grenzen der dem Gesetzgeber zustehenden Gestaltungsfreiheit. Nach der Entscheidung des BVerfG vom 28.5.1993 (BVerfGE 88, 203, 299) darf ein Schwangerschaftsabbruch bei Vorliegen **bestimmter „Ausnahmetatbestände"** als „erlaubt" angesehen werden, sofern gewährleistet ist, daß die Voraussetzungen dieser Rechtfertigungsgründe im konkreten Fall durch eine vertrauenswürdige Person oder Institution überprüfbar **festgestellt** werden.

232 Damit hat sich der Meinungsstreit erledigt, der sich zur Rechtsnatur der Indikationen an der Frage entzündet hatte, ob ein Schwangerschaftsabbruch im Falle der früher geltenden **Notlagenindikation** (§ 218a II Nr 3 aF) als „nicht rechtswidrig" behandelt und über die gesetzliche Krankenversicherung abgerechnet werden durfte. Die von der hM vertretene **Rechtfertigungsthese** (siehe dazu ua BGHSt 38, 144, 158; BGHZ 86, 240, 253) sah sich heftigen Angriffen ausgesetzt (vgl BayObLG NStZ 90, 389; *Geiger*, Jura 87, 60; *Tröndle*, NJW 89, 2990 mwN), ist vom BVerfG (aaO S. 274, 325 ff) aber im Grundsatz bestätigt worden.

233 Im neuen Recht ist die *embryopathische* Indikation nicht mehr enthalten. Sie kam nach § 218a III früherer Fassung bis zur zeitlichen Grenze von 22 Wochen seit der Empfängnis in Betracht, wenn nach ärztlicher Erkenntnis dringende Gründe für die Annahme sprachen, daß das Kind infolge einer Erbanlage oder schädlicher Einflüsse vor der Geburt an einer nicht behebbaren Schädigung seines Gesundheitszustandes leiden würde, die so schwer wog, daß von der Frau die Fortsetzung der Schwangerschaft nicht verlangt werden konnte.

234 Von einer Übernahme dieser Indikation in den neugefaßten § 218a III hat der Gesetzgeber abgesehen, um dem Mißverständnis vorzubeugen, daß eine solche Regelung auf einer geringeren Achtung des Lebensrechts von Behinderten beruhe. Zu beachten ist indessen, daß Konfliktsfälle dieser Art jetzt durch die nicht befristete *medizinisch-soziale* Indikation des § 218a II aufgefangen werden können (vgl BT-Drucks. 13/1850 S. 25; krit. dazu *Lackner/Kühl*, Rn 22 vor § 218; *Otto*, Jura 96, 135, 141; *Schumann/Schmidt-Recla*, MedR 98, 497; SK-*Rudolphi*, Rn 47 vor § 218; zu Recht restriktiv auch Bundesärztekammer, MedR 99, 31). Die im Falle sog. **Spätabtreibungen** reale Gefahr von Kindstötungen durch „Liegenlassen" ist augenfällig; vgl Staatsanwaltschaft Oldenburg NStZ 99, 461 mit abl. Anm. *Tröndle*.

235 **Straffrei** im Wege des sog. **Tatbestandsausschlusses** bleibt ein Schwangerschaftsabbruch beim Vorliegen der in § 218a I genannten Voraussetzungen. Danach ist „der Tatbestand des § 218 nicht verwirklicht", wenn die Frau den Abbruch ihrer Schwangerschaft verlangt und dem Arzt durch eine Bescheinigung gemäß § 219 II 2 nachgewiesen hat, daß sie sich mindestens 3 Tage vor dem Eingriff hat beraten lassen.

236 In die herkömmlichen Kategorien der Strafrechtsdogmatik läßt sich dieser Tatbestandsausschluß nicht einordnen. Die Ansicht des BVerfG, daß im Falle des § 218a I eine vom Grundgesetz mißbilligte Unrechtshandlung gegeben sei, daß man im jeweils einschlägigen Rechts-

bereich aber davon absehen könne, diese „von der Rechtsordnung nicht erlaubte Handlung als Unrecht zu behandeln" (BVerfGE 88, 203, 280), ist in sich widersprüchlich und dogmatisch nicht nachvollziehbar. Die darauf basierende Annahme des Gesetzgebers, schon der Tatbestandsausschluß als solcher stelle klar, daß im Bereich des § 218a I für Nothilfe zugunsten des Ungeborenen iS der §§ 32, 34 kein Raum sei (BT-Drucks. 13/1850, S. 25), steht auf schwachen Füßen, weil ein Angriff iS des § 32 auch dann rechtswidrig sein kann, wenn er keinen Straftatbestand erfüllt (siehe dazu *Lackner/Kühl*, Rn 25 vor § 218; *Satzger*, JuS 97, 800; S/S-*Eser*, § 218a Rn 14; *Tröndle*, NJW 95, 3009, 3014).

Nach § 12 SchKG ist **niemand verpflichtet**, an einem legalen Schwangerschaftsabbruch mitzuwirken (= wichtig wegen § 323c). Eine **Ausnahme** davon gilt jedoch, wenn die Mitwirkung notwendig ist, um von der Frau eine anders nicht abwendbare *Gefahr des Todes* oder einer *schweren Gesundheitsschädigung* abzuwenden. 237

## V. Konkurrenzprobleme

Im Verhältnis zwischen § 218 und den Tötungs- oder Körperverletzungsdelikten stößt die Beurteilung der Konkurrenzfragen häufig auf Schwierigkeiten. 238

### 1. Vorsätzliche Tötung der Schwangeren

Bei der **vorsätzlichen Tötung** einer schwangeren Frau kommt **Tateinheit** zwischen §§ 211 ff und § 218 in Betracht, wenn der Täter von der Schwangerschaft Kenntnis hat oder mit ihrem Vorliegen rechnet (BGHSt 11, 15). 239

### 2. Fälle des fehlgeschlagenen Versuchs der Tat

Wird infolge einer Abtreibungshandlung vorzeitig ein **lebendes Kind** geboren, das durch einen *neuen Angriff* des Täters auf sein Leben getötet wird, so liegt nach allgemein anerkannter Auffassung ein *fehlgeschlagener* Versuch des § 218 in **Tatmehrheit** mit einem *vollendeten* Tötungsverbrechen (jedenfalls dann) vor, wenn das **Kind lebensfähig** war, ohne die erneute Tötungshandlung weitergelebt hätte und der Täter dies auch erkannt hat (BGHSt 13, 21; *Roxin*, JA 81, 542, 545; S/S-*Eser*, § 218 Rn 24; SK-*Rudolphi*, § 218 Rn 13). 240

Entgegen BGHSt 10, 291 (krit. dazu schon BGH GA 63, 15) kann das Ergebnis nicht anders lauten, wenn das lebend geborene und nachfolgend vom Täter getötete Kind **lebensunfähig** war: Selbst wenn dieses Kind zwangsläufig hätte sterben müssen, hat es den Tod doch tatsächlich nicht infolge der mangelnden Lebensfähigkeit, **sondern aufgrund einer selbständigen Tötungshandlung** gefunden, *bevor* es zum Eintritt des unter § 218 fallenden „*Abtötungserfolges*" gekommen ist. Der reale Todeserfolg kann aber nicht zweimal (bei § 212 und § 218), sondern nur einmal zum Ansatz iS der Tatvollendung kommen, und zwar bei dem Delikt, dessen „*Objektsqualität*" das Opfer im Einwirkungszeitpunkt aufwies (= vollendete Tat nach §§ 212 bzw 211 in Tatmehrheit mit Versuch nach § 218 I, IV; vgl dazu BGHSt 31, 348, 352; 32, 194). 241

### 3. Verhältnis zur Körperverletzung

**242** Zwischen **Körperverletzung** und einem **versuchten** (BGHSt 28, 11) oder **vollendeten Delikt** des § 218 (BGH GA 66, 339) kann **Tateinheit** bestehen. In der Regel werden die §§ 223, 224 bei einer Bestrafung wegen **vollendeten** Schwangerschaftsabbruchs jedoch verdrängt, weil jede zur Fruchtabtötung führende Handlung zugleich die Körperintegrität der Schwangeren in Mitleidenschaft zieht (= *Gesundheitsschädigung* iS des § 223 I; vgl BGHSt 28, 11).

Nach der früheren Rechtsprechung sollten sogar die §§ 224, 226 aF (jetzt §§ 226, 227) hinter § 218 zurücktreten, freilich nur mit der Maßgabe, daß der Richter die dort angedrohte Mindeststrafe nicht unterschreiten dürfe (BGHSt 10, 312; 15, 345). Diese Auffassung entstammte indes einer Zeit, zu der die **Fremdabtreibung** (§ 218 III aF) noch **Verbrechen** war; sie läßt sich heute nicht mehr halten. Ihr steht entgegen, daß die §§ 226, 227 als **Verbrechen** durch ein *Vergehen* nach § 218 nF nicht verdrängt werden können, da diese Norm gewiß nicht den Sinn hat, die Herbeiführung schwerster Folgen bei einem sog. „Pfuschabort" gegenüber §§ 226, 227 zu privilegieren. Inzwischen hat sich der BGH (BGHSt 28, 11) aber der hier vertretenen Ansicht angeschlossen, daß zwischen § 218 und §§ 226, 227 **Tateinheit** besteht.

3. Kapitel
# Straftaten gegen die körperliche Unversehrtheit

## § 5  Die Körperverletzungstatbestände

**243** **Fall 17:** Auf dem Weg von der Baustelle zu ihrer Unterkunft haben A und B sich mit Flaschenbier eingedeckt. Nach einem heftigen Wortwechsel zwischen ihnen läuft B aus Angst vor Tätlichkeiten davon. Wutentbrannt streckt A ihn dadurch zu Boden, daß er ihm eine volle Bierflasche an den Kopf wirft. B bleibt mit einer Gehirnerschütterung und schweren Prellungen liegen. Bei dem Sturz hat er sich die vier oberen Schneidezähne ausgeschlagen, die durch eine Zahnprothese ersetzt werden; außerdem hat er sich die linke Hand so unglücklich gebrochen, daß sie auf Dauer steif bleibt.
Wie ist A zu bestrafen?

### I. Die Systematik der Körperverletzungsdelikte

**244** Das am 1.4.1998 in Kraft getretene 6. StrRG vom 26.1.1998 (BGBl I 164) hat den durch das sog. Verbrechensbekämpfungsgesetz vom 28.10.1994 (BGBl I 3186) kurz zuvor reformierten, auch praktisch bedeutsamen 17. Abschnitt des BT erneut umgestaltet und die Vorschriften *neu durchnumeriert* (einen Überblick geben ua *Hörnle*, Jura 98, 169, 177; *Kreß*, NJW 98, 633, 639; *Kudlich*, JuS 98, 468, 471; *Rengier*, ZStW 111 [1999], 1; *Struensee*, Einführung, S. 45; *Wolters*, JuS 98, 582). Im

*Die Tatbestände im Überblick* § 5 I 2

Schwerpunkt betreffen die Änderungen die Rechtsfolgenseite (massive Anhebung vieler Strafdrohungen; zur Begründung siehe BT-Drucks. 13/8587, S. 19; dazu *Lackner/Kühl*, Rn 16 ff vor § 38; zu § 227 II nF zu Recht krit. *Tröndle/Fischer*, § 227 Rn 8), während die Neuerungen im Bereich der Strafbarkeitsvoraussetzungen sich in Grenzen halten (beachte aber Rn 250). Dem ursprünglichen Vorschlag in § 223 III des Entwurfs eines 6. StrRG, ua die §§ 223a, 224 aF und 340 I 1 „durch eine – weiter gefaßte und flexiblere – Strafzumessungsregel für besonders schwere Fälle mit Regelbeispielen" zu ersetzen (so BT-Drucks. 13/8587, S. 36 zu diesem § 223 III; abl. *Hettinger*, Entwicklungen, S. 32, 34 mwN), sind der Rechtsausschuß (vgl BT-Drucks. 13/9064, S. 15) und dann auch der Gesetzgeber zu Recht nicht gefolgt.

### 1. Das geschützte Rechtsgut

**Geschütztes Rechtsgut** dieser Tatbestände ist die **körperliche Unversehrtheit** des Menschen unter Einschluß seines **körperlichen und gesundheitlichen Wohlbefindens** (vgl auch *F.-C. Schroeder*, Hirsch-FS, S. 725). Rein seelische Beeinträchtigungen werden nur im Anwendungsbereich des § 225 bei der Begehungsform des „Quälens" erfaßt. **Handlungsobjekt** ist eine andere (natürliche) **Person**; die Selbstverletzung fällt nicht unter §§ 223 ff (beachte aber §§ 109 StGB, 17 WStG). **245**

Der **Nasciturus** (= die noch ungeborene Leibesfrucht; siehe Rn 10, 13) wird erst ab **Beginn der Geburt** tauglisches Objekt einer Körperverletzung. Pränatale Einwirkungen auf eine **Leibesfrucht** haben nur für die Anwendbarkeit des § 218 Bedeutung, werden also von den Tatbeständen der §§ 223, 229 nicht erfaßt, und zwar auch dann nicht, wenn die **vor dem Beginn des Menschseins** bewirkten Mißbildungen oder Körperschäden nach der Geburt an dem Kind fortbestehen und weiterwirken (wichtig bei Nebenwirkungen von Medikamenten, die während der Schwangerschaft eingenommen wurden; wie hier BVerfG NJW 88, 2945; BGHSt 31, 348; *Armin Kaufmann*, JZ 71, 569; *Krey*, BT/1 Rn 187; LK-*Hirsch*, Rn 7 vor § 223; *Lüttger*, NStZ 83, 481; *Maurach-Schroeder*, BT 1 § 8 Rn 6; aA im Contherganfall LG Aachen JZ 71, 507; *Arzt/Weber*, BT/1 Rn 411). Die zivilrechtliche Verpflichtung zum Schadensersatz bleibt davon allerdings unberührt (vgl BGHZ 8, 243; 58, 48). **246**

Auf einer anderen Ebene liegt die Frage, ob ärztliche Behandlungsfehler, die den Tod der Leibesfrucht bewirken, bezüglich der mitbetroffenen **Schwangeren** als fahrlässige Körperverletzung geahndet werden können (vgl BGHSt 31, 348, 357; *Arzt*, Anm. FamRZ 83, 1019). **247**

### 2. Die Tatbestände im Überblick

Körperverletzungen sind bei vorsätzlichem (§§ 223 ff) wie bei fahrlässigem Handeln (§ 229 = § 230 aF) strafbar. Innerhalb der Vorsatzdelikte bildet § 223 den **Grundtatbestand**, auf dem mehrere **Qualifikationstatbestände** aufbauen: die gefährliche (§ 224; bisher § 223a) und die schwere Körperverletzung (§ 226; bisher §§ 224, 225), die Körperverletzung mit Todesfolge (§ 227 = § 226 aF) sowie die Körperverletzung im Amt (§ 340). **248**

Die Einordnung des § 225 (bisher § 223b) ist umstritten. Die früher hM sah darin einen erschwerten Fall des § 223 (BGHSt 3, 20; 4, 113; *Tröndle/Fischer*, § 225 Rn 1), während die **249**

§ 5 *Der Schwangerschaftsabbruch*

Gegenansicht ihn wegen der Einbeziehung seelischer Qualen und wegen der besonderen Beziehung zwischen Täter und Opfer als Sonderdelikt auffaßt (LK-*Hirsch*, § 223b Rn 1; *Maurach-Schroeder*, BT 1 § 10 Rn 2 f mwN; ähnlich BGHSt 41, 113).

250 Taten nach §§ 226, 227 (beachte auch § 340 III) und § 225 III sind Verbrechen, die anderen genannten Delikte beschreiben Vergehen. Auch bei diesen ist der **Versuch** der Tat nunmehr **durchgehend mit Strafe bedroht** (vgl §§ 223 II, 224 II, 225 II, 340 II; zu § 223 II siehe die Kritik bei *Hettinger*, Entwicklungen, S. 34 und bei *Struensee*, Einführung, S. 45; zust. hingegen *Rengier*, ZStW 111 [1999], 1, 5). Das wird ua praktisch bedeutsam, wenn die Ursächlichkeit des Handelns für ein als Erfolg in Betracht kommendes Ereignis nicht festgestellt werden kann. Einen verselbständigten Gefährdungstatbestand (dazu *Wessels/Beulke*, AT Rn 29) bildet die Beteiligung an einer Schlägerei (§ 231, bisher § 227).

### 3. Strafantrag

251 Bei §§ 223, 229 tritt die Verfolgung nur **auf Antrag** ein, sofern nicht die Straftatverfolgungsbehörde wegen des besonderen öffentlichen Interesses ein Einschreiten von Amts wegen für geboten hält (§ 230 = § 232 aF). Eine Bejahung des besonderen öffentlichen Interesses durch die Staatsanwaltschaft unterliegt nach hM nicht der richterlichen Überprüfung (vgl BGHSt 16, 225; BVerfGE 51, 176; BayObLG MDR 91, 467; anders S/S-*Stree*, § 232 Rn 3).

252 Zum **Privatklageweg** in den Fällen der §§ 223, 229 siehe § 374 I Nr 4 StPO (zu den Erfolgsaussichten *F.-C. Schroeder*, Strafprozeßrecht, 2. Aufl. 1997, Rn 355). Das im bisherigen § 233 vorgesehene **Absehen von Strafe** in Fällen wechselseitig begangener Körperverletzungen und Beleidigungen ist im Hinblick auf §§ 153, 153a StPO (!) und § 59 StGB gestrichen worden (BT-Drucks. 13/8587, S. 36).

253 An der **Gesamtkriminalität** waren nach der **Polizeilichen Kriminalstatistik** für das Jahr 1998 (1999) die einfache vorsätzliche Körperverletzung bei 237 493 (251 299) Fällen mit einem Anteil von 3,7% (4,0%) und einer Aufklärungsquote von 90,1 (90,1)%, die gefährliche und die schwere Körperverletzung bei 110 277 (114 516) Fällen mit einem Anteil von 1,7 (1,8)% und einer Aufklärungsquote von 83,6 (83,9)% beteiligt.

## II. Die einfache vorsätzliche Körperverletzung

254 Im **Fall 17** ist das Verhalten des A anhand der §§ 223, 224 und 226 zu prüfen. Auszugehen ist dabei vom Grundtatbestand des § 223, der zwei (sich oft überschneidende) Arten von Körperverletzungen unterscheidet: die *körperliche Mißhandlung* und die *Gesundheitsschädigung*.

## 1. Körperliche Mißhandlung

Der Begriff des **körperlichen Mißhandelns** ist seiner Entstehungsgeschichte nach 255
weit auszulegen (vgl RGSt 25, 375). Er umfaßt **alle substanzverletzenden Einwirkungen** auf den Körper des Opfers sowie jede **üble, unangemessene Behandlung**, durch die das körperliche Wohlbefinden oder die körperliche Unversehrtheit mehr als nur unerheblich beeinträchtigt wird (vgl BGHSt 14, 269; OLG Düsseldorf NJW 91, 2918; LK-*Hirsch*, § 223 Rn 6; S/S-*Eser*, § 223 Rn 3).

Als **Mißhandlungen** gelten insbesondere das Bewirken von **Substanzschäden** (Beule, Prel- 256
lung, Wunde) oder von **Substanzeinbußen** (Verlust einzelner Glieder, Organe, Zähne), das **Verunstalten des Körpers** (zB durch Beschmieren mit Teer) sowie das Hervorrufen körperlicher **Funktionsstörungen** (zB die Beeinträchtigung des Hör- oder Sehvermögens). Da es nach hM auf eine Schmerzempfindung nicht ankommt, gehört auch das Abschneiden von Zöpfen, der Haare oder des Bartes hierher (BGH NJW 53, 1440; 66, 1763), ebenso die Defloration (RGSt 56, 64); zweifelnd *Lackner/Kühl*, § 223 Rn 4.

## 2. Gesundheitsschädigung

**Gesundheitsschädigung** ist das **Hervorrufen oder Steigern eines** vom Normalzu- 257
stand der körperlichen Funktionen des Opfers nachteilig abweichenden **krankhaften Zustandes** körperlicher oder seelischer Art (BGHSt 36, 1, 6; 43, 346); mit einer Schmerzempfindung braucht sie nicht verbunden zu sein (BGHSt 25, 277; zum Ganzen *Lackner/Kühl*, § 223 Rn 5 mwN).

Eine Störung des *seelischen* Befindens reicht nur aus, wenn sie auch den körperli- 258
chen Zustand nicht nur unerheblich verschlechtert (vgl BGH NStZ 97, 123; SK-*Horn*, § 223 Rn 23; *Tröndle/Fischer*, § 223 Rn 6; weitergehend S/S-*Eser*, § 223 Rn 1, 6).

**Beispiele:** Ansteckung mit einer Krankheit (BGHSt 36, 1 und 262), die Verschlimmerung 259
oder Verlängerung einer schon vorhandenen Krankheit (RGSt 19, 226; BGH NJW 60, 2253), Beeinträchtigung der normalen körperlichen Funktionen durch Betäubung oder Verursachung von Volltrunkenheit (BGH NJW 83, 462; 70, 519; NStZ 86, 266), durch schädliche Emissionen (BGH MDR/D 75, 723), Röntgen in exzessiver Weise (BGHSt 43, 346), massive Lärmeinwirkung (OLG Koblenz ZMR 65, 223), wiederholte nächtliche Störanrufe (LG Hamburg MDR 54, 630; OLG Köln StV 85, 17), Herbeiführung eines Schocks oder Nervenzusammenbruchs (vgl BGH NStZ 97, 123; OLG Stuttgart NJW 59, 831; LG Aachen NJW 50, 759) und dergleichen.

Im **Fall 17** hat A den B sowohl körperlich mißhandelt als auch an der Gesundheit ge- 260
schädigt. Obwohl der eine Wurf beide Tatbestandsalternativen verwirklicht, ist § 223 I nur einmal „verletzt" (S/S-*Eser*, § 223 Rn 2; instruktiv zur weiterreichenden Problematik *Altenhain*, ZStW 107 [1995], 382; ferner Rn 283). Rechtfertigungs- oder Schuldausschließungsgründe liegen nicht vor. Zu prüfen bleibt, ob Qualifikationen in Betracht kommen.

### III. Die gefährliche Körperverletzung

**261** Der Qualifikationstatbestand der gefährlichen Körperverletzung ist durch das 6. StrRG (siehe Rn 244) aus Gründen der besseren Lesbarkeit in einzelne Nummern untergliedert, in seiner tatbestandlichen Fassung jedoch weitgehend übernommen worden (vgl Nr 2-5 mit dem Text des früheren § 223a I). Hinzugekommen ist die Nr 1; sie ersetzt den bisherigen selbständigen Verbrechenstatbestand der **Vergiftung** (§ 229), hat aber die Voraussetzungen umgestaltet (zu § 229 alten Rechts siehe *Küper*, BT S. 60; *Wessels*, BT/1, 21. Aufl. 1997, Rn 342). Ferner wurde für minder schwere Fälle (zum Begriff Rn 175) eine Strafzumessungsvorschrift angefügt, um für Ausnahmefälle vorzusorgen, in denen die verschärfte Regelstrafdrohung des § 224 I sich als unangemessen hoch erweist.

**262** § 224 stellt auf die **Gefährlichkeit der Begehungsweise** ab (BGHSt 19, 352), für die das Gesetz fünf Fallgruppen nennt:

#### 1. Durch Beibringung von Gift oder anderen gesundheitsschädlichen Stoffen

**263** Qualifizierend wirkt zunächst die in § 224 I als Nr 1 neu aufgenommene Begehung der Körperverletzung durch *Beibringung von Gift* oder anderen gefährlichen Stoffen. **Gift** als spezielles Beispiel gesundheitsschädlicher Stoffe wurde *bisher* definiert als organischer oder anorganischer Stoff, der unter bestimmten Bedingungen (etwa Einatmen, Aufnahme über die Haut) durch *chemische* oder *chemisch-physikalische Wirkung* die Gesundheit zu „zerstören" geeignet ist (zB bestimmte Arten des Knollenblätterpilzes, das Gift mancher Schlangen [ua der Kreuzotter], Salzsäure, Stechapfelsamen sowie bestimmte Rauschgifte [etwa Opium]; zu den anorganischen Giften gehören zB Arsen, Zyankali und Blei). Demgegenüber genügt *nunmehr* nach § 224 I Nr 1 schon ein Gift (oder ein anderer Stoff) mit der Eigenschaft, die Gesundheit iS des § 223 I Alt. 2 zu *schädigen* (beachte Rn 266). Hierdurch ist zum einen die Anforderung an die beizubringende Menge (BGH NJW 79, 556) herabgesetzt, zum anderen der Kreis der als „Gift" in Betracht kommenden Stoffe erweitert worden (krit. *Struensee*, Einführung, S. 47), was zu Überschneidungen mit § 224 I Nr 2 führt (dazu *Tröndle/Fischer*, § 224 Rn 5).

**264** Unter **anderen gesundheitsschädlichen Stoffen** sind im Gegensatz zu den Giften solche Substanzen zu verstehen, die *mechanisch* oder *thermisch wirken* (zB zerstoßenes Glas, heiße Flüssigkeiten; zu ionisierenden Strahlen siehe §§ 309, 311) sowie krankheitserregende Mikroorganismen (Viren [nach hM auch das Humane Immunmangel-Virus = **HIV**; dazu Rn 268], Bakterien, Protozoen ua). Im übrigen gilt das in Rn 263 Ausgeführte.

**265** Der (Gift-)Stoff muß der anderen Person beigebracht worden sein. Eine **Beibringung** liegt vor, wenn der Täter den Stoff mit dem Körper des Opfers derart in Verbindung gebracht hat, daß der Stoff seine gesundheitsschädliche Wirkung entfaltet. Für den bisherigen Vergiftungstatbestand war streitig, ob entsprechend der Wirkweise von Giften auch für die anderen Stoffe zur Vollendung der Tat zu fordern sei,

*Durch Beibringung von Gift oder anderen gesundheitsschädlichen Stoffen* § 5 III 1

daß sie ihre Wirkung im *Innern* des Körpers entfalten (dazu näher *Hillenkamp*, BT 4. Problem; S/S-*Stree*, § 229 Rn 6). Durch die Übernahme der umgestalteten ehemaligen Giftbeibringung in § 224 I dürfte dieser Streit erledigt sein (vgl *Küper*, BT S. 61; aA *Jäger*, JuS 00, 31, 35).

Da nach dem Wortlaut der Nr 1 die Körperverletzung durch die Beibringung des gesundheitsschädlichen Stoffs begangen werden muß, der Stoff also das tatbestandliche Verletzungsmittel bildet, ist die Tat nunmehr ein *Verletzungs*delikt (*Küper*, BT S. 62; *Lackner/Kühl*, § 224 Rn 1a). **266**

In § 223 III 2 Nr 2 des Entwurfs eines 6. StrRG war für die Modalitäten des jetzigen § 224 I Nr 1 als Ausgleich für die Erhöhung der Strafdrohung noch einschränkend das Erfordernis der Herbeiführung der (konkreten) Gefahr einer schweren Gesundheitsschädigung vorgesehen. Im Verlauf des Gesetzgebungsverfahrens wurde dieser Passus wieder gestrichen, um eine Rücknahme des Schutzbereichs gegenüber der bisherigen Rechtslage auszuschließen (vgl BT-Drucks. 13/9064, S. 15 mwN). Eine andere Frage ist, ob neben der Gesundheitsschädigung einschränkend die Eignung des beigebrachten Stoffs gefordert werden muß, eine Körperverletzung iS des § 226 I zu bewirken (so SK-*Horn*, § 224 Rn 8; siehe auch *Stein*, Einführung, S. 102; *Wolters*, JuS 98, 582; aA *Struensee*, Einführung, S. 48) oder ob insoweit ausreicht, daß ihm die Gefahr einer lediglich „erheblichen" Gesundheitsschädigung eignet (näher *Küper*, BT S. 62, 413; *Stree*, Jura 80, 281, 286 im Zusammenhang mit § 223a I Alt. 1 aF [= § 224 I Nr 2]; krit. *Heinrich*, JA 95, 601, 605, 718). Der Sanktionssprung von § 223 zu § 224 gebietet es jedenfalls, auch bei diesen neuen Tatmitteln eine solche Gefährlichkeit vorauszusetzen, wie sie die hM schon bisher § 224 I Nr 2 (= § 223a I Alt. 1 aF) zugrunde legt (siehe Rn 275 und *Lackner/Kühl*, § 224 Rn 1a). **267**

Ein **HIV-Träger**, der einen anderen Menschen mit der Immunschwächekrankheit infiziert, kann sich nunmehr auch nach § 224 I Nr 1 strafbar machen; daneben ist an § 224 I Nr 5 zu denken, dessen Vorgänger § 223a I Alt. 4 die hM schon bislang herangezogen hat. Da der Nachweis, daß eine Ansteckung erfolgt ist und daß die Erkrankung auf dem betreffenden Sexualkontakt beruht, aber selten gelingt, kommt idR Strafbarkeit nur wegen *versuchter* Tat (§§ 224 II, 22) in Betracht, wenn jemand mit einem ahnungslosen Partner den Sexualverkehr ohne Schutzmittel ausübt und dabei wenigstens mit bedingtem Verletzungsvorsatz handelt (grundlegend BGHSt 36, 1 und 262; anders *Herzberg* in Szwarc (Hrsg.), AIDS und Strafrecht, 1996, S. 61, 83; gegen ihn *Knauer*, GA 98, 428). **268**

Die sehr kontroverse Diskussion in der Rechtslehre darüber, ob hier auch eine Bestrafung wegen „Vergiftung" oder wegen versuchten Totschlags in Betracht kommt (dazu *Tröndle/Fischer*, § 224 Rn 13a; *Wessels*, BT/1, 21. Aufl. 1997, Rn 266), ist durch die neue Tatbestandsvariante Nr 1 des § 224 I bei gleichzeitiger Aufhebung des bisherigen § 229 (Vergiftung) insoweit erledigt, als nunmehr in derartigen Fällen die Nr 1 (anderer Stoff) einschlägig ist. Nichts geändert hat sich an den Beurteilungsschwierigkeiten im Vorsatzbereich (instruktiv SK-*Horn*, § 223 Rn 22a). Die überwiegende Ansicht folgt im Prinzip der vom BGH eingeschlagenen Linie, macht die Beurteilung jedoch von den konkreten Umständen des Einzelfalls abhängig. Nä- **269** her zum Ganzen *Frisch*, Meyer-GedS, S. 533 und JuS 90, 362 sowie *Schramm*, JuS 94, 405, jeweils mwN). Zur Frage der Verurteilung bei Tatsachenalternativität von *versuchter* und *vollendeter* gefährlicher Körperverletzung siehe BGH 36, 262 mit Anm. *Rudolphi*, JZ 90, 197; *Otto*, JR 90, 205; *Prittwitz/Scholderer*, NStZ 90, 385. Zur Problematik des „geschützten" Sexualverkehrs siehe *Knauer*, Aids-Forschung 1994, 463 und GA 98, 428, 439.

270 Ein HIV-Träger, dessen Sexualpartner auf den Verzicht von Schutzmitteln bei Ausübung des Geschlechtsverkehrs drängt, obwohl er die bestehende Infizierung und das damit verbundene Ansteckungsrisiko kennt und sich der Tragweite seines Verhaltens voll bewußt ist, macht sich nicht nach §§ 223, 224 strafbar. Da der Betroffene sich in einem solchen Fall freiwillig in die ihm bekannte Gefahr hineinbegibt und den Vollzug der ihn gefährdenden Handlung maßgeblich mitbeherrscht, erscheint es sachgerecht, hier (zumindest sinngemäß) auf die Regeln zurückzugreifen, die bei der Beteiligung an einer **eigenverantwortlichen Selbstgefährdung** gelten (so BayObLG NStZ 90, 81 mit zust. Anm. *Dölling*, JR 90, 474; *Lackner/Kühl*, Rn 12a vor § 211; *Wessels/Beulke*, AT Rn 186; offengelassen in BGHSt 36, 1, 17; krit. dazu *Frisch*, JuS 90, 362, 369).

271 Im Unterschied zur bisherigen Rechtslage beim Tatbestand der Vergiftung ist nur noch Vorsatz iS des § 15 erforderlich, so daß bedingter Vorsatz hinsichtlich der gefahrbegründenden Eigenschaft des Giftes oder des anderen Stoffs genügt. Die Bedeutung der Umstände, aus denen das Urteil der objektiven Gefährlichkeit resultiert, muß der Täter richtig erfaßt haben. Für HIV-Träger gelten insoweit keine Besonderheiten und gilt auch kein Sonderrecht (so zutreffend *Lackner/Kühl*, § 224 Rn 10 mwN).

## 2. Mittels einer Waffe oder eines anderen gefährlichen Werkzeugs

272 Erschwerend wirkt auch die Begehung der Körperverletzung **mittels einer Waffe** oder eines **anderen gefährlichen Werkzeugs.**

273 Den *Oberbegriff* dieser Tatmittel bildet nunmehr in § 224 I Nr 2 iS der schon bislang hM das *andere gefährliche Werkzeug*, während die Waffe nur noch als spezielles Beispiel vorangestellt ist (näher *Küper*, BT S. 411). Unter **Waffe** ist in Nr 2 eine *Waffe im technischen Sinn* zu verstehen. Der Begriff der Waffe im technischen Sinn umfaßt nur solche gebrauchsbereiten Werkzeuge, die nach der Art ihrer Anfertigung nicht nur geeignet, sondern auch allgemein dazu bestimmt sind, Menschen durch ihre mechanische oder chemische Wirkung körperlich zu verletzen (vgl BGHSt 4, 125, 127 und *Küper*, BT S. 397 mwN). Eine derartige Waffe (zB eine Schuß- oder Hiebwaffe) muß, um die Voraussetzungen der Nr 2 zu erfüllen, bei der Tatbegehung *als* gefährliches Werkzeug benutzt werden. Daran fehlt es zB bei einem leichten Schlag mit dem Pistolengriff auf den Rücken eines Menschen.

274 Der Begriff des **Werkzeugs** ist umstritten. Er umfaßt nach hM nur *bewegliche* Gegenstände, die durch Menschenkraft gegen einen menschlichen Körper in Bewegung gesetzt werden, um ihn zu verletzen (BGHSt 22, 235; BGH NStZ 88, 361).

Ein Teil der Lehre will unter Berufung auf den Zweck der Norm *unbewegliche* Gegenstände wie eine Hauswand oder die Straßendecke, gegen die das Opfer gestoßen wird, mit einbeziehen (LK-*Hirsch*, § 223a Rn 13; *R. Schmitt*, JZ 69, 304; *Stree*, Jura 80, 281, 284; differenzierend SK-*Horn*, § 224 Rn 18; wie hier *Tröndle/Fischer*, § 224 Rn 8). Demgegenüber beruft BGHSt 22, 235 sich jedoch mit Recht auf den natürlichen Sprachgebrauch als Auslegungsgrenze. Trotz der Verdoppelung der bisherigen Höchststrafe hat der Gesetzgeber des 6. StrRG eine Änderung nicht einmal erwogen. Zudem wird in gravierenden Fällen ohnehin meist eine *das Leben gefährdende Behandlung* vorliegen, so daß dann § 224 I Nr 5 eingreift. Auch vom Standpunkt der hM aus spielt es allerdings keine Rolle, ob das Werkzeug gegen das Opfer oder dieses zum Werkzeug hin bewegt wird (RGSt 24, 373).

**Gefährliches Werkzeug** iS des § 224 I Nr 2 ist somit jeder *bewegliche* Gegenstand, der nach seiner **Beschaffenheit und** der **Art seiner Verwendung als Angriffs- oder Verteidigungsmittel im konkreten Fall** geeignet ist, erhebliche(re) Verletzungen zuzufügen (RGSt 4, 397; BGHSt 3, 105; 14, 152; BGH NStZ 87, 174; OLG Düsseldorf NJW 89, 920; *Lackner/Kühl*, § 224 Rn 5; vgl auch BT-Drucks. 13/9064, S. 9). Erheblich (oder: erheblicher) soll nach herrschender Ansicht als gravierend, schwerwiegend, jedenfalls nicht mehr ausgesprochen leicht zu verstehen sein (näher *Küper*, BT S. 413). Auch angesichts der Verschärfung der Strafdrohung wird dies einer Präzisierung bedürfen (beachte dazu *Heinrich*, JA 95, 601, 606 und *Rengier*, ZStW 111 [1999], 1, 14). Die Formulierung „andere gefährliche Werkzeuge" erfaßt auch solche Gegenstände, die (wie zB der Baseballschläger) ihre Bestimmung zur Verletzung von Personen erst unter Berücksichtigung der Umstände des jeweiligen Einzelfalles erhalten (vgl BT-Drucks. 13/9064, S. 9). So würde zB ein spitzer Bleistift als „Schlagwerkzeug" harmlos, als gegen das Auge gerichtete „Stichwaffe" jedoch höchst gefährlich sein (so schon *Frank*, § 223a Anm. II 1). 275

Je nach der konkreten Benutzung und dem betroffenen Körperteil *können* gefährliche Werkzeuge sein: eine Schere (BGH NJW 66, 1763), ein starker Weinschlauch (BGHSt 3, 105), der Schuh am Fuß beim Tritt gegen empfindliche Stellen des Körpers (BGHSt 30, 375; auch ein Turnschuh der heute üblichen Art soll genügen, so BGH NStZ 99, 616), ein gehetzter Hund (BGHSt 14, 152), ein Kraftfahrzeug (BGH VRS 14 [1958], 286; 56 [1979], 189); ferner kommen in Betracht: eine siedende Flüssigkeit (RG GA Bd. 62 [1916], 321), Salzsäure oder andere chemisch wirkende Mittel (BGHSt 1, 1), die nunmehr bereits von § 224 I Nr 1 erfaßt werden, sowie Injektionsspritzen in der Hand medizinischer Laien (BGH NStZ 87, 174). *Keine* gefährlichen Werkzeuge in diesem Sinne sind Behandlungs- und Operationsinstrumente, die von zugelassenen Ärzten bestimmungsgemäß gebraucht werden (wie etwa ein Skalpell und dergleichen; BGH NJW 78, 1206; insoweit auch BGH NStZ 87, 174). Körperteile des Täters, wie etwa die Faust oder das zum Stoßen benutzte Knie, sind keine „Werkzeuge" iS des § 224 I Nr 2 (BGH GA 84, 124). 276

Im **Fall 17** hat A die Körperverletzung mittels eines gefährlichen Werkzeugs begangen, weil die Benutzung der gefüllten Bierflasche als Wurfgeschoß gegen den Kopf des B zur Herbeiführung erheblicher Verletzungen geeignet war. Diese Umstände waren A bewußt, insbesondere auch die objektive Gefährlichkeit des Wurfgegenstands, die aus der Art seiner Verwendung folgte (vgl Rn 284). 277

§ 5 *Der Schwangerschaftsabbruch*

### 3. Mittels eines hinterlistigen Überfalls

278 Einen weiteren Qualifikationsgrund bildet nach § 224 I Nr 3 die Tatbegehung **mittels eines hinterlistigen Überfalls**. Strafschärfend wirkt hier neben der Verwerflichkeit des hinterlistigen Vorgehens auch die Gefährlichkeit des überraschend begonnenen Angriffs.

279 **Überfall** ist jeder plötzliche, unerwartete Angriff auf einen Ahnungslosen (RGSt 65, 65). **Hinterlistig** ist ein Überfall, wenn der Täter seine wahre Absicht *planmäßig berechnend* verdeckt, um gerade dadurch dem Angegriffenen die Abwehr zu erschweren (BGH GA 89, 132; MDR/H 96, 551 und 81, 267). Das bloße Ausnutzen des Überraschungsmoments genügt für sich allein nicht (BGH GA 61, 241; 68, 370); vielmehr muß der Täter zur Verschleierung des geplanten Angriffs zuvor weitere Vorkehrungen getroffen haben (wie etwa das Aufsuchen eines Verstecks, um dem Opfer aufzulauern, vgl BGH GA 69, 61). Wer seinem Kontrahenten nach einem Streit die Hand zum Friedensschluß entgegenstreckt, um ihn in Sicherheit zu wiegen und ihm dann unvermittelt das Knie in den Unterleib zu stoßen, handelt hinterlistig (vgl ferner BGH MDR/D 56, 526).

### 4. Mit einem anderen Beteiligten gemeinschaftlich

280 Grund der Strafschärfung für die **mit einem anderen Beteiligten gemeinschaftlich verübte Körperverletzung** iS des § 224 I Nr 4 ist die erhöhte Gefährlichkeit des Angriffs für das Opfer, das durch die Zahl der Angreifer eingeschüchtert und in seiner Verteidigung gehemmt wird (vgl *Küper*, GA 97, 301, 304 mwN).

281 Vorausgesetzt wird hier, daß **mindestens zwei Personen** unmittelbar am Tatort als Angreifer zusammenwirken. Die bisher hM setzte insoweit ein *mittäterschaftliches* Handeln voraus (vgl etwa LK-*Hirsch*, § 223a Rn 17). Diese Ansicht ist jedenfalls nach der Neufassung durch das 6. StrRG („mit einem anderen Beteiligten" statt „von mehreren") überholt, denn mit dem **anderen Beteiligten** sind grundsätzlich *auch Teilnehmer* iS des § 28 II einbezogen (ebenso *Rengier*, ZStW 111 [1999], 1, 10; *Struensee*, Einführung, S. 47; *Tröndle/Fischer*, § 224 Rn 11; *Wolters*, JuS 98, 582, 584; wie die frühere hM weiterhin *Krey*, BT/1 Rn 252b; *Schroth*, NJW 98, 2861; SK-*Horn*, § 224 Rn 25). **Gemeinschaftlich** bringt zum Ausdruck, daß die Beteiligten am Tatort einverständlich zusammenwirken müssen (BGHSt 23, 122). Angesichts des Grundes der Strafschärfung (siehe auch Rn 262) dürften Teilnehmer, die sich auf Hervorrufung oder Bestärkung des Tatentschlusses (soweit man diese Form der „psychischen" Beihilfe akzeptiert: zu ihr *Stoffers*, Jura 93, 11) beschränken, nicht Beteiligte iS des § 224 I Nr 4 sein (näher *Küper*, GA 97, 301, 320; vgl auch *Jäger*, JuS 00, 31, 35 f; *Lackner/Kühl*, § 224 Rn 7). Ein abwesender Dritter kann Mittäter sein (so BGH NStZ 00, 194). Zur Frage, inwieweit ein *Garant* nach §§ 224 I Nr 4, 13 zur Verantwortung gezogen werden kann, siehe SK-*Horn*, § 224 Rn 29.

### 5. Mittels einer das Leben gefährdenden Behandlung

282 Die Körperverletzung ist gemäß § 224 I Nr 5 **mittels einer das Leben gefährdenden Behandlung** begangen, wenn die Verletzungshandlung den konkreten Umständen nach objektiv *geeignet* war, das Leben des Opfers in Gefahr zu bringen; die tatsächlich erlittene Verletzung braucht also nicht lebensgefährlich zu sein (BGHSt 2,

160, 163; 36, 1; OLG Düsseldorf JZ 95, 908; *Tröndle/Fischer*, § 224 Rn 12 f mwN). In der Literatur wurde bislang zT auf den Eintritt einer *konkreten* Lebensgefährdung durch die Behandlung abgestellt (vgl LK-*Hirsch*, § 223a Rn 21; *Stree*, Jura 80, 281, 291; klärend zu dem praktisch kaum je bedeutsamen Streit *Küper*, BT S. 55 und Hirsch-FS, S. 595, 610). Anzumerken ist insoweit, daß die Bundesregierung während der Beratungen des Entwurfs eines 6. StrRG unwidersprochen der Ansicht der höchstrichterlichen Rechtsprechung zugestimmt hat (vgl BT-Drucks. 13/8587, S. 83).

Im **Fall 17** sind diese Voraussetzungen durch das Schleudern der vollen Bierflasche gegen den Kopf des B erfüllt (= Gefahr des Schädelbruchs!). Da A auch Nr 2 des § 224 I verwirklicht hat, stellt sich erneut das in Rn 260 angesprochene Problem (vgl hierzu noch *Stree*, Jura 80, 281). Weitere Beispiele: Stoß des Opfers aus dem Fenster oder in einen tiefen Graben (RG HRR 29, Nr 1799), Herunterstoßen vom fahrenden Moped (BGH MDR/D 57, 652), massives Würgen am Hals (BGH GA 61, 241; wistra 93, 26), Stoßen des Kopfes gegen die Hauswand oder gegen das Straßenpflaster (BGHSt 22, 235, 237), Bedrohen eines Herzkranken mit einer Schußwaffe (BGH MDR/H 86, 272) usw. 283

In **subjektiver Hinsicht** läßt der BGH insoweit die Kenntnis der Umstände genügen, aus denen sich die allgemeine Gefährlichkeit der Tathandlung für das Leben des Opfers ergibt (BGHSt 19, 352; 36, 1, 15; BGH NJW 90, 3156; ebenso *Tröndle/Fischer*, § 224 Rn 13). Nach den Grundsätzen über die Parallelwertung in der Laiensphäre muß der Täter sich aber auch der Bedeutung seines Verhaltens bewußt gewesen sein, also die Gefährlichkeit seines Handelns für das Leben des Opfers wenigstens für möglich gehalten und in Kauf genommen haben (*Lackner/Kühl*, § 224 Rn 9). Zum Aufbau siehe die Hinweise bei *Wessels/Beulke*, AT Rn 863. 284

## IV. Schwere Körperverletzung

### 1. Systematik

Das 6. StrRG hat die schwere und die beabsichtigte schwere Körperverletzung (bisher §§ 224, 225) in § 226 zusammengefaßt. Diese Regelung (beachte §§ 12 I, 23 I) stellt auf die **Schwere des Tatererfolges** ab. § 226 I normiert ein auf § 223 I aufbauendes *erfolgsqualifiziertes* Delikt. Die Aufzählung der qualifizierenden Folgen ist abschließend. Hinsichtlich der schweren Folge muß dem Täter *wenigstens* Fahrlässigkeit zur Last fallen (§ 18), so daß auch Leichtfertigkeit und bedingter Vorsatz erfaßt sind. Hat der Täter eine jener Folgen wissentlich oder absichtlich verursacht, so greift als weitere Qualifikation § 226 II ein. Absicht in diesem Sinne ist mit direktem Tötungsvorsatz nicht vereinbar (BGH NStZ 97, 233). Praktisch wichtige Strafzumessungsvorschriften für minder schwere Fälle (zum Begriff Rn 175) enthält schließlich § 226 III. 285

Im **Fall 17** liegen keine hinreichenden Anhaltspunkte dafür vor, daß A bei Verwirklichung der §§ 223, 224 die weiteren Tatfolgen (= Versteifung der gebrochenen Hand 286 usw) absichtlich oder wissentlich (§ 226 II) verursacht hat. Insoweit kommen daher lediglich §§ 226 I, 18 in Betracht.

## 2. Die schweren Folgen im Überblick

287 § 226 I Nr 1 setzt den *Verlust* einer der dort beschriebenen Fähigkeiten voraus (wobei „Gehör" die Hörfähigkeit insgesamt, den Hörsinn meint). Fortpflanzungsfähigkeit erfaßt schon Kinder, bei denen sie angelegt ist; sie fehlt Frauen nach den Wechseljahren, während bei älteren Männern je nach Lage zu entscheiden ist (vgl auch *Tröndle/Fischer*, § 226 Rn 5). Verloren ist das Vermögen (oder die Fähigkeit), wenn es im wesentlichen, dh nicht unbedingt vollständig (OLG Hamm GA 76, 304), aufgehoben ist, der Ausfall einen längeren Zeitraum hindurch besteht und Heilung sich nicht oder zumindest auf unbestimmte Zeit nicht absehen läßt (RGSt 72, 321; zum zumutbaren operativen Heileingriff NK-*Paeffgen*, § 224 Rn 13 mwN).

288 Die *Rechtsprechung* verstand ursprünglich unter einem **Glied** iS des § 226 I Nr 2 jeden Körperteil, der eine in sich abgeschlossene Existenz mit besonderer Funktion im Gesamtorganismus hat (RGSt 3, 391; mit der „in sich abgeschlossenen Existenz" dürfte der medizinische Begriff des Organs gemeint gewesen sein). Ob damit *nur* jeder mit einem anderen durch Gelenke verbundene Körperteil (so NK-*Paeffgen*, § 224 Rn 14 mwN) oder auch andere Körperteile vom Gesetz erfaßt sein sollten, ließ das RG offen (RGSt 6, 346). Der BGH hat es unter Berufung auf die Wortlautgrenze abgelehnt, *innere* Organe (zB eine Niere; hingegen ist die Haut ein *äußeres* Organ) als Glieder zu bezeichnen (BGHSt 28, 100). Von Gewicht ist auch sein Hinweis darauf, daß § 224 aF (jetzt § 226 I Nr 1) bestimmte Organe abschließend aufzählt und hinsichtlich innerer Organe ebenfalls eine Regelung (nunmehr in Nr 3) vorhanden ist. Die *Gegenansicht* will ua auch innere Organe in den Schutzbereich einbeziehen (so OLG Neustadt NJW 61, 2076; *Ebert*, Anm. JA 79, 278; *Otto*, BT § 17 Rn 6; *Rengier*, BT II § 15 Rn 7; *Wessels*, BT/1, 21. Aufl. 1997, Rn 271). Sie kritisiert BGHSt 28, 100 als unbefriedigend, hat jedoch außer den Argumenten des BGH auch die Entstehungsgeschichte gegen sich; denn das „wichtige Glied" ersetzte im Verlauf des Gesetzgebungsverfahrens den zunächst vorgeschlagenen, dann aber als zu unklar empfundenen Begriff der „Verstümmelung" (vgl nur *Hälschner*, Das gemeine deutsche Strafrecht, 2. Bd., 1. Abteilung, 1884, S. 99 mwN). Zu folgen ist der Interpretation des BGH (im Ergebnis ebenso *Gössel*, BT § 14 Rn 34; *Jäger*, JuS 00, 31, 37; S/S-*Stree*, § 224 Rn 2; *Wolters*, JuS 98, 582, 585).

289 Umstritten ist ferner, wann ein Glied **wichtig** ist. Die Rechtsprechung bestimmt das anhand der *generellen* Bedeutung, die ihm für jeden normalen Menschen zukommt (RGSt 6, 346; 64, 201; *Tröndle/Fischer*, § 226 Rn 7; zum Hintergrund NK-*Paeffgen*, § 224 Rn 15 mwN), während die insoweit hL (meist zusätzlich) die *individuellen* Verhältnisse der verletzten Person (zB Geigenvirtuose; Linkshändigkeit) berücksichtigen will (vgl nur LK-*Hirsch*, § 224 Rn 9 mwN). Diese schon bisher problematische Ansicht, die zT Umstände iS des § 46 II in den Verbrechenstatbestand

des § 226 hineinliest, ist angesichts der Verschärfung der Strafdrohung noch bedenklicher geworden (krit. auch NK-*Paeffgen*, § 224 Rn 15; SK-*Horn*, § 226 Rn 10).

Durch das 6. StrRG wurde die bisher streitige Frage, ob ein Glied schon bei dauernder Unbrauchbarkeit als verloren zu gelten hat (so die hL, etwa S/S-*Stree*, § 224 Rn 2 mwN) oder nicht (so nach damaliger Gesetzeslage zutreffend BGH NJW 88, 2622 zur Versteifung eines Kniegelenks), ausdrücklich iS der hL geregelt, § 226 I Nr 2 Alt. 2. **290**

> Im **Fall 17** sind demnach, soweit die linke Hand des B durch Versteifung auf Dauer funktionsuntüchtig geworden ist, die Voraussetzungen der §§ 226 I Nr 2 Alt. 2, 18 zu bejahen (BGH NJW 91, 990). Hinsichtlich einer Hand steht das außer Streit. Dieser wird aber ua bedeutsam, wenn nur einzelne Finger dauernd nicht mehr gebraucht werden können (dazu S/S-*Stree*, § 224 Rn 2). Zum tatbestandsspezifischen **Gefahrzusammenhang** zwischen der Verwirklichung des Grundtatbestandes (§ 223) und dem Eintritt der schweren Folge vgl Rn 297. **291**

**Erheblich entstellt** iS des § 226 I Nr 3 ist eine Person, wenn ihr äußeres Erscheinungsbild durch eine körperliche Verunstaltung wesentlich beeinträchtigt wird, wie etwa durch den Verlust der Nasenspitze (BGH MDR/D 57, 267), einer Ohrmuschel oder mehrerer Vorderzähne (BGHSt 17, 161), durch das Zurückbleiben störender Narben im Gesicht, am Hals oder an Stellen, die (sei es auch nur zeitweise wie beim Sport oder beim Baden) den Blicken anderer preisgegeben sind (vgl LG Saarbrücken NStZ 82, 204; einschränkend BGH StV 92, 115). **Dauernd** ist eine Entstellung, wenn sie mit einer bleibenden oder unbestimmt langwierigen Beeinträchtigung des Aussehens verbunden ist (BGHSt 24, 315, 317). **292**

Umstritten ist, ob und inwieweit das **Merkmal der Dauer** von der Möglichkeit abhängt, die entstellende Wirkung der Verletzung durch ärztliche Maßnahmen zu beseitigen. Man wird hier je nach Art, Realisierbarkeit und Zumutbarkeit des dazu erforderlichen Eingriffs ganz auf die Umstände des Einzelfalls abstellen müssen: So ist mit der hM das Vorliegen einer *dauernden* Entstellung zu verneinen, wenn beim Verlust der Vorderzähne die Lücke im Gebiß durch eine **Zahnprothese** beseitigt worden ist oder beseitigt werden kann (BGHSt 24, 315 unter Aufgabe von BGHSt 17, 161; eingehend dazu *Ulsenheimer*, JZ 73, 64; differenzierend NK-*Paeffgen*, § 224 Rn 23). Gleiches gilt, wenn die körperliche Verunstaltung durch eine kosmetische Operation behoben worden oder, die Zumutbarkeit eines solchen Eingriffs vorausgesetzt, in absehbarer Zeit mit Aussicht auf Erfolg zu beheben ist (näher *van Els*, NJW 74, 1074 und SK-*Horn*, § 226 Rn 4). **293**

**Verfallen in Siechtum** meint einen chronischen Krankheitszustand, der den Gesamtorganismus in Mitleidenschaft zieht und ein Schwinden der körperlichen oder geistigen Kräfte zur Folge hat; *chronisch* ist ein Zustand, dessen Heilung sich überhaupt nicht oder doch zeitlich nicht bestimmen läßt (vgl *Küper*, BT S. 256 mwN). **Lähmung** bedeutet eine erhebliche Beeinträchtigung (zumindest) eines Körper- **294**

teils, die sich auf die Bewegungsfähigkeit des ganzen Körpers nachteilig auswirkt (näher *Küper*, aaO; S/S-*Stree*, § 224 Rn 7). Unter geistige Krankheit fallen die krankhaften seelischen Störungen (dazu SK-*Horn*, § 226 Rn 15; *Tröndle/Fischer*, § 226 Rn 13); zur geistigen Behinderung vgl *Lackner/Kühl*, § 226 Rn 4 mwN.

295 Ergebnis im **Fall 17**: A hat dem B durch eine Handlung mehrere Verletzungen zugefügt. Infolge des Einsetzens einer Zahnprothese ist eine dauernde Entstellung iS des § 226 I Nr 3 zu verneinen. Zwischen §§ 223, 224 I Nr 2, 5 (= Flaschenwurf an den Kopf) und § 226 I Nr 2 (= Verlust der Funktionsfähigkeit auf Dauer durch Versteifung der linken Hand) besteht Gesetzeseinheit mit Vorrang des § 226 als der vollendeten schwersten Begehungsform (= *Spezialität*, vgl BGHSt 21, 194; *Wessels/Beulke*, AT Rn 788). Bei der Verurteilung des A wegen *schwerer* Körperverletzung (§§ 223, 226) darf die (zweifache; siehe Rn 283) Verwirklichung des zurücktretenden § 224 im Strafmaß berücksichtigt werden.

## V. Körperverletzung mit Todesfolge

296 **Fall 18**: Am Rande einer stark befahrenen Umgehungsstraße kommt es an einem nebligen Herbstabend zwischen A und B zu einer schweren Schlägerei. A hat die Tätlichkeiten begonnen und dem schmächtigen B bereits einige Fausthiebe in das Gesicht versetzt. Als er seinen Angriff mit gezücktem Messer fortsetzt, wendet B sich zur Flucht. Mit schnellen Schritten eilt er über die Fahrbahn, wird dabei jedoch von dem Kraftwagen des K erfaßt und tödlich verletzt.
Strafbarkeit des A?

### 1. Beziehung zwischen Körperverletzung und Todesfolge

297 Zum Tatbestand der **Körperverletzung mit Todesfolge** gehört, daß der Tod des Opfers durch eine *vorsätzlich* begangene Körperverletzung verursacht worden ist, wobei dem Täter gemäß § 18 hinsichtlich der Todesfolge Fahrlässigkeit zur Last fallen muß (näher *Wessels/Beulke*, AT Rn 23, 693). Nach einhelliger Ansicht genügt es für den objektiven Tatbestand des § 227 indessen nicht, daß zwischen Körperverletzung und Todesfolge ein ursächlicher Zusammenhang iS der Bedingungstheorie besteht, die Körperverletzung also nicht hinweggedacht werden kann, ohne daß damit zugleich der Tod des Verletzten entfiele (siehe dazu *Wessels/Beulke*, AT Rn 156). Vielmehr ergibt sich aus dem Sinn und Zweck des § 227, dessen hohe Mindeststrafe die Tat als *Verbrechen* ausweist, daß hier eine **engere Beziehung** zwischen Körperverletzung und Todesfolge vorausgesetzt wird, als sie die Bedingungstheorie mit ihrer fast uferlosen Weite liefert. § 227 soll der mit einer Verwirklichung der Körperverletzung (iS der §§ 223 bis 226) verbundenen Gefahr des Eintritts der qualifizierenden Todesfolge entgegenwirken. Die Vorschrift erfaßt deshalb nur solche Körperverletzungen, denen die **spezifische Gefahr** anhaftet, zum Tode des Verletzten

zu führen; gerade diese eigentümliche Gefahr muß sich im tödlichen Ausgang *unmittelbar* niedergeschlagen haben (BGHSt 31, 96; BGH NJW 95, 3194). Damit ist freilich die Frage, wie diese Beziehung beschaffen sein muß, noch nicht geklärt. Als Ausgangspunkt diente dem BGH zunächst die These, die Anwendbarkeit des § 227 sei dann zu verneinen, wenn der Tod des Verletzten nicht „unmittelbar durch die Körperverletzung", sondern erst durch das Eingreifen eines Dritten oder durch das eigene Verhalten des Opfers herbeigeführt worden ist (BGHSt 32, 25; BGH NJW 71, 152 im Fall Rötzel; MDR/H 82, 102, 103; präzisierend StV 98, 203). In Fällen dieser Art sollte in der Regel nur Tateinheit zwischen Körperverletzung (§ 223 bzw § 224) und fahrlässiger Tötung (§ 222) möglich sein.

Umstritten ist freilich, *wie* die erwähnte **Unmittelbarkeitsbeziehung** im Einzelfall beschaffen sein muß und welcher Anknüpfungspunkt dafür in Betracht kommt (Überblick bei *Sowada*, Jura 94, 643). In Übereinstimmung mit der älteren Rechtsprechung (RGSt 44, 137; OGHSt 2, 335) fordert ein großer Teil der Rechtslehre einen gefahrspezifischen, unmittelbaren Zusammenhang zwischen dem **Körperverletzungserfolg** und dem Todeseintritt; maßgebend ist danach, ob sich im tödlichen Ausgang gerade die Gefahr realisiert hat, die von **Art und Schwere** der Verletzung herrührt (sog. **Letalitätslehre**; vgl etwa *Geilen*, Welzel-FS, S. 655, 681; *Hirsch*, Oehler-FS, S. 111; *Küpper*, Hirsch-FS, S. 615; *Lackner/Kühl*, § 227 Rn 2 mwN; weitergehend will *Altenhain*, GA 96, 19, Mitursächlichkeit der Beschädigung für den Tod genügen lassen). Die neuere Rechtsprechung versteht dagegen unter „Körperverletzung" iS des § 227 nicht bloß den diesbezüglichen Erfolg, sondern den **ganzen Vorgang** unter Einschluß der die Verletzung bewirkenden und begleitenden **Ausführungshandlung**, so daß bei Vorliegen einer *vollendeten* vorsätzlichen Körperverletzung (§ 223 I) bereits ein tatbestandsspezifischer Unmittelbarkeitszusammenhang zwischen Verletzungs*handlung* und Todesfolge genügt (BGHSt 14, 110 im Pistolenfall; BGHSt 31, 96 im Hochsitzfall). Zusammenfassend und krit. NK-*Paeffgen*, § 226 Rn 6 ff, der einen gesteigerten Handlungsunwert und Leichtfertigkeit in bezug auf die erhöhte Opfergefährdung verlangt; dagegen *Küpper*, Hirsch-FS, S. 615, 624. **298**

Vorausgesetzt wird demnach, daß sich bei den §§ 226, 227 im Eintritt der **besonderen Tatfolge** eine darauf bezogene, der vorsätzlichen Körperverletzung innewohnende **tatbestandsspezifische Gefahr** verwirklicht hat. Eine vorsätzliche Körperverletzung kann die ihr eigentümliche Gefahr aber nicht nur aus der Art des Verletzungserfolges, sondern (wie § 224 zeigt) auch durch ihre *konkrete* Begehungsweise gewinnen. Das spricht dafür, mit dem BGH darauf abzustellen, ob sich in der erschwerenden Folge (§§ 226, 227) die tatbestandsspezifische Gefährlichkeit des Verletzungs*erfolges* oder der ihn bewirkenden oder begleitenden Verletzungs*handlung* niedergeschlagen hat. **299**

§ 227 ist daher anwendbar, wenn der Täter mit einer geladenen Pistole auf den Kopf des Opfers schlägt und dieses zu Tode kommt, weil sich **beim Aufschlagen** mit der Waffe oder dem ihm nachfolgenden **Ausholen** zum *erneuten* Schlag ungewollt ein Schuß löst (BGHSt 14, 110; *Rengier*, BT II § 16 Rn 4). Das gleiche gilt, wenn das Opfer durch den ihm versetzten Schlag oder Stoß vor ein vorbeifahrendes Auto oder in eine laufende Maschine geschleudert, davon erfaßt und getötet wird (RGSt 44, 137, 139; OGHSt 1, 357, 359). Wer einen anderen vorsätzlich von einem 3,50 m hohen **Hochsitz** hinabstürzt, muß mit einer Bestrafung nach § 227 rechnen, wenn der Betroffene wegen des dabei erlittenen Knöchelbruchs für längere Zeit ans Krankenbett gefesselt bleibt und an Kreislaufkomplikationen stirbt, die auf dem da- **300** durch bedingten Bewegungsmangel beruhen. Zwar wies im konkreten Fall die Knöchelfraktur als tatsächlich eingetretene Folge der Handlung für sich betrachtet das Risiko eines tödlichen Ausgangs nicht (mehr) auf. Der in § 227 vorausgesetzte Ursachenzusammenhang ist nach Ansicht des BGH aber nicht nur dann gegeben, wenn die Körperverletzungsfolge nach Art, Ausmaß und Schwere den Eintritt des Todes besorgen läßt. Vielmehr kann § 227 – wie im Hochsitzfall – schon zum Zug kommen, wenn der Körperverletzungs*handlung* jene Gefahr anhaftet und sich dann diese dem Handeln eigentümliche Gefahr im Eintritt des Todes verwirklicht (BGHSt 31, 96; abl. *Maiwald*, JuS 84, 439; *Lackner/Kühl*, § 227 Rn 2 und *Tröndle/Fischer*, § 227 Rn 2, jeweils mwN). Auch eine für den Tod des Opfers mitursächliche Vorschädigung steht der Zurechnung nicht entgegen (BGH NStZ 97, 341). Dagegen kommt nach der älteren, verbal aufrechterhaltenen Rechtsprechung nur Tateinheit zwischen vorsätzlicher Körperverletzung (§ 223 bis § 226) und fahrlässiger Tötung (§ 222) in Betracht, wenn das Opfer beim *willentlichen Zurückweichen* vor weiteren Schlägen überfahren wird oder *auf der Flucht* zu Tode stürzt (BGH NJW 71, 152).

**301** Fraglich ist indessen, ob die Rechtsprechung von ihrem Ausgangspunkt aus dem von ihr entwickelten „Unmittelbarkeitserfordernis" nicht zunächst zu enge Grenzen gesetzt hatte, wenn sie die Anwendbarkeit des § 227 ohne Rücksicht auf die Besonderheiten des Einzelfalls ausnahmslos verneinte, sobald die Todesfolge sich direkt auf das **eigene Verhalten des Opfers** oder das Eingreifen eines Dritten zurückführen läßt. Zu den spezifischen Gefahren, denen das Gesetz begegnen will, gehört dann nämlich auch der Umstand, daß das verängstigte Opfer bei einem gegenwärtigen Angriff auf seine körperliche Unversehrtheit aus Furcht vor schweren Verletzungen unbesonnen reagiert und beispielsweise den Versuch unternimmt, sich durch einen riskanten Sprung aus dem Fenster oder durch die waghalsige Flucht über eine verkehrsreiche Straße vor dem Angreifer in Sicherheit zu bringen. Solche Reaktionen, die dem elementaren Selbsterhaltungstrieb des Menschen entspringen, sind bei *gravierenden* Mißhandlungen ebenso naheliegend und deliktstypisch wie Fluchtversuche bei einer Freiheitsberaubung oder einer drohenden Vergewaltigung (vgl BGHSt 19, 382 zu § 239 III aF beim tödlichen Sprung des Opfers aus dem Entführungsauto; BGH 1 StR 203/60 vom 28.6.1960 zu § 177 III aF, wo die Frau nach einer längeren Hetzjagd bei der Flucht über Bahngeleise von einem Zug erfaßt worden war; näher dazu *Rengier*, aaO S. 197 ff). Infolgedessen muß es auch im Bereich des § 227 zur Bejahung des tatbestandsspezifischen Gefahrzusammenhangs zwischen Körperverletzungshandlung und Todesfolge genügen, daß der Tod unmittelbar durch einen Fluchtversuch herbeigeführt worden ist, den das Opfer bei einem **gegenwärtigen Angriff** in naheliegender, nachvollziehbarer Weise aus Furcht vor **schweren Verletzungen** unternommen hat. Das gleiche gilt für Ausweichbewegungen und sonstige Abwehrmaßnahmen des Angegriffenen (ebenso *Rengier*, aaO S. 199 ff, Jura 86, 143 und BT II § 16 Rn 6; S/S-*Stree*, § 226 Rn 5; *Wolter*, GA 84, 443 und JuS 81, 168).

**302** Dies hat der BGH im Fall Rötzel (NJW 71, 152) verkannt (differenzierend jetzt BGH NJW 92, 1708 mit Anm. *Graul*, JR 92, 344 und *Mitsch*, Jura 93, 18). *Anders* liegt es dagegen, wenn das Opfer **erst nach Beendigung des Angriffs** durch eigenes unvorsichtiges Verhalten den später zum Tode führenden Kausalverlauf in Gang setzt, indem es zB nach gelungener Flucht vom Tatort einen kürzeren, aber gefährlichen Heimweg (mit tödlichem Absturz) wählt oder trotz ärztlicher Warnung die ihm empfohlene Schutzimpfung gegen Wundstarrkrampf ablehnt. Birgt schon das körperverletzende Handeln des Täters das Risiko eines tödlichen Ausgangs in sich und schlägt diese Gefahr sich im Tod des **Opfers** nieder, soll dessen Ablehnung ärztlicher Behandlung den Zurechnungszusammenhang hingegen selbst dann nicht unterbrechen, wenn das – im Fall alkoholkranke – Opfer den Ernst seiner Lage erkannt hat (so jedenfalls BGH NStZ 94, 394; zu Recht krit. *Otto*, Ernst A. Wolff-FS, S. 395, 398, 410). Ob nach einer Körperverletzung der Tod letztlich durch den Täter, das Opfer selbst oder einen Dritten unmittelbar herbeigeführt wird, ist nicht (mehr) entscheidend, sondern ob die der begangenen Tat eigentümliche Gefahr für das Leben der verletzten Person sich in der Todesfolge verwirklicht hat (so BGH StV 98, 203). Im konkreten Fall hatten die Täter den vermeintlichen Leichnam des von ihnen vorsätzlich Mißhandelten in einen Fluß geworfen, wo das Opfer ertrank. Da es „mit größerer Wahrscheinlichkeit" an den Mißhandlungen nicht gestorben wäre, lehnte der BGH einen unmittelbaren Zusammenhang ab (siehe auch BGH StV 93, 75; dort wurde eine Verwirklichung der eigentümlichen Gefahr verneint).

Eine differenzierende Betrachtung ist auch beim **Eingreifen Dritter** in den Geschehensablauf geboten (ebenso BGH NStZ 92, 333 mit krit. Anm. *Puppe*, JR 92, 511). Der spezifische Gefahr- und Zurechnungszusammenhang entfällt hier zB nicht schon dann, wenn Ärzte im Krankenhaus nach Einlieferung des Verletzten eine Hirnblutung nicht rechtzeitig erkennen, gebotene Maßnahmen versäumen und fahrlässig etwas Falsches tun (vgl BGH MDR/D 76, 16; BGHSt 31, 96; siehe dazu auch *Roxin*, AT § 11 Rn 115 ff). 303

Für § 227 ist kein Raum, wenn das Fehlverhalten des Dritten auf grober Fahrlässigkeit beruht oder wenn ein anderer die durch die Primärverletzung geschaffene hilflose Lage des Opfers vorsätzlich zu dessen Tötung ausnutzt. 304

Im **Fall 18** bestehen hiernach gegen eine Verurteilung des A wegen Körperverletzung mit Todesfolge (§ 227 in Verbindung mit § 18) keine durchgreifenden Bedenken. Von ihrem *bisherigen* Standpunkt aus käme die Rechtsprechung lediglich zu einer Bestrafung nach Maßgabe der §§ 222; 223; 224 I Nr 2, II, 22; 52. 305

## 2. Fahrlässige Herbeiführung der schweren Folge

Nach §§ 227, 18 muß dem Täter hinsichtlich der **Todesfolge** *Fahrlässigkeit* zur Last fallen. Da die Pflichtwidrigkeit des Handelns sich bei § 227 jedoch regelmäßig schon aus der Verwirklichung des **Grunddelikts** (§§ 223 bis 226) mit der daraus resultierenden Gefahr für das Leben des Opfers ergibt, bedarf es bei Prüfung der Fahrlässigkeit neben der Erkennbarkeit des tatbestandsspezifischen Gefahrzusammenhanges (vgl *Wolter*, JuS 81, 168, 171) *meistens* nur noch einer Bejahung der generellen und individuellen *Vorhersehbarkeit* des tödlichen Ausgangs (BGHSt 24, 213; BGH NStZ 82, 27; 86, 266; 97, 82; näher *Wessels/Beulke*, AT Rn 693). 306

§ 227 kann auch durch **Unterlassen** in Garantenstellung verwirklicht werden, wie etwa bei mangelhafter Ernährung und Versorgung eines Kleinkindes seitens der Mutter (BGH MDR/H 82, 624). Vorausgesetzt wird hier aber, daß erst durch das Unterlassen der gebotenen Handlung eine Todesgefahr geschaffen worden ist (BGH NJW 95, 3194 mit krit. Anm. *Wolters*, JR 96, 471). Denn nur dann entspricht das Unterlassen dem positiven Tun 307

(§ 13 I Halbsatz 2) und weist die im Unterlassen liegende Körperverletzung die spezifische Gefährlichkeit auf, der § 227 entgegenwirken will. Zum Vorsatz des Unterlassungstäters siehe BGHSt 41, 113, 118 mit Anm. *Hirsch*, NStZ 96, 37.

### 3. Verhältnis zu den Tötungsdelikten

**308** § 227 geht im Falle seiner Anwendbarkeit dem § 222 als *lex specialis* vor (BGHSt 8, 54). Ist bei Verwirklichung des § 223 *Eventualvorsatz* bezüglich der darauf beruhenden Todesfolge gegeben, wird § 227 durch §§ 212, 211 verdrängt (BGHSt 20, 269; aA SK-*Horn*, § 227 Rn 18; instruktiv NK-*Paeffgen*, § 226 Rn 30; wie hier auch *Rengier*, BT II § 16 Rn 12). Läßt sich nicht klären, ob der Tod des Opfers die Folge der vom Tötungsvorsatz oder der nur vom Körperverletzungsvorsatz getragenen Einwirkung ist, kommt Tateinheit zwischen § 227 und Tötungsversuch in Betracht (BGHSt 35, 305). Der Todeserfolg soll § 227 und §§ 212, 13 zur Tateinheit verbinden können (so BGH NStZ 00, 29). Bei Prüfung eines minder schweren Falles iS des § 227 II ist an § 213 Alt. 1 (Reizung zum Zorn) zu denken (BGH NStZ-RR 97, 99).

## VI. Die Mißhandlung von Schutzbefohlenen

**309** **Fall 19:** Die junge, vergnügungssüchtige Witwe W bewohnt mit ihrer 8jährigen Tochter T ein kleines Einfamilienhaus. Um sich ungestört dem mehrtägigen Schützenfest im Dorf hingeben zu können, möchte W die ängstliche und sensible T zu Verwandten in die Stadt bringen. Als T sich widersetzt, bricht W ihren Willen kurzerhand dadurch, daß sie die T eine Stunde lang in den dunklen Keller sperrt, ihr dabei panische Angst vor Ratten und Gespenstern einflößt und sie erst herausläßt, als T Folgsamkeit gelobt hat. Strafbarkeit der W gemäß §§ 223 ff?

### 1. Verhältnis zu § 223

**310** Das 6. StrRG hat ua die Höchststrafen des bisherigen § 223b kräftig angehoben, den Versuch der Tat unter Strafe gestellt und die Strafzumessungsregel des § 223b II aF in qualifizierende Tatbestandsmerkmale umgestaltet, § 225 III. § 225 ist auch weiterhin nicht lediglich ein erschwerter Fall der Körperverletzung (so aber *Tröndle/Fischer*, § 225 Rn 1), sondern ein *eigenständiger Vergehenstatbestand*. Sein besonderer Unrechtsgehalt und sein über § 223 hinausgehender Anwendungsbereich bei rein seelischen Einwirkungen lassen die Annahme von Tateinheit mit §§ 224, 226 und 227 zu (BGHSt 41, 113; BGH NJW 99, 72; *Hirsch*, Anm. NStZ 96, 37; *Maurach-Schroeder*, BT 1 § 10 Rn 2, 10; *Lackner/Kühl*, § 225 Rn 10; *Wolfslast/Schmeissner*, Anm. JR 96, 338).

## 2. Geschützter Personenkreis

§ 225 schützt **Minderjährige** und wegen Gebrechlichkeit oder Krankheit **wehrlose** 311
**Personen**. Zwischen ihnen und dem Täter muß ein besonderes Schutz- oder Abhängigkeitsverhältnis der im Gesetz näher umschriebenen Art bestehen (dazu SK-*Horn*, § 225 Rn 3; *Tröndle/Fischer*, § 225 Rn 4). Daran fehlt es bei einem *bloßen Gefälligkeitsverhältnis* unter Erwachsenen (BGH NJW 82, 2390).

## 3. Tathandlungen

Als **Tathandlung** nennt § 225 I neben dem **Quälen** und dem **rohen Mißhandeln** 312
die Herbeiführung einer Gesundheitsschädigung durch *böswillige* **Vernachlässigung der Sorgepflicht**.

**Quälen** ist das Zufügen länger dauernder oder sich wiederholender Schmerzen oder Leiden 313
körperlicher oder seelischer Art (BGHSt 41, 113; *Tröndle/Fischer*, § 225 Rn 8).

**Roh** ist eine Mißhandlung, die einer gefühllosen, fremde Leiden mißachtenden Gesinnung entspringt und sich in Handlungsfolgen von erheblichem Gewicht für das körperliche Wohlbefinden des Opfers äußert (BGHSt 25, 277 mit Anm. *Jakobs*, NJW 74, 1829; *Küper*, BT S. 209).

**Böswillig** iS des § 225 handelt, wer die ihm obliegende Sorgepflicht aus besonders verwerflichen Gründen verletzt, wie etwa aus Haß, Bosheit, Geiz, rücksichtslosem Egoismus usw (BGHSt 3, 20; RGSt 72, 118; 70, 357). Daran fehlt es, wenn das Handeln oder Unterlassen des Täters nur auf Gleichgültigkeit oder Schwäche beruht (BGH NStZ 91, 234).

Das Verhalten der W erfüllt im **Fall 19** (neben §§ 239 I, 240 = *Einsperren* als Form der 314
Freiheitsberaubung und als Mittel zur Abnötigung des Folgsamkeitsversprechens) den Tatbestand des § 223, soweit es sich *nicht* in der Zufügung *rein seelischer Qualen* erschöpft, sondern zugleich mit einer nicht unerheblichen Beeinträchtigung des körperlichen Wohlbefindens der T verbunden war, wie etwa mit starkem Herzklopfen, Zittern des Körpers, Magenbeschwerden usw als Folge der panischen Angstzustände (vgl BGH MDR/D 75, 22; RGSt 64, 113, 119; *Krey*, BT/1 Rn 190 mwN). Letzteres ist hier anzunehmen. Fraglich ist dagegen, ob W auch den Tatbestand des § 225 verwirklicht hat. Die 8jährige T unterstand der Fürsorge wie der Obhut ihrer leiblichen Mutter W, zu deren Hausstand sie gehörte (vgl § 225 I Nr 1, 2). Im Verhalten der W dürfte ein „Quälen" iS des § 225 I zu sehen sein (vgl OLG Kiel Deutsche Justiz 34, 582; *Maurach-Schroeder*, BT 1 § 10 Rn 8; S/S-*Stree*, § 223b Rn 12). Auf der Hand liegt, daß quälende Maßnahmen vom elterlichen Erziehungsrecht nicht gedeckt werden (siehe § 1631 II BGB; ferner *Roxin*, AT § 17 Rn 35).

## 4. Qualifikationstatbestand

Das 6. StrRG hat den bisher nur selten (§§ 218 II 2 Nr 2, 330 S. 2 Nr 1, 2 aF, 330a I) 315
verwendeten Begriff der **schweren Gesundheitsschädigung** in zahlreichen Vorschriften eingestellt (neben § 225 III Nr 1 ua in §§ 113 II 2 Nr 2, 121 III 2 Nr 3, 221 I, 239 III Nr 2, 315 III Nr 2, 315b III). Er reicht *weiter* als der Begriff der schweren Körperverletzung iS des § 226 I, den er vielfach ersetzt (aA *Stein*, Einfüh-

rung, S. 102; die dort angeführten Materialien sind nicht eindeutig; die Frage ist klärungsbedürftig; vgl ferner *Rengier*, ZStW 111, [1999], 1, 24 und *Wolters*, JuS 98, 582, 584). Eine Gesundheitsschädigung (dazu Rn 257) ist mithin nicht nur und erst dann **schwer**, wenn der Täter eine der in § 226 I aufgeführten Folgen herbeigeführt hat; vielmehr genügt schon, daß ein physischer oder psychischer Krankheitszustand bewirkt worden ist, der die Gesundheit des Opfers ernstlich, einschneidend und nachhaltig (insbesondere langwierig, lebensbedrohend oder qualvoll) beeinträchtigt. Eine erhebliche Beeinträchtigung der körperlichen oder geistigen Arbeitskraft für längere (oder: lange, so BT-Drucks. VI/3434, S. 13) Zeit reicht aus (vgl *Küper*, BT S. 152 mwN und ZStW 111 [1999], 30, 37; *Tröndle/Fischer*, § 225 Rn 17). Die schwere Gesundheitsschädigung kann Tatbestandsmerkmal (zB in §§ 221 I, 239 III) oder nur Regelbeispiel einer Strafzumessungsvorschrift (so in §§ 113 II, 121 III; dazu Rn 221) sein; sie tritt als strafbegründender oder -schärfender Gefahrerfolg (§§ 221 I, 225 III), aber auch als qualifizierende Verletzungsfolge (§§ 239 III, 315 III) in Erscheinung.

316 Für § 225 III Nr 1 Alt. 2 genügt es, wenn der Täter die schutzbefohlene Person durch die Tat *in die Gefahr* einer schweren Gesundheitsschädigung *bringt*. § 225 III ist ein *qualifizierendes* **konkretes Gefährdungsdelikt** (zum Begriff eingehend *Küper*, BT S. 137; vgl auch *Jescheck/Weigend*, AT § 26 II 2 und *Wessels/Beulke*, AT Rn 27). Zur Gefahr einer erheblichen Schädigung der körperlichen oder seelischen Entwicklung siehe S/S-*Lenckner*, § 170d Rn 5 und SK-*Horn*, § 171 Rn 3, zum Vorsatz *Lackner/Kühl*, § 225 Rn 9.

### VII. Die Rechtswidrigkeit der Körperverletzung

317 Für den Ausschluß der Rechtswidrigkeit bei Körperverletzungen gelten die allgemeinen Rechtfertigungsgründe. Praktische Bedeutung kommt hier vor allem der **Notwehr** (§ 32), dem **Züchtigungsrecht** von Eltern (dazu *Beulke*, Hanack-FS, S. 539) und Erziehern sowie der **Einwilligung** der verletzten Person (§ 228) zu. Dem Vorschlag, den bisherigen § 226a zu streichen (*Freund*, ZStW 109 [1997], 473), ist der Gesetzgeber nicht gefolgt.

318 Näher zu den Rechtfertigungsgründen *Wessels/Beulke*, AT Rn 325, 370 und 387. Lehrreich zur Einwilligung iS des § 228 (= § 226a aF) BayObLG JR 78, 296 und NJW 99, 372; zu Recht krit. zur Norm *Frisch*, Hirsch-FS, S. 485 mwN. Zur strafrechtlichen Verantwortlichkeit bei Sportwettkämpfen vgl *Eser*, JZ 78, 368; *Rössner*, Hirsch-FS, S. 313; *Schild*, Jura 82, 464, 520 und 585 sowie *Tröndle/Fischer*, § 228 Rn 7; zur ärztlichen Heilbehandlung siehe Rn 323 ff.

### VIII. Konkurrenzfragen

#### 1. Interne Konkurrenzprobleme

319 Innerhalb der gleichen Verwirklichungsstufe (= Vollendung bzw Versuch) besteht **zwischen den einzelnen Körperverletzungstatbeständen** in aller Regel *Gesetzes-*

*einheit*, wobei die schwerste Begehungsform den Vorrang genießt (BGH GA 75, 85; NJW 67, 297). Eine *vollendete* gefährliche Körperverletzung kann jedoch mit dem *Versuch* einer schweren Körperverletzung *tateinheitlich* zusammentreffen (BGHSt 21, 194). § 340 I verdrängt als spezielleres Delikt § 223; im übrigen siehe § 340 III (dazu *Lackner/Kühl*, § 340 Rn 7; SK-*Horn*, § 340 Rn 14 und *Wolters*, JuS, 98, 582, 586).

## 2. Verhältnis zu den Tötungsdelikten

Im Verhältnis zu den **Tötungsdelikten** bildet die Körperverletzung objektiv wie subjektiv ein *notwendiges Durchgangsstadium* auf dem Weg zur Tötung. In jedem Tötungsvorsatz ist daher zwangsläufig ein Körperverletzungsvorsatz enthalten (BGHSt 16, 122; 21, 265; sog. *Einheitstheorie*). Gegenüber der **vollendeten Tötung** tritt die Körperverletzung als *subsidiäres Delikt* zurück. Nach der bisherigen Judikatur aller Strafsenate sollte dies auch beim Zusammentreffen eines Tötungsversuchs mit *vollendeter* Körperverletzung (§§ 223, 224, 226) gelten. Diese in mehrfacher Hinsicht sehr angreifbare Rechtsprechung (dazu *Wessels/Hettinger*, BT/1, 22. Aufl. 1999, Rn 320) hat der 4. Strafsenat nach Durchführung des Anfrageverfahrens gemäß § 132 III 1, 3 GVG nunmehr aufgegeben (BGHSt 44, 196 mit zust. Anm. *Satzger*, JR 99, 203): „Eine mit einem versuchten Tötungsdelikt zusammentreffende vorsätzliche Körperverletzung tritt nicht zurück, sondern steht dazu in Tateinheit (Aufgabe von BGHSt 16, 122; 21, 265 und 22, 248)". 320

Überlebt zB jemand einen Totschlagsversuch, weil der auf ihn abgefeuerte Schuß fehlgegangen ist (= folgenloser Versuch) oder aber neben einer ausgeheilten Kopfverletzung „nur" den Verlust des Sehvermögens zur Folge hatte (= folgenschwerer Versuch), so wird der gewichtige Unterschied im Unrechtsgehalt beider Fälle nunmehr bereits **in der Urteilsformel** (§§ 260 IV, 268 StPO) zum Ausdruck gebracht (Klarstellungsfunktion der Tateinheit). Dabei versteht sich von selbst, daß dem Täter das in den Bereich tatbestandlicher Überschneidung fallende Unrecht nur *einmal* angelastet werden kann (BGHSt GrS 39, 100, 109); hingegen sind – wie schon bisher (BGHSt 22, 248) – die Schwere der Verletzungen und der sonstigen verschuldeten Tatfolgen zu berücksichtigen (BGHSt 44, 196). 321

# § 6 Probleme der Heilbehandlung

**Fall 20:** Nach einem Bericht der *Süddeutschen Zeitung* wurde vor etlichen Jahren ein 12jähriger Junge J in einem Kopenhagener Krankenhaus irrtümlich an einem Leistenbruch operiert, obwohl er nur als Besucher in die Klinik gekommen war. Während die Mutter seinen dort liegenden Bruder besuchte, blieb J mit einer Bekannten B in dem zur Operationsabteilung gehörenden Wartezimmer. Zu dieser Zeit erwarteten der Assistenzarzt A und der Chirurg C einen Jungen gleichen Alters mit Namen „*Allan*" zu einer Leistenbruchoperation, die ambulant durchgeführt werden sollte. Die Frage des A, ob er 322

§ 6 *Probleme der Heilbehandlung*

„Allan" heiße, verneinte J. Gleichwohl nahm A ihn mit, ohne daß B darauf reagierte, weil sie glaubte, A wolle mit J spielen. J, der alles weitere widerspruchslos geschehen ließ, erhielt eine Narkose und wurde operiert. Wie sich dabei herausstellte, litt er tatsächlich an einem Leistenbruch; dieser war jedoch so geringfügig, daß der Chirurg C über die vermeintlich vorliegende Anordnung einer Operation erstaunt war.

Haben A und C (das Geschehen nach hier verlegt) sich strafbar gemacht?

## I. Ärztliche Heilbehandlungsmaßnahmen

### 1. Rechtsprechungsübersicht

323 Im Anschluß an RGSt 25, 375 erblickt die **Rechtsprechung** in *jedem* ärztlichen Eingriff, der die körperliche Unversehrtheit mehr als nur unerheblich beeinträchtigt, eine **tatbestandsmäßige Körperverletzung**, und zwar ohne Rücksicht darauf, ob die betreffende Maßnahme zu Heilzwecken angezeigt ist, sachgerecht ausgeführt wird und erfolgreich verläuft (BGHSt 11, 111; 12, 379; 16, 309; 43, 306; BGH NStZ 96, 34). Von diesem Standpunkt aus entfällt bei einer nach den Regeln der ärztlichen Kunst vorgenommenen Behandlung lediglich die Rechtswidrigkeit, sofern der konkrete Eingriff aufgrund einer wirksam erteilten **Einwilligung** (vgl § 228), kraft **mutmaßlicher Einwilligung** oder im Rahmen eines **rechtfertigenden Notstandes** (§ 34) zulässig ist.

324 Zur Wirksamkeit der Einwilligung siehe vor allem BGHSt 16, 309; BGH NJW 78, 1206 = Zahnextraktionsfall; krit. zur letztgenannten Entscheidung *Horn*, JuS 79, 29; *Hruschka*, JR 78, 519; *Rogall*, NJW 78, 2344; zust. dagegen *Bichlmeier*, JZ 80, 53; *M.-K. Meyer*, Ausschluß der Autonomie durch Irrtum, 1984, S. 218. Zur mutmaßlichen Einwilligung siehe BGHSt 35, 246 und 45, 219 sowie *G. Fischer*, Deutsch-FS, S. 545. Zum Ganzen eingehend *Ulsenheimer*, Arztstrafrecht, Rn 57 ff.

### 2. Meinungsstand innerhalb der Rechtslehre

325 In der **Rechtslehre** überwiegt dagegen die Ansicht, daß zwar nicht jeder ärztliche Eingriff (näher Rn 330), wohl aber jede **zu Heilzwecken vorgenommene Behandlung**, die nach den Erkenntnissen der medizinischen Wissenschaft angezeigt ist und deren Ausführung den Regeln der ärztlichen Kunst entspricht, schon *tatbestandlich* keine Körperverletzung darstellt; und zwar selbst dann nicht, wenn der angestrebte Heilerfolg ausbleibt („Tatbestandsausschluß").

326 Im Gegensatz zur Rechtsprechung stellt diese Ansicht bei der **Bewertung des Heileingriffs** nicht auf dessen Einzelakte (= Injektion, Betäubung, Einschnitt, Entfernung kranker Organe usw), sondern auf den **Gesamtakt** als Maßnahme zur Wiederherstellung oder Erhaltung des körperlichen Wohls ab. Bei dieser Betrachtungsweise ist die *erfolgreiche* Heilbehandlung keine Gesundheitsbeschädigung und in aller Regel auch keine Mißhandlung iS der §§ 223 ff. **Mißlingt** die Behandlung trotz Einhaltung der Regeln ärztlicher Kunst, so *verneint* jene vorwiegend vertretene Rechtslehre selbst bei einer Verschlechterung des körperlichen Zustan-

des den Körperverletzungs*vorsatz*, weil der Handlungswille nicht auf die Herbeiführung, sondern gerade auf die Vermeidung der nachteiligen Folgen gerichtet war. Mangels Verletzung der in diesem Verkehrskreis erforderlichen Sorgfalt fehlt es dann auch am Fahrlässigkeitstatbestand (§ 229). Schutz vor *eigenmächtiger* Heilbehandlung würden mithin nach dieser Ansicht allein die §§ 239, 240 bieten, die freilich in Fällen solcher Art zumeist versagen (dazu *Maurach-Schroeder*, BT 1 § 8 Rn 34).

Von diesem Standpunkt in der Rechtslehre aus erfassen die §§ 223, 229 nur die **fehlerhaft** ausgeführte und das körperliche Wohl **verschlechternde Heilbehandlung**. 327

Im einzelnen weichen die in der Rechtslehre vertretenen Ansichten aber im Ergebnis wie in der Begründung voneinander ab. Teils wird in anderer Weise zwischen *erfolgreichen* und *mißlungenen* Eingriffen differenziert, teils werden mit **Substanzverlusten** verbundene Eingriffe stets den §§ 223 ff unterstellt (vgl S/S-*Eser*, § 223 Rn 31, 33). *Horn* (SK, § 223 Rn 35 ff) unterscheidet zwischen der Verletzung des durch § 223 miterfaßten „körperbezogenen Selbstbestimmungsrechts" und der unabhängig davon zu stellenden Frage, ob die Heilbehandlung zu einer „Gesundheitsverschlechterung" geführt hat. Maßnahmen, die kunstgerecht, aber ohne Einwilligung vorgenommen werden, sollen danach stets durch § 223 erfaßt werden, allerdings auch nur nach *dieser* Vorschrift (nicht nach §§ 224 ff) strafbar sein, weil das Selbstbestimmungsrecht „nicht quantifizierbar" ist. *M.-K. Meyer* (Ausschluß der Autonomie durch Irrtum, 1984, S. 211 ff und GA 98, 415) grenzt zwischen voll einwilligungsbedürftigen Eingriffen, die mit **neuen Gefahren** verbunden sind oder zusätzliche Schmerzen erheblicher Art bewirken, und solchen ärztlichen Maßnahmen ab, die lediglich der **Gefahrverringerung**, der Schmerzbeseitigung oder der Amputation ohnehin funktionsuntüchtiger Körperbestandteile dienen, ohne zugleich neue Risiken zu begründen. Diese letztgenannten Eingriffe sollen von den Tatbeständen der §§ 223 ff nicht erfaßt werden, der Zustimmung des Patienten also nur unter dem Blickwinkel des § 240 bedürfen, so daß Mängel, die der Aufklärung anhaften oder die Wirksamkeit der Einwilligung berühren, hier keine Bestrafung wegen Körperverletzung nach sich ziehen. Näher zum Ganzen: *Bockelmann*, Strafrecht des Arztes, 1968 und ZStW 93 (1981), 105; *Engisch*, ZStW 58 (1939), 1; *Eser*, Hirsch-FS, S. 465; *Arthur Kaufmann*, ZStW 73 (1961), 341; *Krauß*, Bockelmann-FS S. 557; *Lackner/Kühl*, § 223 Rn 8; LK-*Hirsch*, Rn 3 vor § 223; *Schreiber*, Hirsch-FS, S. 713; *Ulsenheimer*, Arztstrafrecht. 328

Der Standpunkt der Rechtsprechung vermag nicht vollauf zu befriedigen (hier können die §§ 226, 227 im Einzelfall zu unangemessenen Ergebnissen oder zu Umgehungskonstruktionen führen, insbesondere bei einer an Mängeln leidenden „Einwilligung" des Patienten; aA *Cramer*, Lenckner-FS, S. 761, 778). Weit weniger überzeugen aber die den vielfältigen Ansätzen in der Rechtslehre entnehmbaren Vorschläge; der Rückgriff auf §§ 239, 240 kann dem Schutzbedürfnis des Patienten gegenüber *ärztlicher Eigenmacht* in weiten Bereichen nicht Rechnung tragen. Ansätze, diese komplizierte Materie zu regeln, reichen weit zurück (vgl etwa E 1925, § 238; E 1962, §§ 161, 162; AE BT § 123; *Blei*, JA 72, 91). Ein 1996 erneut unternommener Vorstoß eines „Referentenentwurfs" (eines Vorentwurfs zu einem Entwurf des 6. StrRG, dort §§ 229, 230) ist frühzeitig gescheitert (zu ihm *Cramer*, Lenckner-FS, S. 761; *Freund*, ZStW 109 [1997], 455; *Hirsch*, Zipf-GedS, S. 353; *Katzenmeier*, ZRP 97, 156; *M.-K. Meyer*, GA 98, 415; *Mitsch*, Strafrechtlicher Schutz gegen medizinische Behandlung, 2000; *E. Müller*, DRiZ 98, 155; *Schreiber*, Hirsch-FS, S. 713, 718; *F.-C. Schroeder*, Besondere Strafvorschriften gegen Eigenmächtige und Fehlerhafte Heilbehandlung?, 1998). Schon der Entwurf der Bundesregierung vom 14.3.1997 (BR-Drucks. 164/97) griff diesen Vorschlag zu Recht nicht mehr auf. Die Aufgabe, eine bessere Lösung zu finden, bleibt dem Gesetzgeber gestellt. 329

§ 6 *Probleme der Heilbehandlung*

330 Ärztliche Eingriffe, die **experimentellen Zwecken** dienen, aus rein **kosmetischen Gründen** erfolgen oder sonst *nicht* zum Zwecke der *Heilbehandlung* vorgenommen werden (vgl BGH NJW 78, 1206), fallen nach allgemeiner Ansicht stets unter §§ 223 ff, bedürfen also zu ihrer Rechtfertigung prinzipiell der **Einwilligung** des Betroffenen. Zum **Doping** siehe *Lackner/Kühl*, § 223 Rn 5, 10, zu seinem Verbot durch § 6a AMG *Lippert*, NJW 99, 837. Das gleiche gilt für Maßnahmen zwecks Behandlung Dritter (zB Blutentnahme von Blutspendern).

331 Im **Fall 20** könnte eine vorsätzliche oder fahrlässige Körperverletzung durch A und C in Betracht kommen. Die **Rechtsprechung** würde bei A und C zur Strafbarkeit aus § 229 gelangen, weil beide fahrlässig eine rechtfertigende Sachlage für gegeben hielten (= irrige Annahme der Einwilligung in die Operation; vgl *Wessels/Beulke* AT Rn 470 ff). Einer Anklage stünde aber wohl § 153 I 1 StPO entgegen. Die Mehrheitsauffassung in der **Rechtslehre** würde die §§ 223, 229 daran scheitern lassen, daß die *erfolgreich* durchgeführte Operation des J zwar nicht unbedingt notwendig, immerhin jedoch medizinisch *vertretbar* war. Bei §§ 239, 240 würde die irrige Annahme des Einverständnisses in die Operation den subjektiven Tatbestand entfallen lassen (vgl dazu *Wessels/Beulke*, AT Rn 366), so daß A und C sich hiernach nicht strafbar gemacht hätten.

332 Zur ärztlichen **Aufklärungspflicht** siehe BGH NStZ 96, 34; JR 89, 286 und 93, 19; *Lackner/Kühl*, § 228 Rn 14 mwN; *Tröndle*, MDR 83, 881 mit zutreffender Warnung vor überspannten Anforderungen; *Ulsenheimer*, Arztstrafrecht, Rn 53 ff mwN. Kurz gesagt soll der Patient nicht lediglich „Objekt" ärztlicher Heilbehandlung sein, sondern *selbst* über das Ob und je nach Lage der Dinge auch über das Wie des Eingriffs zu bestimmen haben. Selbstbestimmung setzt indessen eine hinreichende Aufklärung über den **Befund**, die **Art** der geplanten Heilbehandlung und deren **typische Risiken** voraus.

333 Zu den Pflichten eines lediglich **beratenden Arztes** bei akut lebensgefährlicher Erkrankung eines Patienten, der nicht bereit ist, sofort ein Krankenhaus aufzusuchen, siehe BGH NStZ 83, 313 mit Anm. *Lilie* (= JR 84, 293 mit Anm. *Kreuzer*). Zum Problemkreis des **Humanexperiments** und der klinischen **Arzneimittelprüfung** siehe *Deutsch*, NJW 95, 319; *Eser*, Schröder-GedS S. 191; *Höfling/Demel*, MedR 99, 540; *Plagemann*, JZ 79, 257; *Samson*, NJW 78, 1182; *Klaus* und *Inge Tiedemann*, R. Schmitt-FS S. 139; *Trockel*, NJW 79, 2329; *Ulsenheimer*, Arztstrafrecht, Rn 393 mwN. Lehrreich zum Ganzen auch *Schick*, Die strafrechtliche Verantwortung des Arztes, in: Arzt- und Arzneimittelhaftung in Österreich, 1992, S. 73 ff.

## II. Sonderregelungen im Bereich der Heilbehandlung

### 1. Kastration

334 Für **Kastrationen** und andere Behandlungsmethoden gegen die Auswirkungen eines abnormen Geschlechtstriebes, die zur dauernden Funktionsunfähigkeit der Keimdrüsen führen können, gilt die im Kastrationsgesetz vom 15.8.1969 (BGBl I 1143) vorgesehene Sonderregelung (SK-*Horn*, § 228 Rn 19). Bei einer Entfernung der Keimdrüsen aus anderen Gründen, wie etwa im Falle einer Krebserkrankung,

verbleibt es bei den allgemeinen Heilbehandlungsregeln (näher S/S-*Eser*, § 223 Rn 54).

## 2. Sterilisation

Für **Sterilisationen** war eine Neuregelung in Vorbereitung, die bei Erlaß des 335
5. StrRG jedoch vorerst wieder zurückgestellt worden ist (vgl BT-Drucks. VI/3434 zu den vorgeschlagenen §§ 226b-d). Gegenwärtig steht BGHSt 20, 81 hier jeder Strafverfolgung im Wege (näher dazu *Maurach-Schroeder*, BT 1 § 8 Rn 44; NK-*Paeffgen*, § 226a Rn 73).

## 3. Geschlechtsumwandlung

Eine „genitalkorrigierende" Operation (**Geschlechtsumwandlung**) stellt dann ei- 336
nen Heileingriff dar, wenn sie der Vermeidung schwerster seelischer und körperlicher Beeinträchtigungen dient; im übrigen soll sie sittenwidrig sein (BVerfG NJW 79, 595; BGHZ 57, 63; NK-*Paeffgen*, § 226a Rn 77; zum Transsexuellengesetz vom 10.9.1980 [BGBl I 1654] siehe *Sigusch*, NJW 80, 2740).

## 4. Organtransplantation

Nach zahlreichen Entwürfen und kontrovers geführten Diskussionen ist am 337
1.12.1997 das Gesetz über die Spende, Entnahme und Übertragung von Organen (Transplantationsgesetz-TPG) in Kraft getreten (vom 5.11.1997 [BGBl I 2631]). Es schreibt weitgehend die bisher hM fest (siehe auch Rn 19 ff), bringt aber auch einige Neuerungen (vgl *Lackner/Kühl*, § 228 Rn 23). Einen Überblick zu diesem Gesetz bieten *Deutsch*, NJW 98, 777; *Dippel*, Hanack-FS, S. 665; *Dufková*, MedR 98, 304 und *Kühn*, MedR 98, 455; zu den Strafvorschriften des TPG *Schroth*, JZ 97, 1149 mit Erwiderung von *Heger*, JZ 98, 506 sowie umfassend *König*, Strafbarer Organhandel, 1999. BVerfG NJW 99, 3399 hält § 8 I 2 TPG, der „Lebendorganspenden" nur verwandten oder nahestehenden Personen gestattet, sowie die Strafbewehrung in § 19 II TPG für unbedenklich (dazu *Sachs*, JuS 00, 393 sowie krit. *Gutmann*, NJW 99, 3387 und *Seidenath*, Anm. MedR 00, 33). Ferner liege kein Grundrechtsverstoß allein darin, daß zur Abwehr einer postmortalen Organentnahme gem. § 2 II TPG ein Widerspruch erklärt werden müsse (BVerfG NJW 99, 3403; krit. *Rixen*, NJW 99, 3389).

## 5. Hungerstreik und Zwangsernährung in Justizvollzugsanstalten

Eine Fülle von Problemen entsteht bei **ärztlichen Zwangsmaßnahmen** auf dem 338
Gebiet der Gesundheitsfürsorge in Justizvollzugsanstalten sowie bei der Zwangsernährung im Falle eines „Hungerstreiks" (vgl zum Fall des Holger Meins OLG Koblenz NJW 77, 1461).

**339** Im Zielkonflikt zwischen den Erfordernissen des Gesundheitsschutzes und der Rücksichtnahme auf die freie Willensbestimmung des Gefangenen bemüht § 101 des Strafvollzugsgesetzes in der geänderten Fassung vom 27.2.1985 (BGBl I 461) sich um einen tragbaren Kompromiß. Medizinische Untersuchung und Behandlung sowie Ernährung sind hiernach zwangsweise nur bei Lebensgefahr, bei schwerwiegender Gefahr für die Gesundheit des Gefangenen oder bei Gefahr für die Gesundheit anderer Personen zulässig; die betreffenden Maßnahmen müssen für die Beteiligten zumutbar und dürfen nicht mit erheblicher Gefahr für Leben oder Gesundheit des Gefangenen verbunden sein. Zur Durchführung der Maßnahmen ist die Vollzugsbehörde **nicht verpflichtet, solange von einer freien Willensbestimmung des Gefangenen ausgegangen werden kann.**

**340** Zum Ganzen vgl *Calliess/Müller-Dietz*, Strafvollzugsgesetz, 8. Aufl. 2000, § 101 Rn 2; *Kaiser/Kerner/Schöch*, Strafvollzug, 4. Aufl. 1992, § 7 Rn 8; *Laubenthal*, Strafvollzug, 2. Aufl. 1998, Rn 644. Zur ärztlichen Zwangsbehandlung anderweitig Untergebrachter siehe *Baumann*, NJW 80, 1873; *Rüping*, JZ 82, 744.

# § 7 Die Beteiligung an einer Schlägerei

## I. Systematik und Schutzzweck

**341** **Fall 21:** Während des Schützenfestes in einer Kreisstadt entwickelt sich zwischen einigen rauflustigen Burschengruppen aus verschiedenen Nachbardörfern eine handfeste Schlägerei. Als der daran beteiligte A bemerkt, daß Messer gezückt werden, macht er sich davon. Beim Eintreffen der Polizei, die den Tätlichkeiten ein Ende setzt, wird festgestellt, daß der Zuschauer Z bei dem Versuch, Frieden zu stiften, von einem Messerstich getroffen worden und inzwischen verblutet ist. Wer ihm die tödliche Verletzung zugefügt hat, ist nicht zu ermitteln. Im Zuge der Vernehmungen beruft A sich darauf, daß er den Kampfplatz schon vor der Verwundung des Z verlassen habe. Der Raufbold R verteidigt sich mit der Behauptung, er habe erst nachträglich, und zwar zu einem Zeitpunkt an der Schlägerei teilgenommen, als Z bereits verletzt am Boden gelegen habe. Ob das zutrifft, läßt sich nicht klären.
Können A und R bestraft werden?

**342** Nach einigem Schwanken hat der Gesetzgeber die Beteiligung an einer Schlägerei (§ 227 aF) mit kleinen sprachlichen Änderungen als § 231 beibehalten (zu den Gründen siehe den Bericht des Rechtsausschusses, BT-Drucks. 13/9064, S. 16 mwN). Danach wird bestraft, wer sich schuldhaft an einer Schlägerei oder an einem von mehreren verübten Angriff beteiligt, sofern durch die tätliche Auseinandersetzung der Tod eines Menschen oder eine schwere Körperverletzung iS des § 226 verursacht worden ist.

**343** § 231 ist als **abstraktes Gefährdungsdelikt** (BGHSt 39, 305; besser: Gefährlichkeitsdelikt; dazu *Hettinger*, JuS 97, L 41, 42 mwN) konstruiert. Strafgrund ist die generelle **Gefährlichkeit** von Raufereien für Leib oder Leben. Da tätliche Auseinandersetzungen zwischen *mehr als zwei Personen* oft schwere Folgen haben und sich zumeist im nachhinein nicht ermitteln läßt, wer die Verletzungsfolge verursacht hat, bedroht das Gesetz schon die *schuldhafte* **Beteiligung** als solche mit Strafe. Die **schwere Folge**, deren Eintritt unmittelbar auf der Schlägerei oder dem Angriff beruhen muß, bildet nur eine *objektive Bedingung der Strafbarkeit*, auf die sich der Vorsatz nicht zu beziehen braucht. Ohne Bedeutung ist, ob gerade das Verhalten des Beteiligten für diese schwere Folge ursächlich geworden ist. Selbst wenn feststeht, daß ein anderer sie allein herbeigeführt hat, bleibt jeder schuldhaft Beteiligte nach § 231 strafbar (BGHSt 16, 130). Der Täter des Verletzungsdelikts ist daneben – je nach Lage des Falles – gemäß §§ 226, 227 oder aber nach §§ 212, 211, 222 zu bestrafen (vgl RGSt 59, 107). Lehrreich zum Ganzen *Henke*, Jura 85, 585; *Wagner*, JuS 95, 296; *Zopfs*, Jura 99, 172; eingehend ferner *Geisler*, Zur Vereinbarkeit objektiver Bedingungen der Strafbarkeit mit dem Schuldprinzip, 1998, insbesondere S. 262 ff.

## II. Der Schlägereitatbestand

### 1. Die Tatbestandsalternativen

Der **Unrechtstatbestand** des § 231 erschöpft sich in der vorsätzlichen *Beteiligung an einer Schlägerei* oder an einem *von mehreren verübten Angriff*. 344

**Schlägerei** ist ein mit *gegenseitigen* Körperverletzungen verbundener Streit, an dem **mindestens drei** Personen aktiv mitwirken (BGHSt 31, 124; 15, 369; vgl *Küper*, BT S. 235). 345

Wechselseitige Körperverletzungen zwischen zwei Personen entwickeln sich zur Schlägerei iS des § 231, wenn ein Dritter hinzukommt und Tätlichkeiten gegen einen der Streitenden begeht (BGH GA 60, 213). Umgekehrt verliert eine tätliche Auseinandersetzung zwischen drei Personen ihren Charakter als Schlägerei, sobald ein Beteiligter sich entfernt (BGHSt 14, 132, 135; RG JW 38, 3157); in *dieser* Hinsicht gilt auch für § 231 der Grundsatz „*in dubio pro reo*" (OLG Köln NJW 62, 1688). Davon, ob ein Beteiligter schuldhaft in den Streit verwickelt worden ist, hängt zwar *seine Strafbarkeit* nach § 231, nicht aber der Begriff der Schlägerei ab (BGHSt 15, 369). 346

Unter einem **Angriff mehrerer** ist die in feindseliger Willensrichtung unmittelbar auf den Körper eines anderen abzielende Einwirkung durch mindestens **zwei Personen** zu verstehen (BGHSt 31, 124; BGH NJW 84, 621). 347

Jeder Angreifer muß das Ziel verfolgen, den oder die Angegriffenen körperlich zu verletzen; bloße Drohungen genügen nicht. Im Unterschied zur Schlägerei setzt diese Begehungsweise keine gegenseitigen Tätlichkeiten voraus. Die Angreifer müssen auch nicht notwendig Mittäter iS des § 25 II sein, vielmehr genügt jedes Zusammenwirken, aus dem sich die Einheitlichkeit des Angriffs, des Angriffsobjekts und des Angriffswillens ergibt (BGHSt 31, 124; 33, 100; BGH NJW 84, 621). 348

**Beteiligt** iS des § 231 ist nach hM (*Tröndle/Fischer*, § 231 Rn 8 mwN), wer am Tatort anwesend ist und durch physische oder psychische Mitwirkung an den gegen andere gerichteten Tätlichkeiten teilnimmt. Nach aA (*Stree*, R. Schmitt-FS, S. 215, 220; siehe auch *Küper*, GA 97, 301, 326) soll die psychische Mitwirkung lediglich Teilnahme iS der §§ 26, 27 sein. 349

**Nicht beteiligt** ist, wer nur das Objekt des Angriffs bildet *und* sich auf *bloße Schutzwehr* beschränkt; wer dagegen zur Abwehr eines rechtswidrigen Angriffs in *Trutzwehr* zu Tätlichkei- 350 ten übergeht, ist **Beteiligter** (BGHSt 15, 369). Zur **Beteiligung** bedarf es keines „Mitschlagens" oder dergleichen; vielmehr genügt **jede aktive Anteilnahme** am Fortgang der Auseinandersetzung, wie etwa das Anfeuern der Streitenden (beachte aber auch *Küper*, BT S. 236), das Zureichen von Schlagwerkzeugen oder Wurfgeschossen sowie das Abhalten von Hilfe (RG JW 32, 948; BGHSt 15, 369). Wer dagegen Frieden zu stiften sucht, Sanitäterdienste leistet oder nur aus Neugierde zuschaut, ohne Partei zu ergreifen und durch sein Verhalten den Streit zu schüren, ist nicht iS des § 231 beteiligt.

351 Der **Vorsatz** muß neben der willentlichen Mitwirkung die Kenntnis derjenigen Tatumstände umfassen, aus denen das Vorliegen einer Schlägerei oder eines Angriffs mehrerer folgt.

### 2. Vorwerfbare Beteiligung

352 Das 6. StrRG hat den letzten Satzteil des § 227 aF („falls er nicht ohne sein Verschulden hineingezogen worden ist") durch § 231 II ersetzt. Er soll klarstellen, daß Straffreiheit nur für denjenigen besteht, der an der Schlägerei oder an dem Angriff *zu keinem Zeitpunkt* in vorwerfbarer Weise beteiligt war. Nicht vorwerfbar handelt, wer einem möglichen rechtswidrigen Angriff Dritter nicht ausweicht (RGSt 65, 163 und 340; näher *Tröndle/Fischer*, § 231 Rn 10).

### 3. Berufung auf Notwehr

353 Bei der Berufung auf Notwehr ist sorgfältig zwischen der etwaigen Rechtfertigung *einzelner Verletzungshandlungen* und der davon ggf unberührt bleibenden **Strafbarkeit nach § 231** zu unterscheiden.

Auch der schuldhaft Beteiligte, der sich im Laufe einer Prügelei plötzlich mit einem Messer oder dergleichen angegriffen sieht, kann sich nach allgemeinen Regeln auf § 32 berufen, soweit es um die Rechtmäßigkeit oder Rechtswidrigkeit *einzelner* Verteidigungshandlungen zur Angriffsabwehr geht (vgl RGSt 73, 341; 59, 264; S/S-*Stree*, § 227 Rn 9). Auf die Strafbarkeit nach § 231 hat das keinen Einfluß.

### 4. Objektive Bedingung der Strafbarkeit

354 **Objektive Bedingung der Strafbarkeit** (dazu *Wessels/Beulke*, AT Rn 148 mwN) ist, daß unmittelbar durch die Schlägerei oder den Angriff mehrerer der Tod eines Menschen oder eine schwere Körperverletzung verursacht worden ist. *Nicht* vorausgesetzt wird dabei:

355 a) daß die schwere Folge *rechtswidrig* herbeigeführt worden ist, vielmehr ist § 231 auch anwendbar, wenn diese Tatfolge auf einer Notwehrhandlung beruht und einen Angreifer trifft (BGHSt 33, 100; krit. dazu *Günther*, Anm. JZ 85, 585; *Schulz*, Anm. StV 86, 250); tötet ein an der Schlägerei Beteiligter einen Widersacher in Notwehr, so kann er nach § 231 strafbar sein (BGHSt 39, 305; *Stree*, Anm. JR 94, 370; *Wagner*, JuS 95, 296; krit. *Rönnau/Bröckers*, GA 95, 549);

b) daß die schwere Folge bei einem *Tatbeteiligten* eingetreten ist; es genügt, daß ein Zuschauer, ein herbeieilender Polizeibeamter oder – wie im Fall 21 – ein Friedensstifter verletzt wird (BGH NJW 61, 1732); 356

c) daß ein ursächlicher Zusammenhang zwischen dem Tatbeitrag des einzelnen Beteiligten und dem Eintritt der schweren Folge besteht, denn letztere braucht nur auf dem **Gesamtvorgang** der Schlägerei oder des Angriffs zu beruhen (BGHSt 14, 132; 16, 130, 132; BGH NJW 84, 621); 357

d) daß die schwere Folge für die Beteiligten *voraussehbar* war (BGH MDR 54, 371; *Lackner/Kühl*, § 231 Rn 5 und hM; aA LK-*Hirsch*, § 227 Rn 15). § 18 gilt hier nicht, da die besondere Tatfolge in § 231 nicht strafschärfend, sondern strafbegründend wirkt. 358

## 5. Zeitpunkt der Beteiligung

Nach hM ist es für die Strafbarkeit eines Beteiligten ohne Bedeutung, ob die Ursache für den Eintritt der schweren Folge **während, vor** oder **nach** seiner Beteiligung an der Schlägerei gesetzt worden ist (BGHSt 14, 132; 16, 130; *Lackner/Kühl*, § 231 Rn 5; *Maurach-Schroeder*, BT 1 § 11 Rn 10). Anders liegt es nur, wenn von seinem Hinzukommen oder Ausscheiden der Charakter des Geschehens als „Schlägerei" abhängt (vgl RG JW 38, 3157; OLG Köln NJW 62, 1688). 359

Vereinzelt wird nur die Beteiligung *während* des Verursachungszeitpunktes für ausreichend gehalten (*Krey*, BT/1 Rn 297; *Welzel*, Lb S. 297), während andere lediglich bei der *nachträglichen* Beteiligung die Strafbarkeit aus § 231 verneinen (*Birkhahn*, MDR 62, 625; LK-*Hirsch*, § 227 Rn 8; SK-*Horn*, § 231 Rn 8; S/S-*Stree*, § 227 Rn 15). Beide Auffassungen sind mit dem Zweck des Gesetzes nicht zu vereinbaren, da sie bei Beweisschwierigkeiten jedem Beteiligten die Berufung darauf ermöglichen würden, daß er seine Beteiligung schon vor der Erfolgsverursachung aufgegeben habe oder daß er erst nach ihr hinzugekommen sei. Dem Versuch, sich mit solchen Schutzbehauptungen über den Grundsatz *in dubio pro reo* der Bestrafung zu entziehen, hat der Gesetzgeber aber gerade dadurch begegnen wollen, daß er die Strafbarkeit nach § 231 nicht von der Ursächlichkeit des *einzelnen* Tatbeitrags für die schwere Folge abhängig gemacht hat. 360

Zwischen § 231 und §§ 223 ff ist Tateinheit möglich (BGHSt 33, 100; S/S-*Stree*, § 227 Rn 17; krit. dazu *Montenbruck*, JR 86, 138; aA *Maurach-Schroeder*, BT 1 § 11 Rn 5, 11). 361

Im **Fall 21** können A und R sich (ebenso wie die übrigen Beteiligten) nach § 231 I Alt. 1 strafbar gemacht haben. Beide waren, wenn auch zu verschiedenen Zeitpunkten, an der Schlägerei beteiligt, in deren Verlauf der Tod des um Friedensstiftung bemühten Z verursacht wurde. Da es nach hM nur hierauf ankommt, *versagt* somit der Einwand von A und R, die Ursache für den Tod des Z sei erst nach dem Ende bzw schon vor dem Beginn ihrer Beteiligung an der Schlägerei gesetzt worden. Beide sind nach § 231 zu bestrafen; daneben kommt Landfriedensbruch (§ 125 I) in Betracht. 362

# 4. Kapitel
# Straftaten gegen die persönliche Freiheit

## § 8 Freiheitsberaubung und Nötigung

363 **Fall 22:** Die Nachbarin N begibt sich zu einem Schwatz in die Wohnung der Frau F, die gerade im Begriff ist, ihre 7 Monate alte Tochter T zum Mittagsschlaf hinzulegen. Verärgert darüber, daß F sich hierbei viel Zeit gelassen und ihr noch keinen Drink angeboten hat, bricht N einen Streit vom Zaun, in dessen Verlauf sie plötzlich die Tür zum Kinderzimmer abschließt und den Schlüssel an sich nimmt. Obwohl N den Zank allein verschuldet hat, erklärt sie, daß sie den Schlüssel nur zurückgebe, wenn F sich schuldig bekenne und sie um Verzeihung bitte. Da F das ablehnt, entfernt N sich unter Mitnahme des Schlüssels. F sieht keinen anderen Ausweg, als die Tür durch den Schlosser S öffnen zu lassen, dessen Werkstatt sich in der Nähe befindet und der einen Werklohn von 20 DM berechnet. T schläft zu diesem Zeitpunkt noch friedlich.
Am Nachmittag bringt N den Schlüssel zurück. Der soeben heimgekommene Ehemann M droht ihr mit einer Strafanzeige, falls sie nicht bis zum Abend den Betrag von 20 DM erstatte und sich schriftlich für ihr Verhalten entschuldige. Aus Furcht vor Strafe tut N beides.
Haben N und M sich strafbar gemacht?

Ein Diebstahl (§ 242) des Schlüssels durch N scheidet mangels Zueignungsabsicht aus. In Betracht kommen jedoch Freiheitsdelikte (§§ 239, 240).

### I. Der Schutz der persönlichen Freiheit im Strafrecht

#### 1. Systematischer Überblick

364 Das 6. StrRG vom 26.1.1998 (BGBl I 164) hat den 18. Abschnitt zum Teil beträchtlich geändert. Aufgehoben wurden die bisherigen §§ 236, 238, eingeführt der Tatbestand des Kinderhandels (§ 236), wesentlich umgestaltet die Kindesentziehung, jetzt Entziehung Minderjähriger (§ 235). Die (Erfolgs-) Qualifikationen des § 239 sind in den Absätzen 3 und 4 neu gefaßt; für die Freiheitsberaubung iS des § 239 I ordnet § 239 II nunmehr auch die Strafbarkeit der versuchten Tat an. Sachliche Änderungen finden sich ferner bei den Rechtsfolgen (§§ 234 II, 240 IV).

365 Das StGB kennt kein geschlossenes System von Vorschriften zum Schutz der persönlichen Freiheit. Die im 18. Abschnitt enthaltene Gruppe von **Freiheitsdelikten** faßt diejenigen Tatbestände zusammen, bei denen die **Freiheit der Person** *allein oder vorrangig* geschützt wird. Richtungweisend für ihre systematische Einordnung durch den Gesetzgeber war der Umstand, daß der Angriff auf die persönliche

Freiheit des Opfers bei ihnen den eigentlichen **Kern** und nicht nur eine Begleiterscheinung **der Tat** bildet. Besonders deutlich ausgeprägt ist dies bei den Tatbeständen des *Menschenraubes* (§ 234), der *Freiheitsberaubung* (§ 239), der *Nötigung* (§ 240) und der freiheitsgefährdenden *Bedrohung* (§ 241). Einen Überblick zur Systematik der Delikte zum Schutz der Freiheit geben *Maurach-Schroeder*, BT 1 § 12 Rn 1.

Straftatbestände, bei denen der Angriff auf die Freiheit der Willensentschließung oder Willensbetätigung das *Mittel* zur Verletzung eines **anderen Rechtsgutes** ist, wie etwa beim Raub (= *Eigentumsdelikt*) oder bei der Erpressung (= *Vermögensdelikt*), sind dem Systembereich jenes anderen Rechtsgutes zugeordnet. 366

Allerdings ist der Gesetzgeber insoweit nicht immer systemgerecht verfahren. So ist zB die Beziehung des § 235 zu den Freiheitsdelikten des 18. Abschnitts recht lose, da sein Schutzgegenstand nicht oder zumindest nicht vorrangig die persönliche Freiheit der dort genannten Minderjährigen, sondern die *freie Ausübung des Personensorgerechts* von Eltern oder einem Elternteil, Vormündern und Pflegern, seit der Neufassung durch das 6. StrRG auch die körperliche oder seelische Entwicklung des entzogenen Kindes oder Jugendlichen ist (zu § 235 näher Rn 436). Andererseits sind manche Strafvorschriften, die in engem Zusammenhang zum Schutzgut der Freiheitsdelikte stehen, wegen ihrer speziellen Schutzrichtung außerhalb des 18. Abschnitts geregelt (vgl etwa §§ 108, 177). Der erpresserische Menschenraub (§ 239a) bildet eine Mischform zwischen Freiheits- und Vermögensdelikt (näher *Wessels/ Hillenkamp*, BT/2 Rn 740 f); zur Geiselnahme (§ 239b) siehe Rn 450. 367

## 2. Geschützte Rechtsgüter

Geschütztes (höchstpersönliches; dazu *Lackner/Kühl*, Rn 7 vor § 52) Rechtsgut der Freiheitsdelikte ist generell die **Freiheit der Willensentschließung und Willensbetätigung**. 368

In einigen Tatbeständen weist dieses Schutzgut Besonderheiten auf. So betrifft § 239 nur die Freiheit zur Veränderung des Aufenthaltsortes (= Fortbewegungsfreiheit), während die §§ 234a, 241a einen Inbegriff von Persönlichkeitsrechten schützen, wie etwa die individuelle Freiheit, das Recht auf Leben und körperliche Unversehrtheit sowie die wirtschaftliche Betätigungsfreiheit, und dadurch eine gewisse Sonderstellung einnehmen. 369

## II. Die Freiheitsberaubung

### 1. Schutzgut

**Schutzgut** des § 239 ist die **potentielle persönliche Fortbewegungsfreiheit** (BGHSt 32, 183; 14, 314; ob es nach Einführung des § 239 II durch das 6. StrRG hinsichtlich der potentiellen Variante dabei bleiben wird, ist nicht ausgemacht). Darunter ist die Freiheit zur Verwirklichung des Willens zu verstehen, den derzeitigen Aufenthaltsort zu verlassen und sich fortzubegeben. **Objekt** der Tat kann jeder Mensch sein, der im natürlichen Sinn die Fähigkeit besitzt, einen solchen Willensentschluß zu fassen und zu realisieren (was für ein 1jähriges Kind verneint wird; 370

*Tröndle/Fischer*, § 239 Rn 1 mwN), sei es auch nur mit technischen Hilfsmitteln (= Krücken, Rollstuhl) oder mit fremder Hilfe. Da es nicht auf den aktuellen Willen des Betroffenen, sondern auf seine **potentielle** Bewegungsfreiheit ankommt, genießt selbst derjenige den Schutz des § 239, der sich im Augenblick der Tat gar nicht fortbegeben will oder von seiner Einsperrung nichts merkt. Entscheidend ist allein, daß er sich *ohne* die Beeinträchtigung seiner Bewegungsmöglichkeit **fortbegeben könnte, wenn er es wollte** (BGHSt 32, 183). Auch **Schlafende** und **Bewußtlose** können ihrer Freiheit, den Aufenthalt bei Wiedererlangung des Bewußtseins zu verändern, „beraubt" werden. Voraussetzung dafür ist aber, daß sich die Möglichkeit ihres Erwachens während der Einsperrung nicht mit Sicherheit ausschließen läßt und daß der Angriff auf ihre Fortbewegungsfreiheit nach dem Willen des Täters seine Wirksamkeit voll entfalten soll, wenn ihr Bewußtsein zurückkehrt (im einzelnen streitig; vgl *Fahl*, Jura 98, 456, 460; *Hillenkamp*, BT 5. Problem; *Kargl*, JZ 99, 72; *Küper*, BT S. 128; *Park/Schwarz*, Jura 95, 294; differenzierend *Bloy*, ZStW 96 [1984], 703; SK-*Horn*, § 239 Rn 3, 4).

371 Im **Fall 22** kann N gegenüber T oder F eine Freiheitsberaubung (§ 239) begangen haben. Die 7 Monate alte T war kein *taugliches Objekt* für eine Freiheitsberaubung, da *Kleinstkindern* im ersten Lebensjahr noch die Fähigkeit zur willkürlichen Veränderung ihres Aufenthaltsortes und zu hinreichend bestimmten Willensäußerungen in dieser Hinsicht fehlt. Ein Rückgriff auf den Willen des Sorgeberechtigten (= F) nach *Stellvertretungsregeln* scheidet aus, da § 239 gerade auf die **natürlichen Fähigkeiten des Betroffenen selbst** abstellt (BayObLG JZ 52, 237; aA LK-*Schäfer*, § 239 Rn 14; *Welzel*, Lb S. 328). Zu prüfen bleibt, ob eine Freiheitsberaubung gegenüber F vorliegt, weil N ihr den Zutritt zum Kinderzimmer versperrt hat.

## 2. Tathandlungen

372 Als **Tathandlungen** umfaßt § 239 neben dem **Einsperren** (= Verhindern des Verlassens eines Raumes durch äußere Vorrichtungen; näher *Küper*, BT S. 114) jedes Tun oder Unterlassen (§ 13), durch das ein anderer unter vollständiger Aufhebung seiner Fortbewegungsfreiheit (BGH NJW 93, 1807) daran gehindert wird, seinen Aufenthaltsort zu verlassen. Die „andere Weise" muß der Einsperrung nicht ähnlich sein.

373 **Beispiele:** Festhalten (OLG Hamm JMBl NW 64, 31), Anbinden oder Fesseln (RGSt 17, 127; RG JW 25, 973), Betäubung oder Hypnose (RGSt 61, 241), Blockadeaktionen mit Einsperreffekt (OLG Köln NStZ 85, 550), Veranlassung der Verhaftung durch eine unwahre Anzeige (BGHSt 3, 4) oder dergleichen. Zur Tatbegehung in mittelbarer Täterschaft durch Täuschung des Richters, dem die Entscheidung über eine Anstaltsunterbringung psychisch Kranker obliegt, siehe *Amelung/Brauer*, Anm. JR 85, 474.

374 Da § 239 seiner Struktur nach ein Handeln **gegen oder ohne den Willen des Verletzten** voraussetzt, schließt das *Einverständnis* des Betroffenen schon die Tatbestandsmäßigkeit des Verhaltens und nicht erst dessen Rechtswidrigkeit aus (näher

BGH NJW 93, 1807; *Lackner/Kühl*, § 239 Rn 5; *Wessels/Beulke*, AT Rn 366). Zum Widerruf des Einverständnisses siehe BGH NStZ 92, 33.

Die Freiheitsberaubung ist kein Zustands-, sondern ein **Dauerdelikt** (vgl § 239 III Nr 1 und 2: „länger als eine Woche" und „während der Tat"; *Tröndle/Fischer*, § 239 Rn 2). *Vollendet* ist die Tat mit dem Eintritt des Freiheitsverlustes; *beendet* ist sie erst mit Wiederaufhebung der Freiheitsentziehung (BGHSt 20, 227, 228). § 239 II bedroht nunmehr auch den Versuch der Tat nach § 239 I mit Strafe (zur auch auf § 223 II zutreffenden Kritik vgl *Nelles*, Einführung, S. 56; ferner *Hettinger*, Entwicklungen, S. 34 mit Fn 144). 375

Im **Fall 22** hat N die F **nicht eingesperrt**, sondern *ausgesperrt*, sie also nicht am Verlassen ihres Aufenthaltsortes gehindert, sondern ihr nur die Möglichkeit genommen, einen bestimmten Ort aufzusuchen (= in das Kinderzimmer hineinzugelangen). Ein solches Verhalten kann als **Nötigung** (§ 240) strafbar sein, erfüllt aber nicht den Tatbestand der Freiheitsberaubung. 376

### 3. Qualifikationen

**Erschwerte Fälle** (= Verbrechen) enthalten die Absätze 3 und 4 des § 239. Bei § 239 III Nr 1 handelt es sich jetzt um einen *qualifizierten* Tatbestand (§§ 15, 23 I; Näheres bei *Nelles*, Einführung, S. 56; für § 18 hingegen *Lackner/Kühl*, § 239 Rn 9 mwN). Hingegen sind die in § 239 III Nr 2, IV nF geregelten Fälle Erfolgsqualifikationen geblieben. Hier braucht der *Vorsatz* des Täters nur die Verwirklichung des Grundtatbestandes (§ 239 I) zu umfassen, während im übrigen gemäß § 18 Fahrlässigkeit genügt (vgl BGHSt 10, 306; 21, 288, 291). Im Rahmen des § 239 III aF reichte es nach BGHSt 19, 382 aus, daß der Tod des Opfers die *unmittelbare* Folge eines von ihm unternommenen **Fluchtversuchs** war (siehe dazu Rn 301); uU fiel unter § 239 III aF auch der Suizid (BGH LM Nr 3 zu § 346; S/S-*Eser*, § 239 Rn 15) oder die **Tötung** des Eingesperrten (BGHSt 28, 18). Jedenfalls der Tod des Opfers bei einem Fluchtversuch und auch seine Tötung sind in § 239 IV nF erfaßt. Der *Versuch*, eine Tat iS des § 239 III Nr 2, IV zu begehen, ist angesichts § 239 II jetzt unstreitig möglich (ebenso *Rengier*, BT II § 22 Rn 13; aA *Bussmann*, GA 99, 21, 33). 377

### 4. Konkurrenzfragen

Bei Beurteilung der **Konkurrenzfragen** ist darauf abzustellen, ob die Freiheitsberaubung *notwendiger Bestandteil* oder *regelmäßige Begleiterscheinung* einer anderen Straftat ist *(= Gesetzeseinheit)* oder ob ihr innerhalb des deliktischen Geschehens **Eigenbedeutung** zukommt (= *Tateinheit*). Näher BGHSt 18, 26; 28, 18; BGH NStZ 92, 33; OLG Koblenz VRS 49 (1975), 347; *Otto*, Jura 89, 497; *Wessels/Beulke*, AT Rn 776, 791. 378

Soll der Eingesperrte zu *mehr* als zur bloßen Duldung der Freiheitsberaubung genötigt werden, wie etwa zum Unterzeichnen eines Wechsels oder einer Quittung, liegt Tateinheit zwi- 379 schen § 239 und § 240 vor. Dagegen ist nur § 239 als das *speziellere* Gesetz anzuwenden, wenn lediglich bezweckt wird, das Opfer an der freien Wahl seines Aufenthaltsortes zu hindern. Gelingt letzteres trotz des Einsatzes von Nötigungsmitteln nicht (A hält seine Bekannte B nach einem Streit fest, um ihr das Verlassen der Wohnung unmöglich zu machen; B reißt sich jedoch los und läuft fort), so stand das bisherige Fehlen der Versuchsstrafdrohung im Bereich des § 239 I der Strafbarkeit des **Nötigungsversuchs** (§§ 240 III, 22) nach hM nicht entgegen, weil § 239 I im Verhältnis zu § 240 keine *privilegierende* Bedeutung habe (näher BGHSt 30, 235 mit krit. Anm. *Jakobs*, JR 82, 206). Mit Einführung des § 239 II hat dieser Streit sich erledigt.

### III. Die Nötigung

#### 1. Schutzgut und Tathandlung

380 § 240 schützt die **Freiheit der Willensentschließung und Willensbetätigung** vor Angriffen, die *mit Gewalt* oder *durch Drohung mit einem empfindlichen Übel* begangen werden (BVerfGE 73, 206, 237; enger ua *Hruschka*, JZ 95, 737, der nur die Freiheit der Willensbetätigung für geschützt hält). Einen *absoluten* Schutz kann und will das Strafrecht hier nicht bieten, weil die Freiheit selbst keine absolute und festumrissene Größe ist. Das Leben in der Familie und in der Gemeinschaft kennt keine schrankenlosen Freiräume; niemand kann nach völlig freiem Belieben und in jeder Hinsicht tun und lassen, was er will. Die Handlungsfreiheit jedes einzelnen wird begrenzt durch die Rechte anderer, die verfassungsmäßige Ordnung, das Sittengesetz und das Gebot zur mitmenschlichen Rücksichtnahme. Freiheitsschutz auf der einen Seite bedeutet zwangsläufig Freiheitseinschränkung auf der anderen Seite. § 240 reduziert den Einsatz des Strafrechts daher aus guten Gründen auf Angriffe, die mit Gewalt oder durch Drohung mit einem empfindlichen Übel unternommen werden und die so schwer wiegen, daß die Tat ein gesteigertes Unwerturteil verdient und als *verwerflich* zu bewerten ist (hM; ob die Norm gesetzestechnisch überzeugt, ist eine andere Frage). **Nötigen** heißt, dem Betroffenen (= „zu Nötigenden") ein seinem Willen widerstrebendes Verhalten (Handeln, Dulden oder Unterlassen) aufzwingen.

381 Bezüglich der *Nötigungsmittel* verlangt § 240 I allerdings wesentlich weniger als die §§ 249, 252, 255, die Gewalt *„gegen eine Person"* oder Drohung *„mit gegenwärtiger Gefahr für Leib oder Leben"* fordern. Verfassungsrechtlich ist das bisher nicht beanstandet worden. So hat das BVerfG bei der rechtlichen Beurteilung von **Sitzblockaden** die Vereinbarkeit des § 240 mit Art. 103 II GG bestätigt, zugleich jedoch eine **verfassungskonforme Auslegung und Anwendung** dieser Strafbestimmung in dem Sinne verlangt, daß die Bejahung nötigender Gewalt nicht schon ein Indiz für die Rechtswidrigkeit der Tat bilden dürfe, deren Bewertung vielmehr unter Berücksichtigung aller Umstände des jeweiligen Einzelfalles anhand des § 240 II vorgenommen werden müsse (BVerfGE 73, 206; 76, 211; im gleichen Sinne BGHSt 34, 71; 35, 270). In seiner dritten „Sitzblockaden"-Entscheidung hat das BVerfG durch Beschluß vom 10.1.1995 (BVerfGE 92, 1) eine „erweiternde Auslegung" des Gewaltbegriffs in § 240 für verfassungswidrig erklärt, soweit es um **Sitzblockaden vor militärischen Einrichtungen** ging, mit denen vor mehreren Jahren gegen die Stationierung atomarer Raketen protestiert werden sollte und bei denen nach Ansicht des BVerfG „die Gewalt *lediglich* in der körperlichen Anwesenheit einiger Demonstranten bestand und die daraus resultierende Zwangswirkung *nur psychischer* Natur" war (zum überwiegend kritischen Echo siehe die

Nachweise bei *Küper*, BT S. 159 und *Lackner/Kühl*, § 240 Rn 2). Das BVerfG hat hier offen gelassen, ob die Verwerflichkeitsklausel des § 240 II in vollem Umfang mit Art. 103 II GG vereinbar ist (siehe auch Rn 434).

Nach § 240 I wird eine Nötigung mit Freiheitsstrafe bis zu 3 Jahren bestraft. In § 240 IV nF ist eine Strafzumessungsnorm mit Regelbeispielen eingestellt (zu dieser Gesetzgebungstechnik siehe Rn 221); nach ihr beträgt die Freiheitsstrafe in besonders schweren Fällen 6 Monate bis zu 5 Jahren. Zu den drei Beispielen siehe *Nelles*, Einführung, S. 59 mwN; *Tröndle/Fischer*, § 240 Rn 37. **382**

## 2. Gewalt als Nötigungsmittel

**Gewalt** iS des § 240 ist nach dem derzeitigen Stand der Rechtsprechung der Fachgerichte der **körperlich wirkende Zwang** durch die Entfaltung von Kraft oder durch eine physische Einwirkung sonstiger Art, die nach ihrer Zielrichtung, Intensität und Wirkungsweise dazu bestimmt und geeignet ist, die Freiheit der Willensentschließung oder Willensbetätigung eines anderen aufzuheben oder zu beeinträchtigen (vgl BGHSt 41, 182 und BGH NJW 95, 2862; OLG Köln NJW 96, 472; OLG Stuttgart NJW 95, 2647; siehe auch die Ausführungen im Minderheitsvotum zu BVerfGE 92, 1, 20 ff und dazu *Buchwald*, DRiZ 97, 513, 517). **383**

a) Die Entwicklung des strafrechtlichen Gewaltbegriffs ist gekennzeichnet durch seine zunehmende Ausweitung zu einem Sammelbecken für alle Zwangsformen außerhalb der Drohungsalternative. In Anlehnung an die Umgangssprache vertrat das **Reichsgericht** ursprünglich – wenn auch nicht ausschließlich (*Küper*, BT S. 155) – einen rein körperlich-dynamischen Gewaltbegriff. **Gewalt** als Zwangsmittel war danach die **durch körperliche Kraft** erfolgende Einwirkung auf einen anderen zur Überwindung eines geleisteten oder erwarteten Widerstandes (RGSt 56, 87; 64, 113; 73, 343). An die Stärke des Kraftaufwandes wurden freilich, wie etwa im Falle des Einschließens (RGSt 13, 49; 27, 405; 73, 343) oder der Abgabe von Schreckschüssen (RGSt 60, 157; 66, 353), nur geringe Anforderungen gestellt. Gewaltanwendung wurde aber verneint beim heimlichen Beibringen betäubender Mittel (RGSt 58, 98; 72, 349). Mit dem Erfordernis der **Einwirkung auf einen anderen**, die oft mißverständlich als Einwirkung „auf den Körper" bezeichnet wurde (vgl RG GA Bd. 56 [1909], 222; 62 [1916], 131), war gemeint, daß jede Gewalt, auch die sog. **Sachgewalt**, sich wenigstens *mittelbar* **gegen die Person** des zu Nötigenden richten müsse (Beispiel: Aushängen von Fenstern und Türen, um den Mieter zum Auszug zu zwingen; vgl RGSt 20, 354; 27, 405). In RGSt 60, 157, 158 heißt es dazu klarstellend, die Anwendung von Gewalt erfordere *nicht* die unmittelbare Einwirkung „*auf den Körper*" des Genötigten, sei es durch Berührung oder eine andere die Sinne beeinflussende Tätigkeit, vielmehr genügten alle Handlungen, die von der Person, gegen die sie unmittelbar oder mittelbar gerichtet seien, als ein *nicht nur seelischer*, sondern **körperlicher Zwang** *empfunden* würden. Die Wegnahme von Sachen zur Erzwingung einer Leistung sah das RG nicht als Anwendung von Gewalt, sondern als Ausübung eines rein psychisch wirkenden Zwanges an (RGSt 3, 179: Wegnahme eines Sacks Hirse zur Durchsetzung eines Fährgeldanspruchs; ähnlich OLG Köln StV 90, 266). **384**

Die Rechtsprechung des **Bundesgerichtshofes** ließ die vom RG für wesentlich gehaltenen Kriterien des Gewaltbegriffs teilweise fallen. So wurde zunächst das Merkmal der *körperlichen Kraftentfaltung* aufgegeben und entschieden, daß auch das heimliche Beibringen betäubender Mittel Anwendung von Gewalt ist (BGHSt 1, **385**

§ 8 *Freiheitsberaubung und Nötigung*

145). Außerdem wurde klargestellt, daß Gewalt gegen eine Person auch dann vorliegen könne, wenn der Betroffene sie *nicht* als solche „*empfindet*" (BGHSt 4, 210; 16, 341; 25, 237 = Gewalt gegen Bewußtlose). Schließlich bezeichnete der BGH die **Zwangswirkung** als das letztlich entscheidende Kriterium des Gewaltbegriffs (BGHSt 8, 102; 19, 263). Den Abschluß dieser Entwicklung bildete dann die Gleichstellung zwischen **körperlich** und **psychisch wirkendem Zwang** im sog. Laepple-Fall (BGHSt 23, 46, 54 = Blockieren des Straßenverkehrs durch Sitzstreik an einem Verkehrsknotenpunkt).

386 Von diesem Standpunkt aus läßt sich die Feststellung, ob ein bestimmtes Vorgehen als **Gewalt** iS eines Straftatbestandes anzusehen ist, nicht abstrakt, sondern nur im Wege einer **tatbestandskonformen Gesamtschau** treffen. Danach sind im Rahmen der räumlich-zeitlichen Gegebenheiten und im Verhältnis zur betroffenen Person stets umfassend zu würdigen: die **Art, Richtung** und **Intensität** des Angriffs, das Maß der von ihm ausgehenden **Zwangswirkung** und seine *Eignung* als **Zwangsmittel** im Hinblick auf das vom Tatbestand vorausgesetzte Ziel des Handelns (BGHSt 23, 46, 49; 32, 165; beachte Rn 392 ff). Welches Gewicht die Zwangswirkung im Einzelfall erreichen muß, hängt von der Eigenart des Delikts und **vom jeweiligen Straftatbestand** ab. Was beispielsweise für § 113 oder auch für § 240 ausreicht, genügt nicht ohne weiteres für andere Gewaltdelikte wie etwa für § 177 oder § 255. Besonderheiten gelten nach der Rechtsprechung vor allem in folgenden Fällen:

387 **Gewalt gegen eine Person** iS der §§ 249, 252, 255 erfordert keine unmittelbare Einwirkung auf den Körper des Opfers, wohl aber die *Einwirkung auf einen anderen*, die bei dem unmittelbar oder mittelbar Betroffenen nicht lediglich eine rein seelische, sondern auch eine **körperliche Zwangswirkung** auslöst (BGHSt 23, 126; BGH MDR/D 73, 555). Gewalt gegen eine Person iS dieser Vorschriften ist also nur der *körperlich* wirkende Zwang (Beispiele: Niederschlagen, Betäuben oder Einsperren des Opfers; vgl BGHSt 20, 194; RGSt 73, 343).

388 Bei den **Sexualdelikten**, deren Tatbestand (wie etwa § 177 I Nr 1, 2) als Nötigungsmittel Gewalt oder Drohung mit gegenwärtiger Gefahr für Leib oder Leben voraussetzt, neigt die Rechtsprechung zu einer ähnlich *restriktiven* Auslegung des Gewaltbegriffs. In Fällen *psychischer* Zwangswirkung verlangte sie bisher deren Herbeiführung durch **physische Kraftentfaltung**, ohne freilich an die „Erheblichkeit" des Kraftaufwandes hohe Anforderungen zu stellen (vgl BGH NStZ 95, 230; beachte BGH NStZ 99, 30); rein *verbale* Einwirkungen auf den Betroffenen genügen aber nicht (BGH NStZ 81, 218). Andererseits liegt schon im **Einsperren** des Opfers oder (bislang) in dessen **Entführung** an eine abgelegene Stelle, wo Hilfe nicht zu erwarten ist, in aller Regel die Anwendung von **Gewalt** iS des §§ 177, sofern dieses Vorgehen als Mittel zu dem Zweck eingesetzt wird, die Duldung des Beischlafs bzw die Duldung oder Vornahme anderer sexueller Handlungen zu erzwingen (BGH StV 96, 29; GA 81, 168; 65, 57; dazu *Lackner/Kühl*, § 177 Rn 4). Das 33. StÄG vom 1.7.1997 hat den Opferschutz noch dadurch verstärkt, daß § 177 I Nr 3 nF für den gesamten Bereich der sexuellen Nötigung einschließlich der Vergewaltigung neben Gewalt und Drohung als (gleichrangige, BGHSt 44, 228) Alternative auch das **Ausnutzen einer Lage** erfaßt, in der das Opfer **der Einwirkung des Täters schutzlos ausgeliefert** ist (zu erwähnen ist, daß bereits dieses Gesetz den bisherigen Tatbestand der Vergewaltigung unsinnigerweise zum Regelbeispiel degradiert hatte, § 177 III 2 Nr 1 aF = § 177 II 2 Nr 1, mit der Ergänzung durch das 6. StrRG „oder an sich von ihm vornehmen läßt"). Damit sollen vor allem Fälle erfaßt werden, in de-

nen das Opfer starr vor Schrecken oder aus Angst vor Gewalt die sexuellen Handlungen über sich ergehen läßt sowie solche, in denen das Opfer nur deshalb auf Widerstand verzichtet, weil es sich in einer hilflosen Lage befindet oder Widerstand gegen den überlegenen Täter aussichtslos erscheint (vgl BT-Drucks. 13/7324, S. 6; BGHSt 45, 253; *F.-C. Schroeder*, JZ 99, 827).

Der Begriff der **Gewalttätigkeit** iS der §§ 124, 125 setzt die *Anwendung physischer Kraft* **389** durch ein **aggressives Handeln** voraus, wie etwa das Schleudern von Steinen oder anderer Wurfgeschosse, das Durchbrechen einer Polizeikette oder das Umstürzen von Kraftwagen und dergleichen (BGHSt 23, 46, 51; BGH NJW 95, 2643; *S/S-Lenckner*, § 125 Rn 5).

Was Gewalt zur **Nötigung von Verfassungsorganen**, also eines Kollektivs, iS des § 105 ist, **390** läßt sich nur in Anlehnung an den Gewaltbegriff im Tatbestand des Hochverrats bestimmen (§§ 81, 82). Dies ergibt sich aus der besonderen Schutzrichtung und Funktion des § 105 im System des Staatsschutzrechts. Danach genügt es nicht, irgendeine mit körperlichen Einwirkungen verbundene Gewalt anzuwenden oder anzudrohen, um das Verfassungsorgan zu dem erstrebten Verhalten zu veranlassen. Will der Täter beispielsweise dadurch nötigen, daß er Gewalt nicht unmittelbar gegenüber dem Verfassungsorgan, sondern gegenüber Dritten oder gegen Sachen ausübt, verwirklicht er den Tatbestand des § 105 nur dann, wenn der hiervon ausgehende Druck geeignet erscheint, den entgegenstehenden Willen des Verfassungsorgans zu beugen. Die Bejahung dieser **Zwangseignung** hängt nicht allein von den rein faktischen Gegebenheiten ab; maßgebend ist vielmehr eine die **Pflichtenstellung des Verfassungsorgans** mit einbeziehende Bewertung der die Nötigungslage kennzeichnenden Umstände (näher BGHSt 32, 165 mit Anm. *Willms*, JR 84, 120; SK-*Rudolphi*, § 105 Rn 5 f, 12). Dem **Schutz der** Willensfreiheit der **Mitglieder** der Verfassungsorgane dient § 106, der die Nötigung iS des § 240 verdrängt.

In der **Rechtslehre** wurde die zunehmende Ausdehnung des Gewaltbegriffs ua ge- **391** billigt von *Knodel*, Der Begriff der Gewalt im Strafrecht, 1962; LK-*Schäfer*, § 240 Rn 22 ff; *S/S-Eser*, Rn 7 ff vor § 234; SK-*Horn*, § 240 Rn 9, 11 ff.

Die **Bedenken** gegen diese Entwicklung sind von *Geilen* (H. Mayer-FS S. 445 und JZ 70, **392** 521) ausführlich dargestellt worden; krit. auch *Keller*, JuS 84, 109; *Müller-Dietz*, GA 74, 33; *Sommer*, NJW 85, 769; *Wolter*, NStZ 85, 193 und 245; umfassend *Paeffgen*, Grünwald-FS, S. 433. Wie schon (in Rn 381) erwähnt, hat der 1. Senat des BVerfG entschieden, daß „die erweiternde Auslegung des Gewaltbegriffs in § 240 I StGB im Zusammenhang mit Sitzdemonstrationen gegen Art. 103 II GG verstößt" (BVerfGE 92, 1). Die Bindungswirkung dieses Richterspruchs beschränkt sich ausweislich seiner Entscheidungsgründe auf Sachverhalte, bei denen eine gegen Dritte gerichtete Verkehrsbehinderung sich *lediglich* aus der „körperlichen Anwesenheit" (= einem Verhalten ohne wesentlichen Kraftaufwand) der im Prinzip friedfertigen Demonstranten ergibt *und* die damit verbundene Zwangswirkung auf den oder die Betroffenen „nur *psychischer* Natur" ist (eingehend zur Bindungswirkung *Rheinländer*, Bemmann-FS, S. 387). Sie läßt nach Ansicht des BGH somit **Straßenblockaden** unfriedlichen Charakters unberührt, bei denen **physische Hindernisse** errichtet werden oder ein Verkehrsstau verursacht wird, wobei die angehaltenen **Fahrzeuge als Barriere** mit dem Ziel benutzt werden, allen weiteren Kraftfahrern die Durchfahrt zu versperren. Hier werde nämlich **körperlich wirkender Zwang** ausgeübt mit der Folge, daß Gewaltanwendung vorliege und eine Bestrafung nach § 240 möglich sei (so BGHSt 41, 182 und NJW 95, 2862; OLG Karlsruhe NJW 96, 1551; *Krey/Jäger*, Anm. NStZ 95, 542; krit. *Amelung*, Anm. NStZ 96, 230; *Lesch*, Anm. StV 96, 152; *Hoyer*, JuS 96, 200; zust. *Otto*, BT § 27 Rn 11; *Tröndle/Fischer*, § 240 Rn 5; zusammenfassend *Küper*, BT S. 159). BGHSt 44, 34, 39 bejaht Gewalt, wenn Demonstranten auf Bahngleisen einen Stahlkasten (= physisches

Hindernis) so befestigen, daß er nicht oder allenfalls unter Inkaufnahme erheblicher Schäden überwunden werden kann. Für die Anwendung der Drohungsalternative in Blockadefällen *Herzberg*, GA 96, 557 und JuS 97, 1067; dagegen *Paeffgen*, Grünwald-FS, S. 433, 464 f; ferner *Hoyer*, GA 97, 451 mit Erwiderung *Herzbergs*, GA 98, 211.

393 Ob es den Strafgerichten gelingt, dem Nötigungsmittel der Gewalt in § 240 künftig festere Konturen zu geben als bisher, bleibt abzuwarten. Bei Beachtung des Zusammenhangs, in den der Begriff in § 240 eingebettet ist, sollte dies möglich sein (überzeugend zur Vernachlässigung des Kontextes in der Rechtsprechung des BGH *Paeffgen*, Grünwald-FS, S. 433). Auch bei einer restriktiven Auslegung des Gewaltbegriffs werden Zweifel im Einzelfall wohl nicht immer zu vermeiden sein.

394 Unsicherheit herrscht insbesondere noch bei der Beurteilung von **Gewalt gegen Sachen**; denn die Gewalt muß sich im Bereich des § 240 nicht notwendig unmittelbar gegen eine Person richten, wie schon §§ 249, 255 zeigen (RGSt 7, 269, 271; vgl auch Rn 381). Problematisch sind hier vornehmlich die Fälle, in denen durch die Sacheinwirkung ein **abgeschlossener Zustand nachteiliger Art** geschaffen worden ist, der den Betroffenen zwingt, in bestimmter Weise zu reagieren (Beispiele: Zerstechen der Reifen eines Autos, um den Berechtigten an einer Fahrt zu hindern; Entwendung der Reisepapiere, um den anderen von einer geplanten Urlaubsreise abzuhalten). Zwar erschöpft eine solche Tat sich nicht in dem Angriff auf das fremde Eigentum oder den Sachbesitz, weil sie den Betroffenen zwingen soll, etwas Bestimmtes nicht zu tun; erforderlich ist jedoch, daß die Gewalt von dem zu Nötigenden als *körperlich wirkender Zwang* empfunden wird (RGSt 20, 354, 356; *Lackner/Kühl*, § 240 Rn 11; vgl aber auch *Rengier*, BT II § 23 Rn 30).

395 Nach ganz neuen Lösungen zum Gewaltbegriff sucht *Jakobs* (Hilde Kaufmann-GedS, S. 791) mit dem Vorschlag, Gewalt iS des § 240 als „Verletzung garantierter Rechte" (= Beeinträchtigung der garantierten Organisationsmittel einer Person) zu begreifen; ähnlich *Lesch*, JA 95, 889; *Timpe*, Die Nötigung, 1989, S. 70 ff; gegen diesen Ansatz *Paeffgen*, Grünwald-FS, S. 433, 459 ff.

396 b) **Erscheinungsformen** der Gewalt iS des § 240 sind **vis absoluta** (hM; siehe *Küper*, BT S. 218, 382) und **vis compulsiva**. *Erstere* liegt vor beim Ausschalten der Willensbildung (zB durch Betäubung) oder beim Unmöglichmachen der Willensbetätigung (zB durch Fesselung, Festhalten, Errichten unüberwindlicher Hindernisse, nach hM auch durch Einsperren usw). *Vis compulsiva* dient dagegen dem Zweck, einen bestimmten Willensentschluß zu erzwingen: Durch den von dieser Gewaltanwendung ausgehenden, körperlich vermittelten Motivationsdruck soll der Wille des Opfers gebeugt und in die vom Täter gewünschte Richtung gelenkt werden, wie zB durch Schläge, Schreckschüsse (so RGSt 60, 157), akustisches Übertönen einer Vorlesung, die gesprengt oder umfunktioniert werden soll (so BGH NJW 82, 189 [dazu *F.-C. Schroeder*, JuS 82, 491, aber auch *Köhler*, NJW 83, 10 und *Rengier*, BT II Rn 27]; KG JR 79, 162), durch bedrängendes Auffahren auf der Überholspur einer Autobahn (so BGHSt 19, 263; OLG Düsseldorf NJW 96, 2245; OLG Karlsruhe NStZ-RR 98, 58), durch einen abrupten Fahrbahnwechsel oder überraschendes Abbremsen unmittelbar vor einem dichtauf folgenden Kraftwagen (OLG Stuttgart NJW 95, 2647; beachte OLG Köln DAR 00, 84) und dergleichen (siehe aber Rn 406). *Unwiderstehlich* braucht die kompulsive Gewalt *nicht* zu sein. Es kommt auch nicht darauf an, ob das Opfer sich ihr hätte widersetzen oder entziehen können;

es genügt, daß sie zur Willensbeugung geeignet (und bestimmt) war. – Zu *verneinen* ist Gewalt, soweit zum Versperren von Zufahrten, Zugängen oder Wegen nur der Körper eingesetzt wird (vgl *Lackner/Kühl*, § 240 Rn 9; aA noch *Wessels/Hettinger*, BT/1, 22. Aufl. 1999).

**Gewalt gegen Dritte**, die sich mittelbar gegen die Person des zu Nötigenden richtet, soll genügen (RGSt 17, 82), wenn sie geeignet ist, von diesem als Zwang empfunden zu werden (vgl *Krey*, BT 1 Rn 355 mwN). 397

Im **Fall 22** macht das *Verschließen der Tür* es der F unmöglich, das Kinderzimmer zu betreten und ihr Obhutsrecht gegenüber T auszuüben. Darin liegt nach hM eine Gewaltanwendung (= *vis absoluta*), die sich unmittelbar gegen T und *mittelbar gegen* F richtet. Näher dazu BayObLG JZ 52, 237; *Lackner/Kühl*, § 240 Rn 11; *Tröndle/Fischer*, § 240 Rn 10. 398

c) Zum Nötigen mit Gewalt gehört stets, daß die Einwirkung **ohne Einverständnis** des davon Betroffenen erfolgt. Bei § 240 wirkt das Einverständnis auch dann **tatbestandsausschließend**, wenn es durch *List* erschlichen ist (BGHSt 14, 81; BGH NJW 59, 1092; *Wessels/Beulke*, AT Rn 367). 399

d) **Subjektiv** setzt Nötigen mit Gewalt den *Willen* des Täters voraus, durch sein Vorgehen einen tatsächlich geleisteten oder erwarteten Widerstand des Betroffenen zu überwinden oder unmöglich zu machen (BGHSt 4, 210; RGSt 67, 183). 400

### 3. Drohung mit einem empfindlichen Übel

Nötigungsmittel iS des § 240 ist ferner die **Drohung mit einem empfindlichen Übel**. Davon ist die bloße *Warnung zu* unterscheiden: 401

**Drohung** ist das *auf Einschüchterung des Opfers gerichtete* Inaussichtstellen eines zukünftigen Übels, auf dessen Eintritt der Drohende sich Einfluß zuschreibt (BGHSt 16, 386; erweiternd *Puppe*, Anm. JZ 89, 596; instruktiv *Küper*, BT S. 92). Eine bloße **Warnung** liegt vor, wenn jemand auf die Gefahren eines bestimmten Verhaltens oder auf ein damit verbundenes Übel hinweist, dessen Eintritt von seinem Willen oder Einfluß unabhängig ist (RGSt 54, 236; BGH NJW 57, 598). Da sich im Gewand einer Warnung eine Drohung verbergen kann, kommt es im Zweifelsfall weniger auf den Wortlaut als auf den Sinn der betreffenden Erklärung an. 402

Drohen kann man aber nicht nur mit Worten oder unmißverständlichen Gesten, sondern auch durch schlüssige Handlungen. Infolgedessen *kann* sich bei einer *bereits verübten Gewalt* aus dem Gesamtverhalten des Täters konkludent die **Drohung** ergeben, die Übelszufügung fortzusetzen oder erneut körperlich wirkenden Zwang anzuwenden, falls ein bestimmtes Verlangen oder Vorhaben auf Widerstand stoßen sollte (BGH NJW 84, 1632; vgl auch OLG Koblenz NJW 93, 1808). 403

Ob der Drohende das angedrohte Übel verwirklichen kann oder will, ist gleichgültig. Entscheidend ist nur, daß die Drohung den *Anschein der Ernstlichkeit* erweckt und daß der Bedrohte ihre Verwirklichung wenigstens **für möglich halten** soll 404

§ 8 *Freiheitsberaubung und Nötigung*

(BGHSt 16, 386; 26, 309). **Übel** ist jeder Nachteil, jede Einbuße an Werten. **Empfindlich** ist ein Übel, wenn mit ihm eine erhebliche Werteinbuße verbunden und der drohende Verlust bei objektiver Beurteilung unter Berücksichtigung der persönlichen Verhältnisse des Betroffenen *geeignet* ist, einen besonnenen Menschen zu dem mit der Drohung erstrebten Verhalten zu bestimmen (BGH NStZ 82, 287). Die **Eignung** des angekündigten Übels, den Bedrohten im Sinne des Täterverlangens zu motivieren (= Zwangseignung), richtet sich nicht nur nach den tatsächlichen Gegebenheiten. Sie bildet vielmehr eine *normative* Voraussetzung des Nötigungstatbestandes, an der es fehlt, wenn von dem Bedrohten in seiner Lage erwartet werden kann und muß, daß er der Bedrohung in besonnener Selbstbehauptung standhält (vgl BGHSt 32, 165, 174; BGH MDR/H 92, 319; krit. *Amelung*, GA 99, 182, 192; *Lackner/Kühl*, § 240 Rn 13). Bedeutung gewinnt dies insbesondere in Fällen, in denen das angedrohte Übel in einem rechtlich erlaubten Verhalten besteht. Beispiele für ein empfindliches Übel bilden etwa die Androhung von Gewalt, von körperlichen Mißhandlungen oder der Zerstörung bestimmter Wertgegenstände, von sonstigen wirtschaftlichen Nachteilen (Verlust des Arbeitsplatzes usw) oder die Ankündigung, eine Strafanzeige zu erstatten oder frühere Verfehlungen, kompromittierende Vorgänge und dergleichen an die Öffentlichkeit zu bringen. Soll das Übel einen **Dritten** treffen, so genügt es, daß sein Eintritt auch für den Drohungsempfänger ein empfindliches Übel wäre (BGHSt 16, 316; BGH NStZ 94, 31; *Lackner/Kühl*, § 240 Rn 15); Entsprechendes gilt für eine Selbsttötungsandrohung (BGH NStZ 82, 286).

**405** Von der **Drohung** als dem Inaussichtstellen eines *künftigen* Übels unterscheidet sich die **Gewalt** in Form der *vis compulsiva* ua durch die *Gegenwärtigkeit* der körperlichen Zwangswirkung (siehe Rn 396 und *Geilen*, JZ 70, 521, 525 ff; *Küper*, BT S. 154). Während also die Übelszufügung bei der Drohung als *zukünftiges* Ereignis erst in Aussicht gestellt wird, wirkt der körperlich vermittelte Zwang im Falle der vis compulsiva bereits *gegenwärtig*. Erschöpft die ohne erheblichen Kraftaufwand erfolgende Einwirkung sich aber im Hervorrufen eines primär nur psychischen Zwangs, so ist Gewalt zu verneinen, da bereits der Begriff des Nötigens die Ausübung von Zwang auf den Willen Dritter enthält (BVerfGE 92,1; insoweit zust. *Krey*, JR 95, 265, 268; siehe auch *Rengier*, BT II Rn 9, 14 ff; aA noch *Wessels/Hettinger*, BT/1, 22. Aufl. 1999, Rn 398, 405). Schichtet man in dieser Weise vis compulsiva und Drohung voneinander ab, so erscheinen insoweit Überschneidungen ausgeschlossen.

**406** Ist BVerfGE 92, 1 darin zu folgen, daß die für die Drohungsalternative typische psychische Zwangswirkung nicht zugleich Gewalt iS der vis compulsiva begründen kann (siehe Rn 392, 405), so muß, da eine „nötigende" Zwangswirkung bei beiden Begehungsweisen intendiert ist, die vis compulsiva eine „*körperlich* vermittelte" sein. Wann eine solche Ausübung körperlichen Zwangs (immer den angestrebten Zweck mitgedacht) vorliegt, ist bisher nicht geklärt (dazu *Lackner/Kühl*, § 240 Rn 10; weiterführend *Paeffgen*, Grünwald-FS, S. 433). Die Lösung könnte in der Antwort auf die schon von *Geilen* (JZ 70, 521, 528) gestellte Frage liegen, worauf im konkreten Fall der vom Nötigungsmittel ausgehende Einfluß auf die Willensbildung beruht. Vis compulsiva ist dann immer nur diejenige körperliche Zwangseinwirkung, die geeignet und gerade dazu bestimmt ist, zu nötigen. Gewalt wird idR dann auszuscheiden haben, wenn die körperliche Auswirkung *die Folge* eines durch die bedrohliche Situation hervorgerufenen psychischen Prozesses ist. Aus dem Vorstehenden ist demnach zu folgern, daß jedenfalls in dem Bedrohen mit einer Schußwaffe keine Gewalt liegt (aA BGHSt 23, 126; 39, 133). Entsprechendes dürfte für das Erzwingen des Überholens gelten (aA BGHSt 19, 263; vgl ferner OLG Karlsruhe NStZ-RR 98, 58 mwN).

Das angedrohte Übel kann in einem **Tun**, aber auch in einem **Unterlassen** bestehen. Bedeutung erlangt das etwa bei der Weigerung, bestimmte Arbeiten zu verrichten, bestellte Waren abzunehmen, einen Arbeitsuchenden einzustellen, die gewohnte Zahlung von Unterhalt fortzusetzen oder einen finanziell gefährdeten Fußballverein weiterhin mit Geldzuwendungen zu unterstützen, sofern der andere Teil die von ihm verlangten Zugeständnisse nicht machen oder sich sonst nicht in der gewünschten Weise verhalten sollte. Fraglich und umstritten ist indessen, ob in der Ankündigung einer derartigen **Unterlassung** nur dann die Drohung mit einem empfindlichen Übel liegt, wenn das angekündigte Unterlassen eine **Rechtspflicht zum Handeln** verletzen würde, die Vornahme der Handlung, um deren Unterlassen es geht, also *rechtlich geboten* war. Vorherrschend war lange Zeit die zuletzt genannte Ansicht; von ihrem Standpunkt aus ist der Tatbestand des § 240 I nicht erfüllt, wenn jemand lediglich das Unterlassen von Handlungen ankündigt, deren Vornahme die Rechtsordnung in das *freie Belieben* des einzelnen stellt. So insbesondere BGH GA 60, 277; NStZ 82, 287; RGSt 14, 264; 63, 424; *Arzt/Weber*, BT/1 Rn 590; *Bockelmann*, BT/2 S. 106; *Schubarth*, JuS 81, 726 und Anm. NStZ 83, 312; SK-*Horn*, § 240 Rn 16; ebenso (unter Hinweis auf das Autonomieprinzip) *Roxin*, JuS 64, 373. **407**

Ein anschauliches **Beispiel** dafür bietet der vom OLG Hamburg (NJW 80, 2592) entschiedene Fall: Gegen die 16jährige Schülerin S schwebte ein Ermittlungsverfahren wegen Ladendiebstahls. Der bei der Staatsanwaltschaft beschäftigte A, der hiervon Kenntnis erlangt hatte, setzte sich mit S in Verbindung, die ihn für einen Rechtsanwalt hielt und annahm, er habe für die geschädigte Firma die Bearbeitung der Diebstahlsanzeige übernommen. Diesen Irrtum ausnutzend erklärte A, er werde die Strafanzeige zurückziehen, wenn S ihm zu Willen sei. In der Hoffnung, dadurch die Abwendung des Strafverfahrens zu erreichen, gestattete S dem A die Vornahme sexueller Handlungen. Das OLG Hamburg hat die Verurteilung des A wegen Beleidigung (§ 185) gebilligt, diejenige wegen Nötigung jedoch mit der Begründung aufgehoben, es fehle hier an einer **Drohung** iS des § 240. A habe nur in Aussicht gestellt, daß er der S nicht behilflich sein, sondern den Dingen ihren Lauf lassen und den Eintritt des Übels (in Gestalt des Strafverfahrens) **nicht abwenden** werde, falls S seinen Wünschen nicht nachkomme. Wer einen anderen in der Weise zu beeinflussen suche, daß er ihm eine **Hilfeleistung anbiete**, zu der *er rechtlich nicht verpflichtet* sei, weise lediglich auf eine schon bestehende Notlage hin und zeige einen **möglichen Ausweg** auf, *drohe* aber nicht mit einem von ihm zu verwirklichenden Übel. **408**

Die Gegenmeinung, der sich 1983 auch der BGH angeschlossen hat (BGHSt 31, 195), verlegt die Lösung der erwähnten Fälle über eine Ausweitung des Drohungsbegriffs in den Bereich des § 240 II. Von diesem Standpunkt aus ist die Ankündigung eines Unterlassens ohne Rücksicht darauf, ob eine Pflicht zum Handeln besteht oder nicht, eine „Drohung" iS des § 240 I, wenn sie „sozialwidrig" als Druck- **409** mittel zu dem Zweck eingesetzt wird, den widerstrebenden Willen des Opfers in eine bestimmte Richtung zu lenken. Die „Auslesefunktion" des gesetzlichen Tatbestandes verkümmert hier weitgehend; Gewicht und Bedeutung hat allein die **Verwerflichkeitsprüfung**. Näher dazu BGHSt 31, 195; OLG Stuttgart NStZ 82, 161; LK-*Schäfer*, § 240 Rn 53, 81; S/S-*Eser*, § 240 Rn 10, 20; *Stoffers*, JR 88, 492; *Tröndle/Fischer*, § 240 Rn 18; differenzierend *F.-C. Schroeder*, JZ 83, 284; *Roxin*, Anm. JR 83, 333; *Volk*, JR 81, 274; *Zopfs*, JA 98, 813.

410 Im Fall der Entscheidung BGHSt 31, 195 ging es ebenfalls um den Warenhausdiebstahl eines 16jährigen Mädchens (B), das ein Umhängetuch im Wert von 40 DM entwendet hatte. B bat die beiden Kaufhausdetektive inständig, von einer Strafanzeige abzusehen, weil ihre Eltern sie „sonst totschlügen" und sie den Verlust einer ihr zugesagten Lehrstelle befürchten müsse. Nach der Entgegnung, daß sie zur Weiterleitung der Anzeige verpflichtet seien, gab einer der Detektive, der als Chef aufgetreten war, der B in Abwesenheit seines Kollegen zu verstehen, daß es vielleicht doch einen Weg gebe, ihr zu helfen; wenn „sie mit ihm schlafe, werde er die Anzeige unter den Tisch fallen lassen." B glaubte ihm und nahm die Verabredung zu einem späteren Zusammentreffen an, offenbarte sich in der Zwischenzeit aber einer Vertrauensperson, welche die Polizei einschaltete. Die Verurteilung des Angeklagten wegen **versuchter Nötigung** wurde vom OLG Stuttgart und vom BGH gebilligt. Der BGH hat die ihm zur Entscheidung vorgelegte Rechtsfrage, ob eine Drohung iS des § 240 auch in der Ankündigung liegen könne, ein *rechtlich nicht gebotenes* Handeln zu unterlassen, bejaht. Nach seiner Ansicht darf man die Drohung *mit* einem Unterlassen (= Begehungsdelikt) nicht von den gleichen Voraussetzungen abhängig machen wie eine Nötigung *durch* Unterlassen (= unechtes Unterlassungsdelikt). Bei der Drohung mit einem empfindlichen Übel könne der Täter vielfach offenlassen, ob er etwas „tun" oder „unterlassen" werde. Das spreche dafür, die Subsumtion unter das Merkmal der Drohung nicht an fragwürdige Unterscheidungen zu binden. Für den Motivationsdruck, der von einer Drohung ausgehe, sei es nicht entscheidend, ob der Täter etwas tun oder unterlassen wolle und ob das Tun oder Unterlassen rechtmäßig oder rechtswidrig sei; wesentlich sei allein, **welches Übel** als Folge *seines* Verhaltens (tatsächlich oder angeblich) eintreten werde. Die Kriterien, von denen gemäß § 240 I, II die Strafbarkeit einer Drohung abhänge, ließen sich wie folgt umschreiben:

411 a) **Inhalt** der Drohung müsse ein **empfindliches Übel**, also ein Nachteil von solcher Erheblichkeit sein, daß seine Ankündigung geeignet erscheine, den Bedrohten im Sinne des Täterverlangens zu motivieren. Diese normative Voraussetzung entfalle, wenn von *diesem* Bedrohten in *seiner* Lage erwartet werden könne, daß er der Bedrohung in besonnener Selbstbehauptung standhalte.

412 b) Der Täter müsse tatsächlich oder (zumindest) nach den Befürchtungen des Bedrohten **Herr des Geschehens** sein, und zwar derart, daß die Herbeiführung des angekündigten Übels in seiner Macht stehe.

413 c) Die **Verquickung von Mittel und Zweck** müsse nach allen bei der Wertung zu berücksichtigenden Umständen **verwerflich** sein. Dieses Erfordernis, das im Wege einer konkretnormativen Betrachtung zu prüfen sei, führe zur Ausscheidung der „Unterlassungsfälle", in denen nur der Handlungsspielraum des Bedrohten erweitert, die Autonomie seiner Entschlüsse jedoch nicht in *strafwürdiger* Weise angetastet werde.

414 Bei Sachverhalten, in denen es für den Effekt der Drohung belanglos ist, ob sie ein Tun oder ein Unterlassen zum Inhalt hat, glaubt *Wessels* (BT/1, 21. Aufl. 1997, Rn 399), dem BGH im Ergebnis folgen zu dürfen. Das gelte insbesondere bei Ankündigungen des Täters, die *mehrdeutig* sind und die (wie in den geschilderten

Diebstahlsfällen) auch so aufgefaßt werden können, daß ein *aktives Tun* in Aussicht gestellt wird (wie etwa die *Weiterleitung* der Strafanzeige oder das *Weiterbetreiben* eines schon eingeleiteten Verfahrens; klärend *Zopfs*, JA 98, 813, 817). Die Begründung, auf die der BGH seine geänderte Rechtsauffassung stützt, weckt jedoch Bedenken. Sie krankt daran, daß der BGH die tatbestandlichen Grenzen des § 240 I in den einschlägigen Unterlassungsfällen weit über Gebühr ausdehnt, um sodann auf dem Umweg über die Verwerflichkeitsprüfung (§ 240 II) das wieder herauszufiltern, was (ihm) *nicht strafwürdig* erscheint. Diese Methode verdient keine Zustimmung (im Bereich des § 181 Nr 1 wäre sie ohnedies zum Scheitern verurteilt, da die dort erfaßten Drohungen nur der *allgemeingültigen* Rechtswidrigkeitsprüfung zugänglich sind). Die Anforderungen, die in begrifflicher Hinsicht und unter dem Blickwinkel des geschützten Rechtsgutes an die *Tatbestandsmäßigkeit* des Verhaltens zu stellen sind, dürfen nicht deshalb herabgesetzt und vernachlässigt werden, weil es auf anderen Wertungsstufen (= Rechtswidrigkeit und Schuld) noch „Regulative" gibt, die ein methodisch fragwürdiges Vorgehen wieder ausgleichen können (vgl etwa BGHSt 44, 68, 76). Ankündigungen, die nur den Handlungsspielraum des Betroffenen erweitern und die Autonomie seiner Willensentschlüsse nicht antasten, werden vom Unrechtstatbestand des § 240 I von vornherein nicht erfaßt; sie bedürfen (entgegen BGHSt 31, 195, 201) keiner „Verwerflichkeitskontrolle", weil sie das durch § 240 geschützte Rechtsgut nicht verletzen. Ist das Verhalten des Täters seinem sozialen Gesamtsinn nach gar nicht darauf gerichtet, den anderen Teil „unter Druck zu setzen", ihn einzuschüchtern und seinen Willen zu beugen, liegt schon *tatbestandlich* keine Nötigung vor. An der exakten Prüfung, wann jemand iS des § 240, des § 253 oder des § 181 Nr 1 „droht" und wann er lediglich eine von ihm nicht geschuldete „Hilfeleistung anbietet" oder iS der §§ 331, 332 einen „Vorteil fordert", führt daher auch künftig kein Weg vorbei. Ebenfalls krit. zur Argumentation des BGH in BGHSt 31, 195: *Horn*, NStZ 83, 497; *Lackner/Kühl*, § 240 Rn 14; *Roxin*, Anm. JR 83, 333; *F.-C. Schroeder*, JZ 83, 284; *Schubarth*, Anm. NStZ 83, 312; *Zopfs*, JA 98, 813; zweifelnd BGHSt 44, 68, 75; vermittelnd *Arzt*, Lackner-FS S. 641; vgl auch *Klein*, Zum Nötigungstatbestand, 1988, S. 118 ff; *Pelke*, Die strafrechtl. Bedeutung der Merkmale „Übel" und „Vorteil", 1990.

**Beispiel:** Ein Geschäftsstellenbeamter der Staatsanwaltschaft, der an einen Bekannten, gegen den bereits ein Ermittlungsverfahren läuft, herantritt und ihm gegen Zahlung von 3000 DM die Vernichtung der Ermittlungsakten verspricht, macht sich der Bestechlichkeit (§ 332) schuldig, begeht mangels Drohung aber weder eine Nötigung noch eine Erpressung (näher *Zopfs*, JA 98, 813, 817). Es wäre verfehlt, aus BGHSt 31, 195 herleiten zu wollen, daß er „mit einem Unterlassen gedroht" habe. Da er (anders als in den oben mitgeteilten Fällen) mit der Einleitung des schwebenden Verfahrens und mit dessen Fortgang nichts zu tun hatte und einen solchen Eindruck auch nicht erweckt hat, liegt in seinem Verhalten keine Drohung, sondern nur das **Angebot**, dem Beschuldigten gegen Zahlung einer Vergütung **zu helfen** und ihm aus der schon bestehenden Zwangslage einen eventuell gangbaren Ausweg zu eröffnen. **415**

Die Ankündigung, **bestehende Beziehungen** geschäftlicher (BGHSt 44, 251) oder rein menschlicher Art (vgl BGH NStZ 82, 287) **abzubrechen** oder **ein bisher geübtes Verhalten einzustellen**, das (wie etwa fortlaufende freiwillige Geldzuwendungen) Erwartungen begründet und einen gewissen Vertrauenstatbestand geschaffen hat, will *Wessels* (BT/1, 21. Aufl. 1997, Rn 401) in aller Regel als Drohung iS des § 240 auffassen, wenn auf diese **416**

Weise Druck ausgeübt und der andere zu einem bestimmten Verhalten veranlaßt werden soll. Für diese Einordnung spreche ua, daß hier eine klare Grenzziehung zwischen in Aussicht gestelltem **Unterlassen** (= künftig „nichts mehr zu überweisen") und **aktivem Tun** (= die bisherigen Zahlungen umgehend „einzustellen") kaum möglich sei (so würde zB der Widerruf eines Dauerüberweisungsauftrags stets ein „Tun" voraussetzen; auch dazu weiterführend *Zopfs*, JA 98, 813, 818). Als Drohung erscheint hingegen die Ankündigung, eine bestimmte Handlung zu unterlassen, zu deren Vornahme man **rechtlich verpflichtet** ist. Die Problematik ist keineswegs schon abschließend geklärt (lehrreiche Zusammenfassung des Diskussionsstands bei *Küper*, BT S. 96).

### 4. Nötigungserfolg

417 Da die auf Nötigung gerichtete Handlung des Täters darauf abzielt, den Betroffenen zu einem seinem Willen widerstrebenden Verhalten zu zwingen, muß **Folge** der Nötigungshandlung demnach ein **erzwungenes Verhalten** sein (= Tun, Dulden oder Unterlassen). Zwischen dem Einsatz des Nötigungsmittels und dem Nötigungserfolg muß ein *ursächlicher Zusammenhang* bestehen. Die Vollendung der Tat tritt mit dem abgenötigten Verhalten, also dann ein, wenn die Nötigungshandlung ihr Ziel ganz oder teilweise erreicht (vgl BGHSt 37, 350; BGH GA 87, 28; NJW 97, 1082). Bleibt die Nötigungshandlung ohne Erfolg, erreicht sie das Opfer nicht, geht das Opfer auf sie nur zum Schein ein oder tut es etwas anderes, als der Täter zu erreichen sucht, kommt *versuchte* Nötigung in Betracht.

418 Ihr Hauptziel, daß F sich schuldig bekannte und sie um Verzeihung bat, hat N im **Fall 22** nicht erreicht. Ihre Nötigungshandlung hatte jedoch insoweit „Erfolg", als F gezwungen war, die Ausübung ihres Obhutsrechts gegenüber T durch Betreten des Kinderzimmers zu unterlassen (= das Vorhandensein eines darauf gerichteten Willens der F vorausgesetzt) und den Schlosser S mit dem Öffnen der Tür zu beauftragen. Das eine wie das andere genügt zur Verwirklichung des objektiven Nötigungstatbestandes (vgl BGH GA 87, 28; MDR/D 72, 386).

### 5. Subjektiver Tatbestand

419 Der **subjektive Tatbestand** des § 240 I fordert **Vorsatz**, wobei nach hM auch hinsichtlich des abgenötigten Verhaltens *Eventualvorsatz* ausreicht (BGHSt 5, 245). Bei **Gewalt gegen Sachen** wird man indessen ein *zielgerichtetes* **Handeln zu Nötigungszwecken** und eine diesbezügliche *Absicht* des Täters verlangen müssen (vgl BGH JR 88, 75; BayObLG NJW 63, 1262; *Maurach-Schroeder*, BT 1 § 13 Rn 41; S/S-*Eser*, § 240 Rn 34; SK-*Horn*, § 240 Rn 7). Letzteres folgt mittelbar aus § 240 II, wo das Gesetz klar und unmißverständlich auf den „angestrebten Zweck" des Handelns abstellt.

420 Im **Fall 22** war die *Absicht* der N darauf gerichtet, die F im Wege der sog. Sachgewalt durch Verschließen der Tür und Wegnahme des Schlüssels zu einem bestimmten Verhal-

ten zu nötigen. Darauf, daß F zeitweilig die Trennung von ihrem schlafenden Kind erdulden mußte, kam es ihr zweifelsfrei an. In bezug auf das Zuhilfeholen eines Schlossers hat N zumindest mit Eventualvorsatz gehandelt, was ausreicht, falls die verübte Sachgewalt überhaupt auf einen bestimmten Nötigungserfolg abzielt. N hat daher den Tatbestand des § 240 I auch in subjektiver Hinsicht verwirklicht.

## 6. Rechtswidrigkeit der Nötigung

Die **Unrechtsbewertung** bildet das Hauptproblem des § 240, dessen Tatbestand (Abs. 1) durch die Neufassung vom 29.5.1943 (RGBl I 339) eine solche Ausweitung erfahren hat, daß über eine besondere Rechtswidrigkeitsregel (Abs. 2) die Möglichkeit der Korrektur geschaffen werden mußte. 421

Während es früher der Drohung mit einem *Verbrechen oder Vergehen* bedurfte, genügt nun die Drohung mit jedem empfindlichen Übel. Aus dieser Gesetzesänderung wurde auch ein Argument für die Erweiterung des Gewaltbegriffs hergeleitet: Wenn schon die *Androhung* eines empfindlichen Übels ausreicht, muß dessen *Zufügung* erst recht (als Gewalt) den Tatbestand des § 240 erfüllen (vgl *Knodel*, aaO S. 54; LK-*Schäfer*, § 240 Rn 56; krit. dazu *Sommer*, NJW 85, 769; abl. *Paeffgen*, Grünwald-FS, S. 433, 446 f und, genau umgekehrt argumentierend, *Jakobs*, Hilde Kaufmann-GedS, S. 791, 810).

Die hM erblickt in § 240 I einen **ergänzungsbedürftigen Tatbestand**, dessen Verwirklichung nicht ohne weiteres die Rechtswidrigkeit der Tat indiziert. 422

Das gilt in erster Linie für die Fälle der Drohung, nach jetzt anerkannter Auffassung aber auch bei der Anwendung von Gewalt, wie etwa bei der gewaltsamen Verhinderung einer strafbaren oder sittenwidrigen Handlung (vgl BVerfGE 73, 206; BGHSt 17, 329; 34, 71; 35, 270, 275).

Das **Rechtswidrigkeitsurteil** folgt hier demnach nicht schon aus dem Fehlen von Rechtfertigungsgründen, sondern hängt von einer **gesamttatbewertenden Feststellung** ab, für die § 240 II als strafbarkeitseinschränkendes Korrektiv die gesetzliche Grundlage liefert (BVerfGE 73, 206, 255; BGHSt 35, 270, 276). Danach ist die Tat, sofern nicht bereits ein Rechtfertigungsgrund eingreift (wie zB § 34 StGB oder § 229 BGB), nur dann rechtswidrig, wenn die Anwendung der Gewalt oder die Androhung des Übels *zu dem angestrebten Zweck* **verwerflich** ist. **Zweck** im Sinne dieser Vorschrift ist die Beeinträchtigung der Willensfreiheit des Opfers in bestimmter Richtung, dh das Verhalten, zu dem genötigt werden soll (Nahziel). Daneben kann auch die besondere *subjektive* Zwecksetzung des Täters berücksichtigt werden (vgl BGHSt 17, 329; 18, 389; BayObLG DAR 89, 273; OLG Zweibrücken GA 91, 323; S/S-*Eser*, § 240 Rn 21), während dessen Fernziele nur für die Frage der Strafzumessung von Bedeutung sind (so BGHSt 35, 270; BayObLG NJW 93, 212, 213; OLG Koblenz NJW 88, 720; *Tröndle/Fischer*, § 240 Rn 27; differenzierend *Lackner/Kühl*, § 240 Rn 18 ff). 423

Bei § 240 II ist zwischen den **Wertungsbestandteilen** und dem zu fällenden **Werturteil** selbst zu unterscheiden: Die Bewertungsgrundlagen bilden sachlich eine Ergänzung des Unrechtstatbestandes, während das Werturteil über die Verwerflichkeit der Zweck-Mittel-Rela- 424 tion systematisch nur die Rechtswidrigkeit der Tat betrifft (im einzelnen streitig; vgl BGHSt 31, 195, 200; BayObLG NJW 92, 521; LK-*Schäfer*, § 240 Rn 66; S/S-*Eser*, § 240 Rn 16; krit. dazu *Günther*, Baumann-FS, S. 213). Bedeutung hat dies vor allem im **Irrtumsbereich**: Die irrige Annahme von Umständen, deren wirkliches Vorliegen die begangene Nötigung als nicht verwerflich erscheinen lassen würden, ist zumindest ebenso wie die irrige Annahme einer rechtfertigenden Sachlage analog § 16 I 1 nach den Regeln des Erlaubnistatumstandsirrtums zu behandeln (näher dazu BGH LM Nr 3 zu § 240 StGB; *Lackner/Kühl*, § 240 Rn 25; *Wessels/Beulke*, AT Rn 286). Wer dagegen bei voller Sachverhaltskenntnis irrig zu der Ansicht gelangt, sein Verhalten sei nicht verwerflich, erliegt einem nach § 17 zu behandelnden Verbots- oder Erlaubnisirrtum (BGHSt 2, 194; SK-*Horn*, § 240 Rn 54).

**425** Eine Nötigung, die durch einen Rechtfertigungsgrund gedeckt wird, kann nicht „verwerflich" sein. Auf § 240 II kommt es somit nur dann an, wenn **kein Rechtfertigungsgrund eingreift** (zutreffend *Bergmann*, Jura 85, 457, 462; *Küper*, BT S. 222; *Otto*, BT § 27 Rn 31; so im Aufbau auch BGHSt 39, 133, 136).

**426** Die **Rechtswidrigkeit der Nötigung** ist nach § 240 II nicht einseitig im angewandten Zwangsmittel oder in dem angestrebten Zweck zu suchen, vielmehr sind beide zueinander in Beziehung zu setzen. Maßgebend ist die **Zweck-Mittel-Relation** (BGHSt 5, 254; 17, 329, 331; näher *Küper*, BT S. 219): die **Verknüpfung** zwischen dem *Mittel* der Gewalt oder der Drohung und dem *Nötigungszweck* muß rechtlich verwerflich sein. Der Begriff der **Verwerflichkeit** knüpft an sozialethische Wertungen an und setzt ein gesteigertes Unwerturteil voraus; rechtlich verwerflich ist, was *sozial unerträglich* und wegen seines grob anstößigen Charakters sozialethisch in *besonders hohem Maße* zu mißbilligen ist (vgl BGHSt 17, 329, 332; 18, 389, 391; 35, 270, 276; OLG Stuttgart NJW 91, 994; OLG Zweibrücken NJW 91, 53; *Lampe*, Stree/Wessels-FS, S. 449, 457).

**427** Im **Fall 22** war hiernach bewertet die von N begangene Nötigung **rechtswidrig** iS des § 240 II: Auf einen Rechtfertigungsgrund kann N sich nicht stützen. Die gewaltsame Trennung von Mutter und Kind zu dem Zweck, die F zur Abgabe eines aus purer Geltungssucht verlangten „Schuldbekenntnisses" zu veranlassen, ist grob anstößig und verwerflich. Da auch ein Schuldvorwurf gegen N zu erheben ist, hat diese sich nach § 240 strafbar gemacht.

Das Verhalten des M, der die N durch Drohung mit einer Strafanzeige zur Erstattung des Werklohns von 20 DM und zur Abgabe einer schriftlichen Entschuldigung genötigt hat, erfüllt ebenfalls den Tatbestand des § 240 I. Erpressung (§ 253) als spezielleres Delikt scheidet aus, da N gemäß § 823 I BGB zur Erstattung der 20 DM verpflichtet war. N erlitt keinen Schaden, weil das Freiwerden von der Verbindlichkeit die Hingabe des Geldes ausglich, und M handelte insoweit ohne Vorsatz; zudem erstrebte er keinen *rechtswidrigen* Vorteil (näher BGHSt 20, 136). Zu prüfen bleibt die *Rechtswidrigkeit* der Nötigung.

**428** Gezielte Eingriffe in die Bewegungsfreiheit anderer durch das aggressive Versperren von Verkehrsverbindungen verlieren ihren Charakter als strafwürdiges Nötigungsunrecht nicht etwa deshalb, weil dies aus verständlicher Sorge um die Erhaltung von Arbeitsplätzen oder in der Absicht geschieht, die Öffentlichkeit auf bestimmte Mißstände aufmerksam zu machen oder die Bürger zum Nachdenken über die Gefahren der Atomkraft, der Luftverschmutzung, des Waldsterbens und dergleichen zu zwingen. Die Grundrechte der Meinungs- und

Versammlungsfreiheit (Art. 5, 8 GG) erlauben Verkehrsbehinderungen nur, soweit sie eine *unvermeidbare Nebenwirkung* rechtmäßiger Demonstrationen sind. Wer seine Aktionen jedoch so organisiert, daß er die davon Betroffenen nach Umfang, Intensität und Dauer der Zwangseinwirkung einer erheblichen Freiheitsbeeinträchtigung aussetzt und sie gezielt zu Werkzeugen seines Handelns macht, überschreitet nach hM die Grenze des sozial Erträglichen mit der Folge, daß sein Verhalten als rechtswidrig iS des § 240 II zu beurteilen ist. Näher dazu BayObLG NJW 93, 212; *Lenckner*, JuS 88, 349; *Otto*, NStZ 92, 568 mwN.

Verwerflich iS des § 240 II handelt auch, wer den Vorrang staatlicher Zwangsmittel **429** mißachtet und sich als einzelner ohne speziellen Rechtfertigungsgrund anmaßt, die Gesetzestreue anderer mit Gewalt zu erzwingen (BGHSt 39, 133; *Roxin*, Anm. NStZ 93, 335).

Hinsichtlich schuldrechtlicher Ersatzansprüche gilt folgendes: Wo nicht ausnahmsweise ein Selbsthilferecht in Betracht kommt (vgl §§ 229, 230 BGB), gibt ein fälliger Anspruch dem Gläubiger nicht das Recht, den Schuldner *eigenmächtig* zur Leistung zu zwingen; er muß vielmehr beim Ausbleiben der Leistung den Klageweg beschreiten. Gleichwohl ist das Drohen mit einer *begründeten* Strafanzeige zur Durchsetzung eines mit der Straftat zusammenhängenden Ersatzanspruchs nicht verwerflich iS des § 240 II. Sofern nämlich der Sachverhalt, aus dem das Recht zur Strafanzeige hergeleitet wird, mit dem durch die Drohung verfolgten Zweck in einer *inneren Beziehung* steht, erscheint die Verknüpfung von Mittel und Zweck nicht willkürlich oder grob anstößig, vorausgesetzt, daß zwischen dem Gewicht der Drohung und dem angestrebten Zweck kein offensichtliches Mißverhältnis besteht (näher BGHSt 5, 254; BGH NJW 57, 596; BayObLG MDR 57, 309). **430**

Um eine willkürliche und verwerfliche Verknüpfung würde es sich zB handeln, wenn ein Arbeitgeber seiner Buchhalterin nach Aufdeckung einer Unterschlagung für den Fall mit einer Strafanzeige droht, daß sie sich auf seine sexuellen Wünsche nicht einläßt. **431**

> Da M gegen die N im **Fall 22** einen Ersatzanspruch bezüglich des von ihm bezahlten **432**
> Werklohns hatte, die erforderliche innere Beziehung also bestand, ist nach den Kriterien
> der hM ein Mißverhältnis von Mittel und Zweck zu verneinen. Eine *schriftliche Entschuldigung* konnten weder M noch F von N verlangen, weil die Rechtsordnung einen
> solchen Anspruch nicht kennt. Die Durchsetzung eines *nicht* bestehenden Anspruchs
> mit den Mitteln des § 240 I ist zwar in aller Regel verwerflich; hier ist jedoch zu beachten, daß die Durchführung eines Strafverfahrens auch dem Zweck dient, dem durch die
> Straftat Verletzten eine ideelle Genugtuung zu verschaffen. Demnach erscheint es nicht
> mißbilligenswert und verwerflich, für *den* Fall mit einer Strafanzeige zu drohen, daß der
> Straftäter sich weigern sollte, dem Verletzten in Form einer Entschuldigung Genugtuung
> zu leisten. Eine *Abbitte*, die einer entwürdigenden Demütigung gleichkäme, darf freilich
> nicht verlangt werden. Das Verhalten des M gegenüber N war somit auch insoweit nicht
> verwerflich und damit nicht rechtswidrig iS des § 240 II.

Zur strafrechtlichen Bewertung des „Anzapfens" gegenüber Herstellern oder Lieferanten nach § 240 StGB und § 12 UWG (das Gesetz zur Bekämpfung der Korruption vom 13.8.1997 [BGBl I 2038] hat den bisherigen § 12 UWG gestrichen und durch § 299 StGB ersetzt; dazu *Wessels/Hillenkamp*, BT/2 Rn 701) siehe *Lampe*, **433**

§ 8 *Freiheitsberaubung und Nötigung*

Stree/Wessels-FS, S. 449. Zu den Konkurrenzfragen siehe *Tröndle/Fischer*, § 240 Rn 38.

### 7. Problemhinweise zum Selbststudium

**434** **Gewaltanwendung durch ein Unterlassen:** BayObLG NJW 63, 1261; *Geilen*, H. Mayer-FS, S. 445, 452 ff; *Timpe*, JuS 92, 748.
**Nötigung im Straßenverkehr** (insbesondere beim Erzwingen oder Verhindern des Überholens auf Autobahnen): BGHSt 19, 263; 18, 389; BGH NJW 95, 3131 ff; OLG Stuttgart NJW 95, 2647; *Haubrich*, NJW 89, 1197; *Lackner/Kühl*, § 240 Rn 9; *Voß-Broemme*, NZV 88, 2. Zur Frage der Notwehr gegen **verkehrsfremde** Eingriffe siehe OLG Schleswig NJW 84, 1470; BayObLG NJW 93, 211 mit abl. Besprechung *Heinrich*, JuS 94, 17.
**Erzwingen der Einfahrt in eine Parklücke:** BayObLG NJW 95, 2646; OLG Stuttgart NJW 66, 745; OLG Hamburg NJW 68, 662; OLG Köln NJW 79, 2056; eingehend *Tröndle/Fischer*, § 240 Rn 28a mwN. Bei der Beurteilung dieser Fälle ist davon auszugehen, daß es nicht darauf ankommt, wer die Parklücke zuerst *entdeckt* hat, sondern daß demjenigen Kraftfahrer das **Vorrecht** zusteht, der die Parklücke **zuerst erreicht**, auch wenn er beim Einrangieren zunächst etwas vorfahren und zurücksetzen muß (§ 12 V StVO; OLG Düsseldorf NJW 87, 269 und NZV 92, 199). Dieses Vorrecht ist jedoch in aller Regel nicht erzwingbar, da das gesamte Straßenverkehrsrecht, dem es entspringt, unter dem Gebot der gegenseitigen Rücksichtnahme steht und es einem Verkehrsteilnehmer sogar zur Pflicht macht, auf eine ihm zustehende Befugnis zu verzichten, wenn sie nur um den Preis der Gefährdung oder Schädigung anderer wahrgenommen werden könnte, selbst wenn jener andere sich bei verkehrsbezogenen Vorgängen *verkehrswidrig* verhält (OLG Hamm NJW 70, 2074; *Bockelmann*, Anm. NJW 66, 745; aA *Jakobs*, AT 12/4). Ein Kraftfahrer der mit seinem Pkw einen Fußgänger gewaltsam aus einer Parklücke herausdrückt, die dieser zuerst entdeckt hat und zu „reservieren" sucht, verwirklicht daher den Tatbestand des § 240 I, ohne sich auf Notwehr stützen zu können (näher S/S-*Lenckner*, § 32 Rn 9 mwN). Ob sein Verhalten zugleich verwerflich iS des § 240 II ist, hängt weitgehend von den Umständen des Einzelfalles ab (insbesondere vom Ausmaß der Gefährdung des Betroffenen; vgl OLG Naumburg NZV 98, 163).
**Nötigung und Demonstrationsrecht:** BVerfGE 73, 206; 76, 211; 92, 1; BGHSt 34, 71; 35, 270 und 350; 41, 182; BGH NJW 95, 2862; *Lackner/Kühl*, § 240 Rn 8, 22 mwN.
**Zum Überlegen:** Verläßt man einmal die Fallösungsperspektive und nimmt sozusagen unbefangen die Struktur des § 240 in den Blick, so zeigt sich, was der Große Senat schon 1952 auf den Punkt gebracht hat (BGHSt 2, 194): Der „Gesetzgeber" von 1943 hat die Grenzen des Nötigungstatbestandes so weit gezogen, daß dieser nunmehr auch ungezählte Fälle des täglichen Lebens erfaßt, in denen die Nötigung trotz Drohung mit einem empfindlichen Übel für das natürliche Rechtsgefühl rechtmäßig ist, die Rechtmäßigkeit jedoch nicht aus einer besonderen rechtfertigenden Gegennorm hergeleitet werden kann. Hier fällt deshalb dem Richter die Aufgabe zu, an Stelle des Gesetzgebers durch unmittelbare Wertung zu entscheiden, ob die tatbestandsmäßige Nötigung im Einzelfall rechtswidrig ist oder nicht (BGHSt 2, 194, 195; die hM ist klar ausformuliert bei *Otto*, BT § 27 Rn 30). Würde man alle Tatbestände so weit („offen") fassen wie § 240, würde nur deutlicher, was § 240 schon de lege lata entgegenzuhalten ist: die Unvereinbarkeit mit dem Programm des Grundgesetzes, insbesondere Art. 103 II GG (instruktiv dazu *Jeand'Heur*, NJ 95, 465, 466). Eben darauf dürfte die Bemerkung des BVerfG zu § 240 II in der dritten Sitzblockadenentscheidung zielen (siehe Rn 381). So gesehen geht es *nicht* um die Frage, ob man derartige Verhaltensweisen *bestrafen sollte*, sondern vorrangig um die, ob § 240 in der derzeitigen Fassung überhaupt mit der Verfassung vereinbar ist. Ist das zu verneinen, bleibt es dem Gesetzgeber unbenommen, den neu zu

schaffenden Nötigungstatbestand so zu konzipieren, daß auch solche Verhaltensweisen erfaßt sind.

## § 9 Entziehung Minderjähriger, Kinderhandel und Geiselnahme

**Fall 23:** A und B gelingt es, ohne vom Pförtner bemerkt zu werden, in ein von mehreren Familien bewohntes Haus zu gelangen. Nachdem sie sich nach einem geeigneten Opfer umgesehen haben, ergreifen sie ein 6 Monate altes, unbeaufsichtigtes Kind und stecken es in eine mitgebrachte Reisetasche, die sie verschließen, um so unbehelligt an der Pforte vorbeizukommen. Das Kind wollen sie für eine hohe Summe „verkaufen". Da der Pförtner kurzfristig nicht auf seinem Posten ist, können sie das Haus unbeobachtet verlassen. Als die Eltern kurze Zeit später nach Hause kommen, wird die Tat entdeckt.
Wie ist das Verhalten von A und B strafrechtlich zu beurteilen?

435

### I. Entziehung Minderjähriger

#### 1. Neufassung und Systematik

Nachdem die Entführung gegen den Willen der Entführten (§ 237 StGB aF) bereits durch das 33. StÄG vom 5.7.1997 (BGBl I 1607) aufgehoben worden war, hat das 6. StrRG (siehe Rn 364) auch die Entführung mit Willen der Entführten und insoweit zusätzlich das bisherige Antragsrecht beseitigt (§§ 236, 238). Zu diesen weggefallenen Entführungsdelikten siehe LK-*Gribbohm,* Rn 2 vor § 234 sowie die Erläuterungen bei *Wessels,* BT/1, 21. Aufl. 1997, Rn 425 ff. Die zT neuen Formulierungen des § 234 dienen nur dem Zweck, zu einem möglichst einheitlichen Sprachgebrauch zu gelangen, streben mithin keine inhaltliche Änderung an. Eine solche stellt lediglich der neue § 234 II dar. Um den strafrechtlichen Schutz von Kindern gegen Entziehung zu verbessern, hat das 6. StrRG die Entziehung Minderjähriger (§ 235; bisher „Kindesentziehung") wesentlich umgestaltet (dazu eingehend BT-Drucks. 13/8587, S. 23, 38, 61, 83 sowie BT-Drucks. 13/9064, S. 15, 17).

436

Die Entziehung Minderjähriger ist ein *Dauerdelikt* (RGSt 15, 340; RG DR 42, 438; *Frank,* § 235 Anm. II; *Tröndle/Fischer,* § 235 Rn 6a). Den *Vergehen* des § 235 I, II (einschließlich der differenzierenden Versuchsregelung in Abs. 3) folgen in den Absätzen 4 und 5 eine Qualifikation und eine Erfolgsqualifikation, die Verbrechen iS des § 12 I sind. Für sie ist in Abs. 6 eine Strafzumessungsvorschrift eingestellt (dazu siehe Rn 82, 175). Im Gegensatz zu §§ 235, 238 aF ist § 235 nF, beschränkt auf die Vergehenstatbestände, nur noch als relatives Antragsdelikt ausgestaltet (§ 235 VII, zu dem § 77 III hinzuzulesen ist).

437

## 2. Schutzgüter, Tatobjekte, Täterkreis

**438** § 235 nF schützt nicht mehr nur das **elterliche oder sonstige familienrechtliche Sorgerecht** der Eltern, des Vormunds oder des Pflegers (so BGHSt 39, 239 zu § 235 aF), sondern nunmehr unmittelbar **auch die ungestörte körperliche und seelische Entwicklung** des entzogenen jungen Menschen, was § 235 IV Nr 1 Alt. 2 zum Ausdruck bringen soll (BT-Drucks. 13/8587, S. 38, 39; *Lackner/Kühl*, § 235 Rn 1; zu Unrecht aA *Nelles*, Einführung, S. 62; *Schumacher* in Schlüchter [Hrsg.], Bochumer Erläuterungen zum 6. StrRG, 1998, S. 52). „**Tatobjekte**" iS des § 235 I Nr 1, IV, V sind Minderjährige, also Kinder (§§ 19, 176 I) *und* Jugendliche (§§ 10 StGB, 1 II Halbsatz 1 JGG), im übrigen *nur* Kinder. Die Neufassung unterscheidet nach dem **Täterkreis** zwischen der Entziehung durch *Angehörige* (iS des § 11 I Nr 1), insbesondere Eltern einerseits und *außenstehenden Dritten* andererseits. Die Einführung von „einem Elternteil" in § 235 stellt klar, daß die Tat auch von einem Elternteil gegen den anderen begangen werden kann, sofern dieser (Mit-)Inhaber der Sorge ist oder ein Recht zum persönlichen Umgang mit dem Minderjährigen nach § 1684 BGB hat (BGHSt 44, 355). Entgegen einer Anregung des Bundesrats ist der Kreis der Sorgeberechtigten iS des § 235 nicht erweitert worden. Wer *sorgeberechtigt* ist, richtet sich nach der familienrechtlichen Lage im konkreten Fall (vgl §§ 1626, 1754, 1773, 1909, 1915 BGB). Für Angehörige als Täter verbleibt es im Rahmen des Abs. 1 bei der bisherigen Rechtslage (jetzt § 235 I Nr 1); die weiteren Absätze des § 235 gelten jedoch auch für sie (vgl *Nelles*, Einführung, S. 62 mwN). Hingegen bringt § 235 I Nr 2 für Taten Dritter zusätzlich eine bedeutende Ausweitung des Strafbarkeitsbereichs.

## 3. Tathandlungen und Tatmittel

**439** **Tathandlungen** sind das Entziehen und das Vorenthalten. Eine **Entziehung** liegt vor, wenn die *Ausübung* des Personensorgerechts (dazu §§ 1631 ff BGB) durch *räumliche Trennung* für einen mehr als nur unerheblichen Zeitraum vereitelt oder wesentlich beeinträchtigt wird (BGHSt 1, 199; 16, 58; BGH NStZ 96, 333; LK-*Gribbohm*, § 235 Rn 41). Welche Zeitdauer dafür notwendig ist, hängt vom Alter des Minderjährigen, dem Grad seiner Fürsorgebedürftigkeit sowie von den Umständen des Einzelfalls ab. Ein **Vorenthalten** ist gegeben, wenn der Täter die „Herausgabe" des Minderjährigen verweigert oder erschwert, zB durch dessen Beeinflussung, durch Verheimlichen des Aufenthaltsortes oder anderweitige Unterbringung, nicht hingegen durch bloße Gewährung von Unterkunft und Verpflegung (näher BT-Drucks. 13/8587, S. 38 mit Hinweis auf die Kommentierungen zu § 1632 BGB; *Nelles*, Einführung, S. 63; LK-*Gribbohm*, § 235 Rn 39, 64; SK-*Horn*, § 235 Rn 6).

**440** **Tatmittel** iS des § 235 I Nr 1 sind *Gewalt* und *Drohung mit einem empfindlichen Übel*, die wie bei § 240 auszulegen sind (siehe Rn 383, 401), sowie *List*. **Listiges Handeln** setzt nach hM nicht notwendig eine Täuschung und Irrtumserregung voraus; es genügt, daß der Täter einen schon bestehenden Irrtum geschickt für seine Zwecke ausnutzt oder sonst zur Durchsetzung seines Ziels die von ihm verfolgte

Absicht oder die ihrer Verwirklichung dienenden Mittel *geflissentlich verbirgt* (BGHSt 32, 267, 269; BGH NStZ 96, 276; *Küper*, BT S. 207; enger *Bohnert*, GA 78, 353; *Krack*, List als Tatbestandsmerkmal, 1994, S. 19 ff). § 235 I Nr 2 erfordert den Einsatz solcher Tatmittel nicht. Die neue Fallgruppe schließt eine Strafbarkeitslücke. Sie erfaßt insbesondere die Fälle, in denen der Täter ein Kleinstkind unbeobachtet an sich bringt, um es zu behalten, einem Dritten zu überlassen oder zu „verkaufen", schließt aber Angehörige aus dem Täterkreis aus; die versuchte Tat ist hier mit Strafe bedroht, § 235 III.

Eine Entziehung iS des § 235 I Nr 1 ist im **Fall 23** zu verneinen, da die mittäterschaftlich handelnden A und B sich zwar einer List bedienen wollten, aber letztlich nicht mußten. Der Versuch einer solchen Tat ist nach § 235 III nicht strafbar. Hingegen haben A und B § 235 I Nr 2 verwirklicht, da sie eine noch nicht 14 Jahre alte Person (Kind iS der §§ 235, 176 I, 19), ohne dessen Angehörige (§ 11 I Nr 1) zu sein, den Eltern entzogen haben. Eine Freiheitsberaubung (§ 239) kann zwar mit beliebigen Mitteln vollzogen werden; das erst 6 Monate alte Kind ist jedoch im Fall kein taugliches Tatobjekt (siehe Rn 370).

441

§ 235 II stellt neu Fälle unter Strafe, in denen ein *Angehöriger* oder ein (außenstehender) *Dritter* ein Kind entzieht, um es in das Ausland zu verbringen („aktive" Entführung nach Nr 1; beachte § 235 III), oder es dort dem Sorgeinhaber vorenthält („passive" Entführung, Nr 2; beachte § 5 Nr 6a). **Beispiele:** Der Täter verbringt das Kind gegen den Willen des sorgeberechtigten Elternteils in einen anderen Staat (Nr 1). Ein Elternteil, der nicht allein Inhaber der Sorge ist, nimmt im Einvernehmen mit dem anderen Elternteil das Kind auf eine Auslandsreise mit, weigert sich dort angekommen aber, das Kind wieder in die Heimat zurückkehren zu lassen (Nr 2). Zum Vorsatz vgl *Tröndle/Fischer*, § 235 Rn 12.

442

### 4. Qualifikationen

§ 235 IV Nr 1 entspricht § 225 III (vgl Rn 315 und *Schumacher* in Schlüchter [Hrsg.], Bochumer Erläuterungen zum 6. StrRG, 1998, S. 54). Nr 2 qualifiziert die Tat, wenn der Täter gegen Entgelt (iS des § 11 I Nr 9; dazu krit. *Nelles*, Einführung, S. 65) *oder* in der Absicht handelt, sich oder einen Dritten zu bereichern. Rechtswidrigkeit der beabsichtigten (Dritt-)Bereicherung ist nicht erforderlich (aA für Taten Angehöriger *Nelles*, Einführung, S. 66 mwN). Die Verursachung des Todes des Opfers durch die Entziehung (§ 235 V) erfordert nach § 18 wenigstens Fahrlässigkeit (dazu krit. LK-*Gribbohm*, § 235 Rn 90).

443

Da A und B im **Fall 23** bereits bei Begehung der Entziehungshandlung die Absicht hatten, sich zu bereichern, greift § 235 IV Nr 2 ein. Diese Qualifikation geht der Verwirklichung des Grunddelikts vor.

444

## II. Kinderhandel

### 1. Systematik und Schutzgut

**445** Die neue Vorschrift geht auf eine Initiative des Bundesrats zurück: Erfahrungen aus der jüngsten Zeit zeigten, daß manche Eltern aus reinem Profitstreben ihr Kind wie eine Ware verkauften, wodurch dieses zum Objekt eines Handelsgeschäfts herabgewürdigt wird. Darin liegt eine eklatante Verletzung der Menschenwürde (vgl BT-Drucks. 13/6038, S. 6). Einen solchen Handel („Kauf" oder „Tausch") bedroht § 236 I für Überlassende wie Aufnehmende mit Strafe. § 236 II tritt an die Stelle des § 14a Adoptionsvermittlungsgesetz. § 236 IV enthält qualifizierende Vergehenstatbestände: Nr 1 zielt auf den kommerziellen und organisierten Kinderhandel, Nr 2 hat die *konkret* gefährdete besondere Schutzbedürftigkeit des Kindes oder der vermittelten Person (unter 18 Jahren) zum Gegenstand. Die versuchte Tat ist durchgehend mit Strafe bedroht. Milderungsmöglichkeiten sieht der nicht ganz gelungene Abs. 5 vor (näher dazu *Nelles*, Einführung, S. 68). Geschütztes Rechtsgut ist die **ungestörte körperliche oder seelische Entwicklung des Kindes** (vgl BT-Drucks. 13/8587, S. 40). Der Grundtatbestand setzt nicht voraus, daß das Kind im Einzelfall tatsächlich geschädigt wird; bei § 236 I handelt es sich um ein „abstraktes Gefährdungsdelikt" (so BT-Drucks. 13/8587, S. 41; zur Terminologie vgl *Hettinger*, JuS 97, L 41, 42 mwN). Hingegen dient § 236 II dem Zweck, die in § 5 I, IV 1 Adoptionsvermittlungsgesetz festgelegten Vermittlungsverbote strafgesetzlich abzusichern (siehe auch *Kreß*, NJW 98, 633, 642; SK-*Horn*, § 236 Rn 2, 8; *Tröndle/Fischer*, § 236 Rn 8).

### 2. Täterkreis, Tathandlungen und qualifizierende Merkmale

**446** **Täter** nach § 236 I 1 können *nur* leibliche Eltern (oder ein Elternteil), Adoptiveltern und „Scheinväter" (vgl § 1591 BGB) sein. Für Dritte kommt insoweit nur Teilnahme, illegale Vermittlungstätigkeit, uU auch § 235 in Betracht (siehe auch *Nelles*, Einführung, S. 67; *Tröndle/Fischer*, § 236 Rn 3). Der jeweilige Täter muß sein Kind einem anderen *auf Dauer überlassen*, und zwar unter grober Vernachlässigung der Fürsorge- oder Erziehungspflicht. Diese, der in § 170d beschriebenen nachgebildete, objektiv und subjektiv schwerwiegende Pflichtverletzung soll verhindern, daß sozial akzeptierte Vorgänge (wie zB die Unterbringung eines Kindes bei Verwandten) in den Anwendungsbereich der Norm geraten. Da der Täter jedoch bei der Tat gegen Entgelt (§ 11 I Nr 9) oder in der Absicht handeln muß, sich oder einen Dritten zu bereichern, ist diese Einschränkung des Strafbarkeitsbereichs nur aus Satz 2 zu erklären. Danach macht nämlich der Aufnehmende sich nur strafbar, wenn er jene grobe Vernachlässigung kennt; mithin handelt es sich um ein Schlupfloch für den Entgelt gewährenden „Empfänger" des Kindes, der sich darauf berufen kann, er habe lediglich den Eltern aus ihrer Not und dem Kind aus seinen erbärmlichen Verhältnissen heraushelfen wollen (vgl die zutreffende Kritik des Bundesrats an dieser begrenzenden Formel und die matte Entgegnung der Bundesregierung in BT-Drucks. 13/8587, S. 62, 84).

*Täter* iS des § 236 II sind „Vermittler", *Opfer* zu vermittelnde Personen unter 18 Jahren. *Unbefugt* verweist auf die Vermittlungsverbote in § 5 I, IV 1 Adoptionsvermittlungsgesetz. Satz 2 sieht eine Strafschärfung für den Fall vor, daß die vermittelte Person in einen anderen Lebenskreis verbracht wird. **447**

Unter **Gewinnsucht** iS des § 236 IV Nr 1 ist die Steigerung des Erwerbssinns auf ein ungewöhnliches, ungesundes, sittlich anstößiges Maß zu verstehen (so BGHSt 1, 388; BGH GA 53, 154; S/S-*Eser*, § 235 Rn 17). Sie muß sich von der schon grundsätzlich nach § 236 I, II erforderlichen Bereicherungsabsicht sehr deutlich abheben, um die Schärfung zu rechtfertigen. **Gewerbsmäßig** handelt, wer sich aus wiederholter Tatbegehung eine fortlaufende Einnahmequelle von einigem Umfang und einer gewissen Dauer verschaffen will (BGHSt 1, 383; BGH NStZ 95, 85). Zur Begehung als Mitglied einer Bande siehe LK-*Ruß*, § 260 Rn 4. Zu § 236 IV Nr 2 vgl Rn 445; zu § 236 V siehe *Tröndle/Fischer*, § 236 Rn 12. **448**

## III. Die Geiselnahme

**Fall 24:** Der polizeilich gesuchte A lebt mit seiner Braut B und ihrer gemeinsamen, 5 Monate alten Tochter T zusammen. Als Kriminalbeamte ihn eines Tages aufgrund eines Vollstreckungshaftbefehls festnehmen wollen, umklammert A die B mit raschem Armgriff, setzt ihr ein Brotmesser an den Hals und droht, sie zu töten, falls die Beamten nicht fortgingen und von der geplanten Verhaftung abließen. Nach fast zweistündigem Verhandeln, in dessen Verlauf A die B fortwährend weiter bedroht, geben die Beamten ihr Vorhaben auf, so daß A die Gelegenheit zur Flucht nutzen kann. Daß er sein Verhalten schon Tage zuvor mit B verabredet hatte und seine Drohung keinesfalls verwirklicht hätte, war den Beamten nicht bekannt.
a) Hat A sich strafbar gemacht?
b) Wie läge es, wenn A im Einverständnis mit B die gemeinsame Tochter T ergriffen und in der geschilderten Weise mit deren Tötung gedroht hätte? **449**

### 1. Systematik und Schutzbereich

Die 1971 eingeführte Norm wies zunächst neben einer hohen Mindestfreiheitsstrafe von drei Jahren, in Anlehnung an den Erpresserischen Menschenraub (§ 239a), eine *Dreiecksstruktur* auf: Täter, Geisel und zu nötigender Dritter. 1989 wurde das Mindestmaß der Regelstrafe nochmals drastisch auf fünf Jahre erhöht, eine Strafzumessungsvorschrift für minder schwere Fälle sowie als weiteres Drohungsmittel das der Freiheitsentziehung von über einer Woche Dauer eingeführt (zur Entwicklung *Fahl*, Jura 96, 456 und S/S-*Eser*, § 239a Rn 1). Die wichtigste Änderung war jedoch die Erweiterung des Anwendungsbereichs des § 239b (wie auch des § 239a) auf Zwei-Personen-Verhältnisse („um *ihn oder* einen Dritten"). Durch die Erstreckung des Schutzes vor Nötigung **auf das Opfer selbst** (= die „Geisel") sind bei solchen „Zweierbeziehungen" im Verhältnis zu §§ 253, 255 und zu § 177 Überschneidun- **450** gen mit (zumindest) Konkurrenzproblemen entstanden, die der Gesetzgeber nicht bedacht hat. In der Folgezeit führte das zu divergierenden Entscheidungen und folgerichtig zu einem Beschluß des Großen Senats (BGHSt 40, 350; näher Rn 458 und S/S-*Eser*, § 239a Rn 13a mwN). Die Entwicklung zu diesem Beschluß wie auch diejenige, die ihm folgte, zeigen exemplarisch die hohen Kosten, die Folge eines mißratenen Gesetzes sind. Daß das 6. StrRG, getragen von dem Ziel, Strafrahmen zu harmonisieren und die Rechtsanwendung zu erleichtern, die vielfach und zu Recht geforderte Abhilfe (vgl nur *Freund*, ZStW 109 [1997], 455, 481; *Renzikowski*, Anm. JR 98, 126) nicht gebracht hat, ist nur mit der nicht zu entschuldigenden Eile des Gesetzgebungsverfahrens zu erklären.

451 **Geiselnahme** ist ein *Verbrechen* (beachte §§ 12 I, 23 I, 30 sowie § 138 I Nr 7). Im Unterschied zum Erpresserischen Menschenraub (§ 239a; dazu *Wessels/Hillenkamp*, BT/2 Rn 740) verfolgt der Täter hier *andere* als Bereicherungszwecke. § 239b I Alt. 1 mit den Modalitäten des Entführens oder Sich-Bemächtigens ist als unvollkommen zweiaktiges Delikt konstruiert (so BGHSt 40, 350, 355; vgl auch *F.-C. Schroeder*, Lenckner-FS, S. 333), während die Alt. 2 als zweiaktiges Delikt ausgestaltet ist (*Maurach-Schroeder*, BT 1 § 15 Rn 20; **Aufbauschema** zu § 239b I bei *Zöller*, JA 00, 476). § 239b II erklärt § 239a II-IV für entsprechend anwendbar, also auch die Erfolgsqualifikation des § 239a III. Angesichts der extrem hohen Mindeststrafe für den Regel- oder Normalfall einer Geiselnahme war die Einführung eines Sonderstrafrahmens für minder schwere Fälle (§ 239b II in Verbindung mit § 239a II) eine Notwendigkeit; daß dessen Höchstmaß übereinstimmend mit demjenigen des Tatbestandes 15 Jahre beträgt, ist allerdings ein *grober* Gesetzgebungsfehler (zur Methode der Strafrahmenbildung vgl *Hettinger*, GA 95, 399); der Abmilderung drohender Härten dient auch der entsprechend anwendbare § 239a IV (dazu S/S-*Eser*, § 239a Rn 33).

452 **Schutzgut** des § 239b ist neben der persönlichen Freiheit und Unversehrtheit der Geisel die Freiheit der Willensentschließung und Willensbetätigung dessen, der genötigt werden soll (*Lackner/Kühl*, § 239b Rn 1; ähnlich *Maurach-Schroeder*, BT 1 § 15 Rn 19; *Tröndle/Fischer*, § 239b Rn 1).

### 2. Tathandlungen und Tatvollendung

453 Die *erste* Alternative des § 239b I setzt voraus, daß der Täter einen anderen entführt oder sich eines anderen bemächtigt, um ihn oder einen Dritten durch die Drohung mit dem Tod oder einer *schweren* Körperverletzung des Opfers (vgl dazu BGH NJW 90, 57) oder mit dessen Freiheitsentziehung von über einer Woche Dauer zu einer Handlung, Duldung oder Unterlassung zu nötigen. Beim Vorliegen dieser *Absicht* ist die Tat bereits mit der Entführung bzw dem Sichbemächtigen des Opfers **vollendet**. Zur Vollendung der *zweiten* Alternative des § 239b I gehört dagegen als zweiter Akt das Ausnutzen der gesetzlich umschriebenen Lage zu einer zumindest versuchten Nötigung (näher dazu BGH NJW 97, 1082). Der Täter muß während der durch das Entführen oder Sich-Bemächtigen geschaffenen, eine gewisse Stabilität

aufweisenden Zwangslage nötigen wollen bzw in Alt. 2 die geschaffene Lage zu einer Nötigung ausnutzen (zu diesem Erfordernis eines funktionalen und zeitlichen Zusammenhangs siehe BGH StV 97, 302 und 303 sowie NStZ 99, 509, jeweils mit Hinweis auf BGHSt GrS 40, 350).

Die Tathandlung des **Entführens** als Vorstufe des Sichbemächtigens unterwirft das Opfer einer *Veränderung seines Aufenthaltsortes* mit der Wirkung, daß es der Herrschaftsgewalt des Täters ausgeliefert ist; hingegen bedarf es beim **Sich-Bemächtigen** einer solchen Ortsveränderung nicht. Eines anderen *bemächtigt* sich, wer ihn zwecks Benutzung als Geisel **physisch in seine Gewalt bringt** (BGH NStZ 96, 276; *Küper*, BT S. 116, 242 mwN). Bei einem Banküberfall genügt dafür, daß der Täter einen anwesenden Bankkunden mit seiner (Schein-)Waffe bedroht und in Schach hält (vgl BGH StV 99, 646 mit abl. Anm. *Renzikowski*; NStZ 99, 509; 86, 166; *Rengier*, GA 85, 314). Hat eine Person sich freiwillig zur Verfügung gestellt („*Scheingeisel*"), so ist infolge des Einverständnisses § 239b zu verneinen (*Lackner/ Kühl*, § 239a Rn 3; *Maurach-Schroeder*, BT 1 § 15 Rn 22; *Otto*, BT § 29 Rn 4; SK-*Horn*, § 239a Rn 5; aA *Lampe*, Anm. JR 75, 425; offengelassen in BGHSt 26, 70). **454**

Ein **erpresserischer Menschenraub** (§ 239a) scheidet hier von vornherein aus, weil der Wille des A nicht auf eine Erpressung (§ 253), sondern auf eine Nötigung gerichtet war. In Betracht kommt daher nur eine **Geiselnahme** (§ 239b). An einem Sich-Bemächtigen fehlt es im **Fall 24a**, weil B sich *freiwillig* und *nur zum Schein* als Geisel hat verwenden lassen. Das reicht (anders als im Falle des Geiseltausches für die sog. „*Ersatz*geisel"; dazu SK-*Horn*, § 239a Rn 5) zur Verwirklichung des § 239b nicht aus. § 113 greift mangels Vorliegens seiner Voraussetzungen (dazu Rn 628 f und *Küper*, BT S. 428 f) nicht ein, so daß A sich insoweit nach überwiegender Ansicht nur der vollendeten Nötigung (§ 240) der Beamten schuldig gemacht hätte. Dazu genügt es, daß diese seine Drohung ernst nahmen und sich ihr beugten, weil ihre Realisierung auch für sie selbst ein empfindliches Übel bedeutet hätte (= evtl. dienstliche Unannehmlichkeiten, aufsehenerregende Presseveröffentlichungen usw; vgl auch BGH NJW 90, 1055). Die Nötigungen stehen in Tateinheit (§ 52). Nach der Gegenansicht (siehe Rn 629) versperrt der als abschließende Regelung verstandene § 113 den Rückgriff auf § 240. Danach wäre auch eine Strafbarkeit wegen Nötigung zu verneinen. **455**

**Objekt** einer Geiselnahme kann jeder andere sein, also auch das eigene Kind des Täters. Soweit eine physische Herrschaftsbeziehung zwischen dem Täter und dem späteren Opfer bereits besteht, genügt für ein Sich-Bemächtigen, daß jene Herrschaft (Verfügungsgewalt) derart verstärkt wird, daß die bisherige Geborgenheit des Opfers zumindest erheblich vermindert ist. **456**

Deshalb bleibt im **Fall 24b** Raum für § 239b. Da T dem Hausstand des A angehörte, insofern also schon vor dem Handeln eine Herrschaftsbeziehung iS körperlicher Verfügungsgewalt bestand, ist zu fragen, ob er sich ihrer iS des § 239b noch bemächtigen konnte. Unter Umständen wie den im Fall geschilderten kann nur entscheidend sein, zu welchem **Zweck** die jeweilige Herrschaftsgewalt ausgeübt wird und ob der Zugriff des Täters auf das Opfer dessen bisherige Lage nachteilig verändert (vgl BGHSt 26, 70 mit **457**

Anm. *Lampe*, JR 75, 424). Während die bisherige Herrschaftsbeziehung zwischen A und T dem Kind Schutz und Geborgenheit bot, war dies bei Verwendung der T als Geisel nicht mehr der Fall. Selbst wenn A nicht gewillt war, seine Drohung in die Tat umzusetzen, hätte eine Zuspitzung der Situation je nach der Reaktion der Kriminalbeamten ernste Gefahren für das Kind zur Folge haben können. Mit dem Ergreifen der T, um sie als **Geisel** *zu Nötigungszwecken* zu benutzen und in der nach § 239b vorausgesetzten Weise zu bedrohen, hat A die bisherige Lage der T nachhaltig verschlechtert und im Vergleich zur vorher bestehenden Herrschaftsbeziehung ein *andersartiges* Gewaltverhältnis begründet. Ein **Sich-Bemächtigen** iS des § 239b ist daher zu bejahen. Zu prüfen bleibt, welchen Einfluß das *Einverständ*nis der B auf die Tatbestandsverwirklichung durch A hat. Da § 239b Kindern auch vor den eigenen Eltern Schutz gewähren will, kann das Einverständnis eines willensunfähigen Kleinkindes mit der Geiselnahme durch dessen gesetzlichen Vertreter oder Erziehungsberechtigten nicht ersetzt werden (BGHSt 26, 70). Das Verhalten des A erfüllt somit alle Voraussetzungen der *ersten* Tatbestandsalternative des § 239b I. In **subjektiver Hinsicht** genügt es, daß A in den Beamten **Furcht** vor einer Verwirklichung der beabsichtigten (und sodann geäußerten) Drohung hervorrufen wollte (BGHSt 26, 309; LG Mainz MDR 84, 687).

Daß die Einwilligung der B die Rechtswidrigkeit der Tat nicht berührt, bedarf angesichts der Schutzrichtung des § 239b keiner näheren Begründung. Die nach überwiegender Ansicht (Rn 455, 629) zu bejahenden Nötigungen treten hinter § 239b zurück.

### 3. Probleme beim Zwei-Personen-Verhältnis

**458** Durch die Erweiterung der §§ 239a und 239b auf Zwei-Personen-Verhältnisse (siehe Rn 450) hat der Gesetzgeber der Rechtsprechung Probleme beschert, die von der Praxis trotz großer Anstrengungen nicht spurenlos aufgelöst werden können. Regelmäßig geht es um Fälle der räuberischen Erpressung (§ 255) oder der Vergewaltigung (§ 177 I, II 2 Nr 1; diese Bestimmung bedarf – wie §§ 239a, 239b – *dringend* der Reform, auch zur Entlastung der Rechtspflege). Nimmt man hier auch § 239b und damit Tateinheit (§ 52) an, so hat das in solchen Sachgestaltungen auf Grund der Struktur des § 239b erhebliche Auswirkungen auf den Zeitpunkt der Tatvollendung, die Möglichkeit zum strafbefreienden Rücktritt von der versuchten Tat sowie die Höhe der Mindeststrafe. Die Bemühungen insbesondere des 1. Senats des BGH, über eine „einschränkende" Auslegung einen Ausweg aus dem Dilemma zu finden (BGHSt 39, 36 und 330; BGH NStZ 94, 284), stießen bald auf Widerspruch (vgl BGH NStZ 94, 283 und 430; *Renzikowski*, JZ 94, 492; *Tenckhoff/Baumann*, JuS 94, 836 mwN). Der Große Senat für Strafsachen (BGHSt 40, 350) hat sodann die Streitfragen in dem Sinne entschieden, daß die Anwendbarkeit des § 239b I nicht von vornherein ausgeschlossen ist, wenn der Täter sein Opfer zum Zwecke einer Vergewaltigung oder sexuellen Nötigung entführt oder sich seiner bemächtigt. Nach Ansicht des GrS beschreibt der erste Halbsatz des § 239b I ein „unvollkommenes zweiaktiges Delikt", bei dem zwischen dem ersten (objektiv verwirklichten) Teilakt des Entführens oder des Sichbemächtigens und dem zweiten (nach Vorstellung des Täters noch zu verwirklichenden) Teilakt der angestrebten weitergehenden Nötigung ein *funktionaler* Zusammenhang bestehen muß: Der Täter muß beabsichtigen, die durch die Entführung oder das Sich-Bemächtigen **für das Opfer geschaffene Lage** zur (weiteren) qualifizierten Drohung **auszunutzen** und **durch sie zu nötigen**. Am Entstehen einer solchen (eine gewisse Stabilität erfordernden) Lage und an der Möglichkeit, sie in der geschilderten Weise auszunutzen, kann es beim Sich-Bemächtigen eher fehlen als in den Fällen der Entführung. Maßgebend dafür sind die konkreten Tatumstände (wird aaO S. 355 ff näher ausgeführt); aus ihnen ergibt sich, ob § 239b I seinem Wortlaut und seiner Struktur nach erfüllt ist oder nicht. Es liegt auf der Hand, daß dieser Versuch, § 239b nF mit dem bisherigen Normenbestand zu harmonisieren, nicht voll überzeugen kann. Näher zum Ganzen *Fahl*, Jura 96, 456; *Graul*, in: Vom unmöglichen Zustand des Strafrechts, 1995, S. 345; *Heinrich*, NStZ 97, 365; *Müller-Dietz*, JuS 96, 110 mwN. Eine eingehende Würdigung, auch der folgenden Rechtsprechung, findet sich bei *Küper*, BT S. 242 mwN.

### 4. Erfolgsqualifizierung

Verursacht der Täter durch die Geiselnahme *wenigstens leichtfertig* (zum Begriff BGHSt 33, 66 und *Wessels/Beulke*, AT Rn 662) den Tod des Opfers, erhöht die Strafe sich auf lebenslange Freiheitsstrafe oder Freiheitsstrafe nicht unter zehn Jahren (§ 239b II in Verbindung mit § 239a III). **459**

Der Tatbestand der Geiselnahme erfaßt Vorgänge, die regelmäßig eine besonders erhöhte Gefahr für das Leben der Menschen mit sich bringen, die sich für eine „gewisse" *Dauer* in fremder Hand befinden. Eine tatbestandsspezifische Gefahr dieser Art kann auch daraus erwachsen, daß die vom Täter geschaffene Zwangslage **Dritte** dazu veranlaßt, risikoreiche Gegenmaßnahmen zu ergreifen. Infolgedessen ist § 239b II in Verbindung mit § 239a III nicht nur dann anwendbar, wenn der Vorgang des „Sich-Bemächtigens" oder die damit für die Geisel geschaffene Lage (zB lebensgefährliche Unterbringung, unzureichende Ernährung oder Versorgung) zum Tode des Opfers führt. Die Qualifizierung greift vielmehr auch ein, wenn der Tod der Geisel als **Folge einer Befreiungsaktion** eintritt, die von ihr selbst, dem Adressaten der (angestrebten) Nötigung oder Dritten, namentlich von Polizeibeamten unternommen wird, um die Geiselnahme zu beenden (BGHSt 33, 322; zu den Befugnissen der Polizeibeamten bei Geiselnahmen siehe *Sundermann*, NJW 88, 3192). Hier wird der *spezifische* Zusammenhang zwischen Grunddelikt und Todesfolge dadurch vermittelt, daß der tödliche Geschehensablauf **durch die andauernde Zwangslage ausgelöst** wird, die der Täter geschaffen hat und aufrecht erhält. Die Gefahr für das Leben der Geisel, die sich aus Gegenmaßnahmen zur Beseitigung eben dieser Zwangslage ergibt, gehört zu den tatbestandsspezifischen Risiken, die mit der Verwirklichung des Grundtatbestandes typischerweise einhergehen. Realisiert sie sich, muß der Täter, sofern ihm insoweit Leichtfertigkeit zur Last fällt, nach §§ 239b II, 239a III für den Tod der Geisel einstehen (BGHSt 33, 322; *Laubenthal*, Jura 89, 99; SK-*Horn*, § 239a Rn 27, 28). **460**

Nicht die vorgenannte Gefahr, sondern die Verkennung der Tatsituation ist dagegen der maßgebende Grund für den Eintritt der Todesfolge, wenn die Polizei gar nicht weiß, daß bei ei- **461** nem Banküberfall Geiseln genommen worden sind, ihr Einsatz somit nur den Zweck verfolgt, die Straftäter dingfest zu machen. Kommt es dabei zu einem Schußwechsel, in dessen Verlauf eine Geisel tödlich verletzt wird, weil der in Notwehr handelnde Polizeibeamte sie für einen der Täter hielt, ist nach BGHSt 33, 322, 325 für § 239b II kein Raum (zu den vielfältigen Streitfragen in diesem Bereich vgl die Nachweise bei S/S-*Eser*, § 239a Rn 30).

### 5. Konkurrenzfragen

462 § 239b ist gegenüber § 239a *subsidiär*, wenn die Geiselnahme allein dem Zweck dient, durch Bedrohung des Opfers eine unrechtmäßige Bereicherung zu erlangen (BGHSt 25, 386). *Tateinheit* besteht hingegen dann, wenn die Tat sowohl dem Ziel eines unrechtmäßigen Vermögensvorteils als auch anderen Zwecken dient (BGHSt 26, 24; BGH NStZ 93, 39). §§ 239 I, 240 werden von § 239b verdrängt, § 222 von § 239b II in Verbindung mit § 239a III (vgl auch S/S-*Eser*, § 239b Rn 20; SK-*Horn*, § 239a Rn 19).

## 5. Kapitel
# Straftaten gegen die Ehre

# § 10 Der Ehrenschutz im Strafrecht

463 **Fall 25:** Bei einem Gespräch über die jüngsten Neuigkeiten erwähnt Frau F unter anderem, daß die seit langem leerstehende Kellerwohnung im Hochhaus an die nicht in bestem Ruf stehende Familie Banausy vermietet worden sei. Die Nachbarin N antwortet darauf mit dem Ausruf des Entsetzens: „Du lieber Himmel! Muß denn ausgerechnet diese Verbrecherbande hier einziehen?"
Liegt in dieser Äußerung eine Beleidigung? Wenn ja, wessen Ehre ist verletzt: die der *Familie* Banausy oder nur die der einzelnen Familienmitglieder?

## I. Ehrbegriff, Ehrenschutz und Beleidigungsfähigkeit

### 1. Ehrbegriff und Schutzobjekt

464 **Schutzobjekt** der §§ 185-188 ist die **Ehre**. Die hM versteht unter diesem umstrittenen, der Interpretation bedürftigen Begriff den **Wert**, der dem Menschen kraft seiner **Personenwürde** und aufgrund seines **sittlich-sozialen Verhaltens** zukommt (sog. *normativer* Ehrbegriff; *Küper*, BT S. 105; krit. NK-*Zaczyk*, Rn 5 vor § 185). Gegenstand des Strafrechtsschutzes ist nach hL weder das bei Geltungssüchtigen oft übersteigerte subjektive Ehrgefühl noch der vom wirklichen Wert der Person

(des „Ehrenträgers") nicht immer gedeckte gute Ruf in seiner realen Existenz. Maßgebend und schutzwürdig ist allein der aus der **verdienten Wertgeltung** hervorgehende **Anspruch auf Achtung der Persönlichkeit**. Verletzt wird dieser *Achtungsanspruch* durch die vorsätzliche Kundgabe eigener Mißachtung oder Nichtachtung (§ 185); gefährdet wird er durch das Behaupten oder Verbreiten ehrenrühriger Tatsachen gegenüber Dritten, dh durch das Ermöglichen oder Fördern fremder Mißachtung (§§ 186-188).

Näher dazu (mit zT beträchtlichen Meinungsunterschieden) BGHSt 1, 288; 11, 67; 36, 145, 149; *Hirsch*, Ehre und Beleidigung, 1967 und Ernst A. Wolff-FS, S. 125; NK-*Zaczyk*, Rn 1 vor § 185; *Otto*, JR 83, 1; *Schößler*, Anerkennung und Beleidigung, 1997; zusammenfassend *Geppert*, Jura 83, 530, 580; *Küpper*, JA 85, 453; *Tenckhoff*, Grundfälle zum Beleidigungsrecht, JuS 88, 199 ff.

465

In der **Polizeilichen Kriminalstatistik** für 1998 (1999) nehmen die Beleidigungsdelikte in der Bundesrepublik bei 130 051 (136 285) erfaßten Fällen mit einem Anteil von 2,0 (2,2)% an der Gesamtkriminalität und einer Aufklärungsquote von 89,6 (90,0)% den 9. (8.) Platz in der Rangfolge der Straftaten ein (die Statistik enthält die Staatsschutzdelikte nicht und registriert von den Verkehrsdelikten nur die §§ 315, 315b [316c] StGB sowie §§ 22a StVG; zum Rechtsschutzvakuum *Hirsch*, Ernst A.Wolff-FS, S. 125).

466

## 2. Beleidigungsfähigkeit natürlicher Personen

**Beleidigungsfähig** ist jeder Mensch, auch das Kind oder ein geistig Erkrankter (vgl BGHSt 7, 129, 132; 23, 1, 3), *nicht* aber „der Tote". Das **Andenken Verstorbener** wird nach § 189 nur gegen Verunglimpfung, dh vor besonders schwerwiegenden Verletzungen geschützt (BGHSt 12, 364). Darüber, wer Adressat der Norm und was Schutzgut des § 189 ist, herrscht Streit (dazu BGHSt 40, 97, 105; *Lackner/Kühl*, § 189 Rn 1 mwN). Eine „fortbestehende" Ehre des Verstorbenen anzunehmen, ist jedenfalls nicht akzeptabel (vgl *Maurach-Maiwald*, BT 1 § 24 Rn 13; *Seelmann*, Ernst A. Wolff-FS, S. 481; aA *Hirsch*, Ernst A. Wolff-FS, S. 125, 141 und wohl *Otto*, BT § 33 Rn 1).

467

## 3. Beleidigungsfähigkeit von Personengemeinschaften und Verbänden

Umstritten ist, ob auch Personengemeinschaften, Verbände, Behörden und juristische Personen „**passiv beleidigungsfähig**" sind (verneinend NK-*Zaczyk*, Rn 12 vor § 185; siehe auch *Fischer*, JZ 90, 68). Die Rechtsprechung dazu hat wiederholt geschwankt (zu Recht verneinend RGSt 3, 246; 68, 120; anders RGSt 70, 140; 74, 268). Die heute hM geht über die in § 194 III, IV geregelten Fälle verletzter, öffentlichrechtlich begründeter Autorität *weit* hinaus und billigt **allen Personengemeinschaften** und **Verbänden** unter Einschluß von Kapitalgesellschaften strafrechtlichen *Ehren*schutz zu, soweit sie eine rechtlich anerkannte soziale Funktion erfüllen und einen einheitlichen Willen bilden können (BGHSt 6, 186; sehr zurückhaltend demgegenüber BVerfGE 93, 266). Das ist Rechtsfortbildung in malam partem (so wohl auch *Gössel*, BT § 29 Rn 12 mwN; SK-*Rudolphi*, Rn 9 vor § 185).

468

**469** **Beispiele:** Politische Parteien, Gewerkschaften, Arbeitgeberverbände, Industrie- und Handelskammern, die Bundeswehr (BGHSt 36, 83; auf Basis der hM lehrreich dazu *Dau,* NStZ 89, 361; *Maiwald,* JR 89, 485; ferner *Brammsen,* Anm. NStZ 90, 235), das Deutsche Rote Kreuz, Fakultäten, Ordensgemeinschaften usw. Den Gegensatz dazu bilden *rein gesellige* Vereinigungen wie etwa ein Kegelclub, eine Stammtischrunde, ein Tanzzirkel und dergleichen; sie sind als solche nicht passiv beleidigungsfähig (vgl aber Rn 472 ff).

**470** Nicht außer Streit ist, ob die **Familie** eine beleidigungsfähige Gemeinschaft darstellt. Das wird vereinzelt bejaht (*Mezger,* Anm. JZ 51, 521; *Welzel,* Anm. MDR 51, 501) oder erwogen (so ua von *Arthur Kaufmann,* ZStW 72 [1960], 418, 441), überwiegend jedoch verneint (BGH JZ 51, 520; S/S-*Lenckner,* Rn 4 vor § 185). Der letztgenannten Auffassung ist zuzustimmen. Eine selbständige *Familienehre* gibt es ebensowenig wie eine „*Familienunehre*" als Gegenstück (vgl auch *Otto,* BT § 31 Rn 18; treffend *Binding,* Lb des Gemeinen Deutschen Strafrechts BT, 1. Bd. 2. Aufl. 1902, S. 135, 140).

**471** Im **Fall 25** hat die Äußerung der N beleidigenden Charakter iS des § 185 (näher unten Rn 501). Verletzt dadurch ist aber nicht die „*Familie*" Banausy als solche, vielmehr kommt nur eine Beleidigung der einzelnen Familienmitglieder unter der von N gebrauchten *Kollektivbezeichnung* in Betracht.

**4. Beleidigung unter einer Kollektivbezeichnung**

**472** Die Strafbarkeit der **Beleidigung von Einzelpersonen unter einer Kollektivbezeichnung** bietet den Angehörigen von Personengemeinschaften, die nicht selbständig iS des § 194 III, IV „beleidigungsfähig" sind, ausreichenden Strafrechtsschutz (näher S/S-*Lenckner,* Rn 5 ff vor § 185; SK-*Rudolphi,* Rn 11 ff vor § 185).

**473** a) Ein solcher Fall liegt einmal dann vor, wenn der Täter **nur den Personenkreis bezeichnet**, auf den seine ehrenkränkende Äußerung sich bezieht (zB die „Bonner Abgeordneten", die „Frankfurter Polizei" usw). Hier ist jeder einzelne, der dem genannten Kreis angehört und auf dessen Person die abwertende Äußerung gemünzt sein kann, in seiner Ehre verletzt und strafantragsberechtigt (§ 194 I). Vorausgesetzt wird aber, daß der betroffene Personenkreis zahlenmäßig überschaubar und aufgrund bestimmter Merkmale so klar umgrenzt ist, daß er **deutlich aus der Allgemeinheit hervortritt** (BGHSt 11, 207; 36, 83; BayObLG NJW 90, 921; OLG Düsseldorf MDR 81, 868). Fehlt es daran, wie etwa bei einer pauschalen Beschimpfung „der Akademiker", „der Polizei" oder „der Kaufleute", so ist niemand beleidigt (vgl BGHSt 2, 38; BayObLG NJW 90, 1742). Dagegen genügt es zur Individualisierung des einzelnen in der betreffenden Personengruppe idR, wenn ein zeitlicher oder örtlicher Zusammenhang mit einem bestimmten Vorkommnis erkennbar gemacht wird (so etwa, wenn die herabsetzende Äußerung sich auf die an einem bestimmten Einsatz beteiligten Polizeibeamten bezieht; näher dazu NK-*Zaczyk,* Rn 27, 30 vor § 185).

Im **Fall 25** ist die von N gewählte Sammelbezeichnung genügend konkretisiert, so daß **474** *jedes einzelne Mitglied* der Familie Banausy in seiner Ehre verletzt ist (§ 185). Ob N die in Betracht kommenden Einzelpersonen gekannt hat, ist belanglos; für den *Beleidigungsvorsatz* kommt es nur auf die Vorstellung an, daß die ehrenkränkende Äußerung *auf alle* unter die Kollektivbezeichnung fallenden Personen bezogen werden kann (vgl BGHSt 14, 48, 50).

b) Eine andere Form der Beleidigung unter einer Kollektivbezeichnung besteht **475** darin, daß der Täter nur ein einzelnes Mitglied des von ihm genannten Personenkreises treffen will, jedoch **offenläßt, wer gemeint ist**, so daß jeder einzelne betroffen sein kann. Auch hier muß der angesprochene **Personenkreis deutlich umgrenzt und hinreichend bestimmbar** sein, weil die Ehrenkränkung oder Verdächtigung sich sonst in der Unbestimmtheit verliert (vgl S/S-*Lenckner*, Rn 6 vor § 185).

**Beispiele:** „Im Vorstand der X-Fraktion sitzt ein Landesverräter" oder „zu den Kunden des in M aufgeflogenen Callgirl-Ringes gehört auch *ein bayerischer Staatsminister*" (näher BGHSt 14, 48; 19, 235).

### 5. Mittelbare Beleidigung

Von einer **mittelbaren Beleidigung** spricht man, wenn eine Ehrenkränkung *außer* **476** dem *unmittelbar* Betroffenen auch **Dritte** in ihrem Achtungsanspruch verletzt.

So liegt in der Beschimpfung eines Jungen als „Hurenbengel" nicht nur ein Angriff auf die **477** Ehre des Kindes, sondern mittelbar auch (Vorsatz vorausgesetzt) eine Beleidigung seiner Mutter, die dadurch *als Hure* hingestellt wird. Die bisweilen ausufernde ältere Rechtsprechung, **sexuelle Angriffe auf Kinder** als eine Beleidigung *ihrer Eltern* zu behandeln (RGSt 70, 248; BGHSt 7, 129; zurückhaltend dagegen BGHSt 16, 58, 62; BayObLG MDR 58, 264) oder im **Ehebruch** einen Angriff auf die Ehre des betrogenen Ehegatten zu erblicken (RGSt 70, 94; 75, 260; BGH NJW 52, 476), dürfte überholt sein (vgl *Arzt*, JuS 82, 717, 725; NK-*Zaczyk*, Rn 26 vor § 185 mwN; S/S-*Lenckner*, § 185 Rn 10). Wo nicht besondere Umstände vorliegen, die aufgrund ihrer Eigenart gerade diesen Personen gegenüber eine Kundgabe der Mißachtung enthalten, wäre es verfehlt, § 185 als Lückenbüßer heranzuziehen.

Davon zu unterscheiden ist die Frage, ob der betroffene **Jugendliche selbst** in seiner Ehre **478** verletzt ist, wenn Erwachsene ihn mit seiner Zustimmung sexuell mißbrauchen. Hier ist Raum für § 185, wenn die Art und Weise der sexuellen Handlungen oder die besonderen Begleitumstände der Tat eine herabsetzende Bewertung des Betroffenen und damit einen Angriff auf dessen Ehre enthalten (vgl BGHSt 36, 145, 150; BGH NStZ 86, 453; 87, 21; 93, 182; *Hillenkamp*, Anm. JR 87, 126 und NStZ 89, 529; *Laubenthal*, JuS 87, 700; *Otto*, Anm. JZ 89, 803; differenzierend NK-*Zaczyk*, Rn 25 vor § 185). Im einzelnen gibt es dazu unter den Strafsenaten des BGH aber offenbar noch Meinungsverschiedenheiten (vgl BGHSt 35, 76; BGH NJW 89, 3029; *Keller*, Anm. JR 92, 246; *Kiehl*, NJW 89, 3003). Zusammenfassend *Sick*, JZ 91, 330, die für eine klare Trennung zwischen **Ehrverletzungen** und Angriffen auf das **sexuelle Selbstbestimmungsrecht** eintritt.

## II. Der Kundgabecharakter der Beleidigung

### 1. Voraussetzungen der Kundgabe

479 Allen Erscheinungsformen der Beleidigung ist ihr Charakter als **Kundgabedelikt** gemeinsam: Ehrenkränkende Äußerungen müssen einen bestimmten oder objektiv bestimmbaren Inhalt haben, sich **an einen anderen richten** und **zur Kenntnisnahme durch andere** bestimmt sein. Daran fehlt es zB im Falle eines (zufällig belauschten) *Selbstgesprächs* oder bei *Tagebuchaufzeichnungen*, die privaten Zwecken dienen und nicht zur Kenntnis Dritter gelangen sollen (vgl RGSt 71, 159; BayObLG JZ 51, 786).

480 Entsprechendes gilt für **ehrverletzende Verhaltensweisen**. Wer sich zB unter dem Schutz der Dämmerung in einem öffentlichen Park an Liebespaare heranschleicht, um heimlich ihr Liebesspiel zu beobachten, begeht *mangels Kundgabe* keine Beleidigung, weil er gerade unentdeckt bleiben und verhindern will, daß andere von seinem Tun Kenntnis nehmen (vgl RGSt 73, 385; BayObLG NJW 62, 1782 und 80, 1969; lehrreich dazu *Schünemann*, JuS 79, 275; vgl auch *Hirsch*, Anm. JR 80, 115, 117; *Ritze*, JZ 80, 91; *Rogall*, Anm. NStZ 81, 102).

### 2. Ausführungen im Kreis eng Vertrauter

481 Fraglich ist, ob vertrauliche Äußerungen ehrenrührigen Inhalts über Dritte **im engsten Kreis**, insbesondere im engsten *Familienkreis*, wie etwa zwischen Eltern und Kindern oder unter Ehegatten, eine ehrverletzende **Kundgabe** iS der Beleidigungstatbestände darstellen.

482 Während die ältere Rechtsprechung dies mit dem Hinweis bejahte, daß „Selbstzucht auch im Kreise der Familie geboten sei, Straflosigkeit aber ggf nach § 193 eintreten könne" (RGSt 71, 159), wird heute nach Art der *teleologischen Reduktion* – freilich mit unterschiedlicher Begrenzung und Begründung – in Fällen dieser Art durchweg schon die **Tatbestandsmäßigkeit** des Verhaltens verneint. Zum Teil wird hier das Vorliegen einer „Kundgabe" geleugnet und eine Parallele zum Selbstgespräch gezogen (vgl OLG Oldenburg GA 54, 284; *Hansen*, JuS 74, 104; *Krey*, BT/1 Rn 417; *Lackner/Kühl*, § 185 Rn 9; anders dagegen RGSt 71, 159, 161; ferner *Otto*, Schwinge-FS, S. 71, 87 und BT § 32 Rn 52 mwN, der § 34 heranzieht). Vereinzelt wird trotz Bejahung des objektiven Tatbestandes einer Beleidigung der „Kundgabevorsatz" verneint, sofern der Täter mit Vertraulichkeit gerechnet hatte (*Leppin*, JW 37, 2886). Überwiegend wird jedoch darauf abgestellt, daß beleidigende Äußerungen im engsten vertraulichen Kreis nicht „gegen die Wertgeltung des Betroffenen in der Allgemeinheit gerichtet" seien (vgl *Engisch*, GA 57, 326, 331; *Welzel*, Lb S. 308).

483 Keine dieser Begründungen vermag vollauf zu befriedigen. Das Vorliegen einer „Kundgabe" läßt sich weder objektiv noch subjektiv in Zweifel ziehen, da es um Äußerungen geht, die an einen anderen gerichtet, zur Kenntnisnahme durch ihn bestimmt und als solche gewollt sind (vgl RGSt 71, 159, 161). Die Ansicht, daß derartige Äußerungen im engsten Kreis nicht gegen die Wertgeltung des Ehrenträgers im sozialen Raum bzw in der Allgemeinheit gerichtet seien, trifft häufig, aber nicht immer zu, so insbesondere dann nicht, wenn der Anspruch auf Achtung der Persönlichkeit bis in den „engsten Kreis" hinein reicht und gerade dort Aktualität besitzt (vgl Rn 491).

So sind strafbare Beleidigungen selbst im internen Familienkreis nicht von vornherein aus- **484**
geschlossen: Daß ein Ehegatte den anderen auch in den eigenen vier Wänden nicht etwa mit
unflätigen Ausdrücken belegen darf und gegen § 185 verstößt, wenn er es gleichwohl tut, ist
nahezu unbestritten (siehe aber *Hillenkamp*, Hirsch-FS, S. 555, 574). Daraus folgt, daß es in
diesem Problemzusammenhang ganz auf die besonderen Umstände des Einzelfalles ankommt und daß nicht alle denkbaren Fallgestaltungen unterschiedslos mit der gleichen dogmatischen Zauberformel zu bewältigen sind (zutreffend *Engisch*, GA 57, 326).

Der tiefere Grund für die im Ergebnis zu billigende Einschränkung der Beleidi- **485**
gungstatbestände für den genannten Bereich liegt darin, daß jeder Mensch **innerhalb seines engsten Lebenskreises** Raum für eine ungezwungene, *vertrauliche Aussprache* und ggf auch zum Entladen angestauter Emotionen in bezug auf außenstehende Personen braucht, ohne dabei jedes Wort auf die Goldwaage legen zu müs-
sen (wie hier BVerfGE 90, 255; *Hillenkamp*, Hirsch-FS, S. 555; *Maurach-Maiwald*,
BT 1 § 24 Rn 31, 32; SK-*Rudolphi*, Rn 18 vor § 185; instruktiv *Wolff-Reske*,
Jura 96, 184; ähnlich *Schendzielorz*, Umfang und Grenzen der straffreien Beleidi-
gungssphäre, 1993, S. 94 ff mwN). An dieser Lebensnotwendigkeit, die zur
menschlichen Natur gehört, kann die Rechtsordnung nicht vorbeigehen. Daraus
sind folgende Erkenntnisse abzuleiten:

Der **privilegierungsbedürftige Lebenskreis** als Raum der *vertraulichen* Aussprache ist zu- **486**
meist, aber nicht stets mit dem „engsten *Familienkreis*" identisch; er kann, insbesondere bei
Alleinstehenden, auch **besonders enge Freundschaften** umfassen (ebenso BVerfGE 90,
255; S/S-*Lenckner*, Rn 9 vor § 185). Andererseits zählt dazu nicht jedes Verschwiegenheit
erheischende Vertrauensverhältnis im Bereich des sozialen Kontaktes; so zB regelmäßig
*nicht* das Verhältnis zwischen Patient und Arzt oder Mandant und Anwalt, da hier dem Interesse an einer möglichst freien Aussprache durch § 193 hinreichend Rechnung getragen wird
(vgl OLG Hamburg NStZ 90, 237; OLG Hamm NJW 71, 1852; beachte jedoch NK-*Zaczyk*,
Rn 40 vor § 185). Zur Einschränkung des Ehrenschutzes besteht ferner kein Grund, wo innerhalb des engsten Kreises die **Vertraulichkeit nicht gewährleistet** ist, deren Wahrung
vielmehr von vornherein zweifelhaft erscheint, wie etwa bei beleidigenden Äußerungen über
Dritte im Verlauf ehelicher oder familiärer Auseinandersetzungen, insbesondere dann, wenn
der Betroffene dem anderen Teil persönlich nahesteht (BayObLG MDR 56, 182). Von der
Einschränkung müssen schließlich *verleumderische* Beleidigungen iS des § 187 ausgenommen bleiben, da es einer Ehrabschneidung *wider besseres Wissen* auch im engsten Kreis
kein schutzwürdiges Interesse gibt (vgl RG GA Bd. 60 [1913], 440; *Hellmer*, GA 63, 129,
138; siehe als Parallele auch Art. 46 I 2 GG; aA *Hillenkamp*, Hirsch-FS, S. 555, 572).

## 3. Vollendung der Ehrverletzung

Zur **Vollendung** der Kundgabedelikte gehört, daß die Ehrverletzung zur Kenntnis **487**
eines anderen (= des „Ehrenträgers" oder eines Dritten) gelangt ist. Zu dieser
Kenntniserlangung reicht die bloße sinnliche Wahrnehmung nicht aus (aA S/S-
*Lenckner* § 185, Rn 16; *Schramm*, Lenckner-FS, S. 539; *Wessels*, BT/1, 21. Aufl.
1997, Rn 478). Hinzukommen muß vielmehr das geistige Erfassen des ehrenrührigen Sinnes (so BGHSt 9, 17, 19; LK-*Herdegen*, § 185 Rn 26; SK-*Rudolphi*, § 185
Rn 17 mwN).

## III. Die Verfolgbarkeit der Beleidigung

**488** Alle Beleidigungsdelikte sind **Antragsdelikte** (§ 194). Eine Ausnahme davon macht § 194 I 2 und II 2 für bestimmte Formen der Beleidigung bzw Verunglimpfung gegenüber NS-Verfolgten sowie Opfern einer Gewalt- und Willkürherrschaft (berechtigte Kritik bei NK-*Zaczyk*, § 194 Rn 2 mwN). § 194 III erweitert das Antragsrecht auf Dienstvorgesetzte und Behördenleiter. Im Falle des § 194 IV tritt die *Ermächtigung* der betroffenen Körperschaft an die Stelle des Strafantrags (siehe auch § 77e). Zur Strafverfolgung im Wege der *Privatklage* (ausgenommen davon § 194 IV) siehe §§ 374 I Nr 2, 376 StPO, aber auch Rn 252.

# § 11 Die Beleidigungstatbestände und ihre speziellen Rechtfertigungsgründe

## I. Systematischer Überblick

**489** Der 14. Abschnitt des Besonderen Teils des StGB umfaßt als **Straftatbestände** die einfache und die tätliche Beleidigung (§ 185), die üble Nachrede (§ 186), die Verleumdung (§ 187), die politisch motivierte Ehrabschneidung (§ 188 als *Qualifikation* zu §§ 186, 187; dazu BayObLG NJW 82, 2511; zu den unterschiedlichen Bedeutungen des Begriffs Beleidigung im 14. Abschnitt siehe NK-*Zaczyk*, Rn 43 vor § 185) und die Verunglimpfung des Andenkens Verstorbener (§ 189). Innerhalb der §§ 186, 187 sind als **Erschwerungsgründe** die Fälle genannt, in denen die Tat öffentlich, durch Verbreiten von Schriften (§ 11 III) oder – nur im Falle des § 187 – in einer Versammlung begangen ist.

**490** Systematisch bildet § 185 nach hM **nicht** den *Grundtatbestand* der Beleidigungsdelikte, da seine Merkmale nicht notwendig in den §§ 186 ff enthalten sind (anders LK-*Herdegen*, Rn 30 vor § 185; *Tenckhoff*, JuS 88, 787, 792): Während die *spezielleren* Tatbestände der §§ 186, 187 das Behaupten oder Verbreiten ehrenrühriger Tatsachen durch Kundgabe an Dritte voraussetzen (= A erzählt dem B, der C habe „eine Bank ausgeraubt"), erfaßt § 185 alle Ehrverletzungen, die nicht unter §§ 186, 187 fallen. *Drei Begehungsformen* sind möglich: Äußerung eines beleidigenden Werturteils gegenüber dem Betroffenen B (Du Lump, Schwein usw) oder gegenüber einem Dritten (B ist ein Lump, Schwein usw), nach hM auch die Behauptung einer ehrenrührigen Tatsache gegenüber dem Betroffenen selbst (Sie haben mir gestern meine Brieftasche gestohlen; dazu auch Rn 513). Zwischen § 185 und § 186 *kann* somit Tateinheit bestehen (BGHSt 12, 287, 292).

## II. Die Verleumdung

**491** **Fall 26:** Frau F beobachtet mit Sorge, daß ihr Ehemann M dem hübschen Hausmädchen H sehr zugetan ist. Als ihre Eifersucht überhand nimmt, läßt sie sich unter geheimnisvol-

len Andeutungen zunächst absolute Verschwiegenheit durch M zusichern. Sodann teilt sie ihm bewußt wahrheitswidrig mit, H habe sie bestohlen; durch Zufall habe sie inzwischen erfahren, daß H auch in den früheren Dienstverhältnissen unehrlich gewesen sei und interne Dinge ausgeplaudert habe. M ist über diese Eröffnung bestürzt. Um nicht der Lüge überführt zu werden, schlägt F ihm vor, jedes Aufsehen zu vermeiden, kein Sterbenswort darüber zu sagen, sich nichts anmerken zu lassen und der H zum nächsten Termin mit einer unverfänglichen Begründung zu kündigen. Das geschieht.
Hat F sich strafbar gemacht?

## 1. Verleumderische Beleidigung

§ 187 erfordert zunächst in Beziehung auf einen anderen die Behauptung oder Verbreitung einer ehrenrührigen „unwahren Tatsache". **Tatsachen** sind im Unterschied zu bloßen Meinungsäußerungen und Werturteilen (dazu Rn 504) konkrete Vorgänge oder Zustände der *Vergangenheit* oder *Gegenwart*, die wahrnehmbar in die Wirklichkeit getreten und infolgedessen dem **Beweis zugänglich** sind (zB Handlungen des anderen). Dazu gehören auch sog. **innere Tatsachen** (Absichten, Motive usw), soweit sie zu bestimmten äußeren Geschehnissen in eine erkennbare Beziehung gesetzt werden (RGSt 41, 193; 55, 129; BGHSt 6, 357; 12, 287, 290; *Küper*, BT S. 267; *Wessels/Hillenkamp*, BT/2 Rn 494; vgl auch *Bitzilekis*, Hirsch-FS, S. 29). Zukünftiges kann nicht Tatsache sein, wohl aber Gegenstand des aktuellen Meinens.

**492**

**Ehrenrührig** ist eine Tatsache, wenn sie *geeignet* ist, den Betroffenen verächtlich zu machen oder in der öffentlichen Meinung herabzuwürdigen. **Behaupten** heißt, etwas als nach *eigener Überzeugung* gewiß oder richtig hinstellen, gleichgültig ob es als Produkt eigener Wahrnehmung erscheint oder nicht. Behauptungen sind auch in verklausulierter Form möglich: Wird zB nur eine V*ermutung* oder ein *Verdacht* ausgesprochen oder die Form der *Frage* gewählt, so kann sich darunter uU eine Tatsachenbehauptung verbergen (vgl OLG Köln NJW 62, 1121; 63, 1634; OLG Hamm NJW 71, 853). **Verbreiten** bedeutet dagegen die Weitergabe von Mitteilungen als Gegenstand *fremden* Wissens (so die hM; weitergehend *Streng*, GA 85, 214, der Tatsachenmanipulationen mit einbezieht). Auch hier ist nicht die sprachliche Form, sondern der sachliche Gehalt entscheidend; so kann die Weitergabe eines Gerüchts als „*bloßes Gerücht*" genügen (BGHSt 18, 182, 183; OLG Hamm NJW 53, 596; zur Weitergabe im Interesse des Ehrenträgers siehe *Hansen*, JR 74, 406).

**493**

Wer den nach § 187 erforderlichen „Drittbezug" verbirgt und lediglich eine den Betroffenen kompromittierende Sachlage schafft, kann sich nach § 185 strafbar machen, begeht aber keine Verleumdung. **Beispiel:** M nennt in einem Zeitungsinserat, nach dessen Text „Modell-Hostess Jutta" um Anruf für private schöne Stunden ersucht, die Telefonnummer seiner von ihm getrennt lebenden Ehefrau, die dadurch sexuellen Belästigungen ausgesetzt wird; näher BGH NStZ 84, 216; *Küper*, BT S. 269.

**494**

Der Täter muß **wider besseres Wissen** handeln, dh die Unwahrheit der behaupteten Tatsache *sicher* kennen. Diesbezüglich ist zumindest direkter Vorsatz erforderlich (RGSt 32, 302; NK-

*Zaczyk*, § 187 Rn 3). Für die anderen objektiven Tatbestandsmerkmale genügt hingegen bedingter Vorsatz.

**495** In Betracht kommt im **Fall 26** der Tatbestand der **Verleumdung** (§ 187). Durch ihre an M gerichtete Äußerung hat F in Beziehung auf H *wider besseres Wissen* eine **unwahre** Tatsache ehrenrühriger Art behauptet. Sie hat ihre Behauptung über H im „engsten Familienkreis" unter dem Siegel der *Vertraulichkeit* aufgestellt. Das hindert die Bejahung einer ehrverletzenden Kundgabe iS des § 187 nicht, weil der Anspruch der H auf Achtung ihrer Persönlichkeit auch und gerade innerhalb des Hausstandes von M und F, also in *dem* Lebens- und Sozialbereich aktuelle Bedeutung besitzt, in welchem der Angriff auf ihre Ehre erfolgt ist (vgl oben Rn 482). Wie M ihre Ehrlichkeit und Zuverlässigkeit einschätzt, kann der H nicht gleichgültig sein, da diese Frage ihr Ansehen in höchstem Maße berührt. Daß F keinen Schutz vor Strafe verdient, wenn – wie oft in solchen Fällen – schließlich doch etwas durchsickert und nach außen dringt, liegt auf der Hand. Unter den hier gegebenen Umständen darf dem Verletzten nicht die Möglichkeit abgeschnitten werden, den Urheber der *verleumderischen* Beleidigung strafrechtlich zur Verantwortung zu ziehen. Auf § 193 kann F sich nicht berufen, da eine **Verleumdung** als bewußte Lüge nicht nach dieser Vorschrift *gerechtfertigt* sein, sondern in besonderen Ausnahmefällen lediglich *entschuldigt* werden kann (vgl S/S-*Lenckner*, § 193 Rn 2; einschränkend BGH NStZ 95, 78). Entschuldigungsgründe liegen nicht vor. F hat sich somit nach § 187 strafbar gemacht.

### 2. Kreditgefährdung und qualifizierte Verleumdung

**496** § 187 enthält ferner den Tatbestand der **Kreditgefährdung**. Er schützt nicht die Ehre, sondern das Vertrauen, das jemand hinsichtlich der Erfüllung seiner *vermögens*rechtlichen Verbindlichkeiten genießt (näher SK-*Rudolphi*, § 187 Rn 9). Die Qualifikation des § 187 – öffentlich oder durch Verbreiten von Schriften (§ 11 III) – gilt für beide Tatbestände (NK-*Zaczyk*, § 187 Rn 8). **Öffentlich** begangen ist die Tat, wenn sie von einem größeren, individuell nicht begrenzten und durch nähere Beziehungen nicht verbundenen Kreis von tatsächlich Anwesenden unmittelbar wahrgenommen werden konnte (RGSt 38, 207; 63, 431; S/S-*Lenckner*, § 186 Rn 19).

### III. Die üble Nachrede

**497** **Fall 27:** Die Witwe W hat ihre schwerhörige Schwester S, deren 30jährige Tochter T und einige Nachbarinnen zum Kaffeekränzchen eingeladen. Im Verlauf der vielseitigen und bisweilen recht laut geführten Unterhaltung sagt W, sie habe vertraulich erfahren, daß der aus Ostpreußen stammende Ministerialbeamte M sich den Doktortitel unbefugt beigelegt habe, um rascher Karriere zu machen; in Wirklichkeit habe er nie promoviert. Schon kurzes Überlegen hätte W in Erinnerung gerufen, daß die Quelle ein neidischer, lügnerischer Mensch war. Den Einwand der T, daß sie das nicht glauben könne, weist die Nachbarin N mit dem Hinweis zurück, diesem aufgeblasenen Scharlatan sei doch

alles zuzutrauen; sie sei sogar davon überzeugt, daß M sich für Geld jedem ausländischen Geheimdienst zur Verfügung stellen würde, wenn er dazu Gelegenheit fände. Die Untermieterin U, die unbemerkt heimgekommen ist und das Gespräch belauscht hat, hinterbringt alles dem mit ihr befreundeten M.
Haben W und N sich strafbar gemacht, wenn nicht geklärt werden kann, ob M den Doktortitel ordnungsgemäß erworben hat?

## 1. Unrechtstatbestand

**Tatsachenbegriff** und **Kundgabeformen** des § 186 entsprechen denen des § 187; das gleiche gilt für die **Ehrenrührigkeit** der Tatsache. § 187 geht freilich insofern weiter, als er auch *kreditgefährdende* Tatsachen einschließt (siehe Rn 496). Der wesentliche Unterschied zwischen beiden Vorschriften besteht darin, daß die *Unwahrheit* der Tatsache bei § 187 Tatbestandsmerkmal ist und daß der Täter die Unwahrheit *positiv gekannt* haben muß. Wo der Grundsatz *in dubio pro reo* einer Verurteilung aus § 187 entgegensteht oder wo erwiesen ist, daß der Täter die ehrenrührige Tatsache für wahr gehalten hat, ist nur für § 186 Raum, dessen Anwendungsbereich das Behaupten und Verbreiten *nicht erweislich wahrer* Tatsachen umfaßt. 498

## 2. Nichterweislichkeit der ehrenrührigen Tatsache

In § 186 ist die **Nichterweislichkeit** der Tatsache nach hM kein Tatbestandsmerkmal, sondern eine **objektive Bedingung der Strafbarkeit**, auf die der Vorsatz des Täters sich nicht zu erstrecken braucht (BGHSt 11, 273; OLG Hamm NJW 87, 1034; *Tenckhoff* JuS 88, 618, 622; so auch *Wessels*, BT/1, 21. Aufl. 1997, Rn 492). 499

An dem Grundsatz, daß das Gericht im Strafverfahren zur Erforschung der materiellen Wahrheit *von Amts wegen* Beweis zu erheben hat (§ 244 II StPO), ändert § 186 nichts. Den Angeklagten trifft somit keine Beweislast oder Beweisführungspflicht; er trägt hier allerdings das **Risiko einer ergebnislosen Wahrheitserforschung**. Gelingt der Wahrheitsbeweis, entfällt eine Bestrafung wegen übler Nachrede. Mißlingt der Wahrheitsbeweis, so gehen nach hM alle diesbezüglichen Zweifel (entgegen dem *sonst* geltenden Grundsatz *in dubio pro reo*) **zu Lasten des Täters**. Sein guter Glaube an die Richtigkeit der ehrenrührigen Tatsache schütze ihn nicht vor Strafe, weil § 186 ihm in dieser Hinsicht das volle *Beweisrisiko* auferlege. 500

Damit stellt die hM an das tatbestandliche Unrecht zu geringe Anforderungen (näher SK-*Rudolphi*, § 186 Rn 15; eingehend *Geisler*, Zur Vereinbarkeit objektiver Bedingungen der Strafbarkeit mit dem Schuldprinzip, 1998, S. 437, 451). Um dem **Schuldprinzip** zu genügen, ist vorauszusetzen, daß der Täter *hinsichtlich der Unwahrheit* der von ihm behaupteten oder verbreiteten ehrenrührigen Tatsache **wenigstens sorgfaltspflichtwidrig** handelt (so schon *Hirsch*, Ehre und Beleidigung, 1967, S. 168 ff und neuestens Ernst A. Wolff-FS, S. 125, 145, dessen Ansicht zunehmend Zustimmung findet; vgl nur NK-*Zaczyk*, § 186 Rn 19 mwN). Die herr- 501 schende Gegenansicht (ua *Geppert*, Jura, 83, 580, 583; *Lackner/Kühl*, § 186 Rn 7a) beruft sich auf die „klare Konzeption des Gesetzes" und die „Interessen des Verletzten", die durch die nunmehr auch hier vertretene Ansicht nicht genügend berücksichtigt würden. Beide Aspekte sind historisch nachweisbar (wenngleich man zur Zeit der Entstehung des StGB mit Bezug auf §§ 186, 187 auch von culposer und doloser Verleumdung sprach); eine Abweichung vom Schuldprinzip heutiger Ausprägung rechtfertigen sie jedoch nicht.

**502** Im Verfahren wegen übler Nachrede darf die **Erhebung des Wahrheitsbeweises** auch dann nicht unterbleiben, wenn der Angeklagte nach § 193 freizusprechen oder nach §§ 185, 192 zu verurteilen wäre, vielmehr genießt das Interesse des Verletzten an der Klärung des Sachverhalts und an der Wiederherstellung seines guten Rufes den Vorrang (BGHSt 11, 273; 27, 290; OLG Frankfurt NJW 89, 1367; *Graul*, NStZ 91, 457). Der Wahrheitsbeweis ist erbracht, wenn *der* Tatsachenkern als wahr erwiesen ist, aus dem das Ehrverletzende der Äußerung folgt (BGHSt 18, 182). Handelt es sich dabei um den Vorwurf einer Straftat, sind die Beweisregeln des § 190 zu beachten.

**503** W kann sich im **Fall 27** der **üblen Nachrede** (§ 186) schuldig gemacht haben. Sie hat ohne jegliche Prüfung ein über M umlaufendes Gerücht weiterverbreitet, das diesem eine Täuschung seiner Dienstvorgesetzten unterstellt, also ehrenrühriger Natur ist. Dessen war W sich auch bewußt. Ihr Verhalten erfüllt objektiv wie subjektiv den Unrechtstatbestand des § 186. Da auch nicht zu klären ist, ob M den Doktortitel ordnungsgemäß erworben oder dies nur vorgetäuscht hat, ist W wegen *übler Nachrede* zu bestrafen, falls Strafantrag gestellt wird. Eine „öffentlich" begangene üble Nachrede iS der qualifizierenden Tatbestandsalternative des § 186 liegt nicht vor (siehe Rn 496).

### 3. Abgrenzung zu beleidigenden Meinungsäußerungen

**504** Den Gegensatz zu den äußeren und inneren Tatsachen (siehe Rn 492) bilden bloße **Meinungsäußerungen** und **Werturteile** ohne greifbaren Tatsachenkern. Ihr Inhalt ist im Unterschied zu jenen vergangenen oder gegenwärtigen, sinnlich wahrnehmbaren Vorgängen oder Zuständen gerade nicht dem Beweis zugänglich. Ihre Abgrenzung zur Tatsachenbehauptung bereitet jedoch wegen der fließenden Übergänge oftmals Schwierigkeiten (vgl die Beispiele in BGHSt 6, 159 und 357; 11, 329; 12, 287; BGH NJW 82, 2246 und 2248; BayObLG JR 95, 216; OLG Bremen StV 99, 534).

**505** Bezeichnet A in einem Gespräch mit B den C als „Dieb" oder „Betrüger", so kann im Gewande des Werturteils eine Tatsachenbehauptung vorliegen, *wenn* diese schlagwortartige Bezeichnung erkennbar auf einen *bestimmten Vorgang* bezogen ist, also etwas Greifbares dahinter steckt, das dem Beweise zugänglich ist (RGSt 68, 120, 122; *Otto*, Anm. JR 95, 218). Sagt A nur, er sei *überzeugt*, daß C ihm am letzten Wochenende 3 Dosen Spargel aus dem Keller entwendet habe, so ändert der Hinweis auf das innere Überzeugtsein am Vorliegen einer **Tatsachenbehauptung** iS des § 186 nichts; der Wahrheitsbeweis ist hier nicht etwa auf die Existenz dieser **Überzeugung**, sondern auf die ihr zugrunde liegenden Tatsachen zu richten (= auf die angebliche Begehung des Diebstahls durch C). Hätte A dagegen gesagt, er sei überzeugt, daß C ihn *demnächst bestehlen werde*, so läge eine reine Meinungsäußerung iS des § 185 vor. Solche Meinungsäußerungen können zutreffend oder falsch, aber (anders als Tatsachenbehauptungen) nicht *wahr* oder *unwahr* sein. Die Voraussage künftiger Ereignisse ist stets Meinungsäußerung, nicht Tatsachenbehauptung (LK-*Herdegen*, § 185 Rn 4).

> Die Äußerung der Nachbarin N im **Fall 27** fällt nur dann unter § 186, wenn sie eine **Tatsachenbehauptung** und nicht lediglich eine beleidigende Meinungsäußerung iS des § 185 enthält. Da diese Äußerung sich in einer derartigen reinen Meinungsäußerung sowie in dem Werturteil erschöpft, daß M ein „aufgeblasener Scharlatan" sei, dem man alles zutrauen könne, scheidet § 186 insoweit aus.

**506**

## IV. Die Beleidigung

Mit Bestimmtheit läßt sich behaupten, daß der Tatbestand der Beleidigung, in der Kürze ein nicht zu übertreffendes Unikum, auf den an anderen (ebenfalls meist älteren) Tatbeständen geschulten Leser höchst unbestimmt wirkt. Daß er im Hinblick auf die gefestigte Rechtsprechung der Strafgerichte nicht gegen den Bestimmtheitsgrundsatz verstoße (so BVerfGE 93, 266, 290), bindet jene nicht zureichend und löst die Zweifel nicht auf. Hinreichend genau läßt der Begriff sich auch nicht mit Hilfe der anderen Regelungen des 14. Abschnitts bestimmen; und daß man ihn recht unterschiedlich deuten kann, zeigt die Diskussion. Seine Flexibilität ist sein Problem. Die nähere Strukturierung des Tatbestandes in Theorie und Praxis (*Lackner/Kühl*, § 185 Rn 1; siehe auch NK-*Zaczyk*, § 185 Rn 2; SK-*Rudolphi*, § 185 Rn 1) ergibt:

**507**

### 1. Übersicht

**Beleidigung** iS des § 185 ist die **Kundgabe von Mißachtung oder Nichtachtung**

**508**

a) durch **Meinungsäußerungen** oder **Werturteile**, gleichgültig ob unmittelbar dem Verletzten (= *Du Lump*) oder Dritten gegenüber (vgl die Äußerung der N über M im Kreis der Kaffeerunde im **Fall 27**; Kasuistik in allen Kommentaren);
b) durch **symbolische Handlungen** (= „Tippen an die Stirn": OLG Düsseldorf NJW 60, 1072) oder eine ehrenkränkende Behandlung (= Aufforderung zum „*Maulhalten*" an ein Vereinsmitglied und dergleichen);
c) durch die **Zumutung** strafbarer oder **unsittlicher Handlungen** (vgl BGHSt 1, 288; 36, 145; BGH NStZ 86, 453; 87, 21; 92, 33), das Führen *obszöner Reden* in Gegenwart anderer (BGHSt 12, 42) und sonstige Formen der Mißachtung, in denen eine herabsetzende Bewertung zum Ausdruck kommt (vgl BGHSt 9, 17; 7, 129; Überblick bei *Küper*, BT S. 69);
d) durch sog. **Formalbeleidigungen** iS des § 192 (Beispiel: Wahrheitsgemäße Schilderung von Intimitäten aus dem „Vorleben" der Braut oder des Bräutigams durch einen Hochzeitsgast zur Auflockerung seiner Tischrede);
e) durch das **Vorhalten ehrenrühriger Tatsachen** unmittelbar dem dadurch Verletzten gegenüber (= *Sie haben mir meine Uhr gestohlen!*);
f) sowie in **qualifizierter Form** durch *ehrverletzende* **Tätlichkeiten**, wie etwa durch Ohrfeigen, wenn darin dem objektiven Sinn nach eine *Mißachtung* des *personalen Geltungswertes* zum Ausdruck kommt; ferner zB durch Spucken ins Gesicht (OLG Zweibrücken NJW

91, 240); dabei ist zu beachten, daß nicht in jeder Körperverletzung zugleich eine Beleidigung liegt.

509 Ob eine Äußerung einen beleidigenden Inhalt hat, bestimmt sich nach ihrem durch Auslegung zu ermittelnden objektiven Sinngehalt, danach, wie ein unbefangener verständiger Dritter sie versteht (BVerfGE 93, 266, 295; BayObLG JR 97, 341 mit Anm. *Jakobs*; S/S-*Lenckner*, § 185 Rn 8). Bloße Unhöflichkeit, Nachlässigkeit oder Taktlosigkeit im Umgang mit anderen ist noch keine *Mißachtung* iS des § 185; das gleiche gilt für unpassende Scherze, Fopperei und bloße Belästigungen (zB Werfen von Steinchen an ein Wohnungsfenster: BayObLG JR 63, 468). Die Abgrenzung ist nicht immer leicht zu treffen (vgl BayObLG JZ 83, 463 zu dem Fall, daß der Inhaber einer öffentlichen Gaststätte ausländische Besuchswillige *ohne erkennbaren sachlichen Grund* zurückweist). Maßgebend für das Vorliegen einer Ehrenkränkung sind die Gesamtumstände des Einzelfalles.

510 Zu berücksichtigen sind in dieser Hinsicht ua Alter, Bildungsgrad und Stellung des Täters, etwaige persönliche Beziehungen zwischen den Beteiligten, der Umgangston in den betreffenden Kreisen, die Ortsüblichkeit bestimmter Ausdrücke und das Gewicht, das dem Vorgang beizumessen ist. Verallgemeinerungen sind hier fehl am Platze; es kommt ganz darauf an, wer *was* zu *wem* sagt und unter welchen Umständen dies geschieht (vgl KG JR 84, 165 mit Anm. *Otto* zur Bezeichnung von Polizeibeamten als „Bullen"; zum Willkürvorwurf einer Strafverteidigerin gegenüber einem Richter OLG Düsseldorf NJW 98, 3214).

511 Der **subjektive Tatbestand** erfordert, daß der **Vorsatz** des Täters die Eignung der Kundgabe als Mittel der Ehrenkränkung und deren Wahrnehmung durch andere oder einen anderen umfaßt. Eventualvorsatz genügt. Einer *Beleidigungsabsicht* bedarf es nicht. Unerheblich ist auch, ob der Betroffene die Ehrenkränkung als solche empfindet oder dazu nach der Vorstellung des Täters außerstande ist (vgl BGHSt 1, 288, 291).

512 Im **Fall 27** hat N eine Beleidigung iS des § 185 begangen, da ihre Meinungsäußerung (siehe Rn 504) den Achtungsanspruch der M verletzt hat (vgl auch BGHSt 36, 145, 148).

### 2. Bedeutung des Wahrheitsbeweises

513 Umstritten ist, welche Bedeutung die **Wahrheit oder Unwahrheit** einer *allein dem Verletzten gegenüber* erfolgten Tatsachenbehauptung hat. Da § 185 nur den begründeten Achtungsanspruch im Rahmen der **verdienten Wertgeltung** schützt, enthält das Äußern der Wahrheit für sich allein keine Ehrenkränkung und keine Mißachtungskundgabe. Etwas anderes kann sich gemäß § 192 nur aus der Form der Äußerung oder den **besonderen Umständen** ergeben. Im Vorhalt einer ehrenrührigen Tatsache *unmittelbar dem Betroffenen gegenüber* liegt jedoch objektiv eine Beleidigung iS des § 185, wenn die aufgestellte Behauptung nicht den Tatsachen entspricht. Die **Unwahrheit** ist hier also – anders als in § 186 – ein ungeschriebenes **Tatbestandsmerkmal**, das vom **Vorsatz** des Täters umfaßt sein muß und für das es

im Rahmen des Wahrheitsbeweises bei dem Grundsatz *in dubio pro reo* verbleibt (BayObLG NJW 59, 57; OLG Köln NJW 64, 2121; S/S-*Lenckner*, § 185 Rn 6; *Welp*, JuS 83, 865; anders LK-*Herdegen*, § 185 Rn 36 ff; *Tenckhoff*, JuS 89, 35 mwN). Eine Verurteilung nach § 185 scheidet daher auch dann aus, wenn sich die Wahrheits- oder Vorsatzfrage nicht klären läßt (siehe dazu auch *Küper*, BT S. 68).

## V. Die besonderen Rechtfertigungsgründe im Bereich des Ehrenschutzes

**Fall 28:** A ist Inhaber einer Presseagentur, die Zeitungen mit Nachrichten beliefert. Als er von dem ihm als klatschsüchtig bekannten Kellner K die falsche Information erhält, der Taxifahrer T habe die Beförderung einer Frau mit der Begründung abgelehnt, „sie sei zu dick", gibt er das als Meldung weiter, obwohl ihm eine Nachfrage bei T problemlos möglich gewesen wäre. Zwei Abendblätter übernehmen diese Nachricht in großer Aufmachung und unter voller Namensnennung des T. Strafbarkeit des A?

514

Das Verhalten des A verwirklicht objektiv und subjektiv den **Tatbestand der üblen Nachrede** (§ 186); die Ehrenrührigkeit der verbreiteten Tatsache liegt darin, daß sie dem T ein gravierendes Versagen in bezug auf seine Berufspflichten unterstellt.

### 1. Allgemeine und besondere Rechtfertigungsgründe

Die **Rechtswidrigkeit** einer Ehrenkränkung kann nach allgemeinen Grundsätzen ausgeschlossen sein, so insbesondere im Falle der Notwehr (BGHSt 3, 217; BayObLG NJW 91, 2031) oder aufgrund einer wirksam erteilten **Einwilligung** (zB bei Preisgabe der sog. *Geschlechtsehre*, BGHSt 5, 362; 8, 357; 23, 1, 3). Darüber hinaus normiert § 193 für den Bereich der Beleidigungsdelikte **besondere Rechtfertigungsgründe**, die nach hM dem Prinzip der **Güter- und Interessenabwägung** folgen und deren sachlicher Gehalt durch das **Grundrecht der freien Meinungsäußerung** mitbestimmt wird, soweit es um Fragen der öffentlichen Meinungsbildung geht (vgl BVerfGE 7, 198; 12, 113; 94, 1; BGHSt 12, 287, 293; 18, 182, 184; KG JR 80, 290; S/S-*Lenckner*, § 193 Rn 1, 15; SK-*Rudolphi*, § 193 Rn 1; krit. *Merz*, Strafrechtlicher Ehrenschutz und Meinungsfreiheit, 1998, S. 72). Vereinzelt wird dabei auf den Gesichtspunkt des *erlaubten Risikos* zurückgegriffen (vgl *Tröndle/Fischer*, § 193 Rn 1; *Hirsch*, ZStW 74 [1962], 100; krit. dazu *Geppert*, Jura 85, 25; *Wessels*, BT/1, 21. Aufl. 1997, Rn 507).

515

Zu beachten ist hier, daß **sachliche Kritik** schon tatbestandsmäßig keine Beleidigung ist. Tadelnde Urteile, Vorhaltungen und Rügen bedürfen daher erst dann einer besonderen *Rechtfertigung*, wenn sie den Geltungsanspruch des Betroffenen verletzen (vgl LK-*Herdegen*, § 193 Rn 13).

516

§ 11 *Die Beleidigungstatbestände und ihre speziellen Rechtfertigungsgründe*

## 2. Wahrnehmung berechtigter Interessen

**517** Den praktisch wichtigsten Anwendungsfall des § 193 bildet die **Wahrnehmung berechtigter Interessen**. Dieser Rechtfertigungsgrund greift nur durch, wenn neben dem verfolgten *Interesse* auch die *Art der Interessenwahrnehmung* den konkreten Umständen nach **berechtigt** ist und der Täter subjektiv *zum Zwecke* der Interessenwahrung gehandelt hat. Berechtigt in diesem Sinne sind Interessen des einzelnen oder der Allgemeinheit, die dem Recht und den guten Sitten nicht zuwiderlaufen (näher *Seibert*, MDR 51, 709). Zur Anwendbarkeit des § 193 bei einer **Strafanzeige** siehe OLG Köln NJW 97, 1247 und *Tröndle/Fischer*, § 193 Rn 15.

**518** Die hM bestimmt den Grundgedanken folgendermaßen: Die Handlung des Täters muß sich bei Abwägung der widerstreitenden Interessen und unter dem Blickwinkel der im Einzelfall tangierten Grundrechte als das **angemessene Mittel** zur Erreichung eines **berechtigten Zwecks** darstellen (BGHSt 18, 182; BVerfGE 24, 278). Bei Behauptungen tatsächlicher Art besteht im Rahmen der gegebenen Möglichkeiten und in den Grenzen der Zumutbarkeit eine **Erkundigungspflicht** in bezug auf ihren Wahrheitsgehalt; das gilt in erhöhtem Maße für Veröffentlichungen in der **Presse** und anderen **Massenmedien** (BGHSt 14, 48; OLG Stuttgart JZ 72, 745; *Lackner/Kühl*, § 193 Rn 11). **Leichtfertig** aufgestellte Behauptungen, haltlose Vermutungen oder unter *Verletzung der Nachforschungspflicht* erhobene Beschuldigungen genießen den Schutz des § 193 nicht (BVerfGE 12, 113, 130). Innerhalb ihrer Aufgabe, die Öffentlichkeit über allgemein interessierende Ereignisse und Angelegenheiten zu informieren, Kritik zu üben und auf andere Weise an der öffentlichen Meinungsbildung mitzuwirken, sind Presse, Rundfunk und Fernsehen zur *wahrheitsgemäßen*, nicht einseitig verzerrten Berichterstattung verpflichtet. In den privaten Lebensbereich der Bürger dürfen sie ohne zwingenden Grund nicht eindringen (BGHSt 19, 235, 237). Vorgänge des Privatlebens werden nicht schon dadurch zu öffentlich interessierenden Angelegenheiten, daß sie Politiker oder sonstige Personen des öffentlichen Lebens betreffen, vielmehr müssen besondere Umstände hinzutreten, um sie zum Gegenstand eines berechtigten Allgemeininteresses zu machen (BGHSt 18, 182, 186; *Fuhrmann*, JuS 70, 70). Bei einer sog. **Pressefehde**, vor allem im politischen Meinungskampf, werden durch § 193 und Art. 5 GG auch kraftvolle Worte und herabsetzende Äußerungen, Vergleiche oder Wertungen gedeckt, sofern sie keinen Exzeß enthalten, nicht ausschließlich der Kränkung des Gegners dienen und gemessen an dessen Verhalten noch als **adäquate Reaktion** anzusehen sind (näher BVerfGE 24, 278; 42, 163; 43, 130; 82, 272; BVerfG JZ 80, 724 und 83, 100; BayObLG NStZ 83, 126 und 265; OLG Hamm NJW 82, 659; OLG Köln NJW 77, 398; OLG Koblenz NJW 78, 1816; *Otto*, JR 83, 1 und Jura 97, 139; *Brammsen*, Anm. NStZ 90, 235). Wer Soldaten der Bundeswehr als „potentielle Mörder" bezeichnet, bedient sich einer ehrverletzenden, durch Art. 5 I 1 GG nicht gedeckten **Schmähkritik**, wenn seine Äußerung ihrem objektiven Sinn und den konkreten Begleitumständen nach nicht mehr als (nur in der Form übergezogener) Beitrag zur Auseinandersetzung zwischen Wehrbereitschaft und Pazifismus zu verstehen ist, sondern eine Diffamierung und persönliche Herabsetzung der betroffenen Soldaten bezweckt (näher dazu BVerfGE 93, 266 mit lesenswertem Sondervotum der Richterin *Haas*, aaO S. 313; BVerfG NJW 94, 2943).

Die Rechtsprechung des BVerfG neigt bei ehrverletzenden Äußerungen im öffentlichen Meinungskampf in zunehmendem Maße zu einer Überbewertung der Meinungsfreiheit auf Kosten des Ehrenschutzes. Krit. zu dieser Entwicklung *Campbell*, NStZ 95, 238; *Herdegen*, NJW 94, 2933; *Mager*, Jura 96, 405; *Otto*, Jura 97, 139 und Anm. NStZ 96, 127; *Schmitt Glaeser*, NJW 96, 873; S/S-*Lenckner*, § 193 Rn 15, 16; SK-*Rudolphi*, § 193 Rn 23a, b; *Stark*, JuS 95, 689 mwN; *Tröndle/Fischer*, § 193 Rn 14c ff; vgl aber auch *Dencker*, Bemmann-FS, S. 291. Grundlegende Kritik an der hM, insbesondere der Rechtsprechung des BVerfG bei *Zaczyk*, Hirsch-FS, S. 819 und NK-*Zaczyk* § 193 Rn 4, 33; er sieht in § 193 einen dem erlaubten Risiko ähnlichen Fall, eine Regelung der Kollision zwischen Art. 5 I GG und dem Recht der Ehre, aaO Rn 3, 6.

Sind Ehrangriffe in **Kunstwerken**, Karikaturen oder satirischen Darstellungen enthalten, bedarf es nach hM (vgl *Lackner/Kühl*, § 193 Rn 14, aber auch NK-*Zaczyk*, § 193 Rn 39) bei der Frage nach ihrer Rechtfertigung einer Abwägung zwischen dem Persönlichkeitsrecht des Betroffenen (Art. 2 I in Verbindung mit Art. 1 I GG) und dem Grundrecht der Kunstfreiheit (Art. 5 III 1 GG). Was Kunst ist, läßt sich generell nicht definieren. Wesentlich für die künstlerische Betätigung ist aber „die freie schöpferische Gestaltung, in der Eindrücke, Erfahrungen und Erlebnisse des Künstlers durch das Medium einer bestimmten Formensprache zu unmittelbarer Anschauung gebracht werden" (näher BVerfGE 30, 173; 83, 130, 138; BGHSt 37, 55). Beim künstlerischen Schaffen wirken Intuition, Phantasie, Kunstverstand und Gestaltungskraft in der Weise zusammen, daß im hervorgebrachten Werk die individuelle Persönlichkeit des Künstlers und seine geistige Auseinandersetzung mit der Welt ihren Ausdruck finden. Art. 5 III 1 GG gewährleistet die Freiheit der Kunst zwar ohne Vorbehalt, aber nicht ohne Schranken. Mitbestimmend für ihre Grenzen sind die von der Verfassung ebenfalls geschützten Werte und Rechtsgüter, wie das Persönlichkeitsrecht und die Würde des Menschen unter Einschluß seiner Ehre. Schwerwiegende Beeinträchtigungen dieser Schutzgüter sind auch durch die Kunstfreiheit nicht gedeckt (näher BVerfGE 75, 369; 81, 278, 298; BayObLG MDR 94, 80 und JR 98, 384 mit zust. Anm. *Foth*; OLG Hamburg JR 85, 429; *Erhard*, Kunstfreiheit und Strafrecht, 1989; Lackner/*Kühl*, § 193 Rn 15 mwN). **519**

Im **Fall 28** scheidet eine Rechtfertigung nach § 193 aus, weil eine Berichterstattung mit schweren Vorwürfen gegen den Betroffenen nur in *Ausnahmefällen* unter *voller Namensnennung* erfolgen darf und A seiner **Erkundigungspflicht**, insbesondere durch die ihm mögliche und zumutbare vorherige *Rückfrage bei T selbst* (beachte dazu Rn 501; ferner NK-*Zaczyk*, § 193 Rn 43), nicht bzw nicht genügend nachgekommen ist (näher OLG Stuttgart JZ 72, 745; *Koebel*, JZ 66, 389; LK-*Herdegen*, § 193 Rn 23, 29). A ist daher wegen öffentlicher übler Nachrede nach § 186 zu bestrafen, sofern T Strafantrag stellt. **520**

Zu ehrenkränkenden Äußerungen eines Rechtsanwalts im Rahmen seines Plädoyers oder eines Schriftsatzes und zum Recht des Angeklagten auf eine ungehinderte, wirksame Strafverteidigung siehe BGH NStZ 87, 554; OLG Bremen StV 99, 534 und BVerfG StV 99, 532 (Ka- **521** suistik bei *Tröndle/Fischer*, § 193 Rn 13). Ausführlich zu der nach hM erforderlichen Güterabwägung KG NStZ-RR 98, 12 (Begründung eines Befangenheitsantrags); krit. *Merz*, Strafrechtlicher Ehrenschutz und Meinungsfreiheit, 1998, S. 72, 93, 139.

## 6. Kapitel
# Straftaten gegen den persönlichen Lebens- und Geheimbereich und gegen sonstige persönliche Rechtsgüter

# § 12 Der Schutz des persönlichen Lebensbereichs und der privaten Geheimsphäre

### I. Systematischer Überblick

**522** Das EGStGB hat die §§ 201-205 als Nachfolgebestimmungen zu den §§ 298 bis 300 aF im 15. Abschnitt des Besonderen Teils des StGB zusammengefaßt (neu hinzugekommen ist 1997 in aktualisierter Form die Verletzung des Post- oder Fernmeldegeheimnisses, § 206 = § 354 aF; dazu *Tröndle/Fischer*, § 206 Rn 2 ff; *Welp*, Lenckner-FS, S. 619). Dadurch sollte die besondere Bedeutung unterstrichen werden, die das Gesetz dem **Schutz der Privat- und Intimsphäre** in der modernen Gesellschaft mit ihren hochtechnisierten Einrichtungen beimißt (näher S/S-*Lenckner*, Rn 2 vor § 201). Allen Tatbeständen dieses Abschnitts liegt die Erkenntnis zugrunde, daß der Mensch zur Entfaltung seiner Persönlichkeit eines Freiraumes bedarf, in dessen Grenzen die Rechtsordnung ihm die Vertraulichkeit des nichtöffentlich gesprochenen Wortes (§ 201), die Wahrung des Briefgeheimnisses (§ 202) sowie den Schutz bestimmter Daten (§ 202a), sonstiger Privatgeheimnisse (§§ 203, 204) sowie des Post- und Fernmeldegeheimnisses (§ 206) garantiert. Beachtung verdient, daß die amtlichen Überschriften zu den einzelnen Vorschriften das jeweils geschützte Rechtsgut nur ungenau bezeichnen und infolgedessen die Reichweite des Strafrechtsschutzes nicht exakt verdeutlichen (zur bloßen *Hinweisfunktion* von amtlichen Überschriften siehe BGHSt 29, 220, 224; für gesetzliche Überschriften der Straftatbestände des StGB kann dem nicht zugestimmt werden).

**523** Innerhalb des § 201, dessen zweiter Absatz durch das 25. StÄG vom 20.8.1990 (BGBl I 1764) erweitert wurde, ist eine **Strafschärfung** für den Fall vorgesehen, daß ein **Amtsträger** oder ein für den öffentlichen Dienst besonders Verpflichteter die Vertraulichkeit des Wortes verletzt (§ 201 III in Verbindung mit § 11 I Nr 2, 4 und § 28 II). Bei der Verletzung von Privatgeheimnissen wirkt das Vorliegen dieser *besonderen persönlichen Eigenschaft* dagegen nicht straferschwerend, sondern straf*begründend* (§ 203 II Nr 1, 2); eine **Qualifikation** kommt hier für alle Tätergruppen nur beim Handeln gegen Entgelt oder zu Bereicherungs- bzw Schädigungszwecken in Betracht (§ 203 V). Vom Erfordernis des *Strafantrags* für §§ 201-204 nimmt § 205 lediglich den Fall des § 201 III aus.

## II. Verletzung der Vertraulichkeit des Wortes

> **Fall 29:** Nach einer vertraulichen Besprechung im Kreis der Firmenleitung eines Großunternehmens übergibt der Firmenchef F seiner Sekretärin S das im allseitigen Einverständnis aufgenommene Tonbandprotokoll mit dem Auftrag, es auszugsweise abzuschreiben. Unter Verletzung ihrer Verschwiegenheitspflicht offenbart S dem Betriebsratsmitglied B den Themenkatalog der Besprechung; außerdem gestattet sie ihm, bestimmte Teile des Tonbandes abzuhören.
> Haben S und B sich nach § 201 strafbar gemacht?

### 1. Schutzzweck der Vertraulichkeit des Wortes

**Schutzzweck** des § 201 ist die Erhaltung der *Unbefangenheit mündlicher Äußerungen* und des Vertrauens auf die Flüchtigkeit des **nichtöffentlich** gesprochenen Wortes. Innerhalb seines persönlichen Lebensbereichs und der damit verbundenen Kommunikationssphäre soll niemand befürchten müssen, daß seine Worte der ihnen beigelegten Reichweite entkleidet und in eine jederzeit reproduzierbare Tonkonserve verwandelt werden (*Gallas*, ZStW 75 [1963], 16 ff; S/S-*Lenckner*, § 201 Rn 2). Da sich in jedem Gespräch die Persönlichkeit des Sprechers mitteilt, hat er allein über die Reichweite seiner Worte, den Kreis der Adressaten sowie darüber zu bestimmen, ob seine Worte auf einem Tonträger festgehalten werden sollen oder nicht (BGHSt 14, 358; BVerfGE 34, 238; BVerfG NJW 92, 815). **Schutzobjekt** aller Einzeltatbestände des § 201 ist das **nichtöffentlich gesprochene Wort** eines anderen ohne Rücksicht darauf, ob das Gesagte wirklich ein *Geheimnis* darstellt.

**Mündliche Äußerungen in Wortform** bilden auch der *Gesang* und der *Sprechgesang* (zutreffend NK-*Jung*, § 201 Rn 3; S/S-*Lenckner*, § 201 Rn 5; aA *Lackner/Kühl*, § 201 Rn 2; LK-*Träger*, § 201 Rn 6), nicht dagegen andere stimmliche Äußerungen wie Stöhnen oder Gähnen. Eine klare Grenzziehung in der Frage des Strafrechtsschutzes ermöglicht das Gesetz dadurch, daß es dem **gesprochenen Wort** (= § 201) das *geschriebene Wort* (= § 202) gegenüberstellt.

**Nichtöffentlich** ist eine Äußerung, wenn sie nicht an die Allgemeinheit gerichtet und für Außenstehende nicht oder nicht ohne besondere Mühe wahrnehmbar ist. Bei Gesprächen, Diskussionen oder Verhandlungen ist diese Voraussetzung gegeben, falls der Teilnehmerkreis *individuell begrenzt* („geschlossen") ist, also nicht dem beliebigen Zutritt offensteht. Ob der Gedankenaustausch in der rein persönlichen, beruflichen oder geschäftlichen Privatsphäre, im Umgang mit Behörden oder in einer sonstigen *persönlichkeitsbezogenen* Kommunikationssphäre, wie zB in einer nichtöffentlichen Gerichtsverhandlung, einer Parteivorstandssitzung, einer Fraktionsbesprechung oder dergleichen stattfindet, ist belanglos (vgl *Lackner/Kühl*, § 201 Rn 2 mwN).

## 2. Tathandlungen des § 201 I

**528** a) **Tathandlung** in § 201 I Nr 1 ist das **Aufnehmen** des nichtöffentlich gesprochenen Wortes auf einen Tonträger (= Tonband, Schallplatte usw) zur jederzeit reproduzierbaren Wiedergabe. Entsprechend seiner Schutzfunktion erfaßt der Tatbestand des § 201 I Nr 1 nur die *im Augenblick des Sprechens* gemachte Tonaufnahme, nicht dagegen das Kopieren bereits vorhandener Tonkonserven. Im letztgenannten Fall fehlt es an der **Unmittelbarkeit des Eingriffs** in die Privat- und Persönlichkeitssphäre des Sprechers, auf die es hier entscheidend ankommt (ebenso S/S-*Lenckner*, § 201 Rn 12; SK-*Samson*, § 201 Rn 7; aA *Tröndle/Fischer*, § 201 Rn 4). Gegen das Kopieren schon hergestellter Tonaufnahmen bieten nur § 201 I Nr 2 und § 202a unter den *dort genannten Voraussetzungen* (hinreichend) Schutz.

**529** Den Hauptanwendungsfall des § 201 I Nr 1 bildet die *heimlich, ohne Wissen* des Sprechers gemachte Tonaufnahme. Der Tatbestand ist darauf aber nicht beschränkt; er schließt auch das *mit Wissen* eines Gesprächspartners erfolgende Aufnehmen seiner Worte ein (wichtig bei ausdrücklich erklärtem Widerspruch des Sprechers; näher OLG Schleswig NStZ 92, 399; Thüring. OLG NStZ 95, 502; LK-*Träger*, § 201 Rn 9, 11; *Joerden*, JR 96, 265; anders S/S-*Lenckner*, § 201 Rn 13, 14, der für Fälle dieser Art auf § 240 verweist).

**530** b) Der Tatbestand des § 201 I Nr 2 ist erfüllt, wenn der Täter eine unter Verstoß gegen § 201 I Nr 1 hergestellte Tonaufnahme **gebraucht** oder einem **Dritten zugänglich macht**.

**531** **Gebrauchen** ist das Verwenden der Tonaufnahme zum Abspielen oder Kopieren. Einem Dritten ist die Aufnahme *zugänglich gemacht*, wenn ihm die Möglichkeit verschafft wird, von der akustischen Reproduktion Kenntnis zu nehmen oder die Tonaufnahme sonstwie zu verwenden (insbesondere zum Kopieren). Die *bloße Mitteilung* des *Inhalts* einer Tonaufnahme an Dritte ist weder ein „Gebrauchen" noch ein „Zugänglichmachen" iS des § 201 I Nr 2, da ein Offenbaren dieser Art aus dem Schutzbereich des § 201 herausfällt (Schutz in solcher Hinsicht bietet zB § 203 in den dort abgesteckten Grenzen). Zur bei Nr 2 umstrittenen Reichweite des Blankettbegriffs „unbefugt" siehe BT-Drucks. 7/550, S. 236 und Rn 532, 534.

### 3. Unbefugtheit des Handelns

**532** Umstritten ist, ob die **Einwilligung** des Betroffenen den Tatbestand des § 201 I entfallen läßt (so NK-*Jung*, § 201 Rn 6 mwN) oder nur die **Rechtswidrigkeit** der Tat berührt. Die hM sieht bei den §§ 201-204 in der dort jeweils vorausgesetzten **Unbefugtheit** des Handelns kein Tatbestandsmerkmal, sondern nur den Hinweis des Gesetzgebers auf das allgemeine Deliktsmerkmal der **Rechtswidrigkeit** (vgl BGHSt 31, 304, 306; LK-*Träger*, § 201 Rn 9, 22; SK-*Samson*, Rn 6 vor § 201). Danach bildet die *Befugnis* zur Vornahme der Tathandlung einen **Rechtfertigungsgrund**; sie kann sich aus einer speziellen Regelung (vgl §§ 100a-d StPO) oder aus den allgemein anerkannten Rechtfertigungsgründen ergeben.

**533** In Betracht kommen vor allem die ausdrücklich oder stillschweigend erteilte **Einwilligung** des Betroffenen (letztere liegt idR vor, wenn der Sprechende weiß oder damit rechnet, daß seine Worte durch Tonträger festgehalten werden), die **mutmaßliche Einwilligung** (bedeutsam im Rahmen der Gepflogenheiten des geschäftlichen Verkehrs bei *telefonischen* Bestellungen, Lieferungsvereinbarungen, Mängelrügen usw), **Notwehr** (Identifizierung der Stimme eines anrufenden Erpressers zur Abwehr eines fortdauernden Angriffs iS des § 239a; vgl dazu *Amelung*, GA 82, 381, 401), die Regeln des **rechtfertigenden Notstandes** (§ 34) und die **Wahrnehmung berechtigter Interessen** nach den Grundsätzen der Güter- und Pflichtenabwägung (insbesondere in notwehrähnlichen Situationen zwecks Erlangung von Beweismitteln). Näher dazu BVerfGE 34, 238; BGHSt 14, 358; 19, 193 und 325; 31, 304, 307; 34, 39; KG JR 81, 254; *Klug*, Sarstedt-FS, S. 101; *Nelles*, Stree/Wessels-FS, S. 719.

Nach anderer Auffassung soll die Einwilligung des Betroffenen (*Lenckner*, Baumann-FS, S. 135, 146; NK-*Jung*, § 201 Rn 6) oder auch dessen mutmaßliche Einwilligung im Bereich der §§ 201 ff nicht erst die Rechtswidrigkeit der Tat entfallen lassen, sondern schon zum Tatbestandsausschluß führen (vgl *Maurach-Maiwald*, BT 1 § 29 Rn 13, 45, 59 mwN). 534

Zweifelhaft ist, was § 201 I Nr 2 seinem mehrdeutigen Wortlaut nach unter einer *„so hergestellten"* Aufnahme versteht: ob damit lediglich auf den Gesetzestext innerhalb der Nr 1 des § 201 I verwiesen wird oder ob die Verweisung darüber hinausgehend auch das (*beiden* Nummern *vorangestellte*) Merkmal *„unbefugt"* mit einbezieht, also eine **unbefugt hergestellte** Tonaufnahme voraussetzt. 535

Die Ansichten dazu sind geteilt. Für die letztgenannte Auslegung spricht, daß § 201 I Nr 2 typische Verwertungshandlungen erfassen will, die eine vorausgegangene, im Wege des unmittelbaren Eingriffs bewirkte *Persönlichkeitsverletzung* erneut aktualisieren. Eine strafwürdige Unrechtsperpetuierung ist aber nur bei solchen Tatobjekten gegeben, die ihrerseits mit dem Makel der **unbefugten Herstellung** behaftet sind (ebenso ua *Lackner/Kühl*, § 201 Rn 9a; NK-*Jung*, § 201 Rn 8; SK-*Samson*, § 201 Rn 11; vgl dazu auch OLG Düsseldorf NJW 95, 975). Im übrigen will § 201 I Nr 2 ohnehin nicht jede Indiskretion durch Vertrauenspersonen erfassen, so insbesondere nicht mündliche oder schriftliche Mitteilungen über den Inhalt von Tonaufnahmen. 536

Im **Fall 29** ist für § 201 I Nr 1 kein Raum. Das Verhalten der S kann aber unter Nr 2 fallen. Voraussetzung dafür wäre jedoch, daß S eine *unbefugt* hergestellte Aufnahme gebraucht hat, was nicht der Fall ist. S hätte dem B sogar eine Abschrift des Tonbandprotokolls überlassen können, ohne dadurch gegen § 201 I Nr 2 zu verstoßen. Das pflichtwidrige *Gestatten* des *Abhörens* einer *befugt* hergestellten Tonaufnahme unterscheidet sich davon im Unrechts- oder Strafwürdigkeitsgehalt aber nicht wesentlich. Im Fall 29 fehlt es demnach bereits an einem tauglichen Tatobjekt iS des § 201 I Nr 2; damit entfällt eine Verwirklichung dieses Tatbestandes durch S. Zu prüfen bleibt, ob ein Verstoß des B gegen § 201 II vorliegt und ob S ihm dazu Beihilfe geleistet hat. 537

## 4. Taten iS des § 201 II

Nach § 201 II Nr 1 wird bestraft, wer unbefugt das *nicht zu seiner Kenntnis bestimmte* nichtöffentlich gesprochene Wort eines anderen **mit einem Abhörgerät** abhört. Gedacht ist dabei vor allem an Täter, die nicht zum Kreis der Gesprächspartner zählen, deren Äußerungen jedoch durch Mißbrauch der Technik *externen* Wahr- 538 nehmungs- und Kontrollmöglichkeiten unterwerfen (vgl *Arzt*, Der strafrechtliche Schutz der Intimsphäre, 1970, S. 244).

539 Mündliche Äußerungen sind **nicht zur Kenntnis des Abhörenden bestimmt**, wenn er von ihnen weder durch **Zuhören beim Sprechen** noch durch spätere **Übermittlung ihres Inhalts** Kenntnis erlangen soll (Begründung zu § 183 II E 1962, BT-Drucks. IV/650, S. 332; LK-*Träger*, § 201 Rn 18, 19; enger S/S-*Lenckner*, § 201 Rn 21; SK-*Samson*, § 201 Rn 16).

540 Die **Tathandlung** besteht bei § 201 II Nr 1 im Abhören mit einem Abhörgerät. Das einfache Belauschen fremder Gespräche ohne Anwendung von Abhörgeräten ist straflos.

541 **Abhörgeräte** iS des § 201 II sind technische Vorrichtungen jeder Art, die das gesprochene Wort über dessen normalen Klangbereich hinaus durch Verstärkung oder Übertragung unmittelbar hörbar machen und nicht zur *verkehrsüblichen* Ausstattung gebräuchlicher Kommunikationsmittel gehören (vgl E 1962 aaO S. 332). Darunter fallen *versteckt angebrachte* Mikrophonanlagen, Mikrosender (sog. *„Wanzen"* und *„Minispione"*), Einrichtungen zur Tonübermittlung mit Hilfe von Laserstrahlen oder zum „Anzapfen" von Telefonleitungen und dergleichen. Sind derartige Abhörgeräte zugleich mit Tonaufnahmevorrichtungen gekoppelt, greift neben § 201 II Nr 1 auch § 201 I Nr 1 ein (vgl S/S-*Lenckner*, § 201 Rn 20).

542 Verkehrsübliche **Mithöreinrichtungen** in privaten oder geschäftlichen Telefonanlagen sind nach hM keine „Abhörgeräte" iS des § 201 II Nr 1 (BGHSt 39, 335, 343; BGH NJW 82, 1397; OLG Hamm StV 88, 374 mit Anm. *Krehl*; LG Regensburg NStZ 83, 366; anders S/S-*Lenckner*, § 201 Rn 19). Den **grundrechtlichen Schutz** des gesprochenen Wortes berührt das aber nicht; er wird durch die bloße Kenntnis von einer Mithör*möglichkeit* bei der Benutzung eines Dienstelefons noch nicht beseitigt (näher BVerfG NJW 92, 815 zur *gerichtlichen Verwertbarkeit* von Kenntnissen, die ein Arbeitgeber durch Mithören erlangt hatte).

543 Unter den Tatbestand des § 201 II Nr 1 fallen nur Abhörvorgänge, die einen **unmittelbaren Eingriff** in die Privatsphäre *im Augenblick des Gesprächs* darstellen. Wer sich lediglich vom Inhalt einer schon existierenden Tonaufnahme durch deren Abspielen Kenntnis verschafft, ohne dazu berechtigt zu sein, verstößt nicht gegen diese Vorschrift. Schutz gegen eine unbefugte Kenntnisverschaffung dieser Art bietet das Gesetz nur unter den Voraussetzungen des § 202a.

544 § 201 II Nr 2 bedroht denjenigen mit Strafe, der das unbefugt aufgenommene oder abgehörte nichtöffentlich gesprochene Wort eines anderen im Wortlaut oder seinem wesentlichen Inhalt nach **öffentlich mitteilt**. Durch diesen neuartigen *Indiskretionstatbestand* soll vor allem die Verbreitung der illegal erlangten Kenntnis über den Gesprächsinhalt in den Massenmedien unterbunden werden. Strafbar ist die Tat aber nur, wenn die öffentliche Mitteilung *geeignet* ist, berechtigte Interessen eines anderen zu beeinträchtigen; gerechtfertigt ist sie ausnahmsweise dann, wenn die öffentliche Mitteilung zur Wahrnehmung *überragender* öffentlicher Interessen gemacht wird (§ 201 II S. 2, 3). Näher zum Ganzen sowie zum 25. StÄG vom 20.8.1990 *Lenckner*, Baumann-FS, S. 135.

545 Im **Fall 29** sollten die auf dem Tonband festgehaltenen Äußerungen dem B weder als Zuhörer noch als Abhörer zur Kenntnis gelangen. Das Abhören der *befugt* hergestellten Tonaufnahme wird jedoch von § 201 II Nr 1 nicht erfaßt, so daß B und S sich nicht nach § 201 strafbar gemacht haben.

## III. Verletzung des Briefgeheimnisses

**Fall 30:** Die bei Frau F als Untermieterin wohnende Studentin S erhält nach den Semesterferien in rascher Folge mehrere Luftpostbriefe ohne Absenderangabe. Um zu erfahren, wer an S schreibt und worum es geht, holt F einen ihr soeben vom Postboten übergebenen Brief aus dem nicht vollständig zugeklebten Umschlag, indem sie den dünnen Briefbogen mit Hilfe einer langen Haarnadel aufrollt und geschickt aus dem Umschlag herauszieht, ohne diesen zu beschädigen. Beim Lesen stellt F enttäuscht fest, daß der mit „Juanito" unterzeichnete Brief in spanischer Sprache abgefaßt ist, die sie nicht beherrscht. Darauf befördert sie den Briefbogen auf die genannte Weise in den Umschlag zurück.

a) Hat F sich strafbar gemacht?

b) Wie liegt es, wenn F nur den verschlossenen Schreibtisch der S geöffnet, einen der gesuchten Briefe herausgenommen und beim Lesen die oben erwähnte Feststellung über seinen Inhalt getroffen hat?

### 1. Geschützte Objekte

§ 202 I, II, der an die Stelle des § 299 aF getreten ist, **hat den Schutz des Briefgeheimnisses** wesentlich erweitert und auf die *Abwehr gleichgearteter Eingriffe in die Privatsphäre* für einen neu abgegrenzten Kreis von Schutzgegenständen ausgedehnt. **Gegenstand der Tat** können außer *Briefen* und *Schriftstücken* auch *Abbildungen* sein (vgl § 202 III).

**Brief** ist die schriftliche Mitteilung von Person zu Person. Der Begriff bildet nur einen Unterfall des Schriftstücks, das jede durch Schriftzeichen verkörperte Gedankenerklärung umfaßt (also auch Tagebücher, Notizen, Abrechnungen, Planskizzen usw). Da § 202 jedoch nur dem Schutz eines bestimmten Teils des persönlichen Lebens- und Geheimbereichs dienen soll, scheiden solche Schriftstücke aus, denen jeder Persönlichkeitsbezug fehlt (zB Briefmarken, Banknoten, Reklamezettel, Gebrauchsanweisungen und dergleichen). Andererseits braucht das Schriftstück kein *Geheimnis* im materiellen Sinn zu enthalten. Die amtliche Überschrift des Gesetzes zu § 202 ist danach in mehrfacher Hinsicht ungenau (näher S/S-Lenckner, § 202 Rn 2).

Gemeinsam für alle Tatobjekte gilt, daß sie im Zeitpunkt der Tatbegehung **nicht zur Kenntnis des Täters bestimmt sein dürfen**. Maßgebend ist die Bestimmung dessen, dem das Verfügungsrecht über den betreffenden Gegenstand zusteht; das muß nicht notwendig der Eigentümer sein (vgl *Maurach-Maiwald*, BT 1 § 29 Rn 20). Bei Briefen liegt das Bestimmungsrecht zunächst beim Absender, nach Zugang jedoch allein beim Adressaten. **Geschützt** sind die in Betracht kommenden Objekte, wenn sie entweder iS des § 202 I *verschlossen* oder iS des § 202 II durch ein *verschlossenes Behältnis gegen Kenntnisnahme besonders gesichert* sind.

**Verschlossen** (§ 202 I) ist ein Gegenstand, wenn er mit einer *an ihm befindlichen* Vorkehrung versehen ist, die dem Vordringen zu seinem Inhalt ein Hindernis entgegensetzt (zB Versiegelung, Verschluß durch einen zugeklebten Umschlag usw). Offene, jedoch in einem Behältnis *eingeschlossene* Briefe, Schriftstücke und dergleichen genießen Schutz nach § 202 II.

**Behältnis** ist ein zur Aufnahme von Sachen dienendes, aber *nicht* zum Betreten durch Menschen bestimmtes Raumgebilde (= Kassette, Koffer, Schreibtisch, Schrank: BGHSt 1, 158, 163). Verschlossene Räume, die zum Betreten durch Menschen bestimmt sind, bieten den in ihnen offen aufbewahrten Schriftstücken usw nicht durch § 202 II, sondern lediglich im Rahmen des § 123 Schutz.

### 2. Tathandlungen

551 **Tathandlung** bei § 202 I Nr 1 ist das **Öffnen** des verschlossenen Tatobjekts. Ausreichend dafür ist jede Aufhebung oder Überwindung des Verschlusses, so daß eine Kenntnisnahme vom Inhalt *möglich* ist. Der Kenntnisnahme selbst bedarf es hier nicht (= *Gefährdungstatbestand*). Dadurch soll dem Täter die praktisch nicht zu widerlegende Ausrede abgeschnitten werden, er habe den Brief zwar geöffnet, aber nicht gelesen (vgl *Herzberg*, JuS 84, 369, 371). Es kommt auch nicht darauf an, ob der Verschluß gewaltsam erbrochen oder beschädigt worden ist (RGSt 20, 375; 54, 295).

552 § 202 I Nr 2 setzt dagegen voraus, daß der Täter **sich vom Inhalt** des Schutzgegenstandes ohne Öffnung des Verschlusses *unter Anwendung technischer Mittel* tatsächlich **Kenntnis verschafft** (siehe noch Rn 553). Gedacht ist hierbei an die Anwendung von Chemikalien oder die Benutzung besonderer Durchleuchtungseinrichtungen. Es genügt nicht, daß der Täter den Briefumschlag gegen das Licht oder eine normale Lampe hält und auf diese Weise vom Inhalt Kenntnis nimmt.

553 Der Tatbestand des § 202 II ist als *zweiaktiges* Delikt ausgestaltet. Der Täter muß das verschlossene Behältnis *zum Zwecke der Kenntnisnahme* auf beliebige Art öffnen (zB mit dem richtigen Schlüssel oder einem hierfür nicht bestimmten Werkzeug) *und* sodann vom Inhalt des Schriftstücks usw Kenntnis nehmen. Wer Geld stehlen will und zu *diesem Zweck* ein Behältnis erbricht, darauf jedoch die darin vorgefundenen Briefe liest, erfüllt mithin den Tatbestand des § 202 II nicht.

554 Fraglich ist, wann eine **Kenntnisverschaffung** iS des § 202 II (ebenso bei § 202 I Nr 2) **gelungen** ist. Nach allg. Ansicht genügt, daß der Täter den Brief teilweise gelesen hat. Streitig ist aber, ob er das Gelesene dem Sinngehalt nach verstanden haben muß (so S/S-*Lenckner*, § 202 Rn 10) oder ob es ausreicht, daß er im Wege der *visuellen Wahrnehmung* bis zum Inhalt des betreffenden Objekts vorgedrungen ist (so *Blei*, JA 74, 601, 606; *Lackner/Kühl*, § 202 Rn 4). Den Vorzug verdient die letztgenannte Auffassung, da der Eintritt der Rechtsgutsverletzung nicht von den Sprachkenntnissen des Täters, sondern nur vom erfolgreichen Gebrauch seiner Sinnesorgane abhängig gemacht werden kann (siehe dazu auch LK-*Träger*, § 202 Rn 21) und der Wortlaut (vgl auch § 202 III) zur engeren Deutung nicht zwingt.

### 3. Unbefugtheit des Handelns

555 In allen Fällen des § 202 muß der Täter **unbefugt** gehandelt haben. Dieses Merkmal betrifft (wie bei den übrigen Tatbeständen im 15. Abschnitt des StGB) die **Rechts-**

**widrigkeit** der Tat, doch schließt die *Einwilligung* des Verletzten *hier* bereits den Tatbestand aus, weil sie bewirkt, daß das Schriftstück usw nunmehr *zur Kenntnis des Täters bestimmt* ist (*Tröndle/Fischer*, § 202 Rn 7, 12).

> Im **Fall 30a** hat F den Tatbestand des § 202 I Nr 1 objektiv wie subjektiv, im **Fall 30b** den Tatbestand des § 202 II voll verwirklicht. Die Gegenmeinung stünde hier vor der Frage, ob die geforderte Kenntnisverschaffung nicht deshalb gelungen ist, weil F den Namen „*Juanito*" gelesen hat und daraus auf einen Spanier als Briefschreiber schließen konnte. Zu beachten bleibt, daß eine Strafverfolgung *nur auf Antrag* der S stattfinden würde (§ 205 I). Zum Verhältnis des § 202 zu den Eigentumsdelikten siehe BGH JZ 77, 237; *Küper*, JZ 77, 464.

556

### IV. Ausspähen von Daten

Das 2. WiKG vom 15.5.1986 (BGBl I 721) hat den 15. Abschnitt des StGB durch § 202a ergänzt, der das **Ausspähen von Daten** betrifft. Nach dieser neuen Vorschrift wird mit Freiheitsstrafe bis zu 3 Jahren oder mit Geldstrafe bestraft, wer unbefugt Daten, die nicht für ihn bestimmt und die gegen unberechtigten Zugang besonders gesichert sind, sich oder einem anderen verschafft.

557

**Daten** im Sinne dieses Straftatbestandes sind aufgrund der Legaldefinition in § 202a II nur solche Informationen, die elektronisch, magnetisch oder sonst nicht unmittelbar wahrnehmbar gespeichert sind oder übermittelt werden (vgl auch *Tröndle/Fischer*, § 202a Rn 3). Für unmittelbar *wahrnehmbare* Daten verbleibt es (wie bisher) bei dem durch §§ 201, 202 gewährleisteten Schutz.

558

§ 202a erfaßt alle Fälle der sog. Computerspionage und des unbefugten Datenabrufs ohne Rücksicht darauf, ob es sich um personenbezogene Daten handelt oder nicht und ob mit der Tat eine Verletzung des persönlichen Lebens- oder Geheimbereichs verbunden ist (vgl *Lackner/Kühl*, § 202a Rn 1). Vorausgesetzt wird nur, daß die betreffenden Daten gegen unberechtigten Zugang „besonders gesichert" sind. Das Interesse des Verfügungsberechtigten an ihrer Geheimhaltung muß also durch entsprechende Sicherungsvorkehrungen (zB Paßwort, Magnetkarte, Tastaturschloß) zum Ausdruck gebracht werden (dazu *Bühler*, MDR 87, 448; zum Überwinden dieser Sicherung LK-*Jähnke*, § 202a Rn 14-16). Anders als § 202 I Nr 2, II verlangt § 202a nicht, daß der Täter vom Inhalt der Daten Kenntnis nimmt; so genügt es beispielsweise, daß er die Daten einem anderen verschafft (*Lackner/Kühl*, § 202a Rn 5). Die Tat ist Antragsdelikt (§ 205 I). Der Versuch ist nicht mit Strafe bedroht.

559

Lehrreich zum Ganzen *Hilgendorf*, Grundfälle zum Computerstrafrecht, JuS 96, 509, 702 und JuS 97, 323; *Schulze-Heiming*, Der strafrechtliche Schutz der Computerdaten gegen die Angriffsformen der Spionage usw, 1995.

## V. Verletzung und Verwertung fremder Privatgeheimnisse

**560** **Fall 31:** F begibt sich zu dem Frauenarzt Dr. A in Behandlung. In einer der beiden Umkleidekabinen stellt sie Schuhe und Einkaufstasche auf den Boden. Die Trennwand beider Kabinen reicht nicht ganz bis zum Fußboden. Nach der Untersuchung entdeckt sie, daß die Geldbörse mit 100 DM Inhalt aus ihrer Tasche verschwunden ist. Allem Anschein nach ist sie das Opfer einer diebischen Patientin des A geworden, die sich zwischenzeitlich in der Nebenkabine angekleidet hat. F verlangt von der Sprechstundenhilfe S Auskunft über den Namen und die Adresse derjenigen Patientin, die zuletzt die Nebenkabine benutzt und mittlerweile die Praxis verlassen hat. S könnte diese Auskunft erteilen, will das jedoch nur tun, wenn A zustimmt.
A möchte wissen, ob er die Erlaubnis dazu erteilen darf, ohne gegen § 203 zu verstoßen.

### 1. Schutzrichtung und Schutzgegenstände

**561** § 203 faßt als Nachfolgebestimmung zu § 300 aF dessen erweiterten Anwendungsbereich mit einer neugeschaffenen Regelung über die Verletzung von Privatgeheimnissen durch Amtsträger und amtsnahe Personen in einer Vorschrift zusammen. Unter Strafe gestellt ist *nicht das Ausspähen* fremder Geheimnisse, sondern nur deren unbefugtes **Offenbaren** durch den Schweigepflichtigen (instruktiv dazu OLG Köln NJW 62, 686). Da es sich um ein *Sonderdelikt* handelt, kommen als Täter nur die im Gesetz abschließend aufgezählten Personen in Betracht; für Teilnehmer, die nicht selbst schweigepflichtig sind, ist § 28 I zu beachten. Näher zur ärztlichen Schweigepflicht *Langkeit*, NStZ 94, 6. Zur Gesamtproblematik des Schutzes von Privatgeheimnissen siehe *Rogall*, NStZ 83, 1; *Schünemann*, ZStW 90 (1978), 11.

**562** **Schutzgegenstand** des § 203 ist ein **fremdes Geheimnis** (vgl dazu S/S-*Lenckner*, § 203 Rn 3), *namentlich* ein zum persönlichen Lebensbereich gehörendes Geheimnis sowie ein Betriebs- oder Geschäftsgeheimnis, das dem Schweigepflichtigen in seiner jeweils genannten Eigenschaft als Arzt, Rechtsanwalt, Amtsträger usw **anvertraut** worden oder sonst **bekanntgeworden** ist.

**563** **Geheimnisse** iS des § 203 I, II sind Tatsachen, die nur einem *begrenzten* Kreis *bekannt* sind und an deren Geheimhaltung eine Privatperson (= der Geheimnisinhaber oder -geschützte) ein schutzwürdiges Interesse hat (vgl BGHSt 41, 140, 142). Auf Art und Inhalt des Geheimnisses kommt es, wie „namentlich" und auch die aufgeführten schweigepflichtigen Personengruppen zeigen, nicht an; die geheimhaltungswürdigen Tatsachen können auch *Dritte* betreffen (so wenn eine Patientin ihrem Arzt den Mann namhaft macht, der sie mit einer Geschlechtskrankheit angesteckt hat; vgl *Hackel*, NJW 69, 2257).

**564** Dem Privatgeheimnis stellt § 203 II 2 **Einzelangaben** über *persönliche oder sachliche Verhältnisse* gleich, die für Aufgaben der **öffentlichen Verwaltung erfaßt** worden sind (näher *Lackner/Kühl*, § 203 Rn 15). Zur Sonderregelung im Bundesdatenschutzgesetz siehe *Büllesbach*, NJW 91, 2593; *Gola*, NJW 98, 3750; *Simitis*, NJW 98, 2473.

**565** Der **Schweigepflichtige** muß von den Geheimnissen oder Einzelangaben gerade *in seiner Eigenschaft* als Arzt, Rechtsanwalt, Amtsträger usw durch vertrauliche Mitteilung oder in anderer Weise Kenntnis erhalten haben. Zwischen der Kenntniserlangung und der beruflichen oder amtlichen Tätigkeit muß ein *innerer Zusammenhang* bestehen (vgl OLG Karlsruhe NJW 84, 676, aber auch *Lackner/Kühl*, § 203 Rn 16 mwN).

## 2. Begriff des Offenbarens

**Tathandlung** ist das **Offenbaren** des fremden Privatgeheimnisses. Dazu genügt jede *Bekanntgabe der geheimhaltungsbedürftigen Tatsachen* an einen anderen, der davon keine, zumindest noch keine sichere Kenntnis besitzt (RGSt 26, 5; 38, 62; BGH NJW 95, 2915). Vorausgesetzt wird zudem, daß dabei die *Person* dessen erkennbar gemacht wird, auf den sich das Geheimnis bezieht. Vollendet und zudem beendet ist die Tat mit dem unbefugten Offenbaren (BGH NStZ 93, 538). 566

Die Form der Bekanntgabe ist belanglos (= mündliche oder schriftliche Mitteilung, Gewährung von Akteneinsicht, Weitergabe von Überstücken einer Anklageschrift an Außenstehende, pflichtwidriges Unterlassen usw; vgl OLG Köln JR 80, 382). Ein Offenbaren liegt auch in der Weitergabe des Geheimnisses an Personen, die ihrerseits der Schweigepflicht nach § 203 unterliegen (näher BayObLG NStZ 95, 187 mit Anm. *Fabricius*, StV 96, 485 und *Gropp*, JR 96, 478; OVG Lüneburg NJW 75, 2263). In dieser Hinsicht sind allerdings Einschränkungen in § 203 II 2 Halbsatz 2 vorgesehen, während im übrigen nur zu fragen bleibt, ob das Offenbaren *befugt* war oder nicht. 567

## 3. Unbefugtheit des Handelns

Eine **Offenbarungsbefugnis** kann sich aus der *Erfüllung von Rechtspflichten* ergeben (zB gemäß § 138, den Vorschriften des Bundesseuchengesetzes oder des Gesetzes zur Bekämpfung der Geschlechtskrankheiten usw), ferner kraft *Einwilligung* des Geheimnisinhabers oder *mutmaßlicher Einwilligung*, nach den *Grundsätzen der Güter- und Pflichtenabwägung* bei Wahrnehmung berechtigter Interessen (BGHSt 1, 367; BGH MDR 56, 625; NJW 68, 2288; *Rogall*, NStZ 83, 1, 6; beachte aber S/S-*Lenckner*, § 203 Rn 30), aus *presserechtlicher Auskunftspflicht* (OLG Hamm NJW 00, 1278; S/S-*Lenckner*, § 203 Rn 53a) oder anhand der sonst einschlägigen Rechtfertigungsgründe. Zur ärztlichen Schweigepflicht und ihren Grenzen in HIV-Fällen siehe LK-*Hirsch*, § 34 Rn 68a. 568

Das **Zeugnisverweigerungsrecht** nach §§ 53, 53a StPO, 383 ZPO ermöglicht dem Schweigepflichtigen die Wahrung des Geheimnisses auch vor Gericht. Macht er von diesem Recht keinen Gebrauch, so ist die Preisgabe des Geheimnisses nicht schon deshalb rechtmäßig, weil sie im Rahmen einer Zeugenaussage erfolgt ist; befugt ist die Offenbarung vielmehr nur bei Vorliegen eines Rechtfertigungsgrundes (näher BGHSt 9, 60; *Lenckner*, NJW 65, 321; *Michalowski*, ZStW 109 [1997], 519). Das Zeugnisverweigerungsrecht entfällt mit einer Entbindung des Zeugen von seiner Verpflichtung zur Verschwiegenheit (§§ 53 II, 53a II StPO, 385 II ZPO). Materiellrechtlich liegt in der *Aussagegenehmigung* eine die Offenbarung *rechtfertigende Einwilligung*. Ihre Erteilung ist grundsätzlich Sache dessen, auf den sich das Geheimnis bezieht; ob und unter welchen Umständen bei sog. Drittgeheimnissen die Erlaubnis des Anvertrauenden allein ausreicht (so OLG Köln MDR 83, 599), ist umstritten (näher dazu *Hackel*, NJW 69, 2257; *Maurach-Maiwald*, BT 1 § 29 Rn 25; *Rogall*, Anm. NStZ 83, 413). Bei Geheimnissen, die den persönlichen Lebensbereich betreffen, geht 569 die Einwilligungsbefugnis als *höchstpersönliches* Recht nicht auf die Erben über (vgl § 203 IV; BGH NJW 83, 2627).

570 Im **Fall 31** haben A und S den *Namen* der Patientin, die des Diebstahls der Geldbörse verdächtig ist, im Zusammenhang mit ihrer beruflichen Tätigkeit erfahren (§ 203 I Nr 1, III 1). Fraglich ist, ob auch der Name eines Patienten ein fremdes Geheimnis iS dieser Vorschrift sein kann.

Die Antwort darauf hängt vom Einzelfall ab. Schon der Umstand, *daß* jemand überhaupt einen Arzt aufgesucht hat, kann geheimhaltungswürdig sein, wenn daraus für den Patienten unangenehme Rückschlüsse gezogen werden könnten (LG Köln NJW 59, 1598; LG Aurich NJW 71, 252; NK-*Jung*, § 203 Rn 4). Beispiele dafür bilden das Aufsuchen eines Facharztes für Haut- und Geschlechtskrankheiten oder die Behandlung eines verletzten Straftäters durch einen Unfallarzt (zum letzteren siehe BGHSt 33, 148 mit zust. Anm. *Rogall*, NStZ 85, 374). Das Interesse des Patienten daran, daß sein Name nicht preisgegeben wird, ist aber nicht immer *objektiv anerkennenswert und schutzwürdig*. So dann nicht, wenn er sich (wie F im Fall 31) dem dringenden Verdacht ausgesetzt hat, die ärztliche Vertrauenssphäre zum Nachteil anderer Patienten zur Begehung einer Straftat mißbraucht zu haben (vgl LK-*Jähnke*, § 203 Rn 28). Für Fälle dieser Art hat das LG Köln (näher NJW 59, 1598) eine Schweigepflicht des Arztes und seiner Sprechstundengehilfin aus § 203 I Nr 1, III 1 zutreffend verneint.

### 4. Verwertung fremder Geheimnisse

571 § 204 stellt die unbefugte **Verwertung fremder Privatgeheimnisse** unter Strafe. Täter können nur Schweigepflichtige (§ 203) sein. **Verwerten** bedeutet das *wirtschaftliche* Ausnutzen des Geheimnisses zum Zwecke der Gewinnerzielung, und zwar *anders* als durch ein *Offenbaren*.

Das Verkaufen fremder Geheimnisse im Wege ihres Offenbarens fällt nicht unter § 204, sondern unter § 203 V (Entwurfsbegründung EGStGB, BT-Drucks. 7/550, S. 244). § 204 erfaßt dagegen den Fall, daß ein Patentanwalt Erfindungen seiner Mandanten im eigenen Betrieb wirtschaftlich ausbeutet (näher S/S-*Lenckner*, § 204 Rn 5).

# § 13 Der Hausfriedensbruch

572 **Fall 32:** Frau F und ihr Ehemann M bereiten in ihrem Mietbungalow eine Silvesterparty vor. Die am Stadttheater beschäftigte Nachbarstochter T würde daran gern teilnehmen, weil sie sich für einige der eingeladenen Herren interessiert. Star des Abends soll der Opernsänger B sein. Mit der unwahren Behauptung, B habe ein Auge auf sie geworfen und rechne fest damit, daß sie ebenfalls anwesend sei, erschwindelt T sich die erhoffte Einladung. Bei Kenntnis der wahren Sachlage hätten F und M sie nicht zu sich gebeten, weil ihnen diese Art Interesse der T an Männern suspekt ist.

Am Neujahrstag überrascht der ebenfalls eingeladene Schwiegervater V den M mit der Eröffnung, daß er auf Wunsch der F bis zum Dreikönigsfest bleiben wolle. M fühlt sich hintergangen. Nach einer heftigen Auseinandersetzung fordert er den V mit Nachdruck auf, das Haus bis zum Abend zu verlassen. V läßt sich jedoch nicht erweichen und reist erst am Dreikönigstag wieder ab, wobei er sich der Zustimmung von F sicher weiß. Haben T und V sich des Hausfriedensbruchs schuldig gemacht?

## I. Einfacher Hausfriedensbruch

### 1. Begriff und Bedeutung des Hausrechts

Entgegen der Überschrift zum 7. Abschnitt des Besonderen Teils des StGB bezweckt § 123 nicht den Schutz der öffentlichen Ordnung, sondern des **Hausrechts**. Kern des Hausrechts ist die **Freiheit der Entscheidung** darüber, wer sich innerhalb der geschützten Räume und des befriedeten Besitztums aufhalten darf und wer nicht. Der Hausfriedensbruch ist somit ein Freiheitsdelikt (vgl OLG Hamm NJW 82, 2676; OLG Köln JR 84, 28; zusammenfassend *Bernsmann*, Jura 81, 337, 403, 465; *Geppert*, Jura 89, 378; weiterführend *Amelung*, ZStW 98 [1986], 355, nach dessen Ansicht § 123 „physisch gesicherte Territorialität" schützt, die ein besonderes Maß an Freiheit ermöglicht).

Hinsichtlich des geschützten Rechtsguts gilt für die **Wohnung** trotz ihrer *besonderen Funktion* als Stätte des Familienlebens und der Selbstverwirklichung des einzelnen im Prinzip das gleiche wie für die sonst durch § 123 geschützten Räumlichkeiten (vgl dazu *Amelung*, aaO S. 404; anders *Schall*, Die Schutzfunktion der Strafbestimmung gegen den Hausfriedensbruch, 1974, S. 35 ff). In allen Fällen richtet der Angriff sich gegen die **Bestimmungsfreiheit des Hausrechtsinhabers** und sein **Interesse an einer ungestörten Besitzausübung**.

Inhaber des Hausrechts ist derjenige, dem kraft seiner Verfügungsgewalt das Bestimmungsrecht innerhalb des geschützten Bereichs zusteht. Das braucht nicht der Eigentümer und nicht stets der unmittelbare Besitzer zu sein; wer sich beispielsweise den Besitz mittels verbotener Eigenmacht verschafft, erlangt dadurch kein Hausrecht (vgl LK-*Schäfer*, § 123 Rn 51 mwN).

Bei **Mieträumen** steht das Hausrecht dem *Mieter* zu, und zwar auch gegenüber dem Hauseigentümer, der nicht befugt ist, die dem Mieter überlassenen Räume *eigenmächtig* zu betreten. Ob und inwieweit der Vermieter mißliebigen Besuchern des Mieters den Zutritt zum Haus verwehren darf, ist umstritten (näher dazu OLG Braunschweig NJW 66, 263 mit abl. Anm. *Schröder*; OLG Hamm GA 61, 181; LK-*Schäfer*, § 123 Rn 52 ff; *Schall*, aaO S. 137; S/S-*Lenckner*, § 123 Rn 17). Zu Untermietverhältnissen innerhalb einer Wohnung siehe die Darstellung bei *Krey*, BT/1 Rn 441.

Die **Ausübung** des Hausrechts kann anderen Personen übertragen werden, die sich dann in den Grenzen der ihnen erteilten Ermächtigung halten müssen (vgl LK-*Schäfer*, § 123 Rn 61; S/S-*Lenckner*, § 123 Rn 21).

§ 13   *Der Hausfriedensbruch*

## 2. Geschützte Räumlichkeiten

578  Zum **geschützten Bereich** gehören die Wohnung, die Geschäftsräume, das befriedete Besitztum und abgeschlossene Räume, die zum öffentlichen Dienst oder Verkehr bestimmt sind.

579  **Wohnung** ist der Inbegriff der Räumlichkeiten, die einzelnen oder mehreren Personen als Unterkunft dienen oder zur Benutzung freistehen, einschließlich der zugehörigen **Nebenräume** wie Treppen, Keller, Wasch- und Trockenräume, uU auch des Hofraumes und des Hausgartens (vgl LK-*Schäfer*, § 123 Rn 9; teilweise anders S/S-*Lenckner*, § 123 Rn 4, 6, der *offene Zubehörgrundstücke* zum „befriedeten Besitztum" zählt). Auch bewegliche Sachen können Wohnung in diesem Sinne sein, so zB Wohnwagen oder Campingzelte, nicht jedoch Kraftfahrzeuge, die *nur* Beförderungsmittel sind.

580  **Geschäftsräume** sind Räumlichkeiten, die bestimmungsgemäß für gewerbliche, geschäftliche, berufliche, künstlerische oder wissenschaftliche Zwecke verwendet werden (RGSt 32, 371; OLG Köln NJW 82, 2740).

581  Eine in das Gebäude eines Kaufhauses hineinversetzte Passage, die einen geschützten Eingangsbereich für das Kaufhaus darstellt und in der sich während der Geschäftszeit Verkaufsstände befinden, kann Zubehörfläche der Geschäftsräume sein und an deren Schutz teilnehmen, wenn sie nach ihrer räumlichen und funktionalen Zuordnung für jedermann erkennbar zu ihnen gehört (OLG Oldenburg JR 86, 79 mit Anm. *Bloy;* ebenso *Lackner/Kühl*, § 123 Rn 3; im Erg. auch *Müller-Christmann*, JuS 87, 19; anders *Amelung*, Anm. JZ 86, 247; *Behm*, GA 86, 547 und JuS 87, 950).

582  **Befriedetes Besitztum** kann nur ein Grundstück sein, das durch zusammenhängende, nicht unbedingt lückenlose Schutzwehren (= Mauer, Zaun, Hecke usw) in äußerlich erkennbarer Weise gegen das willkürliche Betreten durch andere gesichert ist (vgl RGSt 20, 150; 36, 395; OLG Hamm NJW 82, 2676). **Beispiele:** Friedhöfe, Lagerplätze, Feldscheunen, Ställe, Gärten (soweit letztere nicht erkennbar zur Wohnung gehören und schon an deren Schutz teilnehmen). Leerstehende, zum **Abbruch bestimmte Wohnhäuser** und Fabrikgebäude gehören ebenfalls zum befriedeten Besitztum, solange ihre Umgrenzung insgesamt den Charakter einer zusammenhängenden Sperrvorrichtung gegen das Betreten durch Unbefugte noch nicht vollständig verloren hat (OLG Hamm NJW 82, 1824; OLG Köln NJW 82, 2674 mit Anm. *Degenhart*, JR 84, 30; *Schall*, NStZ 83, 241; *Seier*, JA 82, 232; hM). Ob eine, wenn auch nicht lückenlose, so doch den Willen des Berechtigten ausreichend erkennbar machende Einfriedung besteht, hängt von den konkreten Gegebenheiten im Einzelfall ab (so ist ein abbruchreifes Gebäude idR nicht mehr eingefriedet, wenn sämtliche Türen und Fenster herausgebrochen sind, OLG Stuttgart NStZ 83, 123). Bloße Warn- oder Verbotstafeln begründen für sich allein keine Befriedung iS des § 123 (vgl BayObLG NJW 95, 270).

583  Unter die zum **öffentlichen Dienst oder Verkehr** bestimmten Räume fallen ua Gerichtssäle, Behördenräume, Schulen, Kirchen, Bahnhofshallen, Wartesäle, Eisenbahnabteile, Straßenbahnen, Omnibusse des Linienverkehrs usw (BGH NJW 82, 947; BayObLG JZ 77, 311; OLG Stuttgart NJW 69, 1776; eingehend S/S-*Lenckner*,

§ 123 Rn 20). Zur Problematik eines **Hausverbots** im Universitäts- und Schulbereich siehe BGH NStZ 82, 158; OLG Karlsruhe JZ 77, 478; OLG Hamburg NJW 80, 1007 mit Anm. *Oehler*, JR 81, 33; *Gerhards*, NJW 78, 86.

### 3. Tathandlungen

a) Die **Tathandlung** besteht bei der ersten Alternative des § 123 I im **Eindringen**. Die hM versteht darunter zutreffend ein *Betreten gegen den Willen des Berechtigten*. Näher BGH MDR/D 68, 551; *Bohnert*, GA 83, 1; *Hanack*, JuS 64, 352; *Maurach-Maiwald*, BT 1 § 30 Rn 8, 13; *S/S-Lenckner*, § 123 Rn 11; *Stückemann*, JR 73, 414. 584

Die Minderheitsmeinung, die auf ein Handeln „*ohne*" Willen des Berechtigten abstellt (*Schröder*, JR 67, 305; *SK-Rudolphi*, § 123 Rn 13), unterscheidet sich davon mehr in der Formulierung als im praktischen Ergebnis.
Demgegenüber hält *Kargl* (JZ 99, 930) ein solches „Erfordernis der Willensbarriere" für unerheblich; er interpretiert Eindringen als das Überwinden der mit den Tatobjekten verbundenen Schutzwehren; s. ferner *Schild*, NStZ 86, 346.

Ob der entgegenstehende Wille *ausdrücklich* erklärt wird oder sich sonst aus den Umständen ergibt (= *mutmaßlicher Wille*), ist gleichgültig. Unerheblich ist auch, ob die Tat offen oder heimlich begangen wird, ob der Täter dabei ein Hindernis zu überwinden hat und ob er beim Betreten mit dem ganzen Körper oder nur mit einem Teil desselben eindringt (BGH MDR/D 55, 144; RGSt 39, 440). 585

Im **Fall 32** hat T die Wohnung von M und F nicht gegen, sondern mit deren Willen betreten, weil sie von beiden zur Silvesterparty *eingeladen* worden war. Fraglich ist aber, wie der Umstand sich auswirkt, daß T diese Einladung durch Täuschung erschlichen hatte. 586

Am Merkmal des Eindringens **fehlt** es, wenn der Inhaber des Hausrechts mit dem Betreten seiner Wohnung oder sonstigen Räumlichkeiten **einverstanden** ist; seine **Erlaubnis** schließt nicht erst die Rechtswidrigkeit (so nach seinem Ansatz folgerichtig *Kargl*, JZ 99, 930, 937 f), sondern bereits den Tatbestand des § 123 aus (= *tatbestandsausschließendes* **Einverständnis**; näher *Wessels/Beulke*, AT Rn 366). Dies gilt selbst bei einem durch *Täuschung erschlichenen*, aber freiwillig zustande gekommenen Einverständnis, da es auch hier an einem real entgegenstehenden Willen des Berechtigten fehlt, dessen Überwindung in Betracht kommen könnte (vgl *S/S-Lenckner*, § 123 Rn 22 mwN; zur umstrittenen Verfassungsmäßigkeit des 110c StPO siehe *Frister*, StV 93, 151; *Ranft*, Jura 93, 449, im übrigen die StPO-Kommentare). 587

Die Gegenmeinung, die insoweit auf den „*wahren Willen*" des Berechtigten zurückgreifen will (OLG München NJW 72, 2275; *Amelung/Schall* JuS 75, 565; *LK-Schäfer*, § 123 Rn 27; *SK-Rudolphi*, § 123 Rn 18), überzeugt nicht. Sie verkennt, daß für einen Rückgriff auf den *mutmaßlichen* oder *hypothetischen* Willen kein Raum ist, wo der Berechtigte seinen **wirklichen Willen ausdrücklich erklärt** hat. Die Ansicht, daß es beim erschlichenen Einverständnis an einer *bewußten* und *freiwilligen* Disposition des Hausrechtsinhabers über seine Privatsphäre fehle (*Amelung/Schall*, aaO S. 567), ist unzutreffend: Wer andere zum Betreten seiner 588

§ 13 *Der Hausfriedensbruch*

Wohnung einlädt, tut dies *bewußt*, auch wenn er getäuscht worden ist, und *freiwillig* ist sein Verhalten schon deshalb, weil es nicht abgenötigt, sondern gerade *frei von Zwang* ist. Die Gegenmeinung scheitert auch daran, daß sie sich nicht auf § 123 beschränken ließe, vielmehr beim „Wegnehmen" in § 242 ebenfalls auf den „wahren Willen" des getäuschten Gewahrsamsinhabers zurückgreifen müßte; danach wäre das Abschwindeln von Sachen nicht mehr Betrug (§ 263), sondern Diebstahl (§ 242), was offensichtlich verfehlt wäre.

589 Im **Fall 32** verwirklicht das Verhalten der T somit nicht den Tatbestand des § 123 I Alt. 1, weil T in die Wohnung von M und F nicht „*eingedrungen*" ist.

590 Das Betreten fremder Räume zur Begehung von Straftaten erfüllt zumeist die Merkmale des Hausfriedensbruchs. Besonderheiten ergeben sich insoweit jedoch bei Räumlichkeiten, die aufgrund einer **generellen Erlaubnis** dem allgemeinen Publikumsverkehr offenstehen, wie etwa Warenhäuser, Ausstellungsräume und dergleichen.

591 Die **Verfolgung eines widerrechtlichen oder unerwünschten Zwecks** reicht für sich allein nicht aus, um das Betreten zum „Eindringen" zu machen. Hausfriedensbruch kommt in Fällen dieser Art allenfalls dann in Betracht, wenn das **äußere Erscheinungsbild** des Betretens von dem Verhalten abweicht, das durch die *generelle Zutrittserlaubnis gedeckt* ist, wie etwa bei einem überfallartigen Eindringen mit Masken und Waffen zwecks Kassenraubs (vgl dazu *Hillenkamp*, BT 7. Problem mwN).

592 Die erste Alternative des § 123 I kann nach überwiegender Ansicht auch durch **Unterlassen** (§ 13) verwirklicht werden, so zB dort, wo jemand eine zeitlich begrenzte Aufenthaltserlaubnis vorsätzlich überschreitet oder erst nachträglich erkennt, daß er den geschützten Ort gegen den Willen des Berechtigten betreten hat (näher BGHSt 21, 224; S/S-*Lenckner*, § 123 Rn 13 mwN; anders *Geppert*, Jura 89, 378, 382; *Herzberg/Hardtung*, JuS 94, 492; SK-*Rudolphi*, § 123 Rn 19; zusammenfassend *Küper*, BT S. 111).

593 b) Die subsidiär eingreifende *zweite* Alternative des § 123 bedroht den Fall des **unbefugten Verweilens** mit Strafe. Zur Tatbestandsmäßigkeit des Verhaltens genügt hier, daß der **Täter sich nicht entfernt**, obwohl er vom Berechtigten *dazu aufgefordert* worden ist („echtes" Unterlassen). **Berechtigte** in diesem Sinne sind neben dem Hausrechtsinhaber alle Personen, die ihn im Willen vertreten oder die sonst, insbesondere kraft Familienzugehörigkeit, im konkreten Fall zur Wahrung des Hausrechts berufen sind. Letzteres kann auch für minderjährige Kinder zutreffen (BGHSt 21, 224).

594 Im **Fall 32** ist V nur von M zum Verlassen der Wohnung aufgefordert worden, während F mit seinem weiteren Verweilen einverstanden war. Da bei Ehewohnungen das Hausrecht den Ehegatten *gemeinsam* zusteht, ist zu prüfen, wie sich Meinungsverschiedenheiten mehrerer Mitberechtigter im Rahmen des § 123 auswirken.

595 Grundsätzlich ist **jeder Mitberechtigte** befugt, anderen Personen den Aufenthalt zu gestatten. Die Mitberechtigung mehrerer hat also nicht zur Folge, daß das Hausrecht nur gemeinsam ausgeübt werden könnte. Im Verhältnis der Mitberechtigten unter-

einander gilt neben der Verpflichtung zur gegenseitigen Rücksichtnahme bei Meinungsverschiedenheiten das **Prinzip der Zumutbarkeit**. Soweit es ihm zuzumuten ist, hat jeder Mitberechtigte die Anwesenheit von Personen zu dulden, denen ein anderer Mitberechtigter dies gestattet hat. Eine rechtsmißbräuchliche, den anderen Teil unzumutbar belastende Ausübung des Erlaubnisrechts schafft dagegen keine Befugnis zum Verweilen (näher dazu OLG Hamm NJW 55, 761; 65, 2067; *Heinrich*, JR 97, 89; LK-*Schäfer*, § 123 Rn 57; *S/S-Lenckner*, § 123 Rn 18).

So braucht kein Ehegatte den Liebhaber des anderen in der gemeinsamen Wohnung zu dulden (vgl BGHZ 6, 360). Ein Besuch durch die *nächsten Familienangehörigen* des anderen Ehegatten ist regelmäßig hinzunehmen, freilich nicht für einen über Gebühr langen Zeitraum. Immerhin sind die Grenzen der Zumutbarkeit hier relativ weit zu ziehen. 596

Im **Fall 32** sind sie durch F bei der Aufenthaltsgestattung für ihren Vater V nicht überschritten.

### 4. Tatbestandsvorsatz

In **subjektiver Hinsicht** setzen beide Tatbestandsalternativen des § 123 I *vorsätzliches* Handeln voraus. Dazu gehört das Bewußtsein, gegen den Willen des Berechtigten in geschützte Räumlichkeiten einzudringen oder dort zu verweilen. Eventualvorsatz genügt. Zur Irrtumsproblematik siehe OLG Hamburg JR 78, 291 mit Anm. *Gössel* sowie *S/S-Lenckner*, § 123 Rn 34. 597

### 5. Rechtswidrigkeit

Der Hinweis im Gesetz auf die *Widerrechtlichkeit* des Eindringens und das *Fehlen der Befugnis* zum Verweilen betrifft nur die **Rechtswidrigkeit der Tat** (vgl OLG Hamburg NJW 80, 1007). Diese entfällt im Rahmen der allgemein anerkannten Rechtfertigungsgründe, insbesondere aufgrund privat- oder öffentlich-rechtlicher Befugnisse, die dem Hausrecht vorgehen. 598

Wer in die Wohnung seines verreisten Nachbarn eindringt, um dort einen durch Kurzschluß ausgelösten Brand zu löschen, handelt zwar tatbestandsmäßig iS des § 123 I, ist aber durch **mutmaßliche Einwilligung** gerechtfertigt. In Betracht kommt hier ferner das Betreten fremder Wohnungen durch den Gerichtsvollzieher zwecks Pfändung (§ 758 ZPO) oder durch die Organe der Strafverfolgung zum Zwecke der Durchsuchung, Beschlagnahme, Verhaftung und dergleichen (vgl §§ 102, 104 StPO). 599

Das **Erlöschen einer vertraglichen Aufenthaltsbefugnis** macht ein weiteres Verweilen innerhalb der geschützten Räumlichkeiten zumeist, aber nicht notwendig unbefugt. Bei Ablauf eines Mietvertrages, aus dem sich auch nach seinem Erlöschen noch Schutzwirkungen ergeben können, endet das durch Besitzüberlassung begründete Hausrecht des bisherigen Mieters in der Regel erst mit der Besitzaufgabe (RGSt 36, 322; *Maurach-Maiwald*, BT 1 § 30 Rn 20). Ausnahmen davon sind aber 600

§ 13 *Der Hausfriedensbruch*

denkbar, wie etwa dort, wo die bisherigen Mieter das Haus für „besetzt" erklären, es verbarrikadieren und sich eigenmächtig Herrschaftsrechte anmaßen (so OLG Düsseldorf JR 92, 165 mit Anm. *Dölling*).

**601** Daran, daß die sog. „Instandbesetzung" leerstehender Wohnhäuser den Tatbestand des § 123 verwirklicht (= Eindringen in das **befriedete Besitztum** eines anderen; siehe Rn 582) und **nicht gerechtfertigt** werden kann, läßt sich ernsthaft nicht zweifeln. Mißstände im Wohnungswesen, städtebauliche Fehlplanungen und Verstöße gegen die Sozialbindung des Eigentums (Art. 14 II GG) geben dem einzelnen Bürger kein Recht zur Selbsthilfe und zur Eigenmacht. Hier für Abhilfe zu sorgen, ist Aufgabe des Gesetzgebers und der gesetzesvollziehenden Verwaltung (näher AG Wiesbaden NJW 91, 188; *Degenhart*, JuS 82, 330; *Schall*, NStZ 83, 241; *Seier*, JA 82, 232 mwN).

### 6. Strafantrag und Konkurrenzfragen

**602** Der einfache Hausfriedensbruch (§ 123 I) ist Strafantrags- (§ 123 II) und Privatklagedelikt (§ 374 I Nr 1 StPO). Zu den **Konkurrenzproblemen**, die sich aus der Natur des Hausfriedensbruchs als *Dauerdelikt* ergeben, siehe S/S-*Lenckner*, § 123 Rn 37 ff; *Wessels/Beulke*, AT Rn 779.

### II. Schwerer Hausfriedensbruch

**603** Der **Qualifikationstatbestand** des § 124 bildet eine *Mischform* zwischen Hausfriedensbruch (§ 123) und Landfriedensbruch (§ 125). Strafschärfend wirkt, daß der Hausfriedensbruch hier von einer *aggressiven Menschenmenge* begangen wird, die in der Absicht handelt, mit vereinten Kräften **Gewalttätigkeiten** *gegen Personen oder Sachen* zu begehen (dazu Rn 389 und *Lackner/Kühl*, § 124 Rn 5). Geschützte Rechtsgüter sind das Hausrecht sowie die öffentliche Sicherheit und Ordnung.

**604** Unter einer **Menschenmenge** ist eine größere, nicht sofort überschaubare Anzahl von Personen zu verstehen, bei der es auf das Hinzukommen oder Weggehen eines einzelnen nicht mehr ankommt (BGHSt 33, 306; BGH NStZ 93, 538). Der BGH (NStZ 94, 483) hat diese Voraussetzung schon bei einer Gruppe von 10 Personen für gegeben gehalten (anders OLG Düsseldorf NStZ 90, 339). Kennzeichnend für eine Zusammenrottung ist neben der räumlichen Vereinigung die feindselige Übereinstimmung des Willens zur friedensstörenden Aggression (vgl BGH NJW 54, 1694). Die Zusammenrottung einer Menschenmenge kann sich auch aus einer zunächst friedlichen Versammlung entwickeln (BGH NJW 53, 1031). Zum Begriff der *Gewalttätigkeit* vgl BGHSt 23, 46 und *Tröndle/Fischer*, § 124 Rn 7.

**605** Zur **Täterschaft** nach § 124 gehört die persönliche Beteiligung an der *Zusammenrottung* und an dem *Eindringen* der Menge in der tatbestandlich umschriebenen Absicht. Dabei genügt es, daß der einzelne durch seine Anwesenheit und Hilfsbereitschaft eine das Eindringen anderer unterstützende Tätigkeit entwickelt (RGSt 55, 35).

Zum Problemkreis Landfriedensbruch (§ 125) und **Demonstrationsfreiheit** siehe BGHSt 32, 165, 178; BGH NJW 95, 2643; *Arzt*, JA 82, 269; *Kühl*, NJW 86, 874; *Werle*, Lackner-FS, S. 481.

Teil II

# Straftaten gegen Gemeinschaftswerte

## 7. Kapitel
## Straftaten gegen die Staatsgewalt und die öffentliche Ordnung

### § 14 Amtsanmaßung und Widerstand gegen die Staatsgewalt

#### I. Amtsanmaßung

> **Fall 33:** Aufgrund einer Wette zieht der als Spaßvogel bekannte Schneidermeister S die ihm zum Ausbessern übergebene Uniform des Polizeibeamten P an, nimmt eine Trillerpfeife sowie eine Spielzeugkelle zur Hand und begibt sich auf die verkehrsreiche Straße, die im Blickfeld seiner Werkstatt liegt. Dort führt er unter den Augen seiner Lehrlinge und Gesellen eine Verkehrskontrolle durch, in deren Verlauf er mehreren angehaltenen Autofahrern nach Prüfung ihrer Fahrzeugpapiere mündliche Verwarnungen erteilt. Hat S sich strafbar gemacht?

**606**

#### 1. Rechtsgut und Schutzzweck

§ 132 schützt nach hM die **Autorität des Staates und seiner Organe** (LK-*v. Bubnoff*, § 132 Rn 4 mwN). Die Vorschrift will eine Gefährdung des allgemeinen *Vertrauens in die Echtheit und Zuverlässigkeit von Hoheitsakten* verhindern. Gefahren in dieser Hinsicht drohen, wenn hoheitliche Funktionen von Unbefugten ausgeübt werden und der Schein amtlichen Handelns für Tätigkeiten erweckt wird, die in Wahrheit nicht unter der Kontrolle der innerstaatlichen Organe gestanden haben (vgl BGHSt 12, 30; 40, 8).

**607**

#### 2. Begehungsformen

Der **Tatbestand** des § 132 enthält zwei Alternativen, von denen die erste *lex specialis* im Verhältnis zur zweiten ist (LK-*v. Bubnoff*, § 132 Rn 24; für Konsumtion *Lackner/Kühl*, § 132 Rn 10; für *Exklusivität* dagegen *Küper*, BT S. 16; SK-*Rudolphi*, § 132 Rn 2).

**608**

**609** a) Die *erste* Alternative ist erfüllt, wenn der Täter sich unbefugt mit der **Ausübung eines inländischen öffentlichen Amtes befaßt**. Das setzt zweierlei voraus: Der Täter muß sich als Inhaber eines öffentlichen Amtes ausgeben, das er in Wirklichkeit nicht bekleidet. Außerdem muß er aufgrund dieser Vortäuschung eine Handlung vornehmen, die *nur* kraft eines öffentlichen Amtes vorgenommen werden darf, wobei allerdings ohne Bedeutung ist, ob diese Handlung dem angemaßten Amt entspricht oder in den Zuständigkeitsbereich eines anderen Amtes fällt.

**610** So etwa, wenn sich jemand als Kriminalbeamter ausgibt *und* eine Durchsuchung, Beschlagnahme oder Verhaftung vornimmt (RG JW 35, 2960 Nr 18; S/S-*Cramer*, § 132 Rn 5; *Krüger* Anm. NStZ 89, 477). Das bloße Auftreten als Kriminalbeamter ohne Vornahme einer Amtshandlung genügt ebensowenig wie das Vorzeigen eines Geldstücks als Dienstmarke (BGH GA 67, 114) oder das Vorspiegeln amtlicher Eigenschaft bei rein privaten oder fiskalischen Tätigkeiten (wie zB beim Wareneinkauf, BGHSt 12, 30).

**611** b) Die *zweite* Alternative des § 132 greift ein, wenn jemand den Anschein hoheitlichen Handelns dadurch erweckt, daß er *ohne Vorspiegelung der Amtsinhaberschaft* unbefugt eine Handlung vornimmt, die nach den sie begleitenden Umständen bei einem objektiven Betrachter den **Anschein einer Amtshandlung** hervorruft und deshalb mit einer solchen verwechselbar ist (BGHSt 40, 8, 13). In diesem Fall maßt der Täter sich nicht ein Amt, sondern nur die den Staatsorganen vorbehaltene *Handlungsbefugnis* an.

**612** Hierher gehört das heimliche Aufstellen oder Abändern (so OLG Köln NJW 99, 1042 mit abl. Anm. *Wrage*, NStZ 00, 32) amtlicher Verkehrszeichen durch eine Privatperson, die Verbreitung nachgemachter amtlicher Schreiben (*Oetker*, NJW 84, 1602; LG Paderborn NJW 89, 178) sowie die Vornahme einer Durchsuchung oder Beschlagnahme durch einen Privatdetektiv, der dabei auch als solcher auftritt (vgl RGSt 59, 291, 295; *Küper* JR 67, 451; LK-*v. Bubnoff*, § 132 Rn 18 ff).

### 3. Unbefugtheit des Handelns

**613** Beide Begehungsformen setzen ein **unbefugtes** Tätigwerden voraus. Unbefugt handelt, wer nicht durch seine Amtsstellung oder kraft anderweitiger Ermächtigung zur Vornahme der Amtshandlung berechtigt ist.

Zweifelhaft ist, ob das Merkmal *unbefugt* auch bei dieser Vorschrift nur die Rechtswidrigkeit der Tat betrifft oder als **Tatbestandsmerkmal** aufzufassen ist. Die hM nimmt das letztere mit der Begründung an, daß die Unbefugtheit des Handelns dem Delikt der Amtsanmaßung überhaupt erst den Charakter als *Unrechtstypus* verleihe. Danach muß der *Tatbestandsvorsatz* die Vorstellung des Täters umfassen, zur Vornahme der Amtshandlung mangels entsprechender Amtsstellung nicht befugt zu sein (näher LK-*v. Bubnoff*, § 132 Rn 26 mwN).

### 4. Täterschaft

**614** **Täter** der Amtsanmaßung kann *jeder* sein, auch ein Amtsträger, sofern er sich im Rahmen der Tathandlung ein ihm nicht zustehendes Amt oder Befugnisse anmaßt, die mit seinem Amt nicht verbunden sind (BGHSt 3, 241; 12, 85). Ein Verstoß gegen § 132 scheidet aber aus, wenn ein Amtsträger bei generell gegebener Zuständigkeit nur die Grenzen überschreitet, die ihm durch *innerdienstliche* Regelungen in bezug auf die konkrete Amtshandlung gesetzt sind (BGHSt 3, 241, 244; 44, 186). Ebenso genügt es nicht, daß er im Rahmen seiner sachlichen Zuständigkeit die Amtshandlung *pflichtwidrig* vornimmt (vgl RGSt 56, 234; 67, 226).

## II. Mißbrauch von Titeln, Berufsbezeichnungen und Abzeichen

§ 132a bezweckt in erster Linie den **Schutz der Allgemeinheit** vor Hochstaplern, die sich durch falsche Titel und Bezeichnungen den Schein besonderer Funktionen, Fähigkeiten und Vertrauenswürdigkeit geben (BGHSt 31, 61; 36, 277; OLG Oldenburg JR 84, 468 mit Anm. *Meurer*). Die Aufzählung der in- und ausländischen Titel, Berufsbezeichnungen, Abzeichen usw regelt den strafgesetzlichen Schutz abschließend (LK-*v. Bubnoff*, § 132a Rn 1). 615

Bei § 132a I Nr 1-3 liegt ein **Führen** von Titeln oder Bezeichnungen nur vor, wenn der Täter selbst sie im Umgang mit anderen durch aktives Verhalten **in Anspruch nimmt**, und zwar so, daß dadurch die **Interessen der Allgemeinheit** berührt werden (BGHSt 26, 267; BayObLG MDR 73, 778 und NJW 79, 2359; OLG Saarbrücken NStZ 92, 236; OLG Jena OLG-NL 98, 95). Das bloße Dulden einer entsprechenden Anrede von seiten Dritter genügt nicht. Es reicht auch nicht aus, daß sich jemand im ausschließlich privaten Bereich bei einer einmaligen Gelegenheit nur gegenüber einer einzelnen Person wahrheitswidrig zB als promovierter Rechtsanwalt bezeichnet (BGHSt 31, 61). Zum **Tragen** einer Uniform iS des § 132a I Nr 4 gehört, daß nach außen der Eindruck erweckt wird, sie stehe dem Täter zu. Insoweit genügt schon das einmalige Tragen in der Öffentlichkeit (RGSt 61, 7; LK-*v. Bubnoff*, § 132a Rn 22). 616

Zur systematischen Einordnung des Merkmals **unbefugt** wird man in den Fällen des § 132a den gleichen Standpunkt einnehmen müssen wie zu § 132 (vgl Rn 613). Ein *vorsätzlicher* Verstoß gegen § 132a kommt daher nur in Betracht, wenn der Täter weiß oder in Kauf nimmt, daß in seiner Person die Voraussetzungen nicht erfüllt sind, von denen die *Befugnis* zum Führen des Titels oder zum Tragen der Uniform usw abhängt. Zur **Irrtumsproblematik** vgl BGHSt 14, 224, 228; KG JR 64, 68; LK-*v. Bubnoff*, § 132a Rn 25. 617

Im **Fall 33** hat S die erste Begehungsform des § 132 verwirklicht, da er die Durchführung der Verkehrskontrolle nebst der Erteilung von Verwarnungen erkennbar mit der Vorspiegelung verbunden hat, Polizeibeamter zu sein (vgl BGH GA 64, 151). 618
Außerdem hat S die Polizeiuniform des P in Kenntnis aller wesentlichen Tatumstände unbefugt getragen. Er hat sich daher auch nach § 132a I Nr 4 strafbar gemacht (= Tateinheit mit § 132).

## III. Widerstand gegen Vollstreckungsbeamte

**Fall 34:** A ist im Dezember 1975 aufgrund einer im Oktober 1975 erhobenen Abänderungsklage (§ 323 ZPO) verurteilt worden, seiner aus erster Ehe stammenden volljähri- 619

§ 14 *Amtsanmaßung und Widerstand gegen die Staatsgewalt*

gen Tochter T über den früher zuerkannten Betrag hinaus monatlich weitere 70 DM Unterhalt zu zahlen. Da das Urteil *keinen Anfangstermin* nennt, überweist A den Mehrbetrag entsprechend dem Rat seines Anwalts erst ab Januar 1976 an T. Eines Tages erscheint der Gerichtsvollzieher Z bei A, um im Auftrag der T den Betrag von 140 DM für die der Klageerhebung folgenden Monate *November und Dezember 1975* beizutreiben. Der Zutritt zum Haus wird ihm jedoch durch einen neben der Haustür angebundenen Schäferhund versperrt, der ihn wütend anbellt. Einer wiederholten Aufforderung des Z, den Hund zu entfernen und ihm zum Zwecke der Zwangsvollstreckung Einlaß zu gewähren, kommt der aus dem Fenster schauende A nicht nach. Als A außerdem erklärt, sich jeder Vollstreckung widersetzen zu wollen, geht Z fort, kehrt aber bald darauf mit zwei Polizeibeamten zurück. In der Zwischenzeit hat die Ehefrau des A (= F) den Hund entfernt. Nachdem Z unter dem Schutz seiner Begleiter in das Haus gelangt ist, reagieren A und F auf alle Beschwichtigungsversuche mit Tätlichkeiten: Beide Polizisten werden von ihnen bedroht, geschlagen und getreten. Währenddessen gelingt es dem unbehelligt bleibenden Z, eine goldene Taschenuhr des A zu pfänden.
Haben A und F sich nach § 113 strafbar gemacht?

## 1. Rechtsgut und Schutzzweck

**620** Die heutige Fassung des § 113 beruht auf dem 3. StrRG vom 20.5.1970 (BGBl I 505; dazu *Dreher*, NJW 70, 1153); das EGStGB hat sich auf sprachliche Korrekturen beschränkt. Die Vorschrift soll dem **Schutz der rechtmäßig betätigten Vollstreckungsgewalt** des Staates (nur insoweit ebenso NK-*Paeffgen*, § 113 Rn 3 ff, 6) und **der zu ihrer Ausübung berufenen Organe** dienen (RGSt 41, 82, 85; S/S-*Eser*, § 113 Rn 2; anders SK-*Horn*, § 113 Rn 2 f).

**621** Vollstreckungsorgane iS des § 113 handeln für alle Bürger im Dienst der staatlichen Ordnung, ohne deren Aufrechterhaltung das Recht selbst gefährdet wäre. Daran, daß ihre Entschlußkraft bei pflichtgemäßer Amtsausübung gestärkt und ihnen bei der Durchsetzung rechtmäßiger Vollzugsakte kein Widerstand entgegengesetzt wird, ist die Allgemeinheit in hohem Maße interessiert (BGHSt 21, 334, 365). Diesen Schutzgedanken hat das 3. StrRG, nachdem schon 1943 der bis dahin *mildere* § 240 massiv verschärft worden war, im Verhältnis zur Nötigung weiter verwässert (zur Entstehungsgeschichte instruktiv NK-*Paeffgen*, § 113 Rn 1). Durch seine mildere Strafdrohung und die günstigere Irrtumsregelung *privilegiert* § 113 im Vergleich zu § 240 nunmehr Nötigungshandlungen gegen Vollstreckungsbeamte in dem erklärten Bestreben, einem *begreiflichen Erregungszustand* des von der Vollstreckung Betroffenen mit Nachsicht zu begegnen (BT-Drucks. VI/502, S. 3). Daß diese Erwägung aber zumindest dort versagt, wo *Dritte* einer nicht unmittelbar gegen sie gerichteten Vollstreckung gewaltsam entgegentreten, hat man geflissentlich übersehen. Auch in anderen Fällen führt die Umgestaltung des § 113 zur *Privilegierung* zu Ungereimtheiten gegenüber § 240, die sich nur schwer beheben lassen (näher Rn 629).

## 2. Anwendungsbereich

**622** **Geschützt** werden nur *inländische* **Amtsträger** iS des § 11 I Nr 2 und **Soldaten** der Bundeswehr, soweit sie im Einzelfall zur **Vollstreckung** von Gesetzen, Rechtsverordnungen, Urteilen, Gerichtsbeschlüssen oder Verfügungen berufen sind (näher LK-*v. Bubnoff*, § 113 Rn 7, 9). § 114 *erstreckt* den Anwendungsbereich des § 113 auf Taten, die sich gegen Vollstreckungshandlungen bestimmter Nichtamtsträger (Abs. 1; etwa bestätigte Jagdaufseher nach § 25 II Bundesjagdgesetz) oder gegen Personen richten, die zur Unterstützung bei der Diensthandlung zugezogen worden sind (Abs. 2; zB Zeugen bei Durchsuchungen gemäß §§ 105 StPO, 759 ZPO). Ihnen sollte (vgl BT-Drucks. VI/502, S. 6) gleicher Schutz gewährt werden wie den Amtsträgern, die sich in Erfüllung hoheitlicher Aufgaben gesteigerten Gefahren aussetzen. Mit Einführung des § 223 II ist dieser Erwägung (zu ihr krit. LK-*v. Bubnoff*, § 114 Rn 1 mwN) vollends der Boden entzogen.

### 3. Begriff der Vollstreckungshandlung

Der **Tatbestand** des § 113 I setzt voraus, daß der dort umschriebene Widerstand **bei der Vornahme einer Vollstreckungshandlung** geleistet wird. Angriffe, die sich gegen *andere Amts*handlungen oder eine erst künftig drohende Vollstreckung richten, werden nicht durch § 113, sondern durch § 240 erfaßt. 623

**Vollstreckungshandlung** ist jede Tätigkeit der dazu berufenen Organe, die *zur Regelung eines Einzelfalles* auf die Vollziehung der in § 113 I genannten Rechtsnormen oder Hoheitsakte gerichtet ist, also der Verwirklichung des notfalls im Zwangswege durchzusetzenden Staatswillens dient (BGHSt 25, 313; BGH NJW 82, 2081). 624

Darunter fällt zB die Vollstreckungstätigkeit des Gerichtsvollziehers (RGSt 41, 82; BGHSt 5, 93), die Durchführung polizeilicher Razzien (KG NJW 75, 887) und die Ausübung von Vollziehungsfunktionen durch Polizei- oder Zollbeamte (BGHSt 21, 334). Weitere Beispiele bei *Tröndle/Fischer*, § 113 Rn 16. Den **Gegensatz** dazu bildet die **schlichte Gesetzesanwendung**, wie etwa die keinem konkreten Einsatz dienende *Streifenfahrt*, die *bloße Ermittlungstätigkeit* von Polizeibeamten (näher BGHSt 25, 313) oder der Kontrollgang von Soldaten der Bundeswehr (BGH GA 83, 411). 625

Die konkrete Vollstreckungshandlung muß bereits begonnen haben oder wenigstens unmittelbar bevorstehen (RGSt 41, 181; BGHSt 18, 133). Sie darf noch nicht beendet sein (RGSt 41, 82). Eine Vollstreckungshandlung ist so lange nicht beendet, wie das Verhalten des Vollstreckungsbeamten noch in so engem Zusammenhang mit der Durchsetzung des Staatswillens steht, daß es nach natürlicher Lebensauffassung als Bestandteil der zur Regelung des Einzelfalls ergriffenen Maßnahme angesehen werden kann. Geht beispielsweise ein Polizeibeamter von einem Gelände, das er zur Vornahme einer bestimmten Vollstreckungshandlung betreten hat, zu seinem am Rand dieses Geländes abgestellten Dienstfahrzeug zurück, so gehört auch sein **Rückweg** zur Vollstreckungshandlung iS des § 113 (BGH NJW 82, 2081). 626

### 4. Tathandlungen und Täterschaft

**Tathandlungen** können sein: das gegen die Diensthandlung gerichtete **Widerstandleisten** mit Gewalt oder durch Drohung mit Gewalt sowie der **tätliche Angriff** auf den Amtsträger oder die ihm gleichgestellten Personen. 627

§ 14 *Amtsanmaßung und Widerstand gegen die Staatsgewalt*

628 Den Begriff des **Widerstandleistens** erfüllt jede **aktive Tätigkeit**, die die Durchführung der Vollstreckungsmaßnahme *verhindern* oder *erschweren* soll (BGHSt 18, 133). Zwischen erfolgreichen und erfolglosen Widerstandshandlungen macht § 113 keinen Unterschied (sog. unechtes Unternehmensdelikt). Zum **Gewaltbegriff** siehe Rn 383 ff; unter Gewalt ist hier die durch tätiges Handeln gegen die Person des Vollstreckenden gerichtete Kraftäußerung mit *körperlicher* Zwangswirkung zu verstehen (vgl NK-*Paeffgen*, § 113 Rn 23; weniger eng S/S-*Eser*, § 113 Rn 42). Rein *passiver* Widerstand (= bloßer Ungehorsam) genügt nicht (näher LK-*v. Bubnoff*, § 113 Rn 14, 15). Widerstand mit Gewalt leistet beispielsweise der Schuldner, der den eine Sachpfändung vornehmenden Gerichtsvollzieher niederschlägt, nicht aber, wer lediglich die Fahrzeugtüren von innen verriegelt und dadurch eine Diensthandlung verhindert (aA OLG Düsseldorf NZV 96, 458 mit abl. Anm. *Seier/Rohlfs*).

629 **Drohung** mit Gewalt ist die Ankündigung bevorstehender Gewaltanwendung (iS Rn 628), wobei es genügt, wenn der bedrohte Amtsträger, Soldat oder nach § 114 Gleichgestellte jene für ernst halten soll. Die Androhung oder Anwendung von Gewalt nur gegenüber Dritten reicht nicht aus (aA NK-*Paeffgen*, § 113 Rn 30 mwN). Ob ein **Rückgriff auf § 240** zulässig ist, wenn der Täter nicht mit Gewalt, sondern nur mit einem *empfindlichen Übel* droht, ist streitig (bejahend OLG Hamm NStZ 95, 547; *Lackner/Kühl*, § 113 Rn 26; LK-*v. Bubnoff*, § 113 Rn 65; *Tröndle/Fischer*, § 113 Rn 1; *Wessels*, BT/1, 21. Aufl. 1997, Rn 618; verneinend *Arzt/Weber*, BT/5 Rn 121; *Backes/Ransiek*, JuS 89, 624, 629; *Küpper*, BT/1 II § 3 Rn 53; NK-*Paeffgen*, § 113 Rn 90; S/S-*Eser*, § 113 Rn 43, 45, 68; SK-*Horn*, § 113 Rn 23; Übersicht bei *Hillenkamp*, BT 8. Problem). Die erstgenannte Auffassung macht geltend, daß § 240 durch den spezielleren § 113 nur dann verdrängt werde, wenn dessen Voraussetzungen gegeben sind, und daß Vollstreckungsbeamte gegen Nötigung ebenso Schutz verdienen wie andere Staatsbürger. Zugunsten des Täters sei dann aber § 113 III, IV *analog* anzuwenden; außerdem dürfe in diesem Fall bei einer Bestrafung aus § 240 der Strafrahmen des § 113 nicht überschritten werden. Dies scheint an sich vernünftig, unterläuft aber wohl doch den Privilegierungsgedanken, der § 113 durchzieht (siehe auch *Küper*, BT S. 428 mit Hinweis auf BGHSt 30, 235).

630 **Tätlicher Angriff** ist jede in feindseliger Absicht unmittelbar auf den Körper des Betroffenen zielende Einwirkung ohne Rücksicht auf den Erfolg. Zur Körperberührung braucht es nicht zu kommen; schon das Ausholen zum Schlag oder der fehlgehende Wurf einer Flasche genügen (näher LK-*v. Bubnoff*, § 113 Rn 17). Nach dem Wortlaut muß der tätliche Angriff nicht auf ein Widerstandleisten gegen die Vollstreckungshandlung abzielen (so die hM, etwa S/S-*Eser*, § 113 Rn 47; aA NK-*Paeffgen*, § 113 Rn 31).

631 **Täter** des § 113 kann nach hM *jeder*, also nicht nur der unmittelbar von der Vollstreckung Betroffene sein (NK-*Paeffgen*, § 113 Rn 12, 80; anders zum Widerstandleisten ua *Sander*, JR 95, 491 mwN). Sein **Vorsatz** braucht sich nur auf die in § 113 I genannten Tatbestandsmerkmale zu beziehen, nicht dagegen auf die in § 113 III erwähnte *Rechtmäßigkeit* der Vollstreckungshandlung. Umstritten ist die Rechtsfolge, wenn der Täter nicht weiß, daß er einem Amtsträger gegenübersteht (etwa im Falle einer vorläufigen Festnahme nach § 127 StPO durch eine Zivilstreife der Polizei); nach überwiegender Meinung ist entsprechend der Vorstellung des Täters auf § 240 zurückzugreifen (näher LK-*v. Bubnoff*, § 113 Rn 66 mwN; differen-

zierend S/S-*Eser*, § 113 Rn 51), während nach aA §§ 113; 240 I, III, 22; 52 gegeben sein sollen (*Maurach-Schroeder* BT 2 § 71 Rn 19).

## 5. Rechtmäßigkeit der Vollstreckungshandlung

**Fehlt es an der Rechtmäßigkeit** der Vollstreckungshandlung, ist die Tat **nicht nach § 113** strafbar; dies gilt auch dann, wenn der Täter die Diensthandlung *irrig* für *rechtmäßig* gehalten hat (§ 113 III). Die Strafbarkeit nach anderen Vorschriften (zB nach §§ 223 ff) bleibt davon unberührt; insoweit gelten die allgemeinen Regeln (insbesondere zur Anwendbarkeit des § 32).

632

Wie die systematische Stellung des § 113 III gegenüber § 113 I erkennen läßt, ist die **Rechtmäßigkeit** der Vollstreckungshandlung **kein Tatbestandsmerkmal**, sondern nur eine durch § 113 IV **modifizierte objektive Bedingung der Strafbarkeit**, die sich seit der Neugestaltung durch das 3. StrRG wegen ihrer *atypischen Irrtumsregelung* einer reibungslosen Einordnung in die herkömmlichen Begriffskategorien des Strafrechts entzieht (vgl KG NJW 72, 781; *Blei*, BT § 102 III 1; *Bockelmann*, BT/3 S. 147; *Maurach*, BT/Nachtrag II, 5. Aufl., S. 11; siehe ferner BGHSt 21, 334, 365; Überblick bei NK-*Paeffgen*, § 113 Rn 63 ff). Allgemein anerkannt ist in der Rechtslehre aber nur, daß in diesem Bereich für einen Tatumstandsirrtum iS des § 16 I 1 kein Raum ist; im übrigen gehen die Meinungen weit auseinander. Vereinzelt wird angenommen, bei der Rechtmäßigkeit der Amtsausübung handele es sich um ein **unrechtskonstituierendes Tatbestandselement**, das man aus rein „kriminalpolitischen" Erwägungen dem Vorsatzerfordernis entzogen habe (AK-*Zielinski*, § 113 Rn 18; *Naucke*, Dreher-FS, S. 459, 471; siehe auch SK-*Rudolphi*, § 136 Rn 30). Das überzeugt nicht, weil dem Reformgesetzgeber ein Verstoß gegen das verfassungsrechtlich verankerte Schuldprinzip unterstellt wird. Um letzterem Rechnung zu tragen, deutet *Eser* (S/S, § 113 Rn 20) § 113 insoweit als Vorsatz-Sorgfaltswidrigkeits-Kombination, wozu aber § 113 IV 2 nicht paßt. Nach anderer Ansicht soll § 113 III einen **Rechtfertigungsgrund** für Widerstandshandlungen iS des § 113 I bilden (*Dreher*, Schröder-GedS, S. 359, 376 und JR 84, 401; LK-*v. Bubnoff*, § 113 Rn 23; *Paeffgen*, JZ 79, 516, 521). Für diese Deutung werden die Reformdiskussion und gewisse Parallelen zu § 22 WStG ins Feld geführt. Gegen sie spricht jedoch, daß § 22 WStG eine ganz andere Verbotsmaterie betrifft (= nicht Nötigungsakte und tätliche Angriffe iS der §§ 24, 25 WStG, sondern den *bloßen Ungehorsam* iS der §§ 19-21 WStG) und daß § 113 III die Formulierung des § 22 I WStG (= „*handelt nicht rechtswidrig*") nicht übernommen, sondern durch eine neutrale Fassung (= „*ist nicht ... strafbar*") ersetzt hat. Hinzu kommt, daß § 113 III keinerlei subjektives Rechtfertigungselement aufweist, vielmehr allein auf die **objektive Sachlage** abstellt, und daß § 113 IV die irrige Annahme des Täters, die Amtshandlung sei unrechtmäßig, gerade abweichend von den Grundsätzen behandelt, die für den Irrtum über die Voraussetzungen eines Rechtfertigungsgrundes gelten würden. Für den Fall, daß eine Vollstreckungshandlung aus Rechtsgründen nicht rechtmäßig ist, der Vollstreckungsbeamte indes rechtmäßig zu handeln glaubt und sich einem **tätlichen Angriff** ausgesetzt sieht, den man mit Fäusten und Schlagwerkzeugen ge-

633

gen ihn unternimmt, würde die *Rechtfertigungsthese* schließlich auch ein ganz schiefes Bild vermitteln: Von ihrem Standpunkt aus wäre der tätliche Angriff hier nach § 113 III *erlaubt* und *gerechtfertigt,* zugleich aber im Bereich der §§ 223, 224 unter dem Blickwinkel des § 32 *nicht erlaubt* und *rechtswidrig,* weil Notwehr in so rabiater Form gegen einen Amtsträger (mit Rücksicht auf die zur Verfügung stehenden Rechtsbehelfe) weder erforderlich noch geboten ist (gegen die Rechtfertigungsthese auch *Schünemann,* Grundfragen des modernen Strafrechtssystems, 1984, S. 16). Zu einer modifizierten Rechtfertigungslösung gelangt die von *Hirsch* (Klug-FS, S. 235) näher begründete Ansicht, die Straflosigkeit des Widerstandes gegen eine *nicht rechtmäßige* Diensthandlung bedeute nur eine indirekte Verweisung auf die **Notwehrbefugnis** und die Möglichkeit einer Rechtfertigung nach den dort geltenden Regeln, wozu insbesondere die „Erforderlichkeit" der konkreten Widerstandshandlung gehöre.

634 Für die **praktische Rechtsanwendung** ist der vorerwähnte Meinungsstreit *ohne Bedeutung,* da das Gesetz die einschlägigen Rechtsfolgen in § 113 III, IV **abschließend geregelt** und sich auf eine *pragmatische Lösung* des Interessenkonflikts beschränkt hat (vgl dazu auch *Lackner/Kühl,* § 113 Rn 7; SK-*Horn,* § 113 Rn 22). Wer dem hier vertretenen Standpunkt zur systematischen Einordnung des § 113 III folgt, prüft beim **Aufbau** im Anschluß an die Tatbestandsmäßigkeit (§ 113 I) sofort die *Rechtmäßigkeit* der Vollstreckungshandlung (§ 113 III als sog. Tatbestandsannex; vgl *Arzt/Weber,* BT/5 Rn 105, 128 und *Wessels/Beulke,* AT Rn 872). Fehlt sie, scheidet eine Bestrafung des Widerstandleistenden nach § 113 aus, ohne daß Rechtswidrigkeit und Schuld insoweit noch einer Erörterung bedürfen (bitte am vorstehend mitgeteilten Beispielsfall für den tätlichen Angriff erproben).

635 Die **Rechtmäßigkeit** einer unter § 113 I fallenden Diensthandlung hängt von Voraussetzungen ab, die nach hM entsprechend dem Zweck der Regelung spezifisch *strafrechtlich* zu bestimmen sind (*Küper,* BT S. 384; krit. NK-*Paeffgen,* § 113 Rn 35, 40 ff). Von diesem sog. **strafrechtlichen Rechtmäßigkeitsbegriff** des § 113, bei dem es nicht unbedingt auf die materielle Richtigkeit des Eingriffs, sondern auf dessen *formale* Rechtmäßigkeit ankommt, ist auch der Reformgesetzgeber ausgegangen. Die gegen ihn erhobene Kritik mag in gewissen Einzelfragen begründet sein, geht im Kern jedoch fehl (wie die Entscheidung OLG Karlsruhe NJW 74, 2142 überzeugend belegt).

636 Der strafrechtliche Rechtmäßigkeitsbegriff trägt dem besonderen Schutzzweck des § 113 und dem Gesichtspunkt Rechnung, daß Vollstreckungsbeamte oft unter schwierigen Bedingungen eine schnelle Entscheidung treffen und diese möglichst wirkungsvoll durchsetzen müssen, ohne daß sie in der Lage sind, alle Voraussetzungen umfassend und in eigener Verantwortung zu prüfen, von denen sachlich die Richtigkeit der konkreten Vollstreckungsmaßnahme abhängt. Dies gilt nicht nur bei plötzlich auftretenden Störungen der öffentlichen Sicherheit und Ordnung, sondern auch in Fällen, in denen untergeordneten Beamten der Vollzug und die Durchsetzung polizeilicher Anordnungen übertragen wird, deren materielle Rechtmäßigkeit von ihnen gar nicht nachgeprüft werden kann. Würde man hier jeweils den strengeren *verwaltungsrechtlichen* Rechtmäßigkeitsbegriff zugrunde legen, sähe der Vollstreckungsbeamte sich mit einem Risiko belastet, das seine Initiative zum Schaden

der Allgemeinheit lähmen könnte. Jeder verständig denkende Bürger wird sich den daraus folgenden Notwendigkeiten und, falls er selbst betroffen sein sollte, der Einsicht nicht verschließen, daß § 113 ihm in den dort normierten Grenzen *handgreiflichen* Widerstand gegen den *formal rechtmäßig* handelnden Beamten untersagt und ihn darauf verweist, sich mit den **zulässigen Rechtsbehelfen** gegen sachlich ungerechtfertigte Maßnahmen zur Wehr zu setzen.

Näher zur **hM** BGHSt 4, 161; 21, 334; 24, 125; BayObLG JR 89, 24; KG NJW 75, 887 und 72, 781; OLG Celle NJW 71, 154; OLG Köln NStZ 86, 234; *Tröndle/Fischer*, § 113 Rn 11 ff; *Günther*, NJW 73, 309; LK-*v. Bubnoff*, § 113 Rn 25 ff; *Rühl*, JuS 99, 521, 528 (zu BVerfGE 92, 191); S/S-*Eser*, § 113 Rn 21 ff; *Vitt*, ZStW 106 (1994), 581; weitere Nachweise bei *Küper*, BT S. 384 ff. 637

Zur **Gegenansicht** (mit erheblichen Divergenzen untereinander) siehe *Amelung* JuS 86, 329; *Arzt/Weber*, BT/5 Rn 133 ff; *Backes/Ransiek*, JuS 89, 624; *Krey*, BT/1 Rn 510 ff; *Ostendorf*, JZ 81, 165; *Otto*, BT § 91 Rn 15; *Reinhart*, NJW 97, 911 und StV 95, 101 (unter Berufung auf BVerfGE 92, 191 und 87, 399); *Roxin*, Pfeiffer-FS, S. 45; *Schünemann*, JA 72, 703, 710, 775; *Thiele*, JR 75, 353 und JR 79, 397; *Wagner*, JuS 75, 224; *Weber*, JuS 97, 1080 (zu BVerfGE 92, 191).

Das **BVerfG** verlangt für die Sanktionierung einer *Ordnungswidrigkeit* neuerdings in Fällen der Nichtbefolgung einer (dort jeweils versammlungsrechtlichen) Anordnung deren nachträgliche Überprüfung auf ihre materielle Rechtmäßigkeit in vollem Umfang (BVerfGE 87, 399; 92, 191); *insoweit* könnten die „verkürzten Voraussetzungen des sog. strafrechtlichen Rechtsmäßigkeitsbegriffs" (dazu Rn 636) nicht gelten. Ob es diesen Ansatz auf § 113 übertragen wird, bleibt abzuwarten (vgl auch *Küper*, BT S. 387 und NK-*Paeffgen*, § 113 Rn 45).

Im einzelnen ist entscheidend, ob der Amtsträger sich in den Grenzen seiner *sachlichen* und *örtlichen* **Zuständigkeit** gehalten (BGHSt 4, 110; RGSt 40, 212), die *wesentlichen* **Förmlichkeiten** gewahrt (BGHSt 5, 93; 21, 334, 361; KG GA 75, 213; BVerfGE 51, 97; vgl auch Rn 640), bei Prüfung der sachlichen Voraussetzungen für sein Einschreiten ein ihm ggf zukommendes **Ermessen** *pflichtgemäß ausgeübt* und seine Diensthandlung hiernach eingerichtet (BGHSt 21, 334, 363; RGSt 61, 297) sowie bei Befehls- oder Auftragsverhältnissen eine für ihn *verbindliche* **Weisung** im Vertrauen auf deren Rechtmäßigkeit **befolgt** hat (BGHSt 4, 161; KG NJW 72, 781; vgl auch *Jescheck/Weigend*, AT § 35 II). 638

Sind die in dieser Hinsicht zu stellenden Anforderungen erfüllt, so ist die Diensthandlung iS des § 113 auch dann **rechtmäßig**, wenn der Amtsträger die **Sachlage im Ergebnis falsch** beurteilt hat und die Voraussetzungen für sein Einschreiten in Wirklichkeit nicht vorgelegen haben (BGHSt 21, 334, 363; BayObLG JZ 80, 109; OLG Celle NJW 79, 57). Fehlende Zuständigkeit des Amtsträgers, Mißachtung wesentlicher Formvorschriften und andere gewichtige Mängel, wie etwa willkürliche Ausübung der Hoheitsgewalt, Verkennung der *rechtlichen Grenzen* von Amtsbefugnissen, machen die Vollstreckungshandlung dagegen **unrechtmäßig** (vgl KG GA 75, 213; *Tröndle/Fischer*, § 113 Rn 14); ebenso pflichtwidriges („fahrlässiges") Verhalten bei Prüfung der *tatsächlichen* Voraussetzungen und der Erforderlichkeit des Einschreitens (*Lackner/Kühl*, § 113 Rn 12 mwN; LK-*Hirsch*, Rn 145 vor § 32; differenzierend S/S-*Eser*, § 113 Rn 28, 29; *grob* fahrlässiges Verhalten fordern BayObLG JR 89, 24; LK-*v. Bubnoff*, § 113, Rn 33; *Wessels*, BT/1, 21. Aufl. 1997, 639

§ 14 *Amtsanmaßung und Widerstand gegen die Staatsgewalt*

Rn 629). Gegen idS rechtswidrige Vollstreckungsmaßnahmen kann nach allgemeinen Regeln **Notwehr** zulässig sein (vgl BGH MDR/H 80, 984; KG GA 75, 213).

**640** Zu den wesentlichen Förmlichkeiten, die ein **Gerichtsvollzieher** im Hinblick auf § 113 III zu beachten hat, zählen neben den in §§ 750, 751 ZPO genannten Vollstreckungsvoraussetzungen vor allem die nach Art. 13 II GG (außer bei Gefahr im Verzug) unerläßliche und auch für § 758 ZPO notwendige Anordnung des **Richters** zur **Wohnungsdurchsuchung** (BVerfGE 51, 97; 57, 346; näher dazu *Schneider*, NJW 80, 2377; *Schubert*, MDR 80, 365), die **Zuziehung von Zeugen** im Falle des § 759 ZPO (soweit der Schuldner dies nicht gerade zu vereiteln sucht, vgl BGHSt 5, 93), je nach Sachlage ferner das **Vorzeigen des Haftbefehls** gemäß § 909 S. 2 ZPO (OLG Düsseldorf JMBl NW 65, 271) sowie das Vorliegen einer vom **Richter** und nicht lediglich vom *Rechtspfleger* erteilten **Erlaubnis** im Falle des § 761 ZPO (= Vollstreckung zur Nachtzeit usw; vgl OLG Düsseldorf NJW 78, 2205; BVerfGE 51, 97). Zur **Durchsuchung** nach § 105 II StPO siehe BGH NStZ 86, 84; BayObLG JZ 80, 109 (lehrreich dazu *Küper*, JZ 80, 633; krit. dagegen *Thiele*, Anm. JR 81, 30). Zur Vollstreckung eines **Vorführungsbefehls** iS des § 134 StPO siehe BGH MDR/H 80, 984 (insgesamt ein leider wichtiger Komplex für die Examensvorbereitung; lehrreich zum Ganzen *Geppert*, Jura 89, 274).

**641** Im **Fall 34** ist zwischen dem Widerstand gegen die Zwangsvollstreckungshandlung des Gerichtsvollziehers Z und dem tätlichen Angriff auf die Polizeibeamten wie folgt zu unterscheiden:

a) A hat sich zunächst geweigert, den neben der Haustür angebundenen Hund zu entfernen. Dieses Verhalten erfüllte zwar den sehr weiten Begriff des *Widerstandes* iS der §§ 758 III, 759 ZPO, dessen Vorliegen die Zuziehung eines Polizeibeamten oder zweier Zeugen erforderlich machte (vgl BGHSt 5, 93; OLG Hamm MDR 51, 440 und NStZ 96, 281). Als bloßes **Unterlassen** und *passiver Widerstand* genügte es den Tatbestandsvoraussetzungen des § 113 I jedoch nicht, sofern sich der Hund wie gewohnt oder rein zufällig an der betreffenden Stelle befand (dazu OLG Neustadt GA 61, 60; NK-*Paeffgen*, § 113 Rn 26). **Aktiver Widerstand** mit Gewalt wäre aber dann geleistet worden, wenn A den Zugang zum Haus planmäßig vor Z versperrt hätte, da die *gezielte Vorbereitung* des Widerstandes zur Verhinderung oder Erschwerung einer *unmittelbar bevorstehenden Diensthandlung* durch Schaffung eines bei der Vollstreckung wirksam werdenden Hindernisses ein **vorweggenommenes tätiges Handeln** iS des § 113 I darstellt (BGHSt 18, 133). Im letztgenannten Fall wäre A freilich nicht strafbar, weil die von Z vorgenommene Zwangsvollstreckung iS des § 113 III nicht rechtmäßig war: Für die Monate November und Dezember 1975 lag, was Z verkannt hatte, aus Rechtsgründen gar **kein Vollstreckungstitel** über erhöhte Unterhaltsleistungen gegen A vor; denn das im Dezember 1975 ergangene Abänderungsurteil enthielt eine (nach § 323 III ZPO mögliche) Verurteilung für die seinem Erlaß *vorausgehende* Zeit nicht. Damit *fehlte* es hier an einer **wesentlichen Voraussetzung der Zwangsvollstreckung** (vgl §§ 704, 750 ZPO; näher OLG Köln NJW 75, 889; vgl aber auch LK-*v. Bubnoff*, § 123 Rn 34).

**642** b) Der **tätliche Angriff**, den A und F auf die Polizeibeamten unternommen haben, verwirklicht den Tatbestand des § 113 I. Z hatte beide Beamte nach § 758 III ZPO zu seinem Schutz zugezogen. Sie befanden sich daher als **Amtsträger** „bei" dem Vollzug der ihnen gesetzlich obliegenden Aufgaben zwecks Regelung eines Einzelfalles, als sie von A und F attackiert wurden. Für die Frage der **Rechtmäßigkeit ihres Einschreitens** ist es unerheblich, daß Z die konkrete Zwangsvollstreckung nicht durchführen durfte. Zur Prüfung der rechtlichen Voraussetzungen dieser Zwangsvollstreckung (§§ 704, 750

> ZPO) waren die Polizeibeamten weder verpflichtet noch aufgrund ihrer Vorbildung imstande. Da sie die sachlichen Voraussetzungen für *ihr Handeln* bei *pflichtgemäßer* Prüfung des von Z ausgehenden Ersuchens um Amtshilfe für gegeben halten durften und für gegeben gehalten haben, war ihre Diensthandlung (anders als die des Z) **rechtmäßig**. Mit Rücksicht darauf, daß ihr Vorgehen von A und F offenbar *irrig* als rechtswidrig angesehen wurde, ist jedoch zu prüfen, ob der tätliche Angriff gemäß § 113 IV straflos bleibt. Dies hat das OLG Köln in der bereits erwähnten Fallentscheidung (NJW 75, 889) unter Hinweis auf die hier zu bejahende **Zumutbarkeit des Gebrauchs von Rechtsbehelfen** (§§ 113 IV 2 StGB, 766 ZPO) im Ergebnis zutreffend verneint.

### 6. Irrtumsregelung

§ 113 IV orientiert sich in groben Zügen an der Regelung des Verbotsirrtums (§ 17), weicht davon aber in mehrfacher Hinsicht ab und enthält eine abschließende **Sonderregelung** eigener Art (dazu LK-*v. Bubnoff*, § 113 Rn 43; *Maurach-Schroeder*, BT 2 § 70 Rn 26).

643

Der Täter muß hier (anders als bei § 17) *positiv* angenommen haben, daß die Vollstreckungshandlung nicht rechtmäßig sei. Worauf diese Fehlvorstellung beruht, ist gleichgültig (S/S-*Eser*, § 113 Rn 55). Die **Unvermeidbarkeit** des Irrtums schützt (abweichend von § 17) für sich allein nicht vor Strafe; der Schuldvorwurf entfällt vielmehr nur unter der *zusätzlichen* Voraussetzung, daß es dem Täter **nicht zuzumuten** war, sich **mit Rechtsbehelfen** zu wehren (§ 113 IV 2 Halbs. 1 = sog. *Rechtsbehelfsklausel*). War ihm dies zuzumuten, so kann das Gericht die Strafe gemäß § 49 II mildern oder von einer Bestrafung nach § 113 absehen. Diese Milderungsmöglichkeit ist auch bei **Vermeidbarkeit** des Irrtums gegeben; ein Absehen von der Bestrafung nach § 113 ist aber auf Fälle von *geringer Schuld* beschränkt (§ 113 IV 1).

### 7. Regelbeispiele für besonders schwere Fälle

> **Fall 35:** An einem Novemberabend wird der Autofahrer A von dem Polizeibeamten P, der mit zwei anderen Beamten eine allgemeine Verkehrskontrolle durchführt, durch Zeichen mit einem beleuchteten Anhaltestab zum Halten aufgefordert. Da er seine Fahrzeugpapiere nicht bei sich führt und die Reifen seines Autos abgefahren sind, sucht A sich der Kontrolle zu entziehen. Er bremst seinen Kraftwagen zunächst ab, nähert sich langsam und fährt dann plötzlich mit Vollgas auf P zu, um ihn zum Ausweichen zu zwingen. Während P zur Seite springt, reißt A sein Steuer herum, da er den P weder überfahren noch anfahren will. Nach kurzer Verfolgungsjagd wird A gestellt.
> Strafbarkeit des A?

644

In **besonders schweren Fällen** des Widerstandes, für die § 113 II **Regelbeispiele** nennt (siehe zu diesen eigenartigen Rechtsfolgenmodifikationen schon Rn 82, 221), tritt eine Strafschärfung ein. Der andere **Beteiligte** iS des § 113 II 2 Nr 1 muß am Tatort anwesend sein. Der Begriff **Waffe** umfaßt die gefährlichen Werkzeuge, die den Qualifikationsgrund des § 224 I Nr 2 nF ausmachen (dazu Rn 272 und OLG

645

Celle NStZ-RR 97, 265; aA NK-*Paeffgen*, § 113 Rn 84); während dort die Körperverletzung mittels eines solchen Gegenstandes begangen werden muß, genügt hier zur Verwirklichung bereits die Absicht, die Waffe bei „Bedarf" in latent gefährlicher, dh auch realisierbarer Weise als *Drohungsmittel* einzusetzen (*Küper*, BT S. 397; LK-*v. Bubnoff*, § 113 Rn 53). **Beisichführen** erfordert nach hM nicht, daß die Waffe zur Tat mitgebracht wird; ausreichen soll vielmehr, daß sie räumlich so „zur Verfügung" steht, daß der Täter sich ihrer ohne nennenswerten Zeitaufwand und ohne besondere Schwierigkeiten („jederzeit") bedienen kann (BGHSt 31, 105 mit Anm. *Hruschka*, JZ 83, 217; zu § 30a II Nr 2 BtMG unhaltbar BGHSt 43, 8 mit abl. Anm. *Zaczyk*, JR 98, 256). Der Rechtsprechung genügt – jedenfalls bei Absichtsdelikten iS der §§ 244, 250 aF – ein Beisichführen zu irgendeinem Zeitpunkt zwischen Versuchsbeginn und Beendigung der Tat (BGHSt 20, 194; 31, 105; BGH StV 88, 429; dazu *Wessels/Beulke*, AT Rn 591); unabhängig davon, ob diese Deutung dort zutrifft (krit. ua LK-*Herdegen*, § 250 Rn 11 mwN; ferner *Küper*, BT S. 64), bildet bei § 113 die Vollendung der Tat mangels einer Beendigungsphase in diesem Sinne die Zäsur.

**646** Das Regelbeispiel des § 113 II 2 Nr 2 verlangt *eigenhändige* Begehung (BGHSt 27, 56). Zur **Gewalttätigkeit** siehe Rn 389, zur *Gefahr einer schweren Gesundheitsschädigung* vgl Rn 315, 316. Der Täter muß den Angegriffenen analog § 15 (quasi-) vorsätzlich in eine dieser Gefahren gebracht haben (BGHSt 26, 175, 180; LK-*v. Bubnoff*, § 113 Rn 61; ebenso NK-*Paeffgen*, § 113 Rn 87; ferner *Hettinger*, JuS 97, L 41, 45).

**647** A hat im **Fall 35** einen *gefährlichen Eingriff in den Straßenverkehr* (§ 315b I Nr 3) begangen. Gezieltes Zufahren auf einen Halt gebietenden Polizeibeamten, um ihn zur Freigabe der Fahrbahn zu nötigen, erfüllt die Voraussetzungen dieser Vorschrift auch dann, wenn der Täter eine Verletzung des konkret gefährdeten Beamten zu vermeiden sucht (BGHSt 26, 176; 22, 67; näher Rn 980).

Das Verhalten des A verwirklicht weiter den Tatbestand des § 113 I und die Regelbeispielsmerkmale des § 113 II 2 Nr 1. **Vollstreckungshandlung** iS des § 113 I ist auch eine **allgemeine Verkehrskontrolle**, zu deren Durchführung Polizeibeamte nach § 36 V StVO ermächtigt sind (BGHSt 25, 313). In dem gezielten Zufahren auf P liegt ein *Widerstandleisten* durch *Drohen* mit Gewalt (aA die hM, die Gewalt bejaht; vgl LK-*v. Bubnoff*, § 113 Rn 14 f mwN) und zugleich ein *tätlicher Angriff*.

Daß ein Kraftfahrzeug bei der Tat als Waffe benutzt werden kann, ist nicht zu bezweifeln (BGHSt 26, 176; OLG Karlsruhe Die Justiz 81, 239). Ein *Beisichführen* iS des § 113 II 2 Nr 1 ist auch dann gegeben, wenn der Täter sich erst im letzten Moment entschließt, das Fahrzeug bei der Tatbegehung als Waffe einzusetzen (OLG Düsseldorf NJW 82, 1111 mwN).

Die Voraussetzungen des § 113 II 2 Nr 2 wären dagegen nur erfüllt, *falls* A den P (*entsprechend* § 15: also quasi-) *vorsätzlich* in die Gefahr des Todes oder einer schweren Körperverletzung gebracht hätte.

## IV. Gefangenenbefreiung

**Fall 36:** Der Uhrmachergeselle U ist zu Unrecht in den Verdacht der Hehlerei geraten und in Untersuchungshaft genommen worden. Der von seiner Unschuld überzeugte Aufseher A hat ihn durch den Hinweis, daß er nach dem letzten Rundgang das Zuschließen seiner Zellentür „vergessen" werde, zur Flucht verleitet. Alles weitere verläuft wie vorgesehen, doch wird U im Hof der Untersuchungshaftanstalt bei dem Versuch, über die Mauer zu klettern, entdeckt und wieder inhaftiert.
Haben A und U sich strafbar gemacht?

648

### 1. Schutzgut und Begriff des Gefangenen

**Schutzgut** des Tatbestandes der **Gefangenenbefreiung** (§ 120) ist die zuvor begründete *staatliche Verwahrungsgewalt* über die in Gewahrsam genommene Person, nicht die Rechtspflege (vgl BGHSt 9, 62, 64; KG JR 80, 513; LK-*v. Bubnoff*, § 120 Rn 6).

649

Die durch das EGStGB neugefaßte Vorschrift des § 120 ist an die Stelle der §§ 120, 121, 122a, 122b und 347 aF getreten. Der **Grundtatbestand** (§ 120 I) umfaßt neben der eigentlichen Gefangenenbefreiung zwei als täterschaftlich ausgestaltete *Teilnahme*handlungen an einer (tatbestandslosen) Selbstbefreiung des Gefangenen. Der **Qualifikationstatbestand** des § 120 II (= Vergehen) knüpft an die besondere Pflichtenstellung des Täters (§ 11 I Nr 2, 4) an, setzt im übrigen aber die Begehungsformen des § 120 I voraus. Der Versuch ist in allen Fällen mit Strafe bedroht (§ 120 III).

650

**Gefangener** ist, wer sich zwecks Ahndung einer Verfehlung oder zur Erzwingung von prozessualen Pflichten kraft richterlicher, polizeilicher oder sonst zuständiger Hoheitsgewalt in formell zulässiger Weise *in staatlichem Gewahrsam* befindet. Hinzu kommen Kriegsgefangene und Internierte.

651

Unter § 120 I, II fallen zB Straf- und Untersuchungsgefangene (vgl BGHSt 9, 62; RGSt 19, 330), von einem Straftatverfolgungsorgan nach § 127 StPO vorläufig Festgenommene (BGHSt 20, 305, 307; KG JR 80, 513; **nicht** aber von *Privatpersonen* nach § 127 I StPO Festgenommene: RGSt 67, 298); ferner sind Gefangene in diesem Sinne Personen, die sich nach §§ 51, 70 StPO, §§ 177, 178 GVG oder §§ 380, 390, 888, 890 ZPO in Zwangs- oder Ordnungshaft befinden. Wer gemäß § 81a StPO zur Entnahme einer Blutprobe zum Arzt gebracht wird, ist nicht Gefangener iS des § 120 (BayObLG JZ 84, 343).
Einem Gefangenen iS des § 120 I, II *steht* nach § 120 IV *gleich*, wer sonst **auf behördliche Anordnung** in einer **Anstalt verwahrt** wird (zB nach §§ 63, 64 Untergebrachte, Sicherungsverwahrte und dergleichen; vgl BGHSt 37, 388).

652

Die Gefangenschaft oder Anstaltsverwahrung **beginnt** mit der *formell* ordnungsmäßigen Ingewahrsamnahme ohne Rücksicht auf deren sachliche Begründetheit (BGH GA 65, 205); sie **endet** mit der *tatsächlichen* Aufhebung des Gewahrsamsverhältnisses. Ist der staatliche Gewahrsam über einen vorläufig Festgenommenen formell ordnungsmäßig begründet worden, so kann weder der Versuch seiner Befreiung

653

§ 14 *Amtsanmaßung und Widerstand gegen die Staatsgewalt*

noch eine dabei begangene Körperverletzung unter dem Gesichtspunkt der Nothilfe (§ 32) gerechtfertigt werden (KG JR 80, 513).

## 2. Tathandlungen und Täterschaft

654 Die **Tathandlung** besteht nach § 120 I darin, daß ein anderer den Gefangenen auf beliebige Weise aus dem staatlichen Gewahrsam *befreit*, ihn zum Entweichen *verleitet* (= dazu anstiftet) oder dabei *fördert* (= zur Selbstbefreiung durch Rat oder Tat Hilfe leistet). Für den subjektiven Tatbestand ist *Vorsatz* erforderlich. **Täter** des § 120 I kann mit Ausnahme des Gefangenen selbst (vgl BGHSt 4, 396, 400) grundsätzlich jeder andere sein, auch ein Mitgefangener (beachte Rn 656). Die Strafschärfung nach § 120 II ist dagegen auf den durch eine besondere Pflichtbindung gekennzeichneten Täterkreis begrenzt.

655 Nicht zum Kreis der tauglichen Täter einer Gefangenenbefreiung dürfte – so *Wessels*, BT/1, 21. Aufl. 1997, Rn 647 – freilich die Bundesregierung gehören, wenn sie (wie im Fall Peter Lorenz geschehen) unter dem Druck einer Geiselnahme im Einvernehmen mit der zuständigen Landesregierung zu Austauschzwecken die Freilassung inhaftierter Strafgefangener anordnet. Dies folge daraus, daß § 120 die Verletzung von Hoheitsrechten voraussetzt und daß die obersten Träger dieser Hoheitsrechte nicht „gegen sich selbst" handeln können (anders *Krey*, ZRP 75, 97; *Küper*, Darf sich der Staat erpressen lassen?, 1986, S. 17 mwN; LK-*v. Bubnoff*, § 120 Rn 43a).

656 Im **Fall 36** ist für eine **Strafvereitelung** nach § 258 I von vornherein kein Raum, da hier die *sachlichen* Voraussetzungen für eine *Bestrafung* oder für die *Anordnung einer Maßnahme* (§ 11 I Nr 8) wirklich vorliegen müssen. Hingegen war U zwar *zu Unrecht*, aber in *formell zulässiger Weise* in staatlichen Gewahrsam genommen worden, mithin Gefangener iS des § 120 I.

Eine Strafbarkeit des U nach § 120 scheidet im Fall jedoch schon deshalb aus, weil die **Selbstbefreiung** (abgesehen von § 121 I Nr 2) nicht mit Strafe bedroht ist. **Nicht strafbar** ist demgemäß auch die wechselseitige Hilfe, die Mitgefangene sich bei einer gemeinsamen Flucht zwecks Erlangung der eigenen Freiheit leisten (vgl BGHSt 17, 369; OLG Celle JZ 61, 263). Das gleiche muß für die *Anstiftungshandlung* eines Gefangenen gelten, der andere zu seiner Befreiung oder zur darauf abzielenden Beihilfe bestimmt (näher LK-*v. Bubnoff*, § 120 Rn 35, 36; S/S-*Eser*, § 120 Rn 15; zu eng, wenngleich mit dem Wortlaut vereinbar BGHSt 17, 369, 373 und *Tröndle/Fischer*, § 120 Rn 9; Überblick bei *Küper*, BT S. 48).

657 **Vollendet** ist die Tat bei allen Begehungsformen des § 120 erst dann, wenn der Gefangene – sei es auch nur vorübergehend – seine uneingeschränkte Freiheit wiedererlangt hat, dem staatlichen Gewahrsam also vollständig entzogen oder entronnen ist (vgl RGSt 25, 65; BGH NStZ-RR 00, 139).

658 Im **Fall 36** ist U nur bis auf den Hof der Untersuchungshaftanstalt gelangt; das Überklettern der Mauer ist ihm nicht gelungen. A, der ihn zur Flucht verleitet und dabei aktiv unterstützt hat, ist somit nur wegen *versuchter* Gefangenenbefreiung nach §§ 120 I-III, 22 zu bestrafen.

Im **Strafvollzug**, der ein Behandlungssystem mit vielfältigen Lockerungsmöglich- 659
keiten vorsieht und darauf ausgerichtet ist, den Gefangenen schrittweise wieder an
die Verhältnisse in der Freiheit heranzuführen (vgl §§ 3, 7, 11, 13 StVollzG), besteht
die Gefangenschaft auch bei Lockerungsmaßnahmen und freien Vollzugsformen bis
zur Haftentlassung fort (vgl BGHSt 37, 388). Infolgedessen bleibt hier Raum für ein
„Befreien" oder ein „Fördern beim Entweichen"; so zumindest dann, wenn gegenständliche Freiheitseinschränkungen beseitigt oder Maßnahmen zur Überwachung
der Bewegungsfreiheit des Betroffenen wirkungslos gemacht werden. Ein Befreien
kann auch in der Form einer Entlassung aus der Verwahrung geschehen, wobei jedoch rechtsförmliche, von den *zuständigen* Organen angeordnete Entlassungen
grundsätzlich ausscheiden, selbst wenn sie dem materiellen Recht widersprechen.

Im einzelnen ist dazu aber manches noch nicht abschließend geklärt. Zweifelhaft und um- 660
stritten ist beispielsweise, ob oder inwieweit auch **Freigang** und **Hafturlaub** die Gefangenen- bzw Verwahrteneigenschaft unberührt lassen (siehe dazu ua BGHSt 37, 388; *Laubenthal*, JuS 89, 827; LK-*v. Bubnoff*, § 120 Rn 23; *Rössner*, JZ 84, 1065; *Zielinski*, Anm. StV 92,
227).

### V. Gefangenenmeuterei

Im Vergehenstatbestand der **Gefangenenmeuterei** (§ 121) sind **Schutzgüter** die 661
Verwahrungsgewalt des Staates iS des § 120 (vgl Rn 649) sowie die in Abs. 1 Nr 1
genannten Personen (LK-*v. Bubnoff*, § 121 Rn 2). **Täter** können nur Gefangene
(BGHSt 20, 305; *Tenkhoff/Arloth*, JuS 85, 129; zum Begriff siehe Rn 651) oder in
der Sicherungsverwahrung Untergebrachte (§ 121 IV) sein. Der Tatbestand beschreibt kein eigenhändiges, wohl aber ein *Sonder*delikt. Für Außenstehende, die
nur Teilnehmer sein können, gilt nach hL § 28 I nicht (SK-*Horn*, § 121 Rn 13
mwN).

**Sich-Zusammenrotten** meint das räumliche Zusammentreten oder Zusammenhal- 662
ten von nach hM *mindestens* zwei Gefangenen zu dem erkennbaren Zweck eines gemeinschaftlichen gewaltsamen oder bedrohlichen Handelns iS des § 121 I (beachte
OLG Karlsruhe NStZ 99, 136). Der strafbare *Versuch* der Gefangenenmeuterei
(§ 121 II) beginnt erst mit dem unmittelbaren Ansetzen zur eigentlichen Meutereihandlung (RGSt 54, 313; LK-*v. Bubnoff*, § 121 Rn 17), die **mit vereinten Kräften**
erfolgen muß; für letzteres genügt eine von dem die Rotte beherrschenden Willen
getragene Handlung einzelner (RGSt 30, 391). Zu den Meutereihandlungen des
§ 121 I Nr 1 siehe Rn 380, 383, 401 und 630; Nr 2 und 3 sind praktisch nur bedeutsam, wenn der Ausbruch oder das Verhelfen dazu ohne eine Tathandlung iS der Nr 1
begangen werden (S/S-*Eser*, § 121 Rn 11). Zur **Vollendung** der Tat gehört jedenfalls in der ersten Begehungsform des § 121 I Nr 1 der Eintritt des Nötigungserfolges (§ 240) und bei den Nr 2, 3 das **Gelingen des Ausbruchs** (dazu BGH MDR/D
75, 542).

§ 121 III enthält eine Strafzumessungsvorschrift mit drei Regelbeispielen (zum Be- 663
griff Rn 221). *Andere Beteiligte* können Täter und Teilnehmer sein (LK-*v. Bubnoff*,
§ 121 Rn 47). **Schußwaffe** iS der Nr 1 ist jedes Gerät, das geeignet und allgemein

§ 15 *Siegel-, Verstrickungs- und Verwahrungsbruch*

dazu bestimmt ist, Menschen körperlich zu verletzen, und mit dem ein festes, mechanisch wirkendes Geschoß mittels Explosions- oder Luftdruck durch einen Lauf getrieben wird. Nach der Rechtsprechung sollen auch chemisch wirkende Waffen wie etwa Gaspistolen erfaßt sein (BGHSt 24, 136; LK-*v. Bubnoff*, § 125a Rn 3). Die Schußwaffe muß einsatzfähig, Munition mindestens griffbereit sein (BGHSt 3, 229; BGH NStZ 81, 301). Zum Beisichführen im übrigen siehe Rn 645, zu § 121 III 2 Nr 2, 3 vgl Rn 646. *Anderer* iS der Nr 3 kann auch ein Unbeteiligter sein. Zum Regelbeispiel des § 121 III 2 Nr 1 bei einem gescheiterten Versuch der Gefangenenmeuterei siehe BGH NStZ 95, 339 mit Anm. *Wolters.*

# § 15 Siegel-, Verstrickungs- und Verwahrungsbruch

**664** **Fall 37:** Im Auftrag des Gläubigers G hat der Gerichtsvollzieher Z aufgrund eines vollstreckbaren Zahlungstitels bei dem Schuldner S einen antiken Schreibtisch gepfändet, den er nach ordnungsgemäßer Anlegung des Pfandsiegels im Gewahrsam des S belassen hat. Bald darauf bemerkt S, daß die Siegelmarke sich von der glatten Oberfläche des Schreibtisches gelöst hat und abgefallen ist; er hebt sie auf und nimmt sie zu seinen Unterlagen. Am anderen Tag veräußert S den Schreibtisch an den gutgläubigen E, der in Unkenntnis der Pfändung einen hohen Preis bietet und das Liebhaberstück sogleich abholen läßt.
Strafbarkeit des S?

## I. Siegelbruch

**665** Das EGStGB hat die bisherigen Vorschriften über Siegel- und Verstrickungsbruch (§§ 136, 137 aF) in § 136 nF vereinigt, um die Einzelfragen zur Rechtmäßigkeit der Siegelanlegung, Pfändung und Beschlagnahme in Anlehnung an § 113 III, IV für beide Tatbestände einheitlich regeln zu können (vgl § 136 III, IV).

**666** **Schutzgut** des § 136 II ist die im Siegel manifestierte *staatliche Autorität* (S/S-*Cramer*, § 136 Rn 18 mwN). **Tatobjekt** ist ein dienstliches Siegel, das von einer Behörde (dazu *Tröndle/Fischer*, § 11 Rn 35) oder einem Amtsträger ( § 11 I Nr 2) *angelegt* ist, um Sachen in Beschlag zu nehmen, dienstlich zu verschließen oder zu bezeichnen.

**667** **Anlegen** bedeutet die mechanische Verbindung des Siegels mit einem Gegenstand (RGSt 61, 101). Bei einer **Pfändung** nach § 808 II 2 ZPO geschieht das idR durch Aufkleben der Siegelmarke; auch das Anheften mit einer Stecknadel am Innenfutter im Ärmel eines Pelzmantels kann genügen (BGH MDR/D 52, 658).

**668** Die **Tathandlung** besteht darin, daß das Siegel vorsätzlich *beschädigt, abgelöst* oder zB durch Überkleben *unkenntlich* gemacht wird. Daneben kommt das *Unwirksammachen* des durch ein Siegel bewirkten Verschlusses in Betracht, wie etwa das

Einsteigen in einen versiegelten Raum nach Eindrücken eines Fensters. Zur **Rechtmäßigkeit** der Siegelanlegung gilt das zu § 113 Gesagte entsprechend (vgl Rn 633 ff); maßgebend ist auch hier die formelle Rechtmäßigkeit, nicht das Vorliegen der materiellen Wirksamkeitsvoraussetzungen (näher *Niemeyer*, JZ 76, 314).

Im **Fall 37** ist das von Z angelegte Pfandsiegel von selbst abgefallen; es am Pfandobjekt wieder anzubringen, war nicht Aufgabe des S. Für § 136 II ist daher kein Raum. 669

## II. Verstrickungsbruch

### 1. Schutzgut und Schutzgegenstand

**Schutzgut** des Verstrickungsbruchs (§ 136 I) ist die mit einer formell wirksamen Pfändung oder Beschlagnahme entstehende *staatliche Herrschaftsgewalt* (vgl BGHSt 5, 155; LK-*v. Bubnoff*, § 136 Rn 2). 670

§ 136 I bezweckt den Schutz der durch eine **öffentlich-rechtliche Verstrickung** begründeten **amtlichen Verfügungsgewalt**. Im Gegensatz dazu dienen die (in Übungsfällen oft mit zu erörternden) §§ 288, 289 dem Schutz von Vermögensrechten: Beim **Vereiteln der Zwangsvollstreckung** (§ 288) geht es um das vollstreckungsfähige und *sachlich begründete* Recht des Einzelgläubigers auf Befriedigung aus dem Schuldnervermögen (vgl BGHSt 16, 330, 334), bei der **Pfandkehr** (§ 289) um *private* Pfand- und Besitzrechte oder ähnliche Berechtigungen (vgl RGSt 17, 358; 38, 174; näher *Wessels/Hillenkamp*, BT/2 Rn 439 ff, 446 ff; *Krüger*, JA-Übungsblätter 84, 89). 671

**Gegenstand** der Tat können nach hM nur **Sachen**, nicht auch Forderungen sein (LK- *v. Bubnoff*, § 136 Rn 3; *Maurach-Schroeder*, BT 2 § 73 Rn 14). Was im einzelnen zur *formellen* **Wirksamkeit** der Pfändung oder Beschlagnahme notwendig ist, richtet sich nach den einschlägigen Vorschriften. Zumeist, aber nicht immer (vgl § 20 ZVG und § 80 I InsO, der mit Außer-Kraft-Treten der KO zum 1.1.1999 deren § 6 ersetzt hat) bedarf es zur Herbeiführung der **Verstrickung** einer Inbesitznahme (näher BGHSt 15, 149; RGSt 65, 249). 672

Die Pfändung der im Gewahrsam des Schuldners befindlichen Sachen wird nach §§ 803, 808 ZPO dadurch bewirkt, daß der Gerichtsvollzieher sie **in Besitz nimmt** (näher S/S-*Cramer*, § 136 Rn 8). Werden die Pfandobjekte sodann (wie im Fall 37) im Gewahrsam des Schuldners belassen, muß die Pfändung durch Anlegung von Siegeln oder auf sonstige Weise (zB durch Anbringen von Pfandtafeln) **ersichtlich gemacht** werden; ein Verstoß hiergegen führt zur Unwirksamkeit (RGZ 37, 341; 126, 346; RGSt 61, 101). Die Pfändung schuldnerfremder oder unpfändbarer Sachen gibt nur den vorgesehenen Rechtsbehelf (§ 771 bzw § 766 ZPO), berührt aber den Eintritt der Verstrickung nicht (RGSt 9, 403; 61, 367; OLG Hamm NJW 56, 1889). Lehrreich zur Auswirkung zivilprozessualer Vollstreckungsfehler auf die Strafbarkeit nach § 136 *Geppert/Weaver*, Jura 00, 46. 673

674  Im **Fall 37** hatte Z den Schreibtisch ordnungsgemäß gepfändet. Das *nachträgliche Abfallen* des Pfandsiegels war auf den Fortbestand der Verstrickung ohne Einfluß (vgl OLG Hamm NJW 56, 1889; LK-*v. Bubnoff*, § 136 Rn 8).

## 2. Begehungsformen und Täterschaft

675  **Begangen** wird die Tat dadurch, daß die gepfändete oder beschlagnahmte Sache vorsätzlich zerstört, beschädigt, unbrauchbar gemacht oder in anderer Weise **der Verstrickung tatsächlich entzogen** wird. Ob das dauernd oder nur vorübergehend, ganz oder teilweise sowie mit oder ohne räumliche Entfernung der Sache geschieht, ist gleichgültig. Maßgebend ist allein, daß die *Ausübung der amtlichen Verfügungsgewalt* **vereitelt** oder in nicht ganz unbedeutender Weise **erschwert** wird (OLG Hamm NJW 80, 2537; *Geppert*, Jura 87, 35 und 102). **Täter** kann außer dem Betroffenen jeder Dritte, auch der *Gerichtsvollzieher* selbst sein, da er die einmal erfolgte Pfändung nur auf gerichtliche Anordnung oder auf Weisung des Gläubigers wieder aufheben darf (BGHSt 3, 306; 5, 155, 157; anders für den Fall einer förmlichen Freigabe SK-*Rudolphi*, § 136 Rn 15 mwN).

676  Anders liegt es, wenn ein Polizeibeamter aus eigener Veranlassung ohne Weisung eines Vorgesetzten nach den Vorschriften der StPO eine Sache beschlagnahmt hat und **ihm noch die alleinige Entscheidungsbefugnis über deren Freigabe** zusteht. In einem solchen Fall kommt nach BGHSt 5, 155 uU ein Verstoß gegen § 133 I, III, nicht jedoch gegen § 136 I (= § 137 aF) in Betracht.

677  Im **Fall 37** hat S sich nach § 136 I strafbar gemacht. Er hat den durch Z gepfändeten Schreibtisch der Verstrickung entzogen, indem er ihn an den *gutgläubigen* E veräußert und zum Abholen übergeben hat. Mit dem Erwerb **lastenfreien Eigentums** durch E nach §§ 929, 136, 135 II, 932, 936 BGB erlosch hier die Verstrickung sogar vollständig (vgl OLG Hamm NJW 56, 1889).
Fraglich ist, ob S sich auch des Verwahrungsbruchs (§ 133 I) schuldig gemacht hat.

## III. Verwahrungsbruch

678  Die durch das EGStGB neugefaßte Vorschrift des § 133 schützt die **Herrschaftsgewalt** über Sachen in **dienstlicher oder kirchenamtlicher Verwahrung** und zugleich das **allgemeine Vertrauen** in die Sicherheit einer solchen Aufbewahrung (BGHSt 38, 381; 5, 155, 159). **Dienstliche Verwahrung** iS des § 133 I setzt voraus, daß *fürsorgliche* **Hoheitsgewalt** den betreffenden Gegenstand in Besitz genommen hat, um ihn *unversehrt zu erhalten* und vor unbefugtem Zugriff zu bewahren, solange der amtliche Verwahrungsbesitz andauert (BGHSt 18, 312; BayObLG JZ 88, 726). **Post-** und **Bahnsendungen** sind seit der Umwandlung von Post und Bahn in Aktiengesellschaften mit *privatrechtlichen* Benutzungsverhältnissen nicht mehr

„dienstlich" verwahrt; für sie ist der Schutz des § 133 entfallen (näher LK-*v. Bubnoff*, § 133 Rn 10a).

Gegenstand der Verwahrung können neben **Schriftstücken** bewegliche **Sachen** aller Art sein, auch vertretbare und verbrauchbare Sachen, sofern sie ihrer *körperlichen Identität* nach und nicht nur der Gattung nach zurückgegeben werden sollen. 679

Den Gegensatz zum dienstlichen Verwahrungsbesitz mit seiner besonderen Bestandserhaltungsfunktion bildet der im innerdienstlichen Interesse begründete *schlichtamtliche Gewahrsam* von Behörden und öffentlichen Körperschaften, wie er etwa am Dienstinventar, an den zum Verbrauch bestimmten Formblättern und Schreibmaterialien (RGSt 52, 240; 72 172) oder an dem zur Auszahlung bereitgehaltenen Geld in öffentlichen Kassen besteht (BGHSt 18, 312). Für diesen *allgemeinen Amtsbesitz* gilt der Schutz des § 133 nicht, ebensowenig wie für Gegenstände, die zur Veräußerung oder zur Vernichtung vorgesehen sind (BGHSt 38, 381; 33, 190; 18, 312; 9, 64). 680

Die Begehungsformen des § 133 I decken sich weitgehend mit denen des § 136 I (vgl BGH GA 78, 206). Der **dienstlichen Verfügung entzogen** wird eine Sache, wenn dem Berechtigten oder einem Mitberechtigten (wie etwa dem Dienstvorgesetzten) die Möglichkeit des ungehinderten Zugriffs und der bestimmungsgemäßen Verwendung genommen oder erheblich erschwert wird. Das kann im Wege der widerrechtlichen Zueignung, des Beiseiteschaffens, des Versteckens innerhalb der Amtsräume oder auch dadurch geschehen, daß Schriftstücke in eine falsche Akte gelegt werden (näher LK-*v. Bubnoff*, § 133 Rn 15, 16). Bei einer Freigabe durch den Verfügungsberechtigten oder bei der Herausgabe an einen berechtigten Empfänger greift § 133 allerdings nicht ein, selbst dann nicht, wenn der Verfügungsberechtigte dazu durch Täuschung veranlaßt worden ist (vgl OLG Düsseldorf NStZ 81, 25). **Täter** eines Verwahrungsbruchs kann jeder sein, auch der Sacheigentümer oder ein Dritter, dem die Sache im Rahmen des Aufbewahrungszwecks dienstlich übergeben worden ist. 681

**Qualifiziert** ist die Tat nach § 133 III für **Amtsträger** und Personen iS des § 11 I Nr 4, sofern ihnen die Sache aufgrund dieser besonderen Eigenschaft *anvertraut* oder *zugänglich* war. Hier gewinnt der Umstand Bedeutung, daß Schutzgut des § 133 auch das allgemeine Vertrauen in die Zuverlässigkeit der amtlichen Verwahrung ist (näher BGHSt 5, 155, 160; RGSt 64, 2; 61, 334). Zu beachten ist dabei, daß ein dienstordnungswidriges Verhalten unter dem Blickwinkel des § 133 nicht ohne weiteres den Schluß nahelegt, der Amtsträger habe die im Verwahrungsbesitz befindliche Sache der dienstlichen Verfügung entzogen. Maßgebend in dieser Hinsicht ist vielmehr, ob sein Verhalten die Auffindbarkeit der Sache und die Möglichkeit des jederzeitigen Zugriffs auf sie zwecks bestimmungsgemäßer Verwendung **nachhaltig erschwert** hat oder nicht. Daran fehlt es nach Ansicht des BGH, wenn der dienstlich verwahrte Gegenstand ohne ins Gewicht fallende Hindernisse für den Dienstvorgesetzten des Täters oder für einen sonst Berechtigten erreichbar bleibt, selbst wenn dieser zunächst danach suchen muß (vgl BGHSt 35, 340; krit. dazu *Brammsen*, Jura 89, 81; LK-*v. Bubnoff*, § 133 Rn 15). 682

Gepfändete Gegenstände, die der Gerichtsvollzieher nach Inbesitznahme zur Pfandkammer bringt, befinden sich in dienstlicher Verwahrung, *nicht* aber Pfandobjekte, die gemäß 683

§ 16 *Falschverdächtigung, Vortäuschen einer Straftat und Strafvereitelung*

§ 808 II ZPO im Gewahrsam des Schuldners belassen werden (ebenso *Küper*, BT S. 381; *Rengier*, BT II § 57 Rn 9; S/S-*Cramer*, § 133 Rn 9).

**684** Im **Fall 37** hat S sich somit nicht nach § 133 I strafbar gemacht.
Zu der Frage, ob S einen Betrug (§ 263) gegenüber E begangen hat, vgl BGHSt 3, 370; 15, 83; 21, 112 (näher dazu *Wessels/Hillenkamp*, BT/2 Rn 574 ff).

8. Kapitel
# Straftaten gegen die Rechtspflege

# § 16 Falschverdächtigung, Vortäuschen einer Straftat und Strafvereitelung

## I. Falsche Verdächtigung

**685** **Fall 38:** Infolge einer Unachtsamkeit beschädigt Berufskraftfahrer B an einem Freitag mit seinem Privatauto einen am Straßenrand ordnungsgemäß geparkten Kraftwagen. Da niemand den Unfall beobachtet hat und der Schaden an beiden Fahrzeugen beträchtlich ist, entfernt B sich alsbald vom Unfallort und fährt nach Hause. Als er am Sonntag seiner von einer Kur zurückkehrenden Ehefrau F davon berichtet, fordert diese ihn auf, falls Polizeibeamte kämen, auszusagen, daß sie gefahren sei; tue er dies nicht, sei zu befürchten, daß „sein Führerschein weg" sei. Dem zwei Tage später im Zuge der Ermittlungen fragenden Polizeiobermeister P erklärt B, seine Ehefrau F habe den Unfall verursacht, was sodann auch die F dem P bestätigt.
Wie ist der Fall strafrechtlich zu beurteilen?

### 1. Geschützte Rechtsgüter

**686** Was der **Schutzzweck** der **falschen Verdächtigung** ist, ist umstritten. Nach hM besitzt § 164 eine **Doppelnatur**: Die Vorschrift schützt die *innerstaatliche* **Rechtspflege** gegen Irreführung und unbegründete Inanspruchnahme, dient daneben aber auch dem **Schutz des einzelnen**, der nicht das Opfer eines ungerechtfertigten behördlichen Untersuchungsverfahrens oder sonstiger Maßnahmen hoheitlicher Art werden soll (= Straftat gegen die Allgemeinheit *und* gegen die Einzelperson; siehe BGHSt 5, 66; 9, 240; BGH NJW 52, 1385; LK-*Ruß*, § 164 Rn 1).

**687** Gegen diese „dualistische" Deutung wenden sich zwei „monistische" Ansätze, die jeweils eines der nach hM nebeneinander geschützten Rechtsgüter zum alleinigen Schutzgut, das andere zum bloßen Schutzreflex erklären. Die eine Ansicht stellt auf die staatliche *Rechtspflege* in ihrer (Autorität und) Funktionsfähigkeit als geschütztes Rechtsgut ab (ua *Langer*, GA 87, 289; *Maurach-Schroeder*, BT 2 § 99 Rn 5; SK-*Rudolphi*, § 164 Rn 1, jeweils mwN; so auch RGSt 23, 371; 59, 34), während die (monistische) Gegenmeinung nur *Individualgüter* als geschützt ansieht (so ua *Hirsch*, Schröder-GedS, S. 307; NK-*Vormbaum*, § 164 Rn 10; *Schmidhäuser*, BT 6/6).

In der Zuordnung des Delikts (mit wechselndem Inhalt) wurde im Verlauf der Jahrhunderte ein einheitlicher Standpunkt nicht gefunden (vgl den knappen Überblick zur Gesetzgebung bei *Maurach-Schroeder*, BT 2 § 99 Rn 1; ferner *Temme*, Lb des Preußischen Strafrechts, 1853, S. 765; *v. Wächter*, Deutsches Strafrecht, 1881, S. 499). Das Zwitterhafte auch des heutigen § 164 zeigt sich bereits an seiner Einordnung im Anschluß an die Aussagedelikte einerseits, an der Bekanntgabe der Verurteilung (§ 165) auf Verlangen des Verletzten andererseits. Eben dem wird die Interpretation der hM gerecht. Allerdings versteht sie das Nebeneinander beider Schutzzwecke **alternativ** in dem Sinne, daß schon die „Verletzung" eines von ihnen zur Erfüllung des Tatbestandes ausreicht (näher *Schröder*, NJW 65, 1888; zur *kumulativen* Deutung, nach der jeweils beide Zwecke betroffen sein müssen, *Frank*, § 164 Anm. I; dagegen *Langer*, Die falsche Verdächtigung, 1973, S. 36 ff). Das führt zu einer weiten Ausdehnung des Strafbarkeitsbereichs, entspricht aber der Entwicklung der Norm seit 1870 (dazu NK-*Vormbaum*, § 164 Rn 2 ff). De lege lata ist die hM deshalb, soweit ersichtlich, nicht als falsch zu erweisen. 688

Bedeutung gewinnt die Verkoppelung disparater Schutzzwecke in einer Norm (deren Typus demnach nicht einheitlich bestimmt werden kann) bei der Irreführung inländischer Behörden iS des § 11 I Nr 7 (dazu *Tröndle/Fischer*, § 11 Rn 35) *mit Einwilligung des Verdächtigten*, wo der Angriff auf *die Rechtspflege* nach hM strafbar bleibt (BGHSt 5, 66; OLG Düsseldorf NJW 62, 1263), und bei der Falschverdächtigung gegenüber ausländischen (= durch § 164 nicht geschützten) Behörden, wo allein der *Schutz des Verdächtigten* vor Zwangsmaßnahmen in Betracht kommt (vgl BGH NJW 52, 1385). Näher zum Ganzen *Geerds*, Jura 85, 617; *Geilen*, Jura 84, 251, 300. 689

Innerhalb des § 164 geht der Abs. 1 dem Abs. 2 als *lex specialis* vor. Sofern eine **rechtswidrige Tat** iS des § 11 I Nr 5 oder eine *Dienstpflichtverletzung* den Gegenstand der Verdächtigung bildet, ist daher nur § 164 I anwendbar (RG JW 35, 864 Nr 14; OLG Frankfurt HESt 2, 258; S/S-*Lenckner*, § 164 Rn 3). Zum Verfahren vgl insoweit § 154e StPO. In jedem Falle muß die Tat sich gegen **einen anderen**, dh gegen eine **bestimmte** lebende Person richten, die nicht mit Namen genannt, aber so weit erkennbar gemacht sein muß, daß ihre Ermittlung möglich ist (BGHSt 13, 219, 220). Bei einer falschen **Selbstbezichtigung** oder Anzeige *gegen Unbekannt* ist deshalb nur Raum für den subsidiär geltenden § 145d (vgl BGHSt 6, 252). 690

## 2. Tathandlung nach § 164 I

Den **objektiven Tatbestand** des § 164 I verwirklicht, wer einen anderen bei einer *Behörde*, einem zur Entgegennahme von Anzeigen zuständigen *Amtsträger* oder *militärischen Vorgesetzten* oder *öffentlich* einer **rechtswidrigen Tat** oder der Verlet- 691 zung einer Dienstpflicht verdächtigt. **Subjektiv** muß der Täter *wider besseres Wissen* handeln und *in der Absicht*, ein behördliches Verfahren oder andere behördliche Maßnahmen gegen den Verdächtigten herbeizuführen oder fortdauern zu lassen.

692 Unter **Verdächtigen** ist jedes Tätigwerden zu verstehen, durch das ein Verdacht auf eine **bestimmte andere Person** gelenkt oder ein bereits bestehender Verdacht verstärkt wird (BGHSt 14, 240, 246). Ob das Hervorrufen, Hinlenken oder Bestärken des Verdachts ausdrücklich oder konkludent, dh durch eine **Behauptung tatsächlicher Art** oder durch das **Schaffen einer verdächtigenden Beweislage** erfolgt, ist nach hM gleichgültig.

693 **Beispiele** dafür bilden neben der objektiv unwahren Anzeige das Zuspielen von Fangbriefen in die Hand eines Unschuldigen (BGHSt 9, 240; *Herzberg*, ZStW 85 [1973], 867), das Zuleiten falschen Beweismaterials an die Organe der Strafverfolgung (vgl insoweit aber auch RG HRR 38, Nr 1568; OLG Frankfurt HESt 2, 258; OLG Köln NJW 52, 117), die Abgabe eines Geständnisses unter falschem Namen (wobei es entscheidend auf die damit verfolgte Absicht des Täters ankommt: BGHSt 18, 204; KG JR 89, 26), das Zurücklassen fremder Ausweispapiere am Tatort, um den Tatverdacht auf deren Inhaber zu lenken, und dergleichen (näher LK-*Ruß*, § 164 Rn 5 f; *Welp*, JuS 67, 507, 510). Wesentlich ist nach hM dabei, daß der Täter jeweils Tatsachen behauptet oder Fakten „sprechen" läßt, die mit der Wirklichkeit nicht übereinstimmen und die geeignet sind, den für ein behördliches Einschreiten erforderlichen Verdachtsgrad zu begründen (S/S-*Lenckner*, § 164 Rn 6, 8; SK-*Rudolphi*, § 164 Rn 7; *Wessels*, BT/1, 21. Aufl. 1997, Rn 679).

694 Demgegenüber hält *Langer* (Lackner-FS, S. 541; ihm folgend NK-*Vormbaum*, § 164 Rn 20, 21) bloße Beweismittelmanipulationen für nicht ausreichend. Für diese Ansicht spricht, daß der 1933 eingeführte Abs. 2 als Tathandlung das Aufstellen einer *sonstigen* Behauptung tatsächlicher Art fordert. Die darin liegende Einschränkung des Verdächtigens iS des § 164 I wurde offenbar erst anläßlich der Beratungen zur Reform des Strafrechts bemerkt und als Problem empfunden (dazu *Langer*, aaO S. 541, 544), führte aber nicht zur Korrektur des Abs. 2. Diesem Befund hat die Auslegung zu folgen (Art. 103 II, 97 I GG; im Erg. ebenso NK-*Vormbaum*, § 164 Rn 21; zweifelnd *Lackner/Kühl*, § 164 Rn 4).

695 **Eignung** ist zu bejahen, wenn die behaupteten Tatsachen den für behördliches Einschreiten *erforderlichen Verdachtsgrad* begründen (vgl nur §§ 152 II, 160 I, 163 I StPO sowie § 21 BDO; NK-*Vormbaum*, § 164 Rn 14, 29; SK-*Rudolphi*, § 164 Rn 14). Enthalten die Angaben des Täters zugleich Tatsachen, die das Vorliegen einer rechtswidrigen Tat iS des § 11 I Nr 5 ausschließen (zB die Voraussetzungen eines Rechtfertigungsgrundes), fehlt diese Eignung (näher S/S-*Lenckner*, § 164 Rn 6, 10, 17, aber auch SK-*Rudolphi*, § 164 Rn 15). Zum Verschweigen rechtfertigender Umstände bei zutreffender Schilderung eines tatbestandserheblichen Verhaltens instruktiv OLG Karlsruhe NStZ-RR 97, 37; zur Wissentlichkeit vgl auch OLG Brandenburg NJW 97, 141.

696 Von der Fremdverdächtigung iS des § 164 I ist die bloße **Selbstbegünstigung** zu unterscheiden, durch die jemand einen *gegen ihn bestehenden Tatverdacht* zu entkräften oder von sich abzulenken sucht. Da niemand verpflichtet ist, sich selbst zu belasten, liegt im bloßen Bestreiten der Täterschaft durch einfaches oder motiviertes

Leugnen selbst dann keine Verdächtigung iS des § 164 I, wenn dadurch zwangsläufig andere in den Verdacht der Täterschaft geraten.

Abgrenzungsschwierigkeiten ergeben sich hierbei, wenn der Sachlage nach feststeht, daß bei einer bestimmten Straftat wie etwa bei einem Verstoß gegen § 142 von zwei tatverdächtigen Personen (zB Fahrzeuginsassen) eine notwendigerweise der Täter gewesen ist. § 164 I scheidet hier nicht nur im Falle des *Leugnens*, sondern auch dann aus, wenn jeder der beiden Tatverdächtigen den anderen *ausdrücklich* als den Fahrer des Kraftfahrzeuges und damit als Täter bezeichnet, weil allein dadurch die Beweislage nicht verändert und der aus der gegebenen Sachlage folgende Tatverdacht nicht verstärkt wird (näher OLG Düsseldorf JZ 92, 978 mit krit. Anm. *Mitsch*; *Lackner/Kühl*, § 164 Rn 4; S/S-*Lenckner*, § 164 Rn 5). **Anders** liegt es jedoch, wo einer der Tatverdächtigen **die Beweislage** zum Nachteil des anderen **verfälscht** (vgl den Sachverhalt in OLG Hamm VRS 32 [1967], 441) oder wo beide in einverständlichem Zusammenwirken den Nichtfahrer als Täter bezichtigen und so den in die falsche Richtung gelenkten Tatverdacht verstärken (vgl OLG Celle NJW 64, 733; *Kuhlen*, JuS 90, 396). Entsprechendes gilt, wenn ein Angeklagter im Strafverfahren entgegen der Aussage eines Belastungszeugen seine Täterschaft nicht lediglich abstreitet oder motiviert leugnet, sondern (über die Selbstverteidigung hinausgehend) den Zeugen durch bewußt wahrheitswidrige Behauptungen **positiv der Falschaussage** bezichtigt oder gar wider besseres Wissen eine Strafanzeige gegen ihn erstattet. Wer in dieser Weise einen unbegründeten Tatverdacht gegen den Zeugen konstruiert, verdächtigt ihn iS des § 164 und überschreitet die Grenze dessen, was noch als zulässige Selbstbegünstigung zu Verteidigungszwecken hingenommen werden kann (zutreffend *Keller*, Anm. JR 86, 30 zu BayObLG NJW 86, 441; ähnlich *Langer*, JZ 87, 804 und Lackner-FS, S. 541, 568; SK-*Rudolphi*, § 164 Rn 9a).

§ 164 I setzt eine falsche, dh **objektiv unwahre** Verdächtigung voraus. Ob dafür die Unrichtigkeit des unterbreiteten Tatsachenmaterials genügt oder ob es darüber hinaus auch auf die **Unschuld des Betroffenen** ankommt, ist zweifelhaft und umstritten. Unter Berufung auf den Gesetzeswortlaut vertritt die **Rechtsprechung** den letztgenannten Standpunkt. Sie sieht eine Verdächtigung nur dann als falsch an, wenn sie ihrem Inhalt nach zumindest in einem wesentlichen Punkt mit der Wirklichkeit nicht übereinstimmt und der Beschuldigte die Handlung, die man ihm anlastet, nicht begangen hat. Wer etwa der Wahrheit zuwider behauptet, den Beschuldigten bei der Tat beobachtet zu haben, oder wer sonst falsche Beweismittel bzw Beweisanzeichen für die rechtswidrige Tat eines anderen vorbringt, erfüllt danach den Tatbestand des § 164 I nicht, wenn der Verdächtigte die betreffende Tat wirklich oder möglicherweise begangen hat (BGHSt 35, 50; OLG Köln NJW 52, 117; ebenso *Tröndle/Fischer*, § 164 Rn 6; *Schilling*, GA 84, 345 und Armin Kaufmann-GedS, S. 595).

Im Gegensatz dazu nimmt die **Rechtslehre** überwiegend an, daß es nicht auf die Unwahrheit der Beschuldigung als solcher, sondern auf die **Unwahrheit der vorgebrachten Verdachtstatsachen** ankomme, weil auch ein Schuldiger Anspruch darauf habe, nicht aufgrund falschen Beweismaterials in ein Verfahren verwickelt zu werden (vgl *Deutscher*, JuS 88, 526; *Fezer*, Anm. NStZ 88, 177; *Küper*, BT S. 309; *Langer*, Tröndle-FS, S. 265; NK-*Vormbaum*, § 164 Rn 50; *Otto*, Jura 00, 217; S/S-*Lenckner*, § 164 Rn 16 mwN).

Bloße Übertreibungen, das Weglassen von Nebensächlichkeiten oder die entstellte Wiedergabe von belanglosen Begleitumständen machen eine Anschuldigung noch nicht falsch (vgl BGH JR 53, 181; BayObLG NJW 56, 273). Anders liegt es – folgt

§ 16 *Falschverdächtigung, Vortäuschen einer Straftat und Strafvereitelung*

man der Rechtslehre (Rn 699) – beim Hinzudichten tatbestandsrelevanter Erschwerungsgründe oder zB bei der Darstellung einer Körperverletzung als Raubüberfall. Maßgebend ist dann die Richtigkeit oder Unrichtigkeit des die Verdachtsgrundlage bildenden **Tatsachenkerns** (siehe *Lackner/Kühl*, § 164 Rn 7; SK-*Rudolphi*, § 164 Rn 18 mwN). Wo jemand aus wahren tatsächlichen Angaben nur falsche rechtliche Schlüsse zieht und irrig einen Verdacht herleitet, fehlt es an einer Falschverdächtigung iS des § 164 I (RGSt 71, 167, 169; KG JR 63, 351; OLG Köln MDR 61, 618).

**701** Zur Tatbestandsverwirklichung durch *pflichtwidriges* **Unterlassen** (Beispiel: Fortdauernlassen eines Ermittlungsverfahrens, das aufgrund einer gutgläubig erstatteten, inzwischen aber als falsch erkannten Beschuldigung eingeleitet worden ist) siehe BGHSt 14, 240, 246; S/S-*Lenckner*, § 164 Rn 21; aA NK-*Vormbaum*, § 164 Rn 22; SK-*Rudolphi*, § 164 Rn 10.

**702** Im **Fall 38** hat B seine Ehefrau F bei einer zur Entgegennahme von Anzeigen zuständigen Stelle (§ 158 StPO) durch unwahre Angaben der Begehung einer rechtswidrigen Tat (§ 142) verdächtigt und einen bis dahin dem Täterkreis nach noch unbestimmten **Tatverdacht auf sie gelenkt**. Das ist *wider besseres Wissen* geschehen und in der *Absicht*, ein Ermittlungsverfahren gegen F herbeizuführen (§§ 163, 152 II StPO).

Am **subjektiven Tatbestand** fehlt es hier nicht etwa deshalb, weil B im Endeffekt nur sich selbst vor einer Strafverfolgung schützen wollte. Für die in § 164 I genannte **Absicht**, die nicht mit dem *Beweggrund* oder *Motiv* des Handelns verwechselt werden darf, genügt der **zielgerichtete Wille** (BGHSt 13, 219; 18, 204; BayObLG JR 86, 28; vgl auch NK-*Vormbaum*, § 164 Rn 62 ff und *Wessels/Beulke*, AT Rn 211). Die Herbeiführung des Ermittlungsverfahrens gegen F bildete in diesem Sinne ein von B angestrebtes Zwischenziel auf dem Wege zu seinem Endziel.

Hiernach hat B den Tatbestand des § 164 I voll verwirklicht. Ob ihm die Irreführung der Straftatverfolgungsorgane gelungen ist oder nicht, spielt für die **Tatvollendung** keine Rolle (vgl S/S-*Lenckner*, § 164 Rn 35). Fraglich ist aber, ob aufgrund der „**Einwilligung**" der F nicht die **Rechtswidrigkeit** der Tat entfällt.

Rechtfertigende Kraft hätte jene, in der Aufforderung zu falschem Anschuldigen liegende Billigung nur gehabt, wenn F zur Verfügung über die betroffenen Rechtsgüter befugt gewesen wäre. Das ist jedoch nicht der Fall, soweit § 164 I dem **Schutz der innerstaatlichen Rechtspflege** dient. Eine Falschverdächtigung ist daher auch dann rechtswidrig und strafbar, wenn der Verdächtigte mit der Tat einverstanden war; seine Einwilligung beseitigt nur das Bekanntmachungsrecht aus § 165 (BGHSt 5, 66; OLG Düsseldorf NJW 62, 1263; anders diejenigen, die durch § 164 nur Individualgüter geschützt sehen; vgl Rn 687). B hat sich somit gemäß § 164 I strafbar gemacht, der § 145 d II Nr 1 verdrängt.

F hat den B in strafbarer Weise zur Falschverdächtigung **angestiftet** (§§ 164 I, 26; näher RGSt 59, 34). Dahinter tritt der Verstoß gegen § 145d II Nr 1, der in ihrer wahrheitswidrigen Selbstbezichtigung liegt, zurück. Einer Bestrafung aus § 258 I, IV steht das *Angehörigenprivileg* des § 258 VI entgegen.

## 3. Tathandlung nach § 164 II

Der **Tatbestand des § 164 II** erweitert den Anwendungsbereich der Vorschrift auf das Aufstellen einer **sonstigen Behauptung tatsächlicher Art**, die **geeignet** ist, ein behördliches Verfahren oder andere behördliche Maßnahmen gegen den Verdächtigten herbeizuführen, wie etwa ein Verfahren nach dem OWiG oder die Entziehung einer Konzession (BGH MDR/H 78, 623; BayObLG NJW 58, 1103; näher NK-*Vormbaum*, § 164 Rn 75 ff). Anders als bei § 164 I genügt das Schaffen einer falschen Beweislage hier auch nach hM angesichts des Erfordernisses einer Behauptung nicht (SK-*Rudolphi*, § 164 Rn 28). In subjektiver Hinsicht besteht zwischen § 164 I und II kein Unterschied.

703

## II. Vortäuschen einer Straftat

> **Fall 39:** D ist auf einem Volksfest Opfer eines Taschendiebstahls geworden. Die entwendete Geldbörse hatte 200 DM enthalten. Er erstattet auf dem nächsten Polizeirevier Strafanzeige. Um seinem Anliegen Nachdruck zu verteilen, behauptet D, der unbekannte Täter habe ihn am Rand des Festgeländes hinterrücks zu Boden gestreckt und sodann die Geldbörse an sich genommen.
> Hat D sich strafbar gemacht?

704

### 1. Schutzzwecke

§ 145d I Nr 1 und II Nr 1 ist 1943 zur Schließung von Lücken des § 164 eingeführt worden (RGSt 71, 306; *Maurach-Schroeder*, BT 2 § 99 Rn 2). Die jeweilige Nr 1 der Norm schützt die **Rechtspflege** vor *ungerechtfertigter („sinnloser") Inanspruchnahme* des inländischen staatlichen Verfolgungsapparats und der damit verbundenen Schwächung der Verfolgungsintensität (BGH NStZ 84, 360; BayObLG NJW 88, 83). Hierdurch soll ein unnützes Tätigwerden der zuständigen Organe verhindert werden (BGHSt 6, 251; 19, 305). Das 14. StÄG vom 22.4.1976 hat den Normbereich ausgedehnt auf *angeblich bevorstehende* rechtswidrige Taten der in § 126 I genannten Art (näher *Stree*, NJW 76, 1177, 1181). Dadurch sind die *Präventiv*organe, namentlich die Polizeibehörden, einbezogen worden.

705

### 2. Tathandlungen

a) § 145d I hat in Nr 1 das *Vor*täuschen der **Begehung** einer rechtswidrigen Tat iS des § 11 I Nr 5, in Nr 2 des **Bevorstehens** einer Tat iS des § 126 I zum Gegenstand. **Vortäuschen** ist das Erregen oder (im Unterschied zu § 164; siehe Rn 694) Verstärken des Verdachts einer rechtswidrigen Tat durch (auch konkludente) Tatsachenbehauptung, durch Schaffen einer verdachtserregenden Beweislage oder Selbstbezichtigung (*Küper*, BT S. 388 mwN). Es muß *geeignet* sein, eine Behörde oder zuständige Stelle zum *sinnlosen* Einschreiten zu veranlassen; ob es hierzu kommt, ist un-

706

erheblich. Die vorgetäuschte Tat darf *nicht* begangen worden sein, denn nur dann ist die Anspruchnahme der zuständigen Organe ungerechtfertigt (SK-*Rudolphi*, § 145d Rn 8).

707 Zur Entgegennahme von Anzeigen zuständige Stellen sind neben Behörden iS des § 11 I Nr 7 (dazu *Tröndle/Fischer*, § 11 Rn 35) ua bestimmte militärische Dienststellen, nach hL auch Untersuchungsausschüsse der Parlamente. Der Täter muß vortäuschen, daß eine **rechtswidrige** Tat (§ 11 I Nr 5, 23 I, 30, wobei strafbare Teilnahme genügt) *begangen* worden ist. Besteht schon nach den Angaben selbst kein Grund zu Ermittlungen (Entschuldigungsgrund, Verjährung usw), so ist der Tatbestand nicht erfüllt (näher S/S-*Stree*, § 145d Rn 7).

708 Da D schon keine *bestimmte* Person verdächtigt hat, scheidet im **Fall 39** § 164 aus. In Betracht kommt jedoch § 145d I Nr 1. D hat die Strafanzeige (§ 158 StPO) bei einem Polizeirevier, dh einer iS des § 145 zuständigen Stelle erstattet. Die Anzeige betraf rechtswidrige Taten iS des § 11 I Nr 5, nämlich einen tateinheitlich mit Körperverletzung begangenen Raub. Solche Taten (im materiellen Sinn) bzw eine solche Tat (im prozessualen Sinn; zur Unterscheidung siehe *Beulke*, Strafprozeßrecht, 4. Aufl. 2000, Rn 512 ff) waren nicht begangen worden, wohl aber ein Diebstahl. Da auch er eine rechtswidrige Tat iS des § 11 I Nr 5 ist, scheint auf den ersten Blick § 145d I Nr 1 in Anbetracht des zum Schutzzweck Gesagten (siehe Rn 705) nicht verwirklicht zu sein. Denn zwar war bezogen auf die angezeigten Taten ein falscher Verdacht erweckt; der Anzeige lag aber mit dem begangenen Diebstahl eine rechtswidrige Tat zugrunde. Zu fragen ist, ob § 145d I Nr 1 gleichwohl zum Zuge kommt.

709 Noch nicht abschließend geklärt ist, ob und gegebenenfalls ab wann der hervorgerufene Verdacht als „falsch" zu bewerten ist, wenn eine rechtswidrige Tat zwar vorliegt, jedoch die vorgetäuschte nicht mit ihr übereinstimmt (Täuschung mit „Wahrheitskern"; dazu eingehend *Krümpelmann*, ZStW 96 [1984], 999; NK-*Schild*, § 145d Rn 14). Die **Rechtsprechung** verneint § 145d I Nr 1 dann, wenn die falsche Darstellung nur eine Übertreibung oder Vergröberung einer tatsächlich begangenen rechtswidrigen Tat darstellt. Das soll zB der Fall sein beim Hinzudichten eines Faustschlags zu einem begangenen schweren Raub, bei der Vortäuschung von Tatumständen, die zur Bejahung eines qualifizierten Tatbestandes führen müßten (so OLG Hamm NJW 71, 1342), der Darstellung einer lediglich strafbar versuchten Tat als vollendet (OLG Hamm NStZ 87, 558) oder der Vorspiegelung eines höheren Beutewerts beim Diebstahl (OLG Hamm NJW 82, 60; BayObLG NJW 88, 83). Die Grenze zu § 145d I Nr 1 soll überschritten sein, wenn die Tat durch die hinzugefügten unrichtigen Angaben ein *völlig anderes Gepräge*, einen anderen „Charakter" erhält. In solchem Fall liege der Umfang der erforderlichen Maßnahmen, vom Zeitpunkt der Tathandlung aus beurteilt, hinsichtlich des vorgetäuschten Delikts erheblich über demjenigen hinsichtlich des begangenen Delikts (so OLG Karlsruhe MDR 92, 1166 mit instruktiver Darstellung des Meinungsstands). Als gegenüber solcher Pragmatik klareren normativen Maßstab hat *Krümpelmann* (ZStW 96 [1984], 999, 1022 und JuS 85, 763) das Umfälschen eines Vergehens zum Verbrechen (iS des § 12 I) vorgeschlagen, *Stree* (Anm. NStZ 87, 559) das Aufbauschen eines Antrags-

oder Privatklagedelikts zum Offizialdelikt (abl. zu beiden Ansätzen OLG Hamm NStZ 87, 558; anders OLG Karlsruhe MDR 92, 1166, das sie als Indizien für die von der Rechtsprechung geforderte Charakterveränderung einsetzen will).

Den Abgrenzungsbemühungen der Rechtsprechung fehlt ein rechtsklarer Maßstab. Nicht zureichend begründet erscheinen aber auch die Vorschläge der Rechtslehre; denn eine rein teleologische Argumentation kann den gesuchten Maßstab nur unter Vernachlässigung des Gesetzeswortlauts, dh norm*bildend* behaupten. Nach geltendem Recht unterliegen die Organe der Straftatverfolgung dem **Legalitätsprinzip** (§§ 152 II, 160 I, 163 I StPO). Daß die Intensität der Verfolgung von Straftaten sich in der Praxis nach der Schwere der Tat richtet (bei leichten Vergehen teilweise faktisch sogar ausfällt), kann folglich über die *Strafbarkeit* nach § 145d I Nr 1 nicht entscheiden, denn eine „rechtswidrige Tat" liegt tatsächlich vor (zu Sachgestaltungen, in denen dies, auch mit Blick auf die erforderliche Wissentlichkeit, zu verneinen ist, siehe SK-*Rudolphi*, § 145d Rn 9b). Was gesucht wird, ist demnach eine sachgemäße Differenzierung, die im Gesetz gerade fehlt. Sie in den Begriff der rechtswidrigen Tat teleologisch hineinzulesen, bedeutet aber, die Strafbarkeit über den Wortlaut und -sinn hinaus auszudehnen (vgl auch SK-*Rudolphi*, § 145d Rn 9a-c; ihm zust. *Otto*, BT § 95 Rn 14). 710

Im **Fall 39** hat D sich nicht gemäß § 145d I Nr 1 strafbar gemacht. Nach den Kriterien *Krümpelmanns* und *Strees* (die Tat war ein Offizialdelikt, da der gestohlene Geldbetrag nicht mehr geringwertig iS des § 248a war) sowie der neueren Rechtsprechung wäre § 145d I Nr 1 hingegen zu bejahen. 711

**Fall 40:** Der Architekt A, dem die Fahrerlaubnis entzogen worden ist, befährt mit seinem Kraftwagen eine Landstraße. Seine Braut B, die kürzlich ihren Führerschein erworben hat, begleitet ihn als Beifahrerin. Als ein von links kommender und in der Dämmerung unerkannt bleibender Motorradfahrer plötzlich unter Mißachtung der Vorfahrt die Fahrbahn überquert, wird A zu so heftigem Bremsen gezwungen, daß sein Wagen auf dem nassen Pflaster ins Schleudern gerät und im Graben landet. A und B bleiben unverletzt. Beim Eintreffen der Polizei gibt B sich absprachegemäß als Fahrerin aus, während A ihre Angaben bekräftigt.
Strafrechtliche Beurteilung der Falschangaben? 712

§ 164 I scheidet hier schon deshalb aus, weil B eine gültige Fahrerlaubnis besitzt, durch A also nicht einer **rechtswidrigen Tat** verdächtigt worden ist. Für das Vorliegen einer Ordnungswidrigkeit in ihrer Person fehlt ebenfalls jeder Anhaltspunkt, so daß auch § 164 II außer Betracht bleibt.
A kann sich aber (abgesehen von dem Verstoß gegen § 21 I Nr 1 StVG) nach § 145d II Nr 1 strafbar gemacht haben.

b) Eine **Täuschungshandlung** iS des § 145d II Nr 1 liegt vor, wenn der Tatverdacht auf Unbeteiligte gelenkt wird oder die Straftatverfolgungsorgane durch kon- 713 krete Falschangaben zu **unnützen Maßnahmen in der falschen Richtung** veranlaßt werden sollen (*Kühl*, Anm. JZ 85, 296 hält Abs. 2 Nr 1 angesichts § 164 für überflüssig).

**714** Geht die Initiative dazu vom Täter selbst aus, kann die Tat auch durch eine mit konkreten Hinweisen verbundene **Strafanzeige gegen Unbekannt** begangen werden (BGHSt 6, 251, 255; *Otto*, BT § 95 Rn 18). Die bloße Abwehr eines bereits bestehenden Tatverdachts im Wege des *Leugnens* oder durch Berufung auf den „*großen Unbekannten*" genügt aber nicht (OLG Celle NJW 61, 1416; *Lackner/Kühl*, § 145d Rn 7 mwN), da § 145d II Nr 1 nicht jede Erschwerung der Strafverfolgung pönalisieren will. Ein nicht in die Strafanstalt zurückgekehrter Strafgefangener, der gegenüber einer Polizeistreife eine an Ort und Stelle begangene Straftat einräumt, dabei aber falsche Angaben über seine Person macht, um lediglich zu verhindern, daß er sofort festgenommen und in die Haftanstalt zurückgebracht wird, den wahren Sachverhalt sodann jedoch alsbald aufklärt, verstößt zwar gegen § 111 I OWiG, macht sich aber nicht nach § 145d II Nr 1 strafbar (KG JR 89, 26; vgl auch LG Dresden NZV 98, 217 mit abl. Anm. *Saal*). Wer den Verdacht vom Täter oder einem Tatbeteiligten abzulenken sucht, *ohne* die Behörde *unmittelbar auf eine falsche Fährte zu weisen*, macht sich ebenfalls nicht nach § 145d II Nr 1, uU aber wegen Strafvereitelung nach § 258 strafbar (vgl OLG Zweibrücken NStZ 91, 530). Bedeutung gewinnt dies beispielsweise dann, wenn das Ablenken des Tatverdachts dadurch geschieht, daß man dem Verdächtigen ein falsches Alibi verschafft (BayObLG JR 85, 294 mit Anm. *Kühl*). § 145d tritt zurück, soweit die Tat in den §§ 164, 258, 258a mit Strafe bedroht ist (= *spezielle* Subsidiarität). Nach der *ratio legis* gilt dies aber nur, wo tatsächlich eine **Bestrafung** aus dem schwereren Gesetz erfolgt. Scheitert eine solche Bestrafung an § 258 V, VI, bleibt § 145d anwendbar (OLG Celle JR 81, 34; BayObLG NJW 84, 2302 und 78, 2563; *Kuhlen*, JuS 90, 396; *Rudolphi*, JuS 79, 859, 862; *Stree*, Anm. JR 79, 253). Dies folgt daraus, daß der Verstoß gegen § 145d II Nr 1 die Strafverfolgungsorgane zu unnützen Maßnahmen in der falschen Richtung veranlaßt und insoweit über die Verletzung des in § 258 geschützten Rechtsguts hinaus zusätzliches Strafunrecht verwirklicht.

**715** Umstritten ist, ob § 145d II Nr 1 eine *wirklich begangene* Tat voraussetzt (so OLG Frankfurt NJW 75, 1895; *Otto*, BT § 95 Rn 20 mwN) oder ob es genügt, daß der Täuschende beim **Vorliegen konkreter Verdachtsgründe** die Tatbegehung **irrig annimmt** (so OLG Hamm NJW 63, 2138 mit Anm. *Morner*, NJW 64, 310; S/S-*Stree*, § 145d Rn 13; differenzierend SK-*Rudolphi*, § 145d Rn 12; Überblick bei *Küper*, BT S. 265).

**716** Im **Fall 40** hat A durch seine unrichtigen Angaben das **Vorliegen** einer **rechtswidrigen Tat** iS des § 11 I Nr 5 schlechthin geleugnet, die Polizei also nicht etwa zu *unnützen Maßnahmen in der falschen Richtung* veranlassen, sondern gerade zur **Einstellung jeglicher Ermittlungen** bewegen wollen. Ein solches Verhalten fällt nicht unter § 145d II Nr 1 (BGHSt 19, 305, 307). Auch B hat nicht gegen diese Vorschrift verstoßen, da sie über die bloße Entlastung des A nicht hinausgegangen ist; bei § 258 kommt ihr das Angehörigenprivileg zugute (§§ 258 VI, 11 I Nr 1a).

## III. Strafvereitelung

**Fall 41:** Gegen den Musiker M ist Anklage wegen Meineides erhoben worden, nachdem seine Ehefrau F ihn aufgrund eines ehelichen Zerwürfnisses angezeigt und durch die Preisgabe von Tatsachen belastet hat, die M ihr anvertraut hatte. Kurz vor der Hauptverhandlung eröffnet M seinem Strafverteidiger S, daß er sein bisheriges Bestreiten aufgeben und ein Geständnis ablegen wolle, weil er sich inzwischen mit F ausgesöhnt habe und seine Richter zur Milde stimmen möchte. S rät ihm davon dringend ab, da er mit einem Freispruch rechnet, falls F nunmehr die Aussage verweigert. Um in dieser Hinsicht Klarheit zu gewinnen, läßt er sich von F eine entsprechende Zusage geben. Dem Rat des S folgend, verweigert M in der Hauptverhandlung jede Einlassung zur Sache, während F von ihrem Zeugnisverweigerungsrecht Gebrauch macht. Mangels Beweises wird M freigesprochen.
Hat S sich der Strafvereitelung schuldig gemacht, wenn er von der Begründetheit der Anklage überzeugt war?

717

### 1. Systematischer Überblick

Das EGStGB hat die frühere Zusammenfassung der *persönlichen* und *sachlichen* Begünstigung in § 257 aF beseitigt. Die Neufassung des § 257 betrifft nur noch den Fall der *sachlichen* Begünstigung, während die *persönliche* Begünstigung nunmehr (verbunden mit einer wesentlichen Umgestaltung) unter der neuen Bezeichnung **Strafvereitelung** in §§ 258, 258a geregelt worden ist.

718

Früher wurde gemäß § 257 aF wegen persönlicher Begünstigung bestraft, wer nach der Begehung eines Verbrechens oder Vergehens dem Täter oder Teilnehmer wissentlich Beistand leistete, um ihn der Bestrafung zu entziehen. Als Beistandleisten wurde jedes Verhalten angesehen, das objektiv geeignet war, die Lage des Vortäters zu verbessern und ihn gegenüber den Straftatverfolgungsorganen günstiger zu stellen. Darunter fiel zB auch das Fördern von Selbstbegünstigungshandlungen des Vortäters, wie etwa die Warnung vor einer drohenden Verhaftung oder die Gewährung von Fluchthilfe jeder Art. Ob und in welcher Hinsicht die Reform des Gesetzes hier ungewollt Strafbarkeitslücken geschaffen hat, weil die neue Fassung des § 258 das Merkmal des „Beistandleistens" durch die erfolgsbezogene Tathandlung des „Vereitelns" ersetzt hat, ist zweifelhaft und umstritten. Manche sehen insoweit in § 258 eine gesetzgeberische Fehlleistung und plädieren für eine erneute Reform nach dem Vorbild des § 120 (so *Rudolphi*, Kleinknecht-FS, S. 379; vgl dazu auch Rn 725).

§ 258 schützt die innerstaatliche **Strafrechtspflege** (BGHSt 45, 97), aber nicht deren ungestörtes Funktionieren um seiner selbst willen, sondern nur gegen Verhaltensweisen, die eine alsbaldige Verwirklichung des **sachlich begründeten Ahndungsrechts** oder einer Maßnahme (§ 11 I Nr 8) vereiteln, das aus der Begehung einer Straftat oder einer rechtswidrigen Tat iS des § 11 I Nr 5 erwächst (*Lackner/Kühl*, § 258 Rn 1, 11; näher *Rudolphi*, JuS 79, 859, 861). Der besseren Übersicht wegen wird in § 258 I und II zwischen **Verfolgungs-** und **Vollstreckungsvereitelung** unterschieden (dementsprechend zu beachten sind §§ 77, 78). Die jetzige Ausgestaltung zum Erfolgsdelikt mit Versuchsstrafbarkeit (§ 258 IV) läßt dem Täter bis zum Eintritt des Vereitelungserfolges die Möglichkeit des strafbefreienden Rück-

719

tritts (§ 24). Nach § 258 I, II muß die Tat zugunsten **eines anderen** begangen werden; wer nur sich *selbst* der strafrechtlichen Verfolgung oder Vollstreckung entzieht, handelt nicht tatbestandsmäßig. Der notstandsähnlichen Lage dessen, der durch die Tatbestandsverwirklichung *zugleich für sich selbst* einen Vereitelungserfolg erstrebt, trägt § 258 V durch Gewährung eines *persönlichen Strafausschließungsgrundes* Rechnung. Straffrei bleibt ferner, wer die Tat zugunsten eines Angehörigen begeht (§ 258 VI).

720 Der **Qualifikationstatbestand** des § 258a bildet für die dort genannten Amtsträger ein „uneigentliches" Amtsdelikt. Er ist an die Stelle des § 346 aF getreten, nimmt aber an den in § 258 III, VI vorgesehenen Strafeinschränkungen nicht teil, während § 258 V auch für seinen Anwendungsbereich gilt (siehe § 258a III).

### 2. Verfolgungsvereitelung

721 Eine **Verfolgungsvereitelung** (§ 258 I) begeht, wer absichtlich oder wissentlich ganz oder zum Teil vereitelt, daß ein anderer dem Strafgesetz gemäß wegen einer rechtswidrigen Tat (§ 11 I Nr 5) bestraft oder einer Maßnahme (§ 11 I Nr 8) unterworfen wird. Die Vereitelungshandlung muß sich somit auf eine **Vortat** beziehen, aus der ein *strafgesetzlich begründetes* Recht zur Bestrafung oder Anordnung einer Maßnahme gegen denjenigen erwachsen ist, der dem Zugriff der Strafrechtspflege entzogen werden soll.

722 Wer einem anderen Beistand leistet, den er nur *irrigerweise* für strafbar hält, begeht keine vollendete, sondern allenfalls eine versuchte Strafvereitelung (zur Abgrenzung zwischen *untauglichem* Versuch und Wahndelikt siehe BayObLG JR 81, 296 mit krit. Anm. *Stree*; LK-*Ruß*, § 258 Rn 22, 29). Greift jemand in rechtswidriger Weise in ein schwebendes Strafverfahren ein, um einen **zu Unrecht** Beschuldigten und von ihm für unschuldig Gehaltenen der drohenden Verurteilung zu entziehen, so scheidet ein Verstoß gegen § 258 I aus, weil sein Verhalten sich nicht gegen ein *wirklich bestehendes* Ahndungsrecht des Staates richtet. Das Gericht, das über eine **Verfolgungsvereitelung** iS des § 258 I befindet, hat (anders als im Falle des § 258 II) die Begehung der Vortat nebst all ihren Voraussetzungen *selbständig zu prüfen*, ohne dabei an eine schon erfolgte Verurteilung oder Freisprechung des Vortäters gebunden zu sein (BGH MDR/D 69, 194; RGSt 58, 290; teilweise anders *Zaczyk*, GA 88, 356, der bei *freisprechenden* Urteilen eine Bindungswirkung bejaht, sofern nicht ein Wiederaufnahmegrund vorliegt).

723 Welche Merkmale die **Vortat** aufweisen muß, hängt davon ab, ob die Vereitelungshandlung die **Bestrafung** des Vortäters oder nur die **Anordnung einer Maßnahme** iS des § 11 I Nr 8 betrifft.

Während der Vortäter im letztgenannten Fall zumeist nicht schuldhaft gehandelt zu haben braucht (vgl zB §§ 63, 64, 73), setzt die Vereitelung seiner **Bestrafung** eine *schuldhaft* begangene Straftat voraus, bei der weder ein Strafausschließungs- oder Strafaufhebungsgrund eingreift noch ein endgültig wirkendes Verfolgungshindernis besteht. Näher zu den Einzelproblemen der Vortat sowie zur Abgrenzung zwischen Strafvereitelung und Beihilfe zur Vortat einerseits *Maurach-Maiwald*, BT 2 § 100 Rn 12 und LK-*Ruß*, § 258 Rn 7 andererseits, der zutreffend Beihilfe nach Vollendung der Tat ablehnt (aA die hM, etwa *Wessels*, BT/1, 21. Aufl. 1997, Rn 704).

Die **Tathandlung** des „Vereitelns" kann in einem Tun oder, soweit eine besondere  **724**
Rechtspflicht zum Tätigwerden existiert (verneint von BGHSt 43, 82 für Strafvollzugsbeamte, die Straftaten von Bediensteten an Gefangenen nicht anzeigen; zust. *Rudolphi*, Anm. NStZ 97, 599; *Seebode*, Anm. JR 98, 338), auch in einem Unterlassen bestehen (vgl dazu BGHSt 4, 167; OLG Hamburg NStZ 96, 102 mit zust. Anm. *Klesczewski* und krit. Anm. *Küpper*, JR 96, 524; S/S-*Stree*, § 258 Rn 19; zum Unterlassen einer Festnahme durch Polizeibeamte außerhalb der Dienstausübung OLG Koblenz, NStZ-RR 98, 332). Sie muß ihrer Art und Zielsetzung nach darauf ausgerichtet sein, die Realisierung des in § 258 I umschriebenen Ahndungs- oder Anordnungsrechts durch eine **Besserstellung des Vortäters** ganz oder teilweise zu verhindern. Bloßes Zusammenleben mit einem polizeilich gesuchten Straftäter genügt dafür nicht (BGH NJW 84, 135 mit Anm. *Rudolphi*, JR 84, 337); ebensowenig andere sozialadäquate, auch berufstypische Verhaltensweisen (näher *Otto*, Lenckner-FS, S. 193, 215).

Wer nicht einen anderen, sondern nur **sich selbst** der strafrechtlichen Verfolgung entzieht,  **725**
handelt nicht tatbestandsmäßig. Wo die Grenze zwischen der nicht strafbaren Teilnahme an einer tatbestandslosen Selbstbegünstigung und strafbarer Täterschaft iS des § 258 verläuft, ist umstritten und noch nicht abschließend geklärt (zur Kritik an der hM siehe insoweit *Rudolphi*, Kleinknecht-FS, S. 379 sowie zusammenfassend *Küper*, BT S. 319). Wer den Vortäter, der bereits mit seiner Verhaftung rechnet, zur Flucht überredet oder ihn in anderer Weise ohne Besserstellung gegenüber den Straftatverfolgungsorganen psychisch unterstützt, gewährt ihm noch nicht den Beistand, dessen Ausschaltung § 258 bezweckt. Wer jedoch über das bloße Fördern solcher Selbstbegünstigungshandlungen hinausgeht, die **Besserstellung des Vortäters** anstrebt und gerade dadurch zur Strafvereitelung beiträgt, daß er den Vortäter beispielsweise auf eine bevorstehende Verhaftung oder Durchsuchung hinweist, ihm bei der Beseitigung von Überführungsstücken hilft, ihm eine andere Unterkunft als Versteck verschafft (vgl OLG Koblenz NJW 82, 2785; OLG Stuttgart NJW 81, 1569) oder ihm Geld, gefälschte Ausweispapiere und dergleichen zum Zwecke der Flucht besorgt, macht sich je nach den Umständen der versuchten oder vollendeten Strafvereitelung schuldig (so die hM; LK-*Ruß*, § 258 Rn 35). Typische Vereitelungshandlungen sind ferner die Beseitigung von Tatspuren, das Trüben von Beweisquellen sowie die Behinderung der Strafverfolgung durch irreführende Angaben oder Falschaussagen vor Gericht (RGSt 54, 41; BayObLG NJW 66, 2177). Zu den Grenzen der **Strafverteidigung** siehe Rn 730.

**Vollendet** ist die Tat mit Eintritt des Vereitelungserfolges. Dazu kommt es nach hM  **726**
nicht erst, wenn Strafen oder Maßnahmen als Rechtsfolgen der Vortat *endgültig* nicht mehr verhängt werden können, sondern schon dann, wenn das strafgesetzlich begründete Ahndungsrecht ganz oder teilweise *für geraume Zeit* nicht verwirklicht worden ist (mit beachtlicher Begründung gegen eine solche „Strafvereitelung auf Zeit" *Wappler*, Der Erfolg der Strafvereitelung [§ 258 Abs. 1 StGB], 1998, S. 169, 184). Es genügt somit, daß der Begünstigte besser gestellt worden ist und daß die Strafe oder Maßnahme später, als dies sonst möglich gewesen wäre, verhängt oder vollstreckt wird (vgl BGHSt 15, 18, 21; OLG Koblenz NJW 82, 2785; *Frisch*, JuS 83, 915 und NJW 83, 2471; *Maurach-Maiwald*, BT 2 § 100 Rn 15; S/S-*Stree*, § 258 Rn 16; krit. zu diesem Zeitmoment *Lenckner*, Schröder-GedS, S. 339, 342; *Rudolphi*, JuS 79, 859; *Samson*, JA 82, 181; siehe dazu auch *Küper*, BT S. 318). Eine solche **Teilvereitelung** ist ua gegeben, wenn die Tat bewirkt, daß die Verurteilung nur

§ 16 *Falschverdächtigung, Vortäuschen einer Straftat und Strafvereitelung*

wegen Vergehens statt wegen Verbrechens erfolgt, daß Erschwerungsgründe unberücksichtigt bleiben oder daß Strafmilderungsgründe zu Unrecht angenommen werden.

727 Fraglich ist, welche Zeitspanne den Begriff der „geraumen Zeit" erfüllt. Die untere Grenze dürfte hier bei 2 Wochen (in Anlehnung an § 229 I StPO für 10 Tage *Jahn*, ZRP 98, 103) anzusetzen sein, da eine Verzögerung der Ermittlungen oder der Festnahme für sich allein nicht genügt, vielmehr feststehen muß, daß die „Bestrafung" des Täters oder die Verhängung der Maßnahme ohne die Vereitelungshandlung geraume Zeit früher erfolgt wäre (KG JR 85, 24). Ist letzteres, wie wohl häufig (man denke an die Terminierung der Gerichte) nicht nachweisbar, kommt nach dem Grundsatz *in dubio pro reo* allenfalls ein Strafvereitelungsversuch in Betracht.

728 Ein **Versuch** (§ 258 IV) liegt erst vor, wenn der Täter zu der auf Herbeiführung des Vereitelungserfolges gerichteten Handlung unmittelbar ansetzt. Die bloße Zusage eines Zeugen, den Angeklagten durch eine unrichtige Aussage vor Gericht zu entlasten, reicht dazu nicht aus; die Grenze zwischen Vorbereitung und Versuch wird in einem solchen Fall erst mit dem **Beginn der Falschaussage** überschritten (BGHSt 31, 10 mit abl. Anm. *Beulke*, NStZ 82, 330; BayObLG NJW 86, 202; auf der Basis der Tatherrschaftslehre stellt die Frage sich so nicht, *Lackner/Kühl*, § 258 Rn 10; vgl ferner LK-*Ruß*, § 258 Rn 20b). Anders verhält es sich, wenn ein Strafverteidiger im Vorverfahren Zeugen benennt, die er zu falschen Angaben bewogen hat; hier kann nach hM schon der Antrag auf deren Vernehmung einen Versuch begründen (BGH NStZ 83, 503 mit Anm. *Beulke*; ebenso BGH StV 87, 195; insoweit zust. *Tröndle/Fischer*, § 258 Rn 6b; vgl auch OLG Karlsruhe MDR 93, 368).

729 **Subjektiv** muß der Täter *absichtlich* oder *wissentlich* gehandelt, dh die Besserstellung des Vortäters *erstrebt* oder als die sichere Folge seines Verhaltens vorausgesehen haben (näher KG JR 85, 24). Hinsichtlich der Vortat genügt dagegen *Eventualvorsatz*, wobei es präziser Einzelkenntnisse nicht bedarf (vgl OLG Düsseldorf NJW 64, 2123; S/S-*Stree*, § 258 Rn 23).

730 Im **Fall 41** hat S dem M von einem Geständnis abgeraten und ihn veranlaßt, von seinem **Schweigerecht** nach § 243 IV 1 StPO Gebrauch zu machen (vgl dazu *Wessels*, JuS 66, 169). Zudem hat S auf die **Ausübung des Zeugnisverweigerungsrechts** nach § 52 I Nr 2 StPO durch F hingewirkt. Darin liegt jedoch kein Verstoß gegen § 258 I StGB. Denn als Beistand des Beschuldigten (§ 137 I StPO) und als Organ der Rechtspflege (§ 1 BRAO) darf ein **Strafverteidiger** sich selbst dann für die Freisprechung seines Mandanten einsetzen, wenn er von dessen Schuld überzeugt ist oder dieser ihm seine Schuld eingestanden hat. Dies folgt daraus, daß er bei der Geltendmachung aller für den Beschuldigten sprechenden Umstände einer besonderen Schweigepflicht unterliegt (§ 203 I Nr 3 StGB) und daß auch das Gesetz den Freispruch des Angeklagten verlangt, wenn dessen Schuld sich in justizförmiger Weise nach dem Ergebnis der Beweisaufnahme nicht zweifelsfrei feststellen läßt. Es ist dem Verteidiger auch nicht verwehrt, aussagebereite Zeugen zum Gebrauch ihres Zeugnisverweigerungsrechts zu bewegen, sofern er sich dabei **nicht unlauterer Methoden** bedient (= Zwang, Drohung, Einschüchterung, Täuschung usw). Er muß sich nur jeder bewußten Verdunkelung der wahren Sachlage und einer Behinderung der Wahrheitserforschung durch **prozessual unzu-**

lässige Mittel enthalten. So darf er keine Falschaussage herbeiführen und den Beschuldigten nicht zum *wahrheitswidrigen* Widerruf eines Geständnisses bestimmen; von der Pflicht zur Wahrhaftigkeit und vom Verdunkelungsverbot ist der Strafverteidiger nach hM nämlich nicht freigestellt (näher BGHSt 2, 375; 10, 393; 29, 99, 107; 38, 345; BGH StV 99, 153; OLG Karlsruhe StV 91, 519; *Beulke,* Strafprozeßrecht, 4. Aufl. 2000, Rn 174 ff; *Maurach-Maiwald,* BT 2 § 100 Rn 20; *Müller-Dietz,* Jura 79, 242; anders *Fezer,* Stree/Wessels-FS, S. 663, 681). Siehe zu diesem Komplex auch *Hammerstein,* NStZ 97, 12; *Jahn,* ZRP 98, 103; *Liemersdorf,* MDR 89, 204; *Paulus,* NStZ 92, 305; *Scheffler,* StV 92, 299 und 93, 470; *Stumpf,* NStZ 97, 7; zusammenfassend *Lackner/Kühl,* § 258 Rn 8 ff). Nach KG NStZ 88, 178 wird prozessual zulässiges Handeln eines Verteidigers, das auf eine sachgerechte Strafverteidigung abzielt, schon vom Tatbestand des § 258 I nicht erfaßt (ebenso *Beulke,* aaO Rn 174; *Tröndle/Fischer,* § 258 Rn 7 mwN).

## 3. Vollstreckungsvereitelung

Die **Vollstreckungsvereitelung** (§ 258 II) betrifft das Ob, Wann und Wieweit der gegen einen anderen **rechtskräftig** verhängten Strafe oder Maßnahme. Anders als im Falle des § 258 I kommt es hier nicht darauf an, ob die Vortat wirklich begangen worden ist. Die insoweit ergangene Entscheidung ist von dem mit der Vollstreckungsvereitelung befaßten Gericht auf ihre *sachliche Richtigkeit* **nicht nachzuprüfen** (RGSt 73, 331; S/S-*Stree,* § 258 Rn 26).

731

Typische Vereitelungshandlungen zu § 258 II sind das Verbergen des rechtskräftig Verurteilten, seine Befreiung aus staatlichem Gewahrsam, Fluchthilfe und das Verbüßen der gegen ihn verhängten Freiheitsstrafe durch einen anderen. Umstritten war bislang, ob auch die **Zahlung einer Geldstrafe für andere** unter § 258 II fällt (bejahend OLG Frankfurt StV 90, 112; *Brüggemann,* GA 68, 161; *Hillenkamp,* Lackner-FS, S. 455, 466; verneinend *Engels,* Jura 81, 581; *Otto,* BT § 96 Rn 16; SK-*Samson,* § 258 Rn 35). Die bejahende Ansicht ging davon aus, daß die Geldstrafe den Verurteilten persönlich treffen und spezial-präventiv beeinflussen solle; dem Sinn und Zweck des § 258 II entspreche es daher, ihre Zahlung durch andere *unmittelbar* aus deren Vermögen zu unterbinden. Inzwischen hat der BGH jedoch entschieden, Vollstreckungsvereitelung begehe nur, wer durch Eingriffe in den **äußeren Ablauf des Vollstreckungsverfahrens** (hier also in die „Beitreibung" der Geldstrafe) bewirke, daß die Strafe oder Maßnahme ganz oder zum Teil mindestens für geraume Zeit nicht verwirklicht werden könne; die bloße „Strafzweckvereitelung" werde von § 258 II nicht erfaßt (BGHSt 37, 226; zust. *Krey,* Anm. JZ 91, 889; *Müller-Christmann,* JuS 92, 379; abl. *Hillenkamp,* Anm. JR 92, 74; *Scholl,* NStZ 99, 599; S/S-*Stree,* § 258 Rn 28a; differenzierend *Wodicka,* Anm. NStZ 91, 487). Damit dürfte diese Streitfrage ihre Bedeutung für die Praxis verloren haben (krit. *Tröndle/Fischer,* § 258 Rn 9).

732

## 4. Persönlicher Strafausschließungsgrund

Der im Schuldbereich wurzelnde **persönliche Strafausschließungsgrund** des § 258 V greift unter den dort genannten Voraussetzungen ohne Rücksicht darauf ein, ob das Selbsthilfebestreben des Täters überwiegt oder nicht und ob die Tathandlung sich auf dieselbe Vortat oder auf verschiedene Vortaten bezieht (vgl BGH NStZ

733

96, 39). Das Gesetz geht hier von dem Grundsatz aus, daß jede Strafvereitelung, die *zugleich zum Zwecke des Selbstschutzes* begangen wird, straffrei bleiben soll (vgl insoweit auch BGHSt 43, 356 sowie *Lackner/Kühl*, § 258 Rn 16 mwN). Aus dem Fehlen einer dem § 257 III 2 entsprechenden Regelung folgt weiter, daß der Vortäter auch dann nicht nach § 258 I, II bestraft wird, wenn er zu *seinen Gunsten* Unbeteiligte zur Strafvereitelung **anstiftet**.

734 Straffrei bleibt nach § 258 V *nur die Strafvereitelung* als solche, nicht aber eine damit zusammentreffende sonstige Straftat, wie etwa eine Falschverdächtigung, ein Betrug, eine Falschaussage vor Gericht, ein Verstoß gegen § 145d II Nr 1 oder Widerstand gegen Vollstreckungsbeamte iS des § 113 (näher BayObLG NJW 78, 2563; OLG Celle JR 81, 34; *Rudolphi*, JuS 79, 859).

### 5. Angehörigenprivileg

735 Nicht strafbar ist schließlich die Strafvereitelung, die jemand ausschließlich oder wenigstens zugleich *zugunsten eines Angehörigen* begeht (§§ 258 VI, 11 I Nr 1). Ein wirksames Verlöbnis und ein darauf gegründetes Angehörigenverhältnis iS des § 258 VI kommt aber nicht zustande zwischen Personen, die noch mit einem anderen Partner verheiratet sind (BGH NStZ 83, 565; NJW 84, 135; BayObLG NJW 83, 831). Das in Rn 734 Gesagte gilt auch im Bereich des § 258 VI. Zu den einschlägigen Irrtumsfragen siehe *Wessels/Beulke*, AT Rn 498 ff.

Ob das Angehörigenprivileg auch **Begünstigungshandlungen** iS des § 257 deckt, sofern sie lediglich Mittel zum Zwecke der Strafvereitelung sind, ist umstritten (siehe BGH NStZ 00, 259; bejahend S/S-*Stree*, § 258 Rn 37, 39; aA LK-*Ruß*, § 258 Rn 38 mwN).

### 6. Strafvereitelung im Amt

736 Eine **Strafvereitelung im Amt** (§ 258a), bei der allein die besondere Tätereigenschaft das *qualifizierende Merkmal* iS des § 28 II bildet, kann ua dadurch begangen werden, daß der zur Mitwirkung bei dem Verfahren oder bei der Vollstreckung berufene **Amtsträger** die Durchführung des Verfahrens oder der Vollstreckung vereitelt, Akten beiseite schafft oder etwa durch Unterdrückung erschwerender Umstände auf eine mildere Bestrafung hinwirkt.

737 Tathandlung und Taterfolg richten sich nach dem Grundtatbestand des § 258 I, II. Als Täter kommen insbesondere Hilfsbeamte der Staatsanwaltschaft, Staatsanwälte, Strafrichter und Amtsträger im Bereich der Vollzugsbehörde in Betracht. Umstritten ist, ob und inwieweit ein Amtsträger im Rahmen des § 258a verpflichtet ist, sein *außerdienstlich* erlangtes Wissen über eine Straftat dienstlich zu verwenden. Die hM bejaht hier eine Offenbarungspflicht nur bei schweren, die Rechtsgemeinschaft besonders berührenden Vergehen oder Verbrechen (vgl BGHSt 5, 225; 12, 277; 38, 388; BGH NJW 89, 914; OLG Karlsruhe NStZ 88, 503; LK-*Ruß*, § 258a 7; *Otto*, BT § 96 Rn 21; anders *Geerds*, Anm. JR 89, 212; SK-*Samson*, § 258a Rn 14 mwN). Zu beachten ist, daß § 258a III die Anwendbarkeit des § 258 V (anders als die des § 258 III, VI) nicht ausschließt. Daraus folgt, daß ein Amtsträger nicht nach §§ 258 I, II, 258a bestraft wird, wenn er durch die Tat zugleich eine Strafvereitelung zu *sei-*

*nen eigenen Gunsten* erstrebt (vgl BGHSt 6, 20; S/S-*Stree*, § 258a Rn 19). Straffreiheit nach § 258 V scheidet allerdings aus, wenn der Amtsträger sich erst mit dem Strafgesetz in Konflikt bringt, nachdem er bereits imstande und verpflichtet war, gegen den Vortäter einzuschreiten; so etwa, wenn er den auf frischer Tat festgenommenen Dieb gegen Hingabe eines Beuteanteils laufen läßt (näher BGHSt 4, 167; 5, 156, 167; S/S-*Stree*, § 258a Rn 21).

# § 17 Aussagedelikte

## I. Schutzgut und Systematik

*Ziel* der im 9. Abschnitt erfaßten Verfahren, insbesondere der Gerichte, aber auch bestimmter Verwaltungsbehörden und anderer innerstaatlicher Stellen, ist jeweils die Entscheidung nach Gesetz und Recht. Schutzgut der §§ 153 ff ist nach hM jedoch nur eine der Voraussetzungen solcher Entscheidungen, nämlich das **öffentliche Interesse an einer wahrheitsgemäßen Tatsachenfeststellung** (BGHSt 8, 301, 309; 10, 142; S/S-*Lenckner*, Rn 2 vor § 153 mwN). Wie die §§ 153, 154 und insbesondere 156 zeigen (näher S/S-*Lenckner*, § 154 Rn 11; § 156 Rn 1, 6 ff), ist Schutzgut nicht nur die Rechtspflege (vgl *Paulus*, Küchenhoff-GedS, S. 435, 450); doch stellt die staatliche Rechtspflege das Hauptanwendungsgebiet der Aussagedelikte dar (vgl aber auch *Maurach-Schroeder*, BT 2 § 75 Rn 9 ff).

738

Die §§ 153 ff beschreiben *schlichte Tätigkeitsdelikte*. Da schon die falsche Angabe als solche die Strafbarkeit begründet, das Gesetz also nicht bis zur (konkreten Gefahr einer) sachlich unrichtigen Tatsachenfeststellung oder Entscheidung zuwartet, sieht die hM in diesen Taten *abstrakte Gefährdungsdelikte* (zum Begriff siehe *Hettinger*, JuS 97, L 41, 42 mwN) und im Hinblick auf § 160 in den §§ 153-156, 163 eigenhändige Delikte (S/S-*Lenckner*, Rn 2a vor § 153 mwN), wobei Mittäterschaft auch bei § 156 nicht möglich ist (NK-*Vormbaum*, § 156 Rn 62).

739

Der strafrechtliche Schutz ist im Bemühen, die tatsächlichen Grundlagen richtigen Entscheidens zu sichern, nahezu flächendeckend ausgestaltet. Von der Strafbarkeit ausgenommen bleiben lediglich die versuchte sowie die fahrlässige uneidliche Falschaussage. Verbrechen iS der §§ 12 I, 23 I, 30 sind nur §§ 154, 155. Eine Besonderheit stellt § 159 dar; wegen der Gefährdetheit der Entscheidungsgrundlagen wird schon die versuchte Anstiftung zu §§ 153, 156 abweichend vom Grundsatz des § 30 I mit Strafe bedroht. § 157 sieht für Zeugen und Sachverständige in den dort beschriebenen Konfliktlagen einen besonderen *Strafmilderungsgrund* vor, während § 158 einen Fall des *Rücktritts nach formeller Vollendung* zum Gegenstand hat (siehe auch § 163 II). In Fällen des § 153 ist für den Eidesunmündigen (§ 60 Nr 1 StPO) § 157 II zu beachten.

740

## II. Falschheit der Aussage

**741** Über die richtige Bestimmung des Begriffs der falschen Aussage oder Angabe gehen die Meinungen weit auseinander (zu den drei Hauptrichtungen näher *Hillenkamp*, BT 9. Problem). Grundlage aller Ansichten ist die These, daß eine Aussage dann falsch ist, wenn ihr Inhalt (das Was) sich mit ihrem Gegenstand (dem Worüber) nicht deckt. Streit besteht erst darüber, was der *Gegenstand* der Aussage ist, nach dem die Falschheit (die Diskrepanz zum Inhalt) der Aussage bestimmt werden muß (eingehend *Küper*, BT S. 29).

### 1. Objektive Deutung

**742** Nach hM ist eine Aussage iS der §§ 153-163 **falsch, wenn sie mit der Wirklichkeit nicht übereinstimmt**. Ob dies der Fall ist, ergibt ein Vergleich zwischen ihrem Inhalt und der objektiven Sachlage. Maßstab ist die Wirklichkeit (einschließlich sog. *innerer* Tatsachen; dazu Rn 492), nicht die Vorstellung der Aussageperson von ihr (BGHSt 7, 147; OLG Koblenz NStZ 84, 551 mit Anm. *Bohnert*, JR 84, 425; *Maurach-Schroeder*, BT 2 § 75 Rn 14, 16; *S/S-Lenckner*, Rn 6 ff vor § 153; *Wolf*, JuS 91, 177; krit. *Otto*, BT § 97 Rn 8; *Paulus*, Küchenhoff-GedS, S. 435, 444).

### 2. Subjektive Deutung

**743** Im Gegensatz dazu stellt die subjektive Deutung auf die **Diskrepanz zwischen Aussageinhalt und Wissen** (oder Meinen) ab. Eine Aussage ist hiernach *falsch*, wenn sie von dem aktuellen Vorstellungsbild und Wissen des Aussagenden abweicht. Nach dieser Ansicht besteht die Pflicht der Aussageperson darin auszusagen, was sie aus eigenem Erleben über das Beweisthema weiß, weil ihr die Wirklichkeit überhaupt nur durch das Medium eigenen subjektiven Erlebens zugänglich sei (vgl *Gallas*, GA 57, 315; LK-*Ruß*, Rn 10 vor § 153; krit. *Maurach-Schroeder*, BT 2 § 75 Rn 20; *S/S-Lenckner*, Rn 6 vor § 153).

### 3. Pflichtmodelle

**744** Nach den (unter dem Sammelbegriff „Pflichttheorie") diskutierten *Pflichtmodellen* ist eine Aussage dann *falsch*, wenn der Aussagende seine **prozessuale Wahrheitspflicht verletzt** hat, dh wenn seine Aussage nicht das Wissen wiedergibt, das er bei kritischer Prüfung seines Erinnerungs- bzw Wahrnehmungsvermögens hätte reproduzieren können (so *Otto*, JuS 84, 161 und BT § 97 Rn 7 mwN; *Schmidhäuser*, BT 23/10; differenzierend NK-*Vormbaum*, § 153 Rn 79 ff; zur Kritik siehe *Maurach-Schroeder*, BT 2 § 75 Rn 21; *Wolf*, JuS 91, 177, 180).

**745** Einer grundlegenden Kritik hat *Paulus* alle bisher vertretenen Modelle einschließlich ihrer Varianten unterzogen (Küchenhoff-GedS, S. 435, 440); nach ihm ist eine Aussage *falsch*, wenn ihr Inhalt mit ihrem gesetzlich vorgeschriebenen (Fälle des

§ 156) oder prozessual zugelassenen (Fälle gerichtlicher Beweisverfahren) Gegenstand nicht übereinstimmt.

## 4. Aussagegegenstand

**Gegenstand** der Aussage können nach hM *äußere* und *innere* **Tatsachen** (siehe Rn 492), bei einem Sachverständigen auch Werturteile sein (näher *Maurach-Schroeder*, BT 2 § 75 Rn 17, 18). Hingegen betrifft für die subjektive Deutung und die Pflichtmodelle jede Aussage „Tatsachen des Innenlebens", ein Erlebnisbild, mag es selbst wiederum auf eine äußere oder innere Tatsache bezogen sein (*Otto*, BT § 97 Rn 10). Wird ein Vorgang wahrheitswidrig als Gegenstand eigener Wahrnehmung dargestellt (= „ich habe es selbst gesehen") oder ein unsicheres Erinnerungsbild als frei von Zweifeln wiedergegeben (= „ich erinnere mich noch ganz genau, daß es so und so war"), so ist die Aussage nach allen Ansichten falsch (hinsichtlich der hM krit. *Paulus*, Küchenhoff-GedS, S. 435, 444). Der **Wahrheitspflicht** unterliegen alle, aber auch nur die Angaben, die **Gegenstand der Vernehmung** sind.

**Fall 42:** Um eine von ihrem Sohn S begangene Unterschlagung zu verdecken, hat die Witwe W den Arbeiter A bei der Polizei wider besseres Wissen des Betruges bezichtigt. Nachdem gegen A Anklage erhoben worden ist, wiederholt W als Zeugin in der mit einem Freispruch endenden Hauptverhandlung ihre belastenden Angaben, um sich und S nicht bloßzustellen. Auch im Berufungsverfahren vor dem LG bleibt sie bei ihrer falschen Aussage, die sie in dieser Instanz mit dem Eide bekräftigt.
Das LG vernimmt und vereidigt eine Reihe weiterer Zeugen, darunter die Zweigstellenleiterin Z. Vor dem Termin, auf den die Sache sodann vertagt worden ist, geht dem Vorsitzenden V ein Schreiben zu, in welchem Z mitteilt, daß sie bei ihrer Vernehmung zur Person ihr Lebensalter um 5 Jahre zu niedrig (= mit 39 statt mit 44 Jahren) angegeben habe. Zu ihrer Entschuldigung führt Z an, bei all ihren Bekannten gelte sie als 39jährige; da einige von ihnen als Zuhörer zugegen gewesen seien, habe sie nicht den Mut gefunden, ihr wirkliches Alter zu offenbaren. Ihr sei zwar klar gewesen, daß sie insoweit nichts Falsches habe sagen dürfen; sie habe aber geglaubt, daß die Eidesleistung sich nur auf die Vernehmung zur Sache und nicht auf die Angaben zur Person beziehe. Haben W und Z sich strafbar gemacht?

Durch die wissentlich unwahre Beschuldigung gegenüber der Polizei hat W sich zum Nachteil des A der *Falschverdächtigung* (§ 164 I) schuldig gemacht. Näher zu prüfen ist § 153.

Während der Zeuge im **Strafverfahren** formlos mit dem Gegenstand der Untersuchung und seiner Vernehmung vertraut gemacht zu werden pflegt (§ 69 StPO), wird der Vernehmungsgegenstand im Zivilprozeß durch den *Beweisbeschluß* förmlich begrenzt (§§ 358, 359 ZPO; anders uU bei § 273 II Nr 4 ZPO). Seiner formlosen Erweiterung im Fragewege steht aber nichts entgegen (vgl § 397 ZPO). Tatsachen, nach denen der Richter oder mit seiner Zustimmung ein Verfahrensbeteiligter den Zeugen *fragt*, gehören stets zum Vernehmungsgegenstand, und zwar ohne Rücksicht auf ihre Bedeutung oder Erheblichkeit (BGHSt 2, 90; KG JR

78, 77; siehe dazu auch BGH wistra 91, 264 sowie *Paulus*, Küchenhoff-GedS, S. 435, 452). *Unbefragt* hat der Aussagende bei der Mitteilung seines Wissens alle Tatsachen anzugeben, die mit dem Gegenstand seiner Vernehmung in einem *untrennbaren Sachzusammenhang* stehen und für das konkrete Beweisthema erkennbar von Bedeutung sind. Entscheidungserhebliche Umstände dieser Art dürfen auch ohne ausdrückliche Befragung nicht verschwiegen werden; geschieht es gleichwohl, ist die Aussage *unvollständig* und daher *falsch* (vgl §§ 66c StPO, 392 ZPO). Eigene Mutmaßungen oder seinen Verdacht zu einem äußeren Geschehen braucht der Zeuge aber nicht mitzuteilen (BGH StV 90, 110). **Spontane Äußerungen** eines Zeugen, die für die Entscheidung erheblich sein können, aber *außerhalb* des Vernehmungsgegenstandes liegen, werden von der Wahrheitspflicht nur erfaßt, wenn sie auf eine *nachträgliche Erweiterung* des Beweisthemas durch den vernehmenden Richter hin aufrechterhalten werden (BGHSt 25, 244 mit Anm. *Demuth*, NJW 74, 757 und *Rudolphi*, JR 74, 293; BGH NStZ 82, 464; instruktiv zu diesem Problemkreis auch *Bruns*, GA 60, 161). Soweit Bekundungen im Ausdruck *mehrdeutig* sind, muß ihr objektiver Sinngehalt durch Auslegung ermittelt werden (RGSt 63, 49, 51).

### III. Falsche uneidliche Aussage

749   Zum objektiven **Tatbestand** des § 153 gehört, daß jemand als **Zeuge** oder **Sachverständiger** vor *Gericht* oder einer anderen zur eidlichen Vernehmung von Zeugen oder Sachverständigen *zuständigen Stelle* uneidlich **falsch aussagt**. § 153 erfaßt somit nicht *Angeklagte* oder *eine Partei* im Zivilprozeß. Zur Falschheit und dem Gegenstand der Aussage siehe Rn 741, 746. Zu den Gerichten gehören auch die Disziplinar-, nicht aber die Schiedsgerichte (vgl § 1035 II ZPO; näher *Maurach-Schroeder*, BT 2 § 75 Rn 32).

750   Für den **Vorsatz** des Täters ist das Bewußtsein erforderlich, etwas Unwahres ausgesagt oder eine beweiserhebliche, zum Vernehmungsgegenstand gehörende Tatsache verschwiegen zu haben (vgl BGHSt 2, 90, 92). Darüber hinaus muß der Vorsatz sich auf die Zuständigkeit der vernehmenden Stelle iS des § 153 erstrecken.

751   **Vollendet** ist die uneidliche Falschaussage, wenn die **Vernehmung abgeschlossen** ist. Dies ist der Fall, wenn der Aussagende seine Bekundung beendet hat, von den Verfahrensbeteiligten keine Fragen mehr an ihn gerichtet werden und der vernehmende Richter in endgültiger Weise zu erkennen gegeben hat, daß er von dem Zeugen oder Sachverständigen keine weiteren Angaben zum Vernehmungsgegenstand erwartet (BGHSt 8, 301, 314; siehe auch BayObLG StV 89, 251). Danach ist es denkbar, daß *eine* Vernehmung sich über mehrere Termine erstreckt (vgl BGH NStZ 84, 418); ebenso ist es möglich, daß ein Zeuge in *einem* Verhandlungstermin mehrmals abschließend gehört wird (BGHSt 4, 172, 177). In aller Regel fällt der endgültige Abschluß der Vernehmung im jeweiligen Rechtszug jedoch mit der **Beschlußfassung zur Frage der Vereidigung** zusammen. Stellt der Zeuge oder Sachverständige unwahre Angaben *vor dem Abschluß seiner Vernehmung* richtig, entfällt eine Bestrafung nach § 153, weil seine Bekundung nicht mehr falsch und die nur versuchte Tat nicht mit Strafe bedroht ist; nach diesem Zeitpunkt hat die Berichtigung nur für die Anwendbarkeit des § 158 Bedeutung (vgl BGHSt GrS 8, 301, 314).

Im **Fall 42** hat W durch ihre Falschangaben vor der Polizei nicht gegen § 153 verstoßen, weil Polizei und Staatsanwaltschaft **keine Zuständigkeit** iS dieser Vorschrift besitzen (vgl § 161a I 3 StPO). Dagegen hat W sich durch ihre falsche Zeugenaussage im ersten Rechtszug nach § 153 strafbar gemacht (bzgl des Verhältnisses zu § 154 und zur Anwendbarkeit des § 157 siehe Rn 761).

752

## IV. Meineid

### 1. Überblick

Der **Meineid** (§ 154) ist eine erschwerte Form der Falschaussage. Zu ihm kommt es durch eine Verbindung von **unwahrer Aussage** und **Eid**. Im Verhältnis zu § 153 ist § 154 zT ein *qualifizierter Tatbestand* (BGHSt 8, 301, 309), zT aber auch *eigenständiges Delikt* (näher NK-*Vormbaum*, § 154 Rn 4 mwN). **Täter** kann hier, mit Ausnahme des Beschuldigten selbst (BGHSt 10, 8), **jeder Eidesmündige** sein, der aufgrund seiner *Verstandesreife* eine genügende Vorstellung von der Bedeutung des Eides besitzt und im Verfahren als Zeuge, Sachverständiger *oder Zivilprozeßpartei* (§ 452 ZPO) vereidigt wird.

753

Die hM sieht auch eidesunmündige Personen unter 16 Jahren (§ 60 Nr 1 StPO *erste* Alternative) als *taugliche Täter* eines Meineides an (RGSt 36, 278; BGHSt 10, 142, 144; LK-*Ruß*, § 154 Rn 10; *Tröndle/Fischer*, Rn 11 vor § 153). Dem ist nicht zuzustimmen, da die Einführung der Altersgrenze im Gesetz eine unwiderlegliche Vermutung dafür begründet, daß Jugendlichen unter 16 Jahren die erforderliche Einsicht in den besonderen Unrechtsgehalt eines Eidesdelikts fehlt (näher *Hruschka/Kässer*, JuS 72, 709; *Maurach-Schroeder*, BT 2 § 75 Rn 23; S/S-*Lenckner*, Rn 25 vor § 153 mwN).

754

Bei Einhaltung der *wesentlichen Förmlichkeiten* (§§ 66c bis 67 StPO, 481 ff ZPO) hindern etwaige **Verfahrensverstöße** durch die zur Eidesabnahme zuständige Stelle die Anwendbarkeit des § 154 nach hM nicht (BGHSt 10, 142; 16, 232; KG JR 78, 77; *Geppert*, Jura 88, 496; aA SK-*Rudolphi*, Rn 32 ff vor § 153; differenzierend *Otto*, BT § 97 Rn 28).

755

### 2. Tathandlung und Konkurrenzen

Die **Tathandlung** besteht darin, daß der Täter vor Gericht oder vor einer anderen zur Eidesabnahme zuständigen Stelle vorsätzlich **falsch schwört**. § 154 meint damit das Beschwören einer **falschen Aussage** im oben dargelegten Sinn (vgl Rn 741). Zu beachten ist, daß bei der Vernehmung von **Zeugen** auch die **Angaben zur Person** (§ 68 StPO) der Wahrheitspflicht unterliegen und von der **Eidesleistung mit umfaßt** werden (vgl §§ 66c ff StPO). Im Gegensatz dazu bezieht der *Sachverständigeneid* sich nach §§ 79 StPO, 410 ZPO nur auf die *Erstattung des Gutachtens* und nicht auf die Vernehmung zur Person, die allein durch § 153 StGB strafbewehrt ist (RGSt 20, 235; NK-*Vormbaum*, § 153 Rn 4).

756

Ob jemand mit *religiöser* Beteuerung oder ohne sie schwört, ist gleichgültig (vgl § 66c StPO). § 155 stellt dem Eid die ihn ersetzende *Bekräftigung* und die Berufung

757

§ 17 *Aussagedelikte*

auf eine frühere Eidesleistung oder Bekräftigung gleich (vgl dazu §§ 66d, 67 StPO; krit. *Grünwald*, R. Schmitt-FS, S. 311). Anders als §§ 391 ff, 410, 452 ZPO unterscheiden die §§ 57 ff StPO, 49 JGG, 48 OWiG sprachlich korrekt zwischen der Vereidigung einer Person und der *Beeidigung* ihrer *Aussage*.

758 **Vollendet** ist die Tat mit Durchführung der Vereidigung. Der *versuchte* Meineid beginnt nicht schon mit der Falschaussage, sondern erst mit dem Beginn der Eidesleistung (BGHSt 1, 241, 243 ff; 31, 178, 182).

759 Aussage und Eidesabnahme müssen nach § 154 vor Gericht oder einer sonst **zuständigen Stelle** erfolgen (dazu S/S-*Lenckner*, Rn 32 vor § 153). Neben der *allgemeinen* Zuständigkeit zur **eidlichen Vernehmung** wird dabei vorausgesetzt, daß das Gesetz einen Eid dieser Art **in dem betreffenden Verfahren** überhaupt zuläßt (BGHSt 3, 235 und 248; 10, 142 und 272; 12, 56).

760 Daran fehlt es bei der Eidesabnahme durch einen Staatsanwalt (§ 161a I 3 StPO), Referendar (§ 10 GVG) oder Rechtspfleger (§ 4 II Nr 1 RPflG) sowie nach hM bei der Vereidigung von *Verfahrensbeteiligten* im Verfahren der freiwilligen Gerichtsbarkeit (vgl § 15 FGG und BGHSt 10, 272; 12, 56; OLG Hamm NStZ 84, 551; dazu S/S-*Lenckner*, § 154 Rn 8 ff). Bei irriger Annahme der Zuständigkeit durch den Täter kommt nur eine Bestrafung wegen *Versuchs* (§§ 154, 22, 23 I) in Betracht. Zur Abgrenzung zum Wahndelikt siehe *Otto*, BT § 97 Rn 45 mwN; *Tröndle/Fischer*, § 154 Rn 10.

761 Im **Fall 42** hat W ihre Falschaussage vor dem Berufungsgericht *wiederholt* und im Anschluß daran **beschworen**. Da diese Vernehmung vor der Eidesleistung abgeschlossen war, liegt ein erneuter Verstoß gegen § 153 vor, der jedoch in dem nachfolgenden **Meineid** aufgeht, so daß die Bestrafung allein aus § 154 erfolgt (BGHSt 8, 301, 310 ff). Die Verwirklichung des § 153 *im ersten Rechtszug* steht dazu in *Tatmehrheit* (der Differenzierung in BGHSt GrS 8, 301, 310 ff, derzufolge je nach den konkreten Umständen auch eine fortgesetzte Tat in Betracht kommen soll, dürfte mit Aufgabe des Fortsetzungszusammenhangs durch BGHSt GrS 40, 138 der Boden entzogen sein; vgl SK-*Rudolphi*, § 157 Rn 10).

In jedem Falle ist der W aber im Rahmen der Strafzumessung das Vorliegen eines **Aussagenotstandes iS des § 157** zugute zu halten, da sie vor Gericht die Unwahrheit gesagt hat, um von ihrem Sohn S die Gefahr einer Bestrafung nach § 246 und von sich selbst die Gefahr einer Bestrafung nach § 164 I abzuwenden; die Anwendung des § 157 wird nicht dadurch ausgeschlossen, daß der Täter sich auf §§ 52, 55 StPO hätte berufen können (BGH StV 95, 250; BayObLG NStZ-RR 99, 174) oder daß er den Aussagenotstand schuldhaft herbeigeführt hat (BGHSt 7, 332; BGH StV 95, 249 f). § 157 käme hinsichtlich des Meineids der W in der Berufungsinstanz also auch dann in Betracht, wenn sie diesen nur geschworen hätte, um nicht wegen ihrer Falschaussage in der ersten Instanz bestraft zu werden (krit. S/S-*Lenckner*, § 157 Rn 11). Nicht anwendbar ist § 157 allerdings auf einen Meineid, der zur Verdeckung einer uneidlichen Falschaussage in *derselben* Instanz geschworen wurde, da es sich bei dieser Falschaussage aufgrund ihrer tatbestandlichen Einheit mit dem Meineid um keine dem Meineid *vorausgegangene selbständige* Straftat handelt (BGHSt 8, 301, 318 ff).

> Daran, daß Z sich gemäß § 153 strafbar gemacht hat, ist schon aufgrund ihrer eigenen Einlassung nicht zu zweifeln. Bei § 154 fehlt es dagegen am *subjektiven* Tatbestand: Hier muß der *Vorsatz* des Täters sich darauf erstrecken, daß die Aussage falsch ist, daß der unrichtige Aussageteil unter den Eid fällt und daß die Zuständigkeit zur Eidesabnahme gegeben ist (BGHSt 1, 148; 3, 248). Z wußte aber nicht, daß die Eidesleistung auch ihre **Angaben zur Person** umfaßte (= *vorsatzausschließender* Tatumstandsirrtum iS des § 16 I: BGHSt 4, 214; RGSt 60, 407; *Ebert,* JuS 70, 400, 405), so daß neben § 153 nur für § 163 Raum bleibt.

Nach dem **Sinn** des § 157 kommt es trotz des mißverständlichen Gesetzeswortlauts nicht darauf an, ob mit der Falschaussage die Gefahr, *überhaupt* bestraft zu werden, abgewendet werden soll oder ob es dem Aussagenden lediglich darum geht, eine *mildere* Bestrafung zu erreichen (zB wegen eines minder schweren Falles des Totschlags nach §§ 212, 213 statt wegen Mordes nach § 211; vgl BGHSt 29, 298). § 157 I setzt nicht voraus, daß die dort erwähnte Gefahr objektiv droht; maßgebend ist allein das Vorstellungsbild des Aussagenden (OLG Düsseldorf NJW 86, 1822), wobei auch hier der Grundsatz *in dubio pro reo* gilt (BGH NJW 88, 2391). Zum Kreis der „Angehörigen" zählen nicht Personen, die in einer nichtehelichen Lebensgemeinschaft zusammenleben; auch für eine analoge Anwendung des § 157 ist insoweit kein Raum (BayObLG NJW 86, 202).   762

## V. Fahrlässiger Falscheid

Der **fahrlässige Falscheid** ist nach § 163 I strafbar. Bei einem **Zeugen** kann die **Verletzung der Sorgfaltspflicht** neuerdings auch darauf beruhen, daß er es entgegen § 378 ZPO unterlassen hat, ihm zur Verfügung stehende Aufzeichnungen oder Unterlagen einzusehen. Vor allem kommt hier aber in Betracht, daß der Zeuge es *während seiner Vernehmung* aus Nachlässigkeit an der gebotenen Anspannung seines Gedächtnisses fehlen läßt, daß er bei seiner Aussage erkennbare Fehlerquellen hinsichtlich seiner Wahrnehmungsmöglichkeiten nicht berücksichtigt oder daß er bei *Zweifeln über den Umfang seiner Wahrheits- und Eidespflicht* davon Abstand nimmt, sich durch den vernehmenden Richter im Wege der Rückfrage belehren zu lassen (vgl BGH NJW 55, 639; RGSt 60, 407; OLG Köln MDR 80, 421; OLG Koblenz NStZ 84, 551 mit Anm. *Bohnert,* JR 84, 425; *Krehl,* NStZ 91, 416; S/S-*Lenckner,* § 163 Rn 3 ff).   763

> Diese objektiven Sorgfaltsanforderungen hat Z im **Fall 42** nicht erfüllt. Das gereicht ihr unter Berücksichtigung ihres Bildungsstandes auch persönlich zum Vorwurf. Insgesamt hat Z sich somit nach §§ 153, 163, 52 schuldig gemacht (BGHSt 4, 214).
> Soweit es um die Strafbarkeit nach § 163 I geht, hat Z jedoch dadurch **Straflosigkeit** erlangt, daß sie die falschen Angaben über ihr Lebensalter noch **rechtzeitig berichtigt** hat (§§ 163 II, 158 = *persönlicher Strafaufhebungsgrund*). Bezüglich der uneidlichen Falschaussage (§ 153) *kann* das Gericht gemäß § 158 I nach seinem Ermessen die Strafe mildern oder ganz von Strafe absehen.   764

§ 17 *Aussagedelikte*

765 Die Vergünstigung des § 158 ist nicht auf den Täter beschränkt; sie kommt auch dem *Anstifter* und *Gehilfen* zugute, sofern diese in eigener Person die dort genannten Voraussetzungen erfüllen (BGH NJW 51, 727; BGHSt 4, 173). Die Berichtigung, mit der die frühere Falschaussage durch eine wahrheitsgemäße Darstellung ersetzt wird, muß in allen wesentlichen Punkten vollständig und richtig sein (vgl BGHSt 9, 99; 18, 348; 21, 115). Sie verlangt indessen kein Schuldeingeständnis. Daher kann es beispielsweise genügen, daß ein Zeuge mit der Erklärung, „so etwas nicht oder es nicht so gesagt zu haben", von seinen bisherigen Falschangaben **eindeutig abrückt** und sie zugleich durch eine **wahrheitsgemäße Aussage** ersetzt (OLG Hamburg NJW 81, 237; *Rudolphi*, Anm. JR 81, 384). Ist nicht zu klären, ob die Berichtigung der Wahrheit entspricht, greift § 158 schon nach dem Grundsatz *in dubio pro reo* ein (vgl BayObLG JZ 76, 33 mit Anm. *Stree*, JR 76, 470; *Küper*, NJW 76, 1828).

766 **Verspätet** ist eine Berichtigung, wenn sie bei der die *Instanz abschließenden* Sachentscheidung nicht mehr verwertet werden kann (BGH JZ 54, 171; OLG Hamm NJW 50, 358), wenn aus der Tat bereits ein Nachteil für einen anderen entstanden ist oder wenn sie erst erfolgt, nachdem eine Anzeige gegen den Täter erstattet oder eine Untersuchung gegen ihn eingeleitet worden ist (§ 158 II; näher SK-*Rudolphi*, § 158 Rn 6). Zur Berichtigung einer Falschaussage nach Abschluß der Vernehmung, aber vor dem Ende ihrer Beeidigung oder Bekräftigung siehe *Vormbaum*, JR 89, 133.

### VI. Falsche Versicherung an Eides Statt

767 **Fall 43:** In einem Verfahren nach § 807 ZPO gibt der Schuldner S in dem dort vorgesehenen Vermögensverzeichnis ein unter Eigentumsvorbehalt erworbenes Farbfernsehgerät als noch in seinem Besitz befindlich an, obwohl er es kurz zuvor an einen gutgläubigen Dritten, der ihn für den Eigentümer hielt, veräußert hat. Sodann versichert S vor dem Rechtspfleger des zuständigen Amtsgerichts die Richtigkeit und Vollständigkeit der von ihm verlangten Angaben an Eides Statt.
Hat S sich nach § 156 strafbar gemacht?

### 1. Bedeutung

768 Die **falsche Versicherung an Eides Statt** (§ 156) bildet neben der uneidlichen Falschaussage und dem Meineid den dritten Grundtyp der Aussagedelikte.

**Eidesstattliche Versicherungen**, die in mündlicher wie in schriftlicher Form abgegeben werden können, sind ein wichtiges Mittel zur **Glaubhaftmachung** tatsächlicher Behauptungen (vgl §§ 294, 920 II, 936 ZPO, 56, 74 III StPO; instruktiv *Paulus*, Küchenhoff-GedS, S. 435, 451). Besondere Bedeutung kommt ihnen im Zwangsvollstreckungsverfahren zu (vgl §§ 707, 719, 769 ZPO), wo sie als Ersatz für den 1970 weggefallenen *Offenbarungseid* ein zusätzliches Anwendungsgebiet gefunden haben (§§ 807 II, 883 II ZPO). Werden in ein und demselben Verfahren *mehrere* falsche eidesstattliche Versicherungen abgegeben, rechtfertigt das allein nicht die Annahme einer einheitlichen Tat (BGHSt 45, 16). Zum Arrest- und einstweiligen Verfügungsverfahren siehe BayObLG JR 96, 292 mit krit. Anm. *Vormbaum/Zwiehoff; Blomeyer,* JR 76, 441; zur Geschichte des Delikts NK-*Vormbaum,* § 156 Rn 2 ff.

## 2. Zuständigkeit der Behörde

Die **Zuständigkeit** zur Abnahme einer Versicherung an Eides Statt ist auch im Falle des § 156 ein normatives **Tatbestandsmerkmal**, das vom Vorsatz des Täters mit umfaßt sein muß. Erforderlich ist zunächst die *allgemeine* Zuständigkeit der Behörde, Versicherungen dieser Art *überhaupt* abzunehmen. Vorausgesetzt wird ferner, daß die konkrete Versicherung über den **Gegenstand**, auf den sie sich bezieht, und in dem **Verfahren**, um das es sich handelt, abgegeben werden darf (dazu *Maurach-Schroeder,* BT 2 § 75 Rn 63 ff) und daß sie rechtlich nicht völlig wirkungslos ist (BGHSt 5, 69; 17, 303; 24, 38). Staatsanwaltschaft und Polizei sind hiernach keine zuständigen Behörden iS des § 156 (RGSt 37, 209). Im **Strafverfahren** entbehren eidesstattliche Versicherungen des *Beschuldigten* schlechthin jeder Rechtswirkung (vgl BayObLG NStZ 90, 340); bei ihrer Abgabe durch andere Personen gilt dies nur, soweit sie die *Schuldfrage* betreffen (BGHSt 17, 303; 24, 38; *Schubath,* MDR 72, 744). 769

**Abgegeben** ist die Versicherung, sobald sie in den Machtbereich derjenigen Behörde gelangt ist, an die sie gerichtet war; der Kenntnisnahme von ihrem Inhalt bedarf es nicht (RGSt 49, 47; 70, 130; BGHSt 45, 16). 770

Im **Fall 43** ergibt sich die Zuständigkeit des Rechtspflegers zur Abnahme der eidesstattlichen Versicherung aus §§ 807 II, 899 ZPO in Verbindung mit § 20 Nr 17 RPflG. Bei der Frage, ob S eine *falsche* Versicherung abgegeben hat, kommt es entscheidend auf den durch § 807 I ZPO festgelegten **Umfang der Offenbarungspflicht** an. 771

## 3. Vermögensoffenbarung nach § 807 ZPO

Nach § 807 I ZPO hat der Schuldner im Termin zur Abgabe der eidesstattlichen Versicherung (§ 900 ZPO) ein **Verzeichnis seines gegenwärtigen Vermögens** vorzulegen, das dem *Zweck* dient, dem betreibenden Gläubiger Kenntnis vom Vorhandensein solcher Vermögensgegenstände zu verschaffen, die *möglicherweise* seinem **Zugriff im Wege der Zwangsvollstreckung** wegen einer Geldforderung unterliegen (BGHSt 8, 399). Da es nicht Sache des Schuldners ist, die Erfolgsaussichten einer Vollstreckung zu beurteilen, sind (begrenzt durch § 807 I S. 3 ZPO nF) auch unpfändbare Gegenstände, zur Zeit uneinbringliche Forderungen, anfechtbare Rechte und mit Drittrechten überlastete oder aus sonstigen Gründen als wertlos erscheinende Gegenstände anzugeben, es sei denn, daß die Unpfändbarkeit außer Zweifel steht und eine Austauschpfändung nicht in Betracht kommt oder daß die Wertlosigkeit des Gegenstandes nach objektivem Maßstab offensichtlich ist (vgl § 807 I S. 3 ZPO; BGHSt 13, 345, 349). **Anwartschaften** aus bedingter Übereignung wie etwa an Sachen, die auf Abzahlung gekauft und unter Eigentumsvorbehalt erworben 772 sind, unterliegen ebenfalls der Offenbarungspflicht, solange das Anwartschaftsrecht fortbesteht, mag auch der Restkaufpreis höher sein als der Zeitwert des betreffenden Gegenstandes (BGHSt 13, 345; 15, 128). Früher vorhanden gewesene Vermögensstücke sind nur insoweit offenbarungspflichtig, als über sie in der durch § 807 I S. 2 Nr 1-3 bezeichneten Weise verfügt worden ist. In jedem Fall bestimmt aber **nur das Gesetz selbst** den Umfang der Offenbarungspflicht; durch Fragen des Rechtspflegers oder des im Termin anwesenden Gläubigers kann der Kreis der offenbarungspflichtigen Gegenstände **nicht erweitert** werden (BGHSt 14, 345, 348).

773 a) **Falsch** ist die nach § 807 II ZPO abzugebende Versicherung, wenn das Vermögensverzeichnis **unvollständig** oder sonst **unrichtig** ist. Unrichtig wird das Verzeichnis nicht nur durch das *Verheimlichen* von Vermögenswerten, sondern auch durch die Aufnahme nicht existierender Gegenstände oder erdichteter Forderungen, weil der Gläubiger auf diese Weise zu unnützen und zwecklosen Vollstreckungsmaßnahmen veranlaßt werden kann (BGHSt 7, 375; 8, 399; OLG Hamm NJW 61, 421). Die *Aufnahme* eines Gegenstandes in das Verzeichnis ist daher uU ebenso gefährlich wie die *Nichtaufnahme*; infolgedessen empfiehlt es sich für den Schuldner, etwaige Zweifel in dieser Hinsicht nebst ihren Gründen im Vermögensverzeichnis darzulegen.

774 Im **Fall 43** waren **Anwartschaftsrecht** und **Besitz** des S am Fernsehgerät mit dessen Veräußerung an einen gutgläubigen Erwerber erloschen (vgl §§ 929, 932 BGB). S hat ein *unrichtiges Verzeichnis* und eine *falsche* eidesstattliche Versicherung abgegeben, weil er einen endgültig aus seinem Vermögen ausgeschiedenen Gegenstand wahrheitswidrig *als noch vorhanden* bezeichnet hat. Er hat sich daher bei vorsätzlicher Begehung nach § 156, im Fahrlässigkeitsfall nach § 163 I strafbar gemacht (näher BGHSt 7, 375; was dort zum *Offenbarungseid* ausgeführt ist, gilt sinngemäß auch für § 156).

775 b) Die **persönlichen Verhältnisse** des Schuldners gehören lediglich insoweit zu den durch § 807 ZPO „*verlangten* Angaben", als sie den **Bestand seines offenbarungspflichtigen Vermögens** betreffen. Falsche Angaben in dieser Hinsicht fallen somit nur dann unter §§ 156 StGB, 807 ZPO, wenn sie geeignet sind, dem betreibenden Gläubiger den Zugriff auf Vermögensstücke des Schuldners zu erschweren oder unmöglich zu machen (BGHSt 11, 223; 37, 340). Letzteres kann der Fall sein, wenn der Schuldner unrichtige Angaben über seinen Beruf und seine Arbeitsbeziehungen macht, zB einen in Wirklichkeit nicht ausgeübten Beruf angibt oder seinen tatsächlichen Beruf verschweigt und dadurch den Gläubigerzugriff vereitelt oder erschwert (vgl *Tröndle/Fischer*, § 156 Rn 7).

### 4. Umfang der Wahrheitspflicht in sonstigen Fällen

776 In sonstigen Fällen bestimmt sich der Umfang der prozessualen Wahrheitspflicht bei eidesstattlichen Versicherungen nach der Eigenart des jeweiligen Verfahrens und dem in Betracht kommenden Verfahrensgegenstand (instruktiv OLG Frankfurt NStZ-RR 98, 72). Bei einer **unverlangt** abgegebenen Versicherung an Eides Statt

kommt es darauf an, welches Beweisthema sich *der Erklärende selbst* gestellt hat und ob in diesem Rahmen Tatsachen unrichtig dargestellt oder verschwiegen wurden, deren richtige und vollständige Mitteilung in einem wesentlichen Punkt den Aussagegehalt der eidesstattlichen Versicherung entscheidend verändert hätte (BGH JR 90, 479 mit Anm. *Keller*; LK-*Ruß*, § 156 Rn 17; SK-*Rudolphi*, § 156 Rn 10; anders OLG Düsseldorf NJW 85, 1848; S/S-*Lenckner*, § 156 Rn 5). *Spontane Angaben*, die für den Gegenstand und den Ausgang des Verfahrens ohne jede mögliche Bedeutung sind, werden von der Wahrheitspflicht nicht erfaßt.

## VII. Teilnahmeprobleme und Verleitung zur Falschaussage

**Fall 44:** Nach erbitterten Erbstreitigkeiten klagt der obsiegende Erbe E gegen seinen Bruder B auf Ersatz des Schadens, der ihm beim Betrieb einer Brutmaschine in seiner Geflügelfarm durch Unterbrechung der Stromzufuhr von dritter Hand zugefügt worden ist. B bestreitet der Wahrheit zuwider die ihm zur Last gelegte Tat. Als Tatzeugin kommt nur eine Schwägerin (S) der Parteien in Frage, die sich auf Bitten des B bereit erklärt, zu seinen Gunsten falsch auszusagen und ihre Angaben ggf zu beschwören. Im Termin zur Beweisaufnahme löst S ihr Versprechen ein; wider Erwarten wird sie jedoch nicht vereidigt. Der von B zum Termin gestellte Zeuge Z verschafft diesem unter Eid für die Tatzeit ein Alibi. Dazu hatte B ihn in der Annahme überredet, daß Z infolge eines Erinnerungsfehlers von der Richtigkeit seiner Bekundung überzeugt sein werde; in Wirklichkeit handelt Z bei seiner Vernehmung wider besseres Wissen.
Strafbarkeit der Beteiligten?

777

### 1. Anstiftung zu Aussagedelikten

Täter der Aussagedelikte kann nur sein, wer in eigener Person falsche Angaben macht („Eigenhändigkeit der Tatbegehung"; siehe Rn 739). Außenstehende kommen deshalb nur als Anstifter oder Gehilfen in Betracht. Insoweit gelten die allgemeinen Regeln (*Heinrich*, JuS 95, 1115).

778

S hat sich im **Fall 44** der uneidlichen Falschaussage schuldig gemacht (§ 153). Des weiteren hat sie sich zu einem Meineid, dh zur Begehung eines *Verbrechens* bereit erklärt (§§ 30 II Alt. 1, 12 I, 154). Beide Straftaten stehen zueinander in Tatmehrheit (§ 53).
B ist nach allgemeinen Regeln wegen *vollendeter Anstiftung* zur uneidlichen Falschaussage (§§ 26, 153) und wegen einer in Tateinheit (§ 52) dazu stehenden *versuchten Anstiftung* zum Meineid zu bestrafen (§§ 30 II, 12 I, 154). Näher BGHSt 9, 131; *Wessels/Beulke*, AT Rn 551, 561.

779

### 2. Versuchte Anstiftung zur Falschaussage

Der Grundsatz, daß die **versuchte Anstiftung** nur bei **Verbrechen** mit Strafe bedroht ist (§ 30 I), erfährt durch § 159 eine Ausnahme. Diese Vorschrift *erweitert* den

780

§ 17 *Aussagedelikte*

Anwendungsbereich der §§ 30 I, 31 I Nr 1, II auf die **Vergehenstatbestände der §§ 153, 156**. Das mag man für erforderlich halten (so *Dreher,* JZ 53, 421, 425); es erweckt aber Bedenken, weil das Gesetz den *Versuch* der Tat bei §§ 153, 156 nicht mit Strafe bedroht, während der Versuch eines Verbrechens stets strafbar ist (vgl auch *Maurach-Schroeder,* BT 2 § 75 Rn 88).

781 Die Rechtsprechung sucht diese Bedenken dadurch zu mildern, daß sie eine Bestrafung nach § 159 nur dann für gerechtfertigt hält, wenn die in Aussicht genommene Haupttat im Falle ihrer Begehung den Tatbestand des § 153 oder des § 156 voll verwirklicht hätte. Praktische Bedeutung gewinnt das vor allem bei irriger Annahme der in §§ 153, 156 vorausgesetzten *Zuständigkeit.* Nach BGHSt 24, 38 scheidet eine Bestrafung wegen **versuchter Anstiftung gemäß § 159 aus,** wenn die geplante Haupttat so, wie der Anzustiftende sie begehen sollte, nur zu einem untauglichen Versuch der §§ 153, 156 hätte führen können; das gleiche soll gelten, falls die Haupttat das Stadium des **untauglichen Versuchs** tatsächlich erreicht hat (zust. *Vormbaum,* GA 86, 353; abl. LK-*Ruß,* § 159 Rn 1a; S/S-*Lenckner,* § 159 Rn 4). Die dafür gegebene Begründung ist jedoch nicht haltbar, weil sie in Widerspruch zu dem steht, was im Rahmen des § 30 I allgemein anerkannt ist (vgl *Schröder,* JZ 71, 563). Im Ergebnis ist eine *teleologische Reduktion* des § 159 als unzulässiger Weg einer Korrektur des als falsch erachteten Gesetzes abzulehnen (*Otto,* BT § 97 Rn 79 mwN; *Tröndle/Fischer,* § 159 Rn 4; aA *Maurach-Schroeder,* BT 2 § 75 Rn 89; *Wessels,* BT/1, 21. Aufl. 1997, Rn 760).

### 3. Verleitung zur Falschaussage

782 Als Ersatz für die bei Aussagedelikten entfallende Heranziehung der mittelbaren Täterschaft greift hier der Sondertatbestand der **Verleitung zur Falschaussage** (§ 160) ein, der im Bereich der §§ 153, 154, 156 eine Bestrafung des Hintermannes ermöglicht.

783 Die Ansichten über den sachlichen Gehalt des § 160 gehen auseinander (näher *Gallas,* Engisch-FS, S. 600; *Hruschka,* JZ 67, 210; *Hruschka/Kässer,* JuS 72, 709, 713). Zum richtigen Verständnis dieser Vorschrift führt (neben den bereits angesprochenen konstruktiven Erwägungen) erst die Erkenntnis, daß § 160 wegen seiner überaus milden Strafdrohung gegenüber den wesentlich strengeren §§ 153 ff in Verbindung mit §§ 26, 30, 159 lediglich eine **Ergänzungsfunktion** besitzt. Dies heißt, daß für § 160 nur dort Raum bleibt, wo nach allgemeinen Regeln weder **Anstiftung** noch **versuchte Anstiftung** zum einschlägigen Aussagedelikt in Betracht kommt. Das ist immer dann der Fall, wenn der Tatveranlasser die Aussageperson für **gutgläubig** gehalten hat. War sein Wille dagegen darauf gerichtet, den anderen zu einer *vorsätzlich* falschen Aussage zu bewegen, greifen die §§ 26, 30, 159 in Verbindung mit §§ 153 ff durch, so daß wegen **Anstiftung** bzw **versuchter Anstiftung** zum Aussagedelikt zu bestrafen ist. Dabei verbleibt es auch in solchen Fällen, in denen der Aussagende nicht *schuldhaft* handelt und der Hintermann davon Kenntnis hat, wo also *konstruktiv* mittelbare Täterschaft gegeben wäre (zutreffend S/S-*Lenckner,* § 160 Rn 1, 2). Fraglich ist, ob eine Fehleinschätzung der Sachlage durch den Hintermann im Rahmen des § 160 zur Deliktsvollendung oder lediglich zum Versuch führt. Die neuere Rechtsprechung (BGHSt 21, 116) nimmt eine **vollendete** und nicht nur *versuchte* **Verleitung zum Falscheid** auch dann an, wenn entgegen der

Vorstellung des Verleitenden der Verleitete *vorsätzlich* falsch schwört (ebenso *Lackner/Kühl*, § 160 Rn 4; LK-*Ruß*, § 160 Rn 2; S/S-*Lenckner*, § 160 Rn 9; SK-*Rudolphi*, § 160 Rn 4; *Wessels*, BT/1, 21. Aufl. 1997, Rn 762). Dem ist *nicht* zuzustimmen, auch wenn der Verleitende die **Gefährdung der Rechtspflege** als von ihm gewollten Erfolg durch Herbeiführung einer *objektiv falschen Aussage* erreicht und die Bewertung seines Verhaltens iS der **Tatvollendung** daran scheitert, daß der Verleitete in subjektiver Hinsicht **mehr tut**, als er tun soll, dh *vorsätzlich* statt *gutgläubig* falsch aussagt. Nach den allgemeinen dogmatischen Grundsätzen, an denen festzuhalten ist, liegt lediglich eine strafbar *versuchte* Verleitung vor (vgl *Eschenbach*, Jura 93, 407; *Gallas*, aaO S. 619; *Maurach-Schroeder*, BT 2 § 75 Rn 102; *Otto*, BT § 97 Rn 92; *Tröndle/Fischer*, § 160 Rn 3).

Im **umgekehrten Fall** (= entgegen der Vorstellung des Veranlassers ist der Verleitete nicht bös-, sondern gutgläubig) handelt es sich um einen *Anstiftungsversuch*, so daß die Bestrafung des Hintermannes nach §§ 30 I, 154 bzw nach § 159 in Verbindung mit §§ 153, 156 erfolgt.

Z hat sich im **Fall 44** des Meineides schuldig gemacht. Urheber dieser Tat war B, der die Voraussetzungen der *Anstiftung* (§§ 26, 154) jedoch nicht erfüllt, weil sein Vorsatz nicht darauf gerichtet war, den Z zu einer *vorsätzlichen* Eidesverletzung zu bestimmen; nach der Vorstellung des B sollte Z gerade *gutgläubig* falsch aussagen. Da Z nicht iS des § 160 I verleitet worden ist, scheidet Vollendung aus. B kann insoweit nur gemäß §§ 160 I, II, 22 bestraft werden. Zwischen dieser Tat des B und seinen anderen besteht Tatmehrheit (§ 53).

784

Der **objektive Tatbestand** des § 160 setzt lediglich die Herbeiführung einer *objektiv falschen* Aussage, eidesstattlichen Versicherung oder Eidesleistung im Wege des „Verleitens" voraus. Die dazu erforderliche Einwirkung auf den Willen des zu Verleitenden kann durch beliebige Mittel (zB durch eine gezielte Täuschung, das Ausnutzen eines schon bestehenden Irrtums, eine Drohung oder dergleichen) erfolgen. Dabei kann auch ein Mittelsmann (etwa als Überbringer eines schriftlichen oder mündlichen Aussageersuchens) eingeschaltet werden, dessen Gut- oder Bösgläubigkeit dann allein für die Frage seiner eigenen Strafbarkeit Bedeutung hat (im einzelnen ist hier noch vieles ungeklärt und umstritten; vgl dazu LK-*Ruß*, § 160 Rn 5 f; NK-*Vormbaum*, § 160 Rn 8; S/S-*Lenckner*, § 160 Rn 7; SK-*Rudolphi*, § 160 Rn 4, 6). Der **Verleitungsvorsatz** muß die Verwirklichung des objektiven Unrechtstatbestandes umfassen, wegen der besonderen Funktion des § 160 aber außerdem darauf gerichtet sein, daß der zu Verleitende *gutgläubig* falsch aussagen soll. Objektiver und subjektiver Tatbestand des § 160 sind nach hM (die hier allerdings abgelehnt wird; vgl Rn 783) ausnahmsweise nicht in vollem Umfange deckungsgleich (näher SK-*Rudolphi*, § 160 Rn 7; *Wessels/Beulke*, AT Rn 208, 209).

785

### 4. Beihilfe durch Tun und durch Unterlassen

Für die **Beihilfe** zu Aussagedelikten durch *aktives Tun* gelten keinerlei Besonderheiten; zu denken ist hier insbesondere an Fälle, in denen ein schon zur falschen

786

Aussage Entschlossener in seinem Vorhaben durch Rat oder Tat bestärkt wird (BGH MDR/D 74, 14; näher *Heinrich*, JuS 95, 1115, 1118 mwN). Sehr umstritten ist dagegen, wann und unter welchen Voraussetzungen **Beihilfe durch Unterlassen** kraft **Garantenstellung** anzunehmen ist. Die Rechtsprechung dazu hat wiederholt gewechselt. Anerkannt ist, daß der **Zeuge** prozessual unter *eigener Verantwortung* steht und daß die Garantenstellung einer Prozeßpartei sich nicht allein mit ihrer Wahrheitspflicht (§ 138 ZPO) begründen läßt (BGHSt 4, 327). Die zu weit gehende Ansicht, daß die Prozeßpartei eine in ihrer Gegenwart stattfindende Falschaussage schon dann verhindern müsse, wenn sie durch ihr wahrheitswidriges Bestreiten die Vernehmung eines vom Prozeßgegner benannten Zeugen veranlaßt habe (BGHSt 3, 18; RGSt 75, 271), ist inzwischen mit Recht **aufgegeben** worden (BGHSt 17, 321). Eine Garantenstellung aus vorangegangenem Tun wird jetzt bejaht, wenn der Verfahrensbeteiligte den Zeugen pflichtwidrig in eine **besondere**, dem Prozeß nicht mehr eigentümliche (*inadäquate*) Gefahr der **Falschaussage** gebracht hat (BGHSt 17, 321; 14, 229; BGH NStZ 93, 489; OLG Düsseldorf NJW 94, 272; OLG Köln NStZ 90, 594; OLG Hamm NJW 92, 1977; näher dazu *Bartholme*, JA 98, 204; *Heinrich*, JuS 95, 1115; *Kelker*, Jura 96, 89; *Scheffler*, GA 93, 341; *Seebode*, Anm. NStZ 93, 83).

9. Kapitel
# Urkundenstraftaten

## § 18 Fälschung von Urkunden, technischen Aufzeichnungen und beweiserheblichen Daten

787 **Fall 45:** Im Hochgefühl des gerade erreichten Volljährigkeitsalters bleibt der 18jährige Unterprimaner U zur Karnevalszeit an 2 Tagen dem Unterricht fern. Im Sekretariat der Schule gibt er eine von ihm verfaßte und unterzeichnete Entschuldigung ab, in der er sein Fernbleiben wahrheitswidrig damit begründet, daß er an Brechdurchfall gelitten habe. Die mit ihm befreundete Sekundanerin S meint dazu, das grenze an Urkundenfälschung. U hält es für abwegig, eine Entschuldigung als Urkunde im Sinne des Strafrechts anzusehen.
Wer hat recht?

788 Das 6. StrRG (siehe Rn 244) hat im 23. Abschnitt zu einigen Änderungen geführt: Die bisherigen §§ 271-273 sind jetzt in § 271 zusammengefaßt, die Strafrahmen neu gestaltet. Der Erfassung professioneller, insbesondere organisierter Begehung dienen die Qualifikationen der §§ 267 IV, 275 II, 276 II sowie 268 V und 269 III;

insoweit ist auch der Anwendungsbereich des § 282 erweitert worden. Neu eingeführt wurde das Verändern von amtlichen Ausweisen (§ 273). Einreisende, die belastende Vermerke in amtlichen Ausweisen oder Seiten aus diesen entfernen usw, machen sich nunmehr strafbar (näher BT-Drucks. 13/8587, S. 66). In die Strafzumessungsvorschrift des § 267 III sind vier Regelbeispiele (zum Begriff siehe Rn 221) aufgenommen und ist das Höchstmaß der Freiheitsstrafe auf 10 Jahre abgesenkt worden. Zu § 267 III, IV siehe die Erläuterungen bei *Tröndle/Fischer*, § 267 Rn 35 ff und § 263 Rn 57 sowie bei *Wessels/Hillenkamp*, BT/2 Rn 588 ff zu § 263.

## I. Rechtsgut, Schutzrichtung und Urkundenbegriff

### 1. Rechtsgut und Schutzrichtungen

**Geschütztes Rechtsgut** der im 23. Abschnitt des StGB geregelten Delikte ist die **Sicherheit und Zuverlässigkeit des Rechtsverkehrs** mit Urkunden, technischen Aufzeichnungen und Daten als **Beweismitteln** (vgl BGHSt 2, 50, 52; zur problematischen Überschrift *Maurach-Schroeder*, BT 2 § 65 Rn 1 und SK-*Hoyer*, Rn 4 vor § 267). Wo eine **Urkunde** Tatobjekt ist, lassen sich **vier** verschiedene **Schutzrichtungen** unterscheiden: Das Vertrauen auf die *Echtheit und Unverfälschtheit* wird bei allen Urkunden ohne Rücksicht auf ihre Erscheinungsform geschützt (§ 267). Im Gegensatz dazu genießt das Vertrauen auf die *inhaltliche Wahrheit* der urkundlichen Erklärung nur in bestimmten Fällen Schutz, und zwar in erster Linie bei *öffentlichen* Urkunden (§§ 348, 271, 276, 276a, 277 Alt. 1, 278, 279). Allein um die Bestandserhaltung, die jederzeitige Verfügbarkeit und die *äußere Unversehrtheit* der Urkunde geht es im Schutzbereich der §§ 273, 274 I Nr 1, während § 281 Schutz vor *mißbräuchlicher Verwendung* nur bei (echten) Ausweispapieren bietet (näher zum Ganzen *Freund*, Urkundenstraftaten, 1996, Rn 1 ff = JuS 93, 731; Serie: Grundfälle zu den Urkundendelikten).

**789**

### 2. Die Merkmale des Urkundenbegriffs

**Urkunde** im Sinne des materiellen Strafrechts ist jede **verkörperte Gedankenerklärung**, die zum Beweis im Rechtsverkehr **geeignet** und **bestimmt** ist und die ihren **Aussteller erkennen läßt** (so die hM: BGHSt 3, 82; 4, 284; 13, 235, 239; S/S-*Cramer*, § 267 Rn 2 mwN; krit. dazu NK-*Puppe*, § 267 Rn 16 ff). **Echt** ist die Urkunde, wenn sie den wirklichen Aussteller (den Erklärenden) erkennen läßt (vgl auch *Maurach-Schroeder*, BT 2 § 65 Rn 46; SK-*Hoyer*, § 267 Rn 4).

**790**

Eine Minderheitsmeinung im Schrifttum mißt nur den in **Schriftform** verkörperten Gedankenerklärungen Urkundeneigenschaft zu (vgl *Kienapfel*, Urkunden im Strafrecht, 1967, S. 349 ff sowie JZ 72, 394; *Maurach-Schroeder*, BT 2, 7. Aufl. 1991, § 65 Rn 12 [anders 8. Aufl. § 65 Rn 14]; *Samson*, Urkunde und Beweiszeichen, 1968, S. 94 ff sowie JuS 70, 369; *Welzel*, Lb S. 403). Trotz mehrerer Anläufe zur Reform ist es bisher beim weiteren gesetzlichen Begriff geblieben (vgl *Schwartz*, Das StGB für das Deutsche Reich, 1914, § 267

**791**

Anm. 2). Praktische Bedeutung hat dieser Theorienstreit für die von der hM bejahte Frage einer Einbeziehung der sog. **Beweiszeichen** in den Urkundenbegriff (näher Rn 804).

**792** a) Ihren besonderen Wert als Beweismittel gewinnt die **Urkunde** durch ihre **Perpetuierungsfunktion**, dh durch die feste Verbindung der ihr zugrunde liegenden Gedankenerklärung mit einem körperlichen Gegenstand (näher S/S-*Cramer*, § 267 Rn 3). *Mündliche* Gedankenäußerungen entbehren dieser stofflichen Verkörperung; das gesprochene Wort bleibt flüchtig und vergänglich.

**793** Durch ihren **gedanklichen Inhalt** unterscheidet die **Urkunde** sich vom Augenscheinsobjekt und von der selbsttätig durch ein Gerät bewirkten *technischen Aufzeichnung* iS des § 268. **Augenscheinsobjekte** sind sachliche Beweismittel, die aufgrund ihrer *Existenz und Beschaffenheit* bestimmte Schlußfolgerungen zulassen und so zum Beweis von Tatsachen dienen (= Fingerabdrücke, Fußspuren, Blutflecke an der Kleidung usw: RGSt 17, 103; *Schilling*, Der strafrechtl. Schutz des Augenscheins, 1965). Zur technischen Aufzeichnung siehe Rn 859 ff.

**794** **Tonbänder, Schallplatten** und **Magnetbänder** sind zwar zur Fixierung menschlicher Gedanken geeignet; ihnen fehlt die Urkundeneigenschaft jedoch deshalb, weil es bei Urkunden entscheidend auf die Möglichkeit *optisch-visueller* Wahrnehmung ihres Inhalts ankommt (krit. *Freund*, Urkundenstraftaten, 1996, Rn 88).

**795** b) Von wesentlicher Bedeutung für den Urkundenbegriff ist weiter, daß die verkörperte Gedankenerklärung zum **Beweise im Rechtsverkehr geeignet und bestimmt** ist (= **Beweisfunktion** der Urkunde).

Die **Eignung** zum Beweis für eine *rechtlich erhebliche Tatsache* ist allein nach objektiven Kriterien zu beurteilen. Dabei spielt es keine Rolle, ob die Urkunde gerade zum Beweis desjenigen Rechtsverhältnisses herangezogen wird, für das sie ursprünglich bestimmt war. So können zB Briefe mit deliktischem Inhalt beweisgeeignet sein, obwohl sie dazu nach dem Willen ihres Ausstellers gewiß nicht vorgesehen waren (S/S-*Cramer*, § 267 Rn 9 mwN). *Klassen- und Prüfungsarbeiten* sind geeignet, Beweis für bestimmte Kenntnisse ihres Verfassers zu erbringen (BGHSt 17, 297; RGSt 68, 240; BayObLG JZ 81, 201).

**796** **Beweiseignung** ist nicht gleichbedeutend mit Beweiskraft. Zum Beweis **geeignet** ist eine verkörperte Gedankenerklärung bereits dann, wenn sie für sich allein oder in Verbindung mit anderen Umständen bei der Überzeugungsbildung *mitbestimmend ins Gewicht fallen kann*; nicht notwendig ist, daß sie vollen Beweis liefert. Wie weit dagegen die *Beweiskraft* einer Urkunde reicht, ergibt sich aus §§ 415-419 ZPO. **Zu beachten** ist, daß die Frage der Beweiseignung bei *unechten* Urkunden unter der *gedachten* Voraussetzung ihrer Echtheit zu stellen und zu beantworten ist. Bei der Herstellung eines unechten Abiturzeugnisses geht es somit darum, ob dieses Zeugnis im Falle seiner Echtheit geeignet wäre, Beweis für das Bestehen der Reifeprüfung zu erbringen (weitere Beispiele: RGSt 32, 56; 62, 218; RG LZ 1920, 393).

**797** Die für den Urkundenbegriff erforderliche **Beweisbestimmung** kann schon von vornherein durch den Aussteller oder nachträglich durch einen Dritten getroffen werden, sofern diesem von Rechts wegen die Möglichkeit eröffnet ist, mit der Urkunde Beweis zu erbringen. Im ersten Fall spricht man von **Absichts-** und im zweiten Fall von **Zufallsurkunden**. Diese Unterscheidung ist aber terminologisch mißverständlich und sachlich entbehrlich (vgl *Kienapfel*, GA 70, 193; NK-*Puppe*, § 267 Rn 8 ff).

Zur **Beweisbestimmung** bedarf es auch bei *Absichtsurkunden* keines zielgerichteten Handelns, vielmehr genügt die Einführung der urkundlichen Erklärung in den Rechtsverkehr mit dem Bewußtsein, daß ein anderer eine rechtliche Reaktion daran knüpfen und sie zu Beweiszwecken benutzen kann. **798**

Praktische Bedeutung erlangt das vor allem bei den sog. **Deliktsurkunden**, die einen strafbaren oder sonstwie deliktischen Inhalt aufweisen, wie etwa beleidigende oder betrügerische Schreiben. Hier läßt sich das Vorhandensein der Beweisbestimmung nicht mit der Begründung verneinen, daß dem Aussteller die *Absicht* gefehlt habe, dem Empfänger ein Beweismittel zu verschaffen (näher RGSt 32, 56; 62, 218; BGH LM Nr 18 zu § 267). **799**

Solange die **Beweisbestimmung nicht getroffen** ist, liegt noch keine Urkunde vor (BGHSt 13, 235). Wichtig ist das bei persönlichen Aufzeichnungen, Erinnerungsnotizen, Privatbriefen und bloßen **Urkundenentwürfen** (vgl BGHSt 3, 82; RGSt 57, 310; OLG Bremen NJW 62, 1455). Entfällt die Beweisbestimmung schlechthin, wie etwa beim Aussondern von Akten oder von benutzten Fahrkarten zum Einstampfen, so endet damit die Urkundeneigenschaft (OLG Köln MDR 60, 946); anders aber, wenn der Berechtigte die ursprüngliche Beweisbestimmung lediglich ändert (lesenswert dazu BGHSt 4, 284; siehe auch *Maurach-Schroeder*, BT 2 § 65 Rn 34). **800**

c) Schließlich muß die verkörperte Gedankenerklärung ihren **Aussteller** *bezeichnen* oder sonst *erkennbar machen*, dh auf eine **bestimmte Person** oder Behörde (BGHSt 7, 149, 152) hinweisen, die als Urheber und Garant hinter der urkundlichen Erklärung steht (= **Garantiefunktion** der Urkunde). Aussteller in diesem Sinne ist nicht, wer die Urkunde *körperlich hergestellt* hat, sondern derjenige, dem das urkundlich Erklärte im Rechtsverkehr **zugerechnet** wird und von dem die Erklärung in *diesem* Sinne **geistig herrührt**, weil er sich zu ihr als Urheber bekennt (= sog. *Geistigkeitstheorie*: BGHSt 13, 382, 385; *Otto*, BT § 70 Rn 10; *Samson*, JA 79, 526, 660; hM; krit. dazu *Puppe*, Jura 79, 630, 637; JR 81, 441 und NK, § 267 Rn 60). Bedeutung hat die Vergeistigung des Ausstellerbegriffs vornehmlich beim Einsatz von Schreibhilfen und in Fällen der Stellvertretung (vgl RGSt 75, 46; OLG Koblenz NJW 95, 1625), ferner bei Computerausdrucken in Gestalt von Rechnungen, Gehaltsabrechnungen, Steuerbescheiden und dergleichen (näher *Zielinski*, Armin Kaufmann-GedS, S. 605 mwN). **801**

Wo das Gesetz nicht etwas anderes bestimmt, wie etwa bei der Errichtung eines Testaments (§ 2247 BGB), braucht die Urkunde nicht eigenhändig unterschrieben zu sein; auch beim Fehlen jeder Unterzeichnung genügt es, daß sich die Person des Ausstellers dem Gesamtzusammenhang nach aus dem Urkundeninhalt ergibt (BGH GA 63, 16; BayObLG NJW 88, 2190). Zu verneinen ist die Urkundsqualität bei **anonymen Schreiben** und **versteckter Anonymität** unter Verwendung eines Decknamens, sofern dessen Gebrauch jeden Zweifel daran ausschließt, daß der Urheber anonym bleiben will. Die Verwendung eines frei erfundenen oder häufig vorkommenden Namens (zB *Meier, Müller, Schulze*) hindert die Bejahung der Urkundeneigenschaft jedoch dann nicht, wenn der Eindruck erweckt wird, daß ein bestimmter Träger dieses Namens zu der betreffenden Erklärung stehe (BGHSt 5, 149, 151; RGSt 46, 297; *Seier*, JA 79, 133, 135). **802**

§ 18   *Fälschung von Urkunden, technischen Aufzeichnungen und beweiserheblichen Daten*

803   Im **Fall 45** erfüllt die von U abgegebene Entschuldigung alle Merkmale des Urkundenbegriffs; insbesondere war sie dazu bestimmt und geeignet, eine rechtlich erhebliche Tatsache (= die Einhaltung der Schulordnung durch U) zu beweisen. Diese Urkunde war jedoch *echt*.
Einen Straftatbestand hat U also nicht verwirklicht, da die Entschuldigung von ihm als dem angegebenen Aussteller herrührte und § 267, der hier allein in Betracht käme, den Fall der **schriftlichen Lüge** (= das Herstellen einer inhaltlich unwahren, aber *echten* Urkunde) **nicht** erfaßt. Näher dazu Rn 821 ff; siehe zum Ganzen auch den Rechtsprechungsbericht von *Puppe*, JZ 91, 447, 550 und JZ 97, 490.

### 3. Beweis- und Kennzeichen

804   **Urkunden** im strafrechtlichen Sinne sind nach hM **nicht nur Gedankenäußerungen** *in Schriftform* (siehe Rn 790 f), **sondern auch** die mit einem körperlichen Gegenstand fest verbundenen **Beweiszeichen**, die eine menschliche Gedankenerklärung verkörpern, ihren Aussteller erkennen lassen und nach Gesetz, Herkommen oder Vereinbarung der Beteiligten geeignet und bestimmt sind, zum Beweis für eine rechtlich erhebliche Tatsache zu dienen (BGHSt 13, 235, 239; 16, 94; vgl *Küper*, BT S. 285).

805   **Beispiele:** Motor- und Fahrgestellnummern von Kraftfahrzeugen (BGHSt 9, 235; 16, 94), amtlich ausgegebene Kennzeichenschilder (BGHSt 18, 66, 70; BayObLG VRS 53 [1977], 351), die Prüfplakette des TÜV (BayObLG NJW 66, 748), das Künstlerzeichen auf einem Gemälde (RGSt 76, 28), bei hinreichend fester Verbindung auch Preisauszeichnungen an Waren (RGSt 53, 237 und 327; OLG Köln NJW 73, 1807 und 79, 729) und dergleichen. Die **Einbeziehung dieser Beweiszeichen** in den **Urkundenstrafschutz** beruht darauf, daß der Geschäftsverkehr auf *wortvertretende* Abkürzungen, Bezeichnungen und Symbole nicht verzichten kann und daß die Allgemeinheit ihnen hinsichtlich ihres Beweiswertes das gleiche Vertrauen entgegenbringt wie Urkunden in Schriftform (siehe dazu *Freund*, Urkundenstraftaten, 1996, Rn 90 ff; *Puppe*, Jura 80, 18). Damit allein ist freilich die Strafbarkeit noch nicht zureichend begründet.

806   Das Gegenstück zu den urkundengleichen Beweiszeichen bilden die nicht zum Urkundenbereich zählenden **Kennzeichen** sowie Identitäts- und Herkunftszeichen, die nicht für bestimmte rechtliche Beziehungen Beweis erbringen sollen, sondern ihrer **Funktion** nach lediglich der *unterscheidenden Kennzeichnung*, der *Sicherung* oder dem *Verschluß* von Sachen dienen, wie etwa ein Wäschemonogramm, Eigentümerzeichen in Büchern, Dienststempel auf Inventarstücken, Plomben an Postsäcken usw (vgl BGHSt 2, 370; RGSt 64, 48).

807   Ob im Einzelfall ein **Beweiszeichen** oder nur ein **Kennzeichen** vorliegt, läßt sich nicht vom Begriff, sondern allein von der **Funktion des Zeichens** her bestimmen (vgl etwa zu Plomben an Stromzählern als *Beweiszeichen* RGSt 50, 191; krit. zum Ganzen *Maurach-Schroeder*, BT 2 § 65 Rn 26 ff; NK-*Puppe*, § 267 Rn 31 ff).

## 4. Durchschriften, Ausfertigungen, Abschriften, Fotokopien, Telefaxe

Ob und wieweit **Vervielfältigungsstücke** Urkundenqualität besitzen, hängt von ihrer Ausgestaltung ab. Wird auf technischem Wege eine Mehrheit von Exemplaren hergestellt, so ist jedes Einzelstück eine Urkunde iS des § 267, wenn es den Anforderungen des Urkundenbegriffs genügt und es sich insgesamt um gleichwertige Verkörperungen derselben Erklärung des Ausstellers handelt (vgl LG Paderborn NJW 89, 178; *Küper*, BT S. 289; *Welp*, Stree/Wessels-FS, S. 511, 519). **Durchschriften** werden im Rechtsverkehr als Urkunden anerkannt, da sie die Originalerklärung des Ausstellers verkörpern und gerade zu dem Zweck hergestellt werden, mehrere Exemplare der Urkunde als Beweismittel zur Verfügung zu haben (RG JW 38, 1161; KG wistra 84, 233; OLG Hamm NJW 73, 1809). 808

**Ausfertigungen** einer Urkunde, deren Original in den Akten des Gerichts oder in notarieller Verwahrung verbleibt, treten im Rechtsverkehr an die Stelle der Urschrift; ihre Urkundeneigenschaft steht somit außer Zweifel (vgl §§ 317 II, 724 ZPO, 25 I BNotO, 47 BeurkG). 809

*Einfache* **Abschriften** sind dagegen keine Urkunden, da sie als solche nicht erkennen lassen, von wem sie herrühren, und nichts anderes darstellen als eine *Reproduktion* des Originals, ohne daß jemand die Gewähr für ihre Richtigkeit übernimmt (BGHSt 2, 50). Anders liegt es bei **beglaubigten** Abschriften, deren originalgetreue Wiedergabe bescheinigt wird und bei denen der **Beglaubigungsvermerk** alle Erfordernisse des Urkundenbegriffs erfüllt (RGSt 34, 360; *Maurach-Schroeder*, BT 2 § 65 Rn 39; S/S-*Cramer*, § 267 Rn 40a). 810

**Fotokopien** ohne Beglaubigungsvermerk besitzen nach hM keine Urkundenqualität, soweit sie wie einfache Abschriften nur schlichte Reproduktionen des Originals sind und sich in dessen Wiedergabe erschöpfen (BGHSt 24, 140; BayObLG NStZ 94, 88 und NJW 92, 3311; *Geppert*, Jura 90, 271; krit. dazu *Freund*, JuS 91, 723; Gegenkritik bei *Erb*, GA 98, 577; für eine Gleichstellung jedoch nunmehr auch NK-*Puppe*, § 267 Rn 47a; zum sog. mittelbaren Gebrauch einer Urkunde siehe Rn 852). Anders liegt es nach hM, wenn eine fotografische Reproduktion als *angeblich vom Aussteller herrührende Urschrift* hergestellt wird und durch eine geschickte Manipulation den Anschein einer Originalurkunde erwecken soll. **Beispiel:** Jemand erwirbt Bezirksmonatskarten der Deutschen Bahn und stellt von ihnen Farbfotokopien her, die er als Fahrausweis benutzt; zugleich gibt er die Originalfahrkarten gegen Erstattung des Fahrpreises an die Bahn zurück. Siehe dazu BayObLG GA 89, 134 mit Anm. *Lampe*, StV 89, 207; *Zaczyk*, NJW 89, 2515. Lehrreich zum Ganzen auch *Welp*, Stree/Wessels-FS, S. 511, der die Urkundeneigenschaft von Kopien dann bejaht, wenn sie vom Aussteller des Originals herrühren und mit seinem Willen in den Rechtsverkehr gelangen oder wenn sie einem Original zum Verwechseln ähnlich sind. Für Fernkopien im **Telefax**-Verfahren ist die Frage noch nicht geklärt (abl. OLG Zweibrücken NJW 98, 2918; *Maurach-Schroeder*, BT 2 § 65 Rn 39; *Tröndle/Fischer*, § 267 Rn 12b; für Urkundscharakter hingegen *Freund*, Urkundenstraftaten, 1996, Rn 127; *Hardtung*, JuS 98, 719, 722; NK-*Puppe*, § 267 Rn 20 ff; SK-*Hoyer*, § 267 Rn 21, 22; differenzierende Lösungen bei *Rengier*, BT II § 32 811

Rn 28 und *Beckemper,* JuS 00, 123). Zur Problematik des Mißbrauchs „gescannter" Unterschriften siehe *Heinrich,* CR 97, 622.

### 5. Vordrucke und Urkundenentwürfe

**812** **Vordrucke** und **Formulare** bilden vor ihrer Ausfüllung noch keine Urkunden (BGHSt 13, 235; LG Berlin wistra 85, 241). Aus diesem Grunde ist das Herstellen falscher Vordrucke für Euroschecks und Euroscheckkarten in Sondervorschriften mit Strafe bedroht (§ 152a I). Mangels Beweisbestimmung fehlt die Urkundeneigenschaft ferner bei einem bloßen **Urkundenentwurf** (vgl RGSt 57, 310; 61, 161; OLG Bremen NJW 62, 1455). Dazu zählt beispielsweise eine ausgefüllte Postanweisung, *bevor* sie durch Übergabe an den im Schalterdienst tätigen Angestellten in den Rechtsverkehr gelangt (RGSt 67, 90, 92). Auch ein vollständiges und schon unterzeichnetes Schriftstück *kann* nur ein **Entwurf** sein, sofern der Entstehungsvorgang den rein vorläufigen Charakter des Erklärten verdeutlicht und die verkörperte Erklärung noch zur ausschließlichen Verfügung des Ausstellers steht, wie etwa die in Erwartung einer Zahlung *im voraus* angefertigte Quittung oder ein vorsorglich ausgefülltes Wechselformular (vgl RGSt 64, 136).

### II. Besondere Formen der Urkunde

#### 1. Private und öffentliche Urkunden

**813** Bei §§ 267, 274 I Nr 1 ist die Unterscheidung zwischen **Privaturkunden** und **öffentlichen Urkunden** ohne Bedeutung. Unter §§ 271, 348 fallen dagegen nur *öffentliche* Urkunden (näher dazu Rn 905 ff).

#### 2. Gesamturkunden

**814** Werden in einem Schriftstück mehrere **Einzelurkunden** zusammengefaßt, so verlieren sie nicht ohne weiteres ihre Selbständigkeit.

**Postanweisungen** bestehen beispielsweise aus mehreren selbständigen, lediglich räumlich zusammengefaßten Einzelurkunden (BGHSt 4, 60; OLG Köln NJW 67, 742). Bei der darin enthaltenen Absenderangabe handelt es sich um eine urkundliche Erklärung des Postbenutzers (RG JW 35, 3389 Nr 21; RGSt 73, 235, 238), während das Mittelstück (= die eigentliche Postanweisung), der rechte Abschnitt (= Einlieferungsschein) und der obere Teil des linken Empfängerabschnitts bei erfolgter Abstempelung selbständige Einzelurkunden bilden, deren Aussteller die Post ist (vgl RGSt 67, 90 und 246; *Schmidt,* JuS 68, 178).

**815** Eine **Gesamturkunde** entsteht nach hM, wenn mehrere Einzelurkunden in dauerhafter Form so zu einem **einheitlichen Ganzen** verbunden werden, daß sie über ihre Einzelbestandteile hinaus einen *selbständigen,* für sich bestehenden Erklärungsinhalt aufweisen und nach Gesetz, Herkommen oder Vereinbarung der Beteiligten dazu bestimmt sind, ein **erschöpfendes Bild** über einen bestimmten Kreis fortwährender Rechtsbeziehungen zu vermitteln (BGHSt 4, 60; RGSt 60, 17; 67, 245; 69, 396); krit. *Lampe*, GA 64, 321; *Puppe*, Jura 80, 18, 22 und NK, § 267 Rn 39). Aufgabe einer Gesamturkunde ist es, auch dafür Beweis zu erbringen, daß *andere* als die in ihr enthaltenen Rechtsvorgänge *nicht* erfolgt sind.

Gesamturkunden sind nach der Rechtsprechung zB Sparkassenbücher (BGHSt 19, 19), kaufmännische Handelsbücher (RGSt 50, 420; 69, 396) und das Einwohnermeldeverzeichnis (BGH JR 54, 308), **nicht** aber ein Reisepaß (BayObLG NJW 90, 264), die Handakten eines Rechtsanwalts (BGHSt 3, 395), Briefwahlunterlagen und dergleichen (aA *Greiser*, NJW 78, 927 im Anschluß an BGHSt 12, 108, 112).

### 3. Zusammengesetzte Urkunden

Von einer **zusammengesetzten Urkunde** spricht man, wenn eine verkörperte Gedankenerklärung *mit ihrem Bezugsobjekt* **räumlich fest** (= nicht notwendig untrennbar) zu einer **Beweismitteleinheit** derart verbunden ist, daß beide zusammen einen einheitlichen Beweis- und Erklärungsinhalt in sich vereinigen (vgl BGHSt 5, 76, 79; OLG Stuttgart NJW 78, 715; *Küper*, BT S. 291; LK-*Tröndle*, § 267 Rn 87).  **816**

Das ist ua der Fall beim Anbringen eines Beglaubigungsvermerks auf einer Abschrift, bei der Anlegung eines Pfandsiegels am Pfandobjekt, bei amtlichen Kennzeichen iS des § 23 StVZO an Kraftfahrzeugen (nicht aber bei den roten Kennzeichen iS des § 28 StVZO, die anderen Zwecken dienen: BGHSt 34, 375; krit. dazu *Puppe*, JZ 91, 447) sowie bei einer hinreichend festen Verbindung zwischen Preisschild und Ware (RGSt 53, 237 und 327; OLG Köln NJW 73, 1807 und 79, 729; näher unten Rn 842 ff). Nach OLG Köln (NJW 99, 1042 mit zust. Anm. *Jahn*, JA 99, 98) sind *Verkehrszeichen* – hier Streckenverbotszeichen 274; § 41 StVO – keine (zusammengesetzten) Urkunden (aA *Dedy*, Anm. NZV 99, 136; *Kucera*, JuS 00, 208; *Wrage*, Anm. NStZ 00, 32).

### III. Herstellen unechter Urkunden

**Fall 46:** Der Schuldner S hat seinem Gläubiger G ein Darlehen von 2000 DM gegen Quittung zurückgezahlt, jedoch vergessen, sich den von ihm ausgestellten Schuldschein zurückgeben zu lassen. Nach dem Tode des G besteht dessen Alleinerbe E gutgläubig auf der Einlösung des im Nachlaß vorgefundenen Schuldscheins. Um nicht noch einmal zahlen zu müssen, stellt S die nicht auffindbare Quittung in der Weise wieder her, daß er ein von ihm selbst ausgefülltes Formular mit der Unterschrift des G versieht. E schöpft keinen Argwohn und gibt den Schuldschein bei Vorlage der Quittung an S zurück. Strafbarkeit des S? Unterschied gegenüber dem Fall 45?  **817**

**Fall 47:** Im Auftrag der erkrankten Rentnerin R geht Frau F zur Rentenzahlstelle, wo sie unter Vorlage der ihr von R übergebenen Rentenkarte das Geld abholt und dessen Empfang in der Weise bestätigt, daß sie in der Auszahlungsliste mit dem Namen der R quittiert. Sodann liefert F das Geld ordnungsgemäß bei R ab. Verstößt das Verhalten der F gegen § 267?  **818**

**Fall 48:** Der Handelsvertreter H hat sein Auto zur Inspektion in die Werkstatt gebracht. Im Ablagefach befindet sich ein Scheckheft, in welchem das oberste Formular bereits  **819**

*§ 18 Fälschung von Urkunden, technischen Aufzeichnungen und beweiserheblichen Daten*

mit der Blankounterschrift des H versehen ist. Der Lehrling L nimmt diesen Scheck an sich, vervollständigt ihn durch Eintragung eines Betrages von 250 DM und legt ihn seiner Sparkasse zur Einlösung vor, die den Betrag seinem Konto gutschreibt.
Hat L (abgesehen von sonstigen Delikten) eine Urkundenfälschung begangen?

820 Eine Urkundenfälschung begeht, wer zur *Täuschung im Rechtsverkehr* eine unechte Urkunde herstellt, eine echte Urkunde verfälscht oder eine unechte bzw. verfälschte Urkunde gebraucht (§ 267 I).

**1. Echtheit und Unechtheit von Urkunden**

821 Eine Urkunde ist **unecht**, wenn sie nicht von demjenigen herrührt, der aus ihr als Aussteller („Erklärender") hervorgeht. **Echt** ist sie dagegen, wenn sie von demjenigen stammt, der sich aus ihr als Urheber der verkörperten Gedankenerklärung ergibt. Kennzeichnend für das Herstellen einer unechten Urkunde ist das Anstreben einer sog. **Identitätstäuschung**, dh ein Handeln zum Zwecke der Herbeiführung oder Aufrechterhaltung eines Irrtums über die **Person des wirklichen Ausstellers** (BGHSt 1, 117, 121; 33, 159; 40, 203; BGH NStZ 93, 491; *Freund*, Urkundenstraftaten, 1996, Rn 136 ff; krit. dazu NK-Puppe, § 267 Rn 76). Unerheblich ist, ob die als Aussteller genannte Person überhaupt existiert oder nicht. Es kommt auch nicht darauf an, ob der Adressat der Erklärung sich unter dem angeblichen Aussteller eine bestimmte Person als Namensträger *vorstellen* kann. Es genügt vielmehr, daß der Eindruck erweckt wird, eine *bestimmte* Person mit dem betreffenden Namen wolle sich zu der urkundlichen Erklärung als Aussteller bekennen (RGSt 46, 297).

822 **Aussteller** von Urkunden können aber nicht nur Menschen, sondern auch **Behörden** als solche sein. Wer einer Urkunde den Anschein gibt, daß sie von einer bestimmten, für ihre Herstellung zuständigen Behörde herrühre, während dies in Wirklichkeit nicht zutrifft, täuscht darüber, wer ihr Aussteller ist, stellt also eine *unechte* Urkunde her (vgl BGHSt 7, 149, 152; 9, 44, 46; *Lackner/Kühl*, § 267 Rn 19; aA *Otto*, JuS 87, 761, 765).

823 Bei dem **Merkmal der Unechtheit** geht es allein um die Frage der **Urheberschaft** und nicht etwa um die *Wahrheit* der urkundlichen Erklärung (verkannt von OLG Düsseldorf JR 98, 478 mit abl. Anm. *Krack*). Eine Urkunde kann **echt** sein, obwohl sie etwas Unwahres bezeugt (so die Entschuldigung des U im Fall 45). Umgekehrt kann eine *inhaltlich wahre* Urkunde unecht sein, wenn ihr wirklicher Aussteller nicht mit der Person identisch ist, von der sie herzurühren scheint.

824 Im **Fall 46** kommt das Herstellen einer unechten Urkunde in Betracht: S hatte das Darlehen bereits an G zurückgezahlt und G hatte den Empfang des Geldes schriftlich bestätigt. Infolgedessen entsprach die von S angefertigte und dem E vorgelegte Quittung *inhaltlich* durchaus der Wahrheit. Gleichwohl war sie als Urkunde **unecht**, weil sie den Anschein erweckte, von der Hand des G zu stammen, während sie in Wirklichkeit von S hergestellt war und von ihm als Aussteller herrührte.

Wer sich beim Anfertigen einer Klausur in der juristischen Staatsprüfung eine **fremde geistige Leistung zu eigen macht**, indem er die von einem Dritten angefertigte und geschriebene Lösung (= Urkundenentwurf) mit seiner Unterschrift oder (was der Unterschrift gleichkommt) mit seiner Platzziffer versieht, um sie sodann beim Aufsichtsbeamten als seine Arbeit abzugeben, stellt eine **inhaltlich unwahre**, aber keine *unechte* Urkunde her (BayObLG JZ 81, 201; dazu *F.-C. Schroeder*, JuS 81, 417). Dies folgt daraus, daß es hier an einer Täuschung über die Person des Ausstellers fehlt, weil der Prüfling unter den gegebenen Umständen selbst zum „Aussteller" der abgegebenen Arbeit wird und als Garant hinter der urkundlichen Erklärung steht. Seine konkludente Behauptung, daß er die Lösung selbst erarbeitet und niedergeschrieben habe, entbehrt lediglich der Wahrheit, macht die Klausurarbeit als Urkunde jedoch nicht unecht iS des § 267. 825

Wer die fremde Unterschrift unter einer Urkunde ausradiert und durch seine eigene Unterschrift ersetzt, macht die fremde Gedankenerklärung zu seiner eigenen und stellt damit eine *echte* Urkunde her, verstößt also nicht gegen § 267, sondern allenfalls gegen § 274 I Nr 1, sofern dessen sonstige Voraussetzungen erfüllt sind (vgl BGH NJW 54, 1375). 826

a) Das Herstellen unechter Urkunden geschieht bei Schriftstücken idR durch **Zeichnen mit falschem Namen**. Unbedingt notwendig ist das aber nicht, denn auch beim Gebrauch des *richtigen* Namens kann eine Urkunde **unecht** sein, wie etwa dann, wenn der Täter sich zwecks Täuschung nicht seines Rufnamens, sondern eines sonst nicht gebrauchten Vornamens bedient (BGHSt 40, 203; zust. *Puppe*, JZ 97, 490, 491 f mwN; *Meurer*, NJW 95, 1655) oder wenn er durch Zusätze zu seiner Unterschrift den Anschein erweckt, der **Aussteller sei eine andere Person** (zB durch den Zusatz „sen." oder durch Beifügung eines Behörden- oder Firmenstempels: BGHSt 17, 11). Anderseits führt die Verwendung eines falschen Namens nicht zwangsläufig zur Urkundenfälschung, vielmehr kann beim *Fehlen einer Identitätstäuschung* auch eine bloße **Namenstäuschung** vorliegen, die durch § 267 nicht erfaßt wird. 827

So etwa, wenn jemand zum Zwecke des *Untertauchens* einen ihm nicht zustehenden Namen führt, in seinem neuen Lebenskreis mit diesem Namen identifiziert wird und darunter alle Geschäfte abwickelt (= Täuschung „über" den Namen; vgl RGSt 48, 238, 241; BGHSt 1, 118, 121). Das gleiche soll nach hM dort gelten, wo die Wahrheit der Namensangabe für die jeweilige Beweissituation unter Berücksichtigung des Verwendungszwecks der Urkunde ohne jede Bedeutung ist und die Beteiligten kein Interesse daran haben, ob sich der Urkundenaussteller seines richtigen Namens bedient (BGHSt 33, 159; OLG Celle NJW 86, 2772; *Wessels*, BT/1, 21. Aufl. 1997, Rn 804). In Betracht kommt das etwa, wenn das Auftreten unter falschem Namen *ausschließlich* der Wahrung des Inkognitos dient und nicht die Gefahr begründet, daß der Vertragspartner ins *Leere* greift, wenn er sich an den Aussteller der urkundlichen Erklärung halten will (**Beispiel:** Ein Minister verbringt seinen Sommerurlaub *inkognito* in einem kleinen Schwarzwalddorf, oder ein verheirateter Fabrikant verlebt das Wochenende mit seiner Sekretärin in einem Hotel, wo beide sich als Ehepaar ausgeben und unter Angabe eines falschen Namens in das Gästebuch eintragen). **Anders** liegt es dagegen, wenn das Zeichnen mit falschem Namen dem Täter die *Möglichkeit offenhalten soll*, sich der Inanspruchnahme aus seinen urkundlich geschlossenen Vertragsverpflichtungen durch den Einwand zu entziehen, daß er mit dem Namenszeichner nicht identisch sei (= Täuschung „mit" falschem Namen über die Person des Ausstellers). **Beispiel:** Absteigen im Hotel unter falschem Namen, um ohne Bezahlung verschwinden zu können, vgl BGH MDR/D 73, 556; LK-*Tröndle*, § 267 Rn 124 ff; *Otto*, JuS 87, 761, 767. Diese auf den (wandelbaren) Willen des Täters und fehlendes Interesse des Adressaten abstellende Differenzierung (eine Art 828

§ 18 *Fälschung von Urkunden, technischen Aufzeichnungen und beweiserheblichen Daten*

„verständnisvolle" Reduktion) ist schwerlich haltbar; näher NK-*Puppe*, § 267 Rn 67; ferner *Samson*, JA 79, 526, 659; S/S-*Cramer*, § 267 Rn 48 ff; *Seier*, JA 79, 133, 137.

829  b) Wer eine urkundliche Erklärung **für einen anderen** abgibt und **mit dessen Namen** zeichnet, stellt nach hM keine unechte, sondern eine **echte Urkunde** her, wenn er den Namensträger *vertreten* will, wenn dieser sich *vertreten lassen will* (sich somit zu der für ihn abgegebenen Erklärung bekennt) und wenn der Unterzeichnende den Namensträger *rechtlich vertreten darf* (näher RGSt 75, 46; 76, 125; BGHSt 33, 159, 161; BayObLG NJW 89, 2142 und 88, 1401; OLG Stuttgart NJW 81, 1223; *Maurach-Schroeder*, BT 2 § 65 Rn 50, 51; *Samson*, JuS 70, 369, 375; krit. dazu *Otto*, JuS 87, 761, 764; *Paeffgen*, Anm. JR 86, 114; *Puppe*, JR 81, 441, Jura 86, 22, JuS 89, 361 und NK, § 267 Rn 63; SK-*Hoyer*, § 267 Rn 47 ff).

830  **Unzulässig** ist eine derartige Stellvertretung nach allgemeiner Ansicht, wenn die *eigenhändig-persönliche* Herstellung oder Unterzeichnung der Urkunde gesetzlich vorgeschrieben ist oder im Rechtsverkehr vorausgesetzt wird, wie etwa beim eigenhändigen Testament (§ 2247 BGB; RGSt 57, 235), bei Prüfungsarbeiten (RGSt 68, 240; BayObLG JZ 81, 201), bei Abgabe einer eidesstattlichen Versicherung (RGSt 69, 117) und bei sog. eigenhändigen Lebensläufen (OLG Oldenburg JR 52, 410). Ein vom Erblasser nicht selbst geschriebenes, wohl aber *eigenhändig unterschriebenes* Testament ist zwar **formgültig**, aber nicht unecht (S/S-*Cramer*, § 267 Rn 59). Die Unterzeichnung einer Urkunde für eine andere natürliche Person in offener Stellvertretung (dh mit eigenem Namen unter Offenlegung des Vertretungsverhältnisses) ist nach Ansicht des BGH nicht deshalb als Urkundenfälschung iS der ersten Alternative des § 267 I anzusehen, weil das Vertretungsverhältnis in Wahrheit nicht besteht. Eine *solche* Urkunde weist nach ihrem Inhalt und Erscheinungsbild als **ihren Aussteller** grundsätzlich nicht den Vertretenen, sondern den **Erklärenden** aus (BGH NStZ 93, 491). Die wahrheitswidrige Behauptung der Vertretungsbefugnis stellt unter diesen Umständen nur eine „schriftliche Lüge" dar, die vom Tatbestand des § 267 nicht erfaßt wird.

831  Im **Fall 47** hat F den Rentenbetrag im Auftrag der R in Empfang genommen und *mit dem Namen der R* quittiert. Hierin könnte das Herstellen einer unechten Urkunde liegen. Für die Frage, wer **Aussteller** dieser Quittungsurkunde ist, kommt es nicht entscheidend darauf an, daß F den Herstellungsakt körperlich vollzogen hat; maßgebend ist vielmehr, von wem die Empfangsbestätigung in dem Sinne „**geistig**" **herrührt**, daß der Betreffende gleichsam als Garant hinter ihr steht und sie rechtlich als eigene Erklärung gegen sich gelten lassen muß (= sog. *Geistigkeitstheorie*; siehe Rn 801). Das ist in diesem Falle R, weil ihr nach hM das Handeln der F nach Stellvertretungsregeln zuzurechnen ist (vgl aber auch SK-*Hoyer*, § 267 Rn 51).

832  c) Herstellen einer unechten Urkunde ist auch die sog. **Blankettfälschung**. Sie liegt vor, wenn der Täter einem Blankett *ohne Erlaubnis* oder gegen die Anordnung des als Aussteller Erscheinenden einen urkundlichen Inhalt gibt (BGHSt 5, 295; *Weiß*, Jura 93, 288).

833  Die sog. Identitätstäuschung ergibt sich im **Fall 48** daraus, daß L den Anschein erweckt, der von ihm eigenmächtig vervollständigte Text des Schecks rühre von H als Aussteller her. Mithin hat L eine unechte Urkunde hergestellt.

d) Zur Herbeiführung einer *Unterschrift* durch **Täuschung** oder **Zwang** siehe *Lampe*, NJW 78, 679; S/S-*Cramer*, § 267 Rn 98; *F.-C. Schroeder*, GA 74, 225; krit. dazu *Blei*, JA 74, 673.  834

e) Zu den Rechtsfragen, die bei einer **Telegrammfälschung** bedeutsam werden (= Benutzung eines Postbediensteten als Schreibhilfe, Unterscheidung zwischen Aufgabe- und Ankunftstelegramm), siehe RGSt 66, 365; 57, 321; S/S-*Cramer*, § 267 Rn 61; *Schöning*, Telegramm und Fernschreiben im Urkundenstrafrecht, 1985.  835

## 2. Subjektive Tatbestandsmerkmale

In **subjektiver Hinsicht** wird vorausgesetzt, daß der Täter *vorsätzlich* und *zur Täuschung im Rechtsverkehr* gehandelt hat. Zum Vorsatz gehört die Kenntnis der wesentlichen Umstände, aus denen sich die Urkundeneigenschaft ergibt (näher BGHSt 13, 235; 38, 345). Zur Täuschung im Rechtsverkehr handelt, wer irgendeinen anderen über die Echtheit (oder Unverfälschtheit) der Urkunde zu täuschen sucht und ihn dadurch **zu einem rechtserheblichen Verhalten veranlassen** will (BGHSt 5, 149; 33, 105; OLG Köln NJW 83, 769).  836

Der Wille, die Polizei irrezuführen, Strafverfolgungsmaßnahmen zu verhindern oder die Steuerbehörde im Falle einer Geschäftsüberprüfung zu täuschen, reicht aus (BGH NJW 53, 955; BGH LM Nr 18 zu § 267; BGHSt 5, 149). Wer dagegen nur Angehörige beruhigen (RGSt 47, 199), die Gunst eines Mädchens gewinnen (RGSt 64, 95) oder dem Liebhaber ein jüngeres Lebensalter vorschwindeln will (BayObLG MDR 58, 264), hat zwar eine Täuschung im *mitmenschlichen Bereich* im Sinn, erstrebt aber keine **Täuschung im Rechtsverkehr**.  837

Einer **Täuschungsabsicht** ieS des *Daraufankommens* bedarf es nach hM nicht (anders BayObLG NJW 67, 1476; *Maurach-Schroeder*, BT 2 § 65 Rn 73). Genügen soll vielmehr für alle Begehungsformen des § 267 der **Wille zur Täuschung** in Gestalt des *dolus directus* und in dem Bewußtsein eines sicheren Eintritts des vorgestellten Täuschungserfolges (ebenso jetzt BayObLG NJW 98, 2917; vgl auch *Küper*, BT S. 262; *Lackner/Kühl*, § 267 Rn 25; S/S-*Cramer*, § 267 Rn 91; weitergehend NK-*Puppe*, § 267 Rn 99; offengelassen in BGHSt 5, 149, 152).

In den oben gebildeten **Fällen 46** und **48** sind alle subjektiven Tatbestandsmerkmale des § 267 I gegeben:

Im **Fall 46** ging es dem S darum, den E durch Täuschung über die Echtheit der Quittung von einer Weiterverfolgung des Rückzahlungsanspruchs abzuhalten. Im **Fall 48** verfolgte L das Ziel, seine Sparkasse und die Bank des H über die Echtheit des Schecks zu täuschen und dadurch dessen Einlösung zu erwirken. Beide haben sich daher wegen Herstellens einer unechten Urkunde strafbar gemacht.  838

§ 270 stellt der Täuschung im Rechtsverkehr die **fälschliche Beeinflussung einer Datenverarbeitung** im Rechtsverkehr gleich. Bedeutsam wird das beispielsweise, wenn jemand eine unechte Urkunde zu dem Zweck herstellt, sie als Unterlage für  839 die Datenverarbeitung einer im Rechtsverkehr eingesetzten Anlage zu verwenden, soweit bei deren Einsatz keine Kontrolle durch einen Menschen stattfindet (siehe dazu BGHSt 40, 203; *Meurer*, NJW 95, 1655).

### IV. Verfälschen echter Urkunden

840 **Fall 49:** In der Kabine eines Kaufhauses, das weitgehend auf Selbstbedienung eingestellt ist, probiert der Kunde K mehrere Skihosen an. Ausweislich der Preisschilder, die durch einen Nylonfaden mit Knebelende an den Kleidungsstücken befestigt sind, soll die teuerste Markenhose 329 DM und eine schlichte Stoffhose 159 DM kosten. Nach mehreren vergeblichen Versuchen gelingt es K, die Preisschilder dieser beiden Hosen auszutauschen. Seine Manipulation wird jedoch entdeckt, als er die Markenhose mit dem ausgewechselten Preisschild von 159 DM an der Kasse zur Bezahlung vorlegt.
Hat K sich der Urkundenfälschung schuldig gemacht?

841 **Fall 50:** Der Schüler S hat eine für seine Versetzung wichtige Klassenarbeit in Mathematik ohne vollständige Lösung abgeben müssen, weil er mit der letzten Aufgabe nicht fertig geworden ist. Bevor der Mathematiklehrer M sich mit der Durchsicht und Bewertung der Arbeiten befassen kann, nutzt S die freundschaftlichen Beziehungen seiner Mutter zu der bei M beschäftigten Hausgehilfin H wie folgt aus: Nachdem er sich vergewissert hat, daß „die Luft rein" ist, eilt S zur Wohnung des M, wo H ihn erwartet und ihm Gelegenheit gibt, seine Lösung in dem von ihr schon bereitgelegten Klassenarbeitsheft zu vervollständigen.
Verstößt das Verhalten des S gegen § 267?

#### 1. Verfälschungstatbestand

842 Die zweite Begehungsform des § 267 I setzt als Tatobjekt eine echte Urkunde voraus. **Verfälschung** ist nach hM jede (unbefugte, nachträgliche) **Veränderung der Beweisrichtung** und des **gedanklichen Inhalts** einer **echten Urkunde**, so daß diese nach dem Eingriff etwas anderes zum Ausdruck bringt als vorher. Es muß der Anschein erweckt werden, daß die Urkunde *von vornherein* den ihr nachträglich beigelegten Inhalt gehabt und daß der Aussteller die urkundliche Erklärung **von Anfang an** in der jetzt vorliegenden Form abgegeben habe (BGHSt 9, 235; BGH GA 63, 16; zum Streitstand siehe Rn 847 f und *Küper*, BT S. 301). Allerdings darf die Urkunde durch die Tat ihre **Beweiseignung** und **Urkundenqualität** nicht völlig verlieren. Wo das geschieht und dieser Mangel nicht sogleich wieder behoben wird, ist für den Verfälschungstatbestand des § 267 kein Raum, aber zu prüfen, ob statt dessen die Voraussetzungen des § 274 I Nr 1 erfüllt sind. **Beispiel:** Vollständiges Ausradieren der Angaben über die *Fahrzeugklasse* in einem Führerschein alter Machart, um bei einer Verkehrskontrolle durch wahrheitswidrige Behauptungen eine Fahrerlaubnis der nächsthöheren Klasse vorzuspiegeln; lehrreich dazu, insbesondere zu dem Umstand, daß Führerscheine (siehe auch Rn 889) ihrem rechtmäßigen Inhaber „ausschließlich gehören" und daher keine tauglichen Tatobjekte iS des

§ 274 I Nr 1 sind: OLG Braunschweig NJW 60, 1120; *Lackner*/Kühl, § 274 Rn 2 mwN; Weber, Jura 82, 66. Diese Strafbarkeitslücke hat § 273 geschlossen.

Eine Urkunde verfälscht nicht, wer Kraftfahrzeugkennzeichen mit sog. **Antiblitzmitteln** versieht (BGHSt 45, 197 mwN und zust. Anm. *Kudlich*, JZ 00, 426, der auf § 22 I Nr 3 StVG hinweist). Zum Beseitigen von Entwertungsvermerken auf Fahrkarten siehe *F.-C. Schroeder*, JuS 91, 301 und *Ranft*, Jura 93, 84. Zur Abgrenzung zwischen der ersten und zweiten Alternative des § 267 I bei der nachträglichen Ergänzung von zunächst unvollständig gelassenen Rechnungsdurchschriften siehe OLG Hamm NJW 73, 1809.  **843**

Soweit im **Verfälschen** zugleich das Herstellen einer unechten Urkunde liegt, tritt die erste Alternative des § 267 I zurück. Wer nicht eine echte, sondern eine unechte Urkunde verfälscht, stellt (erneut) eine unechte Urkunde her und ist nur nach der ersten Alternative strafbar (vgl RGSt 68, 94).  **844**

Im **Fall 49** bildete die *räumlich feste Verbindung* des Preisschildes über 329 DM mit der Markenhose eine **zusammengesetzte Urkunde** (vgl Rn 816), die geeignet und bestimmt war, Beweis für die Höhe des Kaufpreises zu erbringen. Diese **echte Urkunde** hat K **verfälscht**, indem er das Bezugsobjekt der Preisauszeichnung austauschte und die Markenhose mit dem nur auf 159 DM lautenden Preisschild versah, so die bisherige Beweisrichtung veränderte und den Anschein erweckte, die Geschäftsleitung des Kaufhauses habe der betreffenden Urkunde von Anfang an den jetzt aus ihr ersichtlichen Aussagegehalt beigelegt. Würde man das Verhalten des K in seine Einzelakte zerlegen, so könnte man in dem *ersten Handlungsabschnitt* (= Abtrennung des richtigen Preisschildes von der Markenhose) auch eine Urkundenvernichtung iS des § 274 I Nr 1 und im *zweiten Handlungsabschnitt* (= Anbringen des falschen Preisschildes über 159 DM) das Herstellen einer unechten Urkunde iS der ersten Alternative des § 267 I erblicken. Einer solchen Beurteilung stünde jedoch entgegen, daß die genannten Einzelakte bei natürlicher Betrachtung Bestandteil einer einzigen, *einheitlichen* Tathandlung sind, deren **Gesamtvollzug** den **Verfälschungstatbestand** verwirklicht, wobei der Verstoß gegen § 274 I Nr 1 nur das *Mittel* zur Verfälschung darstellt und aus diesem Grunde hinter § 267 zurücktritt (so *Peters*, Anm. NJW 68, 1894; vgl ferner BGHSt 9, 235; 16, 94; OLG Köln NJW 73, 1807 und 79, 729; *Geppert*, Jura 88, 158; NK-*Puppe*, § 274 Rn 18). Daß K zur Täuschung im Rechtsverkehr gehandelt hat, weil er an der Kasse die *Unverfälschtheit* der mit ihrem Bezugsobjekt verbundenen Preisauszeichnung vorspiegeln und dadurch die Geltendmachung des Kaufpreisanspruchs in der richtigen Höhe vereiteln wollte, steht außer Zweifel. Bei der darüber hinaus erfolgten *Manipulation an der billigen Stoffhose*, die jetzt mit dem auffallend hohen Preis von 329 DM ausgezeichnet ist, dürfte es dagegen am subjektiven Tatbestand des § 267 I fehlen.  **845**

Vorsicht ist in Fällen dieser Art beim Stichwort der **zusammengesetzten Urkunde** geboten, wenn das Preisschild nur **an der Verpackung** (wie etwa an einem die Ware umhüllenden Karton oder an einer Klarsichthülle), nicht aber *an der Ware selbst* befestigt ist:  **846**

In einem vom OLG Köln (NJW 79, 729) entschiedenen Fall hatte der Angeklagte in einem Supermarkt zwei Oberhemden, die sich in Klarsichthüllen mit aufgeklebten Preisschildern befanden, in der Weise ausgetauscht, daß er das teurere Hemd (29,90 DM) in die Hülle mit dem niedrigeren Preis (17,90 DM) steckte. An der Kasse zahlte er sodann nur den geringeren

§ 18 *Fälschung von Urkunden, technischen Aufzeichnungen und beweiserheblichen Daten*

Preis für das wertvollere Hemd. Das OLG vermißte in dem angefochtenen Urteil, das Betrug in Tateinheit mit Urkundenfälschung angenommen hatte, zu § 267 ausreichende Feststellungen. Es führt dazu aus: „Unzweifelhaft bestand zwischen dem Preisschild und der Verpackung eine feste Verbindung. Das angefochtene Urteil läßt aber offen, ob auch zwischen der **Verpackung** und dem **Inhalt** eine feste Verbindung bestand. Insoweit läßt sich nicht ausschließen, daß das Hemd lediglich lose in der offenen Klarsichthülle lag. Dies würde aber als feste Verbindung nicht ausreichen, da sich die Preisauszeichnung nicht auf die Verpackung, sondern auf deren Inhalt bezieht. Nicht die Verpackung ist das Bezugsobjekt, das die Gedankenerklärung des Beweiszeichens individualisiert, sondern **das Oberhemd**, das zum Preis von 29,90 DM zum Kauf angeboten war. Hieran würde sich auch nichts ändern, wenn die Hülle durch eine lose Lasche oder Klappe das Hemd vor zufälligem Herausrutschen schützen würde oder wenn die Hülle bereits als Teil der angebotenen Ware anzusehen wäre. Eine feste **Verbindung** hätte nur bestanden, wenn die Öffnung der Klarsichthülle verschweißt oder durch Klebestreifen so **verschlossen** gewesen wäre, daß Hemd und Verpackung auch äußerlich als **feste Beweiseinheit** anzusehen gewesen wären." Zu anderen typischen Sachverhalten, zB Austausch gestempelter Kennzeichen an einem Kraftfahrzeug, siehe S/S-*Cramer*, § 267 Rn 36a, 43, 63a.

### 2. Tatbegehung durch den Aussteller

**847** Wird die Tat durch eine andere Person als den Aussteller begangen, so läßt sich das Verfälschen als Unterfall der *ersten* Begehungsform des § 267 I auffassen, weil das Endprodukt eine *unechte* Urkunde darstellt und der Eindruck erweckt wird, daß die urkundliche Erklärung in ihrer jetzigen Form vom ursprünglichen Aussteller herrühre. In Fällen dieser Art tritt die erste Alternative des § 267 I hinter den spezielleren Verfälschungstatbestand zurück. **Bedeutsamkeit** gewinnt der Verfälschungstatbestand nach hM jedoch dann, wenn jemand eine von ihm selbst ausgestellte Urkunde **nach dem Erlöschen seines Abänderungsrechts** zur Täuschung im Rechtsverkehr verändert (BGHSt 13, 382, 386; RGSt 74, 341; 60, 187; *Lackner/Kühl*, § 267 Rn 21 mwN).

**848** Abweichend *Kienapfel*, Jura 83, 185; *Lampe*, GA 64, 321, 330; NK-*Puppe*, § 267 Rn 86; S/S-*Cramer*, § 267 Rn 68; SK-*Hoyer*, § 267 Rn 81 mwN. Hiernach soll auch der **Verfälschungstatbestand** eine *Identitätstäuschung* voraussetzen und nur erfüllt sein, wenn der Anschein erweckt wird, daß der jetzige Inhalt der Urkunde vom Aussteller stamme. Diese Auffassung vermag freilich nicht zu begründen, warum § 267 den (von ihrem Standpunkt aus überflüssigen) Verfälschungstatbestand überhaupt enthält. Die Frage ist klärungsbedürftig.

**849** Wann die Abänderungsbefugnis des Ausstellers **endet**, hängt von den Umständen ab. Maßgebend ist, ob die Urkunde bereits in der Weise in den Rechtsverkehr gelangt ist, daß sie nicht mehr der alleinigen Verfügung des Ausstellers unterliegt und daß **ein anderer ein Recht auf ihren unverfälschten Fortbestand erlangt** hat.

**850** Im **Fall 50** war die von S geschriebene Klassenarbeit dazu bestimmt und geeignet, das Vorhandensein der für die Versetzung erforderlichen Kenntnisse im Fach Mathematik zu beweisen (näher BGHSt 17, 297). Mit der **Abgabe** dieser Arbeit zum Zwecke ihrer Bewertung durch M war die Ergänzungs- und Abänderungsbefugnis des S erloschen; von diesem Augenblick an bestand ein Recht der Schule auf ihren unveränderten und unverfälschten Fortbestand. Das Verhalten des S erfüllt daher objektiv wie subjektiv den **Verfälschungstatbestand** des § 267 I. Dazu hat H ihm Beihilfe geleistet. Für die *erste* Alternative des § 267 I ist hier kein Raum, weil die Klassenarbeit in ihrer früheren wie jetzigen Gestalt von S als Aussteller herrührt, also nicht *unecht* ist. (§ 274 I Nr 1 [Beschädigen] würde jedenfalls verdrängt; vgl Rn 898.)

## V. Gebrauchen unechter oder verfälschter Urkunden

### 1. Gebrauchmachen

**Gebraucht** iS der *dritten* Begehungsform des § 267 I ist eine Urkunde, wenn **sie selbst** und nicht nur ihre schlichte Abschrift oder Ablichtung dem zu Täuschenden in der Weise *zugänglich gemacht* wird, daß er die **Möglichkeit zur Kenntnisnahme** hat; auf die tatsächliche Einsichtnahme kommt es nicht an (BGHSt 2, 50; 36, 64 mit Anm. *Puppe*, JZ 89, 596; LK-*Tröndle*, § 267 Rn 171 ff; *Maurach-Schroeder*, BT 2 § 65 Rn 70). Wer einen Führerschein, in welchem an die Stelle der Klasse 4 eine gefälschte Eintragung der Klasse 3 gesetzt ist, bei der Benutzung eines Fahrzeugs, für das die Fahrerlaubnis der Klasse 4 ausreicht, einem Polizeibeamten vorzeigt, **gebraucht** eine verfälschte Urkunde und handelt dabei auch **zur Täuschung im Rechtsverkehr** (BGHSt 33, 105 mit Anm. *Kühl*, JR 86, 297; OLG Köln NJW 81, 64 gegen OLG Hamm NJW 76, 2222). Daß er die Fahrerlaubnis der Klasse 4 wirklich besitzt, ist belanglos, weil er das **Vorhandensein der Fahrerlaubnis** nicht anders als durch den *verfälschten* Teil des Führerscheins dartun kann und weil er mit der Aushändigung des Führerscheins an den kontrollierenden Polizeibeamten konkludent zum Ausdruck bringt, daß ihm der Führerschein *in der jetzt vorliegenden Form* von der zuständigen Verwaltungsbehörde erteilt worden sei (vgl zum Ganzen auch *Weber*, Jura 82, 66). 851

In der Vorlage einer *unbeglaubigten* Fotokopie liegt kein („mittelbarer") Gebrauch der Originalurkunde (BGHSt 20, 17 für § 281; *Jescheck*, GA 55, 97, 105; *Maurach-Schroeder*, BT 2 § 65 Rn 69; *Meyer*, MDR 73, 9; aA BGHSt 5, 291; BGH NJW 78, 2042; BayObLG NJW 91, 2163; LK-*Tröndle*, § 267 Rn 169; offengelassen in BGHSt 24, 140, 142). Das Benutzen eines Kraftwagens mit gefälschten Kennzeichen ist bereits ein vollendetes Gebrauchmachen (BGHSt 18, 66, 70), nicht aber das bloße Beisichführen eines gefälschten Führerscheins für den Fall einer (bisher ausgebliebenen) Verkehrskontrolle, weil die unechte oder verfälschte Urkunde wenigstens **in den Machtbereich des zu Täuschenden gelangt sein** muß (BGHSt 36, 64; BGH GA 73, 179). 852

### 2. Konkurrenzfragen

Bei der umstrittenen Frage nach dem **Verhältnis** der ersten beiden Begehungsformen des § 267 I **zum Gebrauchmachen** ist wie folgt zu unterscheiden: 853

a) Hat der Täter (wie oben in den Fällen 47, 49, 50 und 51) von vornherein **einen ganz bestimmten** Gebrauch des Falsifikats ins Auge gefaßt und sodann realisiert, so wird die schon mit dem Herstellungs- oder Verfälschungsakt *vollendete* Straftat erst durch den konkreten Gebrauch *beendet.* Es liegt dann nur *eine* Urkundenfälschung (§ 267 I), dh **eine einheitliche Tat** im Rechtssinne vor (BGHSt 5, 291; im Erg. ebenso BGHSt 17, 97, 99; *Miehe,* GA 67, 270, 276). Da Herstellen und Verfälschen materiell Vorbereitungshandlungen sind, ist in solchen Fällen auf den Gebrauch abzustellen.

b) Das zu a) Gesagte gilt auch, wenn es sich um **mehrere** Urkunden handelt, die der Täter zum Zwecke desselben (einmaligen) Gebrauchs gefälscht hat (LK-*Tröndle,* § 267 Rn 212; S/S-*Cramer,* § 267 Rn 79c).

c) Wer eine unechte Urkunde herstellt oder eine echte Urkunde verfälscht, deren Verwendung zu diesem Zeitpunkt aber nur in allgemeinen Umrissen geplant hat, begeht durch den späteren Gebrauch eine **neue selbständige Straftat**, die zum vorausgegangenen Fälschungsakt im Verhältnis der Tatmehrheit steht (BGHSt 5, 291; 17, 97; *Lackner/Kühl,* § 267 Rn 27).

d) **Mehrere Fälle des Gebrauchs** einer gefälschten Urkunde bilden grundsätzlich mehrere selbständige Handlungen (= Tatmehrheit); für die Annahme eines Fortsetzungszusammenhanges (vgl BGHSt 17, 97) ist nach der neuen Rechtsprechung des BGH (BGHSt GrS 40, 138) kein Raum mehr.

## VI. Vorbereitung der Fälschung und Mißbrauch von amtlichen Ausweisen

### 1. Vorbereitungshandlungen zum Mißbrauch

**854** § 275 stellt als **Vorbereitung zur Urkundenfälschung**, deren erste beiden Modalitäten materiell schon Vorbereitungshandlungen sind, bestimmte Verhaltensweisen unter Strafe, soweit sie der Fälschung von amtlichen Ausweisen dienen sollen. Sie decken sich weitgehend mit denjenigen des § 149 I. Läßt sich *nur* eine entsprechende Eignung feststellen, greift § 127 I 1 OWiG ein. **Amtliche Ausweise** (auch ausländische) sind ausschließlich oder jedenfalls auch zur Ermöglichung des Identitätsnachweises ausgestellte amtliche Urkunden, zB Pässe, Personal-, Dienst- und Studentenausweise; ferner Führerscheine, nicht aber Scheck- und Kreditkarten (vgl auch § 276a). Vordrucke für amtliche Ausweise iS des § 275 I Nr 3 meint Schriftstücke, die zur Vervollständigung durch Einzelangaben bestimmt sind, auch bereits teilweise ausgefüllte (BT-Drucks. 12/6853, S. 29). Gemäß § 275 III sind die Regelungen des § 149 II, III zur tätigen Reue entsprechend anwendbar.

**855** Hingegen erfaßt § 276 Verhaltensweisen, die auf den **Mißbrauch** von unechten, bereits verfälschten oder falsch beurkundeten **amtlichen Ausweisen** (ergänzend: § 276a) **abzielen**, wobei hinsichtlich der letzteren Alternative unerheblich ist, ob die falsche Beurkundung mit oder ohne Wissen des ausstellenden Amtsträgers erfolgt ist. § 276 I Nr 1 ist wie § 275 I letzte Alt. als Unternehmensdelikt (§ 11 I Nr 6) ausgestaltet. Die Tathandlungen des Abs. 1 Nr 2 entsprechen denjenigen des § 149. Insoweit ist zusätzlich die Absicht erforderlich, den Gebrauch des falschen oder falsch beurkundeten Ausweises zur Täuschung im Rechtsverkehr zu ermöglichen. Gegenüber zumindest strafbar versuchten Urkundsdelikten ist § 276 *subsidiär*; mit § 263 ist Tateinheit möglich (*Tröndle/Fischer,* § 276 Rn 8). Auch das Verändern von amtlichen Ausweisen iS des § 273 I Nr 1 gehört insofern hierher, als es, wenn zur Täuschung im Rechtsverkehr erfolgt, bereits die Strafbarkeit begründet, soweit nicht schon § 267 oder § 274 eingreift (siehe die Subsidiaritätsklausel § 273 I am Ende; vgl etwa den Sachverhalt bei BayObLG StV 97, 355).

## 2. Mißbrauch von Ausweispapieren

**Fall 51:** Dem Autofahrer A ist wegen Trunkenheit im Verkehr die Fahrerlaubnis entzogen worden. Während sein Bruder B, der ihm zum Verwechseln ähnlich sieht, im Krankenhaus liegt, nimmt A heimlich dessen Führerschein an sich und sucht in der Nachbarstadt die Fahrzeugvermietung F auf. Dort tritt er unter dem Namen des B auf und mietet gegen Vorlage des Führerscheins für zwei Tage einen Kraftwagen, mit dem er einen Abstecher zur Ostsee macht. Um einen Teil des Kilometergeldes zu sparen, löst A zeitweilig die Verbindung zwischen Tachometer und Tachometerwelle, so daß der Kilometerzähler des Wagens bei der Rückgabe nur eine Fahrstrecke von 180 km statt der in Wirklichkeit zurückgelegten 600 km anzeigt.
Strafbarkeit des A?

856

**Ausweispapiere** iS des § 281 sind neben amtlichen Ausweisen (siehe Rn 854) nach Abs. 2 auch solche, die im Verkehr als Ausweis verwendet werden, so etwa Werksausweise, Taufscheine, Diplome und Führerscheine (dazu OLG Koblenz VRS 55 [1978], 428; *Lackner/Kühl*, § 281 Rn 2; vgl auch *Hecker*, GA 97, 525). Die Papiere müssen **echte** sein. Zum *Gebrauchen* siehe Rn 851. *Überlassen* erfordert Übertragung der Verfügungsgewalt derart, daß dem anderen der Gebrauch ermöglicht wird (KG NJW 53, 1274). Im **subjektiven Bereich** setzt § 281 neben dem Tatbestandsvorsatz *zweierlei* voraus: Der Täter muß den Eindruck erwecken wollen, mit der Person identisch zu sein, für die der Ausweis ausgestellt ist. Des weiteren muß sein Wille darauf gerichtet sein, den zu Täuschenden zu einem rechtlich erheblichen Verhalten zu bestimmen (näher BGH MDR/D 69, 360; zu den Teilnahmefragen im Rahmen des § 281 siehe *R. Schmitt*, NJW 77, 1811).

857

Im **Fall 51** enthält die Wegnahme des Führerscheins aus dem Gewahrsam des B zur vorübergehenden Nutzung lediglich eine nicht strafbare Gebrauchsanmaßung (vgl *Wessels*, NJW 65, 1153). Seine Vorlage zwecks Anmietung eines Kraftwagens könnte nach § 281 strafbar sein. *Führerscheine* sind Ausweispapiere iS dieser Vorschrift. A hat den für B ausgestellten *echten* Führerschein F vorgelegt, ihn also gebraucht. Dabei wollte er über seine Identität täuschen und F zur Vermietung und Überlassung des Fahrzeugs, mithin einem rechtlich erheblichen Verhalten bestimmen. Demnach hat A sich gemäß § 281 strafbar gemacht (zu der Frage, ob insoweit auch ein sog. *Besitzbetrug* in Betracht kommt, vgl BGHSt 21, 112). Das nachfolgende *Fahren ohne Fahrerlaubnis* (§ 21 I Nr 1 StVG) steht dazu im Verhältnis der Tatmehrheit (§ 53). Zu prüfen bleibt, ob in der Manipulation an der Tachometerwelle ein Verstoß gegen § 268 I, III liegt.

858

## VII. Fälschung technischer Aufzeichnungen

### 1. Schutzgut und Tatbestandsaufbau

**859** Die Strafvorschrift über die **Fälschung technischer Aufzeichnungen** (§ 268) schützt, ähnlich wie § 267, die **Sicherheit und Zuverlässigkeit des Beweisverkehrs** mit technischen Aufzeichnungen. Im einzelnen geht es hier um den **Schutz des Vertrauens** darauf, daß ein Gegenstand, der im Rechtsverkehr als *technische Aufzeichnung* präsentiert wird, in dieser Form *ohne Manipulation* entstanden ist und *gerade deshalb* (dh als Ergebnis eines automatisierten, von störender Einwirkung freien Vorganges) die Vermutung der inhaltlichen Richtigkeit für sich hat (BGHSt 28, 300; 40, 26). Die Richtigkeit selbst liegt allerdings außerhalb dieses unmittelbaren Schutzzwecks; auf sie kommt es daher bei der Anwendung und Auslegung des § 268 nicht an.

**860** Der **Tatbestandsaufbau** des § 268 entspricht weitgehend dem des § 267. Bedenken gegen diese Parallelkonstruktion unter dem Blickwinkel des *Echtheitsschutzes* ergeben sich jedoch daraus, daß **technische Aufzeichnungen** im Gegensatz zu Urkunden weder eine Gedankenerklärung verkörpern noch auf eine Person als Aussteller hinweisen, also zur Gruppe der **Augenscheinsobjekte** gehören, wo sie im Vergleich zu den *natürlichen* Augenscheinsbeweismitteln (zB Fingerabdrücken, Fußspuren) eine Sonderstellung einnehmen.

**861** § 268 ist durch das 1. StrRG in das StGB eingefügt worden, um angesichts der fortschreitenden technischen Entwicklung Lücken im Strafrechtsschutz zu schließen. Im Mittelpunkt der Reformüberlegungen stand die zunehmende Verwendung von Geräten, die *selbsttätig* rechtlich erhebliche Zustände oder Vorgänge sowie Meß- und Rechenwerte in Aufzeichnungsform festhalten. Als Beispiele dafür wurden im Gesetzgebungsverfahren Waagen mit selbsttätigem Druckwerk, Zählwerke mit Druckvorrichtung, Manometer mit automatischer Aufzeichnung, Fahrtenschreiber, Elektrokardiogramme und Aufzeichnungen datenverarbeitender Maschinen genannt. Die **praktische Bedeutung** des § 268 ist indessen gering geblieben; die mangelnde Klarheit seiner dogmatischen Grundkonzeption hat zahlreiche Streitfragen ins Leben gerufen. Die Rechtsprechung dazu wird von Unsicherheit beherrscht. Der BGH hat seinen Standpunkt zum Begriff der technischen Aufzeichnung inzwischen grundlegend revidiert (BGHSt 29, 204); er neigt jetzt dazu, den Anwendungsbereich des § 268 so weit wie möglich einzuschränken. Zu Grundfällen siehe *Freund*, JuS 94, 207.

### 2. Begriff der technischen Aufzeichnung

**862** Der **Begriff** der technischen Aufzeichnung ist in § 268 II gesetzlich definiert. Unter einer „Darstellung" im dort genannten Sinn ist nach jetzt hM nur eine **Aufzeichnung** zu verstehen, bei der die *gerätautonom* produzierte Information in einem selbständig verkörperten, vom Gerät **abtrennbaren Stück** enthalten ist (BGHSt 29, 204). Bloße *Anzeigegeräte* fallen danach (im Gegensatz zu echten „Aufzeichnungsgeräten") nicht unter § 268.

**863** Die **Gegenansicht**, die zunächst auch vom BGH vertreten wurde, läßt als technische Aufzeichnung jede Darstellung von einer gewissen **Dauerhaftigkeit** genügen, deren Verwendbarkeit als Beweismittel über ihren Entstehungszeitpunkt hinaus erhalten bleibt (OLG Frankfurt NJW 79, 118 mit zust. Anm. *Sonnen*, JA 79, 168; S/S-*Cramer*, § 268 Rn 9; SK-*Hoyer*, § 268 Rn 9 mwN). Bedeutung hat dies vor allem für **Anzeigegeräte**, die (wie etwa Gas- und Wasseruhren oder Strom- und Kilometerzähler) den jeweiligen Stand eines fortlaufenden Meßvorganges wiedergeben und den errechneten Endwert solange unverändert festhalten, bis der Meßvorgang bei erneuter Inbetriebnahme fortgesetzt wird. Bei ihnen läßt sich eine hinreichend dauerhafte Verkörperung der Darstellung mit der Begründung bejahen, daß der vorangegangene Meßwert bei erneuter Ingangsetzung des Geräts nicht ersatzlos gelöscht wird, sondern im Wege der kontinuierlichen Addition in die nachfolgenden Meßwerte mit eingeht. Demgegenüber fehlt jegliche **Perpetuierung** bei einer rein *optischen* Anzeige von Meßwerten, wie etwa beim Zeigerstand einer Waage oder eines Geschwindigkeitsmessers, und auch bei der ablesbaren Anzeige von Meßwerten auf Geräten, die nach jedem Einzelvorgang auf den Nullstand zurückläuft, wie dies bei der Ziffernanzeige einer Waage oder dem Zählwerk der Benzinuhr an Zapfsäulen der Fall ist. Hier ist für § 268 nach einhelliger Ansicht kein Raum, sofern diese Geräte ihr Meßergebnis nicht in anderer Weise perpetuieren, wie etwa in Form gedruckter Aufzeichnungen oder dergleichen (zB in Gestalt von Wiegekarten nebst Gebührenberechnung oder eines gedruckten Benzinabrechnungsbelegs beim Selbsttanken).

Die Gründe, die in BGHSt 29, 204 (bitte lesen!) für die hM angeführt werden, stehen zum Teil auf schwachen Füßen: Der *Wortlaut* des Gesetzes ist unergiebig, da die Begriffe „Aufzeichnung" und „Darstellung" in bezug auf technische Geräte mehrdeutig sind. Der *Wille des Gesetzgebers* ist so dunkel wie die gesamte Entstehungsgeschichte des § 268; die hier interessierende Frage der **Abtrennbarkeit** des Aufzeichnungsergebnisses vom Aufzeichnungsgerät ist nirgendwo klar angesprochen. Die *systematische* Anlehnung des § 268 an § 267 und die Parallelität zum Urkundenbegriff rechtfertigen zwar den Schluß, daß nur Darstellungen von einer gewissen Dauerhaftigkeit den gesetzlichen Anforderungen genügen. Daraus folgt aber nicht unbedingt, daß die Verkörperung und Perpetuierung in einem selbständigen, vom Aufzeichnungsgerät *abtrennbaren* Zeichenträger ihren Niederschlag finden müssen; die Sicherung des Beweiswertes einer technischen Aufzeichnung ist wohl nicht nur im letztgenannten Fall gewährleistet. Fraglich ist ferner, ob § 268 (wie es in BGHSt 29, 204, 210 heißt) seinem Sinn und Zweck nach lediglich Diagramme von „besonderer Vollkommenheit und Zuverlässigkeit" schützen soll; denn daß zB ein Fahrtenschreiber weniger störanfällig sei und zuverlässiger arbeite als ein Kilometerzähler, läßt sich schwerlich behaupten. Zustimmung verdient die hM letztlich aber deshalb, weil es nicht geboten erscheint, Meßgeräte herkömmlicher Art mit einer ablesbaren **Anzeige** von Werten wie Gas- und Wasseruhren oder Strom- und Kilometerzähler sowie **reine Anzeigegeräte** ähnlicher Art durch § 268 vor Manipulationen und verfälschenden Eingriffen zu schützen, da insoweit bereits durch §§ 242, 248c, 263, 266 ein hinreichender Strafrechtsschutz besteht. Das Bemühen, den Anwendungsbereich des § 268 nicht ausufern zu lassen, sondern einzuschränken, verdient daher Unterstützung.

**864**

Im **Fall 51** richtete die störende Einwirkung des A auf die Anzeigeeinrichtung des Kilometerzählers durch die Manipulation an der Tachometerwelle sich somit nicht gegen ein

**865**

§ 18 *Fälschung von Urkunden, technischen Aufzeichnungen und beweiserheblichen Daten*

> taugliches Tatobjekt iS des § 268 I, III, so daß nur ein vollendeter oder versuchter Betrug zu Lasten der F in Betracht kommt (BGHSt 29, 204; *Krey*, BT/1 Rn 724; LK-*Tröndle*, § 268 Rn 11; NK-*Puppe*, § 268 Rn 24 mwN).
> Wer der Gegenansicht (OLG Frankfurt NJW 79, 118; LG Marburg MDR 73, 65; S/S-*Cramer*, § 268 Rn 9 mwN) den Vorzug gibt, muß prüfen, ob im **Fall 51** die sonstigen Voraussetzungen des § 268 I, III erfüllt sind; dazu Rn 875.

866  Wesentlich für den Begriff der technischen Aufzeichnung ist weiter, daß der Aufzeichnungsvorgang durch ein technisches Gerät ganz oder zum Teil **selbsttätig bewirkt** wird. Was das Gesetz darunter versteht, ist zweifelhaft und umstritten.

867  Die Legaldefinition in § 268 II erfaßt alle voll- oder teilautomatisch arbeitenden Geräte, bei denen das **Prinzip der Automation** an die Stelle der menschlichen Eigenleistung getreten ist. Da das Gesetz sich mit der *teilweisen* Selbsttätigkeit des Gerätes begnügt, ist eine menschliche Mitwirkung bei der Herstellung technischer Aufzeichnungen nicht ausgeschlossen. Sie darf nur nicht so weit gehen, daß der Mensch (wie bei der Benutzung einer elektrischen Schreibmaschine) den Inhalt der Aufzeichnung selbst bestimmt. Die **Selbsttätigkeit des Geräts** beginnt dort, wo es die aufgenommenen Impulse und die ihm eingegebenen Anfangsdaten in *gerätautonomer* Weise *umsetzt oder verarbeitet*. Im Sinne des § 268 II bewirkt ein Gerät seine Aufzeichnungen **selbsttätig**, wenn es durch einen in Konstruktion oder Programmierung *festgelegten automatischen Vorgang* das Vorliegen bestimmter Phänomene registriert, eingegebene Daten in bestimmter Weise umwandelt oder verarbeitet (zB addiert oder multipliziert), die zur Herstellung einer bestimmten Information erforderlichen Zeichen auswählt und auf diese Weise den das Ergebnis bildenden Aufzeichnungsinhalt konkret gestaltet (vgl dazu LK-*Tröndle*, § 268 Rn 19 ff; *Puppe*, MDR 73, 460 und NJW 74, 1174).

868  **Fotokopien** (BGHSt 24, 140, 142), Fotografien, Tonbandaufzeichnungen sowie Film- und Fernsehaufnahmen sind **keine** technischen Aufzeichnungen iS des § 268 II, wenn die Leistung des Geräts sich in der bloßen Perpetuierung und Wiedergabe eines von Menschen unmittelbar erfaßbaren Vorganges oder Zustandes erschöpft (LK-*Tröndle*, § 268 Rn 23, 24; aA S/S-*Cramer*, § 268 Rn 17). Zu **bejahen** sind die Begriffsmerkmale des § 268 II dagegen bei Aufzeichnungen durch vollautomatisch arbeitende Kameras innerhalb der **Verkehrsüberwachung** (= Geschwindigkeits- oder Rotlichtkontrollen; vgl NK-*Puppe*, § 268 Rn 15), durch **Fahrtenschreiber** (vgl BGHSt 40, 26) oder im medizinischen Bereich durch Röntgengeräte, Elektrokardiographen und dergleichen.

869  Schließlich muß die in dieser Weise bewirkte Aufzeichnung ihren **Gegenstand**, dh ihr Bezugsobjekt allgemein oder für Eingeweihte **erkennen** lassen und **zum Beweise** für eine rechtlich erhebliche Tatsache **bestimmt** sein. Die Erkennbarkeit des Bezugsobjekts kann sich unmittelbar aus der Aufzeichnung (zB durch gleichzeitige Abbildung des Verkehrssünders bei der Radarmessung), aus einer räumlich-festen Verbindung zu ihr oder aus einem erläuternden Beziehungsvermerk ergeben, wie etwa aus der Namenseintragung auf einem EKG (vgl LK-*Tröndle*, § 268 Rn 25 mwN).

## 3. Tathandlungen

Die **Handlungsmodalitäten** des § 268 I entsprechen denen des § 267 I. Der Herstellung einer unechten technischen Aufzeichnung stellt § 268 III den Fall gleich, daß der Täter durch *störende Einwirkung auf den Aufzeichnungsvorgang* das Ergebnis der Aufzeichnung beeinflußt. Diese Gleichstellungsklausel, die den Gedanken des inhaltlichen Wahrheitsschutzes mit der in § 268 I gewählten Grundkonzeption des **Echtheitsschutzes** zu verbinden sucht, zwingt dazu, den in § 267 I vorgeprägten Begriff der *Unechtheit* für den Bereich des § 268 zu modifizieren. 870

Unecht ist eine **technische Aufzeichnung**, wenn sie überhaupt nicht oder nicht so, wie sie vorliegt, das Ergebnis eines *in seiner Selbsttätigkeit* **von Störungshandlungen unbeeinflußten Aufzeichnungsvorganges** ist, obwohl sie diesen Anschein erweckt. Das gilt insbesondere bei einer manuellen Nachahmung (vgl BGHSt 28, 300; LK-*Tröndle*, § 268 Rn 29; *Widmaier*, NJW 70, 1358; aA *Lampe*, NJW 70, 1097, 1101). 871

Versteht man das Merkmal der Unechtheit für alle Fallgestaltungen des § 268 einheitlich in diesem Sinne, so ist die in § 268 III besonders erwähnte „störende Einwirkung auf den Aufzeichnungsvorgang" nur ein Unterfall des **Herstellens** einer unechten Aufzeichnung (vgl *Lackner/Kühl*, § 268 Rn 8; *Tröndle/Fischer*, § 268 Rn 13)

Liefert ein nicht ordnungsgemäß arbeitendes Gerät aufgrund technischer Mängel, infolge eines *Versagens seiner Einrichtungen* oder eines sonstigen **Eigendefekts** falsche Ergebnisse, so sind seine Aufzeichnungen zwar *inhaltlich unrichtig*, aber **nicht unecht**. Ihre Herstellung unter bewußter Ausnutzung dieses Defekts ist nicht tatbestandsmäßig iS des § 268 I Nr 1 *erste* Alternative (BGHSt 28, 300; BayObLG VRS 55 [1978], 425). Wer von ihnen in Kenntnis ihrer Unrichtigkeit Gebrauch macht, verstößt nicht gegen § 268 I Nr 2, kann sich aber des Betruges (§ 263) schuldig machen. 872

Aus dem **Schutzzweck** des § 268 folgt, daß solche Manipulationen, die den selbsttätig-fehlerfreien Funktionsablauf des Geräts nicht berühren, keine „Unechtheit" der Aufzeichnung begründen. Wer beispielsweise auf den Schaublättern eines Fahrtenschreibers einen falschen Fahrernamen einträgt, stellt diese Aufzeichnungen zwar in einen unrichtigen, irreführenden Beweisbezug, verstößt dadurch aber nicht gegen § 268 I Nr 1 (vgl KG VRS 57 [1979], 121; siehe auch OLG Stuttgart NZV 00, 96); allerdings kommt in solchen Fällen § 267 in Betracht (BayObLG NZV 99, 344; OLG Karlsruhe VRS 97 [1999], 166). 873

Manches von dem, was im Zeitalter der Computertechnik als besonders gefährlich erscheint, wird somit durch § 268 nicht erfaßt. Wer einem Computer lediglich falsche Daten eingibt und das für seine Zwecke zum Schaden anderer ausnutzt, macht sich nicht nach § 268 strafbar, weil das Schaffen fehlerhafter Arbeitsvoraussetzungen keine *störende Einwirkung auf den Aufzeichnungsvorgang* als solchen darstellt, also nur zur Entstehung unrichtiger, **nicht** aber zur Herstellung **unechter** Aufzeichnungen führt. Diese Strafbarkeitslücke ist durch das 2. WiKG vom 15.5.1986 (BGBl I 721) mit Hilfe der §§ 269, 263a geschlossen worden. 874

§ 268 III setzt voraus, daß die störende Einwirkung den **selbsttätig-fehlerfreien Funktionsablauf** des Aufzeichnungsvorganges in Mitleidenschaft zieht und daß der Eingriff das **Auf-** 875

§ 18 *Fälschung von Urkunden, technischen Aufzeichnungen und beweiserheblichen Daten*

zeichnungsergebnis nachteilig beeinflußt. Zu welchem Zeitpunkt und auf welche Weise das im einzelnen geschieht, ist gleichgültig (vgl dazu BGHSt 40, 26; BayObLG NZV 95, 287). Wird durch Verwenden einer *„Gegenblitzanlage"* die Gewinnung eines verwertbaren Fotos des Fahrers anläßlich einer Radarkontrolle verhindert, fehlt es an einer störenden Einwirkung auf den Aufzeichnungsvorgang iS des § 268 III; das Foto ist zwar unbrauchbar, aber echt (LG Flensburg DAR 00, 132; zust. *Geppert*, DAR 00, 106; aA AG Tiergarten NStZ-RR 00, 9). Wer mit der oben (zu Rn 863) erwähnten **Minderheitsmeinung** in der Anzeige eines Kilometerzählers eine technische Aufzeichnung iS des § 268 erblickt, müßte im **Fall 51** die Manipulation des A an der Tachometerwelle als störende Einwirkung auf den Aufzeichnungsvorgang gelten lassen und ein tatbestandsmäßiges Handeln gemäß § 268 I Nr 1, 2, III bejahen.

### 4. Subjektiver Tatbestand

876   Zum **Vorsatz** und zur **Täuschungsabsicht** gilt hier das gleiche wie zu § 267 (vgl Rn 836). Zwischen § 268 und § 267 kann uU Tateinheit in Betracht kommen.

Der **Vorsatz** des Täters muß die Umstände mit einschließen, aus denen die Unechtheit der technischen Aufzeichnung folgt. Dazu gehört im Falle des § 268 III die Vorstellung, daß der Aufzeichnungsvorgang von Menschenhand durch eine *störende Einwirkung* nachteilig beeinflußt worden ist. Eventualvorsatz in dieser Hinsicht genügt.

### 5. Begehen durch Unterlassen

877   Fraglich ist, ob und inwieweit § 268 III auch durch ein **Unterlassen** in Garantenstellung verwirklicht werden kann. Die Antwort darauf ergibt sich aus dem oben entwickelten Unechtheitsbegriff und aus dem Erfordernis eines **menschlichen Eingriffs** in den selbsttätigen Funktionsablauf des betreffenden Geräts. Folgende Fallgruppen sind dabei zu unterscheiden:

878   a) Ein Aufzeichnungsgerät iS des § 268, wie etwa ein Fahrtenschreiber, ist infolge **menschlicher Einwirkung** (durch gezielte Manipulation oder durch bloße Unachtsamkeit im Umgang mit dem Gerät) von eigener oder dritter Hand gestört. Wer dieses Gerät, das jetzt **unechte** Aufzeichnungen liefert, in Kenntnis aller Tatumstände und zur Täuschung im Rechtsverkehr in Betrieb nimmt, verwirklicht den Tatbestand des § 268 I Nr 1 *erste* Alternative in Verbindung mit § 268 III im Wege des **aktiven Tuns** (= Herstellung einer unechten technischen Aufzeichnung). Das gleiche gilt, wenn der Täter das Zugrundeliegen einer störenden Einwirkung nicht positiv gekannt, aber in Rechnung gestellt und insoweit mit *Eventualvorsatz* gehandelt hat. Die Frage des pflichtwidrigen Unterlassens und der „Entstörung" des Geräts vor seiner Inbetriebnahme taucht hier gar nicht auf, weil ein **Begehungsdelikt** vorliegt (näher BGHSt 28, 300, 304).

879   b) Die Störung des Geräts beruht auf dem Versagen seiner Einrichtungen, dh auf einem sog. **Eigendefekt**. Wer eine solche Störung zur Täuschung im Rechtsverkehr vorsätzlich **ausnutzt** und das Gerät in Betrieb nimmt oder die Inbetriebnahme seitens Dritter zuläßt, verstößt in keinem Falle gegen § 268, weil das **Ingangsetzen** eines *defekten* Geräts für sich allein keine „störende Einwirkung" iS des § 268 III ist und die so hergestellten Aufzeichnungen nur **inhaltlich unrichtig**, aber nicht „unecht" sind (BGHSt 28, 300, 306).

880   c) Mangels Tatbestandsvorsatzes entfällt eine Bestrafung nach § 268, wenn objektiv ein Sachverhalt der erstgenannten Art (Rn 878) vorliegt, der Täter das Vorhandensein der

220

menschlichen Einwirkung auf den Aufzeichnungsvorgang aber weder kennt noch in Rechnung stellt, sondern *irrig* vom Vorliegen eines **Eigendefekts** ausgeht.

d) Zur Problematik des **unechten Unterlassungsdelikts** gelangt man somit erst in den Fällen, in denen ein Garant **störende Einwirkungen Dritter** pflichtwidrig nicht verhindert, obwohl er es könnte, oder wenn er die Inbetriebnahme eines Aufzeichnungsgeräts zur Täuschung im Rechtsverkehr geschehen läßt, ohne die ihm bekannte störende Wirkung **fremder Eingriffe** oder eines eigenen *unvorsätzlichen* Eingriffs zu beseitigen. Hier ist ein Verstoß gegen § 268 nach den Regeln der unechten Unterlassungsdelikte möglich (vgl BGHSt 28, 300, 307). Grundlage der **Garantenstellung** kann insoweit neben dem eigenen pflichtwidrigen Vorverhalten die Verantwortlichkeit für Gefahrenquellen im eigenen Herrschaftsbereich sein (wie hier *Lackner/Kühl*, § 268 Rn 9; *Maurach-Schroeder*, BT 2 § 65 Rn 87). 881

## VIII. Fälschung beweiserheblicher Daten

Wer zur Täuschung im Rechtsverkehr beweiserhebliche Daten so speichert oder verändert, daß bei ihrer Wahrnehmung eine unechte oder verfälschte Urkunde vorliegen würde, oder wer derart gespeicherte oder veränderte Daten gebraucht, wird nach §§ 269, 270 mit Freiheitsstrafe bis zu 5 Jahren oder mit Geldstrafe bestraft. Der Versuch ist mit Strafe bedroht; § 267 III, IV gilt entsprechend. 882

§ 269 bezweckt die **Verhinderung von Mißbräuchen bei der Verwendung von Datenverarbeitungsanlagen**, die im Wirtschaftsverkehr oder in anderen Bereichen zum Einsatz gelangen. Gegenstand der Tat sind *beweiserhebliche* Daten (= Informationen, die sich codieren lassen, einschließlich der Verarbeitung dienender Programme), die elektronisch, magnetisch oder sonst nicht unmittelbar wahrnehmbar gespeichert oder übermittelt werden, wie etwa Stammdaten von Geschäftskunden, Angaben über den Kontostand bei Gehalts- und Bankkonten, oder über die Eigentumsverhältnisse an Grundstücken, Daten des Bundeszentralregisters, der Personenstandsregister, der Fahndungsdateien und dergleichen (dazu *Lackner/Kühl*, § 263a Rn 3; *S/S-Cramer*, § 269 Rn 6). Mit Ausnahme der Wahrnehmbarkeit müssen die manipulierten Daten alle Elemente einer falschen (= unechten oder verfälschten) Urkunde aufweisen. Insbesondere muß ihr Aussteller erkennbar sein, dh derjenige, dem die Daten („geistig") zuzurechnen sind (*Otto*, BT § 70 Rn 61). Dem Herstellen einer unechten Urkunde entspricht bei § 269 das Speichern unechter Daten, dem Verfälschen einer echten Urkunde das Verändern bereits vorhandener Daten, wobei das Hinzufügen oder Löschen von einzelnen Daten genügt (*S/S-Cramer*, § 269 Rn 17). Gebraucht sind falsche Daten, wenn sie dem zu Täuschenden zur Kenntnis gebracht oder verfügbar gemacht werden, zB durch Sichtbarmachen am Bildschirm oder Ermöglichung ungehinderten Abrufs (*Möhrenschlager*, wistra 86, 128, 135). 883

Der Schutz des § 269 setzt bereits mit der Eingabephase ein; er umfaßt auch Manipulationen, die in einer unrichtigen Programmgestaltung bestehen und die bei einem Vergleich mit § 267 dem Herstellen einer unechten Urkunde entsprechen würden. Die Daten müssen hiernach so gespeichert oder verändert werden, daß sie in ausgedruckter Form bei visueller Wahrnehmung eine Urkundenfälschung iS des 884

§ 267 darstellen würden, unter dem Blickwinkel der Urheberschaft mithin „unecht" sind. Damit soll erreicht werden, daß Verhaltensweisen, die im Bereich des § 267 eine straflose „schriftliche Lüge" darstellen, auch im Rahmen des § 269 straflos bleiben (näher dazu *Möhrenschlager*, wistra 86, 128, 134; *Welp*, CR 92, 291, 354). Zu den Konkurrenzverhältnissen zwischen §§ 267-269 siehe *Lackner/Kühl*, § 269 Rn 12 und *Tröndle/Fischer*, § 269 Rn 9, jeweils mwN; Fälle bei *Freund*, JuS 94, 207, 209; *Meier*, Jura 91, 142 und *Rengier*, BT II § 35.

# § 19 Urkundenunterdrückung und Falschbeurkundung

## I. Vernichtung und Unterdrückung von Urkunden, technischen Aufzeichnungen und beweiserheblichen Daten

885   **Fall 52:** Der Autoneuling A hat beim Zurücksetzen aus einer Parklücke den VW des Kraftfahrers K am Kotflügel erfaßt und beschädigt. Nach längerem Warten klemmt A seine Visitenkarte mit einem kurzen Hinweis auf das Kennzeichen seines Fahrzeuges und auf seine Bereitschaft, für den Schaden aufzukommen, unter den Scheibenwischer des VW. Sodann fährt er fort, um einen wichtigen Termin nicht zu versäumen. Daß ihm sein Bekannter B von der anderen Straßenseite aus zuwinkt, nimmt A nicht wahr. B ahnt, was geschehen ist; um dem A weiteren Ärger zu ersparen, nimmt er die Visitenkarte vom VW weg und steckt sie ein.
Hat B sich strafbar gemacht?

In Betracht kommt eine Urkundenunterdrückung nach § 274 I Nr 1.

### 1. Schutzzweck

886   Die **Urkundenunterdrückung** iS des § 274 I Nr 1 dient dem *Bestandsschutz* von Urkunden und technischen Aufzeichnungen. Anders als bei §§ 267, 268 geht es dem Täter hier nicht um die Erlangung, sondern um die Beseitigung oder Beeinträchtigung eines Beweismittels. Die Tat richtet sich gegen die **Beweisführungsbefugnis eines anderen**, nicht gegen den Beweisverkehr im allgemeinen. Infolgedessen bildet die *Einwilligung* des Berechtigten, sofern sie nicht aus besonderen Gründen (zB wegen eines sittenwidrigen Mißbrauchs der Vertretungsmacht: BGHSt 6, 251) unwirksam ist, einen **Rechtfertigungsgrund** (NK-*Puppe*, § 274 Rn 1, 15; S/S-*Cramer*, § 274 Rn 11; *Tröndle/Fischer*, § 274 Rn 7).

887   Die **Gegenmeinung** nimmt an, daß § 274 I Nr 1 den Bestandsschutz allein im *allgemeinen* Interesse gewähre. Demzufolge soll die Einwilligung des Betroffenen nicht rechtfertigend

wirken, sondern zum „alleinigen Gehören" der Urkunde, dh zum Tatbestandsausschluß führen (*Kienapfel*, Jura 83, 185, 188; LK-*Tröndle*, § 274 Rn 2, 19). Die Besonderheiten, die § 274 I Nr 1 in objektiver und in subjektiver Hinsicht von § 267 abheben, dürften indessen mehr für die Ansicht sprechen, daß § 274 I Nr 1 dem Schutz von Individualinteressen dient.

## 2. Gegenstand der Tat in § 274 I Nr 1

**Gegenstand** der Tat in § 274 I Nr 1 sind nur **echte** Urkunden und technische Aufzeichnungen, die dem Täter **nicht** oder **nicht ausschließlich gehören**. 888

**Falsifikate**, die lediglich in ihrer Eigenschaft als *schlichte Augenscheinsobjekte* Beweis für das Vorliegen einer strafbaren Handlung erbringen sollen, genießen nur nach §§ 133, 303 Schutz.

Mit „Gehören" meint das Gesetz hier nicht die (dinglichen) Eigentumsverhältnisse, sondern das **Recht**, die Urkunde oder technische Aufzeichnung **zum Beweis zu gebrauchen**. Täter kann daher auch der Eigentümer sein, falls die Rechtsordnung ihm die Verpflichtung auferlegt, die Urkunde usw für die Beweisführung durch einen anderen herauszugeben oder bereitzuhalten (zB gemäß § 810 BGB oder §§ 421 ff ZPO; vgl BGHSt 6, 251; 29, 192; BayObLG NJW 68, 1896; ferner SK-*Hoyer*, § 274 Rn 9). 889

Bei **Ausweispapieren** bleiben *rein öffentlichrechtliche* Vorlagepflichten, die den Aufgaben der Verwaltung oder der polizeilichen Kontrolle dienen, in dieser Beziehung unberücksichtigt, so daß Reisepässe, Personalausweise und Führerscheine ihrem **rechtmäßigen Inhaber** iS des § 274 I Nr 1 „ausschließlich gehören" (BayObLG NJW 90, 264; StV 97, 335; *Küper*, BT S. 295; NK-*Puppe*, § 274 Rn 3).

## 3. Tathandlungen

**Tathandlung** kann ein Vernichten, Beschädigen oder Unterdrücken sein. 890

**Vernichten** bedeutet die völlige Beseitigung der *beweiserheblichen* Substanz, wie etwa durch Zerstörung, Unleserlichmachen oder Trennung einer zusammengesetzten Urkunde (vgl BGH NJW 54, 1375; OLG Braunschweig NJW 60, 1120; *Tröndle/ Fischer*, § 274 Rn 3). 891

**Beschädigungshandlungen** müssen hier zu einer Beeinträchtigung des Beweiswertes führen (RGSt 59, 321); andernfalls bleibt nur Raum für § 303. 892

Ein **Unterdrücken** liegt in jeder *ohne Zueignungsabsicht* erfolgenden Handlung, durch die dem Beweisführungsberechtigten die Benutzung des Beweismittels dauernd oder zeitweilig entzogen oder vorenthalten wird (RGSt 39, 405; 49, 144; 57, 310; OLG Koblenz NStZ 95, 50). 893

Im **Fall 52** erfüllte die von A am VW des K angebrachte Visitenkarte alle Merkmale des Urkundenbegriffs: Als Aussteller hatte A darin zum Ausdruck gebracht, den Schaden am VW verursacht zu haben und dafür einstehen zu wollen. Diese Erklärung war dazu 894

> bestimmt und geeignet, Beweis für den Ersatzanspruch des K gegen A zu erbringen. Zur Zeit der Wegnahme durch B gehörte diese Urkunde ungeachtet der Eigentumsverhältnisse dem A *nicht mehr ausschließlich* iS des § 274 I Nr 1, weil sie bereits in den Machtbereich des K gelangt war und dieser das *ihm nicht mehr entziehbare Recht* erworben hatte, sie zum Beweise zu gebrauchen (näher BayObLG NJW 68, 1896; OLG Celle NJW 66, 557; weitergehend AG Karlsruhe NJW 00, 87; NK-*Puppe*, § 274 Rn 5 f). Da nicht anzunehmen ist, daß B die Visitenkarte sich oder einem Dritten zueignen wollte, kommt hier ein Unterdrücken in Frage.

895 Zum **Vorsatz** gehört neben der Kenntnis aller Tatumstände, daß der Beeinträchtigungswille sich gegen die Funktion des Tatobjekts als *Beweismittel* richtet (andernfalls kann § 303 eingreifen). Hinzukommen muß die **Absicht**, dem Betroffenen dadurch (insbesondere durch die Verschlechterung seiner Beweislage: OLG Köln VRS 50 [1976], 421) **Nachteil zuzufügen**, wobei es sich nicht um einen Vermögensnachteil zu handeln braucht (BGHSt 29, 192). Eine Vereitelung des staatlichen Straf- oder Bußgeldanspruchs genügt insoweit nicht (OLG Düsseldorf JR 91, 250; BayObLG NJW 97, 1592; S/S-*Cramer*, § 274 Rn 16; anders *Bottke*, Anm. JR 91, 252; NK-*Puppe*, § 274 Rn 14; *Schneider*, NStZ 93, 16).

896 Die hM deutet den Absichtsbegriff auch hier iS von *dolus directus*. Danach genügt die Vorstellung, daß die Tat notwendigerweise einen fremden Nachteil zur Folge haben wird (BGH NJW 53, 1924; BayObLG NJW 68, 1896; *Küper*, BT S. 217; aA *Otto*, BT § 72 Rn 5; SK-*Hoyer*, § 274 Rn 17).

897 Im **Fall 52** ist bei B am Vorliegen dieser Erfordernisse nicht zu zweifeln; die evtl. Vorstellung, im Interesse des A so handeln zu dürfen, könnte allenfalls zur Annahme eines *vermeidbaren Verbotsirrtums* führen.

### 4. Konkurrenzfragen

898 Dem § 303 geht § 274 I Nr 1 als spezieller Tatbestand vor; im Verhältnis zu § 133 ist mit Rücksicht auf dessen besondere Schutzrichtung Tateinheit möglich. Durch die *Aneignungsdelikte* (§§ 242, 246, 249) wird § 274 I Nr 1 regelmäßig verdrängt; in Ausnahmefällen kann aber Tateinheit wie Tatmehrheit in Betracht kommen (näher BGH NJW 55, 876; GA 56, 318; OLG Köln NJW 73, 1807). Bildet der Eingriff in eine echte Urkunde nur das Mittel zu deren Verfälschung, tritt § 274 I Nr 1 hinter § 267 zurück (= Konsumtion); anders *Geppert*, Jura 88, 158.

### 5. Tatobjekt und Tathandlungen in § 274 I Nr 2

899 Nach § 274 I Nr 2 macht sich strafbar, wer **beweiserhebliche Daten** iS des § 202a, über die er nicht oder nicht ausschließlich verfügen darf, in der Absicht, einem anderen Nachteil zuzufügen, löscht, unterdrückt, unbrauchbar macht oder verändert

(näher *Otto*, BT § 72 Rn 9; SK-*Hoyer*, § 274 Rn 18; Fälle bei *Freund*, JuS 94, 207, 210). Dieser Straftatbestand ist durch das 2. WiKG als Ergänzung zu § 269 in das StGB eingefügt und dem Vorbild des § 274 I Nr 1 angepaßt worden.

## II. Falschbeurkundung

**Fall 53:** Als Kaufpreis für ein Grundstück hat K an den Eigentümer E im voraus 80 000 DM gezahlt. Um Steuern zu sparen, geben E und K bei der Beurkundung des Kaufvertrages durch den ahnungslosen Notar N den Kaufpreis nur mit 50 000 DM an.
a) Haben E und K sich nach § 271 strafbar gemacht?
b) Würde sich die Beurteilung ändern, wenn N die Beurkundung in Kenntnis der wahren Höhe des Kaufpreises vorgenommen hätte?

**Fall 54:** Der aus Ostpreußen stammende Architekt A und seine Braut B schließen vor dem Standesbeamten S die Ehe. Als Trauzeugen wirken T und Z mit. Daß A schon einmal verheiratet war und die kinderlose Ehe aus dem alleinigen Verschulden seiner früheren Frau geschieden worden ist, weiß außer ihm keiner der Beteiligten. Bei der Bestellung des Aufgebots hatte A eidesstattlich versichert, er sei noch nicht verheiratet gewesen. Demgemäß bezeichnet S den Familienstand des A bei Beurkundung der Eheschließung im Heiratsbuch als „ledig". Auf Befragen geben T und Z ihr Lebensalter mit 26 bzw 17 Jahren an. Da Minderjährige als Trauzeugen nicht mitwirken sollen, trägt S bei den Angaben zur Person des Z im Heiratsbuch kurzerhand „18 Jahre alt" ein. Er geht zutreffend davon aus, daß die Beteiligten bei der Unterschriftsleistung darauf nicht achten werden.
Strafbarkeit von A und S?

### 1. Überblick

Im Gegensatz zu § 267 schützen die §§ 271, 348 den Rechtsverkehr nicht vor unechten, sondern vor **inhaltlich unwahren** Beweismitteln, soweit es sich um **öffentliche** Urkunden, Bücher, Dateien oder Register handelt. Durch diesen **Wahrheitsschutz** will das Gesetz das allgemeine Vertrauen in die besondere Beweiskraft öffentlicher Urkunden sichern (RGSt 66, 407; 72, 201, 205; NK-*Puppe*, § 271 Rn 3; SK-*Hoyer*, § 271 Rn 2).

Die Vornahme der Beurkundung ist Sache eines **Amtsträgers** (§ 11 I Nr 2). Ist dieser *bösgläubig*, wird er als Täter wegen **Falschbeurkundung im Amt** (§ 348) bestraft. Etwaige Tatbeteiligte ohne *Amtsträgereigenschaft* können nur Anstifter oder Gehilfen sein, wobei ihnen die Strafmilderung nach § 28 I zugute kommt.

Bedient ein **Nichtbeamter** sich eines *gutgläubig* handelnden Amtsträgers zur Herbeiführung einer inhaltlich unwahren Beurkundung oder einer ihr gleichstehenden Speicherung in Dateien, so liegt ein Fall der **mittelbaren Falschbeurkundung** vor (§ 271). Das gleiche soll nach hL gelten, wenn ein Außenstehender einen *schuldunfähigen* Amtsträger wissentlich *als Werkzeug* zur Tat benutzt oder wenn er sich über die Gut- bzw Bösgläubigkeit des Amtsträgers irrt (vgl *Eser*, Strafrecht IV S. 230; LK-*Tröndle*, § 271 Rn 55, 61; SK-*Hoyer*, § 271

§ 19 *Urkundenunterdrückung und Falschbeurkundung*

Rn 5; *Wessels*, BT/1, 21. Aufl. 1997, Rn 878; zu Recht gegen die Deutung des Bewirkens iS einer allgemeinen Urheberschaft NK-*Puppe*, § 271 Rn 41).

## 2. Besonderheiten öffentlicher Urkunden

905 **Gegenstand** der Tat sind *öffentliche* Urkunden, Bücher, Dateien und Register, in keinem Fall also Privaturkunden. **Öffentliche Urkunden** sind solche, die von einer öffentlichen Behörde oder von einer mit öffentlichem Glauben versehenen Person (wie zB von einem Notar, § 20 BNotO) innerhalb ihrer sachlichen Zuständigkeit in der vorgeschriebenen Form aufgenommen sind. Diese Definition des § 415 ZPO gilt auch für das Strafrecht (BGHSt 19, 19; BayObLG NStZ 93, 591; beachte Rn 907).

906 **Ausländische** öffentliche Urkunden werden zumindest insoweit von § 271 erfaßt, als es sich um ihren **Gebrauch im Inland** handelt (hM: RGSt 68, 300; KG JR 80, 516; OLG Düsseldorf NStZ 83, 221; aA S/S-*Cramer*, § 271 Rn 1; *Wiedenbrüg*, NJW 73, 301). Sie haben die gleiche Beweiskraft wie inländische Urkunden (BVerwG NJW 87, 1159). Siehe zum Ganzen auch *F.-C. Schroeder*, NJW 90, 1406.

Im einzelnen ist für den Bereich der Falschbeurkundung folgendes zu beachten:

907 a) Unter §§ 348, 271 fallen *nur* **öffentliche** Urkunden, *aber nicht jede* öffentliche Urkunde ist zwangsläufig taugliches Objekt einer Straftat dieser Art. Vom **Schutzzweck** der genannten Vorschriften werden allein diejenigen öffentlichen Urkunden erfaßt, die *für den Rechtsverkehr nach außen bestimmt* sind und dem Zweck dienen, **Beweis für und gegen jedermann** zu erbringen, dh gegenüber beliebigen Dritten (BGHSt 6, 380; 12, 88; 17, 66; 19, 19 und 87; lehrreich dazu *F. Meyer*, Dreher-FS, S. 425; krit. zum Aussagegehalt dieser Formel NK-*Puppe*, § 271 Rn 8 f).

908 Den Gegensatz dazu bilden die sog. **schlicht amtlichen** Urkunden, die nicht für den Rechtsverkehr nach außen, sondern lediglich für den *inneren Dienstbetrieb* bestimmt sind und die vornehmlich der Kontrolle, Ordnung und Übersicht der Geschäftsführung dienen (vgl RGSt 53, 224; 67, 256; 68, 201; 71, 46; LK-*Tröndle*, § 271 Rn 20).

909 **Beispiel** aus der Zwangsvollstreckung: Der **Gerichtsvollzieher** ist Urkundsperson iS der §§ 348, 271 (sehr instruktiv dazu OLG Frankfurt NJW 63, 773). Die von ihm nach § 762 ZPO aufzunehmenden **Pfändungs- und Versteigerungsprotokolle** sind für den Rechtsverkehr nach außen zum Beweis für und gegen Dritte bestimmt (RGSt 60, 27; OLG Hamm NJW 59, 1333).

**Schlicht amtliche Urkunden** sind dagegen die Eintragungen im Dienstregister und im Kassenbuch, die für den *inneren Dienstbetrieb* geführt werden und der Aufsichtsbehörde eine Übersicht über die dem Gerichtsvollzieher erteilten Aufträge, deren Erledigung, die Einnahmen und Ausgaben usw bieten sollen (RGSt 68, 201).

910 b) Selbst wenn eine öffentliche Urkunde für den Rechtsverkehr nach außen bestimmt ist, nehmen **nicht alle ihre Einzelbestandteile** zwangsläufig an der *erhöhten Beweiskraft* teil, deren Schutz die §§ 348, 271 bezwecken. **Beurkundet** im dort gemeinten Sinn sind lediglich diejenigen Erklärungen, Vorgänge und Tatsachen, auf **die sich die Beweiskraft** der jeweiligen öffentlichen Urkunde **erstreckt** (BGHSt 22, 201, 203; 12, 88; 6, 380; *Tröndle/Fischer*, § 271 Rn 10). Welche Teile der Beur-

kundung das sind und wie weit deren besondere Beweiskraft reicht, hängt von den einschlägigen Vorschriften ab (vgl BGHSt 42, 131; 44, 186; BGH NStZ 96, 231). Die Verkehrsanschauung kann für sich genommen die besondere Beweiskraft nicht begründen, sondern nur ergänzend zur Klärung des Sinns und Zwecks der Vorschriften herangezogen werden (BGHSt 44, 186; NK-*Puppe*, § 271 Rn 10; § 348 Rn 4).

Im **Fall 54** ist das anhand des § 60 PStG zu klären: Nach dieser Bestimmung beweisen die **Personenstandsbücher** bei ordnungsgemäßer Führung Eheschließung, Geburt und Tod sowie die *darüber gemachten näheren Angaben*. Welche Angaben das bei Eintragungen in das **Heiratsbuch** sind, regelt § 11 I PStG. Nur die dort aufgeführten Angaben werden in den durch § 60 I PStG abgesteckten Grenzen „**beurkundet**". Dazu zählt die in § 11 I PStG nicht vorgesehene Erklärung des A, daß er *ledig* sei, nicht. A hat sich daher nicht nach § 271 strafbar gemacht, obwohl er über seinen Familienstand bewußt falsche Angaben gemacht hat, die in das Heiratsbuch übernommen worden sind (bitte dazu lesen: BGHSt 6, 380). Da für § 169 ebenfalls kein Raum ist, weil die Falschangaben des A nicht den Personenstand *eines anderen* betreffen, kann A nur wegen Abgabe einer falschen eidesstattlichen Versicherung bestraft werden (§§ 156 StGB, 5 III 3 PStG). 911

„**Beurkundet**" iS des § 348 ist auch nicht etwa die unrichtige Eintragung im Heiratsbuch zum Lebensalter des Z: Zwar ist eine diesbezügliche Eintragung in § 11 I Nr 2 PStG vorgesehen. Insoweit sind jedoch für den Umfang der Beweiskraft die durch § 60 PStG gezogenen Grenzen zu beachten, die sich beim Heiratsbuch nur auf die **Eheschließung selbst** und die *„darüber"* gemachten näheren Angaben beziehen. Trauzeugen machen vor dem Standesbeamten aber lediglich Angaben zu *ihrer* Person, nicht jedoch über die Eheschließung (BGHSt 12, 88). Infolgedessen hat S sich im **Fall 54** trotz seines ordnungswidrigen Verhaltens nicht nach § 348 strafbar gemacht.

Ein **Fahrzeugschein** (§§ 23, 24 StVZO) beweist nicht zu öffentlichem Glauben, daß die Angaben zur Person des Zulassungsinhabers richtig sind (BGHSt GrS 22, 201) oder daß die Fabrikationskennzeichen (Fahrgestell- und Motornummern) wirklich vom Hersteller des Fahrzeugs herrühren (BGHSt 20, 186). Bei seiner Ausstellung wird iS der §§ 271, 348 StGB nur „beurkundet", unter welchem amtlichen Kennzeichen das in ihm beschriebene Fahrzeug zum Verkehr auf öffentlichen Straßen zugelassen ist (BGHSt GrS 22, 201) und wann die Anmeldung zur nächsten Hauptuntersuchung (§ 29 StVZO) zu erfolgen hat (BGHSt 26, 9). In der Erteilung der **TÜV-Plakette** trotz schwerer Mängel soll keine Falschbeurkundung im Amt liegen, wenn die rechtlich erhebliche Tatsache des Zeitpunkts der nächsten Hauptuntersuchung zutreffend bestimmt ist (so BayObLG NStZ 99, 575 mit abl. Anm. *Puppe*). Die öffentliche Beweiskraft des **Führerscheins** erstreckt sich auf die Erteilung einer bestimmten Fahrerlaubnis (§ 5 StVZO) und auf den Nachweis, daß sein Inhaber mit der im Führerschein bezeichneten Person identisch ist (BGHSt 25, 95). Sie umfaßt insoweit auch die Richtigkeit des diese Person betreffenden Geburtsdatums (BGHSt 34, 299; anders *Ranft*, Anm. JR 88, 383), nicht aber die Berechtigung zum Führen des Doktortitels (BGH NJW 55, 839) oder die Existenz einer ausländischen Fahrerlaubnis bei einem Erteilungsvermerk iS des § 15 StVZO 912

*§ 19 Urkundenunterdrückung und Falschbeurkundung*

(BGHSt 25, 95; 33, 190). Zur reichhaltigen Kasuistik siehe *Tröndle/Fischer*, § 271 Rn 10 ff.

### 3. Mittelbare Falschbeurkundung

913 Die erforderliche **Tathandlung** umschreibt § 271 in sehr umständlicher Weise. Kurz gesagt muß der Täter vorsätzlich **bewirken**, daß ein Amtsträger etwas inhaltlich **Unwahres zu öffentlichem Glauben beurkundet** oder **in Dateien speichert**, ohne daß eine strafbare Teilnahme an einer *Falschbeurkundung im Amt* (§§ 348, 26, 27) vorliegt (vgl dazu Rn 903).

914 Vereinzelt wird angenommen, daß § 271 in seiner auf **Dateien** erweiterten Fassung bei der Tathandlung nicht mehr unbedingt das Mitwirken eines Amtsträgers voraussetze, vielmehr auch dann eingreife, wenn ein Außenstehender in öffentliche Dateien eindringe und dort eigenhändig falsche Daten eingebe oder gespeicherte Daten verändere (*Möhrenschlager*, wistra 86, 128, 136). Dem widerspricht aber die unverändert gebliebene Struktur des § 271 und die in seiner Überschrift klar zum Ausdruck gebrachte Beschränkung seines Schutzbereichs auf die mittelbare Herbeiführung des Taterfolgs (zutreffend NK-*Puppe*, § 271 Rn 29; S/S-*Cramer*, § 271 Rn 26). Hinzu kommt, daß die erwähnte Umdeutung des § 271 (selbst wenn sie zulässig wäre) entbehrlich ist, weil die eigenhändige Manipulation durch Außenstehende bereits von § 269 erfaßt wird.

915 Bei der Gesetzesanwendung ist mit größter Sorgfalt zu prüfen, *worauf* die besondere Beweiskraft der Beurkundung oder Datenspeicherung sich erstreckt. Zu unterscheiden ist dabei wie folgt:

a) Wird lediglich zu öffentlichem Glauben beurkundet, daß jemand eine Erklärung des betreffenden Inhalts **abgegeben** hat, umfaßt die Beweiskraft nur die Abgabe dieser Erklärung und nicht mehr.

> So liegt es im **Fall 53**: Nach §§ 313 BGB, 20 BNotO war durch N zu beurkunden, welche Erklärung E und K vor ihm **abgegeben** hatten. Da diese Erklärung tatsächlich dahin ging, daß der Kaufpreis für das Grundstück 50 000 DM betrage, und N das – wie erklärt – zu Protokoll genommen hat, *fehlt* es an einer *Falschbeurkundung* iS der §§ 271, 348. Selbst wenn N gewußt haben sollte, daß als Kaufpreis 80 000 DM vorgesehen und gezahlt waren, ändert sich nichts daran, daß er die Erklärung nicht falsch, sondern *richtig*, nämlich so beurkundet hat, wie E und N sie vor ihm *abgegeben* haben. Daß N seine Mitwirkung im **Fall 53b** nach § 14 II BNotO hätte versagen müssen, berührt die Strafbarkeitsfrage iS des § 348 StGB nicht (vgl BGH NStZ 86, 550 mit Anm. *Schumann*, JZ 87, 523; BayObLG NJW 55, 1567).

916 b) Wird dagegen zu öffentlichem Glauben beurkundet, daß eine **bestimmte Person** eine Erklärung bestimmten Inhalts abgegeben hat, schließt die Beweiskraft der öffentlichen Urkunde auch die *Personenidentität* des Erklärenden mit ein.

So etwa, wenn im **Fall 53** eine *andere Person* sich als E ausgegeben und unter dem Namen des E dessen Grundstück an K verkauft hätte, denn bei der **Beurkundung rechtsgeschäftlicher Willenserklärungen** bezieht der öffentliche Glaube sich auch auf die **Identität der**

**Vertragspartner** (RGSt 66, 356; 72, 226; vgl dazu § 10 BeurkG). Bei Unterzeichnung der Niederschrift durch diese Person greift außerdem § 267 ein (RGSt 39, 346).

c) Wird darüber hinaus beurkundet, daß die abgegebene Erklärung **ihrem Inhalt nach richtig** ist und von einer **bestimmten Person** stammt, bezieht die Beweiskraft der öffentlichen Urkunde sich auf die *Personenidentität* des Erklärenden, die *Abgabe* der betreffenden Erklärung *und* auf die *inhaltliche Wahrheit* des Erklärten. 917

In Betracht kommt das ua nach § 60 PStG bei den in § 11 I Nr 1 PStG vorgesehenen Angaben der Eheschließenden (vgl BGHSt 6, 380).

d) Wie weit insbesondere im Strafverfahren bei einer Verurteilung unter falschem Namen die **Beweiskraft von Protokollen, Beschlüssen und Urteilen** reicht, ist umstritten. 918

Die Rechtsprechung neigt hier mit Recht zur Zurückhaltung und sieht nur als bewiesen an, daß entsprechende **Namensangaben erfolgt** sind und daß seitens des Gerichts Personenidentität **angenommen** worden ist (vgl RGSt 11, 126, 188 und 314; 41, 189 und 201; 46, 112; OLG Hamm NJW 77, 592; dazu NK-*Puppe*, § 271 Rn 18). Falsche Namensangaben bei Eintragungen im **Gefangenenbuch** fallen dagegen unter § 271, weil die Feststellung der Personenidentität für den Haftvollzug wesentlich ist (BGH GA 66, 280; RGSt 52, 140; OLG Hamm NJW 56, 602).

10. Kapitel
# Geld- und Wertzeichenfälschung

## § 20 Geldfälschung, Inverkehrbringen von Falschgeld, Fälschung von Wertzeichen, Zahlungskarten und Euroscheckvordrucken

**Fall 55:** Aufgrund einer Wette hat der Werkkunstschullehrer W ein 5-DM-Stück nachgemacht, das er im Kreis seiner Kegelbrüder bewundern lassen und dann vernichten will. Im Verlauf des Kegelabends bringt sein Freund F das Falschgeldstück heimlich in seinen Besitz, um es zum Einwurf in einen Automaten zu verwenden. Während der Heimfahrt hält F an einem Zigarettenautomaten unweit einer Tankstelle an. Nach mehreren Versuchen, den Münzmechanismus zu überwinden, wirft F das Geldstück verärgert fort. Am nächsten Morgen findet der Tankwart T die Münze, hält sie für echt und steckt sie ein. Erst eine Bemerkung des Lehrlings L bringt ihn auf den Gedanken, seinen Fund genauer zu untersuchen. Als T und L dabei die Überzeugung gewinnen, daß es sich um Falschgeld handeln müsse, erbietet L sich, die Münze für T abzusetzen, falls diesem dazu der Mut fehlen sollte. T geht auf den Vorschlag ein. In seinem Auftrag begibt L sich zum Markt und besorgt bei der Händlerin H, die das falsche Geldstück arglos annimmt, frisches Obst, das T im Lauf des Tages verzehrt. 919
Wie ist der Sachverhalt strafrechtlich zu beurteilen?

§ 20 *Geld- und Wertzeichenfälschung*

## I. Überblick

**920** Die durch das EGStGB reformierten und durch das 2. WiKG ergänzten Vorschriften des 8. Abschnitts im StGB einschließlich des durch das 6. StrRG vom 26.1.1998 (BGBl I 164) vollständig neugefaßten § 152a schützen das *Allgemeininteresse an der Sicherheit und Zuverlässigkeit* des *Rechtsverkehrs* im Umgang mit **Geld, amtlichen Wertzeichen, Zahlungskarten, Euroschecks** und bestimmten **Wertpapieren** des Inlands und fremder Währungsgebiete (BGHSt 42, 162, 169).

**921** Wegen der besonderen Gefährlichkeit der hier einschlägigen Fälschungshandlungen ist der **Rechtsschutz weit vorverlegt**: § 149 I und § 152a V dehnen den Strafbarkeitsbereich auf eine Reihe deliktstypischer *Vorbereitungs*handlungen aus (näher zur bisherigen Rechtslage *Hefendehl*, JR 96, 353). Um dem Täter, der einen dieser besonderen Tatbestände erfüllt hat, noch einen Anreiz zur Umkehr zu geben, hält das Gesetz ihm die Möglichkeit offen, unter den Voraussetzungen des § 149 II, III durch **tätige Reue** Straffreiheit zu erlangen. In den §§ 146 I, 148 I wird bereits das *Nachmachen*, *Verfälschen* und *Sichverschaffen* der dort genannten Tatobjekte unter Einschluß des *Tatversuchs* mit Strafe bedroht, sofern die Handlung in der Absicht begangen wird, die Falsifikate als echt in den Verkehr gelangen zu lassen (siehe auch NK-*Puppe*, § 146 Rn 1). Eine ähnliche Regelung ist in § 152a vorgesehen. Für die in § 6 Nr 7 aufgeführten Taten gilt das deutsche Strafrecht auch dann, wenn sie im Ausland begangen worden sind (dazu *Jescheck/Weigend*, AT § 18 III 4); die meisten sind darüber hinaus nach § 138 Nr 4 anzeigepflichtig.

## II. Geldfälschung

### 1. Begriff des Geldes

**922** **Geld** im Rechtssinn ist jedes von einem Staat oder von einer durch ihn ermächtigten Stelle als Wertträger beglaubigte und zum Umlauf im öffentlichen Verkehr bestimmte Zahlungsmittel ohne Rücksicht auf einen allgemeinen Annahmezwang (BGHSt 23, 229, 231; 19, 357; 12, 344; krit. dazu *Geisler*, GA 81, 497). Die von der Republik Südafrika ausgegebenen Krügerrand-Goldmünzen, die anstelle eines Nennwerts nur die Angabe ihres Feingoldgehalts tragen, erfüllen diese Voraussetzungen mangels Umlauffähigkeit nicht (BGHSt 32, 198). *Außer Kurs* gesetzte Geldscheine und Münzen, die häufig als Sammelobjekte weiter im Handel sind, verlieren mit dem Erlöschen der Einlösungspflicht ihre Geldeigenschaft. Zu mit der Einführung des **Euro** zusammenhängenden Fragen siehe LK-*Ruß*, § 146 Rn 4a; SK-*Rudolphi*, § 146 Rn 4a und *C. Schröder*, NJW 98, 3179.

**923** Bei den Geldfälschungsdelikten handelt es sich nach allgemeiner Ansicht um **Sonderfälle der Urkundenfälschung** (vgl BGHSt 27, 255, 258). Der Begriff des Falschgeldes ist daher gleichbedeutend mit dem des *unechten* Geldes, das nicht oder zumindest nicht in der vorliegenden Form vom Inhaber des Währungsmonopols, sondern von einer anderen Person als Aussteller stammt (näher *Wessels*, Bockelmann-FS, S. 669, 672). Die §§ 146 bis 151 sind auch auf Geld, Wertzeichen und Wertpapiere eines fremden Währungsgebiets anzuwenden (§ 152).

**Echt** sind Geldscheine und Geldmünzen (auch bei Anfertigung in der Münzstätte **924** eines Landes) nur dann, wenn ihre Herstellung durch einen **staatlichen Auftrag** gedeckt ist und die in ihnen verkörperte Gedankenerklärung, daß und in welcher Höhe sie gesetzliche Zahlungsmittel sind, vom Träger des Geldmonopols „geistig herrührt" (BGHSt 27, 255; LK-*Ruß*, § 146 Rn 10).

## 2. Tathandlungen

Die **Geldfälschung** (§ 146) ist *Verbrechen*. Die **Tathandlungen** gliedert das Gesetz **925** wie folgt:

a) § 146 I Nr 1 erfaßt das **Nachmachen** von Geld *in der Absicht*, es als echt in Ver- **926** kehr zu bringen oder ein solches Inverkehrbringen zu ermöglichen, und außerdem das **Verfälschen echten Geldes** in dieser Absicht. Geld ist **nachgemacht**, wenn die Falsifikate den Anschein gültiger Zahlungsmittel erwecken, mit echtem Geld verwechselt werden können und im gewöhnlichen Verkehr den Arglosen zu täuschen vermögen, ohne daß in dieser Hinsicht (von ganz plumpen Fälschungen abgesehen; *Lackner/Kühl*, § 146 Rn 4, 12) allzu hohe Anforderungen zu stellen sind. Daß entsprechendes Geld überhaupt als Zahlungsmittel existiert, wird nicht vorausgesetzt; entscheidend ist nur die **Verwechslungsgefahr** (BGH NJW 95, 1844; enger *Otto*, BT § 75 Rn 5). Unter § 146 I Nr 1 Alt.1 fällt auch das Herstellen sog. *Systemnoten*, dh das Zusammenkleben verkürzter Einzelteile von echten Banknoten (näher BGHSt 23, 229).

Ein **Verfälschen** ist gegeben, wenn **echtes Geld** so verändert wird, daß es als Zah- **927** lungsmittel einen höheren Wert zu haben scheint und in dieser Hinsicht mit dem Makel der Unechtheit behaftet ist (vgl RGSt 68, 65, 69; Überblick bei *Küper*, BT S. 146).

b) Nach § 146 I Nr 2 wird bestraft, wer **sich** Falschgeld in der Absicht **verschafft**, **928** es als echt in den Verkehr gelangen zu lassen. Falsches Geld verschafft sich nach hM (S/S-*Stree*, § 146 Rn 15; aA NK-*Puppe*, § 146 Rn 20 f; näher zu ihrem Ansatz Rn 941a), wer es *in Kenntnis der Unechtheit* zu eigenen Zwecken in seinen Besitz oder sonstwie **in seine Verfügungs- oder Mitverfügungsgewalt** bringt, wobei hinsichtlich der *Unechtheit* des Geldes auch *Eventualvorsatz* genügt (BGHSt 2, 116; 3, 154). Diese Voraussetzungen können auch erfüllt sein, wenn jemand Falschgeld, das er zahlungshalber hingegeben hatte, wieder **zurücknimmt**, weil der andere die Unechtheit des Geldes erkannt hat (BGHSt 42, 162, 169; BGH NJW 95, 1845 mit krit. Anm. *Wohlers*, StV 96, 28). Ob das **Sichverschaffen** im Wege des *abgeleiteten* oder des *originären* Besitzerwerbs erfolgt, wie etwa durch Unterschlagung, Diebstahl, Fund oder dergleichen, ist gleichgültig (RGSt 67, 294; LK-*Ruß*, § 146 Rn 20; anders *Frister*, GA 94, 553, der einen „quasi-rechtsgeschäftlichen, entgeltlichen Erwerb" verlangt; vgl auch NK-*Puppe*, § 146 Rn 21 ff).

An einem **Sichverschaffen fehlt** es, wenn jemand Falschgeld nicht zur Verfügung **929** für eigene Zwecke, sondern nur erhält, um es etwa **als Fremdbesitzer** für einen an-

§ 20   Geld- und Wertzeichenfälschung

deren zu verwahren (vgl LG Gera StV 96, 155; LK-*Ruß*, § 146 Rn 20; *Wessels*, Bockelmann-FS, S. 669, 673; aA BGHSt 35, 21, ausdrücklich aufgegeben durch BGHSt 44, 62 mit Anm. *Puppe*, NStZ 98, 460), nach hM aber auch dann, wenn er es **als Mittelsmann**, Transport- und Verteilungsgehilfe oder Empfangsbote eines anderen weiterleitet (BGHSt 3, 154; BGH GA 84, 427). Zur Frage, wie ein solcher Mittelsmann bei Kenntnis der Unechtheit des Geldes im Zeitpunkt des Weiterleitens zu bestrafen ist, siehe Rn 937. Ein Mittelsmann, der eigenmächtig die „Kaufpreisforderung" erhöht, verfolgt insoweit ein eigenes Verwertungsinteresse am Erlös und erfüllt damit das Merkmal des Sichverschaffens (so BGH 1 StR 623/98; siehe auch SK-*Rudolphi*, § 146 Rn 9); ebenso derjenige, der dem bisherigen Gewahrsamsinhaber vor oder bei der Übernahme vorgespiegelt hat, er werde mit dem Falschgeld nur nach dessen Weisungen verfahren (BGHSt 3, 154; LK-*Ruß*, § 146 Rn 29).

**930**   c) Den Tatbestand des § 146 I Nr 3 erfüllt, wer falsches Geld, das er unter den Voraussetzungen der Nr 1 oder 2 nachgemacht, verfälscht oder sich verschafft hat, **als echt in Verkehr bringt**. Ein Inverkehrbringen in diesem Sinne ist jeder Vorgang, durch den der Täter das Falschgeld derart *aus seinem Gewahrsam* oder *aus seiner sonstigen Verfügungsgewalt* entläßt, daß ein anderer tatsächlich in die Lage versetzt wird, sich seiner zu bemächtigen und mit ihm nach *eigenem* Belieben umzugehen (RGSt 67, 167; BGH NJW 95, 1845). Darunter fällt nach hM auch der Verkauf nachgemachter Münzen an einen Sammler (BGHSt 27, 255, 259; BGH JR 76, 294 mit krit. Anm. *Dreher*), ebenso der Einwurf in einen Automaten oder Opferstock (BGH NJW 52, 311; *Döll*, NJW 52, 289), unter Umständen sogar das Wegwerfen des Falschgeldes, sofern es an allgemein zugänglichen Orten geschieht und ein beliebiger Dritter dadurch in die Lage versetzt wird, sich des Falschgeldes zu bemächtigen und es als echt in Verkehr zu bringen (nach BGHSt 35, 21 soll selbst das Einwerfen in den Abfalleimer einer Autobahnraststätte genügen; zust. *Hauser*, Anm. NStZ 88, 453; krit. dagegen *Maurach-Schroeder*, BT 2 § 67 Rn 26 mwN; NK-*Puppe*, § 146 Rn 41).

**931**   Zum **Inverkehrbringen** gehört, daß der Inverkehrbringende seine bisherige Verfügungsgewalt *vollständig* aufgibt und daß der Wechsel der Verfügungsgewalt sich im **Außenverhältnis** vollzieht. Rein *interne Vorgänge*, wie etwa die Übergabe des Falschgeldes durch den Fälscher an seine Verteilungsgehilfen oder eine Gewahrsamsverschiebung unter Mittätern bilden für sich allein *kein Inverkehrbringen* iS der §§ 146 I Nr 3, 147, weil der „Verkehr" nicht berührt wird, solange das Falschgeld in der Verfügungsgewalt des Täters oder eines Mittäters verbleibt (BGH MDR/ D 71, 16; S/S-*Stree*, § 146 Rn 21).

**932**   **Als echt** wird falsches Geld anerkanntermaßen dann in Verkehr gebracht, wenn die Weiterleitung **unter Vorspiegelung seiner Echtheit** geschieht. Fraglich und *sehr umstritten* ist dagegen, ob es stets einer Täuschung des Empfängers bedarf oder ob auch die Weitergabe an einen **Eingeweihten** (im Außenverhältnis und zu dessen *freier* Verfügung) mit dem Willen genügt, *ihm ein solches Inverkehrbringen* **zu ermöglichen**, so daß die Übergabe an ihn den ersten Schritt des Einschleusens von Falschgeld als Zahlungsmittel darstellen würde. Diese Streitfrage ist insbesondere für den Anwendungsbereich des § 147 von Bedeutung.

Die Vertreter der **engeren Auffassung** lehnen ein Inverkehrbringen in diesen Fällen **933** ab und berufen sich auf den Wortlaut und die Systematik der §§ 146, 147. Schon der Sprachgebrauch lege mit der Formulierung „als echt" nahe, daß die Weitergabe an einen Eingeweihten nicht erfaßt sei, denn dieser erhalte das Falschgeld „als unecht" (LG Kempten NJW 79, 225; OLG Stuttgart NJW 80, 2089; *Bockelmann*, BT/3 S. 127; NK-*Puppe*, § 146 Rn 34; *Otto*, Anm. JR 81, 82). Verstärkt wird diese Erwägung durch einen systematischen Aspekt: Während im subjektiven Tatbestand des § 146 I Nr 1, 2 zwischen den Tathandlungen „Inverkehrbringen als echt" und „**Ermöglichen** eines *solchen* Inverkehrbringens" unterschieden wird, **fehlt** in den §§ 146 I Nr 3, 147 die Variante des Ermöglichens, die die Problemfälle ohne weiteres erfassen würde. In einem Umkehrschluß wird deshalb angenommen, daß der Gesetzgeber seinen Sprachgebrauch iS der engeren Auffassung festgelegt habe (*Prittwitz*, NStZ 89, 8, 10; *Puppe*, JZ 86, 992, 994; SK-*Rudolphi*, § 146 Rn 12; *Stein/Onusseit*, JuS 80, 104, 105). Die **weitere Auffassung** beruft sich demgegenüber auf die Entstehungsgeschichte des EGStGB (BGHSt 29, 311; 35, 21, 23; 42, 162, 168; BGH MDR/H 82, 101; LK-*Ruß*, § 147 Rn 3; S/S-*Stree*, § 146 Rn 22; *Tröndle/Fischer*, § 147 Rn 2; *Wessels*, Bockelmann-FS, S. 669, 676 ff [und BT/1, 21. Aufl. 1997, Rn 907]) sowie auf teleologische Argumente. Die Beratungen des Sonderausschusses für die Strafrechtsreform lassen in der Tat die Absicht erkennen, die bereits für die alte Gesetzesfassung (vgl BGHSt 1, 143; RGSt 69, 3, 8 sowie NK-*Puppe*, § 146 Rn 34) bestehende Streitfrage zu klären. Durch das Tatbestandsmerkmal des Ermöglichens sollte der „denkbaren Auslegung", die Weitergabe an Eingeweihte iS Rn 932 sei nicht erfaßt, die Grundlage entzogen werden (BT-Drucks. 7/ 550, S. 226). Auch die weiteren Beratungen geben Anhaltspunkte dafür, daß der Sonderausschuß die Problematik nunmehr als geklärt ansah (BT-Drucks. 7/1261, S. 13). Unter teleologischem Blickwinkel weist die **weitere Auffassung** auf sonst entstehende Ungereimtheiten hin. Zum einen sei kein Grund ersichtlich, für den Bereich der „Gefährdungsdelikte" (§ 146 I Nr 1, 2) die beabsichtigte Weitergabe an Dritte genügen zu lassen, bei den „Vollzugsdelikten" (§§ 146 I Nr 3, 147) dagegen nicht (BGHSt 29, 311, 314; LK-*Ruß*, § 147 Rn 3 f). Zum anderen führe die **engere Auffassung** zu einem Wertungswiderspruch: Überlasse der Täter das von ihm als echt empfangene Falschgeld einem eingeweihten Dritten, drohe ihm nämlich eine Bestrafung wegen Teilnahme an der Tat seines Mittelsmannes, idR eines Verbrechens (§§ 146 Nr 2, 3, 27); bringe der Täter das Falschgeld hingegen selbst in Verkehr, greife lediglich der mildere § 147 (LK-*Ruß*, § 147 Rn 4; *Wessels*, aaO S. 677). Zudem entstünden Strafbarkeitslücken in den Fällen, in denen der Eingeweihte sich als Polizeibeamter herausstelle, da die Lösung über § 27 dann an der fehlenden Haupttat scheitere (BGHSt 29, 311, 315). Dem Wortlautkriterium mißt die weite Auffassung keine Bedeutung zu: Der „allgemeine Sprachgebrauch" erlaube es, auch in der Weitergabe an Eingeweihte ein Inverkehrbringen „als echt" zu sehen (BGHSt 29, 311, 313; *Rengier*, BT II § 39 Rn 24), und den Gegenschluß aus § 146 I Nr 1, 2 habe der Gesetzgeber nicht gewollt (BGHSt 29, 311, 314; OLG Düsseldorf JR 86, 512). Teilweise wird das Fehlen der Ermöglichungsvariante in den §§ 146 I Nr 3, 147 als **Redaktionsversehen** behandelt und „im Wege der Auslegung" korrigiert (*Wessels*, aaO S. 677).

§ 20  *Geld- und Wertzeichenfälschung*

**933a** Die weite Auffassung verdient in ihrem Bemühen, den gesetzgeberischen Willen zur Geltung zu bringen, zwar grundsätzlich Zustimmung; diese endet jedoch dort, wo das Ergebnis mit dem Wortlaut der §§ 146 I Nr 3, 147 nicht mehr vereinbar ist. Was die hM an Argumenten anführt, dient *nicht mehr der Auslegung*, sondern der **Berichtigung** des Gesetzestextes; dieser entscheidende Mangel kann durch historische und teleologische Gründe zwar verdeckt, aber nicht behoben werden. Selbst wenn man mit einem, freilich nur behaupteten „allgemeinen Sprachgebrauch" im Abschieben von Falschgeld an einen Eingeweihten schon ein „Inverkehrbringen als echt" statt einer Teilnahme an der Tat dieses Dritten sehen wollte, gebührt der spezifischen gesetzlichen Begrifflichkeit der Vorrang. Was im Gesetzestext nicht zum Ausdruck kommt, darf deshalb nicht berichtigend in ihn hineingelesen werden, grundsätzlich auch zugunsten des Täters nicht. Korrekturen von ungewollten oder unbilligen Ergebnissen stehen nur dem Parlament zu (ebenso NK-*Puppe*, § 146 Rn 35). Da das Ermöglichen des Inverkehrbringens als echt neben diesem Inverkehrbringen selbst zwar in § 146 I Nr 1 und hierauf Bezug nehmend in Nr 2, nicht aber auch in den §§ 146 I Nr 3, 147 aufgeführt ist, muß die Auslegung diesem unterschiedlichen Sprachgebrauch Rechnung tragen (dazu auch *Puppe*, JZ 86, 992, 994, die sich dort unmittelbar auf das Analogieverbot beruft; ebenso SK-*Rudolphi*, § 146 Rn 12; vgl ferner *Maurach-Schroeder*, BT 2 § 67 Rn 27).

Unmittelbar ist das Analogieverbot des Art. 103 II GG jedenfalls dann betroffen, wenn ein Täter, der sich Falschgeld iS des § 146 I Nr 2 verschafft hat, dieses nach und nach einem Eingeweihten aushändigt, der es seinerseits in Umlauf bringen will; denn die hM muß hier folgerichtig bereits in der jeweiligen Übergabe an den Bösgläubigen ein Inverkehrbringen als echt sehen (vgl BGHSt 42, 162, 167 f). Schon deshalb kann eine nur einheitlich mögliche Korrektur des Wortlauts auch nicht über die Annahme eines „Redaktionsversehens" (dazu *Jahr*, Arthur Kaufmann-FS, S. 141; *Lackner*, Heidelberg-FS, S. 39, 51 ff) erfolgen. Das ist zu bedauern, aber unvermeidbare Folge eines vom Gesetzgeber selbst zu beseitigenden Fehlers. Siehe dazu auch Rn 941.

**934** Praktische Bedeutung besitzt § 146 I Nr 3 neben § 146 I Nr 1, 2 vor allem dann, wenn jemand *nach seiner rechtskräftigen Verurteilung* wegen eines Geldfälschungsdelikts den noch vorhandenen, versteckt gehaltenen Bestand an Falschgeld absetzt (aA NK-*Puppe*, § 146 Rn 32), oder wenn das Inverkehrbringen **auf einem neuen Tatentschluß** beruht, der nach zwischenzeitlicher Aufgabe der ursprünglichen Verbreitungsabsicht gefaßt worden ist.

**935** Im **Fall 55** ist die Anwendbarkeit des § 146 auf das Verhalten der Beteiligten wie folgt zu beurteilen:
W hat objektiv den Tatbestand des § 146 I Nr 1 verwirklicht; es fehlt aber an den subjektiven Tatbestandserfordernissen, weil er den Fälschungsakt nicht in der *Absicht* ausgeführt hat, das nachgemachte 5-DM-Stück als echt in den Verkehr gelangen zu lassen (zum *Absichtsbegriffs* selbst vgl BGH NJW 52, 311). W hat sich daher nicht strafbar gemacht.

Das Verhalten des F erfüllt alle objektiven und subjektiven Tatbestandsmerkmale des § 146 I Nr 2 (= **Sichverschaffen** von Falschgeld). Der durch Entwendung des falschen Geldstücks begangene Diebstahl (§ 242) steht dazu im Verhältnis der Tateinheit (§ 52). Das spätere Einwerfen in den Zigarettenautomaten ist kein *vollendetes*, sondern nur ein *versuchtes* Inverkehrbringen iS des § 146 I Nr 3: Zwar kann der Vollendungszeitpunkt schon erreicht sein, wenn jemand ein ihm übergebenes Geldstück als unecht erkennt und es aus diesem Grunde sofort zurückweist, da es nur noch an ihm liegt, ob das Falschgeld in seiner Hand verbleibt oder nicht (vgl RGSt 67, 167). Im **Fall 55** stand dem Automatenaufsteller der Zugriff auf das Falschgeldstück jedoch gerade nicht frei, weil der Münzprüfmechanismus dafür sorgte, daß die von F benutzte Münze bei jedem Einwurf sogleich wieder ausgeworfen wurde. Dieser *Versuch* des Inverkehrbringens (§§ 146 I Nr 3, 22, 23 I, 12 I) geht in der Tatvollendung nach § 146 I Nr 3 durch Wegwerfen des Geldstücks in der Nähe des Tankstellengeländes auf, *sofern* man darin mit BGHSt 35, 21 ein vollendetes Inverkehrbringen erblickt. Die Verstöße gegen § 146 I Nr 2 und Nr 3 bilden hier zusammen *ein einheitliches* Delikt. Innerhalb des § 146 I sind die **Konkurrenzfragen** in ähnlicher Weise zu beurteilen wie im Bereich des § 267 (vgl dazu BGHSt 34, 108; 35, 21, 27; 42, 162, 170; ferner *Lackner/Kühl*, § 146 Rn 14 sowie oben Rn 853). Zur Frage des Versuchs eines Diebstahls oder eines Automatenmißbrauchs vgl *Wessels/Hillenkamp*, BT/2 Rn 674 mwN.

Bei L fehlt es nach hM (siehe Rn 928) an einem *Sichverschaffen* iS des § 146 I Nr 2, denn er übte den Gewahrsam nur als *Besitzdiener* für den Tankwart T aus, ohne selbst die geringste Mitverfügungsgewalt zu eigenen Zwecken erlangt zu haben (vgl BGHSt 3, 154 und § 855 BGB).

T hat sich nicht nach § 146 I Nr 2 strafbar gemacht, weil er die *Unechtheit* des gefundenen Geldstücks bei **Begründung seiner Verfügungsgewalt** nicht kannte. Damit entfällt auch § 146 I Nr 3. Zur Frage einer Unterschlagung nach § 246 I nF siehe *Küper*, BT S. 447; vgl auch §§ 965 II, 973 II BGB. Zu § 147 siehe Rn 938.

### III. Inverkehrbringen von Falschgeld

#### 1. Verhältnis des § 147 zu § 146 I Nr 3

§ 147 stellt nach hM als Ergänzung zu § 146 I Nr 3 alle dort nicht erfaßten oder mangels Beweises nicht anders zu erfassenden Fälle des **Inverkehrbringens von Falschgeld** unter Strafe. Die Tat ist lediglich *Vergehen*. 936

#### 2. Anwendungsbereich des § 147

Die Voraussetzungen des § 147 sind beispielsweise dann gegeben, wenn jemand falsches Geld als echt in Verkehr bringt, das er **ohne** die in § 146 I Nr 1, 2 geforderte **Verbreitungsabsicht** hergestellt oder sich verschafft hat. Nur unter § 147 fällt auch, wer **gutgläubig erlangtes** Falschgeld *nach erkannter oder vermuteter Unechtheit* selbst als echt in Verkehr bringt. Problematisch ist die Anwendbarkeit des § 147 dagegen, wenn das Falschgeld durch einen eingeweihten Dritten abgeschoben wird. Die hM bejaht aus den in Rn 933 erörterten Gründen für beide Beteiligten eine tä- 937

§ 20  *Geld- und Wertzeichenfälschung*

terschaftliche Bestrafung aus § 147. Die Handlung des Weitergebenden wird jedoch meist als Teilnahme einzustufen sein: Erfolgt die Weitergabe des Falschgeldes an den Dritten zu dessen *selbständiger* Verfügung, liegt immer eine Teilnahme an dessen Straftat nach § 146 I Nr 2 und ggf Nr 3 (Verbrechen!) vor. Handelt der Dritte hingegen **auf Weisung** des Weitergebenden, ist er nur nach § 147 strafbar, so daß der Weitergebende dann – je nach den konkreten Tatumständen und der zur Abgrenzung Täterschaft/Teilnahme vertretenen Auffassung (dazu *Wessels/Beulke*, AT Rn 510 ff) – entweder Mittäter oder Teilnehmer an dieser Straftat nach § 147 ist (vgl SK-*Rudolphi*, § 146 Rn 13; ferner NK-*Puppe*, § 147 Rn 3 ff).

**938**  In bezug auf L und T bleibt im **Fall 55** § 147 zu erörtern. Außerdem kommt ein Betrug gegenüber der Händlerin H in Betracht (§ 263). L ist nach §§ 147, 263, 52 zu bestrafen. Er hat die von T gefundene und zunächst für echt gehaltene Münze nach erkannter Unechtheit zur Bezahlung des Obstes verwendet, mithin als echt in Verkehr gebracht. Der Umstand, daß L keinerlei eigene Verfügungsgewalt erstrebte, den Gewahrsam vielmehr für T ausübte und nur dessen Vorteil im Auge hatte, spricht nicht gegen diese Beurteilung, weil § 147 (anders als § 146 I Nr 2) kein „Sichverschaffen" und keine eigennützige Verfügungsgewalt des Täters, sondern nur ein **tatsächliches Innehaben** des Falschgeldes voraussetzt und L das Merkmal des „Inverkehrbringens als echt" **eigenhändig** verwirklicht hat. Zu § 147 gilt hier im Ergebnis nichts anderes als zu § 263, wo die Täterschaft des L auch nicht daran scheitert, daß die Vorteile der Tat nur dem T zugute kommen sollten. Zwischen § 147 und § 263 besteht *keine Gesetzeseinheit*, sondern mit Rücksicht auf die Verschiedenheit der Rechtsgüter **Tateinheit** (vgl BGHSt 3, 154, 156; 31, 380). Ob T Mittäter oder Anstifter des L war, hängt davon ab, welche Anforderungen man an die Täterschaft stellt. Eine Bestrafung aufgrund der vorhergehenden Übergabe der Münze durch T an seinen Mittelsmann L scheidet aus, da dies nur eine rein *interne* Gewahrsamsverschiebung und noch kein Inverkehrbringen iS des § 147 darstellt (vgl BGH MDR/D 71, 16). Maßgeblich ist damit allein das Inverkehrbringen durch L. Verlangt man für Täterschaft eine wesentliche Mitwirkung im Ausführungsstadium (vgl LK-*Roxin*, § 25 Rn 181 ff mwN), wäre T lediglich als Anstifter gemäß §§ 147, 263, 26 strafbar. Läßt man dagegen das wesentliche Mitgestalten des Tatablaufes im Vorfeld ausreichen, wäre T als Mittäter zu bestrafen.

### 3. Fallbeispiele

**939**  Die praktischen Auswirkungen des Meinungsstreits zu § 147 lassen sich anhand eines weiteren Fallbeispiels in gedrängter Kürze wie folgt verdeutlichen:

a) **Ausgangsfall:** Nach mehreren Einkäufen, die er im Laufe des Tages gemacht hat, stellt A fest, daß man ihm irgendwo mit dem Wechselgeld einen gefälschten 50-DM-Schein untergeschoben hat. Da er darauf nicht „sitzenbleiben" möchte, verwendet er ihn beim Kauf einer Kiste Zigarren im Geschäft des G zum Bezahlen, ohne daß G die Unechtheit des Geldscheins erkennt.

Für § 146 I Nr 2, 3 ist hier kein Raum, da A beim Erwerb des Geldscheins gutgläubig war, dh dessen Unechtheit bei Begründung seiner Verfügungsgewalt nicht kannte. Durch die Weitergabe an den arglosen G hat A sich aber nach § 147 strafbar gemacht; außerdem hat er einen Betrug zum Nachteil des G begangen (§§ 263, 52).

b) **Fallabwandlung:** A traut sich nicht, den Falschgeldschein selbst in Verkehr zu bringen. Bei der Diskussion dieser Frage im Familienkreis erklärt der Sohn S, daß er „für den Vater einspringen" und ihm mit Hilfe des Falschgeldes bei G eine Kiste Zigarren besorgen werde, was dann auch geschieht. **940**

Die Übergabe des 50-DM-Scheines durch A an S berührt als rein *interner* Vorgang noch nicht den Verkehr nach außen; die Frage, ob A Falschgeld „als echt" in Verkehr gebracht hat, wird somit für *diesen* Zeitpunkt gar nicht aktuell (BGH MDR/D 71, 16).
Die Voraussetzungen des § 146 I Nr 2, 3 liegen nach hM (siehe Rn 928) bei S nicht vor, da er den Geldschein nicht zur freien Verfügung und nicht für *eigene* Rechnung übernommen, sondern allein im Interesse und **für Rechnung des A** gehandelt hat.
Kraft bewußten und gewollten Zusammenwirkens haben A – *sofern* man seinen Tatbeitrag im Vorbereitungsstadium ausreichen läßt – und S sich als Mittäter gemäß §§ 147, 263, 52 strafbar gemacht (vgl BGH MDR/H 82, 101, 102; krit. NK-*Puppe,* § 146 Rn 21, 36 und § 147 Rn 16).

c) **Weitere Fallabwandlung:** Bei der Erörterung im Familienkreis gibt A zu verstehen, daß er mit der „heiklen Sache" nichts mehr zu tun haben möchte. Als S über soviel Ängstlichkeit den Kopf schüttelt, schenkt A ihm den 50-DM-Schein mit der Bemerkung, S möge das Geld für *eigene* Zwecke verwenden; er selbst wolle definitiv aus dem Spiel bleiben. **941**

Hier hat A seine bisherige Verfügungsgewalt zugunsten des S vollständig aufgegeben; infolgedessen handelt es sich nicht mehr um einen rein internen Gewahrsamswechsel, sondern um einen **nach außen** wirkenden Vorgang, der den „Verkehr" iS der §§ 146, 147 betrifft.
Durch die Annahme des 50-DM-Scheins als Geschenk hat S sich nach § 146 I Nr 2 strafbar gemacht (= Begründung freier Verfügungsgewalt für eigene Rechnung in Kenntnis der Unechtheit des Geldes und in der Absicht, es als echt in Verkehr zu bringen bzw dies durch andere zu ermöglichen). Bringt S das Falschgeld dann in Verkehr, verwirklicht er außerdem § 146 I Nr 3.
Bei A stellt sich die Frage, ob er sich der **Beihilfe** zum *Verbrechen* des S (§§ 146 I Nr 2, 27) schuldig gemacht hat oder ob in der Weitergabe des Geldscheins an S ein Inverkehrbringen „als echt" liegt, so daß A lediglich als **Täter** des in § 147 normierten Vergehens bestraft werden kann. Die hM (Nachweise in Rn 933) beschreitet den zweiten Weg; eine daneben vorliegende Teilnahme des A an den Taten des S schließt sie aufgrund einer „Sperrwirkung" des § 147 aus (LK-*Ruß,* § 147 Rn 8). Sie erreicht damit im Hinblick auf den Ausgangsfall, in dem A das Falschgeld selbst abgeschoben hat, ein stimmiges Ergebnis, muß allerdings eine mit dem Gesetzeswortlaut vereinbare Begründung erneut (vgl Rn 933a und NK-*Puppe,* § 147 Rn 15) schuldig bleiben. A ist deshalb gemäß §§ 146 I Nr 2, 27 strafbar (ebenso *Maurach-Schroeder,* BT 2 § 67 Rn 27). Da jedoch im Vergleich zum Ausgangsfall eine strengere Bestrafung (vgl die Strafrahmen des § 147

§ 20  *Geld- und Wertzeichenfälschung*

und der §§ 146 I, 49 I Nr 3!) nicht angemessen erscheint und der Gesetzgeber mit § 147 eine Privilegierung gerade dieser Fälle bezweckt hat, wird erwogen, in einer Analogie zugunsten des Täters den Strafrahmen des § 147 heranzuziehen (SK-*Rudolphi*, § 147 Rn 6; weitere Lösungen bei *Otto*, JR 81, 82, 85 f; *Stein/Onusseit*, JuS 80, 104, 107).

**941a**  Einen anderen Begründungsweg beschreitet *Puppe*. Einerseits sieht sie – wie hier – in der Weitergabe an den Eingeweihten kein Inverkehrbringen als echt. Andererseits läßt sie für ein Sichverschaffen das Erlangen der *faktischen* Verfügungsgewalt genügen (NK-*Puppe*, § 146 Rn 20), so daß der Dritte eigentlich und unabhängig davon, ob er im eigenen oder fremden Interesse verfügen will, nach § 146 I Nr 2 und der Abschiebende als Teilnehmer an dieser Tat zu bestrafen wären. Weiter verlangt sie dann aber für § 146 Nr 2 als zusätzliches *ungeschriebenes* Tatbestandsmerkmal, daß der Täter sich das Falschgeld von einem *Vortäter* verschafft (NK-*Puppe*, § 146 Rn 28). Daran fehlt es, wenn der Abschiebende das Falschgeld gutgläubig erworben hat. In diesen Fällen soll dann lediglich eine Strafbarkeit des eingeweihten Dritten nach § 147 in Betracht kommen, wenn er das Geld in Verkehr bringt, sowie eine Teilnahme des Abschiebenden an dieser Tat.

## IV. Wertpapier- und Wertzeichenfälschung

### 1. Geschützte Wertpapiere

**942**  § 151 erstreckt den Schutz der Geldfälschungstatbestände auf bestimmte Wertpapiere (Inhaber- und Orderschuldverschreibungen, Aktien, Anteilscheine, Reiseschecks und dergleichen), die im Gesetz (Nr 1-5) näher umschrieben und *abschließend* aufgezählt sind.

Die Existenz dieser Vorschrift beruht auf der Überlegung, daß es gewisse Wertpapiere gibt, die im Geschäftsverkehr wegen ihres massenhaften Vorkommens und ihrer (dem Papiergeld ähnlichen) Ausstattung besonderes Vertrauen genießen und deshalb zu einer gewissen Oberflächlichkeit bei der Echtheitsprüfung verleiten. Ein solcher (über § 267 hinausgehender) Schutz ist indessen nur dann gerechtfertigt, wenn die betreffenden Papiere „durch Druck und Papierart **gegen Nachahmung besonders gesichert**" sind. Die im Börsenverkehr der Bundesrepublik Deutschland gehandelten Wertpapiere entsprechen im allgemeinen diesen speziellen Anforderungen. Zur Tathandlung des **Nachmachens** ist erwähnenswert, daß die Falsifikate kein wirklich vorhandenes Vorbild voraussetzen, also Phantasieprodukte darstellen können; wesentlich ist (wie bei der Geldfälschung) allein die **Verwechslungsgefahr** (näher BGH NJW 81, 1567 und 1965; NStZ 87, 504; *Stree*, Anm. JR 81, 427; krit. *Otto*, Anm. NStZ 81, 478).

### 2. Fälschung amtlicher Wertzeichen

**943**  Durch die neue Vorschrift des § 148 hat der Gesetzgeber die früher verstreut getroffenen Regelungen zum **Schutz amtlicher Wertzeichen** in *einer* Strafbestimmung zusammengefaßt. In enger Anlehnung an das Vorbild des § 146 normiert § 148 I die eigentlichen Fälle der **Wertzeichenfälschung**, während § 148 II das mißbräuchliche Verwenden und Inverkehrbringen *bereits verwendeter* Wertzeichen nach Beseitigung des Entwertungszeichens mit Strafe bedroht.

**Gegenstand** der Tat sind **amtliche Wertzeichen.** Dazu gehören alle vom Staat oder von einer Körperschaft des öffentlichen Rechts herausgegebenen oder zugelassenen Marken und Zeichen, die einen bestimmten Geldwert verkörpern, öffentlichen Glauben genießen und die Zahlung von Gebühren, Steuern, Abgaben und dergleichen nachweisen sollen, wie zB Beitragsmarken der Sozialversicherung, Gerichtskostenmarken, Stempelabdrücke usw (BGHSt 32, 68, 75; BGH NJW 84, 2772). Seit der Privatisierung der Post ist höchst fraglich, ob Briefmarken noch amtliche Wertzeichen sind (eingehend dazu *Bohnert,* NJW 98, 2879; G. *Schmidt,* ZStW 111 [1999], 388). Hier ist der Gesetzgeber zur Klarstellung aufgerufen (*Lackner/Kühl,* § 148 Rn 1). Zwischen § 148 I und § 263 kommt Tateinheit in Betracht (BGHSt 31, 380). 944

Bei der Wiederverwendung von Briefmarken, an denen das Entwertungszeichen beseitigt worden ist, lag bisher ein **vollendeter Verstoß** gegen § 148 II vor, sobald die betreffende neue Sendung (Brief, Päckchen) durch Einwurf in den Briefkasten oder Abgabe am Postschalter in den Bereich der Postverwaltung war. 945

### V. Fälschung von Zahlungskarten und Vordrucken für Euroschecks

Um neuen Erscheinungsformen der Kriminalität, die im *Vorfeld* der Urkundendelikte liegen und sich auf den Geldverkehr beziehen, wirksam begegnen zu können, hat der Gesetzgeber im 2. WiKG den Straftatbestand des § 152a geschaffen. Durch das 6. StrRG (siehe Rn 920) ist die Vorschrift vollständig neugefaßt worden (vgl BT-Drucks. 13/8587, S. 29; krit. zum Strafrahmen des Abs. 1 SK-*Rudolphi,* § 152a Rn 1). Sie bezweckt den Schutz des besonderen Rechtsguts der **Sicherheit und Funktionsfähigkeit des bargeldlosen Zahlungsverkehrs**. § 152a erfaßt nunmehr alle „bargeldlosen" Zahlungsmittel (= Zahlungskarten iS des Abs. 4) und Euroscheckvordrucke, sowohl in- wie ausländische. „Sonstige Karten" nach § 152a IV sind nach dem gegenwärtigen Entwicklungsstand bestimmte Geldkarten („elektronische Geldbörsen"), wobei die allgemein gehaltene Definition die Vorschrift für systemkonforme Entwicklungen im Bereich des „bargeldlosen" Zahlungsverkehrs offenhalten will (BT-Drucks. aaO). Nicht erfaßt sind Telefonkarten (*Tröndle/Fischer,* § 152a Rn 3). 946

*Falsch* sind die Karten oder Vordrucke, wenn sie nicht von dem aus dem Vordruck ersichtlichen Aussteller (Kreditinstitut) herrühren. Als *Tathandlungen* erfaßt § 152a I besonders gefährliche Fälschungs- und Verbreitungshandlungen, wobei der Schutz von Zahlungskarten vor Fälschung bzw Verfälschung in den Vordergrund gerückt ist. Zum Nachmachen und Verfälschen siehe Rn 926. Letzteres setzt eine Veränderung an einer *echten* Karte voraus (zB des Gültigkeitsdatums, des Inhabernamens, bei Geldkarten die Erhöhung der elektronischen Werteinheiten usw). *Sich oder einem anderen Verschaffen* meint das Erlangen alleiniger oder gemeinsamer Verfügungsgewalt für sich oder einen Dritten, *Feilhalten* das äußerlich erkennbare Bereithalten zum Verkauf an Dritte (regelmäßig Bösgläubige), *Überlassen* die Übertragung des Gewahrsams (auch durch Duldung; RGSt 59, 214, 217) und *Gebrauchen* das zu 947

§ 267 Gesagte (siehe Rn 851). Jeweils muß der Täter mit (zumindest bedingtem) Vorsatz handeln sowie zur Täuschung im Rechtsverkehr bzw um eine solche Täuschung zu ermöglichen. § 152a II ist eine Qualifikation. Für minder schwere Fälle der Absätze 1 und 2 sieht § 152a III Strafzumessungsbestimmungen (siehe Rn 175) vor. Durch Abs. 5 werden Vorbereitungshandlungen zu Taten iS des § 152a unter Strafe gestellt sowie die Einzugsmöglichkeit nach § 150 II eröffnet.

## 11. Kapitel
# Gemeingefährliche Straftaten und Verkehrsdelikte

**948** Das 6. StrRG vom 26.1.1998 (BGBl I 164) hat den (nach Einfügung des 26. Abschnitts: Straftaten gegen den Wettbewerb) 28. Abschnitt des Besonderen Teils des StGB in wesentlichen, auch für die Ausbildung bedeutsamen Teilen umgestaltet. Insbesondere die Brandstiftungsdelikte zeigen sich in neuer Gestalt (dieser Reformteil ist *so* mißlungen, daß er baldiger Überarbeitung bedarf; vgl nur *Fischer*, NStZ 99, 13; *F.-C. Schroeder*, GA 98, 571). Etliche andere in diesem Abschnitt versammelten Strafvorschriften, die keine einheitliche Deliktsgruppe bilden, erfuhren Ergänzungen um erfolgsqualifizierte Tatbestände unter gleichzeitiger, zu begrüßender Streichung von Strafzumessungsvorschriften für besonders schwere Fälle (zB §§ 307-309, 312 nF). § 313 nF faßt die bisherigen §§ 312-314 zusammen, wobei das Tatbestandsmerkmal der gemeinen Gefahr durch die heute übliche Gefahrformel „Gefahr für Leib oder Leben eines anderen Menschen oder für Sachen von bedeutendem Wert" ersetzt worden ist (vgl BT-Drucks. 13/8587, S. 50). Verschiedentlich wurde auch hier der Text „modernisiert" (eines anderen Menschen statt eines anderen). Die schon bislang im jeweiligen Sachzusammenhang stehenden Regelungen der tätigen Reue finden sich nunmehr in § 306e (§ 310 aF) sowie wenig übersichtlich in § 314a (§ 311e aF) und § 320. Unverändert blieben §§ 315c, 316, 316b, 323a und 323c, weitgehend auch §§ 315-315b, 316c-319.

**949** Die Überschrift des 28. Abschnitts zeigt immer noch an, daß die **Gemeingefährlichkeit** des Verhaltens die Klammer für die im einzelnen unterschiedlich strukturierten Straftatbestände bilden soll (näher *Frank*, Anm. I, II vor § 306; S/S-*Cramer*, Rn 1 vor § 306). Dieses gesetzgeberische Motiv ist bei der Interpretation einiger Vorschriften im Auge zu behalten. Als Begriff des Tatbestandes taucht die *gemeine Gefahr* nurmehr in § 323c auf (ferner in § 145 und im Regelbeispiel des § 243 I 2 Nr 6). Kennzeichnend für ihn ist die Entfesselung von Naturgewalten oder technischen Kräften, deren Auswirkungen der Täter regelmäßig nicht zu begrenzen vermag und die ihrer Art nach geeignet sind, eine größere, *unbestimmte Anzahl von Menschen* oder von *bedeutenden Sachwerten* zu gefährden (vgl auch LK-*Spendel*, § 323c Rn 58 ff mwN; zur Streichung des Begriffs in den §§ 315 ff siehe LK-*Wolff*, § 312 Rn 1; zur Entwicklung der gemeingefährlichen Straftaten sehr instruktiv *Maurach-Schroeder*, BT 2 § 50 Rn 1 ff).

**950** Die Begriffe **Gefahr, Gefährdung** und **Gefährlichkeit** werden im StGB sowie in Rechtspraxis und -lehre nicht einheitlich gebraucht; Sinngehalt und Zweck sind aus der jeweiligen Bestimmung abzuleiten (grundlegend *Hirsch*, Arthur Kaufmann-FS, S. 545). Im 28. Abschnitt ist die Kenntnis des Unterschieds zwischen *konkreten* und *abstrakten* **Gefährdungsdelikten** (für letztere besser: *Gefährlichkeits*delikte; dazu *Hettinger*, JuS 97, L 41, 42 mwN) von großer Bedeutung.

# § 21 Brandstiftung

**Fall 56:** Der arbeitslose A hat sich einer Gruppe von Nichtseßhaften angeschlossen, die von Zeit zu Zeit mit Wissen des Bauern B in dessen mit Heu und Stroh angefüllter Scheune übernachtet, in der regelmäßig auch der als „Wermutbruder" bekannte W zu schlafen pflegt. Eines Nachts zündet der leicht angetrunkene A im Verlauf eines Wortgeplänkels aus Übermut das in der Scheune lagernde Stroh an, um seinen Schlafgenossen einen gehörigen Schrecken einzujagen. Als die Flamme auflodert, schlägt A – wie geplant – sofort mit seiner Jacke in die Glut, um das Feuer im Keim zu ersticken. Das gelingt ihm jedoch nicht. Trotz aller Anstrengung vermag er auch mit Hilfe seiner Kumpane und des herbeigerufenen Bauern B nicht zu verhindern, daß die Scheune ein Raub der Flammen wird. Dabei findet der volltrunken im hinteren Scheunenteil schlafende W den Tod. A war – wie die übrigen – der Meinung, daß W sich rechtzeitig in Sicherheit gebracht habe.
Strafbarkeit des A? — 951

## I. Systematischer Überblick

Das 6. StrRG hat die Brandstiftungsdelikte neu geordnet, zT auch „reformiert" (insbesondere ging es um den schon lange als nicht gelungen kritisierten § 308 aF; zu ihm zuletzt *Geppert*, R. Schmitt-FS, S. 187; siehe auch BT-Drucks. 13/8587, S. 25, 68, 86), sich aber substantiell vom bisherigen Recht letztlich nicht sehr weit entfernt (Überblick bei *Geppert*, Jura 98, 597; eingehende Kritik bei *Stein*, Einführung, S. 75 und *Radtke*, ZStW 110 [1998], 848); immerhin aber doch soweit, daß die Rechtsprechung schon alsbald einige der Rätsel hat lösen müssen (lies § 2 III sowie § 354a StPO). Die Entwicklung, die die Diskussion um die Reform im Gesetzgebungsverfahren genommen hat, ist bedauerlich. Die Ergebnisse spiegeln die hektische Eile wider, welche das Zustandekommen nicht nur dieses wichtigen Abschnitts des 6. StrRG geprägt hat (vgl auch *Tröndle/Fischer*, Rn 1a vor § 306). Einmal mehr wurden der Rechtsprechung unausgegorene Regelungen überantwortet, die ihr eine gesetzgeber*vertretende* Rolle zumuten (zu „Strafrahmenrätseln" *Fischer*, NStZ 99, 13). Der hierdurch vorprogrammierte Streit im Bemühen um eine sachgemäße Auslegung hatte denn auch in der Rechtslehre alsbald begonnen (vgl die Darstellung bei *Stein*, Einführung, S. 75). — 952

Der Abschnitt wird eröffnet von einem Spezialfall der Sachbeschädigung (so die hL, etwa *Lackner/Kühl*, § 306 Rn 1; SK-*Horn*, § 306 Rn 1; krit. zu dieser Plazie- — 953 rung *Geppert*, Jura 98, 597; *Wolters*, JR 98, 271; anders *Radtke*, ZStW 110 [1998], 848, 854, der in §§ 306 I und 306a I zwei Grundtatbestände sieht). Schon die („einfache" vorsätzliche) **Brandstiftung** (§ 306; bisher § 308 I Alt. 1) ist ein *Verbrechenstatbestand*, bei dem jedenfalls der Gesetzgeber davon ausgeht (postuliert), daß auch ihm „ein Element der Gemeingefährlichkeit bzw -schädlichkeit anhaftet" (BT-Drucks. 13/8587, S. 87; zu Recht krit. *Stein*, Einführung, S. 92). Die (eigentliche) **schwere Brandstiftung** (§ 306a) übernimmt den Regelungsgehalt des § 306 aF, geht darüber aber hinaus. § 306a II unterstellt Fälle des § 306 der schweren Brandstiftung, wenn durch die Tat ein anderer Mensch in die Gefahr einer Gesundheitsschädigung gebracht wird. Eine *Erfolgsqualifikation* hierzu und zu § 306 stellt die **besonders schwere Brandstiftung** (§§ 306b I, 18; aA *Geppert*, Jura 98, 597, 603: § 15) dar, während § 306b II unter den in drei Nummern beschriebenen Voraussetzungen Taten nach § 306a *qualifiziert*. § 306b tritt an die Stelle des § 307 Nr 2, 3 aF, dessen hohe Strafdrohung er nicht übernommen hat. Sie bleibt der **Brandstiftung mit Todesfolge** vorbehalten (§ 306c, wobei die Einbeziehung des § 306 als Ausgangstat höchst problematisch ist; näher *Stein*, Einführung, S. 101), die wie § 307 Nr 1 aF als *erfolgsqualifiziertes Delikt* ausgestaltet ist, aber im Unterschied zu diesem *wenigstens leichtfertige* Verursachung voraussetzt. Das **Herbeiführen einer Brandgefahr** nach § 306f I ist ein *Eigentumsgefährdungsdelikt* im Vorfeld des § 306 I, während § 306f II das Vorfeld des § 306a II im Auge hat. Fahrlässiges Herbeiführen ist nur für Taten nach § 306f I unter Strafe gestellt (§ 306f III Alt. 1); verursacht der Täter in Fällen des Abs. 2 die Gefahr fahrlässig, so wird auch er bestraft (§ 306f III Alt. 2). Für Taten nach §§ 306 I, 306a I stellt § 306d auch *fahrlässiges Handeln* unter Strafe; zudem ist für § 306a II eine gestufte Vorsatz- (vgl § 11 II) bzw Fahrlässigkeitsstrafbarkeit vorgesehen (§ 306d I Alt. 2, II). Zur *tätigen Reue* siehe § 306e (eingehend *Geppert*, Jura 98, 597, 605 und zT krit. *Radtke*, ZStW 110 [1998], 848, 872, 881), zu deren Abgrenzung zu § 24 *Wessels/Beulke*, AT Rn 654.

**954** Die vorsätzlichen Brandstiftungsdelikte gehören, wie die Strafdrohungen zeigen, zur Schwerkriminalität. Für das Jahr 1999 weist die **Polizeiliche Kriminalstatistik** insgesamt 29 003 Brandstiftungstaten aus (Aufklärungsquote 46,6%), davon 15 844 vorsätzliche nach §§ 306-306c, 306 f I und II. Im Jahr 1998 wurden hingegen nur 24 338 (14 111 nach §§ 306-308 aF) Taten registriert (Aufklärungsquote 48,7%).

## II. Arten vorsätzlicher Brandstiftung

**955** Das Tatmittel „Feuer" prägt nach wie vor den Typus der Brandstiftungsdelikte, die dem Schutz von Leben und Gesundheit, zT auch dem von Eigentum, dienen (BT-Drucks. 13/8587, S. 26). Im Hintergrund steht der Gedanke der Gemeingefährlichkeit entsprechender Taten (siehe Rn 948 f).

## 1. Brandstiftung nach § 306

Der Gesetzgeber hat dieses spezielle Sachbeschädigungsdelikt („Wer *fremde* ...") nicht gestrichen, wie zuletzt von *Geppert* (R. Schmitt-FS, S. 187, 204) vorgeschlagen, sondern sogar beträchtlich ausgeweitet (näher S*tein*, Einführung, S. 90). Daß der Gesichtspunkt der Gemeingefährlichkeit durch die „modernisierte" Kasuistik von Tatobjekten konkretisiert werde (so BT-Drucks. 13/8587, S. 87), läßt sich schwerlich begründen; demnach muß man wohl weiterhin Einwilligung für möglich halten (*Geppert*, Jura 98, 597, 599; *Lackner/Kühl*, § 306 Rn 1; *Otto*, BT § 79 Rn 6; *Rengier*, JuS 98, 397; *Tröndle/Fischer*, § 306 Rn 12; im Erg. auch *Radtke*, ZStW 110 [1998], 848, 861 und wohl *Stein*, Einführung, S. 93).

956

**Tathandlungen** sind das *In-Brand-Setzen* und das *Brandlegen mit der Folge*, daß eine der in § 306 I bezeichneten Sachen *ganz oder teilweise zerstört* wird. **In Brand gesetzt** ist eine Sache, wenn sie vom Feuer in einer Weise erfaßt ist, die ein Fortbrennen aus eigener Kraft, dh ohne Fortwirken des Zündstoffs, ermöglicht (BGHSt 36, 221). Bei Gebäuden genügt die Inbrandsetzung eines für dessen bestimmungsgemäßen Gebrauch wesentlichen Bestandteils (*Küper*, BT S. 195 mwN). Ob es zur Vollendung schon ausreicht, wenn der Brand nicht völlig unwesentlicher Bestandteile sich auf solche Teile ausbreiten *kann* (so BT-Drucks. 13/8587, S. 26 unter Hinweis auf ua BGHSt 18, 363; 34, 115, aber auch auf S/S-*Cramer*, § 306 Rn 9), ist noch nicht geklärt, aber zu verneinen (vgl auch *Ingelfinger*, Anm. JR 99, 211; SK-*Horn*, § 306 Rn 10). Das Brennen des Zündstoffs oder von Inventar (Regale, Schränke, Tapeten usw) genügt nicht, wohl aber der Brand von Gebäudeteilen wie Fußböden, Treppen, Türen (zur Kasuistik LK-*Wolff*, § 306 Rn 2). Ein schon brennendes Gebäude kann nach hM an anderer Stelle nochmals in Brand gesetzt werden; ob das bloße Verstärken Täterschaft begründet, ist hingegen umstritten (vgl *Geppert*, Jura 98, 597, 601; *Lackner/Kühl*, § 306 Rn 3 mwN). Begehen durch *Unterlassen* ist möglich (NK-*Herzog*, § 306 Rn 21).

957

Die neue Tathandlung des **Brandlegens**, durch das ein Objekt iS des § 306 I Nr 1-6 ganz oder teilweise zerstört werden muß, soll anstelle des zunächst vorgeschlagenen Begriffs „Feuer" klarstellen, daß die (teilweise) Zerstörung *nicht* auf ein „Brennen mit heller Flamme" zurückzugehen braucht. Hierdurch wird dem Umstand Rechnung getragen, daß infolge Verwendung feuerbeständiger Baustoffe wesentliche Gebäudeteile nicht mehr in Brand geraten, Menschen und bedeutende Sachwerte aber auch durch Gase, die Hitzeentwicklung oder Verrußungen gefährdet werden können. Darüber hinaus dient die neue Tathandlung Brandlegen der Erfassung von Fällen, in denen – vom Täter nicht gewollt – der Zündstoff statt zu brennen explodiert (vgl BT-Drucks. 13/9064, S. 22; *Küper*, BT S. 197; *Stein*, Einführung, S. 84; *Tröndle/Fischer*, § 306 Rn 15). Ein Brand ist gelegt, wenn die zerstörende oder gefährdende Wirkung des Brandmittels eintritt; zum Brand des jeweiligen Objekts muß es nicht kommen. Das Element *ganz oder teilweise zerstört* entstammt §§ 305, 305a. Dementsprechend ist ein Objekt **ganz zerstört**, wenn es vernichtet ist oder seine bestimmungsgemäße Brauchbarkeit vollständig verloren hat, **teilweise** zer-

958

§ 21 *Brandstiftung*

stört, wenn einzelne, für den bestimmungsgemäßen Gebrauch des Objekts wesentliche Teile unbrauchbar geworden sind.

**959** Den erweiterten Katalog der tauglichen *fremden* (= im Eigentum eines andern als des Täters stehenden; vgl *Küper*, BT S. 234) Tatobjekte des § 306 I führen in Nr 1 Gebäude und Hütten an (eingehend *Stein*, Einführung, S. 95). **Gebäude** ist ein mit dem Erdboden verbundenes, mit Wänden und Dach versehenes Bauwerk, auch der Rohbau ohne Türen und Fenster (BGHSt 6, 107; LK-*Wolff*, § 306 Rn 6). Bei der **Hütte** sind die Anforderungen an Größe, Festigkeit und Dauerhaftigkeit geringer als bei einem Gebäude (RGSt 17, 179, 184; *Tröndle/Fischer*, § 306 Rn 3). Beispiele: Jahrmarktsbuden sowie transportierbare und zerlegbare Raumgebilde wie Wochenendhäuschen; uU ein zum Aufenthaltsraum ausgestalteter Bauwagen (dazu OLG Karlsruhe NStZ 81, 482). Unter **Betriebsstätten**, technischen Einrichtungen und Maschinen iS der Nr 2 sind Anlagen zu verstehen, die durch Nr 1 nicht notwendig erfaßt sind (näher *Tröndle/Fischer*, § 306 Rn 4). Nr 2 ist an die Stelle der „Bergwerke" in § 308 I aF getreten. Zu großen Schwierigkeiten wird die weite Fassung der Nr 4 führen, die von den Landfahrzeugen nur diejenigen ausschließt, die nicht durch Maschinenkraft bewegt werden, aber sowohl das Mofa wie bei den Wasserfahrzeugen auch das Paddelboot erfaßt (vgl auch *Lackner/Kühl*, § 306 Rn 2). Daß eine Brandstiftung begehen soll, wer auf einem See ein Paddelboot in Brand setzt, wird auch der Gesetzgeber nicht gemeint haben (Freiheitsstrafe von einem Jahr bis zu zehn Jahren!). Von einer Konkretisierung des Gesichtspunkts der Gemeingefährlichkeit (siehe Rn 949, 956) ist nichts zu sehen. Eine ähnlich unbestimmte Weite haftet etwa auch den Erzeugnissen iS der Nr 6 an (für „restriktive" Auslegung deshalb *Geppert*, Jura 98, 597, 599; *Lackner/Kühl*, § 306 Rn 2; *Tröndle/Fischer*, § 306 Rn 10). Das hier wie anderwärts zu beobachtende **Verfahren des Gesetzgebers**, Strafvorschriften so weit zu fassen, daß die Rechtsprechung bei ihren gesetzgebungs*vertretenden* Konkretisierungsbemühungen jedenfalls nicht gegen das Analogieverbot verstößt, bedarf **grundsätzlicher Überprüfung**. Die Strafzumessungsvorschrift (§ 306 II) zeigt an, daß mit – vielen – Fällen zu rechnen ist, in denen die Anwendung der Regelstrafdrohung unangemessen wäre. Da die beiden Strafrahmen sich im Bereich von einem Jahr bis zu fünf Jahren überlappen (dazu, daß das **unsinnig** ist, siehe *Hettinger*, GA 95, 399), reicht die mildernde Wirkung tatsächlich nicht weit. Zu den (zT Erfolgs-) Qualifikationen der §§ 306a II, 306b I, 306c siehe Rn 969, 971, 973.

**960** Im **Fall 56** hat A mit dem Stroh landwirtschaftliche Erzeugnisse (LK-*Wolff*, § 308 Rn 9) sowie mit der Scheune je nach den Gegebenheiten ein Gebäude oder eine Hütte in Brand gesetzt (§ 306 I Nr 1, 6). Beide Objekte standen im Eigentum des Bauern B, waren also für A fremde. Vorsätzlich verwirklicht hat A jedoch nur § 306 I Nr 6 (ganz außer Zweifel ist das allerdings nicht, da es A nur um das Brennen einer geringen Menge Stroh zu tun war, Nr 6 aber eine „bestimmte" Quantität voraussetzt [RGSt 6, 22; 35, 285; 62, 28; BGHSt 18, 363, 365; SK-*Horn*, § 306 Rn 8]. Zu denken wäre dann an § 306d; zur eigenen Ansicht Rn 974).

## 2. Schwere Brandstiftung nach § 306a

Die **schwere Brandstiftung** nach § 306a I bildet einen Grundtatbestand zu §§ 306b, 306c; sie ist weiterhin ein sog. *abstraktes Gefährdungsdelikt* (vgl *Lackner/Kühl*, § 306a Rn 1 mwN; anders *Maurach-Schroeder*, BT 2 § 51 Rn 14). Das Gesetz stuft schon die Tathandlungen allein als erfahrungsgemäß generell gefährlich für Leben oder körperliche Unversehrtheit von Menschen ein, soweit jene sich auf die in Nr 1-3 erfaßten Objekte beziehen (vgl auch *Stein*, Einführung, S. 76). Deshalb spielt die Eigentumsfrage hier keine Rolle; wohl aber muß zur Vollendung des Delikts das Objekt in Brand gesetzt oder durch eine Brandlegung ganz oder teilweise zerstört worden sein (zu diesen Tathandlungen siehe Rn 957 f). Den Strafgrund bildet nicht erst die konkrete Gefährdung von Menschen, sondern schon die generelle **Gefährlichkeit der Handlung** selbst. Dem muß die Auswahl der Tatobjekte entsprechen. 961

Kernmerkmal des § 306a I Nr 1 ist die **andere Räumlichkeit, die der Wohnung von Menschen dient**; Gebäude, Schiff und Hütte kommt nur noch Beispielscharakter zu. Die Einfügung der „anderen Räumlichkeit" führt gegenüber § 306 Nr 2 aF zu einer *wesentlichen* Erweiterung des Anwendungsbereichs. Unter einer **Räumlichkeit** in diesem Sinn ist ein nach allen Seiten und nach oben („kubisch") abgeschlossener Raum zu verstehen (SK-*Horn*, § 306 Rn 6,11), *soweit* er tatsächlich Wohnzwecken dient. Letzteres ist der Fall, wenn er zumindest für einen Menschen den räumlichen Lebensmittelpunkt bildet (*Geppert*, Jura 98, 597, 599). Entscheidend ist nicht eine Bestimmung oder Eignung zum Wohnen, sondern allein die *tatsächliche*, sei es auch widerrechtliche Nutzung als Wohnung (BGHSt 26, 121; RGSt 60, 136; *Lackner/Kühl*, § 306a Rn 2). 962

Mit dem endgültigen Auszug aller Bewohner oder dem Tod des einzigen Bewohners hört ein Gebäude auf, zur Wohnung zu dienen (BGHSt 23, 114; 16, 394). Seinen Willen, das Gebäude als Wohnung aufzugeben, kann der einzige Bewohner ggf durch Inbrandsetzen realisieren (BGHSt 16, 394; BGH NStZ 94, 130; *Geppert*, Jura 98, 597, 600). Das gleiche gilt für Mitbewohner, die mit der Brandlegung einverstanden sind und das Gebäude vor der Tat verlassen haben (BGH JZ 88, 55). 963

Bei sowohl zu gewerblichen wie zu Wohnzwecken, dh „gemischt" genutzten, einheitlichen Gebäuden (zB mehrstöckiges Bürohaus mit Mansardenwohnungen) ist streitig, ob es zur Vollendung der Tat hinreicht, daß ein Übergreifen des Brandes auf den Wohnbereich nicht auszuschließen ist (so BGHSt 34, 115; 35, 283; *Otto*, BT § 79 Rn 8; aA NK-*Herzog*, § 306 Rn 12 mwN; *Radtke*, ZStW 110 [1998], 848, 869; SK-*Horn*, § 306a Rn 14 f). Wann Baulichkeiten ein einheitliches zusammenhängendes Gebäude darstellen, ist Tatfrage, entscheidet sich also nach den Gegebenheiten im einzelnen Fall (BGH GA 69, 118). Nicht jede Verbindung macht aus mehreren Bauten ein einheitliches Gebäude (BGH NStZ 91, 433; zur Kasuistik LK-*Wolff*, § 306 Rn 9). 964

Ein **der Religionsausübung dienendes Gebäude** ist angesichts des Beispiels Kirche trotz weltanschaulich neutraler Formulierung wie bisher zu verstehen als Ge- 965

§ 21 *Brandstiftung*

bäude, in dem man sich zu diesem Zweck versammelt. Zum herausgehobenen Schutz nur solcher Gebäude krit. *Radtke*, ZStW 110 [1998], 848, 867; *Tröndle/Fischer*, § 306a Rn 6 mwN.

**966** § 306a I Nr 3 bezieht auch **Räumlichkeiten** in den Schutzbereich ein, die **zeitweise dem Aufenthalt** von Menschen **dienen**, *wenn die Tat zu einer Zeit begangen wird, in der Menschen sich dort aufzuhalten pflegen.* Auch hier wird nicht vorausgesetzt, daß Menschen sich zur Tatzeit wirklich in den Räumlichkeiten befunden haben. Notwendig ist indessen, daß das geschützte Objekt zu einer Zeit vom Feuer erfaßt wird, in der sich Menschen darin aufzuhalten pflegen. Darauf muß sich der, zumindest bedingte, Vorsatz des Täters erstrecken (BGHSt 36, 221). Daß der zum Brand führende Ursachenverlauf zur erwähnten Zeit in Gang gesetzt wird, genügt für sich allein nicht. § 306a I Nr 3 erfaßt beispielsweise Bürogebäude, Werkstatträume, Fabriken, Theater, Kinos, geräumige Verkehrsmittel wie Eisenbahnwagen und Autobusse (nicht jedoch Personenkraftwagen oder Telefonzellen: BGHSt 10, 208; BGH MDR/H 77, 638; aA *Spöhr*, MDR 75, 193), uU auch **Stallgebäude** und **Scheunen**, sofern sie mit einer gewissen Regelmäßigkeit von Menschen zum Aufenthalt benutzt werden (BGHSt 23, 60). Bei einem einheitlichen Gebäude, das nur zum Teil Räumlichkeiten iS des § 306a I Nr 3 enthält (vgl Rn 964), reicht es nach der neueren Rechtsprechung zur Verwirklichung dieses Tatbestandes aus, daß allein der übrige Gebäudeteil in Brand gesetzt wird (BGHSt 35, 283; krit. *Kindhäuser*, Anm. StV 90, 161).

**967** Im **Fall 56** wurde die **Scheune** des B wiederholt und mit hinreichender Regelmäßigkeit von W und seinen Begleitern zum Übernachten aufgesucht; sie war daher ein **taugliches Tatobjekt** iS des § 306a I Nr 3. A hat diese Räumlichkeit zum maßgeblichen Zeitpunkt in Brand gesetzt (siehe Rn 957). Im **Fall 56** fehlt es aber am *subjektiven* Tatbestand des § 306a I Nr 3, weil A ein Übergreifen des Feuers auf das *Scheunengebäude* weder gewollt noch billigend in Kauf genommen hat.

**968** Bei § 306a I als **abstraktem Gefährdungsdelikt** wird nicht vorausgesetzt, daß zur Zeit der Tat Menschen sich wirklich in der geschützten Räumlichkeit aufgehalten haben. Wie weit der Einwand beachtlich ist, zum Eintritt einer *konkreten Gefährdung* habe es mit Sicherheit nicht kommen können, war bisher umstritten. Der BGH hat eine Verneinung des Tatbestands der schweren Brandstiftung in Erwägung gezogen, wenn der Täter sich durch absolut zuverlässige lückenlose Maßnahmen vergewissert hatte, daß die verbotene Gefährdung mit Sicherheit nicht eintreten konnte (BGHSt 26, 121; 34, 115; BGH NJW 82, 2329). In Betracht kommt das nur bei kleinen, insbesondere einräumigen Gebäuden, bei denen auf einen Blick übersehbar ist, daß Menschen sich dort nicht aufhalten können. Fehlt es an einer derartigen klaren Lage, kann der (unwiderlegte) Einwand des Täters, er habe sich vor der Tat vergewissert, nunmehr zur Anwendung des § 306a III führen (BT-Drucks. 13/8587, S. 47; zum Meinungsstand näher *Geppert*, Jura 98, 597, 601; *Hillenkamp*, BT 14. Problem; krit. *Koriath*, JA 99, 298; *Radtke*, ZStW 110 [1998], 848, 863; SK-*Horn*, § 306a Rn 17). Der Gesetzgeber hat diese Rechtsprechung ausdrücklich gebilligt und *deshalb* von der Einfügung einer tatbestandseinschränkenden Klausel nach Art des § 326 VI abgesehen (vgl BT-Drucks. 13/8587, S. 47; im weiteren Gesetzgebungsverfahren wurde die Entscheidung nicht mehr in Zweifel gezogen; krit. zur Begründung *Stein*, Einführung, S. 88). Damit ist die Interpretation des BGH sanktioniert (aA *Rengier*, JuS 98, 397, 399, der jede Einschränkung ablehnt; vgl auch *Stein*, Einführung, S. 90, der eine Zunahme problematischer Fälle vermutet).

§ 306a II stellt im Unterschied zu § 306 *nicht* auf die Eigentumslage bzgl des jeweiligen Tatobjekts ab, das hier ausschließlich dazu dienen soll, die Gemeingefährlichkeit bzw -schädlichkeit der Tathandlung zum Ausdruck zu bringen (vgl BGH NStZ 99, 32 und die Nachweise bei *Hörnle*, Jura 98, 169, 181; zur Kritik *Stein*, Einführung, S. 98; *Tröndle/Fischer*, § 306a Rn 10). Die Tat ist ein § 306a I gleichgestelltes **konkretes Gefährdungsdelikt** (vgl auch SK-*Horn*, § 306a Rn 22; aA *Rengier*, JuS 98, 397, 399): *Durch* die Tathandlung (dazu Rn 957 f) muß ein anderer Mensch in die (konkrete) Gefahr einer Gesundheitsschädigung (zum Begriff Rn 257; krit. zu seiner Verwendung *F.-C. Schroeder*, GA 98, 571, 573) gebracht worden sein, wobei der Gefahrerfolg aus der spezifischen Gefährlichkeit der Tathandlung zu resultieren hat (eingehend *Geppert*, Jura 98, 597, 602; *Stein*, Einführung, S. 108). Dafür genügt der Umstand, daß ein Mensch sich in enger räumlicher Nähe zur Gefahrenquelle befindet, noch nicht; vielmehr muß die Tathandlung das geschützte Gut in eine kritische Situation gebracht haben derart, daß es nur noch vom Zufall abhing, ob es verletzt wurde oder nicht (BGH NStZ 99, 32). § 306a III sieht für minder schwere Fälle (zum Begriff Rn 175) den gleichen Strafrahmen vor wie § 306 II; begründbar ist das wohl kaum. 969

A hat im **Fall 56** zwar landwirtschaftliche Erzeugnisse iS des § 306 I Nr 6 vorsätzlich in Brand gesetzt, hierbei aber nicht mit dem, sei es auch nur „bedingten" Vorsatz gehandelt, dadurch einen anderen Menschen in die Gefahr einer Gesundheitsschädigung zu bringen. 970

### 3. Besonders schwere Brandstiftung nach § 306b

Die **besonders schwere Brandstiftung** nach § 306b I ist eine *Erfolgsqualifikation* zu § 306a *und* § 306 (insoweit mit der Beschränkung auf *fremde* Tatobjekte; siehe Rn 959; krit. *Wolters*, JR 98, 271, 273). Zur schweren Gesundheitsschädigung siehe Rn 315, zur „einfachen" Rn 257. Eine **große Zahl** erfordert einerseits weniger Menschen als in § 309 II nF vorausgesetzt, andererseits mehr als drei. Da der Katalog der Tatobjekte in §§ 306 I, 306a I auch solche enthält, bei denen die Gefährdung unübersehbar großer Menschengruppen eher fern liegt, schon die schwere Gesundheitsschädigung nur eines Menschen gleichgestellt und zudem die Mindeststrafe von einem nur auf zwei Jahre angehoben ist, folgert der BGH (BGHSt 44, 175; siehe auch *Stein*, Einführung, S. 103; *Tröndle/Fischer*, § 306b Rn 5) in *tatbestandsspezifischer* Auslegung, daß die Zahl der Geschädigten jedenfalls dann „groß" ist, wenn 14 Personen als Bewohner eines mittelgroßen Hauses betroffen sind. Auch 971

§ 21 *Brandstiftung*

hier ist erforderlich, daß eine der (schweren) Brandstiftung eigentümliche Gefahr sich in der qualifizierenden Folge verwirklicht (dazu *Lackner/Kühl*, § 306b Rn 2; *Rengier*, JuS 98, 397, 400, auch zur versuchten Erfolgsqualifizierung und zum erfolgsqualifizierten Versuch der Tat; ferner *Stein*, Einführung, S. 102, 111).

**972** Fälle des § 306a (einschließlich dessen Abs. 2) werden *qualifiziert* bestraft, wenn der Täter zumindest eine der drei Nummern des § 306b II verwirklicht (vgl *Lackner/Kühl*, § 306b Rn 3). Vorausgesetzt ist jeweils vorsätzliches Handeln des Täters (zu Nr 1 vgl BGH JR 00, 114 mit Anm. *Stein*), bei Nr 2 zusätzlich eine der dort beschriebenen, wie in § 315 III aus dem § 211 übernommenen Absichten (dazu Rn 123 und *Tröndle/Fischer*, § 306b Rn 8). Trotz der Ausdehnung des Anwendungsbereichs der Nr 2 gegenüber § 307 Nr 2 aF und der hohen Mindeststrafe besteht nach Ansicht des BGH kein Grund zu „restriktiver" Auslegung (BGHSt 45, 211; aA *Hecker*, GA 99, 332; *Schlothauer*, StV 00, 138; *Tröndle/Fischer*, § 306b Rn 9). Zum Begriff der *konkreten Gefahr* iS der Nr 1 siehe Rn 316, 969, zum spezifischen Zusammenhang zwischen Tat und Gefahrerfolg *Stein*, Einführung, S. 108. Im Unterschied zu § 307 Nr 3 aF muß der Täter nach § 306b II Nr 3 nF das Löschen des Brandes erfolgreich verhindern oder doch erschweren. Die über § 306a II bewirkte Hereinnahme des § 306 als Ausgangsdelikt ist auch hier nicht zu billigen (*Tröndle/Fischer*, § 306b Rn 6: „grober und sinnwidriger Fehlgriff des Gesetzgebers").

### 4. Brandstiftung mit Todesfolge nach § 306c

**973** Die Vorschrift enthält ein *erfolgsqualifiziertes Delikt*, wobei als Ausgangstat neben den §§ 306a und b auch § 306 genügen soll. Wie bei § 306b II Nr 1 ist hier nicht erforderlich, daß das Opfer sich zur Zeit der Tat in einer in Brand gesetzten Räumlichkeit befand (vgl die Erweiterung des Bereichs der Tatobjekte in § 306 gegenüber § 308 aF und dazu *Stein*, Einführung, S. 109). Der Tod muß *durch* eine Brandstiftung nach den §§ 306-306b verursacht sein, etwa durch Verbrennen, Ersticken infolge Rauchvergiftung oder Sauerstoffmangels, Einstürzen des Mauerwerks usw; insoweit reicht nunmehr schon aus, daß das Opfer sich im unmittelbaren Wirkungsbereich des Brandes bzw des (teilweise) zerstörten Objekts befindet und in seinem Tod sich ein brandstiftungsspezifisches Risiko verwirklicht. Wie zu entscheiden ist, wenn ein Mensch sich in Kenntnis der Lage in den Gefahrenbereich (zurück-) begibt, ist ein neues, noch klärungsbedürftiges Problem (dazu *Maurach-Schroeder*, BT 2 § 51 Rn 34; *Radtke*, ZStW 110 [1998], 848, 878; SK-*Horn*, § 306c Rn 4; *Stein*, Einführung, S. 117; *Tröndle/Fischer*, § 306c Rn 3, jeweils mwN zum aktuellen Streitstand). Die Grenzziehung zur einfachen Fahrlässigkeit ist insbesondere im Auge zu behalten, soweit das Einstehenmüssen des Täters für Verhaltensweisen des Opfers selbst oder Dritter in Rede steht.

**974** Da W in den Flammen der abbrennenden Scheune zu Tode kam, ist im **Fall 56** § 306b I Alt. 1, II Nr 1, insbesondere aber § 306c zu erwägen, bei dessen Vorliegen § 306b verdrängt würde. Als Grundtatbestand zu § 306c kommt hier lediglich § 306 I Nr 6 in Betracht, weil A nur landwirtschaftliche Erzeugnisse vorsätzlich in Brand gesetzt hat. Ohne das Anzünden des Strohs wäre W nicht gestorben. Darüber hinaus aber muß in seinem Tod sich eine der Gefahren verwirklichen, die der konkreten Tat des A nach § 306 I Nr 6 eigentümlich waren. Zwar starb W nicht unmittelbar infolge des Inbrandsetzens des Strohs, sondern erst in den Flammen der brennenden Scheune. Doch gehört es zu den typischen Risiken des Inbrandsetzens von Stroh in einer Scheune, daß dessen Brand auf die Scheune übergreift. Deshalb ist der Tod des W durch die Brandstiftung nach § 306 I Nr 6 „verursacht" (krit. zur Ausweitung des Anwendungsbereichs der Brandstiftung mit Todesfolge auf Fälle des § 306 *Stein*, Einführung, S. 94, 101, 114). Da nach der Vorstellung des A der Tod eines Menschen ausgeschlossen war, bleibt die Frage, ob er durch sein Tun den Tod des W *wenigstens leichtfertig* bewirkt hat. **Leichtfertig** ist ein Verhalten, das – bezogen auf den Todeseintritt – einen hohen Grad von Fahrlässigkeit aufweist. Das Anzünden von Stroh in einer Scheune, in der, wie der Täter weiß, Menschen schlafen, ist ein in grobem Maße fahrlässiges Verhalten. Die sich auch ihm aufdrängende Möglichkeit eines tödlichen Verlaufs seiner Handlung hat A aus besonderem Leichtsinn außer acht gelassen, also leichtfertig gehandelt (zum Begriff BGHSt 33, 66). Die §§ 306 I Nr 6 (306b), 222, 229 treten hinter § 306c zurück. Zur Lösung dieses Falls nach bisherigem Recht siehe *Wessels*, BT/1, 21. Aufl. 1997, Rn 932 (er bejaht, aaO Rn 938 vorsätzliche Brandstiftung iS des § 306 I [= § 308 I Alt. 1 aF]; zur vorzugswürdigen engeren Auslegung siehe Rn 960 am Ende).

### III. Fahrlässige Brandstiftung nach § 306d

§ 306d I erfaßt fahrlässiges Handeln in Fällen des § 306 und des § 306a I, daneben auch Fälle vorsätzlichen Handelns iS des § 306a II, soweit hierdurch die Gefahr einer Gesundheitsschädigung fahrlässig verursacht wird (Vorsatz-Fahrlässigkeits-Kombination), wobei die gegenüber dem bisherigen Recht verschärfte Strafdrohung für alle drei Varianten – nicht begründbar – die gleiche ist. Hat der Täter in Fällen des § 306a II sowohl fahrlässig gehandelt als auch die Gefahr fahrlässig verursacht (Fahrlässigkeits-Fahrlässigkeits-Kombination), kommt § 306d II zum Zuge (näher zu den Tatvarianten SK-*Horn*, § 306 d Rn 2 ff; zu Recht krit. zur Einordnung der Alt. 1 in § 306d I *Stein*, Einführung, S. 118; Wertungswidersprüche sehen *F.-C. Schroeder*, GA 98, 571, 574 und *Tröndle/Fischer*, § 306d Rn 3 f; vgl dazu SK-*Horn*, § 306d Rn 7). **Löscht** der Täter freiwillig den Brand, bevor ein erheblicher Schaden entsteht, wird er gemäß § 306e II nicht nach § 306d bestraft; sein freiwilliges und ernsthaftes Bemühen kann unter den Voraussetzungen des § 306e III genügen (vgl BGH StV 99, 211). Zum *erheblichen Schaden* iS des § 306e siehe *Lackner/Kühl*, § 306e Rn 2 mwN und SK-*Horn*, § 306c Rn 9 ff.

975

# § 22 Straßenverkehrsgefährdung, unerlaubtes Entfernen vom Unfallort und Trunkenheit im Verkehr

**976** **Fall 57:** Nach Entwendung eines Personenkraftwagens wird der Dieb D von dem Polizeibeamten P mit einem Kraftrad verfolgt. Um sich der Festnahme zu entziehen, hindert D den P auf einer längeren Strecke am Überholen, indem er jeweils zur äußersten linken Fahrbahnseite hinüberwechselt, sobald P zum Überholen ansetzt. Einige Male entgeht P nur um Haaresbreite einer Kollision. Bei einem erneuten Manöver dieser Art gelingt es P, rechts an D vorbeizufahren. Der Aufforderung zum Anhalten leistet D aber erst Folge, als er bemerkt, daß sich zwei Streifenwagen in seine Verfolgung eingeschaltet haben. Welche Verkehrsgefährdungsdelikte könnten vorliegen?
Es stellt sich die Frage, ob das verkehrsgefährdende Verhalten des D unter § 315b I Nr 2 oder unter § 315c I Nr 2b fällt.

## I. Die Verkehrsdelikte im Überblick

**977** Im 28. Abschnitt des Besonderen Teils des StGB befassen sich mit Verkehrsfragen die §§ 315-316. Während der *Bahn-, Schiffs-* und *Luftverkehr* in §§ 315, 315a thematisiert wird, handeln §§ 315b-d von den Straftaten mit Bezug zum *Straßenverkehr*. § 316 schließlich gilt für alle genannten Verkehrsarten (zu häufigen Klausurproblemen knapp *Kopp*, JA 99, 943). §§ 315-315c beschreiben *konkrete Gefährdungsdelikte*, setzen zur Vollendung also den Eintritt eines Gefahrerfolges voraus („und dadurch ..."; siehe Rn 316 und S/S-*Cramer*, Rn 5 vor § 306). Hingegen stellt § 316, Trunkenheit im Verkehr, ein *gefährliches* Verhalten als solches unter Strafe: Wer im Verkehr (§§ 315-315d) ein Fahrzeug führt, obwohl er infolge des Genusses alkoholischer Getränke oder anderer berauschender Mittel nicht in der Lage ist, das Fahrzeug sicher zu führen, wird schon allein für dieses Tun bestraft, unabhängig davon, ob es durch das Führen des Fahrzeugs zu einer konkreten Gefährdung von Leib oder Leben eines anderen Menschen oder fremder Sachen von bedeutendem Wert kommt. Bei § 316 handelt es sich demnach um ein sog. *abstraktes Gefährdungsdelikt* (ein Gefährlichkeitsdelikt; dazu Rn 950).

**978** Welche Rechtsgüter die **Straßenverkehrsdelikte** schützen, ist ebenso umstritten wie die Frage, ob insoweit eine einheitliche Bestimmung überhaupt möglich ist. Nach noch hM ist ihr Schutzgut die *Sicherheit des öffentlichen Straßenverkehrs*, daneben Leben, körperliche Unversehrtheit und fremdes Eigentum (*Lackner/Kühl*, § 315b Rn 1; § 315c Rn 1; *Otto*, BT § 80 Rn 16, 21; aA SK-*Horn*, Rn 1a vor § 306; § 315b Rn 2; § 315c Rn 2; siehe auch *Tröndle/Fischer*, jeweils Rn 2 zu §§ 315b, 315c, 316). **Öffentlich** iS des Verkehrsstrafrechts sind neben den dem allgemeinen Straßenverkehr *gewidmeten* Straßen, Wegen und Plätzen auch solche Verkehrsflächen, die jedermann oder allgemein bestimmten Gruppen von Verkehrsteilnehmern (zB Rad- oder Fußwege) dauernd oder vorübergehend zur Benutzung offen stehen. Beispiele: Kaufhaus- und Gasthausparkplätze, Parkplätze und -häuser von Kaufhäusern, Tankstellen usw (instruktiv zum Ganzen *Geppert*, Jura 96, 639; *Tröndle/ Fischer*, § 142 Rn 10 und § 315b Rn 2).

## II. Gefährliche Eingriffe in den Straßenverkehr

Die Gefährdungstatbestände zum **Schutz des Straßenverkehrs** beruhen auf der Zielvorstellung des Gesetzgebers, daß *Fehlleistungen* bei der Bewältigung von Vorgängen des *fließenden und ruhenden Verkehrs*, auch wenn sie noch so schwerwiegend und gefahrenträchtig sind, durch den *Katalog des § 315c I Nr 2 abschließend erfaßt* werden sollen. Im Gegensatz dazu soll § 315b vornehmlich **verkehrsfremde Eingriffe** unterbinden, die **von außen her** die Sicherheit des Straßenverkehrs beeinträchtigen, wie zB das Werfen von Steinen auf die Autobahn (BGH VRS 45 [1973], 38), die Abgabe von Schüssen auf Verkehrsteilnehmer (BGHSt 25, 306), das Spannen von Drahtseilen über die Fahrbahn oder das Hinüberlegen von Baumstämmen (BGH VRS 13 [1957], 125), das Durchtrennen der Bremsschläuche an einem Kraftwagen (BGH NJW 96, 329) und dergleichen. Infolgedessen scheidet § 315b grundsätzlich für alle Vorgänge des fließenden und ruhenden Verkehrs aus. Eine Ausnahme davon gilt aber für Verhaltensweisen, die sich nicht in der Verletzung von Verkehrsregeln und in einer fehlerhaften Verkehrsteilnahme erschöpfen, sondern aufgrund einer **bewußten Zweckentfremdung** des Fahrzeugs und der damit verbundenen Gefahrverursachung bereits den Charakter von **verkehrsfeindlichen Einwirkungen** annehmen (BGHSt 41, 231, 234 mit krit. Anm. *Ranft*, JR 97, 210; BGH DAR 89, 426). Ein solcher Fall ist vor allem dann gegeben, wenn ein Kraftfahrzeug nicht seiner Zweckbestimmung entsprechend als Fortbewegungsmittel benutzt, sondern *zweckfremd und verkehrsfeindlich* als Mittel einer gezielten Verkehrsbehinderung von nicht unerheblichem Gewicht oder einer Bedrohung von Menschen eingesetzt wird, wie etwa beim absichtlichen Verhindern eines Überholversuchs durch Abschneiden des Weges (BGHSt 21, 301; 22, 67; OLG Celle DAR 85, 125), beim Provozieren eines Auffahrunfalls durch abruptes Bremsen (BGH NStZ 92, 182), oder beim vorsätzlichen Rammen eines am Fahrbahnrand geparkten Kraftwagens (BGH NStZ 95, 31); nach BGH NJW 99, 3132 soll § 315b sogar bei objektiv **verkehrsgerechtem Verhalten** erfüllt sein, *wenn es von der Absicht geleitet ist, einen Verkehrsunfall herbeizuführen*. Diese das Gesamtgeschehen nicht auslotende, nur auf jene, das Fehlverhalten Dritter in Rechnung stellende Absicht abstellende Begründung trägt nicht; das Verhalten erfüllt schon die tatbestandlichen Umschreibungen des § 315b I nicht (wie hier *Kudlich*, StV 00, 23 mit weiteren Argumenten; dem BGH zust. *Freund*, JuS 00, 754).

979

Bejaht wird § 315b ferner beim **gezielten Zufahren** auf einen Halt gebietenden Polizeibeamten, um ihn zur Freigabe der Fahrbahn zu zwingen (BGHSt 23, 4; 26, 176; zusammenfassend *Geppert*, Jura 96, 639; vgl auch *Fabricius*, GA 94, 164; *Renzikowski*, Anm. JR 97, 115; Kasuistik bei *Tröndle/Fischer*, § 315b Rn 5 ff). Dies gilt auch dann, wenn der Täter den bedrohten Polizeibeamten nicht überfahren, sondern

980

§ 22 *Straßenverkehrsgefährdung, Entfernen vom Unfallort, Trunkenheit im Verkehr*

ihm im letzten Moment ausweichen will, weil er die durch ihn geschaffene Gefahrenlage nicht sicher beherrschen kann und auf die Reaktion des Polizeibeamten keinerlei Einfluß hat (BGHSt 26, 176, 178). Ein gefährlicher Eingriff iS des § 315b I Nr 3 liegt dagegen nicht vor, wenn der Kraftfahrer (insbesondere bei Benutzung eines wendigen Motorrades) die Absicht verfolgt, an dem Halt gebietenden Polizeibeamten *vorbeizufahren* oder *um ihn herumzufahren* und das ohne dessen Gefährdung für möglich hält (BGHSt 28, 87, 89; BGH NStZ 85, 267; DAR 97, 281). Verstöße *geringeren* Gewichts, wie etwa langsames Zufahren auf einen Fußgänger, der ohne Schwierigkeit und ohne Gefahr ausweichen kann, erfüllen den Tatbestand des § 315b I Nr 3 in der Regel nicht (können aber nach § 240 strafbar sein, vgl BGHSt 28, 87, 90). Um einen solchen geringfügigen Verstoß handelt es sich freilich nicht mehr, wenn der Täter bei einer Geschwindigkeit von 20 km/h mit einem Kraftwagen gezielt auf einen Fußgänger zufährt, ihn *verletzen will* und die beabsichtigte Verletzung auch erreicht (BGH JZ 83, 811).

981 Im **Fall 57** ist D daher nach § 315b I Nr 2, III in Verbindung mit § 315 III Nr 1b nF zu bestrafen. Durch die zweckfremde Verwendung des gestohlenen Kraftwagens als Mittel einer gezielten und groben Verkehrsbehinderung gegenüber P hat er ein die Verkehrssicherheit erheblich beeinträchtigendes **Hindernis bereitet**; dadurch hat er *Leib oder Leben* des P **vorsätzlich** in eine **konkrete Gefahr** gebracht (näher BGHSt 21, 301; 22, 6; BGH NJW 95, 3131; MDR 96, 88; zum Gefährdungsvorsatz iS des § 315b I grundlegend BGHSt 22, 67). Da D die Tat in der *Absicht* begangen hat, den zuvor ausgeführten Diebstahl zu verdecken, tritt eine **Strafschärfung** nach § 315b III in Verbindung mit § 315 III Nr 1b nF ein (vgl BGH VRS 71 [1986], 193). Die hM würde hier ferner Tateinheit mit § 315c I Nr 2b bejahen (BGHSt 22, 67, 75; BGH VRS 65 [1983], 359; LK-*Rüth*, § 315b Rn 33; anders S/S-*Cramer*, § 315b Rn 16 und SK-*Horn*, § 315c Rn 26, die Gesetzeskonkurrenz mit Vorrang des § 315b annehmen).

Zur Frage einer Bestrafung des D wegen *Widerstandes gegen Vollstreckungsbeamte* (§ 113 I, II Nr 2) siehe Rn 628 ff und BGHSt 26, 176.

982 Einen *ähnlichen, ebenso gefährlichen Eingriff* iS des § 315b I Nr 3 nimmt derjenige vor, dessen Verhalten zwar kein Zerstören, Beschädigen oder Beseitigen iS der Nr 1 bzw Hindernis-Bereiten iS der Nr 2, aber im Ergebnis ebenso gefährlich ist (vgl *Maurach-Maiwald*, BT 2 § 53 Rn 16 mit Bedenken hinsichtlich der Bestimmtheit, die von der hM nicht geteilt werden; vgl BGHSt 22, 365, 367; S/S-*Cramer*, § 315b Rn 9 mwN; zur Kasuistik siehe *Geppert*, Jura 96, 639, 644). Nach der Rechtsprechung können auch Verkehrsvorgänge des fließenden Verkehrs einen Eingriff iS der Nr 3 darstellen (siehe Rn 979 und SK-*Horn*, § 315b Rn 16).

### III. Gefährdung des Straßenverkehrs

983 **Fall 58:** Der Aushilfskellner A spült seinen beruflichen Kummer bei Dienstschluß mit einigen hastig getrunkenen Schnäpsen hinunter. Als er die Heimfahrt mit seinem Kraftwagen antritt, hat er eine Alkoholmenge im Körper, die zu einer Blutalkoholkonzentra-

tion von mehr als 1,1‰ führt; gleichwohl hält A sich noch für fahrtüchtig. Unterwegs streift er den Mopedfahrer M, den er aus Unachtsamkeit zu spät bemerkt hat und der bei dem Unfall so schwer verletzt wird, daß er kurz darauf stirbt. Um sich der Feststellung seiner Person zu entziehen, setzt A seine Fahrt ohne Unterbrechung mit erhöhter Geschwindigkeit fort, wobei er für geraume Zeit die Fahrzeugbeleuchtung ausschaltet. Nach etwa 8 km gerät er in eine Verkehrskontrolle, die zu seiner Ermittlung als Unfallverursacher führt.
Strafbarkeit des A?
Das Verhalten des A erfüllt alle Voraussetzungen der fahrlässigen Tötung (§ 222). Näherer Prüfung bedarf das Vorliegen einer vorsätzlichen oder fahrlässigen **Gefährdung des Straßenverkehrs** (§ 315c I Nr 1a, III Nr 2).

## 1. Begriff des Fahrzeugführens

**Täter** nach § 315c I Nr 1 kann nur sein, wer im Straßenverkehr **ein Fahrzeug führt**, dh derjenige, der es eigen- oder mitverantwortlich in Bewegung setzt oder es unter Handhabung seiner technischen Vorrichtungen während der Fahrbewegung durch den öffentlichen Verkehrsraum lenkt. Maßgebend ist dabei der **Bewegungsvorgang** im Verkehr; ob er mit Hilfe der Motorkraft oder ohne sie erfolgt (zB durch Abrollenlassen auf einer Gefällstrecke), ist gleichgültig (BGHSt 35, 390). Der im Fahrzeug mitfahrende Halter ist nicht Fahrzeugführer, wohl aber der Lenker eines mittels Abschleppseils fortbewegten (defekten) Kraftwagens (BGHSt 36, 341).

984

**Anders** als eine **Trunkenheitsfahrt iS des § 316** ist die unter den Voraussetzungen des § 315c I Nr 1a, III begangene Straßenverkehrsgefährdung *kein Dauerdelikt* (BGHSt 23, 141, 147; vgl auch Rn 977). Der Verstoß gegen § 315c I Nr 1a beginnt nämlich nicht schon mit dem Antritt der Fahrt, sondern erst mit der **Herbeiführung einer konkreten Gefahr** für Leib oder Leben eines anderen oder für fremde Sachen von bedeutendem Wert (zu letzterem *Lackner/Kühl*, § 315c Rn 24). Vollendet ist die Tat mit dem Eintritt dieser Gefahr; *beendet* ist sie mit deren Beseitigung (BGH VRS 62 [1982], 191). Das schließt nicht aus, daß im Einzelfall mehrere Verstöße gegen § 315c I Nr 1a eine einheitliche Tat im Rechtssinne bilden können, wie etwa im Rahmen einer sog. *natürlichen Handlungseinheit* (BGHSt 23, 141, 148). Sind von derselben Gefahrenlage mehrere Personen gleichzeitig betroffen, liegt nicht gleichartige Tateinheit (§ 52 I Alt. 2), sondern nur *eine* Gesetzesverletzung vor (BayObLG NJW 84, 68; *Geppert*, Anm. NStZ 89, 320; anders SK-*Horn*, § 315c Rn 26). Nach BGH StV 89, 154 soll dasselbe für mehrere Gefährdungen während derselben Trunkenheitsfahrt gelten.

985

## 2. Absolute und relative Fahruntüchtigkeit

Nach allgemein anerkannter Auffassung ist ein Kraftfahrer **fahruntüchtig**, wenn seine Gesamtleistungsfähigkeit durch Enthemmung (= Selbstüberschätzung, erhöhte Risikobereitschaft, Verlust von Umsicht und Besonnenheit) sowie infolge

986

geistig-seelischer oder körperlicher Leistungsausfälle so weit herabgesetzt ist, daß er **nicht mehr fähig** ist, sein Fahrzeug im Straßenverkehr eine längere Strecke (auch bei plötzlichem Auftreten schwieriger Verkehrslagen) **sicher zu führen** (BGHSt 13, 83; *Lackner/Kühl*, § 315c Rn 3, 5; *Ranft*, JuS 92, 468; *Tröndle/Fischer*, § 315c Rn 3 ff).

987 **Absolute Fahruntüchtigkeit** ist nach der neueren Rechtsprechung bei allen **Kraftfahrern** schon bei einer *Blutalkoholkonzentration* von 1,1‰ gegeben (BGHSt 37, 89 im Anschluß an BGHSt 21, 157, wo der Grenzwert noch auf 1,3‰ festgelegt war; krit. zu dieser Änderung *Konzak/Hüting*, Jura 91, 241). Absolut fahruntüchtig ist auch der Kraftfahrer, der eine **Alkoholmenge im Körper** hat, die zu einer Blutalkoholkonzentration von 1,1‰ führt. Letzteres gewinnt dann praktische Bedeutung, wenn – zB nach einem sog. *Sturztrunk* oder nach *forciertem Trinken* – eine Blutalkoholkonzentration von 1,1‰ zwar im Zeitpunkt der Blutprobe, nicht aber im *früheren* Zeitpunkt der Tat erreicht war; hier gleicht die sog. *Alkoholanflutungswirkung* das Noch-nicht-Erreichtsein des Grenzwertes (= den sog. *„Konzentrationsfehlbetrag"*) aus.

988 Näher dazu sowie zur *Rückrechnungsmethode* BGHSt 25, 246; OLG Stuttgart NJW 81, 2525; *Geppert*, Jura 86, 532; LK-*Jähnke*, § 20 Rn 47; *Spiegel*, DAR 88, 217, 220. Zur Berechnung bei fehlender Blutprobe *Schütz/Weiler*, StraFo 99, 371. Zur Alkoholdelinquenz im Verkehr aus kriminologischer Sicht siehe *Schöch*, NStZ 91, 11.

Der absolute Grenzwert von 1,1‰ gilt auch für den Führer eines abgeschleppten Kraftwagens (BGHSt 36, 341) sowie für Mofa-Fahrer (BGHSt 30, 251). Er setzt sich zusammen aus einem **Grundwert** von 1,0‰, bei dessen Vorliegen *jeder* Kraftfahrer und Mofa-Fahrer nach wissenschaftlicher Erkenntnis fahruntüchtig ist, und einem **Sicherheitszuschlag** von 0,1‰, der die Streubreite der verschiedenen Blutalkoholbestimmungsmethoden auffangen soll (näher BGHSt 45, 140 mwN). **Radfahrer** wurden bisher erst bei einem Blutalkoholgehalt von 1,7‰ als absolut fahruntüchtig angesehen (BGHSt 34, 133). Inzwischen haben mehrere Obergerichte den Grenzwert auf 1,6‰ festgelegt (vgl OLG Karlsruhe DAR 97, 456 mwN; *Fahl*, JA 98, 448).

989 **Relative Fahruntüchtigkeit** kommt (ab 0,3‰) in Betracht, wenn der Grenzwert von 1,1‰ nicht erreicht oder nicht nachgewiesen ist und bestimmte **Ausfallerscheinungen** den Schluß auf eine alkoholbedingte Fahrunsicherheit zulassen (vgl BGHSt 22, 352; BGH NStZ 95, 88; *Lackner/Kühl*, § 315c Rn 7; *Peters*, MDR 91, 487; S/S-*Cramer*, § 316 Rn 13). Die Abgrenzung zwischen absoluter und relativer Fahruntüchtigkeit hat nichts mit einem höheren oder geringeren Grad von Fahrunsicherheit zu tun, sondern hängt mit den unterschiedlichen Anforderungen zusammen, die an den **Nachweis** der Fahruntüchtigkeit zu stellen sind. Während im ersten Fall allein die Höhe der Blutalkoholkonzentration zur Feststellung der Fahruntüchtigkeit ausreicht („Gegenbeweis" ausgeschlossen), bedarf es zur Bejahung *relativer* Fahruntüchtigkeit außer der (ersetzbaren, vgl OLG Zweibrücken StV 99, 321) Ermittlung des Blutalkoholgehalts noch **zusätzlicher Beweisanzeichen** und Tatsachen. Maßgebend und notwendig ist hier eine **Gesamtwürdigung** aller Indizien und Umstände des Einzelfalles (wie etwa des Blutalkoholgehalts, einer auffälligen Fahrweise, ungewöhnlicher Fahrfehler, mangelhafter Reaktion und sonstiger Ausfallerscheinungen, die eine alkoholbedingte Enthemmung erkennen lassen). Da

Fahrfehler aber auch von nüchternen Kraftfahrern begangen werden, zwingt nicht *jedes* fehlerhafte Verhalten im Straßenverkehr (zB Nichtbeachten der Vorfahrt oder Überholen mit zu geringem Seitenabstand) zu der Annahme eines *rauschbedingten* Versagens. Unter Berücksichtigung der allgemeinen Lebenserfahrung ist vielmehr zu prüfen, ob der beschuldigte Kraftfahrer in nüchternem Zustand anders reagiert und den betreffenden Fahrfehler nicht begangen hätte (vgl BGH VRS 34 [1968], 211; 36 [1969], 174; 49 [1975], 429). Je seltener ein bestimmter Fahrfehler bei nüchternen Fahrern vorkommt und je häufiger er von alkoholisierten Fahrern begangen wird, desto eher wird der Schluß gerechtfertigt sein, daß er dem Beschuldigten in nüchternem Zustand nicht unterlaufen wäre. Nähert sich der Blutalkoholgehalt des Beschuldigten zum Tatzeitpunkt bereits dem Grenzwert von 1,1‰, sind an die übrigen Beweisanzeichen keine allzu hohen Anforderungen zu stellen (BGH MDR 82, 683). Zur Feststellung der Fahruntüchtigkeit bei *anderen* berauschenden Mitteln siehe BGHSt 44, 219 mit zust. Anm. *Berz*, NStZ 99, 407; krit. hingegen *L.H. Schreiber*, NJW 99, 1770; vgl auch OLG Düsseldorf JR 99, 474 mit Anm. *Hentschel*; ferner *Mettke*, NZV 00, 199 und S/S-*Cramer*, § 316 Rn 6.

## 3. Gefahrverursachung

**Durch die Tathandlung** muß in allen Fällen des § 315c für zumindest eines der  990
dort genannten Individualrechtsgüter eine **konkrete Gefahr** verursacht worden sein, in der sich die **Pflichtwidrigkeit des Täterverhaltens realisiert** und bei der das Ausbleiben eines Verletzungsschadens weitgehend vom Zufall abhängt (näher *Küper*, BT S. 140 mwN).

Bei einer *Trunkenheitsfahrt* iS des § 315c I Nr 1a bedarf es somit des Nachweises, daß die  991
Alkoholbeeinflussung für den Eintritt der Gefahr *ursächlich* gewesen ist und es in der dabei entstandenen Verkehrssituation „beinahe" zu einem Unfall gekommen wäre (BGH NJW 95, 3131 mwN). Läßt sich das nicht mit hinreichender Sicherheit feststellen, bleibt nur für § 316 Raum.

Ob allein die Gefährdung des vom Täter zur Fahrt benutzten, ihm aber nicht gehö-  992
renden **Fahrzeugs** zur Tatbestandsverwirklichung ausreicht, ist umstritten. Die hM verneint das, weil das Fahrzeug als Tatmittel nicht zugleich Gefährdungsobjekt sein könne; gefährde der Täter lediglich das von ihm geführte Fahrzeug, sei der Schutzbereich (vgl Rn 978) nicht betroffen (BGHSt 27, 40; 11, 148; BGH VRS 69 [1985], 436; BayObLG JZ 83, 560; S/S-*Cramer*, § 315c Rn 33; aA SK-*Horn*, Rn 10 vor § 306). Die **Insassen** eines Kraftwagens sind grundsätzlich *nicht* schon deswegen *konkret* gefährdet, weil der Führer dieses Fahrzeugs infolge des Genusses alkoholischer Getränke absolut fahruntüchtig ist (BayObLG NJW 90, 133; OLG Köln NJW 91, 3291; *Berz*, Anm. NStZ 96, 85; so jetzt auch BGH NJW 95, 3131; vgl *Küper*, BT S. 143). Zu der umstrittenen Frage, ob Tatteilnehmer (wie etwa Beifahrer) überhaupt zu dem durch § 315c geschützten Personenkreis gehören, siehe *Geppert*, Jura 96, 47; *Graul*, JuS 92, 321; *F.-C. Schroeder*, JuS 94, 846 mwN.

Streitig ist ferner, ob eine **Einwilligung des Gefährdeten in die Tat** erheblich oder  993
bedeutungslos ist (wichtig für Fahrzeuginsassen). Die hM nimmt letzteres an, weil

§ 22 *Straßenverkehrsgefährdung, Entfernen vom Unfallort, Trunkenheit im Verkehr*

der Gefährdete über das Rechtsgut der *allgemeinen Verkehrssicherheit* (dazu Rn 978) nicht wirksam verfügen kann (BGHSt 23, 261; OLG Stuttgart NJW 76, 1904; *Lackner/Kühl*, § 315c Rn 32; aA *Hillenkamp*, JuS 77, 166, 171; *Rengier*, BT II § 44 Rn 9; S/S-*Cramer*, § 315c Rn 43; SK-*Horn*, Rn 9 vor § 306 mwN).

994 Im **Fall 58** war A infolge des sog. Sturztrunkes (= BGHSt 24, 200) zur Zeit der Tat **fahruntüchtig**. Es *ist* davon auszugehen, daß die Gefährdung des M durch A *alkoholbedingt* war. Damit sind die objektiven Tatbestandsvoraussetzungen des § 315c I Nr 1a erfüllt.

### 4. Vorsatz und Fahrlässigkeit

995 In **subjektiver Hinsicht** verlangt § 315c I in bezug auf alle Merkmale des objektiven Unrechtstatbestandes einschließlich der Gefahrverursachung **Vorsatz**, wobei Eventualvorsatz genügt (BGH NStZ-RR 97, 18; *Salger*, DRiZ 93, 311). Wird die Tathandlung *vorsätzlich* begangen, die Gefahr aber nur **fahrlässig** verursacht, so greift § 315c III Nr 1 ein (= Vorsatz-Fahrlässigkeits-Kombination; vgl insoweit auch § 11 II StGB). Bei *fahrlässigem* Handeln (beachte Rn 1024) und *fahrlässiger* Gefährdung gilt § 315c III Nr 2.

996 Diese Kombination ist im **Fall 58** gegeben, da A sich noch für fahrtüchtig hielt und die Gefahrenlage für M ebenfalls nur fahrlässig herbeigeführt hat. Zur Vermeidbarkeitsfrage im Rahmen des § 315c und zum Fahrlässigkeitsmaßstab bei trunkenheitsbedingter Fahruntüchtigkeit siehe *Maiwald*, Dreher-FS, S. 437 sowie S/S-*Cramer*, § 15 Rn 175 (gegen BGHSt 24, 31).
Zwischen der fahrlässigen Tötung (§ 222) und der fahrlässigen Straßenverkehrsgefährdung (§ 315c I Nr 1a, III Nr 2) besteht *Tateinheit* (vgl S/S-*Cramer*, § 315c Rn 55). § 316 II tritt für diesen Teil des Tatgeschehens aus Gründen der *Subsidiarität* hinter § 315c zurück.

### 5. Hinweise zu § 315c I Nr 2

997 Bei dieser Regelung, für die das vorstehend Gesagte sinngemäß gilt, faßt das Gesetz in den Nr 2a-2g die sog. „Todsünden" im fließenden oder ruhenden Verkehr zusammen (Nichtbeachten der Vorfahrt, falsches Überholen, zu schnelles Fahren an unübersichtlichen Stellen usw), setzt dabei jedoch ein **grob verkehrswidriges** und **rücksichtsloses** Verhalten voraus.

998 Während die **grobe Verkehrswidrigkeit** ein Verhalten kennzeichnet, das sich objektiv als besonders schwerer Verstoß gegen eine Verkehrsvorschrift und die Sicherheit des Straßenverkehrs darstellt (vgl BGHSt 5, 392, 395; LK-*Rüth*, § 315c Rn 31; S/S-*Cramer*, § 315c Rn 29), betrifft das Merkmal der **Rücksichtslosigkeit** die innere Einstellung des Täters und die gesteigerte Vorwerfbarkeit seines Fehlverhal-

tens (= spezielles, auf die Schuld bezogenes Merkmal; vgl OLG Köln VRS 59 [1980], 123; *Wessels/Beulke*, AT Rn 422). Rücksichtslos handelt, wer sich aus eigensüchtigen Gründen über seine Pflichten im Straßenverkehr hinwegsetzt oder aus Gleichgültigkeit Bedenken gegen sein Verhalten gar nicht erst aufkommen läßt und unbekümmert drauflosfährt (BGHSt 5, 392; *Tröndle/Fischer*, § 315c Rn 14; siehe dazu auch *Spöhr/Karst*, NJW 93, 3308). Der erste Teil dieser Definition ist für Fälle vorsätzlichen Handelns maßgebend; der zweite Teil gilt für Fahrlässigkeitstaten iS des § 315c III Nr 2. Für eine Vorsatz-Fahrlässigkeitskombination ist nur Raum, wenn der Tätervorsatz auch die grobe Verkehrswidrigkeit umfaßte und der Täter sich außerdem der Gefährlichkeit seines Verhaltens sowie der Umstände bewußt war, aus denen der Vorwurf der Rücksichtslosigkeit folgt (vgl BayObLG JZ 83, 401 mit Anm. *Seier*, JA 83, 473).

## IV. Unerlaubtes Entfernen vom Unfallort

### 1. Schutzzweck

Der frühere Tatbestand der Verkehrsunfallflucht (§ 142) ist durch das 13. StÄG vom 13.6.1975 (BGBl I 1349) umbenannt und geändert worden (*Maurach-Schroeder*, BT 1 § 49 Rn 1). Die Neuerungen bestehen in einer teilweise mißglückten Umgestaltung der Gesetzesfassung, im Wegfall der Versuchsstrafbarkeit sowie in der Einführung einer begrenzten Erklärungs- und Nachholpflicht: Wer iS des § 142 V **unfallbeteiligt** ist, muß **diese Tatsache als solche angeben** (§ 142 I Nr 1) und die im Gesetz vorgesehenen Feststellungen *unverzüglich* **nachträglich ermöglichen**, wenn er sich nach Erfüllung seiner Wartepflicht oder sonst berechtigt oder entschuldigt vom Unfallort entfernt hat (§ 142 II, III). Näher *Geppert*, Jura 90, 78; *Janker*, NJW 91, 3113; *Loos*, DAR 83, 209; *Volk*, DAR 82, 81; *Weigend*, Tröndle-FS, S. 753. Das 6. StRG hat der Forderung des Bundesrates entsprechend für Unfälle *außerhalb* des fließenden (Straßen-) Verkehrs eine „flexible" Regelung eingeführt (§ 142 IV), nach der das Gericht unter den dort genannten Voraussetzungen die Strafe mildern oder ganz von ihr absehen kann (dazu *Böse*, StV 98, 509; *Himmelreich/Lessing*, NStZ 00, 299; Lackner/*Kühl*, § 142 Rn 38; krit. *U. Schulz*, NJW 98, 1440; SK-*Rudolphi*, § 142 Rn 55).

999

**Unfallbeteiligter** iS des § 142 V ist jeder, dessen Verhalten nach den jeweiligen Umständen zur Verursachung des Unfalls beigetragen *haben kann* (nicht: hat; vgl BGHSt 15, 1, 4; für Verfassungswidrigkeit der Bestimmung *Engelstädter*, Der Begriff des Unfallbeteiligten in § 142 Abs. 4 StGB, 1997, S. 238). Insoweit genügt die nicht ganz unbegründete, aus dem äußeren *Anschein* der Unfallsituation zu folgernde Möglichkeit der (Mit-) Verursachung. Der Begriff des Unfallbeteiligten erfaßt also neben denjenigen, die zur Verursachung des Unfalls tatsächlich beigetragen haben, alle Personen, die bei dem **aktuellen Unfallgeschehen anwesend** waren (BayObLG JZ 87, 49), soweit ihr Verhalten nach den konkreten Umständen den *Verdacht* begründet, daß es zum Unfall mit beigetragen hat. Deshalb kann ua auch ein *Mitfahrer* Unfallbeteiligter iS des § 142 V sein, wenn *konkrete Anhaltspunkte*

1000

dafür vorliegen, daß sein Verhalten in der Unfallsituation den Unfall mitverursacht (zB durch Ablenken oder Behindern des Fahrers) oder er selbst das Unfallfahrzeug gefahren hat (*Küper*, BT S. 273). Wer erst nach dem Ereignis am Unfallort eintrifft, ist nicht Beteiligter (*Tröndle/Fischer*, § 142 Rn 13). § 142 ist ein (echtes) **Sonderdelikt**. Ob die Unfallbeteiligung nur die Positionsnähe zum Rechtsgut oder aber die besondere Pflichtbindung des Täters (dann: § 28 I) charakterisiert, ist umstritten (vgl SK-*Rudolphi*, § 142 Rn 4 mwN).

**1001** Für das Verhältnis der in § 142 enthaltenen Tatvarianten zueinander gilt folgendes: Hat ein Unfallbeteiligter die ihm nach § 142 I Nr 1 obliegenden Pflichten vollständig erfüllt, ist die in Abs. 2 vorgesehene „Nachholpflicht" für ihn gegenstandslos (OLG Köln VRS 64 [1983], 193); ein Verstoß gegen § 142 scheidet hier aus. Hat er umgekehrt die ihm nach § 142 I Nr 1, 2 obliegenden Pflichten verletzt, ohne daß zu seinen Gunsten ein Rechtfertigungs- oder Entschuldigungsgrund eingreift, ist er nach Maßgabe dieser Vorschriften zu bestrafen; Abs. 2 hat dafür keine Bedeutung mehr (OLG Köln VRS 63 [1982], 352). Ist der Unfallbeteiligte dagegen den ihm durch § 142 I Nr 1 auferlegten Verpflichtungen nicht nachgekommen, hat er sich jedoch *berechtigt* (= nach hM unvorsätzlich oder gerechtfertigt), *entschuldigt* oder erst nach Ablauf der Wartefrist (Abs. 1 Nr 2) vom Unfallort entfernt, entsteht für ihn gemäß § 142 II eine dem *Unverzüglichkeitsgebot* unterstehende „Nachholpflicht", deren Verletzung als solche mit Strafe bedroht ist.

**1002** § 142 schützt allein das **private Interesse der Unfallbeteiligten** und Geschädigten an einer möglichst umfassenden **Aufklärung des Unfallherganges** zu dem Zweck, die Durchsetzung oder Abwehr von Schadensersatzansprüchen zu sichern und der Gefahr eines Beweisverlustes entgegenzuwirken (BGHSt 29, 138, 142). Wenn dadurch auch *mittelbar* zum Schutz des Straßenverkehrs und der Rechtspflege beigetragen wird, so ändert das an dem überwiegenden Charakter des § 142 als *Vermögensgefährdungsdelikt* nichts (vgl S/S-*Cramer*, § 142 Rn 1). **Schutzobjekt** der Vorschrift ist jedenfalls *nicht* das öffentliche Interesse an einer Strafverfolgung. Die Flucht vor der Polizei nach einem Unfall ohne andere Beteiligte und ohne Fremdgeschädigte fällt daher nicht unter § 142. Ebenso kann die Weigerung, sich am Unfallort eine Blutprobe entnehmen zu lassen, allenfalls nach § 113, nicht jedoch nach § 142 strafbar sein.

**1003** Die Vereinbarkeit des § 142 mit dem Grundgesetz wird kaum bezweifelt (*Lackner/ Kühl*, § 142 Rn 2; aA aber *Schünemann*, DAR 98, 424 mwN; *Dietrich*, § 142 StGB und das Verbot zwangsweiser Selbstbelastung, 1998, S. 103, 135 f). Wie die Unfallstatistik zeigt, sind mit dem Massenverkehr auf öffentlichen Straßen und Wegen schwere Gefahren für Leben, Gesundheit und Eigentum der Verkehrsteilnehmer verbunden. Aufgabe der Rechtsordnung ist es daher, die Entschädigungsansprüche der Unfallopfer nach besten Kräften sicherzustellen. Dieses Schutzbedürfnis hat Vorrang vor dem Interesse des Unfallverursachers an einer straflosen Selbstbegünstigung (BVerfGE 16, 191; BGHSt 29, 138, 142).

Das BVerfG hat dazu aaO ausgeführt, aus dem Grundgesetz lasse sich kein allgemeiner Satz des Inhalts herleiten, daß eine Selbstbegünstigung immer erlaubt und straflos sein müsse. Der Gesetzgeber sei nicht gehindert, ein Handeln zu Selbstbegünstigungszwecken, das *fremde Rechtsgüter verletze*, mit Strafe zu bedrohen (vgl auch Rn 123).

## 2. Tatbestand

a) Der **objektive Tatbestand** aller Begehungsformen des § 142 setzt zunächst voraus, daß sich ein **Unfall im Straßenverkehr** ereignet hat. Unter einem **Verkehrsunfall** ist jedes für zumindest einen der Beteiligten plötzliche, mit dem Straßenverkehr und seinen Gefahren ursächlich zusammenhängende Ereignis zu verstehen, das einen nicht völlig belanglosen Personen- oder Sachschaden zur Folge hat (BGHSt 24, 382 ff; krit. *Lackner/Kühl*, § 142 Rn 8). Auch Vorkommnisse im ruhenden Verkehr können genügen, soweit sie verkehrsbezogene Ursachen haben (wie etwa der Zusammenstoß zwischen einem nicht ordnungsmäßig abgestellten Einkaufswagen und einem geparkten Kraftfahrzeug auf dem öffentlichen Parkplatz eines Supermarktes; vgl OLG Koblenz MDR 93, 366; ebenso OLG Köln VRS 65 [1983], 431 zum Abrutschen des aufgebockten Kraftwagens beim Reifenwechsel). Krit. zum Unfallbegriff der hM *Freund*, GA 87, 537.   1004

**Verkehrsunfall** iS des § 142 ist nicht nur die *ungewollte* Fremd- oder Selbstschädigung, vielmehr erfaßt dieser Begriff auch die fahrlässige, uU sogar die *vorsätzliche Herbeiführung* des Schadensereignisses, wie etwa das bewußte Umfahren von Leitpfosten, um sich in gedrückter Stimmung „abzureagieren" (BayObLG VRS 69 [1985], 438; 71 [1986], 277). Entscheidend ist allein, daß der Schadenseintritt **in unmittelbarem Zusammenhang mit den im Straßenverkehr typischen Gefahren** steht und eine Auswirkung des allgemeinen Verkehrsrisikos ist (BGHSt 24, 382, 384; BGH VRS 56 [1979], 189; *Berz*, JuS 73, 558; *Geppert*, Jura 90, 78 mwN). Daran fehlt es, wenn ein Kraftfahrzeug nicht (auch) als Fortbewegungsmittel, sondern nur als Werkzeug zur Verwirklichung eines bestimmten Deliktsplans und zur Herbeiführung eines *außerhalb des Straßenverkehrs liegenden Erfolges* benutzt wird, etwa um einen Nebenbuhler zu töten oder um den Gartenzaun am Grundstück des Nachbarn zu zerstören (näher SK-*Rudolphi*, § 142 Rn 15).   1005

Im Falle des § 142 I besteht die **Tathandlung** darin, daß der Unfallbeteiligte sich *vorsätzlich* **vom Unfallort entfernt**, bevor er die in Nr 1 bezeichneten Feststellungen ermöglicht oder gemäß Nr 2 seine Wartepflicht erfüllt hat. Die Feststellungen sind durch **Anwesenheit am Unfallort** (= sog. *Feststellungsduldungspflicht)* und durch die **Angabe** des Wartepflichtigen zu ermöglichen, „daß" er am Unfall beteiligt sei (= sog. *Vorstellungspflicht)*. § 142 begründet aber keine generelle Verpflichtung, die Aufklärung des Unfallhergangs durch *aktive Mitwirkung* zu fördern (näher *Lackner/Kühl*, § 142 Rn 17). Wer sich zB über die Art und Rolle seiner Unfallbeteiligung ausschweigt, Spuren verwischt, die Angabe seiner Personalien verweigert oder durch unrichtige Angaben zum Unfallhergang die Feststellungen am Unfallort erschwert, verletzt die ihm nach § 142 I Nr 1 obliegenden Pflichten nicht, solange er sich nicht entfernt und seine Unfallbeteiligung nicht *als solche* leugnet (Bay-   1006

ObLG VRS 65 [1983], 136; *Küper,* JuS 88, 212, 286 und JZ 90, 510). Bedeutung gewinnt die Vereitelung von Feststellungen jedoch regelmäßig im Falle des § 142 II, III 2 StGB und im Rahmen des § 34 StVO, was aber nichts daran ändert, daß im Anwendungsbereich des § 142 I Nr 1 StGB zwischen den dort normierten Pflichten und dem durch § 34 StVO erweiterten, lediglich bußgeldbewehrten Pflichtenkreis zu unterscheiden ist (näher *Küper,* JZ 88, 473).

1007 Die *Angabe,* daß er an dem Unfall beteiligt sei, muß der Normadressat von sich aus machen; sonst hätte die Vorstellungspflicht wenig Sinn. Ihre Aufnahme in das Gesetz sollte Vertuschungsmanövern entgegenwirken und verhindern, daß ein Unfallbeteiligter zwar an Ort und Stelle bleibt, sich den erforderlichen Feststellungen aber dadurch entzieht, daß er sich unter die Zuschauer mischt oder zB in seinem Auto sitzen bleibt, bis der Halter des von ihm beim Einparken beschädigten Kraftwagens davongefahren ist, ohne den Schaden bemerkt zu haben. Dieses Ziel ist mit § 142 I Nr 1 nF nach Ansicht des BayObLG (JR 83, 505 mit abl. Anm. *Janiszewski*) jedoch kaum zu erreichen. Denn wer zwar seine Vorstellungspflicht in der geschilderten Weise verletze, aber am Unfallort bleibe und seiner Anwesenheitspflicht genüge, bis alle feststellungsbereiten Personen sich entfernt hätten und eine angemessene Wartefrist verstrichen sei, könne nicht nach § 142 I Nr 1, 2 bestraft werden. Dies folge daraus, daß Tathandlung das **„Sichentfernen"** sei und daß die Verletzung der Vorstellungspflicht *für sich allein* zur Tatbestandsverwirklichung nicht ausreiche. Grundlage einer Bestrafung könne dann allenfalls § 142 II sein (so auch BayObLG NJW 84, 66 und 1365 mit abl. Anm. *Loos*; OLG Frankfurt NJW 90, 1189). Die Gegenansicht beruft sich mit guten Gründen auf den Schutzzweck der Norm (*Lackner/ Kühl,* § 142 Rn 18; SK-*Rudolphi,* § 142 Rn 29a, jeweils mwN), ist jedoch genötigt, „bevor" in § 142 I als „ohne zuvor" zu lesen (siehe *Küper,* GA 94, 49, 69).

1008 Schwierigkeiten für eine sachgerechte Gesetzesanwendung ergeben sich ferner daraus, daß ein Unfallbeteiligter den Tatbestand des § 142 nur dann verwirklicht, wenn er „sich vom Unfallort entfernt", was dem allgemeinen Sprachverständnis nach ein **willensgetragenes Handeln** voraussetzt. Daran fehlt es beim Abtransport eines Bewußtlosen oder bei einem Beteiligten, der sich im Bereich der Unfallstelle versteckt hat, dann Verdacht erregt, vorläufig festgenommen und im Polizeiauto zur Wache gefahren wird, sich dort aber vor seiner Vernehmung aus dem Staube macht. Er hat sich nicht, wie das Gesetz es ausdrückt, vom Unfallort entfernt, sondern ist *ohne seinen Willen* davon **entfernt worden**. Für § 142 I ist hier kein Raum (ebenso *Lackner/ Kühl,* § 142 Rn 25).

1009 Ob damit auch dem Rückgriff auf § 142 II Nr 2 die Grundlage entzogen ist, erscheint zweifelhaft und ist höchst umstritten (verneint wird die Anwendbarkeit des § 142 II vom OLG Hamm NJW 79, 438; ebenso *Klinkenberg,* NJW 82, 2359; S/S-*Cramer,* § 142 Rn 46; *Schwab,* MDR 83, 454; SK-*Rudolphi,* § 142 Rn 40a; aA BayObLG NJW 82, 1059; OLG Düsseldorf VRS 65 [1983], 364; differenzierend *Bär,* Anm. JR 82, 379; ebenso *Geppert,* Jura 90, 78, 83; *Volk,* DAR 82, 81; offengelassen in BGHSt 30, 160, 164 und in OLG Hamm DAR 85, 228). Wenn man den Wortlaut des Gesetzes nicht in sein Gegenteil verkehren will, bleibt hier ggf nur die

*Tatbestand* § 22 IV 2

Ahndung wegen einer Ordnungswidrigkeit übrig (§ 49 I Nr 29 nebst § 34 I Nr 5a StVO).

Zu ermöglichen sind die Feststellungen *zugunsten* der **Geschädigten** und der **anderen Unfallbeteiligten**. Zum Kreis dieser **Feststellungsberechtigten** gehören **nicht** die nur *mittelbar betroffenen* Versicherungsgesellschaften (Kasko- und Haftpflichtversicherungen); infolgedessen ist nicht wartepflichtig, wer nur sich selbst verletzt oder seine eigenen Sachen beschädigt hat (BGHSt 8, 263). 1010

**Feststellungsbereit** iS des § 142 I Nr 2 können auch andere Personen als Geschädigte und Unfallbeteiligte sein, sofern sie kraft Amtes dazu berufen sind (wie etwa Polizeibeamte) oder erkennbar den Willen haben, ihre Feststellungen zur Kenntnis des Geschädigten zu bringen (vgl BayObLG VRS 64 [1982], 119; OLG Köln VRS 64 [1982], 193). **Dauer** und **Umfang** der **Wartepflicht** richten sich nach der Schwere des Unfalls und den sonstigen Umständen. Ihre Grenzen ergeben sich aus dem Grundsatz der **Erforderlichkeit** und dem Gesichtspunkt der **Zumutbarkeit** (OLG Hamm VRS 59 [1980], 258 hielt eine Wartezeit von 30 Minuten bei Verursachung eines Schadens von 100 bis 600 DM an einer Autobahnbrücke für ausreichend; bei hohem Sachschaden oder Unfällen mit Personenschäden dürfte jedoch eine Wartezeit von 1 Stunde die untere Grenze bilden; näher *Tröndle/Fischer*, § 142 Rn 31). Die Befürchtung, sich durch Verbleiben am Unfallort der Gefahr einer Straftatverfolgung auszusetzen, macht das Warten in keinem Falle unzumutbar (vgl dazu BayObLG JZ 85, 855; *Berz*, JuS 73, 558; *Ulsenheimer*, JuS 72, 24). Treffen feststellungsbereite Personen erst nach dem Ablauf der Wartefrist am Unfallort ein, so darf der dort noch anwesende Unfallbeteiligte sich nicht entfernen, ohne zuvor die in § 142 I Nr 1 umschriebenen Feststellungen ermöglicht zu haben (OLG Stuttgart NJW 82, 1769; *Lackner/Kühl*, § 142 Rn 16; aA *Küper*, NJW 81, 853, 854). 1011

**Unfallort** iS des § 142 I ist die Stelle, an der sich das schädigende Ereignis zugetragen hat, sowie der engere Umkreis, innerhalb dessen das unfallbeteiligte Fahrzeug durch den Unfall zum Stillstand gekommen ist oder hätte angehalten werden können. Allgemeingültige Entfernungsangaben lassen sich dazu nicht machen; maßgebend sind vielmehr die Umstände des Einzelfalles (im innerörtlichen Bereich ist der Radius des Unfallortes enger als auf Autobahnen; vgl OLG Karlsruhe NStZ 88, 409; *Berz*, Anm. NStZ 92, 591; *Küper*, BT S. 275; *S/S-Cramer*, § 142 Rn 42). 1012

§ 142 II, der ein *echtes* Unterlassungsdelikt bildet (vgl BGHSt 28, 129, 135; BayObLG NJW 90, 1861; *Lackner/Kühl*, § 142 Rn 21), dehnt die Strafbarkeit auf die Verletzung der dort umschriebenen **Nachholpflicht** aus, deren Erfüllung **unverzüglich** erfolgen muß und deren Mindestanforderungen § 142 III festlegt. Trotz seines Wortlauts soll § 142 II Nr 2 sich nach hM nicht nur auf das *berechtigte* oder *entschuldigte* Verlassen des Unfallortes beziehen, sondern auch den Fall erfassen, daß ein Unfallbeteiligter sich **in Unkenntnis des Unfalls**, dh *unvorsätzlich* vom Ort des Geschehens entfernt und erst im Anschluß daran von dem Unfall Kenntnis erlangt hat (BGHSt 28, 129; BayObLG NJW 79, 436; *Franke*, JuS 78, 456; *Küper*, Heidelberg-FS, S. 451; krit. bzw abl. *Berz*, Jura 79, 125; *Beulke*, NJW 79, 400; *Werner*, 1013

NZV 88, 88; differenzierend AK-*Schild*, § 142 Rn 149, 150; zum Streitstand *Hillenkamp*, BT 16. Problem).

**1014** § 142 II gilt danach für jeden Unfallbeteiligten, der sich ohne strafbaren Verstoß gegen § 142 I vom Unfallort entfernt hat. Demjenigen, der sich bereits nach Abs. 1 strafbar gemacht hat, hilft das nachträgliche Ermöglichen von Feststellungen iS des § 142 II, III nicht mehr (siehe aber jetzt § 142 IV). BGHSt 28, 129, 135 schränkt die in § 142 II statuierte Mitteilungspflicht unter dem Blickwinkel der **Zumutbarkeit** in der Weise ein, daß zwischen der nachträglichen Kenntniserlangung und dem Unfallgeschehen noch ein „zeitlicher und räumlicher Zusammenhang" bestehen muß. Dieses *Zusammenhangserfordernis* darf nach *Wessels* (BT/1, 21. Aufl. 1997, Rn 978) indessen nicht zu eng gesehen und nicht als unerläßliche Voraussetzung für die Bejahung der Zumutbarkeitsfrage angesehen werden (BayObLG VRS 59 [1980], 191). Maßgebend sei in erster Linie, ob im Hinblick auf den Schutzzweck des § 142 ein nachträgliches Ermöglichen von Feststellungen sinnvoll und erfolgversprechend ist. Die Bemühungen, argumentativ einen Pflichtigen zu erhalten, sind verständlich, aber mit dem Wortlaut des § 142 II nicht vereinbar: Wer den Ort eines von ihm unwiderlegbar nicht wahrgenommenen Unfalls verläßt, entfernt sich nicht iS der §§ 142, 15. Der Gesetzgeber mag die Problematik übersehen haben; beim Wort nehmen lassen muß er sich gleichwohl. Den Gerichten ist es verwehrt, ihn zu korrigieren (BVerfGE 71, 108; 73, 206; 78, 374). Daraus folgt, daß strafbar sich nur derjenige machen kann, der noch *im Bereich des Unfallorts* (siehe Rn 1012) Kenntnis erlangt. Erlangt er sie erst außerhalb desselben, scheidet § 142 aus (vgl auch *Lackner/Kühl*, § 142 Rn 25; *Otto*, BT § 80 Rn 65; SK-*Rudolphi*, § 142 Rn 40).

**1015** § 142 II Nr 2 erfaßt nicht den Fall, daß der Verstoß gegen § 142 I eine Rauschtat iS des § 323a ist und zu einer Bestrafung des Täters nach jener Vorschrift führt (BayObLG NJW 89, 1685; *Küper*, NJW 90, 209; im Erg. auch *Paeffgen*, NStZ 90, 365; anders *Keller*, Anm. JR 89, 343; *Miseré*, Jura 91, 298).

**1016** Große Schwierigkeiten bereitet das **Unverzüglichkeitsgebot** in § 142 II, das ein Handeln ohne vorwerfbares Zögern zur Pflicht macht, im Hinblick auf die jeweiligen Umstände des Einzelfalls (insbesondere unter Berücksichtigung der Unfallfolgen und der Schadenshöhe) jedoch stets am **Schutzzweck** des § 142 zu messen ist. Das Gesetz selbst bestimmt nicht abschließend, wie und auf welche Weise die erforderlichen Feststellungen zu ermöglichen sind; die in § 142 III genannten Verhaltensweisen (Mitteilung an den Berechtigten oder an eine nahegelegene Polizeidienststelle) sind nur beispielhaft gemeint und im Sinne von Mindestanforderungen zu verstehen. Da der Unfallverursacher, insbesondere bei reinen Sachschäden, oft nicht daran interessiert ist, sogleich die Polizei einzuschalten, wird man ihn auf *diesen* Weg nicht schon deshalb verweisen dürfen, weil er erfahrungsgemäß am raschesten und am sichersten zum Ziele führt. Andererseits genügt es nicht, daß er den **einmal gewählten Weg** *unverzüglich* weiter beschreitet, auch wenn sich ihm Hindernisse entgegenstellen. Nur unter der Voraussetzung, daß er dem **Unverzüglichkeitsgebot** gerecht wird, läßt die neuere Rechtsprechung dem Unfallbeteiligten die **freie Wahl**, auf welchem Wege er die nachträglichen Feststellungen ermöglichen

*Tatbestand* § 22 IV 2

will (BGHSt 29, 138; BayObLG JZ 80, 579; krit. *Beulke*, Anm. JR 80, 523; *Dornseifer*, JZ 80, 299; SK-*Rudolphi*, § 142 Rn 46 ff; eingehend *Zopfs*, Unfallflucht bei eindeutiger Haftungslage?, 1993, S. 46 ff, 63 ff).

Hiernach darf der Unfallbeteiligte im allgemeinen versuchen, sich zunächst an den Geschädigten zu wenden. Ist dieser nicht oder nicht ohne Verletzung des Unverzüglichkeitsgebots erreichbar, bleibt zumeist nur der Weg zur Polizei. Das alles muß alsbald nach Wegfall der Gründe geschehen, aus denen die „Straflosigkeit" des Sich-Entfernens vom Unfallort folgt. Ein Kraftfahrer, der nachts gegen 2 Uhr mit seinem Pkw die Leitplanken an einer Bundesstraße beschädigt, einen Sachschaden von 1500 DM angerichtet und sich nach Ablauf der Wartefrist vom Unfallort entfernt hat, genügt bei eindeutiger Haftungslage dem **Unverzüglichkeitsgebot** des § 142 II, wenn er am nächsten Morgen gegen 8 Uhr die zuständige Polizeidienststelle von dem Unfall verständigt (OLG Hamm VRS 61 [1981], 263; vgl auch OLG Frankfurt VRS 65 [1983], 30). Wer dagegen durch untätiges Abwarten die konkrete Gefahr eines Beweisverlustes schafft, verletzt die Pflicht zum *unverzüglichen* Handeln (näher OLG Karlsruhe MDR 82, 164; *Lackner/Kühl*, § 142 Rn 26). Das gleiche gilt, wenn ein Unfallbeteiligter, der sich mit dem Verletzten in dessen nahe gelegene Wohnung begeben hatte, dort nach dem Scheitern des Einigungsversuchs das Eintreffen der vom Verletzten herbeigerufenen Polizei nicht abwartet, vielmehr die Flucht ergreift und auf diese Weise dem Unverzüglichkeitsgebot des § 142 II zuwiderhandelt (OLG Köln NJW 81, 2367; anders *Beulke*, JuS 82, 815).

1017

b) Für den **subjektiven Tatbestand** ist *Vorsatz* erforderlich; Eventualvorsatz genügt. Der Täter muß wissen oder damit rechnen, daß ein Unfall mit einem nicht ganz unerheblichen Personen- oder Sachschaden vorliegt, daß er als Unfallbeteiligter in Betracht kommt und daß er durch sein Verhalten die Feststellungen verhindert oder erschwert (näher BGHSt 15, 1; S/S-*Cramer*, § 142 Rn 76 ff). Zur Abgrenzung zwischen Tatbestands- und Verbotsirrtum im Rahmen des § 142 vgl OLG Düsseldorf NJW 86, 2001; OLG Frankfurt NJW 83, 293 sowie *Lackner/Kühl*, § 142 Rn 36 und *Tröndle/Fischer*, § 142 Rn 33, 42.

1018

Im **Fall 58** kommt auch § 142 in Betracht. A hat sich in Kenntnis aller maßgeblichen Tatumstände vom Unfallort entfernt, ohne den ihm durch § 142 I Nr 1, 2 auferlegten Verpflichtungen nachgekommen zu sein. **Vollendet** war die Tat spätestens in dem Zeitpunkt, in welchem er sich unter dem Schutz der Dunkelheit so weit von der Unfallstelle entfernt hatte, daß er als Unfallbeteiligter nicht mehr ohne weiteres erkennbar war (vgl OLG Stuttgart NJW 81, 878; *Küper*, JZ 81, 209, 251; S/S-*Cramer*, § 142 Rn 83). Zu den vorausgegangenen Straftaten steht dieses weitere Vergehen im Verhältnis der *Tatmehrheit* (§ 53), weil der Verkehrsunfall eine **Zäsur** des Gesamtgeschehens bewirkte und die ihm nachfolgende Unfallflucht auf einem **neuen Tatentschluß** des A beruhte (BGHSt 23, 141; 25, 72; BayObLG JR 82, 249; OLG Celle JR 82, 79). Zum andersartigen Problem der *prozessualen* Tatidentität iS des § 264 StPO beachte BGHSt 25, 72; 24, 185; 23, 141 und 270; BGH VRS 63 [1982], 39; OLG Zweibrücken VRS 63 [1982], 53.

1019

### 3. Rechtswidrigkeit

**1020** Die **Rechtswidrigkeit** der Tat kann nach den allgemeinen Regeln, insbesondere durch rechtfertigenden Notstand (§ 34), durch Einwilligung des Betroffenen (uU auch eines sonstigen Feststellungsberechtigten) sowie durch mutmaßliche Einwilligung ausgeräumt werden.

**1021** Eine durch Täuschung erschlichene Zustimmung zum Verlassen des Unfallortes ist nach den allgemeinen Regeln unwirksam und unbeachtlich. Ob dieser Umstand, insbesondere bei der Angabe falscher Personalien, ohne weiteres die Möglichkeit zur Bestrafung nach § 142 I Nr 1 eröffnet, ist zweifelhaft und umstritten (bejahend OLG Stuttgart NJW 82, 2266; differenzierend BayObLG NJW 84, 1365; *Küper*, JZ 90, 510). Wie *Küper* aaO überzeugend nachgewiesen hat, hängt die Lösung dieser Streitfrage von den tatbestandlichen Besonderheiten des § 142 I Nr 1 ab. Danach liegt in falschen Auskünften zur Person keine Verletzung der sog. Vorstellungspflicht, solange nur die Beteiligung am Unfall *als solche* eingeräumt wird. Wesentlich ist ferner, daß die in § 142 I Nr 1 normierte Anwesenheitspflicht nur insoweit verletzt werden kann, als sie überhaupt noch besteht. Mit dem **Abschluß der Feststellungen** am Unfallort erlischt aber zugleich die Anwesenheitspflicht. Infolgedessen wirkt sich die Unbeachtlichkeit eines durch Täuschung erschlichenen Verzichts auf weitere Anwesenheit unter dem Blickwinkel des § 142 I Nr 1 nur dann zu Lasten des Präsenzpflichtigen aus, wenn er sich *vor* dem definitiven Abschluß der am Unfallort laufenden Feststellungen entfernt; sie bleibt dagegen tatbestandlich irrelevant, wenn er **bis zu diesem Zeitpunkt** den Unfallort nicht verläßt (näher *Küper*, JZ 90, 510, 519 ff).

**1022** Für die Annahme einer *mutmaßlichen* Einwilligung des Geschädigten (etwa beim Hinterlassen einer Visitenkarte nebst Zusicherung der uneingeschränkten Ersatzbereitschaft an dem beim Einparken beschädigten Kraftwagen) ist nur bei engen persönlichen Beziehungen zum Fahrzeughalter oder bei ganz geringfügigen Schäden und eindeutiger Haftungslage Raum (vgl BayObLG JZ 83, 268; StV 85, 109; OLG Köln VRS 64 [1983], 115; S/S-*Cramer*, § 142 Rn 74, 75).

### 4. Strafbare Teilnahme

**1023** Die Möglichkeit einer **Teilnahme** am Delikt des § 142, die durch aktives Tun oder Unterlassen in Garantenstellung erfolgen kann, richtet sich nach den allgemeinen Regeln (vgl dazu *Arloth*, GA 85, 492; SK-*Rudolphi*, § 142 Rn 53). Beihilfe durch pflichtwidriges Unterlassen kommt beispielsweise in Betracht, wenn der am Unfallort anwesende Halter und Fahrzeugeigentümer den Unfallverursacher, den er zum Führen seines Fahrzeugs ermächtigt hatte, nicht an der Weiterfahrt hindert, obwohl er dies ohne Schwierigkeit könnte und sich dessen bewußt ist. Grundlage der **Garantenstellung** ist unter solchen Umständen die Sachherrschaft und Verfügungsberechtigung des Eigentümers über sein Fahrzeug, das in seiner Gegenwart als Mittel zur Begehung einer Straftat (§ 142 I Nr 1) benutzt werden soll (näher OLG Stuttgart NJW 81, 2369). Zu den Anforderungen, die im Bereich des § 142 II, III 1 an eine

Beihilfehandlung zu stellen sind, siehe BayObLG NJW 90, 1861 mit krit. Besprechung *Herzberg*, NZV 90, 375; *Seelmann*, JuS 91, 290.

### V. Trunkenheit im Verkehr

Der Begriff des „Fahrzeugführens" erfaßt auch bei § 316 nur **Bewegungsvorgänge** im Verkehr (§§ 315 bis 315d; siehe Rn 984); das bloße Ansetzen dazu (zB durch Anlassen des Motors) fällt in den Bereich des hier nicht mit Strafe bedrohten Versuchs (BGHSt 35, 390). Unter der Voraussetzung, daß der Fahrzeugführer *infolge* berauschender Mittel, deren Mitursächlichkeit genügt, nicht mehr in der Lage ist, das Fahrzeug sicher zu führen (vgl Rn 986), stellt das Gesetz diese Tätigkeit unter Strafe (siehe Rn 977). Die Tat ist sowohl vorsätzlich als auch fahrlässig begehbar (§ 316 I, II), wobei für das Führen bei allen Verkehrsdelikten immer Vorsatz erforderlich ist.

1024

Im **Fall 58** ist es während der Weiterfahrt durch A im Zuge der „Verkehrsunfallflucht" zu einer erneuten Gefährdung iS des § 315c I Nr 1a, III Nr 2 nicht gekommen. Insoweit liegt daher lediglich eine nach § 316 II zu bestrafende **folgenlose Trunkenheitsfahrt** vor (zur Frage des Vorsatzes hinsichtlich der rauschbedingten Fahruntüchtigkeit vgl *Lackner/Kühl*, § 316 Rn 4 mwN).
Zwischen dem unerlaubten Entfernen vom Unfallort (§ 142 I) und dem Vergehen nach § 316 II besteht Tateinheit (§ 52). Der Umstand, daß eine Trunkenheitsfahrt iS des § 316 **Dauerdelikt** ist und daß diese Straftat im **Fall 58** mit der fahrlässigen Straßenverkehrsgefährdung in *Gesetzeseinheit* steht (= Subsidiarität), führt nicht zu einer **Verklammerung** zur Tateinheit zwischen § 142 und § 315c I Nr 1a, III Nr 2, weil § 316 II im Vergleich zu den beiden Strafvorschriften das minderschwere Delikt ist (näher BGHSt 23, 141, 149; *Wessels/Beulke*, AT Rn 780).

1025

Der für Verkehrsstrafsachen zuständige 4. Strafsenat des BGH ist der Ansicht, daß die Grundsätze der *actio libera in causa* im Bereich der §§ 315c, 316 nicht anwendbar sind (BGHSt 42, 235; näher dazu *Wessels/Beulke*, AT Rn 416 mwN, aber auch *Hettinger*, GA 89, 1, 14 und in *Schnarr* ua, Reform, S. 187 ff).

1026

# § 23 Vollrausch und Unterlassen der Hilfeleistung

**Fall 59:** Der Trunkenbold T ist wegen Volltrunkenheit und rüpelhaften Benehmens – auch dem Gast G gegenüber – aus einer vielbesuchten Waldgaststätte gewiesen worden. Gleich zu Beginn des Heimweges stolpert T am Straßenrand über einen Ziegelstein, den er aufhebt und wütend fortschleudert. Dabei prallt der Stein gegen einen abgestellten Kraftwagen, dessen Kotflügel beschädigt wird. Da niemand den Vorfall beobachtet hat, wankt T unbehelligt davon. Noch innerhalb des Waldes stürzt er ein Stück neben dem

1027

§ 23 *Vollrausch und Unterlassen der Hilfeleistung*

> Wanderweg kopfüber in einen Wassergraben, der so schmal und so tief ist, daß T sich aus eigener Kraft nicht befreien kann, zumal sein rechter Arm gebrochen ist. Der Gast G kommt wenig später an der Unfallstelle vorbei, hört die kläglichen Hilferufe, eilt hinzu, überläßt den T jedoch seinem Schicksal, nachdem er ihn als den „rüpelhaften Trinker" wiedererkannt hat, dem (wie er meint) recht geschehe, wenn er noch eine Weile in seiner Lage verharren müsse. In der Tat wird T erst etwa 10 Minuten später im Zustand fast völliger Erschöpfung von hilfreichen Spaziergängern entdeckt und betreut, bis sein Abtransport erfolgt.
> Strafrechtliche Beurteilung des Sachverhalts?

## I. Vollrausch

### 1. Strafgrund

1028 § 323a bezweckt den **Schutz der Allgemeinheit** vor Gefahren, die der Zustand des **Vollrausches** wegen der damit verbundenen Aufhebung (zumindest: Reduzierung) der Fähigkeit zur Normerkenntnis und Normbefolgung erfahrungsgemäß mit sich bringt. **Strafgrund** ist die selbstverschuldete Herbeiführung eines die freie Willensbildung ausschließenden und damit gemeingefährlichen Zustandes (BGHSt 1, 124 und 275; 16, 124). Der **Vollrausch** ist nach hM ein *abstraktes Gefährdungsdelikt*; seine Strafbarkeit als solche verstößt nicht gegen das Schuldprinzip (BGHSt 32, 48; 16, 124; OLG Hamburg JR 82, 345; beiläufig auch BVerfG DAR 79, 181 bei *Spiegel*; aA etwa *Frister*, Schuldprinzip, Verbot der Verdachtsstrafe und Unschuldsvermutung als materielle Grundprinzipien des Strafrechts, 1986, S. 53, 59; *Arthur Kaufmann*, JZ 63, 425; *Lagodny*, Strafrecht vor den Schranken der Grundrechte, 1996, S. 233, 484).

1029 Näher zu § 323a außerdem *Cramer*, Der Vollrauschtatbestand als abstraktes Gefährdungsdelikt, 1962; *Dencker*, Vollrausch und der „sichere Bereich des § 21 StGB", NJW 80, 2159; *derselbe*, § 323a – Tatbestand oder Schuldform?, JZ 84, 453; *Forster/Rengier*, Alkoholbedingte Schuldunfähigkeit und Rauschbegriff des § 323a, NJW 86, 2869; *Geisler*, Zur Vereinbarkeit objektiver Bedingungen der Strafbarkeit mit dem Schuldprinzip, 1998, S. 363; *Lackner*, Neuorientierung der Rechtsprechung im Bereich des Vollrauschtatbestandes, Jescheck-FS, S. 645; *Otto*, Der Vollrauschtatbestand, Jura 86, 478; *Paeffgen*, Strafzumessungsaspekte bei § 323a, NStZ 93, 66; *Puppe*, Neue Entwicklungen in der Dogmatik des Vollrauschtatbestandes, Jura 82, 281; *Ranft*, Grundprobleme des Vollrauschtatbestandes, JA 83, 193, 239; *Streng*, Unterlassene Hilfeleistung als Rauschtat?, JZ 84, 114; *Tröndle*, Vollrauschtatbestand und Zweifelsgrundsatz, Jescheck-FS, S. 665; *Wolter*, Vollrausch mit Januskopf, NStZ 82, 54. Die Minderheitsmeinung, die § 323a als ein *konkretes* Gefährdungsdelikt besonderer Art auffaßt und dementsprechend darauf abstellt, ob sich in der Rauschtat die konkrete Gefährlichkeit des Rauschzustandes realisiert hat, ist näher dargestellt bei *Geisler*, aaO S. 388 mwN. Die Vorschrift stellt den Interpreten vor *letztlich nicht lösbare* Schwierigkeiten (vgl auch LK-*Spendel*, § 323 Rn 1; NK-*Paeffgen*, § 323a Rn 9). Keine der möglichen Deutungen läßt sich widerspruchsfrei in den allgemeinen dogmatischen Systemzusammenhang einfügen (*Lackner/Kühl*, § 323a Rn 1).

Zur Abgrenzung von den sog. Grundsätzen der *actio libera in causa* vgl BGHSt 21, **1030**
381; 17, 259; *Paeffgen*, ZStW 97 [1985], 513 und NK, § 323a Rn 86; *Ranft*, Jura 88,
133; *Wessels/Beulke*, AT Rn 415 ff. Das Land Berlin hat vorgeschlagen, in einem
neuen § 323a II eine Strafzumessungsregelung vorzusehen, nach der ein besonders
schwerer Fall (Freiheitsstrafe von 6 Monaten bis zu 10 Jahren) in der Regel vorliegen soll, „wenn der Täter sich vorsätzlich in einen Rausch versetzt und die in diesem Zustand begangene rechtswidrige Tat ein Verbrechen ist" (BR-Drucks. 123/97;
zu diesem *grotesken* Gesetzesantrag siehe *Hirsch*, JR 97, 391 und *Sick/Renzikowski*,
ZRP 97, 484, 486). Auch der Bundesrat (BR-Drucks. 97/99 [Beschluß]) und die
Bundestagsfraktion der CDU/CSU (BT-Drucks. 14/545) haben zwischenzeitlich
Entwürfe zu einer Verschärfung vorgelegt, in denen der Sache nach Strafgrund nicht
mehr das Sichberauschen, sondern die Rauschtat ist (vgl auch *Freund/Renzikowski*,
ZRP 99, 497; *Streng*, JZ 00, 20, 26 f). Alle drei Entwürfe sind mit dem Grundsatz
schuldangemessenen Strafens unvereinbar. Die Kommission zur Reform des Sanktionenrechts hat sich für eine Beibehaltung des § 323a in seiner bisherigen Struktur
ausgesprochen; siehe dazu die vorbereitenden Referate von *Hennig* einerseits, *Hettinger* andererseits und den Abschlußbericht in *Schnarr* ua, Reform, S. 95, 187, 299,
308, 312.

## 2. Unrechtstatbestand

Den **Unrechtstatbestand** des § 323a verwirklicht, wer sich durch alkoholische Getränke oder andere berauschende Mittel vorsätzlich oder fahrlässig in einen so hochgradigen **Rausch** versetzt, daß er schuldunfähig (§ 20) wird oder in einen Zustand gerät, bei dem **Schuldunfähigkeit nicht auszuschließen** ist. Der Alkohol- oder Rauschmittelmißbrauch muß nicht die alleinige Ursache des Vollrausches gewesen sein; Mitursächlichkeit neben einer besonderen körperlichen oder seelischen Verfassung des Täters genügt (BGHSt 22, 8; 26, 363; BGH StV 00, 26; zur Einnahme von Medikamenten siehe OLG Hamburg JR 82, 345 mit Anm. Horn; OLG Karlsruhe NJW 79, 611). **1031**

Umstritten ist, wie diejenigen Fälle zu beurteilen sind, in denen der Grad einer evtl. **1032**
Berauschung sich nicht klären läßt. Wo der Alkoholgenuß oder die Einnahme berauschender Mittel die psychophysischen Fähigkeiten des Täters nur unwesentlich beeinträchtigt und nicht einmal zu einer erheblichen Verminderung der Schuldfähigkeit iS des § 21 geführt hat, ist für § 323a kein Raum. Das gleiche gilt, wenn ausser Zweifel steht, daß der Täter durch den Rauschmittelgenuß keinesfalls schuldunfähig geworden ist. Eine Verurteilung wegen **Vollrauschs** nach § 323a kommt *nur* dann in Betracht, wenn **feststeht**, daß im maßgeblichen Zeitpunkt ein *hochgradiger* Rausch vorgelegen hat und daß aufgrund dieses Defektzustandes bei nicht ausschließbarer Schuldunfähigkeit zumindest **der sichere Bereich des § 21 erreicht**, die Schuldfähigkeit des Täters also **wenigstens erheblich vermindert** war (BGHSt 32, 48; BGH NStZ 89, 365; *Dencker*, NJW 80, 2159; *Krey*, BT/1 Rn 805a; *Puppe*, Jura 82, 281; anders, jedoch unzutreffend OLG Karlsruhe NJW 79, 1945). Nichts anderes meinte auch die früher gebräuchliche, aber unklare Formel, daß der „si-

chere Bereich des § 21 (von der Schuldfähigkeit her) überschritten" sein müsse (vgl BGHSt GrS 9, 390; BGH VRS 56 [1979], 447; BayObLG VRS 56 [1979], 449). Ist das Vorliegen dieser Voraussetzung erwiesen, so kommt es nach Wortlaut und Sinn des § 323a nicht darauf an, ob sich als Folge dieses Rauschzustandes ein vollständiger Verlust der Schuldfähigkeit *eindeutig feststellen* oder lediglich *„nicht ausschließen"* läßt. BGHSt 32, 48 (55) stützt dieses sachlich zutreffende Ergebnis unter anderem auch auf die These, daß hier der Grundsatz *in dubio pro reo* anzuwenden sei, weil zwischen dem in Betracht kommenden Straftatbestand (= der sog. Rauschtat) und § 323a ein „normativ-ethisches Stufenverhältnis" iS des Mehr zum Weniger bestehe (Bedenken dagegen bei *Dencker*, JZ 84, 453).

**1033** Daran, daß ggf freizusprechen ist, wenn die Skala des Zweifels von Schuldunfähigkeit bis zu voller Schuldfähigkeit reicht und die von der hM behaupteten Grundsätze der *actio libera in causa* nicht eingreifen, hat die Neufassung des § 323a nichts geändert (vgl BGHSt 32, 48; BGH VRS 56 [1979], 447; BayObLG VRS 56 [1979], 449; OLG Köln VRS 68 [1985], 38; aA LK-*Spendel*, § 323a Rn 154; *Montenbruck*, GA 78, 225; S/S-*Cramer*, § 323a Rn 8a; SK-*Horn*, § 323a Rn 16; *Tröndle*, Jescheck-FS, S. 665). Eine Wahlfeststellung zwischen Vollrausch (§ 323a) und der im Rausch begangenen Straftat (wie etwa § 212) darf nicht erfolgen, weil es an der *rechtsethischen* und *psychologischen Vergleichbarkeit* der verschiedenen Verhaltensweisen fehlt (BGHSt GrS 9, 390, 394).

**1034** Im **Fall 59** ist davon auszugehen, daß T sich vorsätzlich (vgl dazu BGH NJW 67, 579; GA 66, 375) oder zumindest fahrlässig in den seine Schuldfähigkeit ausschließenden Vollrausch versetzt hat. Die *Vorwerfbarkeit* dieses Verhaltens folgt daraus, daß ihm als Trinker die enthemmende Wirkung des Alkohols bekannt war, die selbst friedfertige Menschen oft in gefährlicher Weise verändert und bis zu völlig unberechenbaren, teils wesensfremden Entgleisungen führt (vgl BGHSt 16, 124; BGH NJW 79, 1370).

### 3. Objektive Bedingung der Strafbarkeit

**1035** **Bestraft** wird der Vollrausch nur unter der Bedingung, daß der Berauschte eine **rechtswidrige Tat** iS des § 11 I Nr 5 begeht (= *objektive Bedingung der Strafbarkeit;* anders LK-*Spendel*, § 323a Rn 61, 157, der in der Rauschtat einen unwiderleglichen Beweis für die Gefährlichkeit des Vollrausches erblickt). Diese sog. **Rauschtat** (vgl § 323a III) muß den *objektiven* und *subjektiven* Tatbestand eines Strafgesetzes verwirklichen (bei bloßen Ordnungswidrigkeiten kommt § 122 OWiG in Betracht; zu Recht krit. NK-*Paeffgen*, § 323a Rn 9).

**1036** Im **Handlungsbereich** gehört dazu ein vom natürlichen Willen beherrschtes oder beherrschbares Verhalten; Erbrechen und sog. *Zwangshandlungen* scheiden infolgedessen aus (vgl RGSt 69, 189, 191; BGHSt 1, 124, 127). Ist die Rauschtat ein sog. **Absichtsdelikt** wie zB ein Diebstahl oder Betrug, so muß neben dem entsprechenden *Tatbestandsvorsatz* (dazu *Tröndle/Fischer*, § 323a Rn 13) auch die jeweils geforderte *besondere Absicht* (= Zueignungs- bzw Bereicherungsabsicht) gegeben sein (vgl BGHSt 18, 235). Bei einer Verleumdung (§ 187) müßte der Volltrunkene *wider besseres Wissen* gehandelt haben. Hat jemand im Rausch einen anderen erschossen, so bedarf es der Prüfung, ob er auf ihn gezielt (= § 212 als Rauschtat) oder ihn nur aus Versehen getroffen hat (= § 222 als Rauschtat). Nach § 323a II soll das zumindest nach der Rechtsprechung für die Strafzumessung Bedeutung haben (siehe dazu BGH JR 93, 33 mit Anm. *Streng* und *Lackner/Kühl*, § 323a Rn 16).

Als Rauschtat kommen auch **Unterlassungsdelikte**, nach hM unter Einschluß des § 323c, in Betracht (BayObLG NJW 74, 1520; LK-*Spendel*, § 323a Rn 175; NK-*Paeffgen*, § 323a Rn 70, jeweils mwN). Die Gefahr eines rauschbedingten Verlustes der Einsichtsfähigkeit oder des Hemmungsvermögens kann sich in einem Unterlassungsdelikt ebenso realisieren wie in einem Begehungsdelikt. Der Einwand, daß dies bei § 323c zu einer Erweiterung der Hilfspflicht und zu dem Gebot führen würde, sich *jederzeit* für eine Hilfeleistung bereit zu halten, ist jedenfalls nicht stichhaltig, weil § 323c bei fehlender Handlungsfähigkeit schon tatbestandlich entfällt (zur Gegenansicht siehe *Lenckner*, Anm. JR 75, 31). Vom noch handlungsfähigen Berauschten werde gemäß § 323a in Verbindung mit § 323c lediglich verlangt, in dem Maße Hilfe zu leisten, wie es ihm entsprechend dem Grad seiner Berauschung bei Entstehung der Hilfspflicht möglich ist (so die hM). **1037**

Umstritten ist, ob im Rahmen der Rauschtat die Rechtsfolgen des § 16 auch bei einem *rauschbedingten* Tatumstandsirrtum oder Erlaubnistatumstandsirrtum eintreten, dem der Täter nüchtern nicht erlegen wäre (vgl RGSt 73, 11, 17; BGH NJW 53, 1442). Da die Straflimitierung des § 323a II sich jetzt an der konkreten Rauschtat orientiert (dazu NK-*Paeffgen*, § 323a Rn 9, 88), wird man davon ausgehen müssen, daß hier **keine von den allgemeinen Regeln abweichende Behandlung der Irrtumsprobleme** mehr möglich ist (vgl *Dencker*, NJW 80, 2159, 2164; S/S-*Cramer*, § 323a Rn 18; SK-*Horn*, § 323a Rn 12; anders LK-*Spendel*, § 323a Rn 201). Einschränkungen kommen aber weiterhin bei solchen Fehlvorstellungen in Betracht, die (wie etwa ein rauschbedingter Verbotsirrtum iS des § 17) den Bereich der **Unrechtseinsicht** betreffen; hier ist danach zu fragen, ob der Täter dem gleichen Irrtum auch in nüchternem Zustand erlegen wäre und ob dieser Irrtum in der konkreten Situation einen Nüchternen entlasten würde (vgl *Ranft*, JA 83, 193, 242; NK-*Paeffgen*, § 323a Rn 77; SK-*Horn*, § 323a Rn 17). Für das Eingreifen von Rechtfertigungsgründen, wie etwa des § 32 oder der §§ 228, 904 BGB, gelten keine Besonderheiten (vgl BGH NJW 79, 1370). Im Prinzip richtet sich auch das Eingreifen von Entschuldigungsgründen (zB des § 35 I) und von persönlichen Strafausschließungsgründen nach den allgemeinen Regeln. Ebenso kann der Volltrunkene nach hM von einem Versuch als Rauschtat nach § 24 strafbefreiend zurücktreten (vgl BGH StV 94, 304; NStZ 94, 131 mit Anm. *Kusch*; NStZ-RR 99, 8); eine überzeugende Begründung hierfür dürfte kaum zu finden sein. **1038**

Im **Fall 59** kommt als Rauschtat nur eine **Sachbeschädigung** (§ 303) in Betracht, deren Merkmale in objektiver Hinsicht erfüllt sind. Fraglich ist aber, ob T den lädierten Kraftwagen *vorsätzlich* oder nur *ungewollt-fahrlässig* beschädigt hat. Da eine fahrlässige Sach- **1039**

> beschädigung keine **rechtswidrige Tat** iS des § 11 I Nr 5 ist, könnte T nur im erstgenannten Fall wegen *Vollrausches* bestraft werden, wobei zum Antragserfordernis § 323a III in Verbindung mit § 303c zu beachten wäre.

### 4. Konkurrenzfragen

1040 Die Begehung mehrerer Rauschtaten im selben Rausch begründet lediglich *ein* Vergehen nach § 323a. Hat jemand im Vollrausch ein **Eigentumsdelikt** begangen und eignet er sich die fremde Sache nüchtern erneut zu (was auch nach BGHSt 14, 38, 43/45 durchaus möglich bleibt), so ist er allein wegen Unterschlagung (§ 246) zu bestrafen; der Verstoß gegen § 323a ist damit abgegolten (= *mitbestrafte Vortat* aus dem Gesichtspunkt der *Subsidiarität;* vgl S/S-*Cramer,* § 323a Rn 32; *Wessels/Hillenkamp,* BT/2 Rn 303; anders NK-*Paeffgen,* § 323a Rn 83 und *Ranft,* JA 83, 193, 244, die Tatmehrheit annehmen).

1041 Wie man in **Übungsarbeiten** auf § 323a einzugehen hat, hängt von der Sachgestaltung im Einzelfall ab. Im Zweifel empfiehlt sich folgendes Vorgehen: Zunächst behandelt man die im Rausch begangene Tat nach den herkömmlichen Aufbauregeln. Gelangt man dabei zur Verneinung der Schuldfähigkeit (§ 20) im Zeitpunkt der Tathandlung, ist nach hM zu prüfen, ob die Tat nach den Grundsätzen der *actio libera in causa* strafrechtlich erfaßt werden kann (siehe dazu *Rath,* JuS 95, 405, 413; *Wessels/Beulke,* AT Rn 415 ff). Erst im Anschluß daran geht man, soweit noch erforderlich, auf § 323a ein. Zum evtl. **Konkurrenzverhältnis** siehe S/S-*Cramer,* § 323a Rn 31.

## II. Unterlassene Hilfeleistung

### 1. Schutzzweck

1042 Grundgedanke des § 323c ist die Wahrung der in akuten Notfällen zur Schadensabwehr gebotenen **mitmenschlichen Solidarität**, die aus der sozialen Verantwortlichkeit des einzelnen als Glied der Gemeinschaft erwächst und von ihm ein gewisses Mindestmaß an Hilfsbereitschaft verlangt. **Schutzgegenstand** der Vorschrift sind die **Individualrechtsgüter** des Betroffenen (vor allem Leben, Gesundheit und Eigentum), denen infolge des Unglücksfalls, gemeiner Gefahr oder Not **Schaden droht** (näher *Dölling,* NJW 86, 1011; LK-*Spendel,* § 323c Rn 29; *Seelmann,* JuS 95, 281; SK-*Rudolphi,* § 323c Rn 1; abweichend *Pawlik,* GA 95, 360). **Strafgrund** der unterlassenen Hilfeleistung ist nach heutiger Rechtsauffassung die dem Allgemeininteresse zuwiderlaufende Versäumung einer Gelegenheit zu hilfreicher Schadensabwehr (BGHSt 14, 213, 215; *Geilen,* Jura 83, 78, 140). Die Tat ist ein **echtes Unterlassungsdelikt** (vgl *Wessels/Beulke,* AT Rn 696). Der Versuch ist nicht mit Strafe bedroht. Bei **Unglücksfällen** und **gemeiner Gefahr** oder Not ist *jedermann* verpflichtet, die zur Vermeidung weiterer Schäden *erforderliche* und ihm *zumutbare Hilfe* zu leisten. Anders als bei unechten Unterlassungsdelikten wird hier aber nicht das Unterlassen der Erfolgsabwendung, sondern nur das Unterlassen der **Hilfeleistung** bestraft.

## 2. Unglücksfall, gemeine Gefahr oder Not

Ausgelöst wird die sog. Jedermannspflicht zur Hilfeleistung durch einen **Unglücksfall**, eine **gemeine Gefahr** oder eine die **Allgemeinheit betreffende Notlage** (Brand, Überschwemmung, Naturkatastrophe usw). 1043

**Unglücksfall** ist nach hM jedes (plötzlich eintretende) Ereignis, das die unmittelbare Gefahr eines erheblichen Schadens für andere Menschen oder fremde Sachen von bedeutendem Wert hervorruft (vgl BGHSt 3, 65; 6, 147; *Küper*, BT S. 277; LK-*Spendel*, § 323c Rn 36 ff). Nicht erforderlich ist, daß bereits ein Schaden eingetreten ist. Das Ereignis kann *vorsätzlich* oder *fahrlässig* herbeigeführt worden sein. Zur Frage, ob und ggf ab welchem Zeitpunkt ein **Selbsttötungsversuch** als Unglücksfall begriffen werden kann, siehe Rn 60 ff. Ob ein Unglücksfall iS des § 323c gegeben war, bestimmt die hM ex post aus der Perspektive eines objektiven (vernünftigen) Beobachters (*Otto*, BT § 67 Rn 7 mwN; aA SK-*Rudolphi*, § 323c Rn 5a: ex ante; klärend *Küper*, BT S. 279). Nicht jede **Erkrankung** ist ein Unglücksfall iS des § 323c; sie kann sich aber dazu entwickeln, wenn ihr Verlauf eine sich rasch verschlimmernde Wendung nimmt (vgl BGHSt 17, 166; BGH NStZ 85, 409; OLG Düsseldorf NJW 95, 799 und JR 92, 37 mit Anm. *Meurer*). 1044

Eingehend *Kreuzer*, Ärztl. Hilfeleistungspflicht bei Unglücksfällen, 1965 und in NJW 67, 278. Zur Auswirkung der **Grundrechte** (Art. 4 I GG) auf § 323c vgl BVerfGE 32, 98; *K. Peters*, JZ 72, 85; *Schwabe*, JuS 72, 380. Bei bloßen **Sachgefahren** ist unter dem Blickwinkel der Schadenserheblichkeit und der Zumutbarkeit etwaiger Hilfe nur für eine sehr restriktive Anwendung des § 323c Raum (näher SK-*Rudolphi*, § 323c Rn 5; noch enger NK-*Seelmann*, § 323c Rn 11 ff; S/S-*Cramer*, § 323c Rn 5 sowie *Frellesen*, Die Zumutbarkeit der Hilfeleistung, 1980, S. 155).

## 3. Umfang der Hilfspflicht

Der **Umfang der Hilfspflicht** wird durch die **Erforderlichkeit** und die **Zumutbarkeit** der Hilfe bestimmt, wobei die Grenzen des *eigenen Leistungsvermögens* mit zu berücksichtigen sind. Wer hilfspflichtig ist, muß sofort und auf die **wirksamste Weise** helfen (BGHSt 14, 213; vgl dazu auch *Harzer*, Jura 95, 208); uU kann dazu die *Benachrichtigung* eines zur Hilfe besser Geeigneten (Arzt, Unfallrettungsdienst usw) genügen. 1045

An der **Erforderlichkeit** fehlt es, wenn der Betroffene sich in jeder Hinsicht selbst zu helfen vermag, wenn bereits von anderer Seite ausreichende Hilfe geleistet wird, wenn der Verunglückte schon tot ist oder wenn ein Tätigwerden nach dem vorausschauenden Urteil eines verständigen Beobachters offenbar sinnlos wäre (BGHSt 17, 166; 32, 367, 381; BayObLG VRS 44 [1973], 106). Bei einem Schwerverletzten ist Hilfe selbst dann noch erforderlich, wenn sie zwar nicht den Tod abwenden, 1046 wohl aber Schmerzen lindern kann (BGH JR 56, 347). Desgleichen ist die Erforderlichkeit der Hilfe dort zu bejahen, wo erst aus der Rückschau klar zu erkennen ist, daß der Verunglückte auch bei sofortiger ärztlicher Hilfe keine Überlebenschance gehabt hätte, die in Betracht kommende Hilfeleistung also vergeblich gewesen wäre (BGH NStZ 85, 501; NK-*Seelmann*, § 323c Rn 32, 33). **Weigert** der Gefährdete sich, die ihm angebotene Hilfe anzunehmen, so entfällt die Hilfspflicht, soweit über das bedrohte Rechtsgut verfügt werden kann *(Maurach-Schroeder*, BT 2 § 55 Rn 4, 21; S/S-*Cramer*, § 323c Rn 26).

1047 Geht es dabei um eine **Heilbehandlung** und eine dringend notwendige Operation zur Abwendung einer *akuten Lebensgefahr*, so ist die Weigerung des Patienten aber nicht etwa deshalb unbeachtlich, weil er dadurch sein Leben aufs Spiel setzt. Vielmehr ist hier zu berücksichtigen, daß jede Heilbehandlung der **Einwilligung** des Patienten bedarf und daß dessen Weigerung akzeptiert werden muß, wenn er sie trotz umfassender Aufklärung über das damit verbundene Risiko aufrechterhält (BGHSt 11, 111, 114; anders BGH NJW 83, 350 mit abl. Anm. *Geiger*, JZ 83, 153; siehe dazu auch *Lilie*, Anm. NStZ 83, 314). Für **Ärzte** ergibt sich aus § 323c **keine Erweiterung ihrer Berufspflicht**; das Vorhandensein ärztlicher Sachkunde ist aber uU für die Entstehung der Hilfspflicht wie für Art und Umfang der Hilfeleistung von Bedeutung (instruktiv BGHSt 2, 296; 21, 50; näher LK-*Spendel*, § 323c Rn 109). Hilfspflichtig ist nicht nur der am Unfallort Anwesende, sondern auch der zu Hilfe Gerufene, sofern ihm die Hilfeleistung aufgrund der konkreten Umstände des Einzelfalles möglich ist.

1048 Die **Zumutbarkeit** der Hilfeleistung wächst mit dem Grad der Gefährdung des Hilfsbedürftigen und der Beziehung des zur Hilfe Fähigen zum Unfallgeschehen. Die Gefahr der Strafverfolgung läßt die Zumutbarkeit in aller Regel nicht entfallen (BGHSt 11, 353; 39, 164).

Die hM erblickt in der Zumutbarkeit der Hilfeleistung bei § 323c zutreffend ein **Tatbestandsmerkmal** (BGHSt 17, 166, 170), das als Regulativ gedacht ist und dem Umstand Rechnung tragen soll, daß die Belastungsgrenze bei Hilfspflichten, die für *jedermann* gelten, nicht zu hoch angesetzt werden darf (vgl dazu *Geilen*, Jura 83, 140, 145; *Naucke*, Welzel-FS, S. 761; aA *Maurach-Schroeder*, BT 2 § 55 Rn 23, der die Zumutbarkeitsfrage auch hier in den Schuldbereich verweist; im Erg. ebenso LK-*Spendel*, § 323c Rn 159; differenzierend SK-*Rudolphi*, § 323c Rn 24; zur Aufgabe des Erfordernisses der Zumutbarkeit NK-*Seelmann*, § 323c Rn 40). Zur Frage der **Pflichtenkollision** in diesem Zusammenhang siehe *Wessels/Beulke*, AT Rn 735 ff.

**4. Vorsatz**

1049 Der **Vorsatz** des Täters muß alle Umstände umfassen, aus denen sich zB das Vorliegen eines *Unglücksfalles* sowie die *Möglichkeit, Erforderlichkeit* und *Zumutbarkeit* der Hilfeleistung ergibt (näher BGH GA 71, 336).

Im **Fall 59** kann G sich nach § 323c strafbar gemacht haben, als er T seinem Schicksal 1050
überließ. G hat dem verunglückten T die erforderliche und zumutbare Hilfe wissentlich
und willentlich versagt. Rechtfertigungs- und Entschuldigungsgründe liegen nicht vor.
Daß G geraume Zeit vorher in der Gaststätte von T belästigt worden war, berührt die
Rechtslage nicht. G hat sich daher nach § 323c strafbar gemacht. Vollendet war die Tat,
als G sich vom Unfallort entfernte und dadurch seinen mangelnden Hilfswillen nach außen hin manifestierte (vgl BGHSt 14, 213, 217; 21, 50, 55).

5. Konkurrenzfragen

§ 323c ist **subsidiär**, soweit der Hilfsunwillige wegen der aus dem Unglücksfall 1051
drohenden Schadensfolge als Täter oder Gehilfe eines entsprechenden vorsätzlichen **Begehungs- oder unechten Unterlassungsdelikts** bestraft wird (BGHSt 3,
65, 67; 14, 282; BGH MDR/H 82, 448). Fehlt es dagegen bei einem Begleiter des
Täters an den Voraussetzungen der Mittäterschaft und der Teilnahme, bleibt in *seiner* Person für § 323c Raum (wie etwa dann, wenn er dem besinnungslos geschla-
genen Raubopfer vorsätzlich keine Hilfe verschafft; vgl BGH MDR/H 85, 284). Ist
nicht zu klären, ob der Beschuldigte sich in strafbarer Weise an der den Unglücksfall bildenden Straftat beteiligt hat, ist ebenfalls ein Rückgriff auf § 323c möglich
(so BGHSt 39, 164; BGH NStZ 97, 127; zum Ganzen *Tröndle/Fischer*, § 323c
Rn 11).

12. Kapitel

# Straftaten gegen die Umwelt

# § 24 Umweltschutz und Umweltstrafrecht

## I. Allgemeiner Überblick

### 1. Die Reform des Umweltstrafrechts

Maßnahmen zum Schutz der Umwelt gibt es in Deutschland seit langem. Natur- 1052
schutz und Landschaftspflege, Tier- und Pflanzenschutz, die Reinhaltung von Gewässern, der Luft und der Lebensmittel, die Abfallbeseitigung und die Lärmbe-
kämpfung sind hier schon früh als wichtige Aufgaben der Gesetzgebung erkannt
worden. Die **Umwelt als Ganzes** und die ökologisch schützenswerten Güter als **natürliche Lebensgrundlage des Menschen** sind jedoch erst seit geraumer Zeit
nachhaltig in das Blickfeld des öffentlichen Interesses getreten. Das rasante Wachs-
tum von Industrie und Verkehr, die zunehmende Verwendung gefährlicher Chemikalien, die Nutzung der Kernenergie, die Ausbeutung der natürlichen Rohstoffquel-

§ 24  *Umweltschutz und Umweltstrafrecht*

len, die Eingriffe in Wald und Landschaft durch einen überzogenen Ausbau der Verkehrswege und eine Reihe anderer Fehlentwicklungen haben mit ihren vielfältigen Folgeschäden einen Bewußtseinswandel bewirkt. Der Mensch fühlt seine Verantwortung für die Welt, in der er lebt. Im Bereich der Wirtschaft, des Straßenverkehrs, der Landschaftspflege und der jeweils zuständigen öffentlichen Verwaltung sind inzwischen zahlreiche neue Wege zum Schutz der Umwelt beschritten worden. Auch das Strafrecht ist dieser Entwicklung gefolgt. Mit dem am 1.7.1980 in Kraft getretenen 18. StÄG (BGBl 1980 I 373) hat der Gesetzgeber die wichtigsten Strafvorschriften zum Schutz der Umwelt, die vorher im Nebenstrafrecht in Spezialgesetzen (wie etwa im Wasserhaushaltsgesetz, im Bundes-Immissionsschutzgesetz, im Abfallbeseitigungsgesetz und im Atomgesetz) enthalten waren, in erweiterter Form in das StGB übernommen (näher LK-*Steindorf*, Rn 1 vor § 324). Weniger bedeutsame Strafvorschriften und solche, die nur mittelbar dem Umweltschutz dienen, haben ihren Standort im Nebenstrafrecht behalten.

1053 Ziel der Reform war es, das Bewußtsein der Bürger für die Sozialschädlichkeit gefahrenträchtiger Umwelteingriffe zu schärfen, die Anerkennung selbständiger Umweltschutzgüter zu fördern, die unübersichtliche Materie zu vereinheitlichen und die generalpräventive Wirkung der Strafdrohungen zu erhöhen.

**2. Kritische Einwände**

1054 Diese Zielvorstellungen des Gesetzgebers haben im Schrifttum überwiegend Zustimmung gefunden. Die Art ihrer Verwirklichung im 18. StÄG und die Übernahme des sog. Umweltstrafrechts in das StGB sind jedoch auf heftige Kritik gestoßen. Die frühere Einordnung innerhalb des Nebenstrafrechts hatte trotz gewisser Mängel den Vorteil, daß man zur Umschreibung der Tatbestandsmerkmale auf die einzelnen Bestimmungen des jeweiligen Spezialgesetzes zurückgreifen konnte. Im Rahmen dieses Sachzusammenhanges waren die Voraussetzungen und Grenzen der Strafbarkeit leichter zu verdeutlichen. Die Verselbständigung des Umweltstrafrechts im 29. Abschnitt des Besonderen Teils des StGB krankt dagegen an der zum Teil schwer verständlichen und unübersichtlichen Gesetzesfassung, an der Vielzahl unbestimmter Rechtsbegriffe sowie daran, daß die verschiedenen Tatbestände systematisch kaum zu erfassen sind. Bedenklich erscheint zudem die Anhäufung von Blankettvorschriften, die auf außerstrafrechtliche Normen, Ermächtigungen und Verwaltungsakte Bezug nehmen, sie als verbindlich anerkennen und in Gestalt dieser „verwaltungsrechtlichen Akzessorietät" die Verfügung über den Geltungsbereich der jetzt zum Kernstrafrecht gehörenden Materie auf Verwaltungsbehörden und andere Fachkompetenzen verlagern. Näher zur Kritik *Lackner/Kühl*, Rn 2 ff vor § 324; *Tröndle/Fischer*, Rn 4 vor § 324 mwN. Zur Vereinbarkeit des § 327 II Nr 1 mit den verfassungsrechtlichen Bestimmtheitsanforderungen siehe BVerfGE 75, 329.

1055 Dem Ruf nach einer erneuten Reform und Verschärfung des Umweltstrafrechts ist inzwischen mit dem 2. UKG vom 27.6.1994 (BGBl I 1440) Rechnung getragen worden, das am 1.11.1994 in Kraft getreten ist. Die Schwerpunkte dieses Gesetzes bestehen neben der Umgestaltung mehrerer Strafvorschriften und einer Verschärfung einzelner Strafdrohungen ua in der Verbesserung des Bodenschutzes (§ 324a), des Schutzes gegen Luftverunreinigung (§ 325), gegen die Verursachung von Lärm (§ 325a) und gegen den unerlaubten Umgang mit gefährlichen Stoffen (§ 328), in einem Verbot des ungenehmigten „Abfalltourismus" (§ 326 II), in der Bildung von Regelbeispielen für „besonders schwere Fälle" (§ 330) und in einer Erweiterung der Vorschrift über die „tätige Reue" (§ 330b). Siehe dazu *Möhrenschlager*, NStZ 94, 513, 566; *Otto*, Jura 95, 134; *Schmidt/Schöne*, NJW 94, 2514. Das **6. StrRG** vom 26.1.1998 hat das Regelbeispiel des § 330 Nr 2 aF zur Qualifikation ausgestaltet (§§ 330 II Nr 1, 15) und § 330 Nr 1 aF durch die Erfolgsqualifikation des § 330 II Nr 2 nF ersetzt, hierbei die schwere Gesundheitsschädigung und die Leichtfertigkeit aber nicht übernommen (näher BT-Drucks. 13/9064, S. 23; nicht verständlich ist der Verweis auf § 330a I-III). Eine entsprechende Erfolgsqualifikation wurde auch als Abs. 2 in § 330a eingefügt, der zum Verbrechen aufgewertet worden ist. Der besonders schwere Fall einer Umweltstraftat kennt jetzt auch einen minder schweren Fall (§ 330 III), immerhin jedoch nur für die (Erfolgs-) Qualifikationen. Eine solche Strafzumessungsnorm findet sich nunmehr auch in § 330a III. Die Strafrahmen lassen – ein Kennzeichen des 6. StrRG – alle Optionen offen; im Gegenzug löst der jeweilige Unrechtstypus sich auf.

Nach der **Polizeilichen Kriminalstatistik** wurden in der Bundesrepublik im Jahr 1998 (1999) 41 381 (36 663) Straftaten gegen die Umwelt (§§ 324-330a) registriert. Der Anteil dieser Straftaten an der Gesamtkriminalität betrug 0,6 (0,6)% [= 0,64/ 0,58%]. Die Aufklärungsquote erreichte insgesamt 56,7 (58,9)%. Lehrreich *Kaiser*, Kriminologie, 3. Aufl. 1996, §§ 75, 76; *Schwind*, Kriminologie, 10. Aufl. 2000, § 22. **1056**

### 3. Geschützte Rechtsgüter

**Geschütztes Rechtsgut** aller Tatbestände im 29. Abschnitt des StGB ist *die Umwelt in ihren verschiedenen Medien* (Boden, Wasser, Luft) und ihren sonstigen Erscheinungsformen (Tier- und Pflanzenwelt) als **natürliche Lebensgrundlage des Menschen** (*Lackner/Kühl*, Rn 7 vor § 324). Die Strafvorschriften richten sich gegen eine gefahrenträchtige Verschlechterung der die Umwelt betreffenden Lebensbedingungen. Es geht darum, die ökologisch wertvollen Güter in ihrem natürlichen Bestand zu erhalten und den Menschen der gegenwärtigen wie der künftigen Generation humane Umweltbedingungen als Grundlage für ihre persönliche und wirtschaftliche Entfaltung zu sichern. **1057**

Näher dazu *Bloy*, JuS 97, 577; *Hohmann*, GA 92, 76; *Kuhlen*, ZStW 105 [1993], 697; *Laufhütte/Möhrenschlager*, ZStW 92 [1980], 912; *Rengier*, NJW 90, 2506.

### 4. Gesetzesüberblick

Den Umweltschutztatbeständen im StGB liegt kein einheitliches Gliederungsprinzip zugrunde; systematisch verbindende Kriterien sind bei ihnen nur schwer zu ent- **1058** decken. Der Gesetzgeber hat einmal **bestimmte Schutzobjekte** (§ 324: Gewässer; § 324a: den Boden; § 325: die Luft; § 329 III: Naturschutzgebiete und Naturparks), zum anderen **bestimmte Tätigkeiten** (§ 325a: Lärmverursachung; § 327: unerlaubtes Betreiben von Anlagen) und schließlich den **Umgang mit besonders gefährlichen Stoffen** (wie etwa mit Abfällen, radioaktiven Stoffen und Giften in §§ 326, 328, 330a) als Anknüpfungspunkt für seine Regelung gewählt. Die Tatbestände sind vorwiegend als *abstrakte* Gefährdungsdelikte konstruiert (Beispiele: §§ 326, 328 I, II, § 329 I, II). Nur vereinzelt wird der Eintritt einer konkreten Gefahr (vgl §§ 328 III, 330 II Nr 1, 330a) oder eines bestimmten Erfolges vorausgesetzt (vgl §§ 324, 329 III; siehe auch §§ 330 II Nr 2, 330a II).

### 5. Verwaltungsrechtliche Akzessorietät

1059 Die **verwaltungsrechtliche Akzessorietät** des Umweltstrafrechts kommt bei den meisten Tatbeständen dadurch zum Ausdruck, daß der Täter „unter Verletzung verwaltungsrechtlicher Pflichten" (§ 325), „ohne die erforderliche Genehmigung oder entgegen einer vollziehbaren Untersagung" (§§ 327, 328 I) oder schlicht „unbefugt" (§§ 324, 326 I) gehandelt haben muß.

1060 Während es sich in den erstgenannten Fällen jeweils um eine Einschränkung des **gesetzlichen Tatbestandes** handelt, wird das Merkmal „unbefugt" überwiegend als bloßer Hinweis auf das allgemeine Verbrechenselement der **Rechtswidrigkeit** aufgefaßt (vgl BGHSt 39, 381, 388 mwN). Den Begriff der „verwaltungsrechtlichen Pflicht" hat der Gesetzgeber jetzt in § 330d Nr 4 ausführlich umschrieben.

1061 Soweit es bei einzelnen Tatbeständen auf das Vorhandensein einer Genehmigung oder Erlaubnis ankommt, ist lediglich deren **verwaltungsrechtliche Wirksamkeit** und nicht etwa die Frage nach ihrer materiellrechtlichen Richtigkeit maßgebend. Dies folgt daraus, daß auch bei einer zu Unrecht ergangenen oder fehlerhaft gewordenen Gestattung Wertungswidersprüche zwischen Verwaltungsrecht und Strafrecht vermieden werden müssen (hM; näher OLG Frankfurt JR 88, 168; *Franzheim*, JR 88, 319; S/S-*Cramer*, Rn 16 ff vor § 324).

1062 Ist die betreffende Genehmigung, Planfeststellung oder Zulassung des Handelns durch Drohung, Bestechung oder Kollusion erwirkt oder durch Täuschung (dh durch unrichtige oder unvollständige Angaben) erschlichen worden, so stehen diese **rechtsmißbräuchlichen Verhaltensweisen** nach § 330d Nr 5 dem *genehmigungslosen* Handeln gleich. Unter einer **Kollusion** versteht das Gesetz hier den gemeinschaftlichen Rechtsbruch des Täters mit Personen, die auf seiten der Genehmigungsbehörde in das Verfahren eingeschaltet sind (BT-Drucks. 12/3700, S. 25). Näher dazu LK-*Steindorf*, § 330d Rn 6 und *Paetzold*, NStZ 96, 170.

1063 Die bloße **Genehmigungsfähigkeit** einer konkreten Umweltbeeinträchtigung hat keine tatbestandsausschließende oder rechtfertigende Wirkung (vgl *Tröndle/Fischer*, Rn 4d vor § 324; krit. dazu *Otto*, Jura 95, 134, 141). Das gleiche soll nach allgemeiner Ansicht für das **schlichte Untätigbleiben** von Behörden gegenüber Umweltverstößen gelten. Umstritten ist dagegen, welche Rechtsfolgen sich aus einer **Duldung**, dh aus der *bewußt* getroffenen Entscheidung der jeweils zuständigen Behörde ergeben, gegen einen rechtswidrigen Zustand oder das ihr bekannte rechtswidrige Verhalten Dritter aus Rechtsgründen oder aus Gründen der Opportunität nicht einzuschreiten (näher dazu *Malitz*, Zur behördlichen Duldung im Strafrecht, 1995; *Rogall*, NJW 95, 922; vgl ferner *Lackner/Kühl*, § 324 Rn 12 mwN).

In dieser Hinsicht ist vieles noch nicht hinreichend geklärt. Das gilt ua auch für die Frage, ob und inwieweit im Umweltstrafrecht bei außergewöhnlichen Not- und Katastrophenfällen für einen Rückgriff auf § 34 Raum bleibt (zB bei der Verwendung chemischer Mittel zur Bindung ausgelaufenen Öls). Bei gesundheitsschädlichen Immissionen hat das Interesse an der Aufrechterhaltung der Produktion und an der Sicherung von Arbeitsplätzen jedenfalls **keinen Vorrang** gegenüber den Belangen des Umweltschutzes (näher BGH MDR/D 75, 723; NStZ 97, 189 mit Anm. *Sack*; *Rudolphi*, NStZ 84, 193, 248; *Winkelbauer*, Zur Verwaltungsakzessorietät des Umweltstrafrechts, 1985, S. 11 ff). 1064

Siehe zum Ganzen auch *Frisch*, Verwaltungsakzessorietät und Tatbestandsverständnis im Umweltstrafrecht, 1993; *Heine*, NJW 90, 2425; *Kühl*, Lackner-FS, S. 815; *Otto*, Jura 91, 308; *Paeffgen*, Stree/Wessels-FS, S. 587; *Rogall*, GA 95, 299; *Rühl*, JuS 99, 521; *Schall*, NJW 90, 1263; *Schwarz*, GA 93, 318.

### 6. Strafbarkeit von Amtsträgern

Die **strafrechtliche Verantwortlichkeit von Amtsträgern** ist nach eingehender parlamentarischer Erörterung im 18. StÄG und im 2. UKG bewußt ausgeklammert worden, weil die Frage des Einstehenmüssens für umweltgefährdendes Verhalten Dritter, für behördliche Planungsfehler und den Erlaß fehlerhafter Verwaltungsakte ein Problem berührt, dessen Lösung sich nicht auf den Umweltschutz beschränken läßt (vgl LK-*Steindorf*, Rn 49 vor § 324; *Möhrenschlager*, NStZ 94, 513, 516; *Schmidt/Schöne*, NJW 94, 2514). Eine Strafbarkeit ist daher insoweit nur nach den allgemeinen Regeln über Täterschaft und Teilnahme zu begründen. 1065

Sie kann sich zB aus § 14 II 3 ergeben, wenn in öffentlichen Unternehmen, mit deren Führung ein Amtsträger betraut ist, rechtswidrige Taten iS der §§ 324 ff begangen werden (vgl OLG Köln NJW 88, 2119). Bei Amtsträgern, die in den für Umweltschutz zuständigen Behörden tätig sind, kommt ferner bei Allgemeindelikten (wie etwa im Bereich des § 324 oder des § 326 I, II) eine **Begehungs-** oder **Unterlassungstäterschaft** in Betracht, wenn der Amtsträger vorsätzlich eine materiell fehlerhafte Genehmigung erteilt oder entgegen einer im Einzelfall bestehenden Garantenpflicht iS des § 13 untätig bleibt, also beispielsweise eine fortlaufende Gewässerverunreinigung oder umweltgefährdende Abfallbeseitigung durch Dritte nicht verhindert (vgl BGHSt 39, 381; 38, 325). Die Frage, woraus sich hier eine Garantenstellung ableiten läßt, ist allerdings noch nicht hinreichend geklärt; sicher dürfte nur sein, daß sie nicht ohne weiteres aus der dienstlichen Stellung des Amtsträgers folgt. Ob die Voraussetzungen der **mittelbaren Täterschaft** gegeben sind 1066 oder nicht, hängt von den Umständen des Einzelfalles ab (näher dazu BGHSt 39, 381; OLG Frankfurt JZ 88, 168; *Horn*, Anm. JZ 94, 636; *Rudolphi*, Anm. NStZ 94, 433; *Schirrmacher*, Anm. JR 95, 386; *Wohlers*, ZStW 108 [1996], 61). Bei den meisten Umweltstraftatbeständen kann ein Amtsträger schon deshalb nicht tauglicher Täter sein, weil diese als **Sonderdelikte** ausgestaltet sind, wie zB §§ 325a, 327, 328, wo Normadressat allein derjenige ist, der die Anlage betreibt, unter Verletzung verwaltungsrechtlicher Pflichten handelt oder mit Kernbrennstoffen umgeht.

1067 Näher zum Ganzen (mit erheblichen Meinungsunterschieden) *Geisler*, NJW 82, 11; *Gürbüz*, Zur Strafbarkeit von Amtsträgern im Umweltstrafrecht, 1997; *Horn*, NJW 81, 1 und JZ 94, 1097; *Keller*, Rebmann-FS, S. 241; *Michalke*, NJW 94, 1693; *Nestler*, GA 94, 514; *Otto*, Jura 91, 308, 314; *Rogall*, Die Strafbarkeit von Amtsträgern im Umweltbereich, 1991; *Rudolphi*, NStZ 84, 193; *Schall*, NJW 90, 1263, wistra 92, 1 und JuS 93, 719; *Seier*, JA 85, 23; *Winkelbauer*, NStZ 86, 149 mwN.

## II. Verunreinigung eines Gewässers

1068 **Fall 60:** A ist Inhaber eines Textil-Reinigungsunternehmens. Um die Kosten der Abfallbeseitigung zu sparen, leitet er eines Tages 3 Fässer zu je 200 Liter Öl-Per(Chloräthylen)-Gemisch mit insgesamt 150kg Per, das bei der Destillation seiner Reinigungsmaschine angefallen ist, in die Kanalisation. Auf diesem Wege gelangt das eingeleitete Per zur Kläranlage, deren biologischer Teil dadurch funktionsuntauglich wird, so daß sämtliche Abwässer biologisch ungeklärt in einen Fluß abfließen. Dort verursacht die Verunreinigung durch Per ein umfangreiches Fischsterben. In der Fischzuchtanlage des Züchters Z macht sich der Pergehalt des Wassers in der Weise bemerkbar, daß die Fische drei Tage lang nicht fressen. Dadurch entsteht dem Z wegen ausbleibender Gewichtszunahme ein Schaden von 300 DM. Zur Wiederherstellung der Kläranlage, in deren Schlamm sich Öl und Per festgesetzt haben, muß die Gemeinde G 40 000 DM aufwenden.
A waren sowohl die Verhältnisse der Umgebung wie auch die Gesundheits- und Umweltschädlichkeit zumal solcher Mengen von Per bekannt. Hat er sich nach §§ 324 ff strafbar gemacht?

### 1. Gewässerbegriff

1069 Nach § 324 I macht sich strafbar, wer unbefugt ein Gewässer verunreinigt oder sonst dessen Eigenschaften nachteilig verändert. **Gewässer** iS des § 324 sind nach § 330d Nr 1 oberirdische Gewässer, das Grundwasser und das Meer (unter Einschluß der Hohen See; näher *Tröndle/Fischer*, § 324 Rn 2). Zum oberirdischen Gewässer gehört das ständig oder zeitweilig in Betten fließende oder stehende oder aus Quellen wild abfließende Wasser (§ 1 I Nr 1 WHG). Die Durchleitung von Bächen oder Flüssen durch Rohre oder Tunnel hebt die Gewässereigenschaft nicht auf. Nicht erfaßt wird dagegen Wasser, das sich in künstlich angelegten Behältnissen (zB in Schwimmbecken, Feuerlöschteichen usw) oder in Leitungssystemen befindet, wie etwa in Wasserversorgungs- oder Abwasserleitungen.

Im **Fall 60** scheiden somit die Kanalisation und die Kläranlage als geschützte Objekte iS des § 324 aus. Tatbestandlich relevant ist nur die im Wege des *mittelbaren* Einleitens erfolgte Verunreinigung des Flußwassers (siehe dazu BayObLG JR 88, 344 mit zutreffender Anm. *Sack*). 1070

## 2. Verunreinigung und nachteilige Veränderung

Mit Strafe bedroht ist die **nachteilige Veränderung der Gewässereigenschaften**, insbesondere die **Verunreinigung**. § 324 stellt in dieser Hinsicht nur noch auf die Verursachung des Erfolges ab; die Art und Weise seiner Herbeiführung ist gleichgültig. Erfaßt werden daher alle Handlungen, die direkt oder mittelbar die derzeitige Qualität des Wassers nachteilig verändern oder eine Verschlechterung seiner physikalischen, chemischen, biologischen oder thermischen Beschaffenheit bewirken. Auch bereits verschmutzte Gewässer können weiter verunreinigt werden (BGH NStZ 97, 189). Ob eine mehr als minimale Beeinträchtigung vorliegt, hängt von der Größe und Tiefe des Gewässers, der Wasserführung, der Fließgeschwindigkeit sowie von Art, Menge und Konzentration des Schadstoffes ab. **Vollendet** ist die Tat mit dem Eintritt der nachteiligen Veränderung des Gewässers; auf weitergehende Folgeschäden (Fischsterben und dergleichen) kommt es bei § 324 nicht an. 1071

Näher zum Ganzen OLG Frankfurt JR 88, 168 mit Anm. *Keller;* vgl ferner *Samson*, ZStW 99 (1987), 617; umfassend zur Rechtsprechung *Horn/Hoyer*, JZ 91, 703 und *Schall*, NStZ 92, 209, 265; NStZ 97, 420, 462, 577 und NStZ-RR 98, 353.

Im **Fall 60** war das Einleiten der aus Öl und Per zusammengesetzten Schadstoffe in die Gemeindekanalisation eine geeignete Tathandlung iS des § 324 (näher LG Ellwangen NStZ 82, 468 mit lehrreicher Anm. *Möhrenschlager;* vgl auch BGH StV 87, 151, 153; OLG Hamm NJW 75, 747; *Kuhlen*, GA 86, 389). **Vollendet** war die Tat erst, als die verschmutzten Abwässer nach dem Passieren der Kläranlage in ungeklärtem Zustand **in das Flußwasser** gelangten. Da A die gefährlichen Eigenschaften des Öl-Per-Gemischs kannte, hat er in bezug auf die Verunreinigung des Flußwassers zumindest mit Eventualvorsatz gehandelt. Tatbestandsmäßigkeit iS des § 324 I ist daher zu bejahen. 1072

## 3. Unbefugtheit des Handelns

Nach hM bezeichnet **unbefugt** in § 324 I nur das allgemeine Verbrechensmerkmal der Rechtswidrigkeit, ist also kein Tatbestandsmerkmal. Denn die Verschlechterung der Qualität eines Gewässers ist generell verboten (näher LK-*Steindorf*, § 324 Rn 72). Sie kann nur im Einzelfall aufgrund einer Interessenabwägung zugelassen werden oder nach allgemeinen Grundsätzen gerechtfertigt sein (vgl *Tröndle/Fischer*, § 324 Rn 7). 1073

1074 Näher zur rechtfertigenden Wirkung einer behördlichen Genehmigung, Bewilligung oder sonstigen Erlaubnis sowie zur Anwendbarkeit der allgemeinen Rechtfertigungsgründe *Dahs/Pape*, NStZ 88, 393; *Kuhlen*, StV 86, 544; *Rudolphi*, ZfW 1982, 197 und Lackner-FS, S. 863, 880; BayObLG NStZ 83, 169; OLG Köln StV 86, 537; GenStA Celle NJW 88, 2394.

1075 Im **Fall 60** bleibt für das Eingreifen eines Rechtfertigungsgrundes kein Raum, so daß A *unbefugt* gehandelt hat. Schuldausschließungs- oder Entschuldigungsgründe greifen ebenfalls nicht ein. Strafbarkeit nach § 324 I ist somit zu bejahen. Zum Regelbeispiel des § 330 I Nr 1 nF siehe LK-*Steindorf*, § 330 Rn 7, 9, der bei einem Fischsterben eine Nr 1 entsprechende Beeinträchtigung bejaht, vgl auch S/S-*Cramer*, § 330 Rn 7. Zur Gewinnsucht iS des § 330 I Nr 4 siehe Rn 448.

1076 Zum **Fahrlässigkeitstatbestand** des § 324 III siehe als Beispielsfall OLG Hamburg NStZ 83, 170 (betr. die fahrlässige Verursachung einer Schiffskollision, bei der Dieselkraftstoff ausgelaufen war) sowie LK-*Steindorf*, § 324 Rn 122, 125.

### III. Umweltgefährdende Abfallbeseitigung

1077 Im **Fall 60** kommt des weiteren ein Verstoß gegen § 326 I Nr 1, 4 in Betracht. Danach wird bestraft, wer unbefugt **Abfälle**, die ua Gifte enthalten (Nr 1) oder die nach Art, Beschaffenheit oder Menge **geeignet** sind, **nachhaltig** ein Gewässer, die Luft oder den Boden zu verunreinigen oder sonst nachteilig zu verändern (Nr 4a), oder einen Bestand von Tieren oder Pflanzen zu gefährden (Nr 4b), außerhalb einer dafür zugelassenen Anlage oder unter wesentlicher Abweichung von einem vorgeschriebenen oder zugelassenen Verfahren behandelt, lagert, ablagert, abläßt oder **sonst beseitigt**.

#### 1. Abfallbegriff

1078 **Abfälle** sind bewegliche Sachen, deren sich *der Besitzer* endgültig entledigen will (= subjektiver Abfallbegriff) oder deren geordnete Beseitigung zur *Wahrung des Allgemeinwohls* geboten ist (= objektiver Abfallbegriff), wobei neben festen und flüssigen Körpern auch in Behälter gefaßte gasförmige Stoffe in Frage kommen (vgl dazu § 3 KrW-/AbfG; BGHSt 37, 21 und 333; siehe auch *Rogall*, Boujong-FS, S. 807; *Heine*, NJW 98, 3665).

1079 „*Gewillkürter*" Abfall iS des subjektiven Abfallbegriffs liegt auch dann vor, wenn der betreffende Stoff nach seiner Entsorgung zwar wiederverwendet oder weiterverarbeitet werden kann, der Besitzer ihn aber „loswerden" will, weil der Stoff für ihn wertlos geworden ist. Als **Abfall** ist somit nicht nur dasjenige anzusehen, was keiner sinnvollen Verwendung mehr zuzuführen und „reif für die Schutthalde" ist; vielmehr können dazu auch Stoffe zählen, die nach einer Wiederaufarbeitung als „Wirtschaftsgut" verwendbar wären (BGHSt 37, 333; *Sack*, Anm. JR 91, 338; BGH NStZ 97, 544).

„*Zwangsabfall*" iS des objektiven Abfallbegriffs sind Sachen stets dann, wenn sie (ohne Entsorgung nach den Regeln des Abfallbeseitigungsrechts) gegenwärtig objektiv ohne Gebrauchswert sind und ihre geordnete Entsorgung zur Wahrung des Wohls der Allgemeinheit, insbesondere des Schutzes der Umwelt, geboten ist (BGHSt 37, 21; OLG Braunschweig NStZ-RR 98, 175; OLG Oldenburg MDR 96, 301; OLG Stuttgart JR 92, 478; *Horn*, Anm. JZ 91, 886). Ob letzteres der Fall ist, soll von ihrer konkreten Beschaffenheit und einem gesteigerten Gefährlichkeitsgrad abhängen (BayObLG NZV 95, 83; OLG Schleswig NStZ 97, 546 mit krit. Anm. *Iburg;* zusammenfassend *Rogall*, NStZ 92, 360, 561). **1080**

§ 326 I erfaßt nur solche Abfälle, die der Beschreibung in den Nr 1-4 entsprechen und die dort vorausgesetzte **besondere Gefährlichkeitsstufe** aufweisen. Gift iS der Nr 1 ist (anders als in § 224 I Nr 1; dazu Rn 263) nur ein Stoff, der unter bestimmten Bedingungen durch chemische oder chemisch-physikalische Wirkung zur **Zerstörung der menschlichen Gesundheit geeignet** ist (LK-*Steindorf*, § 326 Rn 71). Zur Anwendbarkeit des § 326 I Nr 4a (= Nr 3 aF) bei der Ablagerung von **Hausmüll** in großen Mengen siehe BGHSt 34, 211 mit Anm. *Rudolphi*, NStZ 87, 324 und *Schmoller*, JR 87, 473; dazu auch *Schall*, NStZ 97, 462, 464. **1081**

## 2. Tathandlungen

Wichtigste **Tathandlung** in § 326 I ist das **Beseitigen** der im Gesetz genannten Abfälle unter den dort näher beschriebenen, der Tatbestands*einschränkung* dienenden Modalitäten (= außerhalb einer dafür zugelassenen Anlage oder unter wesentlicher Abweichung von einem vorgeschriebenen oder zugelassenen Verfahren). Alle weiteren einschlägigen Begehungsweisen, wie das Behandeln, Lagern, Ablagern und Ablassen sind nur Beispielsfälle oder Vorstufen der Beseitigung (näher *Schall*, NStZ 97, 462, 465). Unter einem **Beseitigen** ist jedes Verhalten zu verstehen, das darauf ausgerichtet ist, die betreffende Sache der Natur zu überlassen und sich ihrer endgültig zu entledigen (vgl S/S-*Lenckner*, § 326 Rn 10). **1082**

**Behandeln** umfaßt das Zerkleinern, Kompostieren, Verbrennen und dergleichen. **Lagern** bezeichnet die vorübergehende Aufbewahrung mit dem Ziel anderweitiger Beseitigung (= Zwischenlagerung; vgl BGHSt 27, 333). **Ablagern** ist die definitive Beseitigung. **Ablassen** bezieht sich in erster Linie auf flüssige Körper und meint jedes Ausfließenlassen, ohne Rücksicht auf seine Ursache. Die Strafbarkeit des Verhaltens hängt hier nicht davon ab, ob für die betreffenden Abfälle eine spezielle Entsorgungsanlage existiert oder nicht (BayObLG NJW 89, 1290; OLG Oldenburg NJW 88, 2391). **1083**

Im **Fall 60** war das Öl-Per-Gemisch nach Art, Beschaffenheit oder Menge wohl *geeignet*, das Flußwasser *nach*haltig zu verunreinigen oder sonst nachteilig zu verändern und den Fisch*bestand* in diesem Fluß zu gefährden (das ist „Tatfrage"; vgl LK-*Steindorf*, § 326 Rn 86 ff). Solchenfalls hat A den Tatbestand des § 326 I Nr 4a, b im Wege des **1084**

Ablassens und zugleich des Beseitigens verwirklicht. Vollendet war die Tat mit dem Einleiten des Öl-Per-Gemischs in die Kanalisation.

### 3. Tatbestandsvorsatz

1085 § 326 I Nr 4 ist ein *abstraktes* Gefährdungsdelikt (zum **Schutzbereich** dieser Vorschrift siehe BGH NStZ 97, 189; *Rengier*, Anm. JR 96, 34 mwN). Der **Vorsatz** des Täters iS von Tatumstands- und Bedeutungskenntnis muß hier die Eignung des Abfalls zur Umweltschädigung und die Vorstellung umfassen, daß die Handlung sich „außerhalb einer dafür zugelassenen Anlage" usw vollzieht. Fehlvorstellungen des Täters über die tatsächlichen Eigenschaften und die Wirkungsweise der Abfallstoffe stellen seine Bedeutungskenntnis nur in Frage, wenn zwischen dem vorgestellten und dem herbeigeführten Gefahrenzustand eine qualitative Unwertdifferenz von tatbestandlicher Relevanz besteht. Die irrige Annahme, ein für den Boden gefährlicher Stoff sei wassergefährlich, schließt daher den Vorsatz nicht aus (näher *Lackner/ Kühl*, § 326 Rn 10; *Schittenhelm*, GA 83, 310; *S/S-Lenckner*, § 326 Rn 14).

1086 Im **Fall 60** erscheint die Vorsatzbejahung unproblematisch; das gleiche gilt für Rechtswidrigkeit und Schuld. A hat sich infolgedessen nach § 326 I Nr 4a und 4b strafbar gemacht. Fraglich ist, ob die Voraussetzungen des § 326 I Nr 4b auch insoweit bejaht werden können, als es um die Fische in der Zuchtanlage des Z geht.

### 4. Schutz von Tier- und Pflanzenbeständen

1087 § 326 I Nr 4b lehnt sich an die ähnlich lautende Fassung des § 39 Pflanzenschutzgesetz vom 15.9.1986 (BGBl I 1505) an. Diese neue Regelung verfolgt den Zweck, den Schutz von Tieren und Pflanzen zu verbessern und die negativen Auswirkungen von Tathandlungen iS des § 326 I auf die belebte Natur stärker ins Blickfeld zu rücken. Unter einem „**Bestand**" von Tieren und Pflanzen ist in erster Linie eine Tier- oder Pflanzenpopulation in einem bestimmten Gebiet zu verstehen (vgl BT-Drucks. 12/192, S. 20). Da das Gesetz hierbei keinen Unterschied zwischen wildlebenden herrenlosen Tieren und solchen Tieren macht, die in fremdem Eigentum stehen, dürfte es sachgerecht sein, zu den geschützten Objekten auch einen zahlenmäßig ins Gewicht fallenden Bestand von Zuchttieren zu rechnen.

1088 Im **Fall 60** scheitert die Anwendbarkeit der Nr 4b des § 326 I aber daran, daß die Fische des Z nicht *als solche* gefährdet waren, vielmehr nur zeitweilig ihre natürliche Freßlust verloren hatten.

## 5. Minima-Klausel

§ 326 VI enthält eine bemerkenswerte, gesetzestechnisch jedoch wenig gelungene **Minima-Klausel**, bei der es sich um einen von der Vorstellung des Täters unabhängigen, dh objektiv wirkenden **Strafausschließungsgrund** handelt (näher LK-*Steindorf*, § 326 Rn 144). Nach dieser Vorschrift ist die Tat nicht strafbar, wenn schädliche Einwirkungen auf die Umwelt „wegen der geringen Menge der Abfälle" **offensichtlich ausgeschlossen sind**. Diese Klausel knüpft an die Erwägung an, bei abstrakten Gefährdungsdelikten unter bestimmten, allerdings eng begrenzten Voraussetzungen den Gegenbeweis der Ungefährlichkeit zuzulassen (vgl Rn 968). Einer Verallgemeinerung und analogen Ausdehnung des § 326 VI hat der Gesetzgeber freilich durch dessen enge Fassung bewußt entgegenwirken wollen (vgl BayObLG NStZ 89, 270; *Laufhütte/Möhrenschlager*, ZStW 92 [1980], 912, 960; LK-*Steindorf*, § 326 Rn 149). Unumstritten ist, daß etwaige **Zweifel** zur Frage der Ungefährlichkeit bei § 326 VI *zu Lasten* des Täters gehen (vgl *Tröndle/Fischer*, § 326 Rn 17).

1089

## IV. Erschwerungsgründe

In dem Bestreben, bei der Neuordnung des Umweltstrafrechts nicht hinter dem früheren Rechtszustand zurückzubleiben, hatte der Gesetzgeber in § 330 aF eine Vorschrift geschaffen, die eine Vielzahl schwerer Umweltverstöße in sich vereinigte und diese teils als Erfolgsqualifizierung (Abs. 1 Nr 1), teils als selbständige konkrete Gefährdungsdelikte (Abs. 1 Nr 2-4) und teils als Verletzungsdelikte (Abs. 2) ausgestaltete. In ihrer Unübersichtlichkeit, Kompliziertheit und Länge war diese Vorschrift Ausdruck eines verfehlten Gesetzesperfektionismus. Im 2. UKG hat der Gesetzgeber diese vielfach kritisierte Regelung aufgehoben und durch Regelbeispiele für „besonders schwere Fälle" einer vorsätzlich begangenen Umweltstraftat nach den §§ 324 bis 329 ersetzt. Das 6. StrRG hat die Bestimmung erneut reformiert (dazu Rn 1055).

1090

Zu den Voraussetzungen der als konkretes Gefährdungsdelikt ausgestalteten **Qualifikation** des § 330 II Nr 1 zu vorsätzlichen Taten nach den §§ 324 bis 329 siehe Rn 315, 316 (zur Gefahr einer schweren Gesundheitsschädigung), Rn 257 (zum Begriff der Gesundheitsschädigung) und Rn 971 (zur großen Zahl von Menschen, deren Interpretation sich am jeweiligen systematischen Kontext auszurichten hat). Hinsichtlich der **Erfolgsqualifikation** des § 330 II Nr 2 ist zu beachten, daß im Tod des anderen Menschen sich eine der Tat anhaftende *spezifische Gefahr* verwirklicht haben muß, wobei insoweit „einfache" Fahrlässigkeit iS des § 18 ausreicht.

1091

Im Unterschied zu Abs. 2 enthält § 330 I eine *Strafzumessungsvorschrift mit Regelbeispielen* (dazu Rn 82, 221) für Vorsatztaten nach den §§ 324 bis 329.

1092

Für § 330 II ist im **Fall 60** kein Raum. Zu denken ist jedoch an das Regelbeispiel in § 330 I Nr 1. Danach liegt bei einem vorsätzlichen Verstoß gegen § 326 I Nr 4a in der Regel ein „besonders schwerer Fall" vor, wenn der Täter ein Gewässer, den Boden oder

1093

ein Schutzgebiet iS des § 329 III derart beeinträchtigt, daß die Beeinträchtigung nicht, nur mit außerordentlichem Aufwand oder erst nach längerer Zeit beseitigt werden kann.

Die von A verursachte Funktionsuntauglichkeit der *Kläranlage* scheidet hier indessen als Anknüpfungspunkt aus, weil eine Kläranlage nicht zu den in § 330 I Nr 1 genannten Schutzobjekten gehört.

In Betracht zu ziehen wäre hier aber die Verunreinigung des Flußwassers, die darauf beruhte, daß die Abwässer aus der Kläranlage in ungeklärtem Zustand in den Fluß gelangten. Insoweit ist jedoch nicht festzustellen, daß die Beeinträchtigung des Gewässers **im Flußbett** nicht, nur mit einem außerordentlichen Aufwand oder erst nach längerer Zeit zu beseitigen war.

Bei der Überlegung, ob ein „sonstiger" (den Regelbeispielen des § 330 I selbst oder im Schwerewert vergleichbarer, „unbenannter") besonders schwerer Fall gegeben sein könnte, ist zu bedenken, daß der Gesetzgeber im 2. UKG den Regelstrafrahmen des § 326 I verschärft hat, so daß auch gravierende Verstöße im Rahmen des **Grunddelikts** angemessen geahndet werden können. Im **Fall 60** dürfte eine Bestrafung des A nach §§ 324 I, 326 I Nr 4a, 4b, 52 dem Unrechts- und Schuldgehalt der Tat daher ausreichend Rechnung tragen.

**1094** Bezüglich der weiteren Vorschriften, die der 29. Abschnitt enthält, muß hier aus Raumgründen auf die einschlägigen Erläuterungswerke (umfassend LK-*Steindorf*) und den Weg des Selbststudiums verwiesen werden. Siehe zB zu § 324a *Bartholme*, Der Schutz des Bodens im Umweltstrafrecht, Diss. Konstanz, 1995. Zur Reichweite von Sorgfaltspflichten und verwaltungsrechtlichen Pflichten im Umweltstrafrecht siehe *Rengier*, Boujong-FS, S. 791. Zu § 328 III Nr 1 beim **Abfüllen von Heizöl** aus einem Tankwagen in den Öltank eines Betriebes siehe BayObLG JR 96, 229 mit Anm. *Heine*.

13. Kapitel

# Straftaten im Amt

**1095** Der 30. Abschnitt des Besonderen Teils des StGB faßt die wichtigsten **echten** und **unechten Amtsdelikte** zusammen, ohne diese Materie aber abschließend zu regeln, da einige unechte Amtsdelikte beim jeweiligen Grundtatbestand ihren Platz gefunden haben (vgl §§ 120 II, 133 III, 201 III, 203 II, 258a; siehe auch SK-*Rudolphi*, Rn 2 vor § 331). Das Gesetz zur Bekämpfung der Korruption vom 13.8.1997 (BGBl I 2038) hat ua die sog. Bestechungsdelikte (§§ 331 ff) verändert und die Strafdrohungen wesentlich verschärft (Überblick dazu bei *Lackner/Kühl*, Rn 1 vor § 298 mwN; zur bisherigen Rechtslage *Wessels*, BT/1, 21. Aufl. 1997, Rn 1052, 1054 ff; zu europäischen Reformvorhaben *Volk*, Zipf-GedS, S. 419; zur beschränkten gesetzlichen Gleichstellung von Amtsträgern des Auslandes und der EU siehe *Gänßle*, NStZ 99, 543).

Im einzelnen: Nach § 11 I Nr 2c nF ist Amtsträger, wer nach deutschem Recht **1096** „sonst dazu bestellt ist, bei einer Behörde oder bei einer sonstigen Stelle oder in deren Auftrag Aufgaben der öffentlichen Verwaltung *unbeschadet der zur Aufgabenerfüllung gewählten Organisationsform* wahrzunehmen". Die Ergänzung stellt (gegen BGHSt 38, 199, 203) klar, daß Aufgaben der öffentlichen Verwaltung iS der Norm auch dann wahrgenommen werden, wenn die Leistungsverwaltung zur Daseinsvorsorge sich zur Ausführung einer privatrechtlich organisierten Form, etwa einer Kapitalgesellschaft, bedient (vgl BT-Drucks. 13/5584, S. 12). Solche Einrichtungen und Unternehmen der öffentlichen Hand sind als „sonstige Stellen" den Behörden gleichzustellen, wenn sie Merkmale aufweisen, die das rechtfertigen. Dies ist insbesondere dann der Fall, wenn sie bei ihrer Tätigkeit öffentliche Aufgaben wahrnehmen *und* dabei derart staatlicher Steuerung unterliegen, daß sie bei *Gesamtbewertung* der sie kennzeichnenden Merkmale als „verlängerter Arm" des Staates erscheinen (BGHSt 45, 16). Da also nicht die Rechtsform der Organisation, sondern die *Art der Aufgabe* sowie die wesentliche staatliche Steuerung entscheiden, ist der Geschäftsführer einer auf dem Gebiet des sozialen Wohnungsbaus tätigen landeseigenen GmbH Amtsträger (näher *Tröndle/Fischer*, § 11 Rn 22a, aber auch *Lackner/Kühl*, § 11 Rn 9a); Gleiches gilt für Angestellte einer GmbH, die auf dem Gebiet der Entwicklungs-Zusammenarbeit tätig ist und dabei staatlicher Steuerung unterliegt (BGHSt 43, 370). Hingegen ist die Flughafen Frankfurt/Main AG (FAG) mangels entsprechender Steuerung keine „sonstige Stelle" iS des § 11 I Nr 2c und ein Mitarbeiter ihrer Bauabteilung deshalb kein Amtsträger iS der §§ 331 ff (BGHSt 45, 16).

Die wichtigste Änderung betrifft die §§ 331 I, 333 I: Vorteilsannahme und -gewährung sind nunmehr bereits dann strafbar, wenn sie „für die Dienstausübung" gedacht, angenommen oder erbracht wurden (zur Abgrenzung von der bislang enger gefaßten „Unrechtsvereinbarung" [= „als Gegenleistung dafür …"] siehe Rn 1100, 1116). Darüber hinaus ist § 333, der bisher nur im Ermessen des Amtsträgers oder Richters stehende künftige Dienst- oder richterliche Handlungen erfaßte, spiegelbildlich zu § 331 ausgestaltet worden. In beide Tatbestände wie auch in §§ 332, 334 einbezogen wurden die sog. Drittzuwendungen („für sich/diesen oder einen Dritten"). Die Höchststrafen der §§ 331 I, 333 II wurden von zwei auf drei, die ihres jeweiligen Abs. 2 von drei auf fünf Jahre Freiheitsstrafe erhöht. Die Tatbestände der Bestechlichkeit und der Bestechung (§§ 332, 334) sind um eine Strafzumessungsvorschrift mit Regelbeispielen (dazu Rn 82, 221) ergänzt, die §§ 336, 337 (bisher §§ 335, 335a) insoweit angepaßt worden. In den §§ 11a BDO und 58a Wehrdisziplinarordnung finden sich schließlich eine Art kleiner „Kronzeugen"-Regelungen (Unterhaltszusage nach der Entfernung aus dem Dienst gegen Offenbarung nützlichen Wissens zur Verhinderung der Aufklärung von Straftaten). Neu eingeführt wurde eine Regelung zu Vermögensstrafe und Erweitertem Verfall (§ 338). Daneben hat der Gesetzgeber dem Besonderen Teil des StGB einen neuen (26.) Abschnitt „Straftaten gegen den Wettbewerb" (§§ 298-302) einverleibt, der neben der abändernden Übernahme des bisherigen § 12 UWG einen neuen Straftatbestand „Wettbewerbsbeschränkende Absprachen bei Ausschreibungen" (§ 298) enthält (näher dazu *Wessels/Hillenkamp*, BT/2 Rn 697 ff).

# § 25 Bestechungsdelikte

**1097** **Fall 61:** Der Amtsträger A ist als Leiter der Bauabteilung einer Oberfinanzdirektion für die Vergabe öffentlicher Aufträge zuständig, wobei ihm ein weiter Entscheidungsspielraum zusteht. Nach der Errichtung seines Privateigenheimes verlangt er von dem Bauunternehmer B einen unangemessen hohen Preisnachlaß; dabei läßt er durchblicken, daß ein Entgegenkommen des B sich bei der bevorstehenden Vergabe einiger lukrativer Bauaufträge im Bereich der Oberfinanzdirektion vorteilhaft auswirken werde. B fügt sich dem Begehren des A und gewährt ihm den Preisnachlaß in der Erwartung, gegenüber den Konkurrenzbewerbern bevorzugt behandelt zu werden. In Wirklichkeit ist A innerlich entschlossen, sich dadurch in der Freiheit seines dienstlichen Handelns nicht beeinflussen zu lassen.

Wie ist der Sachverhalt strafrechtlich zu beurteilen, wenn die in der Folgezeit von A getroffenen Vergabeentscheidungen, soweit sie zugunsten des B ausfallen, vom Ergebnis her keinen sachlichen Beanstandungen ausgesetzt sind?

## I. Systematischer Überblick

### 1. Sonderdelikte – Allgemeindelikte

**1098** a) **Vorteilsannahme** (§ 331) und **Bestechlichkeit** (§ 332) sind Sonderdelikte in der Form *echter* (oder: eigentlicher) *Amtsdelikte*, da der Täterkreis auf *Amtsträger* und *für den öffentlichen Dienst besonders Verpflichtete* (§ 11 I Nr 2, 4) beschränkt ist und dieser Eigenschaft straf*begründende* Bedeutung zukommt (siehe *Wessels/Beulke*, AT Rn 39). Der Versuch dieser Taten ist strafbedroht; eine Ausnahme hiervon macht lediglich § 331 I.

**1099** Die **Tathandlung** besteht im Fordern, Sich-versprechen-Lassen oder Annehmen eines Vorteils für sich oder einen Dritten; im Fall des § 331 I „für die Dienstausübung", im übrigen „als Gegenleistung" für das jeweils beschriebene Verhalten. *Richter* und *Schiedsrichter* (dazu SK-*Rudolphi*, § 331 Rn 6), die mit Bezug auf eine begangene oder künftige *richterliche* Handlung so handeln, unterfallen den Qualifizierungen der §§ 331 II, 332 II; hinsichtlich *nicht*richterlicher Tätigkeiten (in der Justizverwaltung) gelten auch für Richter die Grundtatbestände (zum Ganzen vgl LK-*Jescheck*, Rn 16 vor § 331).

**1100** Zwischen § 331 I und §§ 331 II, 332 besteht ein *wesentlicher* Unterschied: Letztere setzen den Vorteil „als Gegenleistung" für eine Diensthandlung oder eine richterliche Handlung, also ein *Beziehungsverhältnis* (= Äquivalenzverhältnis) in dem Sinn voraus, daß der Vorteil dem Empfänger für eine vorgenommene oder künftige Diensthandlung oder richterliche Handlung zugewendet werden soll. In diesem Beziehungsverhältnis, der sog. **Unrechtsvereinbarung**, sah die Rechtsprechung bisher den *Kern* des in den Bestechungstatbeständen umschriebenen Schuldvorwurfs (BGHSt 39, 46, 48; BGH NStZ 99, 561; vgl *Küper*, BT S. 394 mwN). Diese Voraussetzung eines Vorteils als Gegenleistung für eine Diensthandlung hat der Gesetzgeber 1997 für die §§ 331 I, 333 I „gelockert". Nunmehr ist eine *Vorteilsannahme* bereits dann zu bejahen, wenn der Vorteil **für die Dienstausübung** gefordert oder angenommen wird oder der Täter sich den Vorteil für sie versprechen läßt. Die Formulierung *für* die Dienstausübung stellt klar, daß weiterhin eine Beziehung zwischen der Vorteilsannahme und der Diensthandlung des Amtsträgers bestehen muß. Lediglich eine hinreichend bestimmte Diensthandlung als „Gegenleistung" muß nicht mehr nachgewiesen werden (so BT-Drucks. 13/8079, S. 15; zum Hintergrund und der Problematik dieser Regelung siehe *König*, JR 97, 397, 398; vgl auch *Wolters*, JuS 98, 1100, 1104). Als Auffangtatbestand soll § 331 I auch dann anwendbar sein, wenn eine „Unrechtsvereinbarung" iS des § 331 II mangels hinreichend bestimmter richterlicher Handlung nicht nachgewiesen werden kann (BT-Drucks., aaO). Hingegen bleibt es für die §§ 331 II, 332, 333 II und 334 bei der bisherigen Rechtslage (vgl dazu Rn 1116).

Vorteilsannahme und Bestechlichkeit unterscheiden sich auch insofern, als § 331 I, II sich auf eine **pflichtgemäße**, § 332 sich hingegen auf eine **pflichtwidrige** Diensthandlung bzw richterliche Handlung bezieht. Der schwerere Straftatbestand des § 332 (ggf in Verbindung mit § 335 I Nr 1a, 2, II) erfaßt nur solche „Beziehungshandlungen", deren Vornahme oder Unterlassung (§ 336) **Dienstpflichten verletzt hat oder verletzen würde** (dazu BGHSt 15, 88 und 239). 1101

b) Das Gegenstück zur Strafbarkeit des **Vorteilsnehmers** nach §§ 331, 332 bilden auf Seiten des **Vorteilsgebers** die Straftatbestände der **Vorteilsgewährung** (§ 333) und der **Bestechung** (§ 334, ggf in Verbindung mit § 335 I Nr 1b). Bei ihnen handelt es sich um *Allgemeindelikte*, weil jedermann tauglicher Täter sein kann. 1102

**Tathandlung** ist hier das Anbieten, Versprechen oder Gewähren eines Vorteils als spiegelbildliches Gegenstück zum Fordern, Sich-versprechen-Lassen und Annehmen (dazu BT-Drucks. 13/5584, S. 9, 16; zur bisher abweichenden Formulierung des § 333 siehe *Wessels*, BT/1, 21. Aufl. 1997, Rn 1055). Hinsichtlich der (in § 333 I ebenfalls gelockerten) sog. **Unrechtsvereinbarung** gilt das in Rn 1100 Gesagte entsprechend. Parallel zu §§ 331, 332 (sieh Rn 1101) verläuft auch die Unterscheidung zwischen **pflichtgemäßen** (§ 333) und **pflichtwidrigen** Diensthandlungen oder richterlichen Handlungen (§ 334). 1103

Für die **Vorteilsannahme** nach § 331 I und die **Vorteilsgewährung** nach § 333 I bestimmt der jeweilige Abs. 3, daß die Tat unter den dort beschriebenen Voraussetzungen nicht strafbar ist. Ausgenommen von der Genehmigungsmöglichkeit der zuständigen Behörde im Rahmen ihrer Befugnisse ist nach § 331 III der Fall, daß der Täter den Vorteil *gefordert* hatte (zu §§ 331 III, 333 III siehe *Korte*, NStZ 97, 513, 515). 1104

Der Begriff des **Amtsträgers** und des **für den öffentlichen Dienst besonders Verpflichteten** wird in § 11 I Nr 2, 4 festgelegt (vgl dazu BGHSt 31, 264; 37, 191; 38, 199; KG NStZ 94, 242; *Welp*, Lackner-FS, S. 761). Während der neugefaßte § 11 I Nr 2c eine Zweifelsfrage geklärt hat (siehe Rn 1096), ist nach wie vor sehr umstrit- 1105 ten, unter welchen Voraussetzungen ein Freiberufler, etwa ein Planungsingenieur, Amtsträger iS der §§ 11 I Nr 2c, 331 ff sein kann (BGHSt 42, 230; 43, 96 mit Anm. *Otto*, JR 98, 73 und Aufsatz *Ransiek*, NStZ 97, 519; BGHSt 43, 370 und BGH NJW 98, 2373 mit Anm. *Ransiek*, NStZ 98, 564; vgl auch *Haft*, Lenckner-FS, S. 81 und eingehend SK-*Rudolphi*, § 11 Rn 7-37). Daß Soldaten in §§ 333, 334 besonders genannt sind, liegt an der Fassung des § 48 WStG, der den § 332 für sämtliche Soldaten, den § 331 aber nur für Offiziere und Unteroffiziere anwendbar macht.

## 2. Schutzgut

**1106** Was geschütztes Rechtsgut der Bestechungstatbestände ist, war und ist weiterhin umstritten. Der Gesetzgeber von 1975 sah es in der **Lauterkeit des öffentlichen Dienstes**. Nach seiner Vorstellung sollten die §§ 331 ff auf dieser Grundlage die *Käuflichkeit* von Diensthandlungen und die *Befangenheit* der Bediensteten durch einen Vorteil bei der Erfüllung ihrer Pflichten und damit auch eine *Verfälschung des Staatswillens* verhindern (vgl BT-Drucks. 7/550, S. 269; dazu *Dölling*, 61. DJT, Bd. I 1996, C 48; *Hettinger*, NJW 96, 2263, 2268). Dem entspricht in der Sache die hM, die zusätzlich auf das allerdings mißdeutbare Kriterium des „Vertrauens der Allgemeinheit" abstellt (BGHSt 15, 88, 96; 30, 46; BGH NJW 87, 1340; wistra 94, 104; LK-*Jescheck*, Rn 17 vor § 331; *Maurach-Maiwald*, BT 2 § 79 Rn 9; *Tröndle/ Fischer*, § 331 Rn 3; *Wessels*, BT/1, 21. Aufl. 1997, Rn 1058; vgl auch BT-Drucks. 13/5584, S. 16).

## 3. Vorteil für sich (diesen) oder einen Dritten

**1107** Durch die Formulierung „für sich (bzw diesen) oder einen Dritten" hat der Gesetzgeber 1997 in den §§ 331-334 klargestellt, daß die Strafbarkeit nicht davon abhängt, ob der Vorteil dem Amtsträger selbst oder einem Dritten gewährt wird oder werden soll (BT-Drucks. 13/5584, S. 9, 16). **Vorteil** iS der §§ 331 ff ist jede Zuwendung materieller oder immaterieller Art, auf die kein durchsetzbarer Anspruch besteht und die den Amtsträger oder Dritten wirtschaftlich, rechtlich oder persönlich objektiv meßbar besser stellt (näher *Küper*, BT S. 391; SK-*Rudolphi*, § 331 Rn 20; zur bisherigen Lage *Wessels*, BT/1, 21. Aufl. 1997, Rn 1066). Die großzügige Geldspende an die Partei oder einen Verein, denen der Amtsträger angehört, fällt ebenso unter den Vorteilsbegriff wie, jedenfalls dem Wortlaut nach, die Spende an eine gemeinnützige Organisation wie das Rote Kreuz oder SOS-Kinderdorf. Die §§ 331, 332 greifen jedenfalls ein, soweit der Amtsträger für seine Dienstausübung entsprechende Spenden zu tätigen gefordert hat oder sich hat versprechen lassen. Wo dies nicht der Fall ist, stellt sich die noch klärungsbedürftige Frage, ob *altruistische* Leistungen zugunsten einer gemeinnützigen Einrichtung selbst dann den §§ 331 ff unterfallen, wenn der Amtsträger hieraus keinen, auch keinen mittelbaren Nutzen zieht (dazu *Dölling*, 61. DJT, Bd. I 1996, C 67; *König*, JR 97, 397, 399; *Korte*, NStZ 97, 513, 515; SK-*Rudolphi*, § 331 Rn 22; *Tröndle/Fischer*, § 331 Rn 11a ff). Zur

Problematik der Drittmittelforschung siehe *Dauster*, NStZ 99, 63; *Lüderssen*, JZ 97, 112; *Lackner/Kühl*, § 331 Rn 6 und *Zieschang*, Wissenschaftsrecht 32 (1999), 111.

## II. Vorteilsannahme

### 1. Unrechtstatbestand

**Tathandlungen** sind das Fordern, Sich-versprechen-Lassen oder Annehmen eines Vorteils für sich oder einen Dritten. **Fordern** ist das einseitige Verlangen einer Leistung, sei es auch nur in versteckter Form (BGHSt 10, 237). **Sich-versprechen-Lassen** bedeutet die Annahme eines entsprechenden Angebots späterer Leistung (RGSt 57, 28). **Annehmen** ist die tatsächliche Entgegennahme eines geforderten oder angebotenen Vorteils mit dem Willen, darüber für sich oder einen Dritten zu verfügen; darunter fällt auch das Behalten einer zunächst gutgläubig erlangten Zuwendung (BGHSt 15, 88, 97; 14, 123, 127). Zu den Konkurrenzfragen siehe BGH NStZ 95, 92 und *Tröndle/Fischer*, § 331 Rn 35. 1108

§ 331 regelte bisher die **Vorteilsannahme** nur in bezug auf *zurückliegende oder künftige Diensthandlungen* (Abs. 1) und *richterliche Handlungen* (Abs. 2), deren Vornahme oder Unterlassung *nicht pflichtwidrig* war oder sein würde. Das 6. StrRG hat den Grundtatbestand des § 331 I in seinem Anwendungsbereich *erweitert* (siehe Rn 1100). Nunmehr reicht insoweit schon aus, daß der Täter *für* die Dienstausübung einen Vorteil fordert, sich versprechen läßt oder annimmt. Eine zureichend bestimmte Diensthandlung als „Gegenleistung" ist zwar weiterhin hinreichend, aber nicht mehr notwendig. Der Wegfall der Wendung, daß der Täter eine Diensthandlung „vorgenommen hat oder künftig vornehme", soll an der bisherigen Rechtslage, nach der auch bereits vorgenommene Diensthandlungen erfaßt waren, nichts ändern. Das neue Merkmal „Dienstausübung" erfaßt auch sie (*Korte*, NStZ 97, 513, 514; SK-*Rudolphi*, § 331 Rn 17). Ziel der Tatbestandserweiterung ist es, insbesondere hohe Zuwendungen Dritter zu erfassen, die keinen bestimmten Diensthandlungen zugeordnet werden können (BT-Drucks. 13/8079, S. 15), aber auch Fälle erheblicher Zuwendungen als „Dankeschön", für „Wohlverhalten" oder allgemein zur „Klimapflege", die (noch) nicht auf eine bestimmte Diensthandlung als Gegenleistung abzielen. Gedacht ist etwa an den Bauunternehmer, der einem Bürgermeister – „auf gute Zusammenarbeit" – 100 000 DM überreicht (näher *Dölling*, 61. DJT, Bd. I 1996, C 62). Die Lockerung der Unrechtsvereinbarung bei gleichzeitiger Einbeziehung der Drittvorteile führt zu einer Randunschärfe des Strafbarkeitsbereichs, deren Beseitigung der Rechtsprechung aufgegeben ist (vgl *Korte*, NStZ 97, 513, 515). 1109

Soweit in §§ 331 II, 332 von einer „vorgenommenen" (= zurückliegenden) Diensthandlung die Rede ist, setzt die Rechtsprechung (unter Berufung auf den Wortlaut und die Entstehungsgeschichte des Gesetzes) bislang deren **tatsächlich erfolgte Vornahme** voraus. Spiegelt der Amtsträger, Richter oder Schiedsrichter lediglich vor, die Diensthandlung erbracht zu haben, für die er einen Vorteil fordert, sich ver- 1110 sprechen läßt oder annimmt, so kann er sich nach Ansicht des BGH zwar des Betruges schuldig machen, aber nicht wegen Vorteilsannahme (§ 331) oder Bestechlichkeit (§ 332) bestraft werden (BGHSt 29, 300 mit Anm. *Geerds,* JR 81, 301; *Dölling,* JuS 81, 570; *Gülzow,* MDR 82, 802; *Maiwald,* NJW 81, 2777; aA *Geppert,* Jura 81, 42, 48; *Lackner/Kühl,* § 331 Rn 11; *Otto,* BT § 99 Rn 19; S/S-*Cramer,* § 331 Rn 28; SK-*Rudolphi,* § 331 Rn 17a; *Tröndle/Fischer,* § 331 Rn 22).

1111 Zu unterscheiden ist zwischen Handlungen im Rahmen der Dienstausübung und Privathandlungen. In den Bereich der **Dienstausübung** fällt jede Tätigkeit, die zu den dienstlichen Obliegenheiten gehört und in amtlicher Eigenschaft vorgenommen wird (vgl SK-*Rudolphi,* § 331 Rn 10 mwN). Auf die konkrete Zuständigkeit und die interne Geschäftsverteilung kommt es beim Vorliegen dieser Voraussetzungen nicht an (BGHSt 16, 37). Keine Privattätigkeit, sondern eine pflichtwidrige Diensthandlung liegt vor, wenn Krankenpfleger in einem psychiatrischen Landeskrankenhaus ihre amtliche Stellung dazu mißbrauchen, eine durch Dienstvorschriften verbotene Handlung (= Überlassen von Alkohol an Suchtkranke) vorzunehmen, zu der ihnen gerade ihre amtliche Stellung die Möglichkeit gibt (BGH NJW 83, 462; krit. dazu *Amelung/Weidemann,* JuS 84, 595).

1112 Eine *außerdienstliche* Tätigkeit bleibt auch dann **Privathandlung,** wenn sie unter Ausnutzung der im Dienst erworbenen Kenntnisse vorgenommen wird (zB Erteilung von Privatunterricht: BGH GA 66, 377) oder wenn sie als unerlaubte Nebentätigkeit eine Dienstpflichtverletzung darstellt (BGHSt 18, 59 und 263, 267). Gefälligkeitshandlungen nur *bei Gelegenheit* von Dienstverrichtungen fallen in die private Sphäre (SK-*Rudolphi,* § 331 Rn 12).

## 2. Genehmigung

1113 Umstritten ist die **Rechtsnatur** einer **Genehmigung** nach § 331 III (hierzu und zu § 333 III vgl *Korte,* NStZ 97, 513, 515). Die *vorher* erteilte Zustimmung erlaubt dem Amtsträger die Annahme des Vorteils; sie ist daher Rechtfertigungsgrund (vgl BGHSt 31, 264, 285 mit krit. Anm. *Geerds,* JR 83, 465). Eine *nachträglich* eingeholte Genehmigung wirkt idR nur als *Strafaufhebungsgrund* (eingehend S/S-*Cramer,* § 331 Rn 37-53). Schon am Tatbestand des § 331 dürfte es fehlen, wenn kleinere Aufmerksamkeiten in den relativ engen Grenzen der *Sozialadäquanz* oder der *Verkehrssitte* angenommen werden, also solche, die ohne Verstoß gegen die Regeln der Höflichkeit nicht zurückgewiesen werden können, wie etwa die Einladung zu einer Tasse Kaffee anläßlich einer Dienstverrichtung (siehe dazu BGHSt 31, 264, 279; *Dölling,* 61. DJT, Bd. I 1996, C 69). Die Gelegenheit, §§ 331 III, 333 III mit den beamtenrechtlichen Regelungen (ua §§ 70 BBG, 43 Beamtenrechtsrahmengesetz) zu harmonisieren, wurde leider nicht genutzt (krit. SK-*Rudolphi,* § 331 Rn 31 ff und § 333 Rn 12 ff sowie *Tröndle/Fischer,* § 331 Rn 28).

## III. Bestechlichkeit

### 1. Objektiver Tatbestand

Zum **objektiven Tatbestand** des § 332 I gehört, daß der Amtsträger **für** eine zurückliegende, gleichzeitig vorgenommene oder künftige **Diensthandlung pflichtwidriger Art** als Gegenleistung einen **Vorteil** fordert, sich versprechen läßt oder annimmt. Zu den Tathandlungen siehe Rn 1108, zum Vorteil Rn 1107.

**1114**

Das Gesetz erfaßt hier nicht nur Tätigkeiten, die ihrer Natur nach in den Kreis der einschlägigen Amtspflichten fallen. Eine pflichtwidrige Diensthandlung iS des § 332 begeht vielmehr auch, wer seine amtliche Stellung dazu mißbraucht, eine mit Strafe bedrohte oder sonst verbotene Handlung vorzunehmen, die ihm gerade seine amtliche Stellung ermöglicht. Ein solcher Mißbrauch ist keine Privattätigkeit, sondern eine pflichtwidrige Diensthandlung (BGH NJW 87, 1340 zur Fälschung von Angebotsunterlagen, um bestimmten Firmen städtische Aufträge zu verschaffen; zust. *Letzgus*, Anm. NStZ 87, 309; ferner *Tröndle/Fischer*, § 332 Rn 5).

**1115**

**Kern der Tathandlung** ist das Herstellen eines **Beziehungsverhältnisses** zwischen Vorteil und Diensthandlung im Wege der sog. „**Unrechtsvereinbarung**" (grundlegend dazu BGHSt 15, 88, 184, 239 und 352). Das Gesetz bringt dies dadurch zum Ausdruck, daß der Vorteil als Gegenleistung „für" eine bestimmte Diensthandlung oder einen hinreichend bestimmten Kreis von Dienstverrichtungen gedacht sein muß (näher BGHSt 39, 45; 32, 290; BGH StV 85, 146). Die Erweckung des **Anscheins der Käuflichkeit** kann genügen; die Pflichtwidrigkeit der Diensthandlung, um deren Vornahme es geht, muß aber nach der Rechtsprechung in jedem Falle feststehen (insoweit genügt der bloße Anschein also nicht; vgl BGH NStZ 84, 24; aA *Tröndle/Fischer*, § 332 Rn 7 mwN).

**1116**

### 2. Tatbestandsvorsatz

Für den **subjektiven Tatbestand** ist vorsätzliches Handeln erforderlich, wobei Eventualvorsatz genügt. Die Vorstellung des Täters muß insbesondere die **Pflichtwidrigkeit** der Diensthandlung umfassen (so jedenfalls BGH NStZ 84, 24). Bei einem sog. Ermessensbeamten genügt dazu das Bewußtsein, daß er bei künftigen Ermessenshandlungen mit Rücksicht auf den Vorteil **sachfremden Erwägungen Raum geben soll** (BGHSt 15, 352).

**1117**

Bei noch *bevorstehenden* Ermessenshandlungen iS des § 332 III wird der Tatbestand des § 332 I schon dadurch verwirklicht, daß der Amtsträger **sich käuflich zeigt**, dh sich ausdrücklich oder stillschweigend bereit erklärt, bei seiner künftigen Entscheidung im Rahmen der Diensthandlung nicht ausschließlich sachliche Gesichtspunkte walten zu lassen, sondern der **Rücksicht auf den Vorteil Raum zu geben** (BGHSt 15, 239). Der *innere Vorbehalt* des Amtsträgers, die in Aussicht gestellte oder ihm angesonnene Pflichtverletzung nicht zu begehen und seine bevorstehende Ermessensentscheidung sachlich korrekt zu treffen, **schließt den Tatbe-**

**1118**

**stand der Bestechlichkeit (§ 332) nicht aus** (BGHSt 15, 88; *Lackner/Kühl*, § 332 Rn 5). Infolgedessen berührt ein derartiger geheimer Vorbehalt auch den *Tatbestandsvorsatz* nicht; **vorsätzlich** iS des § 332 handelt vielmehr, wer das Bewußtsein hat, daß er nach außen hin den Anschein erweckt, er werde bei der künftigen Vergabe von Aufträgen oder anderen Ermessensentscheidungen der Rücksicht auf den Vorteil Raum geben, also nicht ausschließlich sachliche Gesichtspunkte walten lassen (BGHSt 15, 352; vgl auch BGHSt 31, 264, 284).

1119 Im **Fall 61** könnte A sich der *Bestechlichkeit* (§ 332 I) schuldig gemacht haben. Er hat von B einen Vorteil in Gestalt eines rechtlich nicht begründeten Preisnachlasses gefordert als Gegenleistung dafür, daß er zumindest eine Diensthandlung künftig vornehme. Hierdurch zeigte A sich bereit, sich bei Ausübung ihm eingeräumten Ermessens durch den Vorteil beeinflussen zu lassen (§ 332 III Nr 2). Besteht ein solcher Ermessensspielraum nach den einschlägigen Bestimmungen nicht, kommt § 332 III Nr 1 zum Zug. Demgemäß hat A den Tatbestand der **Bestechlichkeit** schon durch das **bloße Fordern** des Preisnachlasses unter Erweckung des Eindrucks verwirklicht, daß er ein entsprechendes Entgegenkommen des B bei seinen künftigen Vergabeentscheidungen berücksichtigen und durch eine bevorzugte Behandlung des B honorieren werde. A hat sich daher nach § 332 I, III strafbar gemacht. Daneben kommt ggf ein Betrug (§ 263) zum Nachteil des B in Betracht (vgl RG HRR 40, Nr 195; S/S-*Cramer*, § 332 Rn 28).

### 3. Qualifizierung

1120 § 332 II sieht eine **Qualifikation** in bezug auf **richterliche Handlungen** vor (= Verbrechen iS der §§ 12 I, 23 I; beachte §§ 153, 153a StPO, die nur bei *Vergehen* iS des § 12 II Anwendung finden können).

### IV. Vorteilsgewährung und Bestechung

1121 Wie schon (in Rn 1102) erwähnt, bilden die §§ 333, 334 auf seiten des **Vorteilsgebers** das *spiegelbildliche Gegenstück* zu den §§ 331, 332 (vgl zum bisherigen Recht BGH NStZ 94, 488 mit Anm. *Maiwald*). Daraus folgt, daß der Vorteilsgeber **nur aus diesen Vorschriften** und nicht etwa außerdem wegen Anstiftung oder Beihilfe zum *Bestechungsdelikt* des Amtsträgers (§§ 331, 332) bestraft werden darf (vgl noch Rn 1122). Zur Auswirkung dieser Regelung auf die Teilnahme außenstehender **Dritter** siehe BGHSt 37, 207 sowie *Bell*, MDR 79, 719, SK-*Rudolphi*, § 333 Rn 16, § 334 Rn 10 mwN und *Tröndle/Fischer*, § 331 Rn 34. Unberührt bleibt eine Teilnahmebestrafung aber insoweit, als die Verletzung der Dienst- oder Amtspflicht durch den Amtsträger einen **weiteren Straftatbestand** verwirklicht (zB §§ 258, 258a); die Anstiftung hierzu kann mit dem Verstoß gegen § 334 in Tateinheit stehen.

1122 Nimmt man die für Vorteilsnehmer und -geber angedrohten Strafen in den Blick, zeigen sich *schwere Fehler*, die zT **Zweifel an der Verfassungsmäßigkeit** begründen. Der übelste Mißgriff liegt in der Gleichbehandlung des Amtsträgers und des

Außenstehenden (= Extraneus) in §§ 331, 333, 335 I Nr 1. Wenn die §§ 331, 332 Sonderdelikte (echte Amtsdelikte) sind, was zu Recht ganz hM ist, *muß* das im Strafrahmen der zur Täterschaft verselbständigten Teilnahmetaten der §§ 333, 334 entsprechend dem Gedanken des § 28 I zum Ausdruck kommen (näher *Hettinger*, NJW 96, 2263, 2272). Dieser Gesetzgebungsfehler bietet Anlaß, auf ein *grundsätzliches Problem* des deutschen Strafrechts hinzuweisen: Die **Strafrahmen** unseres Rechts sind von einer zT enormen Weite, hinter der die zugrundeliegenden Unrechtstypen zu verschwinden drohen. Die Bemühungen des 6. StrRG, die zahlreichen widersprüchlichen Bewertungen durch Harmonisierung der Strafdrohungen zu beseitigen, liefen allzu häufig auf eine Verschärfung der Strafrahmen, flankiert von neuen Qualifikationstatbeständen und Strafzumessungsregelungen hinaus (Überblick bei *F.-C. Schroeder*, NJW 99, 3612). Die inhaltsarmen Begründungen hierzu zeigen zudem, daß man offenbar glaubte, sich mit einer Harmonisierung der Zahlen begnügen zu können; darin liegt eine Mißachtung des Zusammenhangs zwischen Voraussetzungen (Inhalten) der Strafbarkeit und Rechtsfolge. Solche „raschen" und scheinbar billigen Reformen berühren nicht nur verfassungsrechtliche Fragen (ua Parlamentsvorbehalt, Bestimmtheitsgrundsatz, Schuldprinzip), sondern können die Gemeinschaft insgesamt teuer zu stehen kommen. Darüber hinaus entbehren auch die reformierten Strafdrohungen allzu häufig noch jeder denkbaren systemimmanenten Logik (zu den insoweit einzuhaltenden Grundsätzen *Hettinger*, GA 95, 399). Auf solcher Grundlage ist eine gesetzesgeleitete rationale Strafzumessung unmöglich (krit. auch *Lackner/Kühl*, Rn 18, 19 vor § 38).

Im **Fall 61** hat B sich durch die Gewährung des von A geforderten Preisnachlasses lediglich der *Bestechung* (§ 334 I, III) schuldig gemacht. **1123**

§ 335 enthält für **besonders schwere Fälle** der Bestechlichkeit und Bestechung Strafzumessungsbestimmungen (zum Begriff Rn 82, 221). Sie dienen der Erfassung von Fällen, die nach Ansicht des Gesetzgebers eine über den Regelstrafrahmen (der §§ 332, 334) hinausgehende Strafdrohung erfordern, weil sie nur so angemessen erfaßt werden können (BT-Drucks. 13/5584, S. 15, 17). Die Abs. 1 zugeordneten **Regelbeispiele** finden sich in § 335 II. Nach dessen Nr 1 liegt ein besonders schwerer Fall in der Regel vor, wenn die Tat sich auf einen Vorteil *großen Ausmaßes* bezieht, ein Merkmal, das bislang schon in § 264 II Nr 1 (jetzt auch in §§ 263 III 2 Nr 2, 267 III 2 Nr 2, 300 I Nr 1) und § 370 III 2 Nr 1 Abgabenordnung (hier kumulativ mit „aus grobem Eigennutz"; vgl etwa BGH wistra 94, 228) Verwendung gefunden hat. Seine Auslegung hat sich am jeweiligen Tatbestand zu orientieren, hier also an §§ 332, 334; gewisse Anhaltspunkte bieten ferner die gleichgestellten Regelbeispiele in § 335 II Nr 2, 3. Die Rechtsprechung wird vermutlich wie bei § 264 (dazu S/S-*Lenckner*, § 264 Rn 74; *Tröndle/Fischer*, § 335 Rn 6) als Maßstab einen wie auch immer ermittelten „durchschnittlichen" Wert des Vorteils zugrunde legen und für das Ausmaß eine „erhebliche" Überschreitung dieses Wertes fordern. Das Regelbeispiel Nr 2 modifiziert den Strafrahmen des § 332 für Fälle, in denen der Amtsträger usw aus eigenem Antrieb sich ständig bezahlen läßt, mithin die Lauterkeit des öffentlichen Dienstes besonders nachhaltig schädigt. Nr 3 schließlich hat vor allem außenstehende Täter iS des § 334 im Auge. **1124**

§ 26 *Rechtsbeugung*

**1125** Zum Tatbestand der **Wählerbestechung** (§§ 108b, d) siehe BGHSt 33, 336 mit krit. Anm. *Geerds*, JR 86, 253. Zur **Abgeordnetenbestechung** nach § 108e vgl *Dölling*, 61. DJT, Bd. I 1996, C 80; *Tröndle/Fischer*, § 108e Rn 1.

# § 26 Rechtsbeugung

**1126** **Fall 62:** In BGHSt 32, 357 ging es um die Beurteilung folgenden Sachverhalts: Der Jugendstaatsanwalt S nahm bei ihm eingehende polizeiliche Meldungen wegen nicht schwerwiegender Straftaten von männlichen Jugendlichen und Heranwachsenden zum Anlaß, den Beschuldigten mit ihrem Einverständnis Schläge auf das nackte Gesäß zu geben, und zwar in den elterlichen Wohnungen nach vorheriger Erörterung der Sachlage und mit der Ermahnung zu künftigem Wohlverhalten. In einigen Fällen hatte er zunächst mit den Eltern gesprochen und deren Zustimmung eingeholt. In allen Fällen stellte er sodann das Ermittlungsverfahren gegen die Betroffenen ein, ohne die körperliche Züchtigung aktenkundig zu machen. In den Einstellungsverfügungen hob er in der Regel auf vorangegangene erzieherische Maßnahmen (§ 45 II Nr 1 JGG) ab, in einigen Fällen mit der Behauptung, diese seien von den Eltern vorgenommen worden. Eine sexuelle Motivation hat die Strafkammer, gestützt auf das Gutachten eines Sachverständigen, ausgeschlossen. Entsprechend der Einlassung des S, er habe bei den Betroffenen „Vaterstelle einnehmen" und ihnen zwecks Erledigung der Angelegenheit „nach altväterlicher Sitte einen Denkzettel verpassen" wollen, ist das Landgericht davon ausgegangen, daß S allein mit dem Ziel pädagogischer Einwirkung gehandelt habe. In erster Instanz ist S nach § 340 wegen Körperverletzung im Amt in 20 Fällen verurteilt worden. Auf die Revision der Staatsanwaltschaft war vom BGH darüber zu befinden, ob er sich außerdem der Rechtsbeugung schuldig gemacht hat.
Wie ist diese Rechtsfrage zu beurteilen?

## I. Allgemeines

**1127** Der Verbrechenstatbestand des § 339 (bisher § 336) schützt die **Rechtspflege** in ihrer *speziellen* Aufgabe, die Geltung der Rechtsordnung bei der als unparteiisch vorausgesetzten Leitung und Entscheidung von Rechtssachen zu gewährleisten. Dabei geht es nicht um Eingriffe von außen, sondern um Angriffe von innen, die einen **Rechtsbruch** in sich bergen. Das spezifische Unrecht der Rechtsbeugung wird mitgeprägt durch den Mißbrauch eines besonderen Amtes, der darin zum Ausdruck kommt, daß Richter, Schiedsrichter oder andere Amtsträger in einer vergleichbaren Funktion *willkürlich* gewählte, dem Recht eindeutig widersprechende Maßstäbe bei der Rechtsanwendung „als Recht ausgeben" und so das in sie gesetzte Vertrauen der Allgemeinheit enttäuschen. Die Tat ist ein **echtes Sonderdelikt** (siehe dazu *Wessels/Beulke*, AT Rn 39), hinsichtlich Richtern und anderen Amtsträgern *echtes* (oder: eigentliches) Amtsdelikt. Täter kann daher nur sein, wer ein Amt der zuvor genannten Art ausübt. Für außenstehende Teilnehmer ist § 28 I zu beachten.

**Richter** ist, wer nach deutschem Recht Berufsrichter oder ehrenamtlicher Richter ist (§ 11 I Nr 3). Laienrichter, wie zB Schöffen, Handels- oder Arbeitsrichter, fallen somit unter § 339. **Amtsträger** iS dieser Vorschrift sind beispielsweise Rechtspfleger, Staatsanwälte als Leiter des Ermittlungsverfahrens, die Inhaber der Disziplinargewalt sowie Verwaltungsbeamte, die in Ordnungswidrigkeitenverfahren über die Festsetzung von Bußgeldern entscheiden. Nicht erforderlich ist, daß der betreffende Amtsträger weisungsfrei tätig wird und Unabhängigkeit genießt. Näher BGHSt 14, 147; 35, 224; LK-*Spendel*, § 339 Rn 14 ff; *Tröndle/Fischer*, § 339 Rn 4. 1128

## II. Der Tatbestand der Rechtsbeugung

Den Tatbestand des § 339 verwirklicht, wer sich als Richter, Schiedsrichter oder anderer Amtsträger bei der Leitung oder Entscheidung einer **Rechtssache** zugunsten oder zum Nachteil einer Partei vorsätzlich einer **Beugung des Rechts** schuldig macht. 1129

### 1. Leitung oder Entscheidung einer Rechtssache

**Rechtssache** ist nach hM eine Rechtsangelegenheit, an der mehrere Beteiligte sich mit widerstreitenden Interessen oder Belangen gegenüberstehen können und über die in einem *förmlichen Verfahren nach Rechtsgrundsätzen* zu entscheiden ist. Von der bloßen Verwaltungstätigkeit, die ebenfalls an Gesetz und Recht gebunden ist (Art. 20 III GG), unterscheiden Rechtssachen iS des § 339 sich dadurch, daß sie primär der „Verwirklichung des Rechts" dienen und Unparteilichkeit gegenüber den widerstreitenden Interessen voraussetzen, also Aufgaben betreffen, die zum Wesen des Richtens gehören und in einer entsprechend herausgehobenen Funktion zu erledigen sind (BGHSt 34, 146; 35, 224). 1130

Hierzu rechnen insbesondere die von den Gerichten zu entscheidenden Strafsachen und Rechtsstreitigkeiten, aber auch das **Ermittlungsverfahren** im Strafprozeß und in Jugendstrafsachen, soweit es eigenverantwortliche Entscheidungen der Staatsanwaltschaft vorsieht, wie die Einstellung des Verfahrens oder die Anklageerhebung (BGHSt 32, 357; vgl auch *Tröndle/Fischer*, § 339 Rn 4a); ferner richterliche Entscheidungen wie die Aufhebung eines Haftbefehls nach § 115a StPO (BGHSt 42, 343). Dagegen erfaßt § 339 nicht das Steuerfestsetzungsverfahren nach §§ 85 ff Abgabenordnung (BGHSt 24, 326 mit Anm. *Bemmann*, JZ 72, 599; OLG Celle NStZ 86, 513) oder das Verfahren zur Verhängung eines Verwarnungsgeldes nach §§ 56 ff OWiG (OLG Hamm NJW 79, 2114; zum Ganzen *Maurach-Maiwald*, BT 2 § 77 Rn 6). 1131

Das Merkmal „bei der Leitung oder Entscheidung" ist gegeben, wenn das Handeln objektiv auf der Leitungskompetenz des Amtsträgers beruht. Zwischen Handlung und Verfahrensleitung oder Sachentscheidung muß somit ein innerer, funktionaler Zusammenhang bestehen (BGHSt 10, 294, 302; LK-*Spendel*, § 339 Rn 26). 1132

## 2. Tathandlung

1133 Das mißbilligte Verhalten besteht im **Beugen** (= Verbiegen, Verdrehen) des materiellen oder prozessualen Rechts bei der Leitung oder Entscheidung einer Rechtssache. Die Tathandlung enthält wie zB „tötet" in § 212 I eine erfolgsbezogene Beschreibung von Verhaltensweisen, in denen eine Beugung des Rechts zu sehen ist. Eine Schwierigkeit liegt darin, daß sie sich auf den höchst komplexen Begriff des „Rechts" bezieht. Damit ist nahezu vorprogrammiert, daß eine durchgehend überzeugende Interpretation der Norm kaum zu finden sein wird, schon gar nicht, wenn politische Implikationen hinzutreten; und jedenfalls bisher ist eine solche auch noch nicht gefunden worden (lehrreich *Maurach-Maiwald*, BT 2 § 77 Rn 7 ff). Eine Rechtsbeugung kommt nach hM nur in Betracht, wenn der Amtsträger sich in schwerwiegender Weise bewußt von Gesetz und Recht entfernt. Sie kann unter dieser Voraussetzung zB im Verfälschen des Sachverhalts, in einer objektiv fehlerhaften Gesetzesanwendung, in einer Verletzung der Aufklärungspflicht, in der Vornahme gesetzlich nicht zulässiger Maßnahmen oder bei Ermessensentscheidungen in einem Ermessensmißbrauch liegen (näher LK-*Spendel*, § 339 Rn 36 ff; SK-*Rudolphi*, § 339 Rn 10 ff). Der Widerspruch zum Recht muß aber in jedem Falle **eindeutig** (= evident) sein, bei auslegungsbedürftigen Vorschriften und mehreren Interpretationsmöglichkeiten also die Grenze des Vertretbaren klar überschreiten (BGHSt 38, 381; 40, 30; 42, 343; 44, 258; BGH NStZ 88, 218; 95, 31; krit. dazu *Herdegen*, Anm. NStZ 99, 456; *Seebode*, JR 94, 1 und Lenckner-FS, S. 585; *Scheffler*, NStZ 96, 67; *Spendel*, JZ 98, 85; *Tröndle/Fischer*, § 339 Rn 6).

1134 Dabei ist umstritten, ob das Vorliegen einer Rechtsbeugung im Zweifelsfall objektiv, subjektiv oder unter Rückgriff auf die Pflichten des Amtsträgers zu bestimmen ist. Nach dem **subjektiven Ansatz** ist das Recht nur dann gebeugt, wenn die Rechtsanwendung im bewußten Widerspruch zur Überzeugung des Richtenden steht (vgl *Mohrbotter*, JZ 69, 491; *Sarstedt*, Heinitz-FS, S. 427; *v. Weber*, NJW 50, 272). Dieser Ansicht steht entgegen, daß ein Richter nicht schon deshalb „pflichtgemäß" handelt, weil er von der Richtigkeit seiner Auffassung überzeugt ist; maßgebend ist vielmehr, auf welchem Weg er zu dieser Überzeugung gelangt ist. Zudem gibt es Fälle, in denen das Gesetz vom Richter verlangt, sich über seine persönliche Meinung hinwegzusetzen; im Kollegialgericht ist zB für den bei der Beratung überstimmten Richter der Standpunkt der Mehrheit verbindlich (§ 195 GVG). Die herrschende **objektive Deutung** stellt darauf ab, ob die getroffene Entscheidung Gesetz und Recht objektiv widerspricht (Nachweise bei LK-*Spendel*, § 339 Rn 41; *Maurach-Maiwald*, BT 2 § 77 Rn 10; *Seebode*, Das Verbrechen der Rechtsbeugung, 1969, S. 21; S/S-*Cramer*, § 336 Rn 5a). Ihr ist insoweit zuzustimmen, als am Vorliegen einer Rechtsbeugung nicht zu zweifeln ist, wenn die Entscheidung des Amtsträgers einem objektiv eindeutigen Rechtssatz klar zuwiderläuft. Andererseits beruht nicht jede objektiv unrichtige Entscheidung auf einer „Beugung" des Rechts. Verurteilt zB der Strafrichter einen in Wahrheit Unschuldigen, nachdem er aus dem Inbegriff der Hauptverhandlung und den voll ausgeschöpften, sachgerecht gewürdigten Beweismitteln die Überzeugung von der Täterschaft des Angeklagten gewonnen hat, so urteilt er gemäß § 261 StPO pflichtgetreu; in seiner Entscheidung liegt dann schon objektiv keine „Beugung" des Rechts (vgl dazu BGH NStZ 95, 31, 33; anders LK-*Spendel*, § 339 Rn 46, der hier lediglich den Vorsatz verneint). Ohne Rücksicht auf die **Ausgestaltung seiner Amtspflichten** in den einschlägigen Verfahrensregeln läßt sich in Fällen dieser Art das Handeln des Amtsträgers gar nicht daraufhin beurteilen, ob es mit dem Gesetz in Einklang steht oder als „objektiv pflichtwidrig" anzusehen ist (so zutreffend die vermittelnde **Pflichtverletzungslehre**: *Behrendt*, JuS 89, 945; *Geppert*, Jura 81, 78, 80; *Otto*, BT § 98 Rn 3; SK-*Rudolphi*, § 339 Rn 13; *Schmidhäuser*, BT 23/44; *Wagner*, Amtsverbrechen, 1975, S. 195 ff).

Im **Fall 62** hat S bei Leitung des Ermittlungsverfahrens objektiv **das Recht gebeugt**, indem er gegenüber den Beschuldigten bzw deren Eltern darauf hinwirkte, daß sie in der irrigen Annahme, die Einstellung des Verfahrens nur so erreichen zu können, in eine körperliche Züchtigung einwilligten. Zur „Leitung der Rechtssache" gehörte aber auch der von ihm eigenhändig durchgeführte Vollzug der im JGG nicht vorgesehenen Prügelstrafe. Daß S insoweit „Vaterstelle einnehmen" wollte und in einigen Fällen mit Zustimmung der Eltern handelte, ist belanglos: Einmal hätten die Eltern eine derart entwürdigende Züchtigung sogar selbst nicht vornehmen dürfen (§ 1631 II BGB). Zum anderen konnte ihre Zustimmung nichts daran ändern, daß S bei seinen Maßnahmen als *Organ der Strafrechtspflege* fungierte (zutreffend *Spendel*, JR 85, 485, 488). Zu prüfen bleibt daher, ob die körperliche Züchtigung als solche und die (noch zu erörternde) Einstellung des Verfahrens „zugunsten oder zum Nachteil einer Partei" erfolgt sind.

1135

### 3. Tatbestandlicher Erfolg

Als schädlichen **Erfolg** der Tathandlung setzt § 339 die Verbesserung der Lage zugunsten einer Partei oder deren Verschlechterung zum Nachteil eines Beteiligten voraus (*Lackner/Kühl*, § 339 Rn 7). Der Begriff der „Partei" ist in diesem Zusammenhang nicht im technischen Sinne des Zivilprozeßrechts zu verstehen, meint vielmehr jeden Verfahrensbeteiligten (SK-*Rudolphi*, § 339 Rn 18).

1136

Der Nachteil, den die Betroffenen im **Fall 62** erlitten haben, liegt in der ihnen zugefügten körperlichen Mißhandlung. Er kann aber auch in einer Gefährdung ihrer Erziehung gesehen werden, weil Prügel in der hier verabreichten Form eher Trotz und Verstocktheit hervorrufen als Einsicht und Besserung. Die so eingetretene Schlechterstellung der Beschuldigten wurde nicht etwa dadurch ausgeglichen, daß die spätere Einstellung des Verfahrens sich zu ihren Gunsten auswirkte und ihnen willkommen war.

Mit seiner Entscheidung, das Verfahren gemäß § 45 II Nr 1 JGG einzustellen, hat S zudem das Recht zum Nachteil des *Staates* gebeugt. Denn dem Sanktionsrecht des Staates, das aus den begangenen Jugendverfehlungen erwachsen war, wurde unter den hier gegebenen Umständen nicht in einer dem JGG und seinen Zielen entsprechenden Weise Rechnung getragen.

1137

§ 26 *Rechtsbeugung*

### 4. Tatbestandsvorsatz

1138 Der subjektive Tatbestand der Rechtsbeugung setzt **Vorsatz** unter Einschluß des *dolus eventualis* voraus (näher dazu *Behrendt,* JuS 89, 945, 949; *Hupe,* Der Rechtsbeugungsvorsatz, 1995; *Lackner/Kühl,* § 339 Rn 9). Er muß neben der Sachverhalts- und Bedeutungskenntnis das Merkmal der Leitung oder Entscheidung einer Rechtssache, die Beugung des Rechts und deren begünstigende oder benachteiligende Wirkung für einen Beteiligten umfassen. An der erforderlichen Bedeutungskenntnis kann es beispielsweise fehlen, wenn der Amtsträger den Sinn einer auslegungsbedürftigen Vorschrift völlig mißverstanden hat und aus diesem Grunde zu einer objektiv fehlerhaften Interpretation gelangt ist.

1139 Im **Fall 62** hat der BGH sehr kleinliche Anforderungen an die Feststellungen zur inneren Tatseite geknüpft und deshalb zurückverwiesen (BGHSt 32, 357). In Wirklichkeit war aber am Vorsatz des S nicht zu zweifeln (näher *Spendel,* JR 85, 485, 489).

## III. Rechtswidrigkeit und Vorwerfbarkeit der Tat

### 1. Eingreifen von Rechtfertigungsgründen

1140 Für Rechtfertigungsgründe, wie etwa § 34, dürfte § 339 wohl selten Raum lassen. Eher kann man sich Situationen vorstellen, bei denen ein entschuldigender Notstand in Betracht kommt (§ 35; vgl dazu LK-*Spendel,* § 339 Rn 101).

### 2. Unrechtsbewußtsein

1141 Unter dem Blickwinkel der Vorwerfbarkeit ist das Bewußtsein des Täters, Unrecht zu tun, je nach den Umständen genauerer Prüfung wert.

1142 Im **Fall 62** steht außer Zweifel, daß S sich der Rechtswidrigkeit der von ihm vorgenommenen Züchtigungen bewußt war. Dies zeigt sich ua daran, daß er sie in den Einstellungsverfügungen geflissentlich nicht erwähnt hat. S ist somit der Rechtsbeugung schuldig (im weiteren Verfahrensgang ist er deswegen auch bestraft worden).

### 3. Ergänzender Hinweis

1143 Nach hM zeitigt § 339 eine nicht unwesentliche Schutzwirkung für Richter. Wer wegen seiner Tätigkeit bei der Leitung oder Entscheidung einer Rechtssache (etwa unter dem Vorwurf der Freiheitsberaubung und dergleichen) zur Verantwortung gezogen wird, kann insoweit nur bestraft werden, wenn ihm eine Rechtsbeugung iS des § 339 nachgewiesen wird (BGHSt 10, 294; 41, 247, 255; OLG Düsseldorf NJW 90, 1374; *Geppert,* Jura 81, 78, 81; *Lackner/Kühl,* § 339 Rn 11; *Otto,* BT § 98 Rn 5;

*Schroeder*, GA 93, 389; aA *Begemann*, Anm. NStZ 96, 389; *Stumpf*, NStZ 97, 7; S/S-*Cramer*, § 336 Rn 7).

Zur strafrechtlichen Verantwortlichkeit von Richtern und Staatsanwälten der ehemaligen DDR wegen Rechtsbeugung siehe BVerfG NJW 98, 2585; BGHSt 40, 30, 169 und 272; 41, 157, 247 und 317; 43, 183; 44, 275; Überblick bei *Lackner/Kühl*, § 2 Rn 19 mwN (diese Rechtsprechung zu Recht abl. SK-*Rudolphi*, § 339 Rn 3b mwN). Der BGH hält auch für diesen Bereich innerhalb des § 339 StGB und des § 244 DDR-StGB an dem Erfordernis eines „elementaren Verstoßes gegen die Rechtspflege" fest, dessen Vorliegen er nur bei offensichtlichen Willkürakten und unerträglichen Menschenrechtsverletzungen bejaht (vgl *Lackner/Kühl*, § 339 Rn 5; *Otto*, BT § 98 Rn 6; krit. SK-*Rudolphi*, § 339 Rn 11, 11a; *Seebode*, Lenckner-FS, S. 585; *Wassermann*, Kaiser-FS, S. 1405, jeweils mwN). **1144**

# Sachverzeichnis

Die Angaben beziehen sich auf die Randnummern; fettgedruckte Zahlen geben die Hauptfundstelle an.

Abbruch
- der Schwangerschaft 5 ff, 209 ff
- lebenserhaltender Maßnahmen 37 f
- lebenserhaltender Maßnahmen vor der Sterbephase 39

Abfallbegriff 1078 ff
- gewillkürter 1079
- objektiver 1078 f
- subjektiver 1078 f
- Zwangsabfall 1079

Abfallbeseitigung 1052, 1066, 1068, **1078 ff**

Abhören, Abhörgerät 530, 538, 540 ff
Ablösen von Siegeln 664 ff
Abschluß der Vernehmung 751
Abschrift 810 f, 816, 851
Absichtsurkunde 797 f
Absolute Fahruntüchtigkeit 987 f
Abstrakte Gefährdungsdelikte 343, 445, 739, 961, 968, **977**, 1028, 1058, 1085

Abtreibung
- siehe Abbruch der Schwangerschaft

Achtungsanspruch 464, 476, 512 f
actio libera in causa 1026, 1030, 1033, 1041
Affekttotschlag 94, 173
Aids
- siehe HIV

Akzessorietät
- Lockerung der A. 138, 145, 153
- des Umweltstrafrechts 1054, 1059 ff
Alibi, Verschaffen eines falschen 714
Alkoholwirkung 987 ff, 1031 ff
Amtliche Verwahrung 678
Amtsanmaßung 607 ff
Amtsausübung
- bei Vollstreckungshandlungen 619 ff
- Rechtmäßigkeit der A. 632 ff
Amtsbesitz 680
Amtsdelikte 1095 ff
Amtsträger 1096, 1098, **1105**
- Strafbarkeit im UmweltstrafR 1065 ff
Andenken Verstorbener 467

Anencephalie 26
Angehörigenprivileg
- bei Strafvereitelung 702, 716, **735**
Angriff
- mehrerer 347, 354
- tätlicher 630, 633, 647
Anonymität
- offene und versteckte 802
Anschuldigung, falsche
- siehe Verdächtigung, falsche
Antiblitzmittel 844
Anwendung von Gewalt 368, 380 ff, 383 ff
Anzapfen
- bei Lieferanten 433
- von Telefonleitungen 541
Apallisches Syndrom 39
Arzneimittelprüfung 333
Ärztliche Eingriffe
- Heilbehandlung 36, **322 ff**, 1047
- Zwangsmaßnahmen 338 ff
Aufbauhinweise
- bei Mord und Totschlag 134 ff
- bei Tötung auf Verlangen 166
- bei Vollrausch 1041
- bei Widerstand gegen Vollstreckungsbeamte 634
Aufbewahrung, dienstliche 678
Aufklärungspflicht 332 f
Aufnehmen des gesprochenen Wortes 528 ff
Aufzeichnung, technische 793, 859 ff, **862 ff**, 886 ff
Augenscheinsobjekte **793**, 860, 888
Ausbruch von Gefangenen 662
Ausländische Urkunden 906
Ausspähen von Daten 557 ff
Aussage, falsche uneidliche 749 ff
- Abschluß der Vernehmung 751
- Gegenstand der Vernehmung 746 ff
- Vollendung der Tat 751
Aussagedelikte 738 ff
- Anstiftung zu 778

301

*Sachverzeichnis*

– Beihilfe zu 786
– Versuchte Anstiftung zu 780
Aussagegegenstand 746 ff
Aussagenotstand 761
Aussetzung 198 ff
– Im-Stich-Lassen 199, **202**
– Versetzen in hilflose Lage 199 ff
Aussteller einer Urkunde 801 ff, 821 ff
– als Verfälscher 847 ff
Ausweispapiere 857
– amtliche 854
– Mißbrauch von 856 ff

Banknoten
– siehe Geld
Beatmungsgerät, Abschalten 38
Befriedetes Besitztum 582
Befruchtung 17, 219
Beglaubigte Abschrift 810
Begünstigung
– persönliche, sachliche 718
Behältnis 550
Behandlungsabbruch 38 f
Behörde
– als Urkundenaussteller 822
– falsche Verdächtigung bei einer B. 689, **691**
Beibringung 265
Beisichführen 645, 647, 663
Bekräftigung, eidesgleiche 657
Beleidigung 489 ff, **507 ff**
– Formalbeleidigung 508
– unter einer Kollektivbezeichnung 472 ff
– als Kundgabedelikt 479 ff
– mittelbare 476 ff
– bei vertraulichen Äußerungen 481 ff
– Verfolgbarkeit der 488
– Vollendung 487
– von Personengemeinschaften 468
– von Soldaten der Bundeswehr 518
– von Verbänden 468
– Verfolgbarkeit der B. 488
– verleumderische 492 ff
– Wahrheitsbeweis 499, 513
– Wahrnehmung berechtigter Interessen 517 ff
– wechselseitige 252
Berichtigung von Falschaussagen 751, 764 ff
Berufsbezeichnung, Mißbrauch 615 ff

Beseitigen von Abfall 1081
Besonders schwere Fälle 221
Bestechlichkeit 1098, 1101, **1114 ff**
Bestechung 1121 ff
Beteiligung an einer Schlägerei 341 ff
Betriebsstätte 959
Beweggründe, niedrige 95 ff
Beweisführungsbefugnis 886, 889
Beweisfunktion der Urkunde 795 ff
Beweiskraft 796
– öffentlicher Urkunden 910 ff
Beweiszeichen 804 ff
Blankettfälschung 832
Blutalkoholgehalt 987 ff
Brandgefahr, Herbeiführung 953
Brandlegen 958
Brandstiftung 951 ff
– einfache 953, 956 ff
– schwere 953, 961 ff
– besonders schwere 953, 971 ff
– fahrlässige 953, 975
– mit Todesfolge 953, 973 f
– Überblick 952 ff
Briefgeheimnis 546 ff

Computerkriminalität 559, 874, 882 ff
Contergan-Fall 16

Dateien 902, 904, 914
Daten 558 f, 883 f
Datenspionage 557 ff
Dauernde Entstellung 292 f, 295
Deliktsurkunde 799
Demonstrationsrecht 428, 434, 605
Dienstausübung 1100, 1111
Diensthandlung 1100, **1111 ff**
– pflichtwidrige 1114 f
Dienstliche Verwahrung 678
Dienstpflichtverletzung 1114 f
Doping 330
Doppelselbstmord 51, **161**
Doppelverwertungsverbot 178, 185 ff
Drohung 392, **401 ff**, 453, 458, 627, 629
– gegen Dritte 404
Duldung 1063
Durchschrift einer Urkunde 808

Ehrbegriff 464 f
Ehrenrührigkeit 493
Ehrverletzungen 464 ff

## Sachverzeichnis

Eidesdelikte 753 ff
Eidesmündigkeit 753 f
Eidesstattliche Versicherung 768
Eifersucht 98
Eindringen 584 ff
Eingriffe, verkehrsfremde 979
Einsperren 372 f, 388
Einwilligung 318
Einzelurkunden 814
Embryonenschutz 18
Empfindliches Übel **404**, 411, 455
Entführen 454
Entführungsdelikte 436
Entstellung des Aussehens 292
Entweichenlassen
– von Gefangenen 654
Entziehen 439
Entziehung Minderjähriger 364, **436 ff**
Erforderlichkeit der Hilfeleistung 1046
Ermöglichungsabsicht 123
Eröffnungswehen 11
Euro 922
Euthanasie 28 ff
– aktive 28
– direkte 28
– indirekte 31
– im engeren Sinn 39
– im weiteren Sinn 39
– passive 35
– siehe auch Sterbehilfe

Fahrerflucht 999 ff
Fahrlässige Tötung 190 ff
Fahruntüchtigkeit 986 ff
– von Radfahrern 988
Fälschung
– von amtlichen Ausweisen 854 ff
– von amtlichen Wertzeichen 943 ff
– beweiserheblicher Daten 882 ff
– von Fernkopien 811
– von Geld 922 ff
– technischer Aufzeichnungen 859 ff
– von Urkunden 820 ff
– von Vordrucken für Euroschecks 946 f
– von Wertpapieren 942 ff
– von Zahlungskarten 946 f
Falschaussage 741 ff
– Verleitung zur F. 782 ff
Falschbeurkundung 900 ff
Falscheid, fahrlässiger 763 ff

Falschverdächtigung 686 ff
Falsche Versicherung an Eides Statt
    768 ff
Falschgeld 923 f
Fernziele 423
Feststellungsberechtiger 1010
Feststellungsbereite 1011
Formalbeleidigung 508
Fortbewegungsfreiheit 369, **370**
Fortpflanzungsfähigkeit 287
Fortpflanzungsmedizin 17
Fotokopie 811, 852, 868
Freiheitsberaubung 370 ff
Freiheitsdelikte, Überblick 364 ff
Fremdtötung 43, **51 ff**
Fristenregelung 211, 214 f, 217
Führen von Fahrzeugen **984**, 1024
Führerschein als Ausweis 854, 857 f

Garantenstellung
– von Amtsträgern 1066
– kraft Sachherrschaft 1023
Garantiefunktion der Urkunde 801 f
Gebäude **959**, 964
– der Religionsausübung dienende 965
– gemischt genutzte 964, 966
Gebrauchmachen
– von Tonaufnahmen 531
– von Urkunden 851 f, 853
Geburt 9 ff
Gefahr 103, 950, 985, 990 ff
– gemeine 949
Gefährdung 950, 968 f, 971, 977, 992
– des Straßenverkehrs 983 ff
Gefährdungsdelikt
– abstraktes 343, 445, 739, 961, 968, **977**, 1028, 1058, 1085
– konkretes 198, 316, 969, **977**, 1029
Gefährdungsvorsatz 205, 981
Gefährliche Eingriffe in den Straßenverkehr
    979 ff
Gefährliches Werkzeug 272 ff
Gefährlichkeit 343, 950, 961
Gefangener 651 ff
Gefangenenbefreiung 648 ff
Gefangenenmeuterei 661 ff
Gegenblitzanlage 875
Geheimnisschutz 522 ff
Geheimsphäre 522
Gehör 287

303

*Sachverzeichnis*

Geiselnahme 450 ff
– Zwei-Personen-Verhältnis 458
Geistigkeitstheorie **801**, 831
Geld 922 ff
Geldfälschung 922 ff
Geldstrafe
– Zahlung für andere 732
Gemeingefahr 949, 1042 f
Gemeingefährliche Mittel 103
Gemeingefährliche Straftaten 949
Gemeinschaftlich verübte Körperverletzung 280 f
Gentechnik 17
Gesamturkunde 814 f
Geschäftsgeheimnis 562
Geschäftsraum 580
Geschlechtsumwandlung 336
Gesundheitsschädigung 257 ff, 263
– schwere 315 f
Gesundheitsschädl. Stoffe 264
Gesundheitszerstörung 263
Gewalt
– Begriff 383 ff
– Erscheinungsformen 396
– gegen Dritte 397
– gegen Personen 387
– gegen Sachen 394, 419
– bei Sexualdelikten 388
Gewalttätigkeit **389**, 603
Gewässerbegriff 1069
Gewässerverunreinigung 1068 ff
Gewerbsmäßig 448
Gewinnsucht 448
Gewissensentscheidung, ärztliche 45
Giftbeibringung 265
Grausame Tötung **102**, 104, 140
Großes Ausmaß eines Vorteils 1124
Große Zahl 971

Habgier 94
Hausbesetzung 601
Hausfriedensbruch
– einfacher 573 ff
– schwerer 603 ff
Hausrecht 573
Heilbehandlung 323 ff
Heimtückische Tötung 87, 90, **105 ff**, 145
Herstellen unechter Urkunden 817 ff
Herztod 21

Hilflose Lage
– bei Aussetzung 199
Hilfspflicht bei Unglücksfällen 1042 ff
Hinterlist 279
Hirntod 21 ff
HIV 264, **268 ff**, 568
Humanexperiment 333
Hungerstreik 338 ff
Hütte 959

Identitätstäuschung **821**, 827, 848
Inbrandsetzen 957
Indikationen
– beim Schwangerschaftsabbruch 211 ff, 229 ff
Inverkehrbringen von Falschgeld 930 ff
– als echt 932

Kastration 334
Keimendes Leben 6, 223 f
Kennzeichen 806 f
Kinderhandel 445 ff
Kindesentziehung
– siehe Entziehung Minderjähriger
Kindestötung 9, **167**
Kirchenamtliche Verwahrung 678
Kollektivbezeichnung 472 ff
Kollusion 1062
Kompulsive Gewalt 396, 405
Konkrete Gefährdungsdelikte 198, 316, 969, **977**, 1029
Konkurrenzprobleme
– Aussetzung 208
– Freiheitsberaubung 378 f
– Geiselnahme 462
– Hausfriedensbruch 602
– Körperverletzung 319 ff
– Schwangerschaftsabbruch 239 ff
– unterlassene Hilfeleistung 1051
– Urkundenfälschung 853
– Urkundenunterdrückung 898
– Vollrausch 1040 f
Körperliche Mißhandlung 255 f
Körperverletzung 244 ff
– im Amt 248
– einfache 255 ff
– fahrlässige 248
– gefährliche 261 ff
– gemeinschaftliche 280 f
– Rechtswidrigkeit der K. 317 f

- schwere 285 ff
- Systematik 244
- mit Todesfolge 297 ff
- Überblick 248 ff
Kreditgefährdung 496
Kunstfreiheit 519

Lähmung 294
Landfriedensbruch 603, 605
Lebensbereich, Schutz 522, 562, 569
Lebensgefährdende Behandlung 282 ff
Lebenslange Freiheitsstrafe 74 f, 86 f, 91
Lebensschutz **2 ff**, 185
- Beginn 9 ff
- Ende 19 ff
Leibesfrucht 6, 9, 12 f, 16, 223 ff, 246
Leichtfertigkeit 459, 974
Letalitätslehre 298
List 430
Löschen 975
- Verhindern 972
Lüge, schriftliche 803, 830

Meineid 753 ff
Meinungsäußerung 504, 508, 515
Mensch 9 ff
Menschenmenge 604
Menschenraub 365, 436
- erpresserischer 367, 450 f, 455
Minder schwere Fälle 175
Minima-Klausel 1089
Mißbrauch
- von Ausweispapieren 856 ff
- von Titeln 615 ff
- der amtlichen Stellung 1115
Mißhandlung, körperliche 255 f
- von Schutzbefohlenen 310 ff
Mitteilen, öffentlich 544
Mittelbare Falschbeurkundung 913 ff
Mord 71 ff, **85 ff**
- Ermöglichungsabsicht 123
- Befriedigung des Geschlechtstriebes 94
- gemeingefährliche Mittel 103
- grausam **102**, 104, 140
- Habgier 94
- Heimtücke 87, 90, **105 ff**, 145
- Mordlust 94
- niedrige Beweggründe 95 ff
- schuldsteigernde Merkmale 92, 100
- Verdeckungsabsicht 123 ff

Motivbündel 94 f
Münzdelikte 922 ff

Nachmachen von Geld 926
Nachrede, üble 498 ff
Namenstäuschung 827 f
Nasciturus 246
Nichterweislichkeit 499 ff
Nichtöffentlich gesprochenes Wort 525, **527**
Niedrige Beweggründe 95 ff
Nötigung 380 ff
Not, gemeine 1043

Obhuts- und Beistandspflicht 199, 202
Objektive Aussagetheorie 742
Objektive Bedingung der Strafbarkeit 1035
- bei Beteiligung an einer Schlägerei 354 ff
- bei übler Nachrede 499 ff
- beim Vollrausch 1035 ff
- beim Widerstand gegen Vollstreckungsbeamte 633
Offenbaren von Privatgeheimnissen 561, **566 f**
Offenbarung des Schuldnervermögens 772
Offenbarungsbefugnis 568
Öffentliche Urkunden 813, **905 ff**
Öffnen von Briefen 551
Organtransplantation 337

Patientenwille 34, 35 ff, 323 f, 329
Perpetuierungsfunktion 792 ff
Personensorgerecht 367, 438 f
Personenstand 911
Pfandkehr 671
Pfändung 667, 673
Pflichtwidrigkeit 1114 ff
Polizeil. Kriminalstatistik 77, 253, 466, 954, 1056
Postanweisung 812, 814
Postwertzeichen 945
Presse 518
Privatgeheimnis
- Offenbaren von P. 561, 566 f
Privaturkunde 813, 905
Psychische Zwangswirkung 381, **385**, 388, 392

Quälen 313

Raufhandel 342 ff, 359
Räumlichkeit 962
Rausch 1031 f
Rauschtat 1035 ff
Rechtmäßigkeit der Vollstreckungshandlung 632 ff
Rechtsbeugung 1126 ff
– in der DDR 1144
Rechtsfolgenlösung 75, **87 ff**
Rechtspflege
– Straftaten gegen die R. 686 ff
Rechtssache 1130
Regelbeispiele 82, 221, 244, 645, 1090; ferner 388, 663, 1055
– siehe auch Strafzumessungsregel
Relative Fahruntüchtigkeit 989
Richter 1128
Richtlinien
– Sterbebegleitung 39
– TPG 25

Sachherrschaft
– Garantenstellung 1023
Sachverständigeneid 756
Schlägerei 345 f
Schlichtamtlicher Gewahrsam 680
Schlichtamtliche Urkunde 908 f
Schuldunfähigkeit, rauschbedingte 1031 ff
Schutzbefohlene 311
Schußwaffe 663
Schwangerschaftsabbruch 210 ff
– Fremdabtreibung 221
– Konkurrenzfragen 238 ff
– Selbstabtreibung 221
Schweigepflicht 561
Selbstbefreiung von Gefangenen 650, 654, 656
Selbstbegünstigung 123, 696 f, 718, 725, 1003
Selbstbezichtigung 690
Selbstgefährdung, -schädigung 46, 67, **191 ff**, 270
Selbsttötung 43 ff, 156, 161 ff, 1044
Sich-Bemächtigen 454
Sich-Entfernen 1006
Sich-Kenntnis-Verschaffen 552
Sichverschaffen von Falschgeld 928 f
Sich-Zusammenrotten 662
Siechtum 294
Siegelbruch 665 ff

Sitzblockade 380 f, 434
Sozialadäquanz bei der Vorteilsannahme 1113
Spätabtreibung 234
Spezielle Schuldmerkmale 92 f
Stellvertretung
– beim Zeichnen von Urkunden 829 f
Sterbebegleitung 31
Sterbehilfe
– indirekte 31 ff
– durch Sterbenlassen 35 ff
– passive 35
– siehe auch Euthanasie
Sterbephase 30, 35 f
Sterilisation 335
Strafanzeige gegen Unbekannt 714
Strafe, Sinn und Zweck 189
Strafrahmenwahl 168 ff, 177 ff
Strafrechtsreformgesetz, Sechstes **167**, 198, **244**, 261, 267, 282, 285, 290, 310, 315, 329, 342, 352, 364, 388, 436, 445, 450, 788, 946, 948, **952**, 999, 1055, **1122**
Strafvereitelung 718 ff
– im Amt 736 f
Strafzumessung
– beim Totschlag 168 ff
Strafzumessungsregel 171, 221; ferner 69, 244, 310, 1122
– siehe auch Regelbeispiele
Strafzumessungsvorschrift 221
Straßenverkehr
– Delikte 978
– Eingriff 979 ff
– Gefährdung 983 ff
– öffentlicher 978
Sturztrunk 987, 994
Suizid
– siehe Selbsttötung

Tat- und täterbezogene Merkmale 137, 140 f, 145
Täterschaft und Teilnahme
– bei den Aussagedelikten 778 ff
– bei Mord und Totschlag 138 ff
– beim unerlaubten Sich-Entfernen vom Unfallort 1023
Tätige Reue
– bei Brandstiftung 948, 953
– bei Umweltstraftaten 1055
Tätlicher Angriff 627, 630, 647

Tatsachenbehauptung 492 f, 504 ff
Täuschung im Rechtsverkehr 836 ff
Technische Aufzeichnung 862 ff
Telefax 811
Telegrammfälschung 835
Titelführung 616
Tod
– Begriff 19
– Recht auf den natürlichen Tod 35
– Todeszeitpunkt 21 ff
Todesfolge bei
– Aussetzung 206
– Brandstiftung 973
– Freiheitsberaubung 377
– Geiselnahme 459 ff
– Körperverletzung 297 ff
Tonaufnahmen 528
Totschlag 79 ff
– besonders schwerer Fall 82
– minder schwerer Fall 69, 82, 170, 171 ff
Tötung
– auf Verlangen 156 ff
– fahrlässige 190 ff
– im Affekt 94, 173
– Täterschaft und Teilnahme 138 ff
– Systematik der Tötungsdelikte 69 ff
Tragen von Uniformen 616
Transplantation 22, **337**
Trunkenheit im Verkehr 986 ff, 1024 ff
Typenkorrektur 133

Übel, empfindliches 404 ff, 629
Überfall 279
Üble Nachrede 498 ff
Umweltstrafrecht 1052 ff
Unbefugtheit
– des Handelns 532 ff, 555, 568 ff, 613, 1060, 1073 ff
Unbefugtes Verweilen 593
Unechtheit
– technischer Aufzeichnungen 871 ff
– von Urkunden 821 ff
Uneidliche Falschaussage 749 ff
Unerlaubtes Entfernen vom Unfallort 999 ff
Unfallbeteiligter 1000
„Unfallflucht" 999 ff
Unfallort 1012
Unglücksfall 60 ff, 1044
Uniformen, unbefugtes Tragen 616

Unmittelbarkeitsbeziehung 297 ff
Unrechtsvereinbarung 1100, 1116
Unterdrücken von Urkunden 893
Unterlassene Hilfeleistung 60 ff, **1042 ff**
Unverzüglichkeitsgebot 1016 f
Unwahrheit
– einer Behauptung 492, 513
– des Urkundeninhalts 823, 902
– einer Verdächtigung 698 ff
Unzumutbarkeit 60 f, 1011, 1014, **1048**
Urkunde 790, 804
Urkundenstraftaten 788 ff

Verächtlichmachen 493
Verdächtigung, falsche 686 ff
Verdeckungsabsicht 123 ff
Verfallen in Lähmung 294
Verfälschen von Geld 927
Verfälschen von Urkunden 842 ff
Verfolgungsvereitelung 721 ff
Vergiftung 261, 269, 271
Verkehrsunfall 1004 f
„Verkehrsunfallflucht" 999 ff
Verlassen in hilfloser Lage 202
Verleitung zur Falschaussage 782 ff
Verletzung
– des Briefgeheimnisses 547 ff
– der Dienstpflicht 1101, 1114 f
– von Privatgeheimnissen 561 ff
– der Vertraulichkeit des Wortes 525 ff
Verleumdung 492 ff
– öffentl. Begehung 496
Verlust
– der Fortpflanzungsfähigkeit 287
– des Gehörs 287
– eines wichtigen Gliedes 288 ff
– des Sehvermögens 287
– des Sprechvermögens 287
Vermögensverzeichnis 772
Vernehmungsabschluß 751
Vernichten von Urkunden 891
Verschaffen von falschen Ausweisen 855
Versetzen in hilflose Lage 199 ff
Versicherung an Eides Statt, falsche 768 ff
Verstrickungsbruch 670 ff
Vertraulichkeit des Wortes 525 ff
Verunglimpfung
– des Andenkens Verstorbener 467
Verunreinigung von Gewässern 1069 ff

*Sachverzeichnis*

Verwahrung 678
– amtliche 678
– dienstliche 678
– kirchenamtliche 678
Verwahrungsbesitz 678
Verwahrungsbruch 678 ff
Verwahrungsgewalt
– bei Gefangenen 649
Verwaltungsakzessorietät 1059 ff
Verwerflichkeit
– der Begehungsweise 101 ff
– des Beweggrundes 92 ff
– des Handlungszwecks 123 ff
– der Nötigung 409, 414, **423 ff**
Verwertung von Geheimnissen 571
Verzicht auf lebensverlängernde Maßnahmen 36
Vis absoluta, compulsiva **396**, 405
Vollrausch 1028 ff
Vollstreckungsbeamte 622
Vollstreckungshandlung 624 ff
– Rechtmäßigkeit 632 ff
Vollstreckungsvereitelung 731 ff
Vorbereiten, Ausweisfälschung 854
Vordrucke für Schecks 946
Vorenthalten 439
Vortäuschen von Straftaten 705 ff
Vorteil 1107
– großes Ausmaß des V. 1124
Vorteilsannahme 1098, **1108 ff**
Vorteilsgewährung 1121 ff

Wachkoma 39
Waffe **273**, 645
Wahrheitsbeweis 499 ff, 513
Wahrheitspflicht, Umfang 776
Wahrnehmung berechtigter Interessen 517 ff
Warnung 401 f

Wartepflicht 999, **1011**
Werdendes Leben 6, 223 f
Werkzeug, gefährliches 272 ff
Wertpapierfälschung 942
Werturteil 504, 508
Wertzeichenfälschung 943 ff
Wichtiges Glied 288 ff
Widerruf von Falschaussagen 764 f
Widerstand gegen Vollstreckungsbeamte 620 ff
Widerstandleisten 628
Wohnung 579

Zahlung fremder Geldstrafen 732
Zahlungskarte 946
Zahlungsmittel 922
Zeuge 749
Zeugnisverweigerung 569, 730
Züchtigungsrecht 317
Zufallsurkunde 797
Zugänglichmachen 531
Zumutbarkeit
– der Duldung des Aufenthalts 595
– der Hilfeleistung 60 f, **1048**
– des Wartens an der Unfallstelle 1011, 1014
Zusammengesetzte Urkunden **816**, 845
Zusammenrottung 604
Zuständigkeit
– zur Eidesabnahme 752, 759 f
– zur Vornahme von Vollstreckungshandlungen 638
– zur Abnahme von Versicherungen an Eides Statt 769
Zwangsernährung 338
Zwangsvollstreckung, Vereitelung 671
Zwangswirkung 381, **385**, 388, 392
Zweck-Mittel-Relation 426